KB071188

CHE GUEVARA
A Revolutionary Life

체 게바라 혁명가의 삶
CHE GUEVARA
A Revolutionary Life
1

Che Guevara: A Revolutionary Life

by Jon Lee Anderson

Copyright © 1997, Jon Lee Anderson
Korean translation copyright © 2015, The Open Books Co.
All rights reserved.

This Korean edition published by arrangement with the author c/o
The Wylie Agency (UK) Ltd through Milkwood Agency, Seoul.

이 책은 실로 꿰매어 제본하는 정통적인 사철방식으로 만들어졌습니다.
사철방식으로 제본된 책은 오랫동안 보관해도 손상되지 않습니다.

에리카를 위하여

그리고 어머니 조이 앤더슨(1928~1994)을 기억하며

1권 차례

2부 체가 되다

2권 차례

에르네스토 〈체〉 게바라, 1960년. 살라스

1936년 아르헨티나 알타그라시아 시에라 호텔 수영장의 게바라 가족. 왼쪽부터 여덟 살의 에르네스토, 아버지 에르네스토 게바라 린치, 여동생 셀리아, 어머니 셀리아 게바라 데 라 세르나, 여동생 아나 마리아, 남동생 로베르토. 쿠바 역사 국가위원회

1939년 알타그라시아에서 친척들과 함께. 왼쪽부터 할머니 아나 이사벨 게바라 린치와 아나 마리아, 에르네스토 게바라 린치, 열한 살의 〈체〉와 사랑하는 베아트리스 고모. 쿠바 역사 국가위원회

1939년 혹은 1940년 알타그라시아에서 에르네스토와 친구들. 오른쪽에서 두 번째, 양모 조끼를 입은 소년이 에르네스토. 맨 오른쪽은 남동생 로베르토이고 맨 왼쪽은 여동생 아나 마리아다. 쿠바 역사 국가위원회

1935년 알타그라시아에서 셀리아 게바라 데 라 세르나와 에르네스토 게바라 린치가 병치레가 잦은 장남 에르네스토와 함께. 에르네스토는 두 살 때 천식에 걸린 후 평생 천식을 안고 살았다. 쿠바 역사 국가위원회

1937년 알타그라시아에서 셀리아 게바라와 아이들. 왼쪽부터 셀리아, 셀리아 게바라 데 라 세르나, 로베르토(카우보이 복장), 인디언 머리 장식을 쓴 에르네스토, 아나 마리아. 쿠바 역사 국가위원회

무모한 청년 시절의 체 게바라. 스물두 살 무렵에 찍은 이 사진 속에서 그는 골짜기 위에 가로놓인 수송관 위를 걷고 있다. 쿠바 역사 국가위원회

1942년에 열네 살이었던 에르네스토는 코르도바의 고등학교에 다니기 시작하면서 나이가 더 많은 학생들과 함께 알타그라시아에서 버스를 타고 매일 통학했다. 왼쪽에서 세 번째, 버스 흙받이에 걸터앉은 사람이 에르네스토다. 카를로스 바르셀로 제공

1951년에 아르헨티나 대통령 부처 후안 페론과 에비타 페론이 관중들에게 손을 흔들고 있다. 1940년대 후반부터 1950년대 초반 즈음 에르네스토 게바라가 성인이 되었을 때 페론 부부는 아르헨티나 정치를 급격히 변화시키면서 에르네스토 세대에게 막대한 영향을 끼쳤다. 코르비스-베트만

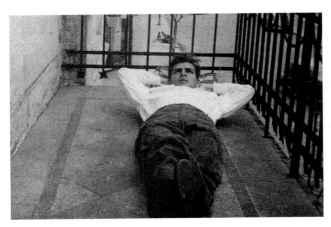

1948년이나 1949년 무렵 의대생이었던 에르네스토 게바라가 가족과 함께 살던 부에노스아이레스 아라오스 가(街)의 새 집 발코니에 생각에 잠긴 채 누워 있다. 쿠바 역사 국가위원회

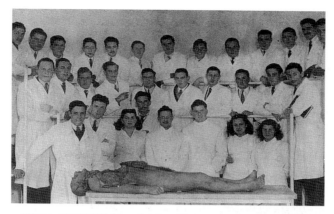

게바라는 1947년에 부에노스아이레스대학 의학부에 입학했다. 1년 뒤 해부
학실에서 동료 학생들과 함께 찍은 사진(맨 윗줄 오른쪽에서 여섯 번째, 분위기에
맞지 않게 웃고 있는 사람이 체다). 앞줄 오른쪽에서 두 번째에 서 있는 여학생은
체와 친한 친구가 된 베르타 힐다 〈티타〉 인판테. 쿠바 역사 국가위원회

20대 초반의 에르네스토 게바라는 잘생기고 사교적
인 청년이었다. 1952년 혹은 1953년에 찍은 이 사진에
서 그는 자동차 하나 가득 탄 여학생들과 포즈를 취하
고 있다. 쿠바 역사 국가위원회

1950년에 에르네스토는 코르도바의 부유한 집 딸이었던 열여섯 살 소녀 마리
아 델 카르멘 〈치치나〉 페레이라와 사랑에 빠졌다. 에르네스토는 그녀와 결혼
하고 싶었지만 여자의 집안에서 반대했다. 1952년에 그녀가 두 사람의 사랑을
끝냈다. 쿠바 역사 국가위원회

1948년에 히치하이킹을 하며. 대학생 에르네스토는 자신의 지평을 넓히고 싶어서 주말이면 히치하이킹을 하면서 시골 지역을 돌아다니기 시작했다. 곧 그는 더욱 먼 곳으로 여행을 떠나기 시작한다. 쿠바 역사 국가위원회

친구 그라나도 형제와 함께 과장된 포즈를 취한 에르네스토. 왼쪽부터 에르네스토, 그레고리오 그라나도, 알베르토 그라나도. 1950년에 에르네스토가 아르헨티나 북부를 향해 처음으로 혼자 장기 여행을 떠났다가 장비 점검 등을 위해 잠시 휴식을 취할 때 찍은 사진. 쿠바 역사 국가위원회

대학 시절의 에르네스토. 특히 좋아했던 괴짜 삼촌 호르헤 데 라 세르나와 함께 글라이더 앞에서 포즈를 취하고 있다. 쿠바 역사 국가위원회

1950년 단독 오토바이 여행을 떠나는 에르네스토. 나중에 이 사진은 에르네스토에게 오토바이를 판매한 회사 광고에 사용되었다. 쿠바 역사 국가위원회

1953년, 중앙아메리카 여행 중 물놀이를 하며 휴식을 취하고 있다. 맨 앞에 앉아 있는 사람이 에르네스토. 뒤쪽에 서 있는 사람은 함께 여행을 하던 친구 에두아르도 〈괄로〉 가르시아(왼쪽)와 리카르도 로호(오른쪽). 카를로스 〈칼리카〉 페레르 제공

1954년에 과테말라에서. 에르네스토의 옆에는 나중에 그의 첫 아내가 될 페루 출신 정치적 망명자 일다 가데아가 서 있다. 두 사람은 곧 연인이 된다. 오른쪽부터 리카르도 로호, 일다, 에르네스토(흰색 정장 차림). 앞쪽에 앉아 있는 사람이 괄로 가르시아다. 카를로스 〈칼리카〉 페레르 제공

1955년, 신혼여행으로 간 유카탄에서. CIA가 과테말라 대통령 야코보 아르벤스의 정권을 전복시키자 에르네스토와 일다는 멕시코로 달아났다. 일다가 임신하자 두 사람은 1955년 8월에 결혼했다. 유카탄에서 에르네스토는 별로 내키지 않아 하는 일다를 데리고 돌아다니며 마야 사원들을 둘러보았다. 쿠바 역사 국가위원회

1956년 2월에 일다는 딸을 낳았다. 두 사람은 일다의 이름과 에르네스토가 가장 좋아했던 고모의 이름을 따서 일다 베아트리스라는 이름을 지어 주었지만 에르네스토는 딸을 〈나의 작은 마오〉라고 불렀다. 쿠바 역사 국가위원회

과테말라 대통령 야코보 아르벤스
(왼쪽)이 강제로 대통령직에서 물러
난 후 1954년 9월에 멕시코에 도착
하고 있다. 아르벤스가 〈국민을 무
장〉시켜 좌파 정권을 지키지 못한
것은 에르네스토 게바라가 정치적
으로 진화하는 전환점이었다. AP/
와이드월드포토스

과테말라의 〈해방자〉 카를로스 카스티요 아르마
스 대령. CIA는 야코보 아르벤스의 좌파 정부에 맞
서는 1954년 〈작전 성공〉의 지도자로 열렬한 반공
주의자였던 카스티요 아르마스를 직접 선택했다.
AP/와이드월드포토스

1955년 아바나에서 쿠바 독재자 풀헨시오
바티스타 장군이 쿠바를 방문한 리처드 닉
슨 부통령 부부와 함께 모히토를 마시고
있다. 1952년에 쿠데타를 통해 권력을 획
득한 바티스타는 닉슨의 방문으로 아이젠
하워 정부의 최종적인 승인을 받은 셈이었
다. 그러나 쿠바 민중이 바티스타의 통치
에 불만을 품었기 때문에 곧 내전이 일어
났다. UPI/코르비스-베트만

1955년 5월, 수염을 기르지 않은 카스트로가
쿠바 감옥에서 풀려나고 있다. 카스트로는
1953년 7월 몬카다 정부 수비대 공격을 지휘
했다가 실패한 다음 2년 가까이 감옥에 갇혔
다. 앞줄 왼쪽부터 라울 카스트로, 후안 알메
이다, 피델 카스트로, 시로 레돈도. 쿠바 역
사 국가위원회

이 사진은 지금까지 공개된 에르네스토 〈체〉 게바라와 피델 카스트로가 함께 찍은 사진 중에서 가장 초기의 사진이다. 게바라는 멕시코에서 카스트로 세력에 합류하여 군사 훈련을 받은 후 카스트로의 장교가 되었는데 1956년 6월에 멕시코 경찰이 카스트로와 부하 대부분을 체포했다. 이것은 게바라가 카스트로가 함께 쓰던 감방에서 찍은 사진이다. 쿠바 역사 국가위원회

멕시코 시절 에르네스토 게바라는 무척 고된 게릴라 전쟁에 대비해서 신체를 단련시키려고 자주 등산을 했다. 쿠바 동지들은 이미 그를 〈체〉라고 부르고 있었다. 1956년에 5,452미터 높이의 포포카테페틀 산을 오를 때 찍은 사진. 쿠바 역사 국가위원회

1956년 여름 에르네스토 게바라가 멕시코 경찰에게 잡힌 후 찍은 사진. 쿠바 역사 국가위원회

카스트로가 이끄는 반란군은 비좁은 배를 타고 멕시코에서 바다를 건너 쿠바 동부 습지에 상륙했지만 바티스타 군대의 매복 공격을 받고 흩어졌다. 근처 시에라마에스트라 산맥에서 다시 모인 대원은 채 스무 명이 되지 않았다. 이 것은 1957년 초에 체 게바라(맨앞)가 쿠바 동지들과 함께 찍은 사진이다. 쿠바 역사 국가위원회

쿠바 게릴라 전쟁 초기에 피델 카스트로와 함께 찍은 사진. 체는 쿠바 시가에 불을 붙이고 있다. 피델은 체가 단순한 의사 이상의 가치가 있는 인물임을 금방 깨달았고, 1957년 7월에는 전투에서 보여 준 용감한 행동을 인정하며 체를 코만단테로 진급시켰다. 쿠바 역사 국가위원회

피델 카스트로 반군의 두 〈급진주의자〉 체와 라울 카스트로. 쿠바 역사 국가위원회

체 게바라는 산지에서 활동을 시작한 지 채 1년도 지나지 않아 시에라마에스트라 계곡에 〈해방 구역〉을 만들었다. 이 업적을 자랑스럽게 생각했던 그는 부하들을 시켜 〈행복한 1958년〉이라고 적힌 이 깃발을 만들었다. 쿠바 역사 국가위원회

1958년에 아르헨티나 기자 호르헤 리카르도 마세티(오른쪽)가 시에라마에스트라로 찾아오면서 체 게바라의 목소리가 처음으로 세상에 알려졌다. 나중에 마세티는 체의 충직한 부하가 되어 아르헨티나 게릴라 임무를 지휘했다. 그는 1964년에 아르헨티나 북부 정글 모처에서 죽었다. 쿠바 역사 국가위원회

체와 카밀로 시엔푸에고스(오른쪽). 시엔푸에고스는 허세가 심하지만 마음이 넓은 쿠바 반군 장교였다. 시엔푸에고스는 체의 가장 가까운 친구 중 하나이자 혁명 영웅이 되었다. 쿠바 역사 국가위원회

1958년 말에 승리를 향한 마지막 총공격 당시 게바라는 쿠바 중앙 라스비야스 지방에서 정부군 수비대를 연달아 공격했다. 마을은 차례차례 함락되었고 체는 아바나로 가기 전 마지막 남은 정부군 요새 산타클라라 시를 공격할 준비를 했다. 이 사진은 그가 카바이관 주민들에게 연설하는 모습이다. 쿠바 역사 국가위원회

라스비야스 전투 당시 체가 또 다른 반군 지휘관 빅토르 보르돈(등을 돌리고 서 있다) 과 함께 나이 어린 십 대 경호원들과 이야기를 나누고 있다. 오른쪽 맨 끝의 인물은 에르메스 페냐인데, 그는 5년 후 게바라가 합류할 계획이었던 아르헨티나 게릴라 전쟁에서 싸우다가 죽었다. 쿠바 역사 국가위원회

바티스타 정부는 산타클라라의 포위당한 군대를 위해 장갑열차에 무기와 증원군을 실어 보냈지만 1958년 12월 29일에 체의 전사들이 기차를 탈선시켰다. 이것은 바티스타 정권의 죽음을 알리는 조종이었다. 이틀 후인 1959년 1월 1일, 바티스타는 새벽이 밝기도 전에 망명했고 쿠바 군대는 즉각 피델 카스트로의 반군에게 항복했다. 쿠바 역사 국가위원회

체는 전쟁 중이던 1958년 11월에 에스캄브라이 산지 기지에서 스물네 살의 반군 알레이다 마르치를 만났다. 그는 몇 주 후 산타클라라에서 전투를 벌이다가 자신이 알레이다와 사랑에 빠졌음을 깨달았다. 그로부터 6개월 후 알레이다는 체의 두 번째 아내가 된다. 쿠바 역사 국가위원회

쿠바 1956~1958

대서양
멕시코 만
툭스판
쿠바
바하마
푸에르토
리코
멕시코
자마이카
아이티
도미니카
과테말라
온두라스
카리브 해
엘살바도르
니카라과
코스타리카
파나마
태평양
콜롬비아
베네수엘라

150 킬로미터
100 마일

아바나
아바나 주
마탄사스
마탄사스 주
산타클라라
피나르델리오 주
라스비야스 주
피나르델리오
플라야히론
카마구에이 주
피네스 섬
카마구에이
오리엔테 주
산티아고데쿠바
관타나모 해군기지

『쿠바 혁명전쟁 회고록』,
패스파인더 프레스

시에라마에스트라

아바나
바야모
만사니요
베기타스
기사
서부 지역
산티아고데쿠바
야라
부에이시토
엘히바로
에스트라다팔마
신라바로블라이요
마르델루로
그란마 호의 상륙
1956년 12월 2일
라스베르베나스
돔비야
알토스데콘다
엘옴브리토
리베린
니케로
라몬테리아
미나스델리오
피노덴아과
푸리알
리데레사
엘로몬
엘리거에
마르베르데
라스클로라다스
엘콤브레
쿠에바델우모
아로요인피에르노
라플라타
라스쿠에바스
엘우베로
알레그리아델피오
필론
카보크루스
산티아고 방향

『쿠바 혁명전쟁 회고록』, 패스파인더 프레스

감사의 말

평전은 한 사람이 쓰는 것이지만 다른 사람들의 도움이 없이는 결코 완성될 수 없다. 이 책을 쓰는 데에 5년이라는 세월이 걸린 만큼 감사의 말을 전할 사람도 무척 많다. 그들 중 몇 사람은 최종 결과물을 달갑지 않게 생각할지도 모른다. 그렇다면 나는 그들에게 내가 항상 하던 말을 전할 수밖에 없다. 이 책에서 나는 오직 체 게바라 본인에 대해서만 충실했으며, 그 누구도 아닌 체 게바라의 진실이라고 여겨지는 내용을 썼다고 말이다. 그러나 모든 사람들의 마음의 평화를 위해서 나는 〈이 책의 내용에 대한 모든 책임은 저자에게 있다〉고 여기서 분명히 밝히고자 한다.

나는 오랜 시간을 보내며 많은 조사를 했던 쿠바에서 체 게바라의 미망인 알레이다 마르치에게 특히 많은 빚을 졌다. 그녀는 30년간의 은둔 생활 끝에 용감하게 모습을 드러냈으며 뻔뻔스럽게 꼬치꼬치 캐묻는 〈양키〉에게 마음을 열어 주었다. 나는 이것이 알레이다에게 쉽지 않은 일이었을 것이며, 또 그녀에게 입을 열지 말라고 충고한 사람들이 많았음을 안다. 나는 알레이다가 알려 준 사실에 대해 나만의 결론을 내리도록 해준 그녀의 믿음과 용기에 깊이 감사한다. 알레이다의 똑똑한 부관이자 속을 털어놓을 만큼 친한 친구이며 어쩌면 세계에서 가장 중요한 체 게바라 전문가일 마리아 델 카르멘 아리에트에게도 나는 많은 빚을 졌다. 〈엘 그링고 페오〉가 마리아에게 깊은 감사를 전한다. 체의 제자이자 가까운 친구였던 오를란도 보레고는 자신의 방대한 지식을 내게 털어놓았고 나를 친구로 대해 주었다. 나는 이것을 영원히 고맙게 여길 것이다. 〈붉은 수염〉이라고도 알려진 마누엘 피녜이로 로사다는 쿠바 정보기관의 우두머리로 지난 35년간 비밀을 지켜 왔지만 그늘에서 나와 체의 비밀작전을 둘러싼 수수께끼 일부를 규명하도록 도움을 주었다. 나에게 이러한 유례없는 특권을 준 데 대해 그에게 깊이 감사한다. 또 사실상 내 가족이 된 조수이자 충실한 친구 알레이다 피에드라에게도 깊은 감사를 전한다.

쿠바 공산당 중앙위원회 관리이자 쿠바에서 작업하고 싶다는 내 요청을 처음 전해 주고 내가 처음 쿠바에 머물 때 여러 가지 사소한 문제들의 해결을 도와준 데니스 구스만에게 감사를 표한다. 또 마리아 플로레스, 로베르토 데 아르마스, 슬프게도 내가 쿠바에 도착한 직후 자살한 고

(故) 호르헤 엔리케 멘도사(그는 나를 초대한 공식적인 〈주인〉이었다), 훌리에 마르틴과 그녀의 아버지 리오넬 마르틴에게도 감사를 드린다. 대단한 사람이고 좋은 친구였던 리오넬 마르틴은 자신의 생각과 여러 해에 걸친 경험, 체에 관한 개인적인 기록들을 공유해 주었다. 마누엘, 알레한드로, 카티아 가토와 그의 모든 가족, 로르나 부르드살, 파스칼과 이시스 플레처, 리세테, 론 리데누르, 베로니카 스파스카야, 로베르토 살라스, 엔카르나, 페르난도, 랄리 바랄, 레오와 미치 아코스타, 미카엘라와 페르난도, 미겔과 탄하, 훌리오와 올리비아, 마르타와 카르멘, 아이작과 아나, 디노스와 마리벨 필리포스, 앙헬 아르코스 베르녜스, 후안 그라발로사, 티르소 사엔스, 아리 비예가스, 크리스티나 캄푸사노, 알베르토 카스테야노스, 알베르토 그라나도, 오스발도 데 카르데나스, 아나 마리아 에라, 마리아 엘레나 두아르테, 에스텔라와 에르네스토 브라보, 마리아노, 구스타보 산체스, 헤수스 델 바예, 파코 아살란, 마르타 비토르테, 카리와 마르가리타 〈라 프로페〉에게도 감사의 말을 전한다. 쿠바 국가위원회의 페드로 알바레스 타비오는 무척 탐스러운 〈체〉 관련 자료에 접근하도록 허락해 주었고, 그곳에서 나는 에프라인 곤살레스에게 크나큰 도움을 받았다. 또 에베르토 노르만 아코스타도 많은 도움을 주었다. 역사학자 안드레스 카스티요 베르날은 쿠바 혁명전쟁에 대해 광범위하게 조사한 원고와 다른 서류들의 복사본을 제공해 주었다.

아르헨티나의 칼리카 페레르, 카를로스 피게로아, 치초

와 마리오 살두나, 페페와 추치 티세라, 로베르토와 셀리아 게바라, 훌리아 콘스텐라, 로헬리오 가르시아 루포, 레이날도 시에테카세, 엑토르 호우베, 알베르토 코른, 엑토르 〈토토〉 슈무클레르, 오스카르 델 바르코, 벤하민과 엘사 엘킨, 넬리 벤베브레 데 카스트로, 에밀리사노 아코스타, 타티아나와 하이메 로카, 에키포 아르헨티노 데 안트로폴로히아 포렌세의 모든 사람들 — 아나이, 파트리시아, 다리오, 마코 — 과 특히 나와 좋은 친구가 된 알레한드로 인카우레기에게 감사의 말을 전한다. 또 로베르토 바셰티, 훌리오 비야롱가, 마리아 라우라 아비뇰로, 클라우디아 코롤에게도 감사드린다.

볼리비아의 로욜라 구스만과 움베르토 바스케스비아냐에게 깊은 감사를 전한다. 또 로사와 나탈리 알코바, 마르틴과 마틸데, 아나 우르키에타, 후안 이그나시오 실레스, 차토 페레도, 레네 로카바도, 카를로스 코파카바나에게 감사를 전한다. 바예그란데의 엔키포 데 발론세스토 안데르손에게 축하의 갈채를 보낸다. 또 레케 테란 퇴역 장군은 관대하게도 시간을 내어 그가 가진 문서와 압수한 사진들을 보여 주었다.

파라과이의 소코로 셀리치와 그녀의 딸들에게 감사를 전한다. 특히 소르카는 나를 믿어 주며 체 게바라의 삶에서 마지막 순간에 중요한 인물이었던 고(故) 안드레스 셀리치의 비밀을 알려 주었다. 그들의 믿음과 따뜻한 환대에 감사드리며 또 30년 묵은 테이프와 사진의 복사본을 만들 때 도와준 틸린에게 감사한다.

멕시코에서 내가 한 모든 조사는 뛰어난 언론인이자 라틴 아메리카 전문가이며 좋은 친구인 필 군손이 도움을 주거나 본인이 직접 수행한 것이었다. 나는 그에게 특별한 감사의 말을 전하고 싶다. 그는 멕시코, 과테말라, 니카라과, 파나마에서 사람들과 자료를 찾아낼 때 인내심을 가지고 지칠 줄 모르는 도움을 주었다.

영국에서는 리처드 고트와 존 레티가 무척 중요한 사람들을 내게 소개해 주고 정보를 제공하며 격려해 주었다. 또한 LAB의 던컨 그린과 라켈, 페드로 사르두이와 진 스텁스에게 감사드린다. 놀 스콧, 랜든 템플, 무하마드와 헬레나 폴더바트, 카를로스 카라스코, 애셔크 프라사드, 피터 몰리에게도 감사한다.

모스크바의 이리나 칼리니나, 아나톨리, 에스페란사, 볼로디아, 마리오 몬헤, 알렉산드르 알렉셰프에게 감사드린다. 또 스페인의 엔리 레르네르, 카르멘 곤살레스 아길라르와 세상을 떠난 그녀의 오빠 페페에게 감사한다. 페페는 죽음을 기다리는 상태에서도 나에게 시간을 내주었다. 스웨덴에서는 시로 부스토스가 나를 집으로 초대해 마음을 열고 오랜 대화를 나누었다. 카이로에서 나를 위해서 힘들게 사람들의 행방을 수소문해 준 캐럴 버거에게 감사를 표한다. 독일의 페터 뮐러는 슈타지 파일을 입수하도록 도와주었고 그 밖에 여러 가지 방법으로 나를 지원해 주었다. 스위스 영화제작자 리하르트 딘도는 너그럽게도 볼리비아 사람들을 소개하고 조언해 주었으며 이 책에 쓰인 사진도 일부 제공해 주었다.

　워싱턴 국가안보문서보관소의 피터 콘블러와 스콧 암스트롱, 데이비드 콘, 세르고 미코얀, 필 브레너도 큰 도움을 주었다. 마이애미에서 여러 번 나를 맞이해 준 친구들에게 큰 감사를 드린다. 그들은 모두 이 책과 나의 노고에 적극적이고 친절한 관심을 보여 주었다. 렉스와 가브리엘라 헨더슨, 데이비드와 이네스 애덤스, 호세와 지나 데 코르도바가 바로 그들이다.

　이들과 전 세계에 흩어져 있는 다른 친구 및 친척들은 이 길고 힘든 노력을 훨씬 더 따뜻한 경험으로 만들어 주었다. 배너디 샌든 험프리스, 도리스 쿤래드, 데이비드 험프리스, 조녀선 글랜시, 미셸, 티나, 메임, 노아드 알투르키, 닉 리처즈, 크리스토퍼와 모니크 맥스웰리비, 콜린 피스, 데이비드 리드, 사이먼 터커, 로스 베인, 로리 존스턴, 캐시 부스, 팀 골든, 제프 러셀, 척과 벡스, 미셸 래브러트, 버사 사이어, 마이크와 조안 캐러비니 파커, 재닛과 테리 파커, 마리아 엘리나, 마틸드 스톤, 마틴과 에바 배럿, 잉그리드 배브르, 콜린 리저리, 요스와 킨 슈로이어스팀머만스 등이 바로 그들이다.

　지난 5년 동안 나와 가까운 사람들 여럿이 세상을 떠났다. 그들에게 이것은 작별 인사이자 감사의 말이다. 내 어머니 바버라 조이 앤더슨은 나의 첫 번째 멘토이자 사랑하는 친구였지만 내가 쿠바에 있을 때 갑자기 돌아가셨다. 체의 아이들을 돌봐 주었으며 우리를 위해서도 같은 일을 해 주었던 소피아 가토는 곧 좋은 친구가 되었지만 지난해에 세상을 떠났다. 우리 모두 그녀가 무척 그립다.

이 책이 체 게바라의 글을 미국에 처음 소개한 그로브 프레스 출판사에서 나오게 된 것은 정말 어울리는 일이라 하겠다. 이 책의 표지를 장식한 체의 그림이 〈급진적인〉 잡지 『에버그린』에 실려서 출판되었던 1960년대에 그로브 프레스 사무실은 폭발 사건을 겪었다. 이 책을 출판해 준 모건 엔트레킨은 오랜 세월 내내 나와 함께해 주었다. 그가 표현한 적은 없지만 가끔은 내가 잘못하고 있다고 생각할 때도 있었을 것이다. 그런 생각을 나에게 한 번도 말하지 않은 점에 깊이 감사한다. 나의 에이전트 데보라 슈나이더에게도 마찬가지다. 나를 대신해서 애써 준 칼라 랠리와 엘리자베스 슈미츠, 앤튼 뮐러, 켄 러셀, 뮈리얼 조겐슨, 미와, 주디, 에릭, 짐, 스콧, 로렌, 리사, 에이미, 커스틴, 톰, 레아, 벤에게 무수한 감사를 보낸다. 또 복잡하게 얽힌 나의 문장과 스페인식 영어 표현을 바로잡아 준 패티 오코넬에게도 감사를 전한다. 나를 견뎌 주고 지원해 준 트랜스월드, 에미스, 발디니 & 캐스톨디, 리스트, 오브제티바 출판사들에도 감사를 전한다.

작가들 중에 역시 작가인 형제와 친한 친구가 편집자 역할을 해주는 운 좋은 사람들은 많지 않다. 하지만 스콧 앤더슨과 프랜시스코 골드먼은 내게 그런 드문 특권을 누리게 해주었고 지나치게 장황한 내 책을 가차 없이 다듬어 주었다. 이 책이 읽을 만하다면 그것은 전부 이 두 사람의 공이다.

내 아내 에리카는 〈체〉를 쫓는 기나긴 여정 내내 나의 흔들림 없는 동반자이자 지원자가 되어 주었다. 그녀는 영국인다운 냉정함으로 옥스퍼드에서 아바나로 이사하자는 나의 제안을 담담히 받아들였고 사회가 점차 해체되는 듯한 아바나의 환경 속에서도 따뜻한 가정을 꾸렸다. 나는 해외로 수없이 돌아다녔고 한 번 떠나면 대부분 몇 달씩 돌아오지 않았지만 그녀는 아무 불평 없이 참아 주었고 내가 언제든지 돌아갈 수 있는 건강하고 떠들썩한 가족을 만들어 주었다. 우리의 아이들 벨라, 로시, 막시모에게 이 책은 그들 삶에서 떼어놓을 수 없는 일부였다. 세 아이들이 가까운 가족 외에 처음으로 알아본 인물은 바로 체 게바라였다. 로시와 막시모가 처음으로 한 말은 스페인어였고 벨라는 아침 수업을 〈세레모스 코모 엘 체Seremos como el Che(우리는 체와 같은 사람이 되리라)〉를 부르면서 시작했다.

한국어판 서문

    이 책의 한국어판이 나오게 된 것은 저에게 특별히 기쁜 일입니다. 한국은 제 마음속에 특별한 곳으로 남아 있기 때문입니다. 저는 어린 시절에 1960년부터 1962년까지 가족과 함께 한국에서 살았습니다. 제 생애 초기의 기억 중 일부는 바로 한국에서 형성되었습니다. 사람들이 작은 대나무 우리 안에 넣어둔 귀뚜라미들이 해 질 녘에 울어 댔던 것이 기억납니다. 언덕배기에 있던 우리 집 현관에서는 서울 시내가 내려다보였는데, 제 기억으로 당시 서울은 대부분 우중충한 갈색이었고, 서울을 양분하며 굽이굽이 흐르던 한강도 마찬가지였습니다. 집들은 목재로 지어졌고 도로는 포장되어 있지 않았습니다. 집집마다 김칫독에서 김치 익는 강한 냄새가 거리로 풍겨 나왔습니다. 비 오는 날이면 수염을 기른 나이 든 남자들이 나무껍질로 만든 짧은 어깨 망토를 걸치고 거리에 나타났습니다.

또 언젠가 아버지를 따라 어딘가로 갔던 기억도 납니다. 저는 나중에서야 그곳이 판문점이라는 것을 알았습니다. 아버지는 저를 데리고 무장한 한국군 병사가 있는 곳까지 걸어갔습니다. 그 병사는 차려 자세로 서서 공터 맞은편의 다른 병사를 무표정하게 쳐다보고 있었습니다. 맞은편의 병사 역시 말없이 마주 응시하고 있었습니다. 저는 두 병사가 왜 서로 말을 하지 않는지 이해할 수 없었습니다. 아버지는 그들이 가상의 경계선으로 분단된 상태의 적이라고 설명해 주셨습니다. 아버지는 제게 한국 전쟁에 관한 이야기를, 또 민주주의에 대립되는 의미에서 공산주의란 무엇인지도 말해 주셨던 것 같습니다. 지금 저는 아버지가 해주셨던 말씀을 기억하지 못합니다. 하지만 제가 아는 한, 그것은 제가 어른들 세계의 이해할 수 없는 모순을 처음으로 접한 순간이었고, 그 느낌이 너무나 강렬했기에 저는 한국에서의 이 특별한 기억을 아직도 마음속 깊이 간직하고 있습니다.

제가 체 게바라에 관한 책을 쓴 것은 냉전 시대의 가장 두드러진 한 인물의 삶을 이해하고 싶어서였습니다. 그의 삶은 매혹적이지만 아직 상당 부분 설명되지 않은 채 남아 있습니다. 물론 저는 일찍이 판문점에서 냉전의 큰 불씨들 중 하나를 접했지만 제가 성장하는 내내 그 커다란 이데올로기적 분단과 그에 따른 갈등은 계속되었고, 또 나의 성장기를 지배했습니다. 저는 냉전이 끝나기 전에 성년이 되었고 자식들까지 갖게 되었습니다.

저는 체의 삶과 그가 살았던 시대를 탐구함으로써 이해하고, 나아가 설명하고 싶었습니다. 일생동안 공산주의적이상을 위해 헌신하고 또 죽음에 이른 한 남자가 어찌하여 그와 신념을 공유하지 않는 무수한 타인들의 영웅이 되었는지 말입니다. 신념을 같이하지 않으면서도 그들은 체가 자신의 신념을 위해 싸우며 죽음에 이르렀던 방식에 감탄해 마지않았습니다. 조사에서 집필까지 5년이 걸린 이 전기가 그 이야기를 성실하게 잘 말해 줄 수 있기를 바라며, 제가 이 책을 쓰는 동안 느꼈던 발견의 떨림을 독자들도 함께 느끼기를 바랍니다.

물론 체는 많은 모습으로 존재합니다. 체는 1967년에 사망한 이후 일반적인 정치적 상징이 되었을 뿐만 아니라 영적인 아이콘이자 소비자들의 부적이 되기도 했습니다. 그의 얼굴에서 풍기는 반항적 이미지가 전 세계에서 가두 시위의 플래카드를 장식하며 현실의 정치적 혹은 사회적 요구들에 상징적 힘을 실어 주는 것과 마찬가지로, 체가 그려진 티셔츠를 입는 단순한 행위조차 반항과 세련됨의 이미지를 전달하기에 충분합니다. 즉 하나의 첨단 패션일 뿐입니다. 체의 얼굴은 유아복, 비키니, 스노보드에도 나타났습니다. 그는 뮤지컬 오페라의 등장인물로, 축구팀의 마스코트로 재탄생했습니다. 책과 기사, TV 기록물도 엄청나게 많습니다. 심지어 그의 삶에 관한 만화도 있습니다.

앞으로도 전 세계에서 생각할 수 있는 온갖 목적으로 수많은 버전의 체가 생산될 것입니다. 가장 최근에는 체의 이야기에서 영감을 얻은 두 편짜리 영화가 나왔습니다. 스티븐 소더버그가 감독하고 베니치오 델 토로가 주인공으로 등장한 영화입니다. 영화 제작자들은 역사적 정확성을 담보해 줄 컨설턴트로 저를 고용했습니다. 그러나 결국 그들이 알려진 역사에 충실하려고 아무리 꼼꼼히 노력한다 해도 그들이 창조해 낸 버전의 체는 그들 나름의 해석일 따름입니다. 나의 〈책 체〉와 마찬가지로 이 〈영화 체〉도 일부 사람들에게는 호소력이 있을 테지만 일부에게는 그렇지 않을 것입니다.

어떤 의미에서는 모든 사람의 체가 존재합니다. 왜냐하면 체는 신화가 되었고, 신화는 그것을 믿는 사람들은 물론 부인하는 사람들의 편의에 따라 가공, 변형될 수 있기 때문입니다. 저는 이 책에서 신화 뒤에 감추어진 인간, 실제의 체 게바라를 보여 주려고 시도했습니다.

잉글랜드 도셋에서
존 리 앤더슨

서문

    1995년 11월 어느 아침, 커피를 마시며 오랫동안 담소를 나누던 중에 그 이야기가 무심코 튀어나왔다. 퇴역 장군 마리오 바르가스 살리나스는 볼리비아 산타크루스 외곽에 위치한 그의 사유지에 앉아 28년 전 그가 추적을 도왔던 남자, 아르헨티나 출신의 혁명가 에르네스토 〈체〉 게바라를 비밀리에 매장할 때 자신이 어떤 역할을 했는지 나에게 고백했다.

    장군의 고백으로 남미의 가장 오래된 수수께끼 중 하나가 침묵에서 깨어났다. 1967년 10월, CIA 요원이 지켜보는 가운데 볼리비아군이 체를 체포하고 살해한 이후 피델 카스트로의 오른팔과도 같은 사내의 시신은 사라져 버렸다. 바르가스 살리나스는 산타크루스의 집 정원에 앉아 체의 시신을 한밤중에 몰래 묻는 자리에 자신도 있었음을 밝혔다. 양손이 절단된 체의 시체와 일부 동료들의 시체는 볼리비아 중부의 작은 산악 지대 마을 바예그란데 외곽의 비포장 활주로 근처에 묻혔다. 세상에서 가장 카리스마 넘치는 게릴라 전사를 상대로 승리를 거둔 장교들은 대중이 경의를 표하는 장소가 될 수도 있다는 이유로 묘소를 허락하지 않았다. 그들은 체가 실종됨으로써 체 게바라의 신화 역시 종결되길 원했다.

그러나 〈체〉라는 신화는 누구도 걷잡을 수 없을 만큼 급속도로 퍼졌다. 수백만 명의 사람들이 그의 죽음을 애도했다. 시인과 철학자들은 열정적인 추도문을 썼고 음악가들은 곡을 바쳤으며 화가들은 갖가지 영웅다운 자세를 취한 체의 초상을 그렸다. 자신들의 사회에 〈혁명〉을 일으키기를 열망하던 아시아와 아프리카, 남미의 마르크스주의 게릴라들은 전투에 나설 때마다 체가 그려진 깃발을 치켜들었다. 그리고 미국과 서유럽의 젊은이들이 베트남 전쟁, 인종 편견, 사회적 정통성에 반대하여 기존 질서에 대항하여 봉기할 때, 체의 저항적인 모습은 그들의 강렬한 믿음을 상징하는 궁극적인 아이콘이 되었다. 체의 육신은 사라졌지만 그의 정신은 살아남았다. 체는 어디에도 없었지만 동시에 어느 곳에나 존재했다.

서른여섯 살의 나이에 〈대륙 혁명〉의 불꽃을 일으키겠다는 희망을 안고서 혁명 쿠바에서의 명예시민권, 장관직, 사령관 직위를 모두 포기하고 부인과 다섯 아이들까지 떠난 이 사람은 누구인가? 아르헨티나의 명문가에서 태어나

의대를 졸업한 그가 세상을 바꾸려고 한 이유는 도대체 무엇인가?

이것들이 내가 한동안 답을 찾고자 애쓰던 질문들이다. 처음으로 체에게 관심을 갖게 된 것은 근대 게릴라들에 대해 책을 쓰고자 자료를 모으던 1980년대였다. 버마와 엘살바도르, 서부 사하라는 물론 이슬람 국가인 아프가니스탄의 전장에서까지 체는 온갖 종류의 게릴라들로부터 존경을 받는 인물이었다. 게릴라 전투에 관한 그의 저서, 그리고 그가 몸소 실천한 자기희생, 정직, 대의에 대한 헌신 등과 같은 혁명 원칙들은 시간과 이념을 초월하여 새로운 세대의 투쟁가와 몽상가 들을 키우고 자극했다.

나는 체 게바라에게 매혹되어 그에 관한 책을 찾아 헤맸다. 그러나 절판되지 않은 책은 몇 권 없었고 길이 남을 만한 평전은 아예 없었다. 체를 찬양하는 쿠바의 공식적인 성인전 아니면 골수 반대론자가 그를 악마처럼 그린 책이 대부분이었는데 지루하기는 피차일반이었다. 나는 체의 삶이 대부분 비밀에 둘러싸여 있으며 아직 제대로 써진 적이 없음을 곧 깨달았다. 그의 삶의 공백들은 흥미로운 수수께끼를 낳았고, 누군가 그 수수께끼를 풀 수 있다면 거의 알려지지 않았지만 가장 의미 있는 냉전 시대의 몇 가지 측면들, 즉 쿠바 혁명 정부의 게릴라 운동 지원이나 동서 진영에 의해 일어난 제3세계에서의 대리 전쟁 등을 이해할 실마리를 제공할 수 있을 터였다.

나는 이런 질문들의 해답이 쿠바에 있다고 생각했기에 그것을 찾으러 쿠바로 갔다. 때는 1992년, 쿠바는 혼란스러운 시기였다. 소련이 붕괴되면서 30여 년에 걸친 피델 카스트로에 대한 지원도 막을 내렸다. 카스트로는 흔들렸지만 굽히지 않았다. 쿠바라는 배가 발밑에서 가라앉고 있었는데도 카스트로는 사회주의의 깃발을 높이 들고 카리브 해의 섬나라에 단단히 서 있었다.

나는 같은 해에 두 번째로 쿠바를 찾았다가 체의 미망인 알레이다 마르치를 만났다. 그녀는 죽은 남편의 전기를 집필하겠다는 나의 계획에 〈협조하겠다〉고 말했다. 최초로 나를 〈인정〉하고 공식적인 후원자가 되어 주기로 했던 사람이 가슴에 총을 두 발 쏘아 자살했기 때문에 알레이다의 제의는 무척 다행스러운 것이었다. 1993년 초에 나는 가족과 함께 아바나로 이사했고 그 후로 약 3년간 머물렀다. 그곳에서 미망인 알레이다의 도움을 받아, 또 아르헨티나, 파라과이, 볼리비아, 멕시코, 러시아, 스웨덴, 스페인 그리고 미국에서 추가 조사를 하면서, 나는 체 게바라가 누구이며 그의 삶에 어떤 일이 일어났는지 알아내려 했다. 무엇보다도 나는 신화적인 유명인의 이면에 숨은 인간을 이해하고 싶었다. 이 책은 그런 5년간의 노력이 낳은 결과다.

신기하게도 체의 신화는 여전히 강렬하여 논쟁의 씨앗이 되거나 정치적인 혼란을 야기하기도 한다. 바르가스 살리나스 장군은 체의 죽음 이후에 일어난 자세한 일들을 나에게 알려 주었는데, 이것은 체 게바라의 죽음뿐 아니라 그의 삶에 대해서도 새로운 정보의 봇물이 터지는 계기가 되었다. 그의 죽음을 둘러싼 자세한 내용은 볼리비아라는 국가에도 떠들썩한 영향을 미쳤다.

언론이 지켜보는 가운데 볼리비아의 문민 대통령이 체 게바라의 시신과 그와 비슷하게 〈사라진〉 게릴라 24명의 시신을 찾아서 발굴하라고 군대에 명령하는 서류에 서명했다. 이에 따라 전 게릴라와 군인, 법의학자 들이 바예그란데 외곽 여기저기에서 땅을 파내는 장관이 펼쳐지자 구경꾼들이 몰리고 기사거리를 찾아 돌아다니던 기자들이 볼리비아의 해묵은 상처들을 들춰내면서 국가 기밀로 간주되던 사건의 알려지지 않은 자세한 내용들이 폭로될 위험에 처했다. 볼리비아 군대는 대통령의 명령을 따랐지만 바르가스 살리나스 장군의 〈배신〉에 화가 나서 그에게 입단속을 하라고 압력을 넣었다. 살리나스 장군은 바예그란데에 나타나 체가 〈정확히〉 어디에 묻혔는지 기억나지 않는다고 선언한 다음 집으로 돌아가 일시적인 가택 연금에 처해졌다. 그후 살리나스는 오랫동안 해외로 떠났고 그 이후 사람들의 눈을 피해서 살고 있다. 바예그란데에서는 발굴 노력이 계속되었지만 매장된 위치를 정확히 알지 못했기 때문에 작업은 난항을 겪었다. 그럼에도 불구하고 몇 주 동안 땅을 판 결과 게릴라 4명의 시신이 발굴되었고, 그 이후 작업은 다시 잠잠해졌다. 1997년 초 현재 발굴자들의 최종 목표인 양손이 없는 남자의 시신이 있는 무덤은 아직 발견되지 않았다.

1부

불안한 젊은 시절

1장
미시오네스의 마테 플랜테이션

1

점괘가 헷갈리게 나왔다. 저 유명한 게릴라 혁명가 에르네스토 〈체〉 게바라가 출생증명서에 적힌 대로 1928년 6월 14일에 태어났다면 그의 별자리는 쌍둥이자리였을 것이고, 그것은 아이가 별 볼 일 없는 존재가 될 것임을 의미했다. 어머니 친구였던 점성술사가 어디서 실수를 저질렀는지 확인하려고 다시 계산해 보았지만 결과는 똑같았다. 점괘에 따르면 체는 음울하고 의존적인 성격으로 평범한 삶을 살아갈 터였다. 가능성은 두 가지밖에 없었다. 점을 제대로 쳤든지 아니면 점성술사가 엉터리였든지.

썩 좋지 않은 점괘가 나오자 체의 어머니는 웃었다. 그러고는 30년 동안 꼭꼭 숨겨 왔던 비밀을 털어놓았다. 그녀의 아들은 실제로는 한 달 빠른 5월 14일에 태어났다. 체의 별자리는 쌍둥이자리가 아니라 고집 세고 결단력 있는 황소자리였다.

그녀는 체의 아버지와 결혼할 당시 이미 임신한 지 3개월이 지난 터여서 아들의 생일을 속일 수밖에 없었다고 했다. 게바라 부부는 결혼 직후 부에노스아이레스를 떠나 미시오네스라는 깊숙한 정글로 들어갔다. 그곳에서 남편이 예르바 마테 농장 경영을 준비하는 동안 그녀는 부에노스아이레스 사회의 호기심 어린 눈길을 피해 임신 기간을 보냈다. 출산일이 다가오자 게바라 부부는 파라나 강을 따라 로사리오 시로 내려갔다. 그곳에서 아이를 낳았고 부부의 친구였던 의사는 아이의 출생증명서에 날짜를 한 달 늦게 기재했다. 부부가 사람들의 입방아에 오르내리지 않게 하려는 조치였다.

게바라 부부는 아들이 생후 한 달이 지나서야 가족들에게 출산 사실을 알렸다. 그들은 가족들에게 원래는 부에노스아이레스로 가려고 했지만 로사리오에서 셀리아 게바라가 때 이르게 진통을 시작했다고 사정을 설명했다. 어쨌든 아이가 일곱 달 만에 태어나는 것이 전혀 불가능한 일은 아니었다. 석연치 않은 구석이 있었지만 게바라 부부의 설명과 아이의 공식 출생일은 가족과 친구들에게 조용히 받아들여졌고 오랫동안 문제시되지 않았다.

만약 그 아이가 자라서 혁명가 체가 되지 않았다면 아이의 부모는 무덤까지 그 비밀을 가져갔을 것이다. 체 게바라는 현대의 유명 인사 중에서 출생증명서와 사망증명서가 모두 잘못된 아주 드문 사례 중 하나임이 틀림없다. 그러나 게바라가 성인기 삶의 대부분을 비밀 활동에 연루되어 살다가 비밀 음모에 희생되어 죽었다는 점에 비추어 보면 그의 인생이 시작될 때에도 묘한 속임수가 끼어들었다는 사실은 기묘하게 어울리는 것처럼 보인다.

2

1927년, 에르네스토 게바라 린치가 셀리아 데 라 세르나를 처음 만났을 때 셀리아는 부에노스아이레스의 특권적 가톨릭계 여학교인 사크레쾨르Sacré Coeur를 갓 졸업한 상태였다. 매부리코에 검은 곱슬머리, 갈색 눈을 가진 매우 인상적인 외모의 스무 살 처녀였던 셀리아는 교양이 풍부하면서도 속세의 때가 묻지 않았고 경건한 동시에 호기심이 많았다. 달리 말해 그녀는 낭만적 모험을 할 만큼 성숙했다.

셀리아 데 라 세르나는 순수한 스페인 귀족 혈통을 이어받은 아르헨티나의 진정한 명문가 처녀였다. 셀리아의 조상 가운데는 스페인 왕족으로 식민지 페루의 총독을 지낸 이가 있었고 또 아르헨티나의 유명한 장군도 있었다. 셀리아의 할아버지는 부유한 지주였고 아버지는 유명한 법학 교수에 국회의원이자 대사였다. 조실부모한 그녀와 여섯 형제자매는 독실한 신자였던 고모의 후견 아래 자랐다. 부모님을 일찍 여의었지만 농장이 유산으로 남아 거기서 수입이 나왔고 셀리아는 법정 상속 연령인 스물한 살이 되면 풍족한 유산을 물려받기로 되어 있었다.

스물일곱의 에르네스토 게바라 린치는 잘생긴 얼굴에 적당히 키가 컸고 강인한 인상을 주는 턱을 지니고 있었다. 난시 때문에 쓴 안경은 그를 실제 성격과 달리 사무원처럼 보이게 했지만 실제 게바라 린치는 사교적이고 상상력이 풍부한 다혈질의 남자였다. 그 역시 아르헨티나의 명문가 출신이었다. 게바라 린치의 증조부는 남아메리카에서 가장 부유한 사람들 가운데 한 명이었고, 게바라 가문의 뿌리는 스페인계 귀족뿐 아니라 아일랜드계 귀족과도 닿아 있었다. 그러나 세월이 흐르면서 게바라 가문은 가산 대부분을 탕진했다.

19세기에 로사스가 폭정을 일삼는 동안 부유한 게바라 가문과 린치 가문의 남자 후계자들은 아르헨티나에서 도피하여 캘리포니아의 골드러시에 합류했다. 이국 생활을 마치고 돌아온 후, 그들의 아메리카 태생 자손 로베르토 게바라 카스트로와 아나 이사벨 린치가 결혼했다. 이들 부부는 슬하에 11명의 아이를 두었는데 에르네스토는 그중 여섯째 아이였다. 그들은 잘살았지만 더는 지주 계급이 아니었다. 남편은 측량사로 일했고 아나 이사벨은 부에노스 아이레스에서 아이들을 길렀다. 그들은 아나가 예전의 가족 대저택 중에서 상속받은 소박한 시골집에서 여름을 보냈다. 로베르토 게바라는 아들이 직업을 준비하도록 국립학교에 보내면서 그에게 이렇게 말했다. 「내가 가치 있다고 생각하는 귀족은 오로지 재능 있는 귀족뿐이다.」

그러나 에르네스토는 나면서부터 아르헨티나 사회에 속해 있었다. 그는 캘리포니아 개척지에서 살았던 삶에 대한 어머니의 이야기와, 안데스 고원에서 있었던 인디오의 공격과 갑작스러운 죽음에 대한 아버지의 끔찍한 이야기를 들으며 자랐다. 모험으로 가득 찬 가족의 찬란한 과거는 그가 극복하기에는 너무나 강력한 유산이었다. 열아홉 살 때 아버지를 여읜 에르네스토는 대학에 진학하여 건축과 공학을 공부했지만 졸업 전에 학교를 중퇴했다. 에르네스토 역시 모험을 통해 자수성가하고 싶어 했다. 그래서 그는 아버지로부터 물려받은 얼마 안 되는 유산을 그 목적을 추구하는 데 이용했다. 셀리아를 만났을 때 에르네스토는 부유한 친척과 함께 요트 제조 회사 아스티예로 산이시드로에 자기 재산 대부분을 투자한 상태였다. 그는 한동안 그곳에서 공장장으로 일했지만 그 일은 에르네스토의 관심을 붙잡아 두기에 충분하지 않았다. 곧 그는 새로운 계획에 열을 올렸다. 한 친구가 아르헨티나 사람들 수백만 명이 의례적으로 마시는 자극적인 토속 차 예르바 마테를 재배하면 돈을 벌 수 있을 것이라고 에르네스토를 설득했던 것이다.

예르바 마테 재배지인 미시오네스 주는 부에노스아이레스로부터 파라나 강을 따라 약 1,930킬로미터 떨어진 파라과이와 브라질에 접한 북쪽 국경 지방으로, 땅값이 쌌다. 미시오네스는 원래 16세기에 예수회 선교사들과 이들의 영향을 받고 개종한 과라니 인디오들이 정주하던 곳으로 불과 50년 전에 아르헨티나에 합병되었다가 얼마 전에 정주지로 개방된 참이었다. 땅 투기꾼과 돈 많은 모험가들, 가난한 유럽의 이민자들이 모여들고 있었다. 게바라 린치는 그곳을 직접 보러 갔다가 〈예르바 마테 열기〉에 사로잡혔다. 돈은 조선소에 묶여 있었지만 셸리아의 유산을 보태면 예르바 마테 플랜테이션을 만들 만큼의 충분한 땅을 살 수 있었고, 원하는 대로만 된다면 돈벌이가 되는 〈녹색 황금〉으로 부자가 될 터였다.

당연히 셸리아의 가족은 하나같이 딸의 어설픈 구혼자에 반대했다. 아직 스물한 살도 안 된 셸리아는 아르헨티나 법률에 따라 결혼을 하거나 상속을 받으려면 가족의 동의를 얻어야 했다. 셸리아는 허락을 간청했지만 그녀의 가족은 요지부동이었다. 임신까지 해서 더욱 절박해진 셸리아와 에르네스토는 그녀의 가족으로부터 억지로 동의를 얻어 내기 위해 결국 사랑의 도피 행각을 벌였다. 셸리아는 언니의 집으로 도망갔다. 실력 행사가 효과를 발휘해 두 사람은 결혼을 허락받았다. 하지만 셸리아가 유산을 받으려면 여전히 법정으로 가야 했다. 판사의 명령에 따라 셸리아는 유산 중 일부를 받았다. 중앙 코르도바 지방의 곡물 농장과 가축에 대한 권리, 그리고 신탁기금에서 받은 약간의 현금채권이 유산에 포함되었다. 이제 미시오네스의 마테 플랜테이션을 사기에 충분했다.

1927년 11월 10일, 셸리아와 에르네스토는 결혼한 언니 에델미라 무레 데 라 세르나의 집에서 비밀리에 결혼식을 올렸다. 부에노스아이레스의 신문 「라 프렌사」는 사교란을 통해 그 소식을 전했다. 이후 두 사람은 부에노스아이레스를 떠나 자신들만의 비밀을 간직한 채 미시오네스의 야생 지대로 달아났다. 오랜 세월이 흐른 다음 출판된 회고록에서 게바라 린치는 이렇게 썼다. 〈우리는 삶을 어떻게 살아야 할지 함께 결정했다. 우리의 결혼을 방해하고 싶어 했던 답답한 친척과 친구들, 그리고 후회와 체면은 모두 잊어버렸다.〉

3

1832년에 영국의 생물학자 찰스 다윈은 가우초 군사 지도자 후안 마누엘 데 로사스가 아르헨티나 원주민 인디오들에게 자행한 잔학 행위를 목격하고 이렇게 예언했다. 〈그 나라는 구릿빛 피부의 인디오가 아니라 백인 가우초 야만인들의 수중에 들어갈 것이다. 백인 가우초들은 교육에서만 약간 우월할 뿐 모든 도덕성에서는 열등하다.〉

하지만 그러한 피가 흐름에도 불구하고 아르헨티나는 문민 의식을 가진 역사적 영웅들을 여럿 탄생시켰다. 호세 데 산마르틴 장군은 스페인과 독립 투쟁을 벌여 나라를 해방시켰고, 개혁적인 언론인이자 교육자였던 도밍고 사르미엔토 대통령은 아르헨티나가 통일된 공화국으로서 현대를 맞이하게 했다. 사르미엔토가 1845년에 쓴 『파쿤도: 문명과 야만*Facundo: civilización y barbarie*』은 동포들에게 그들의 원형인 아르헨티나 개척자 가우초들의 야만성을 넘어 문명인의 길을 택하라고 호소했던 나팔 소리였다.

그러나 사르미엔토조차 나라를 이끌기 위해 독재적 권

위를 휘둘렀고, 그가 죽은 뒤에도 아르헨티나에서는 독재자, 즉 군사 지도자에 대한 숭배가 사라지지 않았다. 정부가 주기적으로 어지럽게 흔들리는 가운데 군사 지도자들과 민주주의자들 사이에서 정권이 교체되기를 반복함에 따라 군사 지도자 체제는 다음 세기에도 한참 동안 아르헨티나 정치의 특징이 되었다. 실제로 그들이 정복했던 큰 땅덩어리 내부에 존재하는 확연한 차이를 반영하듯 아르헨티나인의 기질에는 화해할 수 없는 이중성이 있었고, 이 이중성은 야만과 계몽 사이의 영원한 긴장 상태 속에서 균형을 취하고 있는 듯 보였다. 아르헨티나인들은 열정적이고 변덕스러우며 인종주의적이면서도 동시에 화통하고 유머가 풍부하며 친절했다. 이 역설적인 기질이 모태가 되어 탄생한 풍성한 문화는 리카르도 기랄데스의 『돈 세군도 솜브라Don segundo sombra』와 호세 에르난데스의 가우초 서사시 『마르틴 피에로Martin Fierro』 같은 고전 문학 속에 잘 표현되었다.

1870년대 이후 아르헨티나는 좀 더 안정되었다. 그리고 공식적인 후원을 받았던 원주민 인디오 말살 작전 이후 남쪽 팜파스 정복이 최종적으로 확실해지면서 광대하게 펼쳐진 새로운 땅이 식민화를 위해 개방되었다. 팜파스에 울타리가 쳐지면서 방목지와 농경지로 변했고 새로운 마을과 산업체들이 생겨났으며 철도와 항구, 도로가 건설되었다. 1900년대로 넘어가면서 아르헨티나 인구는 세 배로 늘어났다. 이탈리아와 스페인, 독일, 영국, 러시아, 중동 등지에서 100만 명 이상의 이민자들이 기회 가득한 남쪽 땅으로 물밀듯이 밀려들어 왔고, 이민자들의 행렬은 이후에도 끊어지지 않고 계속 이어졌다.

1세기 전만 해도 방대한 라플라타 강 어귀에 자리 잡은 음산한 식민지 요새에 지나지 않았던 부에노스아이레스 시는 용광로처럼 불타올랐다. 검은 눈의 가수 카를로스 가르델은 새로운 감각적 탱고 문화와 새로 싹트는 민족적 자존심을 감미로운 목소리로 압축해서 보여 주었다. 부에노스아이레스 주민들은 룬파르도lunfardo라 불리는 고유의 크리올 가(街) 방언을 사용했다. 룬파르도는 아르헨티나 방언으로 케추아어와 이탈리아어, 현지 가우초 스페인어에서 차용된 중의적 표현이 풍부했다.

부에노스아이레스 부두는 떠들썩했다. 아르헨티나산 육류와 곡물, 가죽 등을 실은 배들이 유럽으로 향했고, 미국제 스튜드베이커 자동차와 축음기, 최신 파리 패션을 실은 배들이 부두에 뱃머리를 댔다. 부에노스아이레스에는 오페라 하우스와 주식 거래소, 훌륭한 대학교가 있었고, 으리으리한 신고전풍 공공건물과 개인 저택들이 줄지어 늘어서 있었으며, 녹음을 드리운 나무들과 폴로 경기장을 갖추고 잘 가꿔진 푸른 공원들은 물론이고 훌륭한 조각상들과 시원한 물을 내뿜는 분수로 장식된 넓은 대로가 펼쳐져 있었다. 자갈로 포장된 길을 따라 덜거덕거리는 노면 전차들은 청동 문을 달고 그림을 새긴 유리창에 금박 글씨를 넣은 우아한 제과점와 술집들을 지나갔다. 거울과 대리석으로 내부를 치장한 이 건물들 안에서는 흰 재킷을 입고 기름으로 머리를 매끈하게 다듬은 오만한 웨이터들이 경계의 눈을 반짝이며 독수리처럼 서 있다가 재빨리 움직였다.

하지만 부에노스아이레스 시민들이 자기들의 문화적 비교 대상을 유럽에서 찾고 있는 동안 내륙의 상당 부분은 여전히 19세기 상태로 방치되어 있었다. 북부에서는 전제적인 지방 군사 지도자들이 방대한 영역에 걸친 면화 및 설탕 재배지를 지배하고 있었다. 이곳 노동자들 사이에는 나병과 말라리아, 심지어 가래톳흑사병 같은 질병들이 만연해 있었다. 안데스 지방에서는 코야coya라는 이름으로 알려진 토착 인디오들이 케추아어와 아이마라어를 사용하며 극빈 상태에서 살고 있었다. 여성들은 당시는 물론 그 이후로도 20년 동안 선거권을 갖지 못했고 이혼이 합법화되기까지는 더 오랜 시간이 걸렸다. 일상적으로 자경단이 사법권을 행사했고 고원 지대에서는 계약 노예가 성행했다.

아르헨티나의 정치 체제는 변화하는 사회를 따라가지 못하고 정체되어 있었다. 수십 년 동안 급진당과 보수당, 이 두 당이 나라의 운명을 좌우했다. 현직 급진당 대통령 이폴리토 이리고옌은 늙고 괴팍한 데다, 대중 앞에 모습을 드러내거나 발언하는 일이 거의 없는 수수께끼 같은 인물이었다. 노동자들에게는 거의 아무런 권리가 없었고 파업은 총포와 경찰봉으로 공공연히 진압되었다. 범죄자들은 배에 실려 남쪽 파타고니아의 추운 황무지로 후송되어 그곳에서 복역했다. 그러나 이민자들이 계속 들어오고 20세기가 되면서 새로운 정치사상도 유입되었다. 페미니스트와 사회주의자, 무정부주의자, 그리고 파시스트까지 제각각 목소리를 냈다. 1927년 아르헨티나에서는 정치적, 사

회적 변화가 불가피했다. 하지만 아직까지는 아무 일도
일어나지 않고 있었다.

4

게바라 린치는 셀리아의 돈으로 파라나 강둑을 따라 펼
쳐진 정글 200헥타르를 구입했다. 두 사람은 커피색 강물
과 파라과이 쪽 강변의 짙은 녹색 숲이 내려다보이는 절벽
에 버팀대를 세운 다음 옥외 부엌과 별채가 딸린 널찍한 통
나무집을 지었다. 부에노스아이레스의 안락함과는 거리가
멀었지만 게바라 린치는 기뻐서 어쩔 줄 몰랐다. 그는 기업
가다운 열정적인 눈으로 주변의 정글을 살펴보고 거기서
미래를 보았다.

아마도 게바라 린치는 자기 선조들이 그랬던 것처럼 새
로운 미지의 땅으로 과감히 개척해 들어감으로써 가문을
부흥시킬 수 있을 거라 믿었던 것 같다. 선조들의 경험을
의식적으로 모방했는지는 알 수 없지만, 확실히 미시오네
스는 그에게 자기만의 〈거친 서부〉 모험이었다. 게바라 린
치에게 미시오네스는 아르헨티나의 일개 후미진 지방이
아니라 〈맹수와 위험천만한 일, 강도와 살인, 정글 폭풍,
그칠 줄 모르는 비와 열대의 질병〉으로 가득한 짜릿한 곳
이었다.

게바라 린치는 이렇게 썼다. 〈그곳, 신비에 싸인 미시오
네스에서는…… 모든 것이 매력적이고 유혹적이다. 그곳은
위험한 모든 것이 그러하듯 사람을 끌어당기고, 열정적인

모든 것이 그러하듯 사람을 유혹한다. 그곳에서는 모든 것이 생소하다. 토양은 물론이고 기후, 식생, 야생 동물로 가득 찬 정글, 심지어 그곳 주민들마저 생소하다. ……누구든 그 땅에 발을 들여놓는 순간부터 생명의 안전이 마체테 칼이나 권총에 달려 있음을 느낄 것이다…….〉

게바라 부부의 농장은 푸에르토카라과타이라는 곳에 있었다. 카라과타이는 아름다운 자생 붉은 꽃을 뜻하는 과라니어에서 따온 것이었고 푸에르토는 항구를 뜻하는 말이었지만, 정작 항구는 나무로 만든 작은 잔교에 지나지 않았다. 카라과타이는 오래된 무역항 포사다스에서 영국 식민지 주민들을 나일 강까지 실어 날랐던 고색창연한 빅토리아식 외륜 증기선 〈이베라〉를 타고 이틀 동안 항해해야 도착할 수 있는 곳이었다. 가장 가까운 거류지는 8킬로미터 정도 떨어진 몬테카를로라는 독일인 정주자촌이었지만, 게바라 부부는 숲을 지나 도보로 몇 분 거리에 살고 있는 찰스 벤슨이라는 친절한 이웃 하나를 알게 되었다. 영국 출신의 은퇴한 철도 기사이자 낚시광이었던 그는 강 바로 위쪽에 영국에서 수입한 수세식 화장실이 딸린 흰색 방갈로를 아무렇게나 짓고 살았다.

몇 달 동안 게바라 부부는 그 지역을 돌아보며 즐거운 시간을 보냈다. 부부는 벤슨과 함께 강에서 보트 낚시를 즐기거나 말을 탔고, 아니면 노새가 끄는 마차를 타고 몬테카를로로 드라이브를 떠났다. 몬테카를로 거리에서 작은 호스텔을 운영하던 사람이 있었는데, 그 집의 여덟 살짜리 아들 거트루디스 크라프트가 보기에 강변에 통나무로

〈대저택〉을 짓고 사는 게바라 부부는 존경할 만하고 〈부유하며 우아한 사람들〉이었다.

그리 대단한 것은 아니었지만 게바라 부부의 목가적인 밀월여행은 오래가지 않았다. 몇 달이 금세 지나갔고 셀리아의 배가 상당히 불러 와서 좀 더 안락하고 안전하게 출산할 수 있을 문명 세계로 돌아가야 할 때가 되었다. 게바라 부부는 강 하류로 내려가 로사리오에 도착했다. 로사리오는 30만 명의 인구가 살고 있는 파라나 강의 주요 항구 도시였다. 바로 여기서 셀리아는 분만에 들어갔고 두 사람의 아들 에르네스토 게바라 데 라 세르나가 태어났다.

6월 15일 호적계 사무실에서 허위로 작성된 출생증명서에 증인을 선 두 사람은 로사리오에 살던 게바라 린치의 사촌과 마지막 순간에 데려온 게 분명한 브라질인 택시 운전사였다. 출생증명서에는 아이가 부모의 〈주소지〉인 엔트레리오스 가(街) 480번지에서 6월 14일 오전 3시 5분에 태어났다고 기록되어 있다.

셀리아가 〈에르네스티토〉를 낳고 몸조리를 하는 동안 게바라 부부는 로사리오에 머물렀다. 그들은 도심 인근에 새로 지은 고급 주거용 건물에 하인 숙소가 딸린 침실 세 개짜리 널찍한 아파트를 세냈다. 출생증명서에 적힌 주소는 바로 이곳이었다. 출생 직후 아이가 기관지성 폐렴에 걸리는 바람에 게바라 부부는 그곳에 더 머물러야 했다. 게바라 린치의 어머니 아나 이사벨 린치와 미혼이었던 누이 에르실리아가 도와주러 왔다.

게바라 부부의 가족들이 어떤 낌새를 챘는지는 모르지

만 그들은 이 일에 대해 함구했다. 체의 남동생 로베르토는 어머니가 자기에게 이렇게 말했다고 한다. 「에르네스토는 1928년 6월 14일에 로사리오의 한 병원에서 태어났단다. 출생증명서에 적힌 주소는 에르네스토가 태어난 곳이 아니라 그 아이가 생후 며칠을 보낸 곳이야. 아마 친구의 집이었거나 증인을 섰던 택시 운전사의 집이었겠지…….」

물론 셀리아가 나중에 체의 별자리 점을 주선한 친구 홀리아 콘스텐라 데 귀사니에게 말했던 것처럼, 사실 그녀는 5월에 〈금이빨〉이라는 별명의 파업 부두 노동자가 총상으로 죽은 날, 그날 그 시각에 에르네스토를 낳았다.

로사리오의 일간지 「라 카피탈」의 누렇게 변해 가는 기록물들이 이 이야기를 확인해 준다. 1928년 5월, 로사리오 부두 노동자들의 파업은 폭력으로 치달았다. 거의 매일 칼부림과 총격전이 벌어졌는데 대부분은 하역 인부들의 고용 대행사인 소시에다드 파트로날이 고용한 무장 파업 파괴 분자들이 저지른 일이었다. 1928년 5월 13일 화요일 오전 5시 30분, 〈금이빨〉이라는 별명으로 불리던 스물여덟 살의 하역 인부 라몬 로메로가 푸에르토산마르틴에서 벌어진 싸움판에서 머리에 총을 맞았다. 다음 날인 5월 14일 새벽에 그는 로사리오에서 북쪽으로 약 20킬로미터 떨어진 산로렌소에 위치한 그라나데로스 아 카발로 병원에서 죽었다.

게바라 부부는 부에노스아이레스에서 가족들을 부산스 레 만나며 첫아들을 선보인 후 미시오네스의 농장으로 돌 아왔다.

게바라 린치는 플랜테이션 계획을 실행에 옮기는 작업 에 본격적으로 착수했다. 그는 쿠르티도라는 파라과이인 작업반장을 고용하여 토지 개간과 예르바 마테 첫 파종을 감독하게 했다. 그러나 노동자들을 고용하는 일과 관련해 그는 미개척지에서 널리 행해지던 노예 노동 제도에 직면 해야 했다.

미시오네스의 벌목업자와 예르바 농장 소유주들은 보 통 멘수mensu라 불리는 과라니 인디오 뜨내기 노동자들을 고용했다. 이들은 장래의 일에 대해 선금을 받고 구속력 있 는 계약을 맺었다. 멘수는 생산량에 따라 낮은 임금을 받 았는데, 그것도 현금으로 받은 게 아니라 지나치게 비싼 플 랜테이션 가게에서 기초 필수품을 구매하는 데에만 쓸 수 있는, 개인이 발행한 전표(錢票)를 받았다. 이러한 체계에 서 사실상 노동자들은 원래의 부채를 결코 갚을 수 없었 다. 카팡가스capangas라 불리는 무장 플랜테이션 경비들이 탈주 노동자가 없도록 엄중히 감시했고, 총과 벌목용 칼인 마체테에 노동자들이 맞아 죽는 일이 자주 일어났다. 카팡 가스를 피했더라도 경찰에 잡힌 도망 멘수들은 결국 원래 주인에게 돌려보내질 수밖에 없었다. 멘수들을 고용하기 는 했지만 예르바 대농장주가 아니었던 게바라 린치는 자신이 들은 이야기에 간담이 서늘해져 노동자들에게 현금으로 보수를 지불했다. 이 때문에 게바라 린치는 인기 있는 주인이 되었고, 오랜 세월이 흐른 후에도 그 지방 노동자들은 여전히 그를 〈좋은 사람〉으로 기억했다.

게바라 린치가 농장을 경영하는 동안 어린 아들은 걸음마를 배웠다. 아들의 걸음마 훈련을 돕기 위해 아버지는 아들에게 작은 예르바 마테 주전자를 부엌에 있는 요리사에게 전달하는 심부름을 시키곤 했다. 아이는 언제나 수시로 넘어지면서도 화난 표정을 지으며 다시 일어나 계속 걸어갔다. 카라과타이에 들끓는 해충 때문에 또 하나의 일과가 생겨났다. 매일 밤 아들이 요람에 누워 자는 동안 게바라 린치는 작업반장 쿠르티도를 데리고 아들의 방으로 조용히 기어들어 갔다. 게바라 린치가 아들에게 손전등을 비추는 동안 쿠르티도는 피우던 담뱃불로 그날 아이의 살갗을 파고든 진드기 유충들을 조심스럽게 쫓아냈다.

1929년 3월, 셀리아가 다시 임신했다. 그녀는 갈리시아 태생의 젊은 유모를 고용하여 아직 돌도 지나지 않은 에르네스티토를 돌보게 했다. 그렇게 카르멘 아리아스는 새 가족이 되었다. 그녀는 8년 뒤 결혼할 때까지 게바라 가족과 함께 살았고, 그 후로도 평생 게바라 가족의 친구로 남았다. 애 보는 일에서 벗어난 셀리아는 매일 파라나 강에서 수영을 했다. 그녀는 수영을 잘했지만, 임신 6개월째였던 어느 날 강물에 휩쓸리고 말았다. 남편이 고용한 벌목꾼 두 명이 인근 숲에서 작업을 하다가 그녀를 발견하고 덩굴 줄기를 던져 주지 않았더라면 아마 강물에 빠져 죽고 말았을 것이다.

게바라 린치는 결혼 초에 셀리아가 익사 직전까지 갔던 수많은 일화들을 혀를 차며 회상했다. 그때부터 이미 셀리아와 에르네스토는 성격 차이로 갈등을 빚기 시작했다. 셀리아는 독불장군에다가 냉담하고 겁이 없어 보인 반면, 게바라는 주변에 사람들을 두고 싶어 하는 정서적으로 갈급한 사람이었다. 또 그는 강렬한 상상력을 지녀서, 모든 곳에 숨어 있는 듯 보이는 위험들을 과장해서 생각하는 늘 걱정 많은 사람이었다.

결혼 생활에 불화가 싹틀 조짐이 있었지만 두 사람은 아직 갈라설 생각이 없었다. 부부는 게바라 린치가 아스티예로 산이시드로에서 건조한 선실 네 개짜리 나무 보트인 키드 호를 타고 강을 유람하거나 에르네스티토를 아빠의 안장 앞에 앉힌 채 말을 타고 숲길을 달리는 등 가족 여행을 함께했다. 한번은 아르헨티나와 브라질 국경이 만나는 유명한 이구아수 폭포까지 강을 거슬러 올라가 원시림 절벽에서 굉음을 내며 떨어지는 갈색 폭포수에서 떠오르는 수증기 구름을 구경하기도 했다.

1929년에 게바라 가족은 강을 따라 부에노스아이레스까지 내려가는 긴 여행을 위해 다시 한 번 짐을 쌌다. 땅을 개간하고 예르바 농장에 파종한 지 얼마 되지 않은 시점이었지만, 셀리아가 둘째 아이를 막 출산할 참이었고, 아스티예로 산이시드로에 게바라 린치가 반드시 필요했다. 그가 없는 동안 사업이 무너져 투자자들 중 한 명이 투자금을 회수했던 것이다. 원래는 몇 달만 떠나 있을 계획이었지만 이후 게바라 가족은 푸에르토카라과타이로 다시는 돌아가지 못했다. 게바라 린치가 〈힘들었지만 매우 행복했다〉고 회상했던 세월이 끝난 것이다.

6

부에노스아이레스로 돌아온 게바라 린치는 가족이 살 집으로 여동생 마리아 루이사와 그녀의 남편이 소유한 식민지 시대 대저택의 대지에 딸린 방갈로식 주택을 임대했다. 이 집은 산이시드로 교외 주거지에 있던 그 문제 많은 조선소와 가깝다는 장점이 있었다.

그들이 그 집에 들어가 산 지 얼마 안 되어 12월에 셀리아가 둘째 아이를 출산했다. 게바라 부부는 새로 태어난 딸에게 셀리아라는 이름을 붙여 주었다. 게바라 린치가 조선소로 일하러 가 있던 동안 잠시 가족의 생활은 산이시드로 요트 클럽으로 소풍 가는 일을 중심으로 이루어졌다. 클럽은 파라나 강과 우루과이 강이 만나 라플라타 강 어귀를 형성하는 지점 부근에 있었다.

게바라 린치가 도착했을 때 조선소는 파산 일보 직전이었다. 사람들의 이야기에 따르면 회사가 이 지경에 이른 것은 게바라 린치의 육촌이자 동업자였던 헤르만 프레르스가 사업에는 젬병이었기 때문이었다. 나름 부유했고 보트 경주 대회 챔피언이기도 했던 프레르스에게 조선소는 돈을 벌기 위한 사업이라기보다는 취미에 가까웠다. 선박을 예술 작품으로 만들고자 하는 열정으로 가득했던 그는 최상의 수공과 값비싼 자재에 돈을 쏟아부어 제작비가 판매 가능한 선을 넘어서게 만들곤 했다. 게바라 린치가 투자한 돈이 모두 날아갈 심각한 위험에 처해 있었고, 설상가상으로 그가 돌아온 후 화재가 발생해 조선소를 홀랑 불태웠다. 보트와 목재, 페인트까지 모두 화염에 날아가 버렸다.

조선소가 보험에 들어 있었다면 화재는 뜻밖의 행운이었을지도 모를 일이었다. 하지만 프레르스는 보험료 내는 일조차 까먹고 있었기 때문에 게바라 린치는 하룻밤 새 유산을 날리고 말았다. 그에게 남은 것이라고는 나무 보트 키드 호가 전부였다. 프레르스는 조금이나마 손실을 보상해 주려고 게바라 린치에게 12미터짜리 모터 요트 알라 호를 주었다.

전부 잃은 것은 아니었다. 알라 호는 나름대로 가치가 있었고 게바라 가족에게는 여전히 미시오네스 농장이 남아 있었다. 게바라 린치가 자리를 비운 동안 농장은 가족의 친구 한 명이 맡아 관리하고 있었다. 그리고 잘되면 곧 농장 수확으로 매년 수입이 생길 예정이었다. 한편 셀리아의 코르도바 부동산에서도 매년 소득이 들어왔다. 두 사람의 주변에는 수많은 가족과 친구들이 있었기 때문에 그들이 굶어 죽는 일은 없을 것이었다.

1930년 초만 해도 게바라 린치는 확실히 장래를 그리 심하게 염려하지 않고 있었다. 몇 달 동안 그들은 주말마다 친구들과 알라 호를 타고 항해를 즐기며 좀 더 상류 쪽 삼각주에 있는 수많은 섬들로 소풍을 다니면서 여가를 보냈다. 게바라 린치 가족은 11월에서 3월까지 이어지는 아르헨티나의 더운 여름을 산이시드로 요트 클럽의 해변에서 며칠씩 보내거나 부유한 사촌이나 기타 친척들의 시골 농장들을 방문하며 지냈다.

1930년 5월 어느 날, 셀리아는 두 살 난 아들을 데리고 요트 클럽에 수영을 하러 갔다. 이미 아르헨티나에서는 춥고 바람 부는 겨울이 시작된 시기였다. 그날 밤, 아이가 기침을 하기 시작했다. 의사는 아이가 천식성 기관지염을 앓고 있다는 진단을 내리고 약을 처방했지만 기침은 진정되지 않고 며칠 동안 계속되었다. 가족이 곧 알게 되듯이 어린 에르네스토는 이미 만성 천식에 걸린 상태였다. 이로 인해 에르네스토는 힘든 삶을 살게 되고 가족들의 삶의 행로도 돌이킬 수 없이 변하게 된다.

곧 천식 발작이 다시 일어나 더욱 악화되었다. 에르네스토는 숨이 막힐 정도로 헐떡거렸고, 에르네스토의 부모는 비통한 심정이 되었다. 절박하게 의사들의 조언을 구하고 할 수 있는 모든 치료를 다 해보았지만 허사였다. 집안 분위기가 어두워졌다. 게바라 린치는 그날 해변에서 경솔한 짓을 했다고 셀리아를 비난하며 아들의 병을 책임지라고 다그쳤다.

사실 게바라 린치의 비난은 평소의 그답지 않게 결코 공정하지 않았다. 셀리아는 알레르기가 매우 심했고, 그녀도 천식을 앓았다. 모든 가능성을 놓고 볼 때, 셀리아가 자신의 유전적 성향을 에르네스토에게 물려주었을 가능성이 높았다. 에르네스토만큼 심하지는 않았지만 이후 그의 두 남동생과 여동생도 알레르기와 천식을 앓았다. 실상을 말하자면 찬 공기와 물은 단지 에르네스토 안에 이미 잠재되어 있던 증상을 촉진시킨 데 불과했다.

원인이 무엇이었든지 간에 체의 천식 때문에 가족이 기후가 습한 푸에르토카라과타이로 돌아가는 것은 불가능해졌다. 라플라타 강을 지척에 둔 산이시드로 역시 아들에게는 너무 습한 곳이라는 점도 분명했다. 1931년에 게바라 부부는 다시 부에노스아이레스로 돌아갔다. 그들은 팔레르모 공원 부근에 있던 아파트 5층을 세냈다. 게바라 린치의 어머니 아나 이사벨과 그녀와 같이 살고 있던 미혼의 여동생 베아트리스가 살던 곳과 가까운 곳이었다. 두 여자는 병약한 아이에게 애정을 듬뿍 쏟았다.

셀리아는 1932년 5월에 또 아이를 낳았다. 이번에는 아들이었다. 그들은 셋째 아이에게 캘리포니아 태생 친할아버지의 이름을 따 로베르토라는 이름을 지어 주었다. 둘째 셀리아는 이제 한 살 반이 되어 첫걸음마를 하고 있었고, 네 살 된 에르네스토는 팔레르모 정원에서 자전거 페달 밟는 법을 배우고 있었다. 그러나 이사를 했어도 에르네스토의 천식은 좀처럼 나아지지 않았다. 게바라 린치에게 아들의 질병은 일종의 저주였다. 〈에르네스토의 천식은 우리의 결정에 영향을 미치기 시작한 지 오래였다. 매일 이동의 자유에 새로운 제한이 가해졌고, 매일 우리는 염병할 질병의 손아귀에 더욱더 깊숙이 빨려들어 갔다.〉

에르네스토의 천식을 안정시키는 데에는 건조한 기후가 좋다는 의사의 권고에 따라 게바라 부부는 코르도바 주의 중앙 고원 지대로 여행을 떠났다. 몇 달 동안 그들은 호텔과 임대 주택에 번갈아 머물면서 코르도바와 부에노스아이레스를 오가는 여행을 했다. 이 과정에서 에르네스토의 발작은 진정되었다가도 다시 악화되며 매우 불규칙한 양상을 보였다. 업무를 돌볼 수도, 새로운 사업 계획을 진행시킬 수도 없었던 게바라 린치는 점점 더 좌절감에 휩싸였다. 그는 〈불안정하고, 허공에 뜬 것 같고, 아무것도 할 수 없는 것처럼〉 느꼈다.

담당 의사는 에르네스토가 회복되려면 코르도바에 최소한 4개월은 머물러야 한다고 강권했다. 게바라 가족과 가깝게 지내던 한 친구가 코르도바 부근의 작은 산맥인 시에라치카스의 낮은 산기슭에 있는 알타그라시아라는 작은 온천 마을에 가보는 게 어떻겠느냐고 제안했다. 알타그라시아는 화창하면서도 기후가 건조해서 결핵을 비롯한 호흡기 질환을 겪는 사람들이 휴양지로 찾는 매우 인기 있는 곳이었다. 게바라 부부는 친구의 권고를 받아들여 잠시 머물 생각으로 알타그라시아로 이사했다. 그들은 그곳이 이후 11년간 그들의 집이 될 거라고는 상상조차 해보지 않았을 것이다.

2장
알타그라시아의 건조한 기후

1

　1930년대 초의 알타그라시아는 농장들과 훼손되지 않은 전원 풍경으로 둘러싸인 인구 수천에 불과한 매력적인 구릉 휴양지였다. 산에서는 신선하고 순수하며 활력을 일으키는 향기가 바람에 실려 왔다.

　알타그라시아에서 에르네스토의 천식은 호전되는 듯 보였으나 발작이 여전했다. 처음에 게바라 가족은 알타그라시아의 교외 언덕배기에 위치한 라그루타 호텔에 머물렀다. 투숙객 대부분이 폐 질환을 앓고 있었다. 호텔 이름은 루르드 성녀를 경배하기 위해 지어진 인근 성당 이름에서 따온 것으로, 그곳은 기적을 갈구하는 사람들이 즐겨 찾는 순례지였다.

목가적인 풍경이 펼쳐져 있었고 셀리아와 아이들에게 생활은 곧 휴가의 연장이었다. 셀리아는 아이들을 데리고 수영할 웅덩이가 있는 곳으로 하이킹을 가거나 노새를 타고 다니며 동네 사람들을 만나기 시작했다. 하지만 게바라 린치는 함께하지 않았다. 돈이 점점 떨어지면서 일을 할 수 없다는 그의 좌절감은 절망감으로 깊어지고 있었다. 구릉지들로 둘러싸인 알타그라시아에서 게바라 린치는 고립감과 불면증에 시달렸다. 그는 호텔 방에서 긴 밤을 뜬눈으로 지새며 점점 더 우울해졌다.

게바라 부부가 에르네스토의 건강 때문에 알타그라시아로 이사를 왔듯이, 이후에도 에르네스토의 건강 문제는 그들의 삶을 심하게 지배하며 그들의 미래 행로를 계속 규정하게 된다. 얼마 지나지 않아 그들은 알타그라시아에 무기한 머무르기로 결정했다. 라그루타 호텔에서 몇 달을 지낸 후 에르네스토의 상태가 호전되었다는 것을 확인할 수 있었기 때문이었다. 건조한 산악 기후는 정말 그의 천식을 〈안정〉시켰다. 부에노스아이레스에서 만성적이던 천식 발작이 알타그라시아에서는 간헐적인 양상으로 변했다. 에르네스토는 천식에도 불구하고 씩씩하고 고집 센 다섯 살 소년이 되어 동네 아이들과 어울리며 참호전이나 도둑잡기 같은 놀이를 하고, 알타그라시아의 언덕배기를 자전거를 타고 무모하게 질주했다.

게바라 린치는 알타그라시아의 사교 중심지인 시에라 호텔에서 도보로 불과 5분 거리에 있는 아베야네다 가(街)

에 셋집을 구했다. 게바라 린치가 등대에 비유하곤 했던 비야치타는 고딕풍의 2층짜리 목조 주택이었다. 무성하게 자란 풀밭에 둘러싸인 그곳은 한쪽으로는 연봉들을 바라보고, 다른 한쪽으로는 코르도바 쪽으로 펼쳐진 광활한 황색 초원 지대를 굽어보고 있었다.

1934년 1월, 셀리아는 넷째 아이를 낳았고 부부는 친할머니의 이름을 따 이 아이에게 아나 마리아라는 이름을 지어 주었다. 어린 에르네스토는 셀리아나 로베르토와는 자주 싸웠지만 막내 여동생인 마리아는 늘 각별하게 대했다. 에르네스토는 아장거리는 아이를 데리고 산책을 나가거나 책을 읽어 주었다. 또 숨을 헐떡이다가 지칠 때면 막내 여동생의 어깨에 기대어 쉬곤 했다.

다섯 살 때 찍은 가족사진에 나타난 에르네스토는 헝클어진 검은 머리에 피부는 창백했지만 다부진 인상을 주는 아이였다. 언제나 반바지에 양말과 샌들 차림이었고, 산악지대의 햇볕을 가리기 위해 다양한 모자를 썼다. 그의 인상은 은밀하면서도 강렬했지만 카메라는 그 분위기를 잘 포착하지 못했다. 살이 많이 빠져서이기도 했지만, 2년 후에 찍힌 사진에서 에르네스토는 눈에 띄게 누렇게 뜨고 야윈 얼굴을 하고 있는데, 오랜 천식 발작이 가져온 결과임이 틀림없다.

에르네스토가 일곱 살이 되었을 때, 게바라 가족은 비야치치타에서 길 바로 건너편의 좀 더 안락한 새 집으로 이사했다. 비야니디아는 키 큰 소나무들로 둘러싸인 단층 목조 주택으로 침실 세 개와 서재, 하인 숙소를 갖추고 있었다.

1헥타르에 이르는 대지 위에 자리 잡은 이 집의 집세는 비야치치타만큼 싸지는 않았지만, 월 70페소(미화로 약 20달러)로 여전히 낮은 편이었다. 집주인은 알타그라시아에 교회와 선교원을 소유하고 있던 〈엘 가우초〉 로사다였다.

알타그라시아에서 지내던 몇 년 동안 그들은 다시 이사를 다니며 계절마다 다른 집을 얻어 살았다. 그러나 비야니디아는 게바라 가족이 가장 오래 살았던 곳이고, 그들이 가장 애착을 가졌던 집이기도 하다. 그러나 집세가 아무리 쌌다 해도 당시 상당 기간 파산 상태였던 게바라 린치는 집세를 내지 못하는 경우가 자주 있었다.

게바라 린치는 곤경에 빠져 있었다. 그는 에르네스토의 건강 때문에 부에노스아이레스로 돌아갈 수도 없었고, 그렇다고 현지에서 직업을 구할 수도 없었다. 그가 기대할 만한 주된 소득원은 미시오네스 플랜테이션이었지만, 예르바 마테의 시장 가격이 곤두박질친 상태였고 셀리아의 남코르도바 부동산에서 들어오는 수입도 오랜 가뭄으로 뚝떨어진 상태였다. 알타그라시아에서는 적어도 생활비가 저렴했고 아이들은 건강했다.

이후 몇 년에 걸쳐 게바라 가족은 농장에서 나오는 수입에 계속 의존했지만 해마다 변하는 기후와 시장 상황에 영향을 받아 수입은 일정치 않았고 전반적으로 적었다. 가족과 친구들의 말에 따르면, 1930년대 내내 가족의 생활을 이끌어 갔던 것은 셀리아의 돈이었다. 그리고 그 돈은 아마 그녀의 수중에 남아 있던 현금 채권이었던 것 같다. 게바라 린치는 이를 인정했다. 〈우리에게는…… 경제적 어려움으로 점철된 정말 힘든 시기였다. 아이들은 쑥쑥 컸고 에르네스토는 여전히 천식을 앓았다. 우리는 의사를 부르고 치료하는 데 많은 돈을 썼다. 셀리아 혼자서는 아이들을 돌볼 수 없어 가정부를 고용할 비용도 필요했다. 학비, 집세, 옷, 음식, 여행 등에 많은 비용이 들었지만 들어오는 수입은 별로 없었다.〉

하지만 그들이 경제적 곤란을 겪는 이유 가운데 적어도 일부는 게바라 린치는 물론 셀리아도 돈에 대해 현실 감각이 없었고, 또한 경제적 능력을 훨씬 벗어난 생활 방식을 유지하려고 고집했다는 데 있었다. 그들은 자주 파티를 열었고, 마차와 자동차를 소유했으며, 여름휴가를 갔다. 하인도 세 명이나 쓰고 있었다. 그들은 여름마다 경제적 형편이 허락하는 대로 아르헨티나 부유층이 좋아하는 대서양 연안의 고급 리조트인 마르델플라타나 산타아나 데 이리네오포르텔라에 있는 할머니 아나 이사벨의 시골 농장으로 피서를 떠났다.

게바라 부부는 시에라 호텔에서 열리는 사교 모임의 고정 멤버가 되었다. 그들은 돈은 없었을지언정 흠잡을 데 없는 사회 계급에 속했고 행동거지나 출신을 놓고 봐도 나무랄 데가 없었다. 게바라 부부를 아는 이들은 그들이 기품 있는 사람들이라는 점에 동의했다. 게바라 부부는 모든 것이 결국에는 잘될 거라는 유복하게 태어난 사람들의 타고난 믿음을 가진 듯했다. 그리고 보통은 그렇게 되었다. 그들이 해결하지 못하는 문제가 생길 때마다 친구와 가족이 나서서 그들을 경제적 곤경에서 구해 주었던 것이다.

카를로스 〈칼리카〉 페레르가 무심결에 들려준 한 일화는 이러한 게바라 가족의 실상을 잘 드러내 준다. 알타그라시아의 부유한 폐질환 전문의의 놀기 좋아하는 아들 칼리카는 에르네스토가 그의 부친으로부터 천식을 치료받으면서부터 서로 단짝친구가 되었다. 그래서 그는 게바라 가족이 여름휴가를 떠날 때 몇 차례 그들을 따라나서기도 했다. 그렇게 칼리카가 게바라 가족의 여행에 따라나섰던 어느 날이었다. 게바라 가족을 실은 기차가 부에노스아이레스로 출발했을 때, 에르네스토의 아버지는 자신이 돈을 가지고 오지 않았다는 걸 깨닫고는 칼리카에게 그가 아버지로부터 휴가 때 용돈으로 쓰라고 받은 돈을 꿔달라고 부탁했다.

이는 게바라 린치가 알타그라시아에서 새로 맺은 사교적 관계들을 활용해 돈벌이가 되는 일자리를 얻기 얼마 전에 일어난 일이었다. 1941년, 그는 건축가였던 자기 형 페데리코의 신용과 〈공장장과 종합 건설업자〉라는 자기 자신의 신용을 이용해 시에라 골프 코스를 확장, 개선하는 계약을 따냈다. 이 일이 진행되는 동안에는 돈이 들어오고 있었지만, 이 사업을 제외하고는 그 가족이 알타그라시아에 체재한 오랜 기간 동안 게바라 린치가 일을 했다는 기록은 어디에도 없다.

2

에르네스토는 천식 때문에 아홉 살이 되도록 학교에 가

지 못했고, 따라서 셀리아가 직접 집에서 그에게 읽고 쓰는 법을 꾸준히 가르치며 가정교사 노릇을 했다. 두 사람 사이에 이미 형성되어 있던 특별한 관계는 이 시기에 더욱 공고해졌다.

어머니와 아들 사이의 공생 관계는 1965년 셀리아가 죽을 때까지 서로 흉금을 털어놓는 무수한 편지를 주고받으며 지속되어 극적인 울림을 갖게 된다. 실제로 다섯 살 때 에르네스토는 여러모로 자기 어머니와 흡사한 성격을 드러냈다. 두 사람 모두 무모한 일을 벌이기 좋아했고, 천성적으로 반항적이고 단호하였으며 고집불통이었다. 진작부터 에르네스토는 부모 중에서 〈더 좋아하는 쪽〉이 있었고, 결혼하지 않은 고모 베아트리스와 친할머니 아나 이사벨 같은 좋아하는 친척들이 있었다.

아이가 없던 베아트리스는 에르네스토를 특히 좋아했고, 선물 공세로 그를 버릇없는 아이로 만들었다. 에르네스토가 베아트리스 고모에게 자신의 천식이 나았다는 내용으로 보낸 첫 편지들 중 하나는 발신일이 1933년으로 거슬러 올라간다. 부모가 대신 써준 것이 확실한 그 편지에는 다섯 살짜리의 서투른 필적으로 힘들게 〈테테〉라고 서명되어 있었다. 테테는 베아트리스가 에르네스토를 부른 애칭이었고, 가족들도 덩달아 그를 테테라고 따라 불렀다.

에르네스토의 천식은 부모에게 계속 근심거리였다. 그들은 질환의 원인을 밝혀내려고 필사적으로 애쓰면서 에르네스토의 모든 일상생활을 기록했다. 습도와 옷차림, 음식 섭취에 이르기까지 모든 것이 관찰의 대상이었다. 에르네스토가 열 살 되던 해인 1938년 11월, 아버지는 노트에 그의 〈괜찮은 날들〉 중 하루에 관해 이렇게 기록했다. 〈15일 수요일 아침 날씨 약간 흐림, 공기는 건조함. 아무 일 없이 잠에서 깸. 창문을 열어 놓고 수면. 수영장에 가지 않음. 전날과 마찬가지로 왕성하게 식사. 오후 5시까지 양호.〉

부모는 베개와 매트리스 속은 물론 침대 이부자리까지 바꾸었고, 에르네스토의 침실에서 카펫과 커튼을 없앴으며, 벽의 먼지를 털어 내고 집과 정원에서 모든 애완동물을 치웠다. 하지만 모두 허사였다. 한번은 돌팔이 같은 수법도 써봤다. 밤에 아이의 침대 머리맡에 살아 있는 고양이를 두면 천식 발작이 일어나지 않을 거라는 말을 들은 게바라 린치는 고양이 한 마리를 구해 에르네스토의 침대 머리맡에 두었다. 하지만 아침에 보니 아들의 천식은 수그러들지 않았고 고양이는 죽어 있었다. 아마 밤사이 잠자는 아이 밑에 깔려 질식해 죽은 것 같았다.

결국 게바라 부부는 에르네스토의 천식에 고정된 패턴이 없다는 것을 깨달았다. 할 수 있는 최선은 발작을 억제할 방법을 찾는 것이었다. 에르네스토가 수영을 하고 나면 천식이 진정되는 것을 본 게바라 부부는 시에라 호텔 수영장 클럽에 가입했다. 또 부부는 에르네스토에게 몇 가지 제한을 두었다. 생선처럼 천식을 유발하는 특정 음식은 영원히 금지되었고, 발작이 일어나는 동안에는 엄격한 식단이 주어졌다. 이 강제된 식사 조절 때문에 그에게는 일생 동안 지속될 어떤 행동 패턴이 나타났다. 에르네스토는 어린 나이에도 불구하고 천식 식단을 지키면서 대단히 강한 극기력을 보여 주었지만 일단 천식 발작이 가라앉으면 배가 터지도록 먹었다. 이 때문에 그는 앉은자리에서 엄청난 양의 음식을 먹어 치우는 능력으로 유명해졌다.

때로는 걸을 수조차 없었고, 며칠씩 침대에서 꼼짝을 못하기도 했던 에르네스토는 책을 읽거나 아버지로부터 체스하는 법을 배우며 긴 시간을 고독하게 보냈다. 이러한 탐닉 행위도 일생 동안 그를 떠나지 않았고, 나중에 그는 어린 시절에 홀로 오랜 시간을 보낸 것이 자신의 독서열 형성에 도움이 되었다고 인정했다.

그러나 천식에서 자유로운 동안에 에르네스토는 신체적 한계를 몹시 시험해 보고 싶어 했다. 그는 신체적 영역에서 처음으로 경쟁 욕구를 느꼈다. 에르네스토는 축구, 탁구, 골프 같은 스포츠에 몰두했다. 승마를 배웠고 사격장에서 사격을 했으며, 시에라 호텔 수영장이나 개울을 막아 만든 웅덩이에서 수영을 했고 구릉지로 하이킹을 떠났다. 전쟁놀이를 하는 소년들의 단체 투석전에 가담하기도 했다.

남편의 반대에 아랑곳하지 않고 셀리아는 아들을 될 수 있는 대로 정상적으로 키워야 한다고 우기면서 이러한 야외 활동을 적극 권했다. 에르네스토가 헐떡거리며 기진맥진하여 친구들에게 업혀 집으로 돌아오는 등 때로는 불행한 일들이 벌어지기도 했지만 아이는 똑같은 일을 반복했고, 결국 게바라 린치가 결국 전혀 통제하지 못하게 된 일상적인 일이 되어 버렸다.

게바라 린치는 장남을 길들일 수 없었고, 셀리아는 길

들이려 하지 않았다. 그 결과 에르네스토는 점점 더 거칠고 반항적으로 변해 갔다. 에르네스토는 잘못을 저지르면 벌을 받지 않으려고 덤불숲으로 도망갔다가 부모가 걱정이 되어 더 이상 화를 내지 못하는 상황이 되면 비로소 집으로 돌아오곤 했다. 그러나 또 한 명의 친구 카를로스 피게로아는 조금 다른 이야기를 전해 준다. 피게로아 가족은 에르네스토네 집 바로 아래쪽에 여름 별장을 소유하고 있었는데, 그의 이야기에 따르면 에르네스토가 〈덤불숲으로 도망간 것〉은 게바라 린치 부부가 말다툼하는 모습을 에르네스토가 〈끔찍하게〉 싫어했기 때문이고, 그를 피하기 위해서였다.

부모의 말다툼이 일으킨 정서적 혼란이 에르네스토의 천식에 나쁜 영향을 끼쳤는지는 확실하지 않지만, 가족과 친구들은 셀리아와 게바라 린치가 알타그라시아에서 주기적으로 소리를 지르며 싸우기 시작했다는 데 이견이 없었다. 둘 다 성미가 불같았고, 그들의 부부 싸움은 알타그라시아에서 모르는 이가 없을 정도로 유명했다.

수년간 겪은 경제적 곤경이 부부 싸움에 일조했음은 분명하지만, 에르네스토의 천식과 일자리를 찾지 못하는 게바라 린치의 무능이 악순환을 가중시켰다. 물론 게바라 린치가 생각하기에 자신이 일자리를 구하지 못하는 까닭은 경솔했던 셀리아의 처신과 산이시드로에서의 수영 사건 때문이었다. 그러나 셀리아와 가깝게 지내던 친구들의 말에 따르면 불화의 원인은 사실 다른 데 있었다. 게바라 린치는 다른 여자들과 바람을 피웠다. 그것은 알타그라시아처럼 작은 동네에서는 숨기려 해도 숨길 수 없는 행위였다. 하지만 아르헨티나에서는 아직 이혼이 불법이었고, 게바라 부부는 아이들 때문에라도 끝까지 참았다.

알타그라시아 교육 당국이 에르네스토의 부모를 찾아와 에르네스토를 학교에 보내라고 명령했을 때, 자유롭게 질주하던 에르네스토의 허클베리 핀 시절은 마침내 종말을 고했다. 셀리아는 아홉 살이 된 에르네스토를 품에서 놓아줄 수밖에 없었다. 셀리아가 직접 가르친 덕택에 에르네스토는 이미 글을 읽고 쓸 줄 알았고, 아르헨티나의 초등학제에서 초급 학년을 건너뛸 수 있었다. 1937년 3월, 같은 반 아이들보다 한 살 더 많았던 에르네스토는 산마르틴 학교의 2학년 반에 들어갔다.

1938년 3학년 때 에르네스토의 성적은 성적표에 〈만족할 만하다〉라는 말로 요약되어 있다. 역사 과목에서 높은 점수를 받았고, 자연 과학, 읽기, 쓰기, 지리, 기하, 도덕, 사회 등에서는 〈점진적 향상〉을 기록했지만, 그림, 단체 체육 활동, 음악, 춤 등에는 별다른 관심을 보이지 않았다. 그해 내내 〈양호한〉 평가를 받았던 품행은 3학기에 〈부족〉하다는 평가를 받았다. 행동 발달상의 이러한 변화는 출석 상황의 급격한 변화와 일치한다. 첫 두 학기 동안은 결석일이 나흘 정도밖에 되지 않았지만 3학기에는 기록에 나타나 있듯이 21일간이나 결석을 했다. 아마 긴 천식 발작 때문이었을 것이다.

교장이자 에르네스토의 3학년 담임이었던 엘바 로시 데 오비에도 셀라야 부인은 에르네스토를 〈교실에서는 평범했지만 운동장에서는 리더십을 보이는 장난이 심하고 영리한 아이〉로 기억했다. 초등학교 시절을 회상하면서 에르네스토 〈체〉 게바라는 나중에 그의 둘째 부인인 알레이다에게 엘바 로시는 엄격한 훈육자였고, 쉴 새 없이 자신의 엉덩이를 때렸다고 말했다. 어느 날 그는 언제나처럼 체벌을 당할 상황에서 자기 반바지에 벽돌을 집어넣어 선생님의 손을 다치게 하기도 했다.

에르네스토는 초등학교 시절에 구제 불능일 정도로 〈잘난 척하는〉 아이였다. 본래 기질이든 아니면 어린 천식 환자에게 곧잘 나타나듯이 자신이 자각하고 있던 병약함에 대한 보상 심리였든, 에르네스토는 격렬한 경쟁심을 보이면서 사람들의 이목을 끄는 심한 장난에 골몰했다. 이런 장난에 어른들은 당황했지만 아이들은 경외심을 느꼈다. 언제나 관객이 되어 줄 용의가 있었던 반 친구들은 지금도 수많은 일화들을 떠올린다. 에르네스토는 수업 중에 병에 들어 있는 잉크를 마시거나 분필을 씹어 먹었고 학교 운동장의 나무 위로 올라갔다. 또 협곡을 잇는 철도 교각에 맨손으로 매달리거나 위험한 폐광 갱도를 탐험했고, 성마른 숫양을 상대로 투우사 놀이를 했다.

에르네스토는 동네 아이들과 어울려 알타그라시아를 돌아다니며 가로등에 새총을 쏘아 댔고, 또 친구 후안 미게스와 함께 라이벌 관계에 있던 다른 동네 아이 부모의 그랜드피아노 건반에 똥을 싸질러 놓아 보복하기도 했다. 그리고 정식 디너파티를 하고 있던 이웃집의 열린 창문으로 불타는 폭죽을 던져 넣어 손님들을 혼비백산하게 했다.

에르네스토의 괴상한 짓거리 때문에 게바라 부부는 동네에서 악명을 얻었지만 부부 역시 사람들 눈에 두드러져 보이기는 마찬가지였다. 사람들은 이 가정의 격의 없고 활기찬 분위기를 〈보헤미안적〉이라는 말로 묘사하곤 했다. 그들은 집에서 사회적 관례를 거의 지키지 않았다. 차를 마시는 시간이나 저녁 식사 때 찾아오는 동네 아이들에게 그들은 같이 앉아 먹자는 말을 건넸다. 저녁 식사 자리에는 언제나 식객이 있었다. 게바라의 아이들은 친구를 사귀는 데 차별을 두지 않았고, 캐디들을 비롯하여 알타그라시아의 〈하류층〉 가정 아들들과 어울려 놀았다.

그러나 그 누구보다 인상적인 인물은 자유로운 사고를 가진 어머니 셀리아였다. 교장 선생 엘바 로시의 회상에 따르면, 셀리아는 직접 운전을 하거나 바지를 입음으로써 계층 구분이 뚜렷했던 공동체의 여성으로서 수많은 〈첫 번째〉 기록을 세웠다. 당시의 사회 규범에 정면으로 도전한 예로 셀리아의 흡연을 거론한 사람들도 있었다.

하지만 셀리아는 이러한 급진적으로 보이는 행위들에도 불구하고 비난받지 않았다. 사회적 지위가 높았고 사람들에게 관대했기 때문이었다. 셀리아는 차로 자기 아이들과 아이들의 친구들을 정기적으로 통학시켜 주었다. 그들이 〈라카트라미나(털터리 차)〉라고 이름 붙인 그 차는 맥스웰사에서 만든 낡고 육중한 1925년형 컨버터블로 뒤에 접이식 좌석이 있었다. 셀리아는 자비를 들여 학교에서 일일 우유 급식을 시작하게 했다. 이것은 나중에 빈곤층 아이들이 수업일 동안 일정한 영양 섭취를 보장받도록 그 지역 교육

청이 채택한 관행이 되었다.

또한 에르네스토의 부모는 종교와 관련해서 대다수 이웃 사람들과 달리 반교권적 관점을 가지고 있었다. 게바라 린치의 어머니는 무신론자였고 그를 세속적으로 양육했다. 종교적 분위기에서 학교를 다닌 셀리아의 관점은 좀 모호했다. 그녀는 일생 동안 삶의 영적인 면으로 기울어지는 성향을 보였다. 알타그라시아에 처음 도착했을 때 셀리아는 아이들을 데리고 일요 미사에 참석했다. 하지만 게바라 린치의 말에 따르면 아내의 이런 행동은 종교적 믿음이 남아 있어서라기보다는 〈구경거리〉를 위한 것이었다.

그러나 이러한 자유주의적 관점에도 불구하고, 게바라 가족은 가톨릭 신앙을 버린 다른 많은 사람들과 마찬가지로 신앙과 행동 사이의 모순된 태도를 유지했고, 전통적인 의례 행위를 완전히 버리지도 않았다. 이런 의례 행위는 보수적인 사회에서 사회적으로 배제되지 않기 위한 장치이기도 했다. 게바라 부부는 더 이상 교회에 다니지 않았지만 아이들에게는 여전히 가톨릭 의례에 따라 세례를 받게 했다. 에르네스토의 대부는 부유한 페드로 레온 에차구에였다. 그는 셀리아와 게바라 린치의 만남을 주선하고, 게바라 린치를 설득하여 미시오네스에서 성공할 길을 찾아보게 했던 사람이었다.

그러나 에르네스토가 학교에 들어가고 나서부터 셀리아는 미사에 참석하지 않았고 게바라 부부는 아이들에게 종교 수업을 받지 말라고 했다. 로베르토는 방과 후에 아이들이 신을 믿는 쪽과 믿지 않는 쪽, 두 편으로 갈라 축구 경기를 했던 것을 회상했다. 〈믿지 않는〉 쪽 아이들이 매번 경기에서 졌다. 수가 너무 적었기 때문이었다.

알타그라시아의 급우들은 에르네스토가 학교 생활에서 늘 영리했다고 말했다. 하지만 에르네스토는 공부하는 모습을 별로 보이지 않았고, 성적은 평범했으며, 딱히 성적을 잘 받으려고 의욕을 불태우는 모습도 보이지 않았다. 아버지는 아들의 이런 모습을 결코 이해하지 못했다. 이것은 에르네스토가 성장하는 동안 끊임없이 반복되어 나타난 주제였다. 게바라 린치가 부인 셀리아를 결코 완전히 이해하지 못했던 것과 마찬가지로 장남의 행동 밑바탕에 깔려 있는 동기가 무엇인지 결코 이해하지 못했다. 그가 보기에 셀리아는 〈경솔함을 타고났〉고 〈위험에 이끌렸〉으며 이런 기질들을 장남에게 물려주었다는 점에서 잘못되었다. 한편 〈지나치게 신중〉하다는 점을 스스로 인정한 게바라 린치는 생활상의 모든 위험을 끊임없이 걱정하고 초조해했다. 어떤 면에서 게바라 린치는 셀리아보다 훨씬 더 모성적이었다. 반면 셀리아는 아들의 믿을 만한 친구이자 공모자였다. 또한 게바라 린치는 아일랜드인 기질을 가진 남자이기도 했다. 알타그라시아의 모든 친구들은 그가 벌컥 화를 낸 적이 많았다고 기억하는데, 자기 가족을 모욕했다고 생각한 경우에 특히 더 그랬다. 게바라 린치의 기질은 장남에게 그대로 유전되었다. 게바라 린치에 따르면 에르네스티토는 어린 시절부터 자신이 부당하게 혼나거나 벌을 받았다고 느끼면 〈통제할 수 없을 정도로 격분〉했다. 또 에르네스티토는 동네 아이들과 주먹질도 자주 했다. 이러한 기질은 완전히 없어지지 않았지만, 대학에 들어가면서 그는 그 기질을 통제하는 법을 배웠다. 신체적 폭력을 휘두르는 대신(물론 드물게 폭력을 휘두르기도 했다) 저 악명 높은 면도날처럼 날카로운 독설을 사용하기 시작한 것이다.

게바라 린치는 지적인 사람이었지만, 그럼에도 그는 지적으로 훨씬 더 가까웠던 셀리아와 에르네스토에 대해 사고의 단절을 느꼈다. 그는 모험과 역사를 다룬 책들을 읽었고 이런 작품들을 즐기는 성향을 에르네스토에게 물려주었다. 하지만 그에게 학자적 인내심이나 규율 같은 것은 별로 없었다. 반면 셀리아는 소설, 철학, 시 등을 열심히 읽었고, 결국 그녀는 자기 아들이 이러한 취미에 눈을 뜨게 했다.

이후 발달과 성숙 과정을 거치기는 하지만 나중에 성인기의 에르네스토 게바라에게서 전설적인 차원을 획득하게 되는 성격적 특징은 이미 소년 시절에 내재되어 있었다. 무모한 신체적 도전, 다른 사람들을 이끌려는 성향, 굽힐 줄 모르는 성격, 경쟁심, 자기 규율, 이 모든 것이 알타그라시아의 어린 〈게바리타〉에게 명백히 나타나 있었다.

3

1932년과 1935년 사이에 파라과이와 볼리비아는 그동안 공유했던, 건조한 차코 평원의 지배권을 둘러싸고 간헐적으로 유혈 전투를 벌였다.

에르네스토 게바라 린치는 신문에서 〈차코 전쟁〉의 경

과를 유심히 살폈다. 한때 미시오네스에서 파라과이인들과 함께 지낸 적이 있던 그는 파라과이를 지지했다. 언젠가 그는 파라과이의 방어를 돕기 위해 〈무기를 들 용의가〉 있다고 선언하기도 했다. 아버지의 이러한 열정에 매료된 장남 에르네스토도 전쟁의 추이에 흥미를 갖기 시작했다. 얼마 지나지 않아 동네 아이들이 두 나라의 갈등을 모방하여 한편은 파라과이인들이 되고 반대편은 볼리비아인들이 되어 전쟁놀이를 하게 되었다고 게바라 린치는 말했다.

나중에 게바라 린치는 이 전쟁에 대한 아들의 관심이 정치의식을 형성하는 데 영향을 미쳤다고 묘사하려 했다. 하지만 사실 그렇지는 않았을 것이다. 왜냐하면 그 전쟁이 끝났을 때 에르네스토는 일곱 살에 불과했기 때문이다. 그러나 어른이 되었을 때 에르네스토는 그 분쟁에 아버지가 정말 대단한 관심을 기울였다고 회상했고, 아르헨티나인 친구들에게 자기 아버지가 싸움에 참가하겠다고 한, 거의 협박처럼 들렸던 과장된 말을 애정과 빈정거림이 뒤섞인 어투로 말했다. 아들의 입장에서 볼 때, 그것은 결국 자기 아버지에 대한 달콤쌉쌀한 진실이었다. 에르네스토의 아버지는 일생 동안 무언가를 계획했지만 구체적인 것은 거의 이루지 못한 마음씨 착한 남자였다.

1936년에서 1939년 사이에 일어난 스페인 내전은 에르네스토 게바라의 의식에 상당한 영향을 미친 최초의 정치적 사건으로 기록될 만하다. 실제로 그럴 수밖에 없었다. 스페인 내전이 프랑코의 파시스트당에 유리한 방향으로 전환되면서 1938년부터 많은 스페인 공화주의자 망명자들이 알타그라시아에 정착하기 시작했기 때문이다.

이들 중에 곤살레스 아길라르의 네 아이들이 있었다. 아이들과 그들의 어머니가 먼저 알타그라시아에 도착했고, 아버지 후안 곤살레스 아길라르는 공화군의 해군 보건 책임자로서 임무를 수행하기 위해 스페인에 남았다가 1939년 1월 바르셀로나가 함락된 이후 가족에 합류했다. 두 가족의 아이들은 동년배였고 같은 학교에 다녔을 뿐만 아니라 종교 수업을 듣지 않는다는 공통점도 있었다. 두 가족은 곧 가까운 친구가 되었다.

그리고 한동안 게바라의 집에 셀리아의 큰언니 카르멘과 그녀의 두 아이가 함께 살게 되었다. 공산주의 시인이자 언론인이었던 아이들의 아버지 카예타노 〈폴리초〉 코르도바 이투르부루가 당시 부에노스아이레스 신문 「크리티카」의 스페인 주재 통신원으로 스페인 내전을 취재하러 가 있었기 때문이었다. 폴리초의 편지와 급보 들이 우편으로 도착할 때마다 카르멘은 모여든 일족에게 큰 소리로 내용을 읽어 주었다. 이렇게 하여 전쟁의 영향이 여과 없이 그대로 가정에 미치게 되었는데, 신문 기사라면 결코 이런 식으로 영향을 미치지 못했을 것이다.

곧 게바라 가족도 전투 중인 스페인 공화국 지지 운동에 몰두하게 되었다. 1930년대 초 아르헨티나 국내 정치에서는 자유주의적인 게바라 가족을 매혹시킬 만한 정치적 움직임이 별로 없었다. 아르헨티나는 연이어 등장한 보수적 군사 정권의 통치하에 있었다. 1930년 이폴리토 이리고옌 대통령의 정부가 쿠데타로 전복된 이래, 무익한 반목 속에 분열을 거듭하며 좌초해 버린 전통적인 〈자유주의〉 정당인 급진시민연합의 여러 분파들이 때때로 이러한 군사 정권들의 연정 상대로 간택되곤 했다. 한마디로 당시 아르헨티나의 정치적 분위기는 지리멸렬했다. 그러나 공화국 스페인을 위한 전쟁은 국제 파시즘의 증대하는 위협에 반대하는 극적인 입장을 상징했기 때문에 누구든 열정적인 관심을 쏟을 만했다.

게바라 린치는 공화국 스페인과의 전국적인 연대의 일원으로서 알타그라시아 자체의 작은 공화국지원위원회 결성에 일익을 담당했다. 그는 망명 온 스페인 신참자들과도 교분을 쌓았다. 그는 과달라하라 전투에서 프랑코 군과 이탈리아 파시스트 동맹군을 무찌른 전쟁 영웅이었지만 지금은 보험 판매원으로 생계를 꾸려야 할 형편에 있었던 후라도 장군을 특히 존경했다. 게바라 린치는 그를 자기 집 식사에 초대하여 가족들과 함께 그가 들려주는 전쟁 이야기를 넋 놓고 듣곤 했다.

이제 막 열 살이 된 에르네스토도 스페인 공화국의 대의에 정서적으로 공감하는 사람들에 둘러싸여 분쟁의 경과에 지대한 관심을 드러냈다. 게바라 집안에 전해져 온 이야기에 따르면, 에르네스토는 가족이 키우던 애완견 슈나우저핀셔에게 네그리나라는 이름을 지어 주었다. 개가 검은 색이기 때문이기도 했고 공화국의 총리 후안 네그린을 기리기 위한 것이기도 했다. 전쟁이 지속되는 동안 에르네스토는 지도 위에 공화군과 파시스트군의 위치를 작은 깃발로 표시하면서 사태의 추이를 좇았다.

스페인 공화군이 패하자마자 유럽 전체가 전쟁에 휩싸이기 시작했다. 아돌프 히틀러는 오스트리아를 병합하고 뮌헨 조약 서명으로 확보된 체코슬로바키아로 진격한 후 1939년 9월에 폴란드를 침공했다. 영국과 프랑스가 추축국에 대항하여 전쟁에 참가했고, 제2차 세계 대전이 시작되었다. 다른 곳들에서와 마찬가지로 알타그라시아에서도 사람들이 편을 가르기 시작했다.

이제 게바라 린치는 친연합군 연대 조직인 악시온아르헨티나Acción Argentina에 정력을 쏟으면서 알타그라시아에 조직 지부를 설립했다. 그는 로사다 가족으로부터 작은 사무실 하나를 빌렸다. 사무실은 버드나무로 둘러싸인 타하마르 호수를 굽어보는 예수회 선교관의 바깥쪽 석벽에 잇대어 지은 것이었다. 이제 열한 살이 된 에르네스토는 악시온아르헨티나의 유소년 조직에 가입하여 회원증을 받았고 이것을 〈자랑스럽게 내보였다〉.

게바라 린치는 코르도바 주를 돌아다니며 사람들이 모인 자리에서 연설을 하고, 있을 수 있는 〈나치 침투〉에 관한 비밀 정보를 수집했다. 그의 단체는 나치가 결국 아르헨티나를 침공할 것이라고 걱정하면서 코르도바의 규모가 큰 독일인 집단의 모든 활동을 감시했다. 게바라 린치는 어린 에르네스토에 관해 이렇게 말했다. 〈그 아이는 놀고 공부하는 시간 외에 남는 모든 시간을 우리 일을 도우면서 보냈다.〉

코르도바에서 관심의 대상이 된 주요 표적 중 하나는 알타그라시아 부근 칼라무치타 계곡에 있던 독일인 정주지였다. 1939년 말에 독일 전함 아드미랄 그라프 슈페 호가 대서양에서 영국 전함에 타격을 가한 후 심하게 손상된 상태로 라플라타 강으로 쫓겨 왔다. 배의 함장은 몬테비데오 앞바다에 배를 수장시켰고, 아르헨티나 당국은 이러한 사태에 대응하여 배의 승무원과 장교 들을 코르도바에 억류시켰다.

억류된 독일 해군을 의심한 게바라 린치 일행은 그들을 염탐했고, 게바라 린치는 그들이 목제 모형 소총으로 군사 훈련을 하는 모습을 관찰했다고 회상했다. 또 언젠가 한 번, 린치 일행은 볼리비아에서 무기를 싣고 칼라무치타 계곡으로 가는 것으로 추정되는 트럭들을 찾아내기도 했다. 그들은 다른 도시에 있던 독일인 소유의 한 호텔이 베를린과 직접 교신하는 무선 송신기를 완비한 채 나치 스파이망에 은신처를 제공하고 있다고 의심했지만, 철저하게 경비되고 있는 바람에 그곳에서 자세한 정보를 얻어 내는 데는 실패했다.

게바라 린치는 이러한 자신의 활동을 마치 역사에 길이 남을 엄청난 일이라도 되는 양 과장되게 말했다. 하지만 어쩔 수 없는 일이었다. 그는 대담하고도 모험적인 삶을 살기를 간절히 원했지만, 일생의 대부분을 그 시대의 큰 사건들 주변에서 살 수밖에 없었다. 그는 파라과이를 위해 싸우겠다는 의지를 천명하기도 했지만 싸우러 가지는 않았다. 스페인 내전과 제2차 세계 대전은 그에게 옹호해야 할 새로운 이슈를 주었고, 나중에는 다른 이슈들에 열중하게 되지만, 국외자 입장을 벗어난 적은 단 한 차례도 없었다.

사람들이 그를 기억하는 것은 그가 이런 활동을 벌였기 때문이 아니라 그가 에르네스토 〈체〉 게바라의 아버지였기 때문이다.

한편 이것을 코르도바에서 나치 지하 조직이 커져 가는 증거라고 믿은 린치와 그의 동료들은 부에노스아이레스의 악시온아르헨티나 본부에 상세한 보고서를 보내며, 로베르토 오르티스 대통령의 친연합군적 행정부가 즉각 조치를 취할 거라고 기대했다. 그러나 1940년에 건강이 심하게 나빠진 오르티스는 교활하고 부패한 부통령 라몬 카스티요에게 사실상 직무를 넘겨주었다. 게바라 린치에 따르면 카스티요 정부는 심하게 친추축국 성향을 보였고 나치 스파이망에 대해 어떤 실질적인 조치도 취하지 않았다.

1945년에 독일이 패망하기 직전까지 전쟁 내내 아르헨티나가 공식적으로 중립을 유지하면서 모호한 입장을 취한 까닭은 아르헨티나의 기성 정치 및 군부 집단 내부에 친추축국 정서가 만연해 있었기 때문이기도 했지만 그에 못지않게 경제적으로 고려해야 할 사항도 많았기 때문이다. 쇠고기와 곡물을 비롯한 농산물의 수출 시장으로 유럽, 특히 영국에 전통적으로 의존해 왔던 아르헨티나는 연합군이 유럽을 봉쇄하자 크나큰 타격을 받았다. 오르티스 행정부는 아메리카의 신흥 초강대국인 미국으로부터 연합군을 지지한 대가로 아르헨티나의 잉여 농산물 수출을 보장받고자 했다. 당시 미국은 아르헨티나에 필요한 공산품 중 대부분을 공급하고 있었다. 그러나 오르티스는 〈공정 거래〉를 이끌어 낼 수 없었고, 이것이 친추축국적인 카스티요 정권의 도래를 초래했다. 카스티요가 정권을 잡고 있던 동안 아르헨티나의 극우 민족주의자들은 떠오르는 독일을 아르헨티나 수출품의 새로운 시장으로 보았고, 또 자신들이 그 군대의 군수품 공급자가 되길 기대했다.

4

해외에서 제2차 세계 대전이 격화되고 아르헨티나의 국내 정치가 점점 더 일촉즉발의 상태로 변해 가고 있던 즈음에 에르네스토 게바라는 십 대가 되었다. 에르네스토는 신체적 발육이 더뎠지만(또래에 비해 키가 작았던 그는 열여섯 살이 되자 비로소 키가 자랐다) 지적 호기심이 많았고 질문을 해대며 연장자들에게 말대꾸하는 경향이 있었다. 그러나 아직까지 그가 즐겨 읽는 책들은 에밀리오 살가리와 쥘 베른, 알렉상드르 뒤마 등이 지은 〈소년 모험〉 고전들이었다.

열네 번째 생일 직전인 1942년 3월에 에르네스토는 바치예라토(고등학교)에 들어갔다. 알타그라시아에는 초등학교밖에 없었기 때문에 그는 알타그라시아에서 37킬로미터 떨어진 코르도바에서 가장 훌륭한 공립학교라는 평을 듣던 콜레히오 나시오날 데안 푸네스에 매일 버스로 통학하기 시작했다.

그해 어느 날 아침 알타그라시아-코르도바 간 통학 버스에서 누군가가 다른 승객들과 함께 포즈를 취한 에르네스토의 사진을 찍었다. 그는 블레이저코트를 입고 넥타이를 착용하고 있었지만 여전히 반바지와 주름진 무릎양말을 신고 버스 앞 펜더에 앉아 카메라에 장난스럽게 히죽이 웃는 얼굴을 들이대고 있었다. 그리고 그 주위에는 버튼다운칼라 셔츠와 재킷, 바지를 입은 더 나이 많은 학생들이 있었다.

1943년 초 여름휴가 동안 게바라 가족은 코르도바로 이사했다. 게바라 린치가 마침내 건축 회사를 설립하기 위해 그 도시에서 동업자를 찾은 것이었다. 에르네스토가 이미 코르도바로 통학하고 있었고, 여동생 셀리아도 코르도바에 있는 여고에 입학할 때가 되었기에 알타그라시아를 떠난 것은 실리적인 선택이었다.

3장
이름이 많은 소년

1

　게바라 가족은 코르도바로 이사를 가면서 경제 사정이
잠시 나아졌다. 하지만 또한 이때 화목한 가족으로 지낸
시절은 종말의 기운을 드러내기 시작했다. 게바라 부부가
화해하려고 애쓰는 사이 1943년 5월에 다섯째이자 막내인
후안 마르틴이 태어났지만 셀리아와 게바라 린치 사이의
긴장은 더욱 심해졌고, 4년 후 그들이 부에노스아이레스로
떠날 때 두 사람의 결혼 생활은 끝장났다.

　게바라 가족의 친구들에 따르면, 언제나 그랬듯이 문제
는 게바라 린치의 만성적인 바람기였다. 게바라 아이들의
친구 중 하나인 타티아나 키로가는 이렇게 회상했다. 「그

아버지는 플레이보이라고 자부했어요. 그러나 조심성이 전혀 없는 플레이보이였죠. 일을 해서 돈을 벌면 〈젊은 처녀들〉과 놀러 다니는 일과 옷, 온갖 어리석은 짓, 전혀 현실성이 없는 일들…… 다 써버렸어요. ……가족에게는 한 푼도 남기지 않고요.」

코르도바에서 게바라 가족의 생활이 그나마 좀 나아진 이유는 게바라 린치가 마침내 약간의 돈을 벌었기 때문이었다. 그의 사업 파트너는 엄청나게 큰 키와 냉담하고 귀족적인 분위기 때문에 〈마르케스 데 아리아스〉로 알려진 괴짜 건축가였다. 마르케스가 건축 계약을 따내면, 게바라 린치는 〈작업반장〉으로서 공사를 감독했다.

에르네스토의 여동생 셀리아는 〈우리는 멋지게 살았고, 모든 돈이 밖으로 나가기만 했어요. 그들이 투자를 생각하는 일은 전혀 없었어요〉라고 말했다. 그러나 위기가 오기 전에 에르네스토 게바라 린치는 코르도바 외곽 구릉지에 있는 비야아옌데에 전원주택 한 채를 구입하고 코르도바의 고급 론 테니스 클럽에 가입했다. 클럽에서 아이들은 수영을 하고 테니스를 배웠다. 게바라 가족은 칠레 가(街) 끄트머리 부근의 288번지에 있는 2층짜리 새 집에 정착했다. 그 거리는 이 지점에서 팔로스 보라초스라는 구근 모양의 그늘나무가 줄지어 서 있는 대로인 아베니다 차카부코와 만났다. 대로 건너편에는 시립 동물원 파르케 사르미엔토의 숲과 짧게 깎인 초록색 풀밭 그리고 론 테니스 클럽이 있었고, 그 너머에는 코르도바 대학이 있었다.

칠레 가에 있던 게바라의 집은 알타그라시아에서 그들

의 친구들이 그토록 즐겼던 자유롭고 개방적인 분위기를 유지했다. 코르도바 최상류층 집안 출신의 새로운 친구 돌로레스 모야노는 이런 분위기에 색다른 매력을 느꼈다. 게바라의 집에서는 어디에든 쌓여 있는 책과 잡지들 때문에 가구가 보이지 않을 지경이었고, 그녀가 분간할 수 있는 고정된 식사 시간도 없었다. 누구든 배가 고프면 그때가 식사 시간이었다. 아이들은 길거리에서 자전거를 집으로 몰고 들어와 거실을 지나 뒷마당으로 갈 수 있었다.

그러나 돌로레스는 이내 게바라 집안의 개방적인 분위기에는 그에 상응하는 대가가 있다는 것을 알게 되었다. 게바라 집안 사람들은 방문객이 오만하거나 아는 체하거나 잘난 체한다 싶으면 이들을 잔인하게 골려 주곤 했다. 그녀가 보기에 가장 위협적인 인물인 에르네스토가 이런 공격을 이끌었고, 돌로레스 자신도 수차례 에르네스토의 표적이 되었다. 에르네스토의 어머니도 똑같이 도발적이었고, 지나치게 고집 센 사람이랄 수 있었다. 반면 에르네스토의 아버지는 따뜻함과 활력이 넘쳐흐르는 대단히 호감 가는 남자였다. 〈그는 우렁찬 음성으로 말했고, 건망증이 조금 심한 편이었다. 때때로 그는 집에 돌아와서는 잊고 온 일 때문에 아이들을 심부름 보내곤 했다.〉

2

코르도바로 이사 오면서 에르네스토의 사춘기가 시작되었다. 그는 점점 더 자기주장을 내세우기 시작했고, 하찮은 일로 말다툼이나 벌이는 부모의 가치에 의문을 제기하면서 희미하나마 처음으로 자기 세계관을 형성하기 시작했다.

코르도바의 데안 푸네스 국립 학교 생활 첫해에 에르네스토는 새로운 친구들을 사귀었다. 가장 가까운 친구는 토마스 그라나도였다. 그는 철도 안내원 일을 하던 스페인 이민자의 세 아들 중 막내였다. 열네 살이 된 에르네스토는 여전히 또래에 비해 키가 작았지만 이제 오동통하지 않고 호리호리한 편이었다. 좀 더 크고 튼튼한 토마스는 머리카락을 반질반질하게 하여 멋지게 뒤로 넘겼지만, 에르네스토는 패션 감각이라고는 전혀 없이 기계로 깎은 커트 머리를 했다. 덕분에 그는 〈엘 펠라오(대머리)〉라는 별명을 얻었는데, 이것은 그가 사춘기 시절에 얻은 여러 별명 중 하나였다.

얼마 지나지 않아 토마스의 형 알베르토도 그 무리에 끼어들었다. 〈페티소(땅꼬마)〉라고도 불리던 스무 살의 알베르토는 코르도바 대학 생화학 및 약학과 1학년생이었다. 그는 키가 160센티미터도 안 되었고 엄청나게 큰 매부리코를 가졌지만 딱 벌어진 가슴과 축구 선수의 특유의 튼실한 다리를 자랑했다. 또한 유머 감각이 좋았고 와인과 여자, 문학, 럭비를 즐겼다. 나이 차이가 컸지만 둘 사이의 우정은 이내 에르네스토와 토마스 사이의 우정보다 더 깊어졌다.

알베르토 그라나도는 동네 럭비팀인 에스투디안테의 코치였고, 에르네스토는 그 팀에 들어가기 위한 테스트를 받아 보고 싶어 안달했다. 알베르토는 에르네스토를 그리 호의적으로 보지 않았다. 「첫인상은 별로 좋지 않았습니다. ……게다가 별로 튼튼하지도 않았고 팔은 무척 가늘었죠.」

그러나 알베르토는 〈엘 펠라오〉에게 한번 기회를 주기로 하고 훈련에 참여시켰다. 곧 숨을 씩씩거리는 그 사내아이는 동네 놀이터 운동장에서 일주일에 두 번씩 저녁때 에스투디안테 선수들과 연습을 했다. 엘 팔라오는 경기장에서 거침없는 공격수라는 평판을 얻었다. 공을 잡으면 〈조심해, 성난 세르나El Furibundo Serna*가 가니까!〉라고 외치며 앞뒤 가리지 않고 상대편 선수에게 돌진했기 때문이었다. 이 때문에 알베르토는 에르네스토에게 〈푸세르Fuser〉라는 새로운 별명을 붙여 주었고, 알베르토는 〈나의 알베르토〉라는 의미의 〈미알Mial〉이라는 애정 어린 별명으로 불렸다.

어린 에르네스토의 대담한 기질에 강한 인상을 받은 알베르토 그라나도는 그에게 특별한 관심을 갖게 되었다. 종종 에스투디안테 팀이 연습을 하기 위해 다른 팀이 경기를 끝내길 기다리는 동안, 그라나도는 에르네스토가 조명대에 등을 기댄 채 운동장에 퍼질러 앉아 책을 읽는 모습을 보았다. 어느 날 그라나도는 푸세르가 사르미엔토의 서사시 『파쿤도』 같은 아르헨티나 고전과 윌리엄 포크너와 존 스타인벡이 쓴 최신 미국 문학 작품, 그리고 에밀 졸라의 대다수 작품뿐만 아니라 이미 프로이트를 읽고 있으며, 보들레르의 시를 음미하고 뒤마, 베를렌, 말라르메를 〈원어

* 세르나는 어머니 성의 축약형이다.

로〉독파했다는 것을 알게 되었다.

그 자신도 독서광이었던 그라나도는 호기심이 생겼다. 그는 그런 〈꼬맹이〉가 어떻게 그렇게 많은 책을 읽을 수 있었는지 도저히 이해할 수 없었다. 에르네스토는 천식 발작이 일어나면 부모님이 집 밖에 나서지 못하게 했고, 그들이 가져다준 흡입기로 발작을 진정시키는 동안 무언가에 몰두하기 위해 책을 읽기 시작했다고 이야기했다. 프랑스어 책을 읽을 수 있게 된 것은 셀리아 덕분이었다. 초등학교 시절 내내 천식 때문에 학교에 빠진 기간 동안 셀리아는 에르네스토에게 개인 교습을 계속해 주었다.

코르도바는 살기에 편했고 이곳에서 새로운 친구들도 사귀었지만, 게바라 가족에게 알타그라시아는 여전히 소중한 곳이었다. 게바라 가족은 종종 알타그라시아로 돌아가 작은 별장을 세내어 휴가를 즐겼다. 에르네스토는 칼리카 페레르와 카를로스 피게로아를 비롯한 옛 동네 친구들과 계속 우정을 나눌 수 있었다. 알타그라시아에서 친하게 지냈던 곤살레스 아길라르 가족이 코르도바로 따라와 게바라의 집에서 멀지 않은 곳에 정착하여 여전히 가깝게 지냈다. 외할아버지의 이름을 딴 게바라의 다섯째 아이 후안 마르틴이 태어났을 때 곤살레스 아길라르 부부는 그 아이의 세례식에서 대부모가 되었다.

칠레 가에 있던 그들의 새 집은 그 집이 파르케 사르미엔토와 론 테니스 클럽에서 아주 가깝다는 데 열광한 나머지 게바라 린치가 간과했던 몇 가지 단점이 있었다. 그 집은 누에바 코르도바라는 동네에 있었는데, 도심에서 솟아오른 언덕배기에 건설된 이 마을은 도시화가 진행 중인 상태였다. 그 결과 주거용 주택들이 발디오baldio라 불리는 미개발 공지들에 둘러싸여 뒤범벅이 되는 형국이 나타났다. 이 공지들과 그 지구를 관통하여 흐르다가 말라 버린 개천에 가난한 사람들이 판잣집을 지었다.

이 판자촌들 가운데 하나가 게바라 가족의 새 집 바로 건너편에 있었다. 판자촌에는 유색인들이 살았다. 이들은 게바라 가족과 그 친구들에게 매혹의 원천이었고, 특히 여섯 마리의 잡종 개들이 끄는 작은 나무 수레를 타고 길고 멋진 채찍을 휘두르며 다니던 다리 없는 한 남자가 그들의 관심을 끌었다.

에르네스토의 막내 여동생 아나 마리아와 절친한 사이였던 돌로레스 모야노는 매일같이 그 집에 놀러 왔다. 돌로레스는 아나와 함께 거리의 〈안전한 쪽〉 보도에 앉아 발디오의 슬럼 거주자들 사이에서 벌어지던 일들을 구경하며 놀던 어린 시절을 회상했다. 그곳 사람들 중에 파라이소 나무 아래서 자기 아이를 돌보며 가래침을 뱉어 대던 흑인 여자와 속눈썹인지 그냥 눈썹인지가 없었던 키코라는 열두 살짜리 아주 작은 아이가 있었다. 돌로레스와 아나가 이 아이에게 사탕을 주며 그의 이상한 흰색 혀를 보여 달라고 하면 그 소년은 혀를 날름 보여 주고는 금방 자신의 〈발디오 소굴〉로 되돌아가곤 했다.

게바라 가족의 형편은 판자와 양철 오두막집에 살던 가난한 이웃들보다는 훨씬 나았지만 곧 그들의 집도 불안정한 기초 위에 세워져 있다는 것을 알게 되었다. 얼마 지나지 않아 벽에 엄청나게 큰 균열이 생기기 시작했고, 게바라 린치는 한밤중에 자기 침대에 누워 천장의 갈라진 틈새로 별들을 볼 수 있었다. 하지만 명색이 건축업자이면서도 그는 위험에 놀라울 정도로 무심했다. 아이들 방의 벽에도 균열이 생겼을 때, 벽이 무너지기는 것에 대비해 그가 취한 조치라고는 아이들의 침대를 벽에서 떨어뜨려 놓은 것이 전부였다. 〈우리는 우리 집이 편안했고 이사를 가기가 싫었다. 그래서 우리는 할 수 있는 한 머물기로 결정했다〉고 그는 설명했다.

도시 생활에서 드러나는 이러한 극명한 빈부 격차가 게바라 가족에게는 전혀 낯선 현상이었을지 모르겠지만, 이러한 현상은 아르헨티나는 물론 라틴 아메리카 전역에서 점점 더 일반화되고 있었다. 19세기 말 이후 경제 상황의 변화, 이민자들의 유입, 산업화 등의 이유로 농촌에서 도시로 인구가 급격히 이동했다. 시골의 가난한 농업 노동자들이 일자리와 더 나은 생활을 찾아 도시로 몰려들었다. 이들 중 많은 사람이 결국 정착하게 되는 곳이 코르도바를 비롯한 아르헨티나의 다른 대도시들에서 생겨난 판자촌 혹은 빈민촌이었다.

겨우 50년 만에 아르헨티나의 인구 통계 특성이 완전히 역전되어 1895년에 37퍼센트였던 도시 인구는 1947년에 63퍼센트로 증가했다. 같은 기간 동안 아르헨티나의 인구는 400만 명에서 1600만 명으로 4배 증가했다.

이처럼 지속적으로 이어진 사회적 격변에도 불구하고 아르헨티나 제2의 도시 코르도바는 1940년대 내내 평온하고 지방적인 분위기를 유지했다. 노란색으로 끝없이 펼쳐진 대초원과 뾰족 솟은 연봉들에 둘러싸인 코르도바는 부에노스아이레스를 현대적인 거대 도시로 급속히 탈바꿈시키고 있던 산업화와 건설 열풍으로부터 아직은 대체로 벗어나 있었다. 예수회가 세운 아르헨티나 최초의 대학과 많은 오래된 교회들, 그리고 식민지 시대의 건물들이 있던 코르도바는 학문의 중심지로 명성이 자자했고, 코르도바 토박이들은 자신들의 문화유산을 자랑스럽게 여겼다.

코르도바가 교육 분야에서 선도적인 위치에 서게 된 것은 1918년 코르도바 대학의 급진당 학생과 교수들이 대학의 자율성을 위해 선봉에 서서 대학 개혁 운동을 벌인 덕분이었다. 이 운동은 코르도바 대학을 넘어 아르헨티나의 다른 대학들은 물론 라틴 아메리카의 많은 곳으로 퍼져 나갔다. 돌로레스 모야노는 유년 시절의 코르도바를 〈서점과 종교 행렬, 학생 시위, 군대의 열병식으로 가득한 도시, 겉으로는 평온하고 활기 없으며 거의 잠자는 듯하지만 속에서는 긴장이 폭발 직전까지 끓어오르던 도시〉로 기억하고 있었다.

그러한 긴장 상태가 게바라 가족이 코르도바로 이사한 직후에 폭발했다. 1943년 6월 4일, 부에노스아이레스에서 일단의 군 장교들이 비밀리에 결사하여 카스티요 대통령을 타도했다. 당시 카스티요는 영국의 독점기업체들과 결탁해 있던 한 부유한 지방 유력자를 자신의 후계자로 지명해 놓은 상태였다. 초기에 사람들은 쿠데타를 신중한 태도로 지지했다. 카스티요의 친독일 행정부를 의심스러운 눈으로 지켜보던 자유주의적 아르헨티나인들은 물론 외국 기업체들의 추가적인 침투를 우려하던 민족주의자들도 이런 태도를 보였다.

이틀 만에 쿠데타의 지도자가 드러났다. 군부의 국수주의자 분파를 대표하던 육군장관 페드로 라미레스 장군이었다. 그는 매우 신속하게 국내의 모든 반대를 침묵시키기 위한 억압 조치를 취했다. 계엄령을 선포한 라미레스 정권은 선거를 무기한 연기하고 의회를 해산했으며 언론에 재갈을 물렸다. 그리고 대학에 개입하여 정권에 항의하는 교직원들을 해고했다. 그해 말 두 번째로 발표된 일련의 포고령으로 모든 정당이 해산되었고 학교에서는 종교 교육이 의무화되었으며 언론 통제가 더욱 엄격해졌다. 코르도바에서는 선생과 학생들이 거리로 쏟아져 나와 항의했다. 검거 사태가 이어졌고, 1943년 11월에는 알베르토 그라나도가 다른 학생들과 더불어 코르도바 산마르틴 광장의 낡은 흰색 시의회 청사 뒤에 있던 중앙 교도소에 투옥되었다. 그의 형제들과 엘 펠라오가 교도소로 면회를 가서 알베르토에게 음식과 바깥세상 소식을 전해 주었다.

학생들이 조만간 기소되거나 석방될 거라는 아무런 조짐도 없이 몇 주가 지루하게 지나갔다. 피구금자들이 구성한 지하 〈죄수〉 위원회가 코르도바의 2학년생들에게 거리 행진을 하면서 그들의 석방을 요구해 달라고 부탁했다. 알베르토 그라나도는 열다섯 된 에르네스토에게 가담하겠느냐고 물었지만, 놀랍게도 에르네스토는 가담하길 거부했다. 에르네스토는 만약 권총이 있다면 가담하겠지만, 그런 것 없이 계획된 행진은 얻을 게 별로 없을 무익한 제스처이고, 학생들은 〈경찰봉에 얻어터지기만〉 할 거라고 말했다.

1944년 초 알베르토 그라나도는 구금된 지 두 달 만에 교도소에서 풀려났다. 에르네스토가 그의 석방을 위한 시위에 참가하지 않겠다고 거부했음에도 불구하고 두 사람의 우정은 변하지 않았다. 무모할 정도로 위험한 행동을 즐기는 에르네스토의 성향에 비추어 볼 때, 에르네스토가 친구를 돕지 않겠다고 한 것은 놀라운 일이었다. 그리고 그의 극단적인 젊은 혈기와 아르헨티나 정치에 대한 명백한 무관심을 고려하면, 그의 절제된 태도는 믿기 어려워 보인다. 그러나 정치 활동에 철저히 무관심한 태도를 보이면서도 급진적으로 들리는 호언을 일삼는 이 역설적인 행동 양식은 에르네스토의 성장기 동안 일관되게 반복적으로 나타난다.

3

아직 대다수 대중에게는 알려지지 않았지만 아르헨티나에서 일어나던 정치적 변화의 배후 실력자는 두툼한 얼굴과 매부리코를 가진 무명의 육군 대령이었다. 그의 이름 후안 도밍고 페론은 곧 매우 친숙한 이름이 된다. 이탈리아 군대에 복무하며 무솔리니의 열렬한 숭배자가 된 페론은 아르헨티나로 돌아와 멘도사 주에서 군 교관을 맡았고, 이후 부에노스아이레스의 군 본부에서 일했다. 거기서 그는 1943년 6월 쿠데타를 일으킨 자칭 통일장교단GOU이라는 베일에 싸인 군사 집단의 추진 세력으로 활동했다.

그 후 3년에 걸쳐 페론은 교묘한 책략을 통해 최고의 자리에 올랐다. 쿠데타 후 그는 육군차관이 되어 자신의 후원자였던 에델미로 파렐 장군 아래서 일했다. 1943년 10월, 파렐이 부통령을 맡자 페론은 그에게 국가노동부 장관직을 요청하여 그 직을 맡게 되었다. 이 자리는 금세 그의 권력 기반이 되었다. 한 달 만에 그는 그 하찮아 보이던 자리를 노동복지부라는 다른 명칭의 부서로 전환시켜 대통령에게만 책임이 돌아가는 자리로 만들었다.

페론의 사무실에서 노동 문제와 관련된 일련의 개혁법이 쏟아져 나오기 시작했다. 그가 취한 조치들은 기존 정당들과 연계된 조직 노동자 집단과 결별하는 대신 비특권 노동자들의 마음을 사로잡기 위한 것이었다. 페론은 전 노동 인구를 자신의 중앙 집권적 권위에 순종하게 만들었다. 아르헨티나의 정치 지형을 급격히 바꿀 〈페론주의〉라고 알려지게 되는 현상이 시작된 것이다.

1943년 말, 미국이 참전하면서 나치 독일은 유럽 전역과 북아프리카에서 수세에 처했고, 이탈리아에서는 무솔리니가 전복된 상태였다. 라틴 아메리카에서 아르헨티나 정권, 특히 페론이 얄팍한 가면을 쓰고 제3제국을 대변하고 있다고 의심한 미국은 전쟁에서 공식적인 중립을 포기하라고 아르헨티나를 강하게 압박했다. 많은 아르헨티나인들이 미국인들과 비슷한 의심을 품고 있었다. 파시즘 냄새가 나는 수사를 동원하면서 사회 하층 계급의 마음을 사로잡으려 한 페론의 포퓰리즘적 호소에 아르헨티나의 자유주의적 중산 계급이 등을 돌렸다. 기존 상황을 위험하게 본 전통적 과두제(寡頭制)도 이러한 이반의 흐름에 동참했고, 게바라 가족이 속한 사회 계급 사람들 대다수는 신랄한 반페론주의자가 되었다. 그러나 이러한 반대에도 불구하고 페론의 힘은 오히려 더욱 커졌다.

1944년 3월, 파렐이 대통령직을 맡았다. 페론은 육군장관이 되었고, 7월에는 부통령도 되었다. 그러나 그가 맡은 세 고위직 중에서 가장 중요한 자리는 여전히 노동복지부 장관직이었다. 이제 아르헨티나에서 페론을 모르는 사람은 아무도 없었다.

한편 게바라 린치는 여전히 악시온아르헨티나 활동을 하고 있었다. 또한 그와 셀리아는 나치 점령하의 프랑스 저항 운동 지원을 목표로 한 연대인 코르도바의 친드골위원회에도 가입했다. 그리고 그의 부모는 모르고 있었지만, 에르네스토는 아버지가 완수하지 않고 남겨 두었던 예전의 나치 색출 활동을 재개했다.

에르네스토는 학교 친구 오스발도 비디노스트 파예르와 함께 비밀리에 코르도바의 토지 귀족들이 즐겨찾는 휴양지인 라쿰브레라는 작은 산악 마을을 찾아갔다. 그곳에는 그의 아버지 일행이 일찍이 아르헨티나 내부의 나치 활동 본부라고 의심하며 감시하던 호텔이 있었다. 베를린과 교신하는 데 이용되는 무선 송신기가 완비되어 있던 그곳의 경비는 삼엄했다. 게바라 린치는 감시를 포기하고 에르네스토에게도 주변 정탐 행위를 그만두라고 경고하면서 이 호텔을 조사하러 나왔던 두 명의 정부 조사관 중 한 명은 아무 성과 없이 돌아갔고 다른 한 명은 살해된 듯하다고 말해 준 터였다.

그럼에도 불구하고 소년들은 위험한 모험을 하고픈 열망에 사로잡혀 그곳으로 갔다. 소년들은 밤에 호텔에 접근했다. 열린 창문을 통해 〈많은 금속 상자와 물건들로 가득 찬 긴 테이블〉에서 두 남자가 무언가를 바쁘게 하고 있는 모습이 어렴풋이 보였다고 비디노스트는 말했다. 그러나 소년들은 그 이상은 볼 수 없었다. 그들의 존재가 발각되었기 때문이었다. 「그들이 우리 소리를 들었고, 누군가가 손전등을 들고 나와 우리를 향해 총 두 발을 쏘았습니다. 우리는 그곳을 떠났고, 다시는 돌아가지 않았죠.」

그러한 엉뚱한 짓에도 불구하고 고등학교 시절 동안 정치적 대의에 대한 에르네스토의 참여는 적극적인 전투성과는 거리가 한참 멀었다. 그와 곤살레스 아길라르 같은 스페인 공화주의자 망명자들의 아이들을 포함한 친구들은 부모들과 마찬가지로 정치적으로 〈반파시스트적〉이었고, 스페인에서 〈실제로 일어났던〉 일에 관한 조숙한 토론에 몰두하곤 했다. 하지만 그들은 당시 아르헨티나에서 일어나던 사건들에 관해서는 아는 게 별로 없거나 아예 관심조차 없었다. 에르네스토가 실제로 어떤 정치적 의견을 옹호할 경우, 그것은 보통 자기 부모나 동료들을 놀리기 위한 도발인 경우가 많았다. 예를 들어 코르도바의 페론주의 투사들이 보수적 토지 과두제의 상징인 그 지역 경마 클럽에 대한 투석 공격을 준비하고 있다는 소문이 돌았을 때, 에르네스토는 자기도 가담하겠다고 말했다. 몇몇 친구들은 에르네스토가 〈나도 직접 경마 클럽에 돌 몇 개쯤은 던질 수 있어〉라고 말하는 것을 들었다. 그들은 이것이 그의 친페론주의적 정서를 보여 주는 것이라고 생각했지만, 그것은 단지 사람들에게 불안감을 일으켜 떠들썩하게 만들려는 심술궂은 십 대 아이의 행동일 수도 있었다.

아르헨티나 정부가 마침내 추축국 열강들과 외교 관계를 단절하자 에르네스토의 부모는 매우 기뻐했다. 그러나 에르네스토보다 어렸던 친구 페페 곤살레스 아길라르는 에르네스토가 기뻐하는 자기 부모에게 대들었던 순간만큼 그가 그토록 화를 내는 것을 본 적이 없었다. 「언제나 반(反)나치적이었던 그가 무슨 이유로 우리처럼 즐거워하지 않는지를 나는 전혀 이해할 수 없었습니다.」 나중에 페페는 에르네스토가 화를 낸 이유는 그 결정이 원칙을 따른 것이 아니라 미국의 압력을 받아서 한 것이었다는 사실 때문이었고, 또 그가 아르헨티나의 민족주의자들과 마찬가지로 자기 나라가 미국인들에게 무릎을 꿇었다는 데 수치심을 느꼈기 때문이라고 추측했다.

하지만 1944년 9월에 연합군이 파리를 해방시켰을 때 에르네스토는 여러 명의 데안 푸네스 친구들과 함께 코르도바의 산마르틴 광장에 있던 축하 군중에 끼어들었다. 이때 그의 친구들은 주머니에 금속 볼베어링을 채워 넣고 질서 유지를 위해 집결해 있던 마상 경찰들의 말발굽에 언제라도 던질 준비를 하고 있었다.

(게바라 린치는 그간 기울인 노력을 인정받았다. 곤경에 처한 〈프랑스 인민〉에게 보내 준 지지에 대한 감사의 표시로 드골이

직접 서명한 감사장을 받았던 것이다. 그 후 일생 동안 게바라 린치는 이것을 자신의 가장 자랑스러운 소지품으로 간직했다.)

어떤 사람들은 과거를 회고하며 십 대 시절의 에르네스토 게바라에게서 사회주의 사상의 초기 징후를 찾아내려 했지만, 코르도바에서 그와 같이 학교를 다녔던 친구들 대부분은 그를 정치에 아무런 관심이 없던 학생으로 기억했다. 친구 호세 마리아 로케는 에르네스토가 그 당시 〈명확한 정치적 이상〉이 없었다고 회상했다. 「우리 모두 정치에 관해 토론하기를 좋아했지만, 나는 게바라가 토론에 끼어드는 모습을 결코 본 적이 없었습니다.」

또 에르네스토는 자신의 반파시즘이 우정에 방해가 되도록 하지도 않았다. 그의 급우 중에는 방과 후에 동네 극장에서 영화를 보러 온 사람들에게 사탕 파는 일을 하던 도밍고 리가투소라는 가난한 이탈리아인 이민자의 아들도 있었다. 이탈리아인이었던 리가투소는 자기 아버지가 그랬듯이 전쟁 중에 무솔리니를 확고히 지지했는데, 게바라는 그를 애정 어린 투로 이탈리아인 파시스트를 뜻하는 속어인 〈타노 파스치오〉라고 불렀다.

그러나 유대인 대학 교수의 아들이자 에르네스토보다 한 살 어렸던 라울 멜리보스키는 1943년에 잠시 에르네스토와 함께 FES 〈세포〉에 가입했던 일을 떠올렸다. 당시는 친나치적인 민족해방동맹의 전투적 청년 조직이 연합군에 동조하는 학생들을 협박하던 때였다. 멜리보스키는 데안 푸네스에서 첫해를 막 시작하면서 서로 자기 소개를 나누기도 전에 에르네스토에 관해 알았다. 에르네스토는 학교

에서 수업 중에 악명 높은 친나치 역사 선생에게 어떤 사실
이 부정확하다고 따지며 맞섰던 유일한 학생으로 지목되
었다. 이 행위만으로도 에르네스토는 멜리보스키의 눈에
존경의 대상이 될 만했다.

그때 FES는 민족해방동맹의 우익 학생들에 대한 방어
조치로 학생 3인조 〈세포〉를 조직하기로 결정했다. 멜리
보스키와 또 한 명의 1학년생에게 세포 〈지도자〉로 상급
생 한 명이 할당되었다. 그 지도자가 다름 아닌 에르네스
토 게바라였다. 그는 이렇게 회상했다. 「우리는 이름만 세
포였습니다. 서로 만나지도 않았고, 실제로 한 일이라고는
우리 자신을 세포라고 부른 것이 전부였어요.」

그런데 어느 날 오후, 게바라를 포함한 몇몇 학생이 학
교 운동장을 나서려던 참이었다. 이때 민족해방동맹 불량
배 몇 명이 그 학생들을 가로막고 자기 그룹의 독수리 표장
이 새겨진 연필 칼을 휘둘렀다. 이때 멜리보스키는 게바라
가 마치 춤을 추듯 머리 위로 가방을 빙빙 돌리며 그 무리
에 덤벼드는 모습을 목격했다. 고마운 마음을 가눌 수 없
었던 멜리보스키에게 게바라는 〈더 이상 용감할 수 없어〉
보였다. 「그는 정말로 대담무쌍했습니다.」

그들 〈세포〉가 활동했던 유일한 또 다른 경우는 에르네
스토가 지도자로서의 권한을 발동하여 휘하의 멜리보스
키와 다른 한 아이에게 다음 날 학교를 〈빠지라〉고 명령한
때였다. 그것은 학교에서 쫓겨날 수도 있을 만큼 대단한
일이었고, 멜리보스키는 그 점을 잘 알고 있었다. 「그는 우
리에게 학교에 빠지라고 했을 뿐만 아니라 미성년자 관람

불가 영화를 보러 가라고도 명령했습니다. 그 영화를 보려면 열여덟 살이 되어야 했지만 우리는 열서너 살에 불과했고, 따라서 아무도 속일 수 없었을 겁니다. 우리 가운데 키가 크거나 건장한 사람은 아무도 없었어요. 하지만 그는 우리에게 각자 모자를 쓰고 담배를 입에 문 채, 표를 살 돈을 가지고 가라고 명령했습니다.」

그런 것들이 에르네스토가 초창기에 〈정치〉에 개입한 일들이었다. 20년 후에 게바라는 자신을 이상화한 전기를 출판하려던 아첨꾼 편집자에게 퉁명스러운 편지를 보냈다. 〈나는 사춘기 시절에 아무런 사회적 관심사가 없었고, 아르헨티나에서 있었던 정치 투쟁이나 학생 투쟁에 참가한 적도 없었소.〉

모험을 갈망하는 철저한 비순응주의자, 이것이 제2차세계 대전 종전 무렵에 열일곱 번째 생일을 맞이하기 직전 에르네스토 게바라의 모습이었다.

4

이제 에르네스토는 다 자란 십 대가 되었고, 왕성한 독서열과 더불어 이성에 대해 강한 호기심을 드러내기 시작했다. 그는 한 친구의 집에서 매우 선정적인 『천일 야화』 비축약 원본을 구해 읽으며 두 가지 모두를 충족시킬 수 있었다.

하지만 그러한 감질 나는 자극을 넘어 실제 성행위까지 나아간다는 것은 에르네스토 세대의 대다수 아이들에게는 상상 속에서나 가능한 일이었다. 1940년대 중반 아르헨티나의 시골 지역에서 성과 결혼에 관한 사고는 상당 부분 여전히 전통 가톨릭 가치관의 지배를 받고 있었다. 여성들은 이혼할 권리가 없었고, 훌륭한 처녀들은 결혼 전까지 처녀성을 간직하는 게 당연시되었다.

에르네스토를 비롯한 다른 친구들과 함께 더블데이트를 하러 나갔던 타티아나 키로가는 〈우리는 작은 천사들이었다〉고 회상했다. 「우리는 춤추고, 이야기하며 커피를 마시러 갔고, 12시 반이면 귀가해야 했습니다. 안 그러면 부모에게 맞아 죽었을 테니까요. 그때는 겨우 외출 정도만 할 수 있는 시기였습니다. 우리처럼 어린 여자아이들이 사내아이의 집에 어떻게 갈 생각을 할 수 있겠어요? 그것도 혼자서요? 말도 안 되는 소리죠! 우리가 한 일이란 고작해야 파티장에서 빠져나가 마테 차를 마시러 가는 정도가 전부였어요.」

에르네스토와 같은 사회적 배경을 가진 남자 아이들은 성적 욕구를 충족시키기 위해 매음굴에 가거나 사회, 경제적으로 우월한 지위를 이용해 그들보다 낮은 계급 여자아이들 중에서 정복 대상을 찾았다. 많은 남자아이들이 무카마mucama라 불리는 가족 하녀를 첫 섹스 상대로 삼았다. 그들은 대개 아르헨티나의 북부 주에서 온 가난한 메스티소 여자나 인디오들이었다.

당시 열네댓 살쯤 되었던 에르네스토를 처음으로 성에 눈뜨게 해준 사람은 바로 칼리카 페레르였다. 에르네스토는 페레르의 부추김으로 〈라 네그라〉 카브레라라는 자기 가족 하녀와 밀회를 즐겼다. 로돌포 루아르테가 에르네스토의 통과 의례에 참석하여 다른 여러 아이들과 함께 침실 문의 열쇠 구멍으로 그와 라 네그라를 훔쳐보았다. 그들은 에르네스토가 나긋나긋한 하녀 위에서 멋지게 행동하면서도 천식 흡입기를 들이마시기 위해 규칙적으로 성교를 중단하는 모습을 지켜보았다. 이 광경을 보며 그들은 배꼽을 쥐며 웃었고, 그 일은 이후 몇 년 동안 계속 웃음거리가 되었다. 그러나 에르네스토는 개의치 않고 계속 주기적으로 라 네그라와 밀회를 즐겼다.

성에 눈뜸과 동시에 에르네스토는 시에 새로운 관심을 기울이기 시작하여 시 구절을 즐겨 암송했다. 그는 17세기 스페인 시인 프란시스코 데 케베도의 『피카레스크 소네트와 로맨스』를 읽고 난 다음 외설스러운 감각을 드러내 보이기 시작했다. 어느 날 그는 외설적인 말로 돌로레스 모야노의 얼굴을 붉히게 했다. 그는 돌로레스가 스페인계 아랍인 신비론자들의 시에 관해 현학적인 토론을 하는 것을 우연히 들었다. 그가 그 화제에 관한 그녀의 지식에 문제를 제기하자 그녀는 순진하게 이렇게 설명했다. 「성 요한의 시에서 그 연인-신비주의자는 이중의 시각을 가지고 있어. 내적인 눈과 외적인 눈, 두 가지 방식으로 말이야……」 그녀의 회상에 따르면, 바로 그 지점에서 에르네스토가 끼어들어 짐짓 과장된 코르도바 악센트를 써가며 외눈박이 수녀와 사팔뜨기 성인에 관한 신성 모독적인 시구절을 낭송했다.

그 사건은 게바라의 사회 계급과 세대의 청춘 남녀 사이에 존재했던 극적인 차이를 부각시켜 보여 준다. 순진무구한 여자아이들은 낭만적인 시에 몰두하며 진정한 사랑과 결혼을 위해 자기 자신을 잘 간직해 두었던 반면, 호르몬이 분출하던 에르네스토 같은 남자아이들은 음탕한 시를 즐기고 매음굴을 찾거나 불쌍한 무카마들을 침대에 눕혀 가며 최선을 다해 실제 성의 세계를 추구했다.

1945년과 1946년의 여름휴가 기간 동안 에르네스토의 예쁜 사촌 카르멘 코르도바 이투르부루 데 라 세르나, 일명 〈라 네그리타〉가 다시 나타났다. 이 소녀는 신성 모독을 일삼는 세 살 연상의 사촌에게 흠뻑 빠져들었다. 시인이었던 소녀의 아버지 카예타노 코르도바 이투르부루는 부에노스아이레스에서 새로 나온 책을 한 트렁크 가득 가져왔고, 그녀는 그 속을 뒤져 시집들을 찾아내곤 했다. 그것은 그녀가 에르네스토와 공유한다고 판단한 것, 즉 그녀의 열정이었다. 그리고 에르네스토는 이 소녀에게 자기가 최근에 발견한 파블로 네루다의 『스무 편의 사랑의 시와 한 편의 절망의 노래 Veinte poemas de amor y una canción desesperada』에서 찾은 시를 들려주었다.

수년이 지난 다음 그녀는 〈완연한 사춘기였던 《에르네스티토》와 나는 친구 이상이었다〉고 회상했다. 「우리 집 테라스에서 놀고 있던 어느 날…… 에르네스토는 내게 이제 여인이 되었냐고 물었어요…….」 둘 사이에 연인으로서의 밀회가 계속되었고, 나중에 게바라 가족이 부에노스아이레스로 이사를 가고 나서도 에르네스토와 라 네그리타는 서로 계속 만났다. 그녀는 종종 에르네스토의 집에 머물렀고, 그 집 계단통에서 〈문학과 사랑에 대해〉 이야기하며 에르네스토와 나누었던 낭만적 순간을 회상했다. 「사촌들 사이에 종종 그러하듯이, 우리 역시 우리만의 낭만적인 이야기가 있었습니다. 에르네스토는 정말 멋졌어요!」

정말 그랬다. 열일곱 살의 에르네스토는 말할 수 없이 매력적인 청년으로 성장해 있었다. 호리호리하면서도 넓은 어깨, 진한 갈색 머리카락에 그윽한 갈색 눈, 순백의 피부, 넉넉한 자기 확신, 이 모든 것이 소녀들의 마음을 사로잡았다. 코르도바의 또 다른 양갓집 소녀였던 미리암 우루타이는 이렇게 고백했다. 「사실, 우리 모두는 얼마간 그와 사랑에 빠져 있었습니다.」

으레 소년들이 소녀들의 눈에 들려고 열심히 애쓰는 경향이 있는 나이에 겉으로 드러나 보이는 것에 전혀 신경 쓰지 않는 에르네스토의 태도는 특히 두드러져 보였다. 어느 날 저녁 에르네스토가 우아하게 차려입은 한 상류층 소녀와 함께 시네 오페라Cine Opera에 나타났을 때, 그곳에는 그가 파스치오라고 부르던 친구 리가투소가 사탕을 팔고 있었다. 여느 때처럼 주머니에 먹을거리와 마테 보온병을 되는 대로 쑤셔 넣은 채로 낡고 헐렁한 트렌치코트를 걸치고 있던 에르네스토는 리가투소를 알아보고 당연하다는 듯이 데이트 상대를 홀로 세워 둔 채로 〈사회적으로 열등한〉 친구에게 다가가 잡담을 나누었다.

에르네스토는 벌써 코르도바 동년배들의 기억 속에 영원히 남을 사회적 페르소나를 드러내고 있었다. 앞일을 걱정하지 않는 태도, 형식적인 절차에 대한 경멸, 전투적인 지성이 그의 성격에서 완연히 드러나기 시작했고 이후 그러한 특성은 더욱 강화된다. 종종 자조적 겉치레를 띠면서 표현되었음에도 불구하고, 그의 유머 감각마저 사회의 격식에 도전하고 대립했다.

그의 친구 알베르토 그라나도는 사람들에게 충격을 안겨 주는 게 일상이었던 에르네스토에게 아주 익숙해졌다. 「에르네스토는 별명이 많았습니다. 사람들은 그를 〈엘 로코(미친)〉 게바라라고도 불렀어요. 그는 자신이 다소 끔찍한 사내라는 걸 즐겼죠…… 예를 들어, 그는 자신이 얼마나 잘 씻지 않는지를 자랑했습니다. 사람들은 그를 〈엘 찬초(돼지)〉라고도 불렀어요. 이를테면, 그는 이렇게 말하곤 했습니다. 〈이 럭비 셔츠를 빤 건 25주 전이야.〉」

어느 날, 에르네스토는 반바지를 포기하고 긴 바지를 입은 채 학교에 갔다. 틀림없이 나이 많은 아이들이 자기가 갑자기 자란 걸 놀릴 거라고 예상한 에르네스토는 이제 긴 바지를 입게 된 이유는 반바지가 너무 더러워 버릴 수밖에 없었기 때문이었다고 공언했다.

데안 푸네스에서 보낸 5년 내내 에르네스토는 감당하기 어려운 악동이라는 이미지를 키웠다. 그는 선생님과 급우들을 놀라게 하는 것을 즐겼다. 수업 중에 아무 말 없이 천식용 궐련에 불을 붙여 코를 찌르는 냄새를 풍겼고, 수학 선생이나 문학 선생의 말에서 결점을 집어내 그들과 공공연히 논쟁을 벌였으며, 자기 일당과 함께 먼 산악 지대로 떠나거나 알타그라시아로 돌아가는 주말 소풍을 계획하곤 했다. 거기서 그는 어린아이 때 자기 부모를 그토록 놀라게 했던 위험한 짓에 몰두했다. 깎아지른 협곡을 가로지른 파이프라인 위에서 〈외줄타기〉, 높은 바위에서 강물로 뛰어들기, 기차 궤도를 따라 자전거 타기 등이 그런 짓들이었다.

학교 당국자들은 에르네스토의 행위를 충분히 파악하고 있었다. 데안 푸네스 4학년에 재학 중이던 1945년 6월 1일, 에르네스토는 〈문란 행위와 허가 없이 정해진 시간 밖에 학교를 들락거렸다는 이유로 학칙에 따라 10회의 주의 조치[25회를 받으면 퇴학이었다]〉를 받았다.

성적은 전반적으로 〈양호〉했다. 하지만 언제나처럼 수학, 자연사, 지리, 역사 같은 과목들을 선호하는 성향이 반영된 성적이었다. 프랑스어와 스페인어, 쓰기, 음악 성적도 매년 점차 나아지고는 있었다.

그의 교과목 외 독서는 줄어드는 법이 없었다. 예전에 알베르토 그라나도가 그랬듯이, 에르네스토의 친구 페페 아길라르 또한 에르네스토의 취향이 다방면에 걸쳐 있고 동년배들에 비해 앞선 경우가 많았다고 말했다. 「그는 갈망하듯이 읽었고, 프로이트에서 잭 런던, 나아가 네루다와 호라시오 키로가, 아나톨 프랑스에 이르기까지 자기 아버지의 장서들을 탐독했습니다. 그는 심지어 『자본론』의 축약본까지 읽었고, 그 책 안에 깨알 같은 글씨로 의견을 적어 두었습니다.」

그러나 에르네스토는 빽빽한 마르크스주의 서적들을 이해하기 어려웠다. 수년 후에 코만단테 에르네스토 〈체〉 게바라로서, 그는 쿠바에 있는 자기 아내에게 어린 시절 마르크스와 엥겔스를 읽을 당시에는 책 내용을 〈하나도 이해하지 못했다〉고 고백했다.

5

1945년에 에르네스토에게 좀 더 진중한 면이 나타나기 시작했다. 그해에 그는 철학 과목을 처음 들었다. 〈매우 훌륭함〉, 〈뛰어남〉이라는 학업 평가가 드러내 주듯이, 철학은 그의 흥미를 사로잡았다. 이 무렵 그는 자신의 〈철학 사전〉을 쓰기 시작했다.

그가 처음 쓴 165쪽짜리 공책은 알파벳 순서로 배열되어 있었고, 쪽수와 화제, 저자별로 색인이 달려 있었다. 저명한 사상가들에 관한 간략한 전기와 인용된 정의들로 이루어진 항목들에는 사랑, 불멸, 히스테리, 성도덕, 신념, 정의, 죽음, 신, 악마, 환상, 이성, 신경증, 자기도취, 도덕 같은 개념들이 들어 있었다.

확실한 것은 그가 접할 수 있는 모든 자료를 활용했다는 점이다. 마르크스주의에 관한 인용들은 히틀러의 『나의 투쟁』에서 뽑아낸 것들이었고, 따라서 유대인 마르크스주의자들의 음모에 관한 히틀러의 강박 관념을 드러내는 구절들도 담고 있었다. 부처와 아리스토텔레스에 관한 그의 묘사는 H. G. 웰스의 『간추린 세계사』를 활용한 것이었다. 또 사랑, 애국심, 성도덕 항목에 관해서는 버트런드 러셀의 『과거와 최신의 성도덕』을 원자료로 활용했다. 그러나 지그문트 프로이트의 이론 역시 그를 매료시켰고, 에르네스토는 꿈과 리비도, 자기도취와 오이디푸스 콤플렉스에 관해서는 모두 프로이트의 『기억에 관한 일반 이론』을 인용했다. 그 외 사회에 관해서는 잭 런던, 죽음에 관해서는 니체가 출처였고, 수정주의와 개량주의에 관해서는 그의 삼촌 카예타노 코르도바 이투르부루가 쓴 책에서 정의를 뽑아냈다.

이 공책은 이후 10년에 걸쳐 에르네스토가 계속 써나간 일곱 권의 공책 가운데 첫 번째 공책이었다. 공부가 심화되고 흥미가 더욱 좁혀짐에 따라 그는 새로운 항목을 추가하고 예전 것들을 교체했다. 이후의 공책들에는 자와할랄 네루에 관한 독서와 마르크스주의에 관한 더욱 깊은 독서가 반영되었다. 이제 마르크스주의는 히틀러에게서가 아니라 마르크스와 엥겔스, 레닌의 저작에서 직접 인용되었다.

소설에서도 에르네스토는 좀 더 사회적인 내용의 책들로 이동하기 시작했다. 실제로 그의 친구 오스발도 비디노스트 파예르의 견해에 따르면, 에르네스토 게바라의 〈모든 것은 문학에서 시작되었다〉. 이때쯤 비디노스트와 에르네스토는 포크너, 카프카, 카뮈, 사르트르 같은 저자들의 소설을 똑같이 읽고 있었다. 에르네스토는 또한 가르시아 로르카, 마차도, 알베르티 같은 스페인 공화주의 시인들의 시를 읽었고 월트 휘트먼과 로버트 프로스트의 시를 스페인어 번역물로 읽었다. 하지만 그가 가장 좋아하는 시인은 여전히 파블로 네루다였다.

그러나 비디노스트는 곧 에르네스토가 시로 알레그리아, 호르헤 이카사, 루벤 다리오, 미겔 앙헬 아스투리아스 같은 저자들의 라틴 아메리카 문학도 탐독했다는 것을 알게 되었다. 이 저자들의 소설과 시는 매우 이례적이게도 대중 문학에서는 전혀 다루어지지 않고 에르네스토가 속한 사회 집단에는 알려져 있지 않던 주제들, 즉 주변화된 인디오와 메스티소들의 불평등한 삶 같은 라틴 아메리카적 주제들을 다룬 경우가 많았다. 비디노스트는 에르네스토가 그러한 문학을 통해 자기가 속해 있으면서도 직접 알지는 못했던 사회를 희미하나마 접하게 되었다고 생각했다. 「그가 경험하고 싶었던 것, 그리고 자신을 둘러싼 환경은 객관적으로 라틴 아메리카이지 유럽이나 와이오밍이 〈아니〉라는 것을 그 작품들을 통해 얼핏 미리 보게 된 것이죠.」

에르네스토의 사회 의식 형성에 영향을 미친 또 다른 요소는 어머니 셀리아였다. 에르네스토의 알타그라시아 친구들이 그랬던 것처럼, 비디노스트는 게바라 가정의 격의 없는 평등주의와 셀리아 아주머니에게 매혹되었다. 비디노스트가 보기에, 그 가정은 창조성을 숭배하고 그가 적절히 묘사했듯이 〈뒷문을 통한 세계의 발견〉을 숭배하는 가정이었다. 셀리아가 사회적 지위와 상관없이 모든 유색인을 끌어모아 집으로 데려왔기 때문이었다. 그녀의 집에서 비디노스트는 구두닦이로 일하는 유랑 화가들과 에콰도르인 방랑 시인들, 그리고 대학 교수들을 만났다. 얼마나 굶주렸는지에 따라, 그들은 때때로 일주일이나 한 달을 머무르기도 했다. 「그곳은 흥미진진한 인간 동물원이었습니다.」

셀리아가 밤낮없이 자신의 살롱을 주재하는 동안 에르

네스토의 아버지는 배기관에서 툭툭 튀는 소리를 내서 〈라페도라(방귀쟁이)〉라고 이름 붙인 낡은 오토바이를 타고 집을 들락거렸다. 그와 셸리아는 같은 집에서 잠을 자기는 했지만 사이가 멀어져 점점 더 동떨어진 생활을 했다.

게바라 가족의 마술에 사로잡힌 또 한 명의 코르도바 청년은 에르네스토의 동생인 로베르토의 학교 친구 〈베토〉 아우마다였다. 아우마다가 로베르토를 따라 그의 집에 저녁 식사를 하러 갔을 때, 게바라 가족들은 태연히 각자 식사를 조금씩 아우마다에게 덜어 주었다. 아우마다는 이런 일이 많았다고 회상했다. 「그 집 아이들이 데려온 친구 때문에 조금 덜 먹게 되는 것에 대해 어느 누구도 불만을 품지 않았습니다. 그 아이들은 원하면 누구든 데려왔고, 이에 대해 아무도 개의치 않았죠.」

당연한 일이었지만, 아이들과 떠돌이 손님들, 대화로 가득 찬 이 흥거운 집에서 에르네스토는 방해받지 않고 책을 읽거나 공부하기가 어려웠다. 그래서 그는 욕실에서 몇 시간 동안 계속 책을 읽는 습관을 갖게 되었고, 이 습관은 그의 일생 동안 지속되었다.

어느 날 엔리케 마르틴이라는 어린 시절 동네 친구가 알타그라시아에서 에르네스토와 우연히 마주쳤다. 엔리케는 에르네스토가 거기 있는 것을 보고 놀랐다. 주중이었고 학기가 아직 끝나지 않았기 때문이었다. 에르네스토는 엔리케에게 비밀을 지켜 달라고 단단히 이르고는 버스 정류장 부근에 있는 세실 호텔의 작은 밀실, 즉 아무도 자신을 찾을 수 없는 장소를 빌렸다고 말했다. 〈내가 여기 온 건 혼자 있고 싶어서야〉라고 에르네스토는 말했다.

마르틴은 에르네스토가 정확히 왜 사람들과 떨어져 있고 싶어 했는지 이유를 물어볼 생각을 하지는 않았지만, 친구의 비밀을 오랫동안 의리 있게 지켜 주었다. 에르네스토가 생각이나 공부를 하기 위한 장소를 원했는지 아니면 알타그라시아의 난잡한 무카마들을 만나기 위한 장소를 원했는지는 여전히 알려져 있지 않지만, 이런 모습은 학급과 럭비 운동장의 친구들에게 알려진 외향적이고 무모한 로코, 찬초 혹은 펠라오가 아니라 고독을 열망하는 너무나 개인적인 젊은이의 모습이었다.

6

1946년 초에 페론은 권력을 획득했다. 라이벌 장교들에게 축출당해 라플라타 강 어귀의 마르틴 가르시아 섬에 잠시 유배되기도 했지만, 그는 자신의 석방을 요구하는 거대한 민중 시위가 일어난 이후 의기양양하게 복귀했고, 그 이후 2월에 치러진 총선에서 대통령에 당선되었다.

그리고 페론은 더 이상 혼자가 아니었다. 몇 달 전에 그는 정부(情婦)였던 금발의 젊은 라디오 배우 에바 두아르테와 결혼했다. 아직 아무도 짐작조차 못하고 있었지만, 이후 〈에비타〉는 남편에 버금갈 정도로 아르헨티나 대중의 의식에 깊은 인상을 남기게 될 터였다.

1946년은 또한 에르네스토의 고등학교 마지막 학년이기도 했다. 그는 페론 부부가 취임한 지 꼭 열흘 뒤인 6월에 열여덟 번째 생일을 맞이했다. 그는 공부를 계속하며 코르도바 지방에서 도로 건설을 감독하는 공공사업 사무소인 디렉시온 프로빈시알 데 비알리다드의 실험실에서 생애 최초로 돈벌이를 시작했다.

친구 토마스 그라나도가 그와 함께했다. 수학이나 과학 같은 과목을 잘했던 두 청년은 이듬해 대학에서 토목공학을 공부할 계획을 진작부터 논의하고 있었다. 에르네스토의 아버지가 자기 친구에게 이 둘을 비알리다드의 현장 분석가 특별 과정에 넣어 달라고 부탁했고, 이렇게 하여 두 사람은 미래의 엔지니어들을 위해 유용한 실제적 경험을 제공해 주는 일자리를 얻었다. 그들은 특별 과정을 성공적으로 끝낸 후, 도로 건설 수주를 한 민간 기업들이 사용하는 재료의 성질을 검사하는 〈토양 전문가〉가 되었다. 시간제로 일했던 실험실에서 에르네스토는 토양 혼합을 위해 사용하는 믹서로 모든 사람들에게 과일 셰이크를 만들어 주었다.

데안 푸네스를 졸업한 후 두 사람은 전업으로 일하기 시작했고, 그 지방의 다른 곳 일자리를 할당받았다. 에르네스토는 북쪽으로 150킬로미터 떨어져 있는 비야마리아의 도로 사업에 들어가는 재료를 검사하러 파견되었다. 평범한 수준의 봉급과 회사 트럭, 무료 숙박이 제공되었다.

1947년 3월, 에르네스토가 여전히 비야마리아에 머물러 있는 가운데 그의 가족은 15년 만에 부에노스아이레스로 돌아갔다. 그러나 금의환향은 아니었다. 부모는 갈라서기로 결정했고, 그들은 다시 한 번 경제적 곤경에 처하게 되었다. 게바라 린치의 건축 사업은 근근이 명맥만 유지해 온 상태였고, 따라서 비야아옌데의 여름 별장도 팔지 않을 수 없었다. 곧 그는 미시오네스 플랜테이션도 팔아야 하는 상황을 맞이하게 된다. 그곳에서 들어오는 돈도 얼마 되지 않았고, 그는 지난 2년간 재산세조차 내지 못하고 있었다.

부에노스아이레스에서 게바라 가족은 아레날레스 가(街)와 우리부루 가(街)가 만나는 모퉁이에 위치한 5층짜리 아파트로 이사해 들어갔다. 게바라 린치의 노모 아나 이사벨이 소유한 아파트였다. 하지만 5월 초에 나이가 아흔여섯이나 된 아나 이사벨이 병으로 몸져누웠고, 게바라 가족은 에르네스토에게 할머니가 위중하다고 알리는 전보를 보냈다.

5월 18일, 에르네스토는 근심으로 가득 찬 답장을 보냈다. 할머니의 병세를 좀 더 상세히 적어 전보로 보내 달라며, 할머니의 병세가 더 나빠진다면 일을 그만두고 바로 부에노스아이레스로 돌아갈 준비가 되어 있다는 것이었다.

며칠 만에 좋지 않은 소식이 왔다. 할머니가 뇌졸중으로 쓰러져 병세가 심각해졌다는 것이었다. 에르네스토는 일을 접고 부에노스아이레스로 달려갔다. 그는 할머니의 임종에 늦지 않게 당도했다. 에르네스토는 17일간 앓다가 돌아가신 할머니 아나의 침상 곁을 잠시도 떠나지 않았다. 게바라 린치는 이렇게 썼다. 〈우리 모두 어머니의 병세가 돌이킬 수 없을 정도로 나쁘다는 걸 알 수 있었다. 에르네스토는 식음을 전폐한 할머니에게 믿을 수 없을 정도로 인내심을 발휘하며 필사적으로 음식을 먹이려 했고, 할머니의 침대 머리맡을 내내 떠나지 않으며 기운을 북돋우려 애썼다. 내 어머니가 이승을 떠나는 순간까지 에르네스토는 자리를 지켰다.〉

할머니가 돌아가시자 에르네스토는 암담한 심정이 되었다. 여동생 셀리아는 자립심 강한 오빠가 그토록 비통해하는 것을 본 적이 없었다. 「오빠는 한없이 슬퍼했어요. 틀림없이 오빠 인생에서 가장 슬픈 순간 중 하나였을 거예요.」

4장
주관이 뚜렷한 사내

1

에르네스토는 할머니가 돌아가신 직후 부모에게 토목 공학 대신 의학을 공부하기로 결심했다고 알렸다. 그리고 바로 그달에 부에노스아이레스 대학 의학부에 지원했다.

의학부 건물은 고대의 거대한 돌기둥을 현대에 재현해 놓은 듯했다. 온통 회색빛에다가 곡선의 흔적이라곤 찾아볼 수 없는 건물에 네모난 작은 창문들이 뚫려 있었다. 이 15층짜리 건물은 아치형 천장과 창살로 장식된 발코니, 발코니로 통하는 유리문들을 지닌 19세기말 풍의 커다란 타운하우스들 위로 스산한 기운을 풍기며 우뚝 서 있었다. 의학에 바쳐진 차가운 기념비 같은 이 건물만 없었다면 주변의 풍광은 우아한 자태를 뽐낼 만했다. 건물은 오래된 가톨릭교회의 수공으로 장식된 그리 높지 않은 돔이 두드러져 보이는 탁 트인 광장을 굽어보고 있었고, 여기저기에 환자를 수술하는 외과의들을 표현한 청동 돋을새김이 들어간 석판이 있었다.

에르네스토는 자신이 의술을 직업으로 선택한 정확한 이유를 명확히 밝힌 적이 한 번도 없었다. 하지만 오랜 세월이 흐른 뒤 다음과 같이 〈개인적 성취욕〉이 동기였음을 짐작하게 하는 말을 남겼다. 〈나는 유명한 연구자가 되어…… 인류의 자산 목록에 확실히 들어갈 무언가를 찾기 위해 지칠 줄 모르고 일하는 모습을 꿈꾸었다.〉

에르네스토는 과학에 재능이 있었고, 토목 분야에서 손쉽게 직업을 구했지만 그 분야에 대한 열정은 없었다. 하지만 적어도 의학에서는 가치 있는 무언가를 할 수 있을 것 같았다. 가족들은 그의 결정이 할머니의 죽음 때문이라고 생각했다. 죽어 가던 할머니의 고통을 덜어 주지 못한 현대 의학의 무능에 실망했고, 따라서 인간의 고통을 줄여 주기 위해 스스로 무언가를 하려고 결심하게 되었다는 것이다. 연로하긴 했지만 여하튼 할머니의 죽음은 그에게 충격으로 다가왔고, 이러한 충격이 직업을 바꾸려는 에르네스토의 선택에 결정적 자극이 되었음은 분명하다. 하지만 그의 전공 선택에서 곧 드러났듯이, 그는 자기 자신의 천식 증세에 대한 치료책을 찾는 데에도 몰두했다.

에르네스토는 공부와 병행하여 많은 시간제 일을 계속했다. 하지만 이 모든 일 중에서 그가 가장 오래 했을 뿐만 아니라 가장 흥미를 느꼈던 일은 알레르기 치료 클리닉이었던 클리니카 피사니에서의 일이었다. 에르네스토는 처음에는 살바도르 피사니 박사에게서 천식을 치료받는 환자로 시작했지만, 곧 그 분야에 날카로운 지적 재능과 호기심을 보였다. 때문에 피사니는 에르네스토에게 무급 연구 보조원 자리를 제공했다. 젊은 의학도에게 의학 연구의 새로운 분야에 참여한다는 것은 특권에 가까운 기회였다.

피사니는 반쯤 소화된 식품 소재들을 합성하여 만든 백신을 통한 알레르기 치료 시스템을 개척한 바 있었고, 이 방법을 사용하여 에르네스토의 천식을 치료하여 일정한 성공을 거두었다. 에르네스토는 긍정적 치료 결과와 자신의 실험실 작업에 크게 고무되어 알레르기 전문의가 되기로 결심했다.

피사니 가족이 운영하던 클리닉은 에르네스토에게 일종의 대리 가정이 되었다. 피사니 박사와 그의 여동생 마팔다, 그리고 그들의 어머니가 모두 옆 건물의 널찍한 집에서 함께 살았고, 이들은 곧 에르네스토에게 강한 애정을 느꼈다. 피사니 박사의 누이와 어머니는 에르네스토에게 천식 식이요법으로 당근 주스와 옥수수빵, 귀리 케이크 등을 먹였고, 천식 발작이 일어나면 그를 침대에 눕혔다. 에르네스토는 이들의 보살핌에 호의적으로 응했고, 피사니 박사는 에르네스토를 장래에 자신의 족적을 따라 언젠가는 알레르기 연구에 공헌할 수제자로 여기기 시작했다.

한편 아버지가 보기에 에르네스토는 언제나 시간에 쫓겨 떠도는 사람이었다. 〈활동적이고 부지런했던 에르네스토는 자신의 의무를 다하기 위해 이리저리 분주히 뛰어다녔다. 내 아들이 어떻게 서두르지 않을 수 있었겠는가? 내가 거의 도와주지 못해 에르네스토는 자기 생계를 책임지기 위해서라도 일을 해야 했고, 게다가 내가 도와주기를 바라지도 않았다. 나에게서 한 푼도 받고 싶어 하지 않았기 때문에, 그 아이는 할 수 있는 한 최선을 다해 일들을 처리했다.〉

하지만 겉으로 드러난 에르네스토의 부지런한 모습 이면에는 내적인 동요의 세계가 숨어 있었다. 몇 달 전 비야 마리아에서 그는 작은 공책에 네 쪽에 걸쳐 자신의 복잡한 심경을 토로했다. 자유시 형식으로 쓰인 그 메모는 인생에서 결정적 시기를 맞이한 에르네스토 게바라의 불안정한 정서를 들여다보게 해주는 드문 자료다. 다음의 글은 1947년 1월 17일에 그가 쓴 구절에서 뽑은 것이다.

알아! 안다고!
여기서 빠져나가더라도 강물이 날 삼켜 버릴 거라는 걸……
그게 내 운명이야. 오늘 죽고 말겠지!
하지만 아니, 의지력으로 모든 걸 극복할 수 있어
장애물들이 있다는 걸 인정하지만
난 나가떨어지고 싶지 않아
죽게 된다면, 이 동굴 안에서겠지.

내 운명이 물에 빠져 죽는 거라면
총탄, 총탄이 내게 무슨 상관이 있을까, 하지만 난

운명을 극복하는 중임을. 운명이란
의지력으로 개척해 나갈 수 있는 것.

그래, 죽겠지, 하지만 총탄에 벌집이 되어,
총검에 찔려서. 그게 아니면 안 돼. 익사는 안 돼……
내 이름보다 더 오래 살아남을 기억은
싸우는 것, 싸우다 죽는 것.

분명히 격렬하게 요동치고 있는 에르네스토의 고뇌는
가족 문제나 대학 선택 문제에 관해 그가 느꼈던 불안 따
위를 훨씬 넘어서서, 정신력, 운명, 그리고 인생에서 안전한
길을 걸을 것인지 아니면 위험한 길을 걸을 것인지를 묻고
있었다. 〈그래, 죽겠지, 하지만 총탄에 벌집이 되어, / 총검
에 찔려서. 그게 아니면 안 돼. 익사는 안 돼……〉
　동시에 그가 언급한 익사와 〈깊은 우물〉 같은 말들은 아
마도 그의 삶에 제한을 가하고 미리 정해진 죽음의 경로를
제시하는 것처럼 보였던 천식에 대한 상징적 암시였을 것
이다. 그는 천식이 의지력으로 싸워 극복해야 할 조건이라
고 말하고 있는 것처럼 보였다. 하지만 에르네스토 게바라
가 이에 대해 설명한 바가 없기 때문에, 아마도 이 짧은 단
편에 대해서는 있는 그대로 받아들이는 것이 최선일 듯하
다. 자아도취적인 18세 청년이 혼란스러운 감정을 신파조
로 분출한 것으로 말이다.
　몇 달 사이 에르네스토의 마음에는 깊은 외상이 생겼다.
부모의 파경과 경제적 붕괴, 부에노스아이레스로의 불가

피한 이사, 사랑하던 할머니의 죽음에 이르기까지 모든 것이, 그의 주변에서 가족적 안정이 무너져 내리고 있다는 느낌이 들게 했다. 장남인 그는 거들어야 한다는 부담을 느꼈고, 자기 미래가 갑자기 저당잡힌 것처럼 느꼈음이 틀림없다. 할머니 소식 때문에 부에노스아이레스에 오기 전에도 이미 그는 가족에 대한 새로운 의무감을 느끼기 시작했다. 비야마리아를 떠나기 직전에 에르네스토는 편지를 통해 어머니에게 이렇게 말했다. 〈집 문제가 해결됐는지, 아이들은 갈 학교가 있는지 말씀해 주세요.〉

이제 그들 모두 부에노스아이레스에 있었지만, 돈이 없었기 때문에 집 문제는 여전히 해결되지 않은 상태였다. 처음으로 그들은 곤경에 빠졌고 온 가족이 여전히 돌아가신 할머니의 아파트에서 계속 살았다. 이내 게바라 린치는 미시오네스 플랜테이션을 매각했고 매각 대금으로 받은 돈으로 집을 구하라고 셀리아에게 건넸다.

그녀가 찾아낸 집은 아라오스 가(街) 2180번지에 있는 낡고 볼품없는 집이었고, 지하에는 달갑지 않은 늙은 부부가 세내어 살고 있었다. 하지만 위치는 좋았다. 집이 공원과 놀이터를 끼고 있는 고급 주거 지역인 팔레르모 지구의 가장자리에 있었기 때문이다. 그들은 다시 자기 집을 갖게 되었지만 사정은 많이 달라져 있었다. 장성한 아이들은 돈벌이가 되는 일자리를 찾아야 했고, 부모는 아직 법적으로는 결혼한 상태였지만 별거 중이었다. 게바라 린치는 더 이상 셀리아와 동침하지 않고 거실 소파에서 잠을 잤다.

가족을 둘러싼 환경이 변하면서 에르네스토와 아버지

사이의 관계에 근본적인 변화가 일어났다. 〈우리는 서로 또래 친구라도 되는 양 농담을 주고받았다〉고 게바라 린 치는 썼다. 〈그 아이는 나를 끊임없이 놀려 댔다. 집안 식 탁에 마주 앉기라도 하면 곧 내게 정치적 성격을 띤 논쟁을 걸곤 했다. ……당시 스무 살이 다 된 에르네스토는 정치에 관한 논쟁에서 나보다 뛰어났고, 우리는 끊임없이 논쟁했 다. 남들이 들으면 우리가 싸우고 있다고 생각했을지도 모 르겠다. 하지만 전혀 그렇지 않았다. 우리 사이에는 마음 깊숙한 곳에 진정한 동지애 비슷한 무언가가 자리 잡고 있 었다.〉

2

대학 생활 첫해에 에르네스토는 징집영장을 받았다. 하 지만 신체검사에서 천식이 확인되었고, 그는 〈체력 부실〉 을 이유로 불합격 판정을 받았다. 군대에 적합하지 않다 는 판정을 받은 그는 학업을 떠나 군대 막사에서 1년이라 는 세월을 낭비하지 않아도 되었다. 에르네스토는 너무나 기쁜 나머지 친구들에게 이렇게 말했다. 「모처럼 훌륭한 일 을 해낸 이 지랄 같은 폐에 감사할 일이지.」

한편 의학부에서 그는 해부학과 생리학 같은 평범한 과 목들을 들었다. 수업을 들으며 그가 사귄 첫 친구 가운데 한 명은 베르타 힐다 인판테, 일명 〈티타〉라고 불리는 젊은 여성이었다. 이미 고인이 된 티타의 아버지는 코르도바에 서 변호사와 정치가로 일했고, 그녀의 가족은 최근에 수도인 부에노스아이레스로 이사 온 터였다. 에르네스토를 본 그녀는 이 〈아름답고 거리낌 없는 청년〉의 매력에 바로 빠져들었다.

1948년 해부학 강의실에서 찍은 다소 섬뜩한 느낌을 주는 사진은 한 남자의 시신이 벌거벗겨진 채로 놓여 있는 전면의 시체 안치대 뒤로 한 무리의 의대생들이 흰색 가운을 입고 서 있는 모습을 보여 준다. 그리고 그들 사이에 에르네스토와 티타의 모습이 보인다. 머리카락을 밀어 버린 시신의 머리는 입을 벌린 채 시체 안치대의 모서리 아래로 늘어져 있고, 절개된 가슴은 내장을 도려낸 닭처럼 벌어져 있다. 이 장면은 상황에 개의치 않는 에르네스토의 정서를 잘 보여 준다. 사진 속에서 학생들 대다수는 장래 갖게 될 직업의 멋없는 태도를 드러내며 짐짓 심각한 표정을 하고 있고 몇몇 학생들만이 살며시 미소를 짓고 있는 반면, 에르네스토는 혼자 카메라를 정면으로 응시하며 이를 드러내며 활짝 웃고 있다.

해부학 수업에서 우연히 만난 것이 계기가 되어 에르네스토와 티타 사이에는 정신적 우정이 깊이 싹텄다. 에르네스토가 정서적 혼란에 시달리던 시기에, 티타는 자기 이야기를 믿고 털어놓을 수 있는 유일한 사람이었다. 그녀는 그 역할을 기꺼이 맡아 주었다. 둘은 매주 수요일마다 신경계 수업을 위해 자연과학박물관에서 만나 초로의 독일인 교수의 지도 아래 생선을 해부했고, 카페나 티타의 집에서 수업과 개인적인 문제들에 관해 이야기를 나누었다. 그들은 서로 책을 바꾸어 보고 그 내용들에 관해 토론했으며, 서로에게 좋아하는 시구들을 낭송해 주었다.

　에르네스토와 티타가 가깝게 지낸 것은 둘 다 친밀하고 순수한 우정을 필요로 했기 때문이었던 것으로 보인다. 둘 다 애정에 굶주린 상태였고, 둘 다 결손 가정 출신—티타의 아버지는 3년 전에 죽었다—이었다. 그리고 확장 일로에 있는 인구 500만의 수도에 온 지 얼마 되지 않았다는 공감대도 있었다. 두 사람의 관계는 오래 지속되었다. 에르네스토가 아르헨티나를 떠난 다음에도 두 사람은 편지를 왕래하며 관계를 유지했다. 에르네스토는 주로 어머니와 노처녀 고모 베아트리스에게 많은 편지를 썼지만 그에 못지않게 티타에게도 많은 편지를 보냈다.

　에르네스토는 사람들로 항상 넘쳐 났던 자기 집을 피해 베아트리스 고모의 집에서 많은 시간을 보냈다. 에르네스토가 어린아이였을 때 베아트리스는 셀리아와는 전혀 다른 방식으로 에르네스토에게 엄마 역할을 해주었다. 책과 선물, 새로운 천식 치료제 등을 보내 주고 학업을 독려하며 그를 염려해 주었다. 그리고 이제 예전처럼 베아트리스가 에르네스토를 위해 그곳에 있었다.

　에르네스토는 밤에 식사를 하고 공부를 하기 위해, 아라오스 가에서 20블록 떨어져 있는 베아트리스의 아레날레스 아파트로 정기적으로 찾아갔다. 베아트리스는 에르네스토에게 음식을 준비해 주고 밤새 잘 먹고 편히 지내는지 보살피며 천식약까지 준비해 두었다. 게바라 린치는 이렇게 회상했다. 〈내 누이는 에르네스토가 공부하는 동안 잠을 자지 않았다. 언제든지 마실 수 있도록 마테 차를 준비

해 두었고 휴식을 취할 때는 같이 있어 주었다. 누이는 더할 나위 없는 애정으로 이 모든 일을 했다.〉

에르네스토보다 일곱 살 아래 사촌인 마리오 사라비아는 에르네스토와 베아트리스의 특별한 관계를 직접 목격했다. 원래 남부 아르헨티나의 바이아블랑카에서 살던 사라비아는 1951년에 부에노스아이레스에 있는 한 학교에 다니기 위해 와서 2년 동안 에르네스토와 로베르토의 침실을 같이 쓰며 게바라 집에서 살았다. 베아트리스가 좋아한 또 한 명의 조카였던 사라비아는 종종 에르네스토와 함께 그녀 집에서 밥을 먹었다.

사라비아에 따르면 베아트리스는 돈을 만질 때는 장갑을 꼈고 낯선 사람과 악수를 하고 나면 나중에 꼭 손을 씻을 정도로 무척 까다로웠다. 하층 계급을 불신했던 베아트리스는 요리를 해주는 무카마가 밤에 잠자리에 들면 잠긴 문에 집게를 끼워 넣어 손잡이가 돌아가지 않도록 하곤 했다. 베아트리스를 깜짝 놀라게 하는 걸 즐겼던 에르네스토는 어느 날 저녁 식사 자리에서 그녀에게 한 소녀와 사귈 계획이라고 말했다. 〈그런데 그 아이 성이 뭔데?〉라고 베아트리스가 물었다. 에르네스토가 태평스럽게 모른다고 대답하자, 금욕적인 그의 고모는 몹시 속상해했다.

하지만 에르네스토는 자신을 무조건적으로 사랑했던 이 여인과 극한으로 대치하는 상황은 극구 피하려 했다. 대신 적당히 고모의 비위를 맞추어 주며 한편에서는 자신이 원하던 일을 했다. 에르네스토가 몰래 저지른 불미스러운 일들을 짐작한 고모가 그가 한 일들을 상상하며 괴로워할 때가 자주 있었지만 말이다. 사라비아에 따르면, 에르네스토가 벌인 행위들 가운데 몇몇은 베아트리스가 그 사실을 알면 〈심장 마비로 그 자리에 쓰러져 죽을 만한〉 일들이었다. 왜냐하면 거기에는 밤에 침실에 그토록 주의 깊게 가둬 두었던 하녀를 유혹한 일도 포함되어 있었기 때문이다.

어느 날 점심때, 식사를 준비하는 사이 마리오 사라비아는 식탁에 앉은 자리에서 부엌 쪽으로 난 열린 문을 통해 에르네스토가 순진한 고모의 바로 등 뒤 부엌 탁자 위에서 무카마와 급하게 정사를 벌이고 있는 장면을 놀란 눈으로 쳐다봤다. 정사를 끝내고 에르네스토는 식탁으로 돌아와 식사를 계속했지만, 고모는 이를 전혀 눈치채지 못했다. 사라비아는 자신이 목격한 광경을 이렇게 묘사했다. 「그는 마치 수탉 같았어요. 짝짓기를 하고는 다른 하던 일을 계속했지요.」

3

놀랄 일도 아니지만, 에르네스토는 캠퍼스의 급우들에게 종잡을 수 없는 인물이었다. 그는 매우 분주한 젊은이라는 인상을 주었다. 정말 그랬다. 일을 하든 공부를 하든 혹은 점점 더 빠져들고 있던 여행을 즐기든 그는 늘 분주했다. 에르네스토가 히치하이킹을 시작했을 때, 어떤 면에서 부에노스아이레스는 그의 지리적 지평의 점진적 확장을 위한 근거지에 지나지 않았다. 처음에는 주말이나 휴일에 산타아나 데 이리네오포르텔라에 있던 돌아가신 할머니의 농장과 코르도바로 돌아가는 짧은 여행이었던 것이 점차 행동반경이 넓어졌고 기간도 늘어났다.

에르네스토의 생활에 많은 변화가 일어났지만 여전히 어떤 것들은 불변으로 남아 있었다. 여전히 천식을 앓았고 체스와 가장 좋아하는 취미 가운데 하나가 된 럭비를 계속했다. 부지런히 책을 읽었고 철학 노트를 쓰는 일도 계속했다. 또한 시를 썼다. 초기 시편 가운데 남아 있는 것 중 하나는 다섯 번째 철학 노트 표지 뒤편에 휘갈겨 쓴 것으로, 바로 이 시기에 작성된 것이다.

이 짧고 다듬어지지 않은 송가(頌歌)는 묘지를 그린 시로 보인다. 그가 20대에 쓴 다른 대다수의 시들과 마찬가지로 이 시는 서툴고 허세로 가득하지만, 낭만적 상상력이 강력하게 전개되고 있을 뿐만 아니라 언어에 대한 애정을 드러내며 글쓰기에 대한 욕망이 그의 마음속에서 점점 커져 가고 있음을 보여 준다.

알 수 없는 정원의 아직 새겨지지 않은 비석이여,
너는 네 고통스러운 형태로
인간의 입체적인 도덕을 공격한다.
소름끼치는 조각상들이 너의 시를 피로 물들이고,
찬사가 너의 얼굴을 빛으로 얼룩지게 하고,
불길한 변덕이 너의 어두운 이름을 더럽히며
다른 것들과 똑같이 꾸며 댄다.

에르네스토는 점점 더 많은 시간을 개인적인 공부와 성

찰의 세계에 할애했다. 동생 로베르토는 형이 아버지의 25권짜리 현대 세계사 전집을 모조리 체계적으로 읽고 있었다는 걸 알고 깜짝 놀랐다. 그가 쓴 철학 노트는 이 대저작에 대한 언급으로 가득 차 있었다.

그는 똑같이 꼼꼼한 방식으로 자신이 읽은 문헌 목록을 작성하기 시작했다. 그는 페이지를 알파벳 순으로 정리하고 검정색 천으로 장정된 책 속에 저자와 국적, 제목, 장르를 적어 넣었다. 선택된 책 목록은 현대 대중 소설에서부터 유럽과 미국, 아르헨티나의 고전, 의학 교재, 시, 전기, 철학 등 다방면에 걸쳐 있었다. 목록 전반에서 러시아인 알렉산드르 알렉세이의 『내 최고의 체스 게임』, 『1937년도 사회주의 연감』, R. 분케의 『셀룰로이드와 베이클라이트 등의 제조와 사용』 같은 특이한 것들도 곳곳에 눈에 띄었다. 그러나 그는 여전히 모험 고전, 특히 쥘 베른을 좋아했다. 그는 쥘 베른 전집 전체를 읽었고, 그가 소유한 오래된 세 권짜리 가죽 장정판은 그가 가장 아끼는 소유물 중 하나였다. 10년 뒤 쿠바에서 혁명군 사령관이 된 뒤에 그 가죽 장정판을 아르헨티나에서 가져오게 할 정도였다.

또한 에르네스토는 프로이트와 버트런드 러셀의 저작들에서 성(性)과 사회적 행동에 관해서도 광범위하게 읽었고, 사회철학에 점점 더 큰 관심을 보였다. 이제 그는 고대 그리스인들에서부터 올더스 헉슬리에 이르기까지 모든 사람의 저작을 읽고 있었다. 관심의 초점이 더욱 좁혀지고 있었기에 문헌 색인과 철학 노트 사이에는 무수한 교차점들이 생겨났다.

사회주의 사상의 기원과 개념들에 관한 그의 탐구는 가속이 붙고 있었다. 파시즘에 관해서는 베니토 무솔리니를, 마르크스주의에 관해서는 이오시프 스탈린을, 정의(正義)에 관해서는 대담한 아르헨티나 사회당 창시자인 알프레도 팔라시오스를, 기독교 교리에 대해서는 졸라의 매우 비판적인 정의(定義)를, 사회 계급에 관한 마르크스주의적 설명을 위해서는 잭 런던을 참조했다. 프랑스어판 레닌 전기, 『공산당 선언』, 레닌의 몇몇 연설들을 읽었고 다시 『자본론』에 빠져들었다. 세 번째 일기에서 그는 카를 마르크스에 특별한 관심을 보이기 시작하여 R. P. 듀카티용의 『공산주의와 기독교』에서 뽑은 마르크스의 삶과 저작에 관한 간단한 전기로 10여 쪽을 채웠다(마르크스라는 인물은 그가 지속적으로 애착을 보인 대상이 되었다. 1965년에 아프리카에서 은밀한 생활을 하면서 그는 시간을 내어 자신이 직접 마르크스 전기를 쓸 요량으로 개요를 쓰곤 했다).

또 그는 듀카티용의 책에서 레닌을 자신의 모든 삶을 사회주의 혁명이라는 대의에 바치며 사회주의 혁명을 위해 〈살고, 숨 쉬고, 잠잔〉 역사상 유일한 인물로 묘사한 내용을 옮겨 적기도 했다. 이 구절은 주목할 만하다. 왜냐하면 그것은 장래 혁명 동지들이 에르네스토 〈체〉 게바라에 대해 쓴 글들과 불길할 정도로 닮아 있기 때문이다.

그러나 사회주의에 대한 왕성한 호기심에도 불구하고 에르네스토는 예전과 마찬가지로 아직은 좌익에 공식적으로 가담할 생각을 드러내지 않았다. 사실 그는 대학 시절 내내 정치적으로 방관자적인 입장을 유지했다. 관찰하고,

듣고, 때로는 토론했지만 직접 몸담는 일은 어떤 것도 신중히 피했다.

1950년에 페론의 통치는 페론주의라는 공식 명칭을 얻은 포퓰리즘적 민족주의 운동으로 발전했다. 페론이 실행자로, 보석으로 치장한 젊은 부인 에비타가 메시아적인 복수의 천사 역할을 하는 가운데, 그 운동은 이제 정의주의Justicialismo로 공식적으로 정의된 거의 종교에 가까운 사회철학을 갖게 되었다. 운동의 궁극적 목표는 조화롭게 살아가는 인간의 〈공동체 조직〉이었다.

그러나 고결한 수사(修辭)의 장막 뒤에서 페론은 반대자들을 한층 더 억압했다. 공무원에 대한 불경죄를 처벌하는 법률을 엄격하게 시행하는 가운데 투옥이나 협박을 통해 정치적 적대자들에게 침묵을 강요했다. 데스카미사도(셔츠 입지 않은 사람들)라고 불리며 공식적인 찬양의 대상이 된 노동 대중은 에비타가 후원하는 공공사업 프로젝트와 선물 공세에 매수당했다. 대외적으로 고상한 이미지를 만든 에비타는 이제 자신이 설립한 에바페론재단의 이사장이 되어 있었다.

페론은 이 새로운 아르헨티나의 국제적 위치를 〈제3의 위치〉라고 정의하며 자본주의 서방과 공산주의 동방 사이에서 의도적으로 모호한 균형을 취하는 기회주의적인 행동을 했다. 페론은 이렇게 말했다. 〈그것은 상황에 따라 중앙에 있기도 하고, 왼편이나 오른편에 있기도 하는 이데올로기적 입장이다. 우리는 상황에 순응한다.〉

페론의 냉소주의는 속셈이 너무나 빤히 드러나 보이는

것이었지만, 그의 정책이 아르헨티나를 다른 어떤 강대국에도 의존하지 않는 주권 국가로 재창조하려는 열망에서 비롯되었다는 것만은 분명했다. 에르네스토는 마지못한 존경심을 보이면서 그를 〈엘 카포(두목)〉라고 불렀다. 그런 모호한 언급 말고는, 에르네스토는 페론의 지지자는 물론 반대자들에게도 공감을 표하기를 꺼렸다. 정치적 반대파 집단 안에는 매력적인 것이 별로 없었다. 아르헨티나의 기성 정당들은 사회적 비전을 별로 보여 주지 못했고 페론의 기세에 맞서기에는 철저히 무능했다. 아르헨티나 공산당은 여전히 합법적인 정치 조직이었지만 노동조합과 노동자총연맹 안에서 당의 권력 기반은 약화되어 있는 상태였다. 페론이 아르헨티나 노동자들을 흡수하기 위해 새로운 조직을 창설했기 때문이었다. 공산당은 페론과 전략적으로 대립 관계에 있던 중도 급진당 및 중소 중도좌파 정당들과 동맹을 맺음으로써 이에 대응했다. 공산당은 교조적이었고 이론적 논쟁에서 헤어나지 못했다. 카리스마를 지닌 지도자나 대중적인 지지 기반도 없이 생존을 위한 전술의 일환으로 기존 세력들과 동맹을 맺고 있던 공산당에서 에르네스토는 사회 변화를 위한 대안 세력으로서의 가능성을 찾기 힘들었다.

대학에서는 공산청년단이 활동하고 있었고 에르네스토도 그 활동가들 중 몇몇을 알고 있었다. 그 가운데 한 명이었던 리카르도 캄포스는 정치에 관해 토론할 때 에르네스토가 무척 〈퉁명스럽고 까다로웠다〉고 회상했다. 캄포스는 에르네스토를 설득해 공산청년단 모임에 데리고 나가

기도 했다. 하지만 에르네스토는 회의가 진행되던 도중에 자리를 박차고 나가 다른 참석자들을 아연실색하게 만들었다. 「그는 특정 사안들에 대해서는 생각이 아주 분명했습니다. 무엇보다 윤리적 관점에서 그랬습니다. 나는 당시 그가 정치적 인간이라기보다 윤리적 태도를 가진 인간이라고 생각했어요.」

역시 공산주의자였던 티타 인판테의 오빠 카를로스는 에르네스토를 의학과 문학에 관심이 많은 〈진보적인 자유주의자〉로 보았다. 한때 두 사람은 아르헨티나 마르크스주의 작가 아니발 폰세의 저작에 관해 토론한 적이 있었다. 하지만 논의가 아르헨티나 공산당에까지 이르자, 에르네스토는 공산당의 분파주의를 맹렬히 비난하며 아르헨티나 정치에서 당이 차지하는 역할에 회의적인 입장을 드러냈다.

에르네스토는 주변 사람들과 토론할 때 자신이 흥미롭다고 생각했던 개념들을 거론하며 책에서 읽은 내용을 시험해 보았다. 1951년 삼촌의 장례식에서 그는 사촌인 후안 마르틴 무레 데 라 세르나와 철학과 정치에 관해 논쟁했다. 에르네스토는 마르크스와 엥겔스에 대한 나름의 해석을 늘어놓았고, 이에 맞서 무레는 프랑스 가톨릭 철학을 옹호했다. 그리고 코르도바를 다시 방문했을 때 그는 니체식으로 예수를 부정함으로써 돌로레스 모야노에게 굴욕감을 안겨 주었다. 또한 에르네스토는 한국 전쟁 관련으로 아버지와 심한 논쟁을 벌였다. 에르네스토는 미국인들이 제국주의적 의도를 갖고 있다고 비난하며 한국 전쟁에서 미국이 맡은 역할에 반대했던 반면, 아버지는 미국인들을 지지했다.

에르네스토의 세계관은 아르헨티나의 정치 현장이 아니라 그런 개인적 만남 속에서 서서히 수면 위로 그 모습을 드러내기 시작했다. 하지만 그의 친구나 친척 들 가운데 에르네스토를 마르크스주의자라고 생각한 사람은 아무도 없었다. 그리고 실제로 당시에는 에르네스토 자신도 그렇게 생각하지 않았다. 그들은 에르네스토가 유행에 뒤떨어진 입장을 소리 높여 옹호하는 것을 그의 보헤미안적 성장 배경과 인습 타파적 개성 탓으로 여겼다. 또한 그러한 판단은 그의 형식에 얽매이지 않는 옷차림과 여행을 좋아하는 집시 성향과 맞아떨어졌다. 많은 사람들이 시간이 지나면 에르네스토가 그런 경향에서 벗어날 거라고 생각했다.

하지만 공교롭게도 아르헨티나의 정치 지형에서도 에르네스토와 같은 비타협적인 태도가 득세했다. 페론은 마키아벨리적인 권력 행사를 통해 보수 과두제와 가톨릭 성직자, 군부 세력의 강력한 반대를 무릅쓰고 급진적인 정치 변화를 가져올 수 있는 방식을 실연해 보였다. 페론을 관찰하면서 에르네스토는 정치적 성공에 이르는 마술 열쇠를 조작할 수 있음을 빈번히 보여 주는 정치 달인의 모습을 볼 수 있었다. 페론은 사람들의 분위기를 잘 파악해 누가 진짜 친구이고 누가 적인지를 알았고 무엇보다 행동해야 할 때를 알았다. 교훈은 명확했다. 아르헨티나 같은 곳에서 정치적 진보를 이루기 위해 필요한 것은 바로 강력한 지도력과 무력을 사용해서라도 목적을 달성하는 의지였다.

에르네스토가 지니고 있던 민족주의적 관점을 고려할 때, 아르헨티나의 정치적, 경제적 주권을 강화하려는 페론의 시도는 에르네스토에게 호소하는 바가 컸음이 분명하다. 이런 의미에서 1946년에 발간된 네루의 책 『인도의 발견』에 에르네스토가 열광했다는 사실은 특히 의미심장해 보인다. 그는 시사하는 바가 많은 구절들에 밑줄을 긋고 여백에 코멘트를 달아 가며 네루의 책을 대단한 관심을 기울여 가며 읽었고, 감탄사를 연발하며 친구들에게 그 책에 관해 말했다.

　페론과 네루는 지도 스타일이 아주 상이하다는 점에서 서로 어울리지 않는 동반자처럼 보일지도 모른다. 하지만 인도를 탈식민지화하려는 네루의 노력과 아르헨티나의 경제적 자립을 달성하려는 페론의 계획 사이에는 어느 정도 밀접한 유사성이 존재했다. 그들이 국가 지도자로서 가진 관심사도 저개발국에 공통된 의존 증후군에 초점이 맞추어져 있었다. 아시아와 아프리카에서의 유럽 식민 지배에서든, 미국의 신식민주의적 지배에 놓인 라틴 아메리카 나라들에서든, 저개발 국가에서 의존 증후군은 공통된 문제였다. 에르네스토의 세계관 형성에 페론과 네루는 깊은 인상을 남긴 인물들이었다. 에르네스토의 이데올로기는 나중에 새로운 급진적 차원으로 변화하게 되지만, 〈제3세계〉는 자본주의적 제국주의로부터 스스로를 해방시키고 급속한 산업화를 이룩해야 하며 또한 혁명적 변화 과정을 이끌어 나갈 카리스마 있는 강력한 지도자가 필요하다는 장래 그가 펼치게 되는 주장에 페론과 네루는 큰 영향을 미쳤다.

페론과 네루는 영국과 미국 등 자국의 경제적 흥망을 좌우해 온 강대국들로부터 완전한 독립을 쟁취하기 위한 필수 단계로, 압도적으로 농업국가인 자국의 급속한 산업화를 추진했다. 인도와 아르헨티나 모두 수입품, 특히 공산품의 수입 의존율이 대단히 높았고, 그들의 주요 수출품인 원재료 시장은 변동이 매우 심했다. 두 나라 모두 제대로 된 자체 산업 기반을 갖추고 있지 못했다.

네루는 이렇게 썼다. 〈현 시대의 맥락에서, 어떤 나라도 산업을 고도로 발전시키지 않으면, 또 자체의 동력원을 최대한으로 개발하지 않으면 정치적, 경제적으로 독립적일 수 없다. 이런 사실은 국제적 상호 의존의 틀 속에서도 마찬가지다.〉

이와 똑같은 개념이 아르헨티나를 위한 〈사회 정의와 경제적 독립, 정치적 주권〉이라는 페론의 강령에 나타나 있었다. 이 강령은 외국 기업들, 특히 영국 기업과 비중이 점점 더 커지고 있던 미국 기업들이 여전히 아르헨티나의 공공 서비스 시설, 수송, 철도 부문에서 상당한 독점을 행사하고 있고 공산품의 대부분을 공급하던 상황에서 나온 것이었다. 페론은 임기 첫해에 야심적인 수입 대체 산업 발전 프로그램에 착수했고, 1947년에는 외국인 소유의 공공 서비스 시설과 철도를 국유화하는 조치를 취했다. 문제는 아르헨티나의 〈경제적 독립〉이었다.

하지만 페론이 씨앗을 뿌릴 토양은 척박했다. 아르헨티나에서는 외국 자본에 대한 불신이 팽배해 있었다. 1920년대 말과 1930년대 초에 불어닥친 전 세계적 불황과 두 차례 세계 대전을 겪으며 수출 농산물 가격이 되풀이하여 폭락했고, 급등하는 수입 공산품 가격을 상쇄해 줄 만한 국내 산업 기반은 턱없이 부족했기 때문에 아르헨티나 경제는 곤경에 처해 있었다. 1933년 영국과 맺은 치욕적인 로카-런시먼 조약(1936년에 개정됨)에 따라, 영국이 아르헨티나의 밀과 양모, 쇠고기를 계속 사주는 대가로 아르헨티나는 영국 상품을 구매하고 영국 투자자들에게 각종 특권을 내줘야 했다. 외국 자본 투자는 점차 외세 개입의 상징이 되었고, 아르헨티나의 민족주의 정서를 결집시키는 초점이 되었다.

〈양키〉의 간섭은 1946년 총선이 열린 해에 지나칠 정도로 심해졌다. 한때 부에노스아이레스 주재 미국 대사를 역임했고 당시 국무부 라틴 아메리카 담당 차관보로 있던 스프륄 브레이든은 공공연하게 페론 반대 캠페인을 벌였다. 하지만 페론은 위풍당당하게 미국의 간섭을 자신에게 유리한 방향으로 전환시켰다. 그는 선거가 아르헨티나인 후보들 사이의 경쟁이 아니라 〈브레이든 아니면 페론〉을 선택하는 문제가 되었다는 역슬로건을 내세워 민족주의 정서를 자극했다.

트루먼 행정부가 미국과 인접 라틴 아메리카 나라들 사이에 서반구*〈상호 방위 조약〉을 위한 로비를 펼치기 시

---

* 서반구는 그리니치 천문대를 지나는 본초 자오선을 기준으로 서쪽에 위치한 지역들을 가리킨다. 아메리카 대륙과 유럽, 아프리카의 서쪽 일부를 포함한다 ─ 옮긴이주.

작했을 때, 많은 아르헨티나인들은 이를 신랄한 투로 비꼬았다. 그럼에도 불구하고 1948년에 리우데자네이루에서 범아메리카주의라는 새로운 형제애 개념을 칭송하는 연설들이 울려 퍼지는 가운데 서반구 정부들이 상호 방위 조약에 서명했다. 조약은 최근에 워싱턴이 소비에트 공산주의를 봉쇄하려는 강경한 세계 전략을 채택했다는 것을 천명한 〈트루먼 독트린〉에 충실한 것이었다. 라틴 아메리카 공산주의자들은 미국의 주창으로 맺어진 새 형제 관계가 라틴 아메리카를 월스트리트의 식민지주의적 기업체들과 자본주의 독점체들에 넘겨주려는 과거 먼로 독트린의 재탕이라고 비난했다. 실제로 리우 조약으로 워싱턴은 〈외부의 압력이나 소수 무장 세력에 의한 지배 시도에 저항하는 자유인들을 지원하기 위해〉 인접국에 군사적으로 개입할 권리를 획득했다. 에르네스토는 리우 회의에 주목하며, 회의 대표단 중 한 명이 신의 이름을 빌려 내린 종교적인 정의를 인용하면서 노트에 〈범아메리카주의〉라는 항목을 적어 넣기도 했다.

1950년대 초기에 에르네스토는 정치적으로 미국에 대해 뿌리 깊은 적대감을 품고 있었다고 돌로레스 모야노는 말했다. 「에르네스토가 보기에 라틴 아메리카의 쌍둥이 악마는 토착 과두제와 미국이었어요. 그가 그 나라에 관해 좋아한 것은 시인과 소설가들뿐이었답니다. 나는 그가 그밖에 다른 것에 대해 좋다고 말하는 걸 들어 본 적이 없어요. 민족주의자들과 공산주의자들은 자기들의 관점에 동의하지 않으면서도 반미적인 그에게 당혹감을 느꼈을 거예요. 몹시 불행한 일이었지만, 어머니가 미국인이었던 나로서는 종종 미국을 변호하는 입장에 설 수밖에 없었어요. 나는 미국의 대외 정책이 사악한 음모 집단의 정교한 전략이라기보다는 대개 갈피를 못 잡는 무지와 오류의 산물에 불과하다는 점을 결코 납득시킬 수 없었습니다. 그는 어둠의 마왕이 미국의 해외 움직임의 일거수일투족을 지휘하고 있다고 굳게 믿고 있었어요.」

2차 세계 대전 이후의 라틴 아메리카에는 그런 인식을 배양할 수많은 증거가 있었다. 에르네스토가 성인으로 성장하던 시기는 미국이 제국주의적 팽창의 정점에 있던 시기였다. 미국은 라틴 아메리카의 사회 혁신이나 정치 개혁에는 별다른 관심을 기울이지 않으면서 그 지역에서 자신의 경제적, 전략적 이익을 추구하는 데는 공격적이었다. 냉전의 반공적 분위기 속에 미국은 비판적인 민족주의자들과 좌익 정권들을 희생시키며 군사 독재 정권들, 이를테면 니카라과의 아나스타시오 소모사, 도미니카 공화국의 라파엘 트루히요, 페루의 마누엘 오드리아, 베네수엘라의 마르코스 페레스 히메네스 정권을 지지했다. 그리고 국가 안보의 이름으로 이를 합리화했다.

워싱턴이 1950년대 말까지 전후 유럽에서 소련의 팽창을 가장 경계했다면, CIA는 당시 서반구에서 공산주의의 위협을 심각하게 염려하여 「라틴 아메리카에서 소련의 역량과 의도」라는 제목의 비밀 보고서를 만들었다. 보고서는 이렇게 말하고 있다. 〈추정하건대, 라틴 아메리카와 관련하여 소련의 목적은 그 지역의 소비에트화가 가능해지고 그 자원을 소비에트의 힘을 증대시키는 데 직접 사용할 수 있을 때까지 가능한 한 미국의 지원을 줄이는 데 있음이 틀림없다.〉

CIA는 두 초강대국 사이에 전쟁이 일어날 경우 특히 친소적인 라틴 아메리카의 공산당들과 모스크바가 협력하여 사보타주와 민간 폭동을 일으킬 가능성이 있다고 염려했다. CIA는 공산주의자들이 기존의 반미 정서를 이용할 가능성에 주목하면서 이렇게 언급했다. 아르헨티나에서는 이미 〈공산주의자들이 아르헨티나의 고립주의에 편승하여 아르헨티나 군대의 한국 파견에 반대하는 선동을 했고, 비공산주의자들도 이에 즉각 응답했다〉. 그리고 쿠바에서는 미군 병사들이 쿠바의 민족 영웅 호세 마르티 동상에 오줌을 눈 사건이 일어났는데, 공산주의자들이 이 사건을 과장되게 선전하여 〈일시적이나마 미국의 대중적 평판이 크게 떨어졌다〉. 또 CIA는 공산주의자들이 몇몇 나라에서 〈독재 통치자들에 대한 자유 민주주의적 혐오〉를 이용하여 그들 나라와 친독재 정권적인 워싱턴 사이의 관계를 긴장시킬 수도 있다고 경고했다.

에르네스토가 의대 4학년에 재학 중일 때, 페론도 독자적으로 공산주의의 위협을 상기시키며 좌익에 대한 공격을 시작했다. 숙청이 벌어지는 동안 에르네스토와 동갑내기였던 코르도바 시절의 친구 페르난도 바랄이 공산주의 선동 혐의로 체포되어 7개월간 경찰서에서 구류를 살았다. 바랄은 스페인에서 망명한 공화주의자였고, 그의 아버지는 마드리드를 사수하다가 전사한 저명한 조각가였다. 아직 외국인 신분이었던 그는 프랑코 치하의 불안한 운명으로 송환될 예정이었다. 하지만 아르헨티나 공산당이 헝가리로부터 그를 정치적 망명자로 받아들이겠다는 제안을 받아 낸 후에 그는 스페인 대신 헝가리행을 허락받았다.

어쩌다 몇 번 마주친 걸 빼면, 게바라 가족이 부에노스아이레스로 이사 간 후 바랄과 에르네스토 사이에 많은 접촉은 없었다. 그사이에 바랄은 에르네스토의 사촌인 라 네그리타 코르도바 이투르부루와 사랑에 빠졌다. 연애 감정은 일방적인 것이었지만, 바랄과 라 네그리타는 가까운 친구였다. 나중에 바랄 자신이 추측한 바에 따르면, 에르네스토는 자기 사촌과의 애정 관계에서 바랄을 경쟁자로 보았을 수도 있고 단순히 바랄의 〈교조주의〉를 싫어했을 수도 있었다. 어찌되었든 바랄이 구금되어 있는 내내 에르네스토는 움직이지 않았다. 그는 유치장에 수감된 바랄을 찾아가지도 않았고, (알베르토 그라나도가 구금되어 있을 때와 마찬가지로) 바랄의 석방을 위한 일에도 전혀 가담하지 않았다.

한 친구의 회상에 따르면, 에르네스토는 자기 집 하녀들에게 페론의 정책이 그들의 사회 계급에 우호적이라는 이유로 페론에게 투표하길 권했다. 또한 에르네스토는 필요할 경우에는 페론주의 시스템을 자기에게 유리하게 이용하기도 했다. 사촌 마리오 사라비아의 말에 따르면, 에르네스토는 대학 내 페론주의 청년 조직에 가입했는데, 이는 그 조직의 조직원에게만 개방된 방대한 도서 시설을 이용하고 책을 빌리기 위해서였다. 또 언젠가는 계획 중이던 야심 찬 라틴 아메리카 일주 여행을 앞두고 타티아나 키로가가 반농담조로 던진 제안에 따라 에르네스토는 페론의 인심 좋은 부인 에비타에게 〈지프 한 대〉를 달라는 편지를 썼다. 타티아나는 에르네스토가 편지를 써 보내는 걸 거들면서 재미를 느꼈지만, 아르헨티나의 그 대담한 영부인에게서는 아무런 답장도 오지 않았다고 기억했다.

4

20대 초반의 에르네스토는 사람들 사이에서 일반적으로 분류하기 힘든 매력적인 괴짜로 두드러져 보였다. 실제로 그는 어떤 사람이라고 명확히 정의하기 어려웠다. 그는 괴상한 옷차림을 하고 다니면서도 사람들이 놀리는 것에 전혀 신경 쓰지 않았다. 그가 속한 사회 계급의 소년들이 노동 계급 이민자의 아들로 오인받는 무시무시한 불명예를 당하지 않기 위해 반질반질한 구두를 신고 잘 다린 바지와 블레이저코트와 넥타이 차림을 하고 다닐 때, 그는 재고품 떨이 시장에서 산 낡고 잘 맞지도 않는 신발을 신고 더러운 점퍼를 입고 다녔다.

20대 초반에 에르네스토는 이 버려진 아이 같은 이미지를 완성했다. 돌로레스 모야노는 에르네스토의 단정치 않은 모습은 친구들 사이에서 즐겨 등장하던 화제였다고 회상했다.

「에르네스토의 모습이 얼마나 유별났는지를 제대로 이해하려면 유력한 몇몇 집안이 모든 걸 독점한 그 지방의 정신세계를 알아야 해요. 우리가 알던 모든 남자아이들은 옷에 무척 신경을 썼고 카우보이 부츠, 청바지, 이탈리아제 셔츠, 영국제 풀오버 같은 최신 유행품을 얻기 위해 많은 돈과 노력을 들였죠. 당시는 1950년대 초였거든요. 당시 에르네스토는 나일론 셔츠를 즐겨 입고 다녔어요. 원래 하얀색이었지만 항상 입고 다니다보니 회색으로 변해 있던 그 옷을 그는 일주일에 한 번은 빨아 입는다고 우겼습니다. 그가 입고 다니던 통이 넓어 펄럭거리던 바지가 빨랫줄에 걸려 있던 기억도 나요. 에르네스토가 파티에 모습을 드러내면, 대화가 일시에 중단되었지만 사람들은 애써 그를 모른 척했죠. 에르네스토는 자신이 불러일으킨 동요를 분명히 알면서도 이를 즐기면서 파티 분위기를 완전히 장악했어요.」

에르네스토는 구제 불능의 음치였고, 친구들이 스텝과 박자를 가르쳐 주어야만 춤을 출 수 있었다. 에르네스토는 춤을 출 때마다 처음에 춤의 가락이 탱고인지 왈츠인지 아니면 맘보인지를 물었다. 이렇게 해서 일단 가락을 알게 되면 여자애들에게 춤을 청한 다음, 그 가락의 박자를 마음속으로 세면서 여자애들을 서툴게 이끌었다.

에르네스토의 가까운 친구였던 카를로스 피게로아는 〈그가 춤에는 전혀 관심이 없었다〉고 회상하며 당시 그는 〈부끄러움을 모르는 철면피〉, 즉 지칠 줄 모르고 공공연하게 여자애들을 유혹하려 했던 바람둥이였다고 설명했다. 그가 춤을 추는 이유는 오로지 먹잇감에 가까이 다가가기 위해서였다. 그는 넘어올 것 같아 보이는 여자들을 유혹하는 데 전혀 거리낌이 없었고 외모나 나이 차이도 개의치 않았다.

그의 가장 가까운 몇몇 친구와 친척들만 이러한 희롱 행각을 알고 있었다. 사촌 마리오 사라비아에 따르면 에르네스토는 〈한 접시의 음식을 얻기 위해서라면 무슨 일이든 하려고 했다〉. 그는 에르네스토가 30대 후반의 볼리비아 출신 인디오 여자였던 자기 집 하녀 사비나 포르투갈과 부에노스아이레스에서 정기적으로 동침한 예를 들었다. 그러면서 사라비아는 이렇게 말했다. 「그 여자는 내가 본 여자들 가운데 가장 못생긴 축에 끼었는데, 그녀가 불러들이면 어김없이 그녀의 방으로 향하더군요.」

에르네스토는 부모를 애정 어린 투로 〈비에하〉, 〈비에호〉라고 부르며 격의 없이 지냈지만, 자기 자신에 대해서도 똑같이 낮추어 말했다. 그의 새로운 별명 〈엘 찬초〉는 특히 즐거운 놀림거리였다. 그 별명이 사회적 위신에 민감한 그의 아버지에게 격한 반응을 불러일으켰기 때문이다. 게바라 린치는 카를로스 피게로아가 그 별명을 지은 장본인이라는 걸 알아내고서는 격분하여 그를 크게 야단쳤다. 게바라 린치는 이 행위를 자기 가족의 명예에 대한 모욕으로 간주했다.

아버지가 불쾌하게 여겼음에도 불구하고, 아니 아마 그 때문에 에르네스토는 자신이 창간하고 마지막 11호까지 편집했던 럭비 잡지 『태클』의 자기 기사에 〈창초Chang-Cho〉라고 서명을 했다. 에르네스토는 논평 기사에서 영어식 럭비 용어를 섞어 가며 속사포 같은 스포츠 기자의 은어로 경기들을 무자비하게 분석했다.

　에르네스토는 아버지를 전투적으로 대했지만, 건강 상태가 좋지 않았던 어머니에게는 훨씬 세심하게 배려하는 태도를 보였다. 1946년에 유방암 진단을 받고 유방 절제 수술을 받은 어머니의 병이 재발하지 않을까 늘 노심초사했다. 이 모자간의 특별한 관계에 대해서는 가족 친구들도 언급했다. 몇몇 사람들이 보기에 두 사람의 결속은 너무나 특별해서 다른 형제들은 거기에 끼어들 여지가 없었고, 몇몇 친구들은 이 관계가 특히 로베르토에게 미친 영향에 대해 동정했다. 두 살 터울의 로베르토는 에르네스토보다 신체적으로 월등했고 럭비에서 탁월한 실력을 발휘했지만, 가족이라는 울타리 안에서 그가 거둔 승리들은 언제나 자신의 천식을 극복하는 듯 보였던 형의 그늘 아래서 빛이 바랬다. 몇몇 친척의 말에 따르면 로베르토는 어린 시절부터 에르네스토에게 적개심을 느꼈고, 이를 극복하기까지는 오랜 세월이 걸렸다.

　게바라 린치와 셀리아가 잠자리를 같이하지 않는 것을 가족들은 모른 척했다. 얼마 지나지 않아 가족의 친구들은 게바라 린치가 늦게 들어와 자기 주변에서 무슨 일이 일어나든 신경 쓰지 않은 채 소파에 털썩 쓰러져 잠드는 일에 익숙해졌다. 게바라 린치의 다른 엉뚱한 짓들은 이런 행동을 자연스러워 보이게 했다.

　징크스와 미신을 믿는 게바라 린치의 성향은 부에노스아이레스에서 더욱 두드러졌다. 그는 집을 떠날 때면 언제나 열쇠 같은 물건을 의도적으로 잊어버리고는 다시 집으로 돌아왔다. 이렇게 하지 않으면 그는 〈재수가 없다〉고 생각했다. 이것은 강박적인 의례 행위가 되었다. 가족들이 식탁에 둘러앉아 있을 때 누군가가 〈뱀〉이라고 말하면 그는 즉각 〈멧돼지〉라고 말하곤 했다. 누군가 내뱉은 단어가 불러들일 악운에 대한 〈해독제〉였다.

한편 셀리아는 자기 집을 여전히 살롱처럼 운영했다. 저녁 식사 테이블이 그녀의 옥좌였다. 그녀는 그곳에 무한정 앉아 혼자 카드놀이를 했지만, 언제라도 젊은 사람을 맞이해 대화를 나누거나 조언을 베풀 준비가 되어 있었다. 그녀는 습관적으로 피운 담배처럼 카드놀이에도 중독되었다.

셀리아는 일상생활의 실용적인 소소한 일에는 전혀 관여하지 않았다. 부엌에서 일어나는 일들에 대해서는 전혀 몰랐고, 요리사가 쉬는 날에는 계량이나 조리법은 전혀 생각하지도 않고 냉장고 안에서 손에 잡히는 대로 무엇이든 한꺼번에 집어넣어 식사거리를 만들었다. 냉장고가 텅텅 비어 있어도 냉정을 잃지 않고 태연자약했다.

방문자들은 예외 없이 그 집에 가구와 장식물 혹은 그림 따위가 없다는 것을 알아차렸지만, 책장은 물론 모든 곳에 빼곡히 쌓인 엄청난 양의 책에 놀랐다. 다른 특이한 것들도 있었다. 부엌의 스토브가 끊임없이 누전되었고 벽에서는 〈전류가 흘러〉 처음 방문하는 사람들이 무심코 벽에 기댔다가 감전되었다.

에르네스토가 공부에 필요한 공간과 조용한 분위기를 베아트리스의 아파트나 대학 도서관에서 찾았듯이 그의 아버지도 곧 파라과이 가(街) 부근에 세낸 작업실에서 피난처를 발견했다. 그는 새 동업자를 발견하여 그와 함께 〈게바라 린치 & 베르부르치〉라는 공동 부동산 중개 및 건축 회사를 차렸다. 얼마 안 있어 그들은 도시 주변에서 일정한 사업거리를 찾아냈지만, 게바라 린치에게 언제나 그랬듯이 사업은 비틀거렸다.*

작업실에 침실이 있기는 했지만 게바라 린치는 그곳을 책상과 건축 설계 테이블로 채웠기 때문에, 아라오스 가(街) 아니면 자기 동생 베아트리스의 아파트 거실 소파에서 계속 잠을 잤다. 그러나 아라오스 가는 너무 혼잡했고, 그의 작업실도 집을 피해 온 아이들과 친구들의 공부방이 되었다. 게바라 린치는 여분의 열쇠를 만들었고 그의 아이들과 친구들이 마음대로 드나들었다. 에르네스토는 의대 시절 벼락치기로 시험 준비를 할 때 그곳을 이용했고, 법대에 들어간 로베르토도 그랬다. 셀리아와 아나 마리아, 그리고 마리아의 남자 친구 카를로스 리노 모두 건축을 공부했는데, 이들도 게바라 린치의 작업실에서 정기적으로 과제물 작업을 했다. 또한 그곳은 단명한 럭비 비평지 『태클』의 편집 사무실로도 쓰였다.

언제나 돈에 쪼들렸던 에르네스토는 몇 가지 사업 계획

* 게바라 린치는 동업자 선택과 관련하여 특히 운이 없는 것 같았다. 그도 그럴 것이, 그들의 사업이 출범하여 한창 돌아가고 있을 때 베르부르치가 개인적으로 안 좋은 일을 당한 데다가 심각하고 장기적인 불황을 견디다 못해 그를 버렸던 것이다. 그 후 게바라 린치는 함께 일할 또 한 명의 동업자 로시를 찾아냈다. 이들의 회사는 1970년 우익 군사 쿠데타로 게바라 린치가 나라를 떠나지 않을 수 없게 될 때까지 부침을 겪으며 살아남았다.

에 착수했다. 그 계획들은 창조적이긴 했지만 현실성이 없었다. 이 사업들에는 보통 에르네스토의 오랜 친구 카를로스 피게로아가 참여했다. 그는 부에노스아이레스에서 법학을 공부하고 있었고 에르네스토와 마찬가지로 언제나 자기 호주머니를 채울 현금을 찾아다녔다. 그들의 첫 번째 사업은 에르네스토의 아이디어였다. 그는 메뚜기 살충제 가멕사네가 훌륭한 가정용 바퀴벌레 약이 될 거라고 판단했다. 이웃집들을 대상으로 실험을 하여 좋은 결과를 얻은 다음 그는 대량 생산에 들어가기로 결정했다. 그래서 그는 피사니 박사의 한 환자와 피게로아와 함께 자기 집 차고에서 활석 가루와 섞은 약품 상자들을 포장하기 시작했다.

그는 제품에 등록 상표를 붙이고 싶어서 〈알 카포네〉라는 이름을 생각해 냈지만, 그 이름을 사용하려면 카포네 가(家)의 승인을 얻어야 한다는 말을 들었다. 에르네스토가 다음에 선택한 것은 훈족의 아틸라에서 딴 〈아틸라〉라는 이름이었다. 〈닥치는 대로 모두 죽인다〉는 뜻을 담은 아이디어였다. 하지만 그 이름을 가진 제품이 이미 있었다. 결국 그는 스페인어로 〈남쪽에서 부는 강풍〉이라는 뜻의 〈벤다발vendaval〉로 결정했고, 특허도 취득했다. 아들의 진전에 감탄한 게바라 린치는 에르네스토에게 투자할 만한 사람을 소개해 주겠다고 제안했지만, 아버지의 동업자들에 대해 편견을 갖게 된 에르네스토는 제안을 거절하며 이렇게 말했다. 「영감님, 제가 당신 친구들에게 눈 뜨고 먹힐 거라고 정말 그렇게 믿는 겁니까?」

그의 가족은 할 수 있는 한 에르네스토의 벤다발 공장을 참고 견뎠지만, 공장에서 나오는 참을 수 없는 악취가 사방으로 퍼졌다. 〈구역질 나는 냄새가 온 집 안에 퍼졌다〉고 아버지는 말했다. 〈무엇을 먹든 가멕사네 맛이 났다. 하지만 에르네스토는 동요하지 않고 자기 일을 계속했다.〉그러나 종말은 아주 일찍 찾아왔다. 먼저 그의 조력자들이 아프기 시작했고, 곧이어 에르네스토도 시름시름 앓기 시작하자 그들은 사업을 포기했다.

다음 사업 계획은 피게로아가 생각해 냈다. 도매 경매 시장에서 신발을 대량으로 싸게 구매한 다음 방문 판매를 통해 높은 가격에 팔자는 것이었다. 아이디어는 좋아 보였다. 하지만 직접 눈으로 보지도 않고 많은 신발을 낙찰받고 보니, 짝이 안 맞는 외짝 신발이 엄청나게 많았다. 선별 작업을 마친 후에 그들은 겨우 팔 수 있을 만큼의 짝 맞는 신발들을 찾아냈다. 짝이 맞는 것들을 판 다음, 제짝은 아니지만 서로 비슷한 짝의 신발들을 팔러 나갔다.

마침내 그들에게 남은 것은 왼쪽이든 오른쪽이든 한쪽밖에 없는 신발들뿐이었고, 그들은 아랫동네에 살던 외다리 사람에게 한 짝을 팔았다. 이런 일 때문에 가족과 친구들은 그들이 외다리 사람들을 가능한 한 많이 찾아 나머지 외짝 신발들을 모두 팔아야겠다고 농담을 걸었다. 이 일화에 대한 기억은 오랫동안 사라지지 않았다. 그 후로 한동안 에르네스토 자신이 팔리지 않은 서로 색깔이 다른 신발 한 켤레를 신고 다녔기 때문이다. 그러면서도 에르네스토는 자신의 이런 모습을 흥미롭게 쳐다보던 눈길들을 즐긴 게 확실하다.

돈벌이 사업 외에 에르네스토는 집에서 의학 연구 실험을 하기 시작했다. 그는 잠시 자기 침실 발코니에 우리를 만들어 토끼와 모르모트를 기르면서 발암 물질들을 주사했다. 치명적 성분은 덜했지만 그는 친구들에게도 발암 물질을 주사하기도 했다. 어느 날 카를로스 피게로아가 순진하게 실험에 응해 에르네스토에게 주사 한 대를 맞았고, 주사 맞은 부위가 부풀어 오르는 반응이 나타났다. 이에 에르네스토는 〈내가 기대했던 바로 그 반응이야!〉라고 기뻐 소리친 다음 증상을 완화시키는 다른 주사 한 대를 더 놓아 주었다.

에르네스토와 의대를 같이 다녔던 반 친구 한 명은 에르네스토와 함께 절단된 사람의 발을 옮기기 위해 부에노스아이레스 지하철을 타고 가던 순간을 떠올렸다. 두 사람은 집에서 해부 연습을 해보기 위해 해부실 조교를 졸라 절단된 발을 얻은 다음 신문지로 둘둘 말아 지하철로 옮겼고, 통근 승객들은 서툴게 포장한 꾸러미 속에 두 사람이 숨기려 애쓰던 것이 무엇인지 알아차리고는 놀란 눈길을 보냈다. 에르네스토는 다른 승객들이 당황해하는 반응을 즐겼고, 집에 도착해서는 배꼽을 잡고 웃었다.

그런 식으로 의학 공부, 스포츠 활동, 히치하이킹 여행으로 주어진 기회들 속에서 에르네스토의 어린 시절 신나는 놀이가 새로운 차원으로 발전했다. 자유분방한 삼촌 호르헤 데 라 세르나와 함께 주말에 부에노스아이레스 교외의 한 비행장에서 취미로 하게 된 새로운 스포츠 글라이딩도 미지의 것을 시험해 보려는 그의 욕구를 어느 정도 채워 주었다.*

그러나 에르네스토가 자유를 만끽한 순간은 집을 떠나 여행할 때였다. 그는 보통 코르도바를 돌아서 오는 짧은 히치하이킹 여행을 많이 했는데, 이때마다 동행자는 주로 카를로스 피게로아였다. 그들의 여행은 정상적이라면 승용차로 열 시간이면 될 것을 사흘씩 걸리곤 했다. 보통 트럭 짐칸을 얻어 타거나 때로는 트럭 짐 부리는 일을 하면서 여행 경비까지 벌어 가면서 여행을 했기 때문이었다.

여행에서 에르네스토는 진정한 기쁨을 느꼈고, 이를 통해 자신의 시야를 더욱 넓히고 싶어 했다. 탁 트인 길이 그를 유혹했다. 1950년 1월 1일, 의대 3학년 마지막 날에 그는 작은 이탈리아제 쿠치올로 엔진을 장착한 자전거를 타고 아르헨티나 내륙을 향해 떠났다. 진정으로 혼자서 한 최초의 여행이었다.

떠나기 전에 그는 카메라 앞에 서서 과장된 포즈를 취했다. 사진을 보면 모자와 선글라스, 가죽 항공 점퍼 차림의 그는 마치 경주의 출발선에 선 것처럼 핸들을 잡고 발을 땅에 디딘 채 자전거에 타고 있으며 목과 어깨에는 자전거 스페어타이어를 마치 총잡이의 탄띠처럼 두르고 있다.

그는 코르도바로 향했다. 거기서 그는 북쪽으로 150킬

---

* 셀리아의 남동생인 호르헤는 다채로운 성격의 소유자였고, 모험을 즐기는 고독한 여행자로서 전국을 떠돌아다녔다. 가족의 많은 사랑을 받았고 특히 에르네스토가 좋아했던 삼촌이었지만, 상당히 광기가 있어서 적어도 1년에 한 번은 정신 병원 신세를 져야 했다. 항상 정신 병원에서 퇴원하긴 했지만 그럴 때마다 머리를 하얗게 밀고 온통 가죽옷을 입은 채 나타났다.

로미터 떨어진 산프란시스코델차냐르로 가기로 했다. 그곳에서 알베르토 그라나도는 나병원에 근무하면서 부업으로 약국을 운영하고 있었다.

그는 저녁때 집을 출발하여, 처음에는 도시를 신속히 벗어나기 위해 작은 모터를 이용해 가다가 도시를 빠져나간 다음부터는 페달을 밟기 시작했다. 얼마 가지 않아 자전거 타는 또 다른 사람이 그를 따라왔고, 두 사람은 아침까지 함께 자전거를 탔다. 그는 첫 목적지로 잡았던 부에노스아이레스 외곽의 작은 마을인 필라르를 지나면서 〈승리한 자의 벅찬 행복감을 느꼈다〉. 가족들은 그곳이 그의 모험의 종착지가 될 거라고 예견했지만, 그는 여전히 길 위에 있었다.

5

에르네스토의 여정은 그에게 일생 동안 의식처럼 치르게 되는 두 가지 행위의 새로운 장을 여는 계기가 되었다. 하나는 여행이었고 또 하나는 일기 쓰기였다. 그는 자기 삶에서 처음으로 하루하루의 생활을 계속 기록해야 한다는 계시를 느꼈다.* 그는 스물두 살이었다.

둘째 날 밤에 그는 자기가 태어난 곳인 로사리오에 도착

---

* 체 사후에 그의 아버지가 이 일기를 발견하여 필사한 다음 자신의 회고록 『나의 아들 체』에 포함시켰다. 그는 판독하기 어려운 몇 부분을 제외하면 출판된 판본이 원본과 완전히 일치한다고 말했다.

했고, 출발한 지 〈41시간 17분〉 만인 다음 날 저녁에 코르도바에 있던 알베르토 그라나도의 집에 도착했다. 가는 길 내내 모험의 연속이었다. 먼저, 그는 지나가던 자동차 뒤에 매달려 시속 60킬로미터로 달리다가 뒷바퀴에 구멍이 나 길가의 둔덕으로 내동댕이쳐졌고, 그 바람에 우연히 그곳에서 자고 있던 떠돌이 노동자를 깨우게 되었다. 두 사람은 대화를 시작했고, 그 떠돌이 노동자는 〈노처녀의 비위를 맞추어 줄 정도로 설탕을 듬뿍 넣고〉 달인 마테 차를 친절하게 준비해 주었다(에르네스토는 마테 차를 쓰게 해서 마시는 것을 더 좋아했다).

에르네스토는 친구들을 찾아다니며 코르도바에서 며칠 더 보낸 다음 알베르토의 형제들인 토마스와 그레고리오와 함께 떠났다. 이들은 그 도시 북쪽에 있는 폭포 주변에서 야영을 하며 예전처럼 다시 한 번 애들 같은 위험한 장난을 하며 놀았다. 암벽 타기, 아주 높은 곳에서 얕은 물웅덩이에 다이빙하기, 급류에 실려 떠내려가기 같은 짓들이었다.

그레고리오와 토마스는 코르도바로 돌아갔고, 에르네스토는 산프란시스코델차냐르 외곽에 있는 호세 J. 푸엔테 나병원에 있던 알베르토를 만나러 갔다. 알베르토는 나환자들의 면역학적 감수성을 연구하고 에르네스토는 클리니카 피사니에서 알레르기 연구에 참여했다는 점에서, 두 사람은 이제 럭비와 책 이외에 다른 공통점을 추가로 갖게 되었다. 알베르토에게 의학 연구의 세계는 〈당시 우리 둘이 교감을 나누게 하는 두 사람의 미래 직업으로 보였다〉.

알베르토의 일에 큰 흥미를 느낀 에르네스토는 알베르토가 나환자들을 회진할 때 그를 따라다녔다. 그러나 곧 두 사람은 서로 대립하게 되었다. 이 대립은 욜란다라는 젊고 예쁜 처녀 나환자에 대한 그라나도의 치료를 둘러싸고 일어났다. 이 환자는 지금까지 등에 큰 반점 모양으로 살점이 괴사한 심각한 나병 증세를 나타냈다. 그런데 그녀는 새 의사가 도착할 때마다 자기 증세를 잘 모르는 그 의사에게 자신을 격리시키는 처사가 부당하다고 호소했다. 그라나도는 이 점을 잘 알고 있었다. 〈에르네스토의 경우도 예외가 아니었다. 또 에르네스토는 그 여성 환자의 아름다운 외모와 감상적인 주장에 강한 인상을 받은 게 역력한 모습으로 나를 찾아왔다. 곧 우리 둘은 논쟁을 벌였다.〉

에르네스토는 병자의 격리와 구금을 결정할 때에는 좀 더 신중해야 한다고 주장했다. 알베르토는 그 환자의 증세가 심각하고 전염성이 매우 크다는 점을 설명하면서, 환자가 방심하고 있는 틈을 타 괴사한 그녀의 등 피부에 주삿바늘을 찔러 자신의 주장을 입증했다. 그녀는 아무것도 느끼지 못했다. 〈나는 득의의 미소를 띠고 에르네스토를 쳐다보았다. 하지만 그가 쏘아보는 바람에 내 얼굴은 금세 굳어 버렸다. 장래의 《체》가 나에게 《미알, 그녀를 보내!》라고 퉁명스럽게 명령했다. 그리고 그 환자가 물러났을 때, 나는 친구의 얼굴에서 끓어오르는 분노를 간신히 억누르고 있는 표정을 읽었다. 이제까지 그가 그런 반응을 보인 건 처음이었고, 나는 폭풍처럼 휘몰아치는 그의 비난을 견뎌야 했다. 그는 이렇게 말했다. 「난 형이 그렇게 분별없는 사람인 줄 몰랐어. 형은 자기 지식을 자랑하려고 그녀를 속였다고!」〉 결국 그라나도가 사정을 더 설명하자 두 사람은 화해했고 사건은 그것으로 끝났지만 결코 잊히지는 않았다.

에르네스토는 나병원에서 며칠을 보내자 다시 떠나고 싶었다. 이제 그는 사람들이 별로 여행하지 않는 아르헨티나 최북단과 가장 서쪽 지방까지 가보려는 〈야심 찬 의도〉를 가지고 여정을 훨씬 더 멀리 확대하기로 결정했다. 그리고 그는 오토바이가 있던 알베르토에게 여행의 첫 구간 동안 동행해 달라고 설득했다.

페티소는 오토바이를 타고 펠라오는 밧줄로 오토바이 뒤에 매달린 채 그렇게 두 친구는 여행을 떠났다. 그런데 밧줄이 계속 끊어졌고, 일정한 거리를 간 다음 두 사람은 에르네스토 혼자 계속 여행을 하는 게 좋겠다고 합의했다. 알베르토는 산프란시스코델차냐르로 돌아갔고, 에르네스토는 헤어지던 순간을 기록으로 남겼다. 〈우린 가볍게 포옹을 나누었고, 나는 그가 손을 흔들어 작별 인사를 하며 마치 오토바이를 탄 기사처럼 사라져 가는 모습을 지켜보았다.〉

에르네스토는 아르헨티나의 사하라로 불리는 살리나스 그란데스의 〈은색으로 물든 땅〉을 무사히 건너 로레토라는 작은 마을에 도착했다. 그를 재워 주었던 마을 경찰은 에르네스토가 의대생이라는 것을 알고 이 마을에는 의사가 없으니 마을에 머물며 진료해 달라고 간청했다. 하지만 당시 에르네스토에겐 그럴 마음이 전혀 없었기 때문에 그는 다음 날 다시 길을 떠났다.

그 지방의 주도(州都)인 산티아고델에스테로에서 「투쿠만 데일리」라는 신문의 현지 기자가 에르네스토를 인터뷰했고 ─ 그는 일기장에 의기양양하게 〈내 인생에서 나에 관해 쓴 최초의 기사〉라고 적었다 ─ 그다음에 그는 북쪽에 있는 다음 도시인 투쿠만으로 향했다. 그는 도중에 몇 번이나 펑크 난 타이어를 고치는 동안 또 한 명의 떠돌이 노동자를 만나 대화를 나누게 되었다.

〈이 사람은 차코에서 면화 수확을 한 후 돌아오는 길이었고, 한동안 떠돌아다니다가 산후안에서 포도 수확하는 일을 하러 갈 생각이었다. 그는 내가 여러 지방을 두루 여행할 계획이고 나의 힘든 여행이 순전히 즐기기 위한 것이라는 사실을 알고 어이없다는 표정으로 자기 머리를 감싸 쥐며 《맙소사, 아무런 까닭 없이 이 생고생을 사서 한다고?》라고 말했다.〉

에르네스토는 그 떠돌이 노동자에게 자기 나라를 좀 더 보고 싶다는 말 말고는 자신이 여행을 통해 무엇을 얻고자 하는지를 적절히 설명할 수 없었다. 하지만 그 남자의 말은 에르네스토로 하여금 좀 더 심사숙고하게 만들었다. 이제까지 일화를 재미있게 풀어놓은 이야기와 객관적인 사실들만을 일기장에 쓰던 에르네스토는 자기 자신과 자신의 감정을 더 깊이 살피기 시작했다.

에르네스토는 살타로 가는 도중에 투쿠만의 북쪽 삼림 지대에 들어서자 길을 멈추고 자전거에서 내려 나뭇잎 무성한 숲으로 걸어 들어갔다. 거기서 그는 자신을 둘러싼 자연 세계에서 일종의 환희를 경험했다. 나중에 그는 이렇게 썼다. 〈나는 얼마 전부터 내 안에서 자라고 있던 무언가가…… 성숙해졌다는 것을 깨닫는다. 그리고 그 무언가는 문명에 대한 혐오이고, 나에게는 평화에 대한 불쾌한 대립물처럼 보이는 저 거대한 소음의 리듬에 맞추어 미치광이처럼 움직이는 사람들의 어리석은 이미지에 대한 혐오라는 것을 깨닫는다.〉

그날 늦게 에르네스토는 최신형 할리데이비슨을 탄 오토바이족과 마주쳤다. 그는 밧줄로 에르네스토를 끌어 주겠다고 했다. 최근에 겪은 숱한 재난의 기억이 채 가시지 않은 에르네스토는 그 제안을 거절했지만, 두 사람은 각자의 길을 가기 전에 커피를 나누어 마셨다. 몇 시간 후 다음 마을에 도착한 에르네스토는 한 트럭 짐칸에서 아까 마주쳤던 할리데이비슨이 내려지는 모습을 보았고, 그 운전자가 죽었다는 소식을 들었다. 그 사건 때문에, 그리고 그 자신도 똑같은 운명을 당할 수도 있었는데 가까스로 피했다는 생각 때문에, 에르네스토는 다시 한 번 새롭게 자기반성을 하게 되었다.

〈오토바이 탄 자의 죽음이 대중의 말초 신경을 자극할 만큼 충격적인 일은 아니다. 하지만 한 인간이 대중의 행동을 유발하는 영웅적인 뜻이라고는 조금도 없이 위험을 찾아 나섰다가 길모퉁이에서 아무도 보는 이 없이 죽을 수도 있다고 생각하니, 이 이름 모를 모험가는 어떤 분명치 않은 자살 《충동》에 사로잡혔던 듯 보인다.〉

살타의 병원에서 에르네스토는 자신을 의대생이라고 소

개하고는 잠잘 곳을 부탁했다. 트럭 좌석을 제공받은 에르
네스토는 다음 날 아침 일찍 운전사가 깨울 때까지 〈마치
왕처럼 잠을 잤다〉. 그는 소나기가 지나가기를 기다린 다
음 물기를 잔뜩 머금은 무성한 잎들로 가득 찬 아름다운
초록색 풍경을 지나 아르헨티나의 최북단 도시인 후후이
로 향했다.

후후이에서, 에르네스토는 〈이 지역 사람들이 과연 친절
할지〉 염려하며 지역 병원으로 가 다시 한 번 의사라는 신
용장을 이용해 잠자리를 얻으려고 했다. 잠자리를 제공받
기는 했지만, 그는 그 대가로 불평을 해대는 한 작은 인디
오 소년의 머리에서 벼룩을 깨끗이 잡아 주어야 했다.

그가 이번 여행에서 마음먹었던 가장 북쪽 끝까지 온 셈
이었다. 그는 멀리 볼리비아와의 험한 국경 지방까지 가보
고 싶었지만, 자기 아버지에게 보낸 편지에 썼듯이 〈홍수
로 여러 차례 강물이 범람하고 화산이 터져 여행이 엉망이
되었다〉. 더구나 의대 네 번째 학기 시작도 몇 주 안 남은
터였다.

그는 살타로 돌아와 전에 들렀던 병원에 다시 모습을 드
러냈고, 그곳 직원들은 그에게 여행에서 무엇을 보았냐고
물어보았다. 그 질문이 그에게 깊은 상념을 불러일으켰다.
〈정말 내가 뭘 본 거지? 나는 적어도 관광객들과 똑같은 식
으로 느끼지는 않는다. 나는 후후이 관광 안내 책자에, 이
를테면 조국의 제단, 국기가 펄럭이는 성당, 설교단의 보
석, 리오 블랑코와 폼페이의 작은 처녀의 기적 같은 것들이
소개되어 있는 걸 기이하게 여긴다. ……아니, 한 나라에 대

해 알게 되거나 삶을 이해하게 되는 것은 이런 식으로 이루어지는 게 아니다. 그것은 한낱 화려한 껍데기일 뿐, 그 진정한 영혼은 병원의 병자, 경찰서의 수감자, 리오그란데가 바닥에서부터 부풀어 올라 격렬하게 흘러가는 모습을 보고 격정하는 행인들 속에 투영되어 있다.〉

에르네스토는 성인이 된 이후 처음으로 이 나라의 불쾌한 이중성을 목격했다. 그것은 자신이 누렸던 문화이기도 한 이식된 유럽 문화의 경계를 가로질러 낙후되고 무시당하는 토착 원주민의 삶 한가운데로 뛰어들었을 때 명백히 보이기 시작했다. 에르네스토가 보기에 현대화된 아르헨티나 국민의 초상은 피상적인 겉치레, 그 나라의 썩고 병든 진짜 〈영혼〉을 숨기고 있는 〈화려한 껍데기〉에 불과했다.

그가 여행을 하는 동안 친구가 되어 주었던 사회 주변인들, 이를테면 나병 환자, 떠돌이 노동자, 구금된 자, 병원 환자 같은 이들의 삶을 뒤덮은 부당함은 〈리오그란데〉의 〈바닥〉에 그 지역의 〈격류〉가 숨겨진 채 흐르고 있다는 것을 증언하고 있었다. 그런데 그가 여행하는 동안 건넜던 강들이 아니라 하필 수수께끼같이 리오그란데 강을 언급한 것은 사뭇 의미심장해 보인다. 왜냐하면 그것은 미국과 멕시코의 국경선을 따라 오랫동안 부유한 북부와 가난한 남부 사이에 놓인, 정치적으로 상징적인 경계선 역할을 해왔던 강을 가리키는 것처럼 보이기 때문이다. 그렇다면 그가 리오그란데를 언급한 것은 이후 강박처럼 그의 머릿속에서 떠나지 않을 어떤 관념의 희미한 단초를 보여 주는 셈이다. 그가 주변에서 본 비참한 상태의 영속화에 대한 책임은 궁극적으로 미국에 있으며 그것은 신식민주의적 착취와 다름없다는 생각 말이다.

아르헨티나 북부 주(州)들의 광활한 무인 지대를 지나면, 아직도 거대한 부와 특권을 소유한 소수의 과두 지주 가문들이 지배하고 있는 오래된 도시들이 나타난다. 이 가문들은 그들의 선조들이 세운 식민지 구조물들과 더불어 그들의 지배 아래 있는 얼굴 없는 〈이질적인〉 다수 토착민들과 수 세기 동안 공존해 왔다. 그곳은 카타마르카의 상원의원 로부스티아노 파트론 코스타스 같은 유력자들의 지역이었다. 전제적인 설탕 공장주였던 코스타스는 1943년 페론의 주도로 일어난 군사 쿠데타로 집권하지는 못했지만 카스티요 대통령이 직접 뽑은 후계자였다.

수년 후에 페론은 쿠데타를 정당화하면서 파트론 코스타스를 자신의 설탕 공장을 마치 〈봉건 영지〉처럼 운영한 〈착취자〉로 고발했다. 그의 설탕 공장은 아르헨티나가 현대 세계에서 제자리를 찾으려면 제거되어야 할 〈상상조차 할 수 없는〉 체제를 대표한다는 것이었다. 페론의 전기 작가 중 한 명은 페론의 말에 동의하면서 이렇게 썼다. 〈그의 공장은 노예 노동 비슷한 것에 기반을 두고 번성했다. 노동자들은 상원의원의 원시적인 본거지에 창궐한 옴과 결핵, 과립성 결막염, 말라리아, 나병 같은 풍토병에 대책 없이 노출되어 있었다.〉

바로 그런 지역들로부터 보통 코야라고 불리는 아르헨티나 인디오와 혼혈 카베시타스 네그라스(머리숱이 검은 작은 사람들)가 도망쳐 나오는 경우가 꾸준히 증가했고, 이들은 일자리를 찾아 도시로 쏟아져 들어와 코르도바의 게바라 집 앞에 있던 것과 같은 판자촌을 형성했다. 〈라 네그라〉 카브레라와 사비나 포르투갈 같은 하인들, 그리고 아르헨티나의 신생 산업과 공공사업에 고용된 저임 노동자들이 그런 집단 출신이었다. 페론이 국민들에게 데스카미사도를 받아들여야 한다고 호소하면서 마음을 사로잡은 경멸받는 사회 계급이 바로 그런 집단들이었다. 물론 데스카미사도의 무례한 모습과 불쾌한 소란은 한때 대도시 주변에서 배타적인 전원생활을 즐겼던 백인 엘리트층에게 너무나 짜증 나는 일이었다. 에르네스토에게 처음으로 이 사람들은 하인이나 욕망의 대상으로 보이지 않았다. 그는 그 사람들 속으로 여행했던 것이다.

에르네스토는 학기 시작에 맞추어 부에노스아이레스로 돌아왔다. 길을 떠난 지 6주 만에 그는 12개 주 4,000킬로미터 이상을 여행했다. 그는 자신의 작은 자전거 엔진을 원래 구입했던 아메리멕스 사에 가져다주며 정비를 맡겼다. 그 엔진으로 에르네스토가 여행한 거리를 그 회사 사람들이 알게 되었고, 이에 매우 기뻐한 회사 경영진은 엔진을 공짜로 고쳐 주는 대가로 광고를 하겠다고 제안했다.

합의가 되자 에르네스토는 최근에 했던 모험 여행을 정리하고 그 회사의 쿠치올로 엔진을 칭송하는 편지를 썼다. 〈그 엔진은 나의 긴 여행 동안 완벽하게 작동했습니다. 한 가지만 말씀드리자면, 여행이 끝나 가면서 엔진의 압축이 떨어졌고, 바로 그 때문에 수리를 맡기는 것입니다.〉

6

의대 4학기를 맞이한 그해에 에르네스토는 학위를 따기 위한 다섯 개의 추가 시험을 통과했고, 클리니카 피사니에서도 계속 일했다. 또 그는 럭비 경기뿐만 아니라 호르헤 삼촌과의 글라이더 교습도 계속했다.

그러나 세계를 탐험하고픈 열망이 그를 사로잡고 있었다. 그의 표현대로 자신의 아르헨티나 〈습격〉이 성공한 이후, 그는 새로운 여행 계획을 구상하기 시작했다. 그런데 학기가 끝나기 직전에 새로운 일이 일어났다. 난생 처음으로 사랑에 빠진 것이다.

곤살레스 아길라르의 딸들 중 한 명인 카르멘이 결혼하게 되어, 게바라 일가 전체는 결혼식에 참석하기 위해 코르도바로 갔다. 결혼 피로연에서 에르네스토는 코르도바에서 가장 오래되고 가장 부유한 가문의 딸인 마리아 델 카르멘 〈치치나〉 페레이라를 만났다. 그녀는 열여섯 살이었고 무엇보다 아름다웠다. 물론 이전부터 알고 지낸 사이였지만 에르네스토가 코르도바에 살았을 때 치치나는 어린 여자애에 불과했다. 치치나는 겨우 열여섯 살의 어린 소녀였지만 갑자기 갈색 머리카락에 부드럽고 하얀 피부와 풍만한 입술을 지닌 매력덩이 젊은 처녀로 성숙해 있었다. 목격자 페페 아길라르의 말에 따르면 에르네스토는 그녀를 본 순간 〈번개에 맞은 듯한 표정을 지었다〉.

치치나에 따르면 호감은 일방적인 것이 아니었다. 그녀는 〈그의 완강해 보이는 체격〉과 〈장난기 많은 유쾌한 성격〉에 매혹되었다. 〈그의 지저분한 옷차림에 우리는 웃음을 터뜨리면서도 살짝 당황하기도 했다. ……세련된 사람들 사이에서 에르네스토는 초라한 행색에 전혀 아랑곳하지 않고 사람들이 건네는 농담을 웃으며 받아넘겼다.〉

이후 일어난 로맨스는 적어도 에르네스토에게는 심각한 것이었다. 모든 설명을 종합해 보면, 치치나는 어리기는 해도 겉만 번지르르한 장신구 같은 여자가 아니라 총명하고 상상력이 풍부한 여자였다. 그래서 에르네스토는 그녀가 자기 인생의 반려자라고 확신하게 되었던 것 같다.

동화 같은 로맨스였다. 에르네스토가 몰락한 귀족 가문 출신이었던 반면, 치치나는 아르헨티나 명문가의 딸에 그당시 코르도바 지역의 몇 안 되는 산업체들 중 하나였던 말라게뇨 석회석 광산과 공업 단지로 이루어진 페레이라 제국의 상속녀였다.

페레이라 가(家)는 도심에 궁전처럼 으리으리한 프랑스식 대저택을 소유하고 있었다. 차카부코 가(街) 끄트머리의 외부에 개방되지 않은 공원 같은 대지에 자리 잡은 이집은 19세기에서 20세기로 넘어오던 시점에 지어진 것이었고, 페레이라 일족의 가모장(家母長)인 치치나의 할머니가 살던 가족의 본거지였다. 치치나와 그녀의 부모는 예전 게바라 집에서 두 블록밖에 안 떨어진 인근의 다른 큰 집에서 살았다. 그들은 코르도바에서 가까운 교외에 가족이 여름휴가를 보내는 말라게뇨라는 거대한 농장도 소유하고 있었다.

돌로레스 모야노는 이렇게 썼다. 〈말라게뇨의 2,000헥타르에 이르는 광대한 땅에는 두 개의 폴로 경기장, 아라비아 종마, 그리고 가족의 석회석 광산에서 일하는 노동자들의 봉건적인 마을도 있었다. 치치나의 가족은 매주 일요일에는 교회에 미사를 드리러 갔고, 가족 전용 입구와 개별 영성체대를 갖춘 제단 오른쪽의 사실(私室)에서 예배를 보았다. 많은 면에서 말라게뇨는 에르네스토가 경멸하는 모든 것의 실례였다. 그러나 항상 그랬듯이 예측 불가능한 에르네스토는 작은 제국의 공주인 나의 사촌 치치나 페레이라와 열렬한 사랑에 빠졌고, 이 너무나 아름답고 매력적인 소녀 역시 부모의 실망에도 불구하고 똑같이 에르네스토에게 마음을 빼앗겼다.〉

그리 각별한 관계는 아니었지만 두 가족은 게바라 가족이 코르도바에서 지내던 몇 년 동안 게바라 린치의 일과 아이들의 친구 관계를 통해 이미 알고 지낸 사이였다.* 치치나의 부모가 에르네스토를 자기 딸과 어울리는 상대로 판단했는지 아닌지를 떠나 어쨌든 그들은 처음부터 그를 거부하지는 않았다. 처음에 그들은 그가 귀여운 괴짜에다 조숙하다고 생각했다. 에르네스토와 치치나의 교제를 지켜

---

* 치치나와 돌로레스 모야노는 친사촌 간이었고, 건축가였던 돌로레스의 아버지는 건축 사업을 통해 게바라 린치를 알고 있었다. 페레이라 가문은 저명한 로카 가문과도 결혼으로 맺어져 있었는데, 로카 가문의 아들인 구스타보는 에르네스토의 친구였다. 구스타보의 아버지는 대학 개혁을 처음 주도한 사람 중 한 명이었고, 게바라 린치와 알고 지내던 또 한 명의 저명한 코르도바의 건축가였다. 그리고 페레이라 가는 물론 게바라 가 아이들의 죽마고우였던 타티아나 키로가는 치치나의 친사촌인 하이메 〈지미〉 로카와 사귀고 있었고, 나중에는 결혼까지 하게 된다.

보았던 페페 아길라르는 페레이라 가족이 에르네스토의 허술한 차림새와 격의 없는 태도를 재밌어하는 동시에, 에르네스토가 문학과 역사 혹은 철학에 관해 이야기하거나 여행 중의 일화를 들려줄 때면 열심히 귀 기울여 들었다고 말했다.

페레이라 가족은 에르네스토의 기발함과 방랑벽에 그다지 놀라지 않았다. 그들 자신이 매우 독특한 사람들이었기 때문이었다. 페페 아길라르는 그들을 독특하고 흡인력이 강한 가족으로 묘사했다. 가족 구성원 모두가 교양 있고 세속적이며 세련된 사람들이었고, 보수적이고 지방색이 강한 사회에서 특히 돋보여 지역 사회 사람들의 선망과 숭배의 대상이었다. 치치나의 모험심 강한 아버지는 오늘날의 기준으로 봐도 위험천만한 아마존 여행을 했다. 페레이라 일가는 제대로 닦인 길조차 거의 없던 시절에 자동차 경주에 참여했고, 할머니의 조심스러운 권유로 최초의 비행기를 조종했다. 가문에 전해지는 일화에 따르면 이때 할머니는 그들에게 〈낮게 비행하라〉고 성화를 댔다. 제2차 세계 대전 동안 치치나의 삼촌들 중 한 명은 드골 장군의 군대에 합류하기 위해 배를 타고 가다가 독일군의 공격을 받고 배가 침몰하는 바람에 죽었다.

에르네스토에게 〈페레이라 네 분위기〉는 대단히 자극적이고 도전적이었던 것이 분명하다. 곧 그는 치치나를 만나러 정기적으로 코르도바에 갔다. 1951년 내내 그는 도시에 있는 페레이라 집과 말라게뇨를 빈번히 방문했고, 치치나는 물론 그곳에 함께 모인 그녀의 많은 친구들과 어울렸다.

치치나의 친구들 말에 따르면, 치치나의 친척들 가운데 에르네스토를 가장 좋아했던 사람은 치치나의 괴짜 삼촌 마르틴이었다. 초로의 은둔자 티오 마르틴은 말라게뇨에 살면서 아라비아 종마를 키웠는데, 그는 이 농장에서 벗어난 적이 없었다. 또한 제2차 세계 대전 동안 그 일족의 다른 사람들이 연합군을 충실히 지지했던 데 반해 유독 그만은 나치 독일을 확고히 지지했다. 그는 낮과 밤을 바꿔 생활하는 올빼미 습성이 있었고, 능숙한 클래식 피아니스트였다. 그는 에르네스토와 치치나, 이들의 친구들이 대화를 나누고 춤을 출 때 피아노를 연주해 주었고, 연주는 종종 새벽까지 이어졌다.

에르네스토는 치치나에게 결혼하여 신혼여행으로 자기와 함께 이동식 주택을 타고 남아메리카 일주 여행을 하자고 설득하려 했다. 하지만 너무 시기상조였다. 〈바로 이 시점에 갈등이 생겨났다〉고 페페 아길라르는 말했다. 「열여섯 살밖에 안 되었던 치치나는 어찌할 바를 몰랐어요. 그녀의 부모 역시 이 계획을 달갑게 여기지 않았고요.」

에르네스토가 이런 제안을 한 이후로 페레이라 일족은 그를 위험한 존재로 보기 시작했다. 〈치치나 가족은 그와의 결혼을 격렬하게 반대했다〉고 돌로레스 모야노는 회상했다. 「에르네스토는 어떤 사교 모임에서든 솔직하고 직선적으로, 때로는 조소하는 투로 의견을 말했기 때문에 위험한 존재가 되었어요. 우리 가족의 저녁 식사 자리에 에르네스토가 오면 우리는 즐거움과 두려움이 뒤섞인 복잡한 감정으로 최악의 일이 일어날 순간을 기다리곤 했죠.」

타티아나 키로가는 에르네스토를 〈히피적이고 혐오스러운〉 인물로 묘사했다. 에르네스토가 페레이라 가족의 격식 차린 저녁 식사 때 〈끔찍하게 더러운 나일론 셔츠를 입고…… 천식과 고정식 흡입기를 달고〉 나타나 자리를 차지하면, 집주인들은 경악하여 말문이 막힌 채 그를 쳐다볼 뿐이었다. 키로가의 견해에 따르면, 에르네스토는 자신의 외모가 불러일으키는 반감을 너무나 잘 알고 있었지만, 그럴수록 〈위축감을 느끼지 않으려고〉 무례한 말들을 했다.

돌로레스와 페페 아길라르가 모두 참석한 말라게뇨의 저녁 식사 자리에서 윈스턴 처칠에 관한 대화가 오가던 어느 날 밤, 긴장감은 절정으로 치달았다. 페레이라 가족은 지독한 친영파였고 그들의 집에서 처칠이라는 이름은 경외의 대상이었다. 돌로레스의 회상에 따르면, 집안 어른들이 각자 처칠과 관련된 좋아하는 일화를 돌아가며 하고 있었고, 에르네스토는 그 이야기들을 재미있다는 기색을 숨기지 않고 듣고 있었다.

마침내 더 이상 자제할 수 없었던 에르네스토는 갑자기 끼어들어 일언지하에 그 추앙받는 인물을 또 한 명의 〈불량배 정치인〉에 불과하다고 깎아내렸다. 페페 아길라르는 그 불편했던 순간을 이렇게 기억했다. 「치치나의 아버지가 〈참을 수 없군〉이라면서 식탁에서 일어났어요. 나는 에르네스토를 쳐다보며, 만약 누군가가 떠나야 한다면 그것은 우리라고 생각했지만, 그는 그저 장난꾸러기 아이처럼 웃으며 레몬 하나를 껍질째 베어 먹기 시작했어요.」

치치나는 남들의 눈을 피해 가며 에르네스토를 계속 만

났다. 언젠가 치치나의 온 가족이 폴로 시합에 참여한 아버지의 경기를 보러 로사리오로 여행 갔을 때였다. 치치나는 다른 차에 자기 여자 친구들과 함께 에르네스토를 숨겨 그곳에 데려왔고, 아버지가 경기를 치르고 있는 동안 몰래 만났다.

독실한 신자였던 치치나의 어머니 롤라는 딸의 감정을 알아채고는 장래에 에르네스토 게바라를 사위로 맞이하게 될까 봐 노심초사했다. 타티아나 키로가의 말에 따르면, 롤라는 아르헨티나의 수호성인 카타마르카 성모에게 치치나가 그 연애를 그만둔다면 자신이 멀리 떨어진 성모의 성지까지 몸소 순례하겠다고 맹세하기까지 했다(결국 롤라는 순례를 떠났지만, 운전사가 딸린 차를 타고 갔음에도 불구하고 열사의 사막에서 오랜 시간 오도 가도 못한 상황에 처한 끝에 결국 엄청난 시련을 겪었다. 그래서 그 여행은 페레이라 가문에서 전설적인 이야기가 되었다).

1950년 12월 학기 말에 에르네스토는 예상과 달리 치치나와 가까이 있기 위해 코르도바로 오지 않았다. 대신에 그는 보건부로부터 남자 간호사 자격증을 취득하여 국영 석유회사YPF의 해운사에 선상 〈의사〉 자리를 신청했다.

표면적으로는 에르네스토의 방랑벽이 치치나의 매력을 이긴 듯 보이겠지만, 그가 배를 타고 떠난 것은 사실 그녀에게서 더욱 〈남자답다는 평판〉을 얻기 위한 방편이었거나 혹은 그녀가 존경하던 그녀의 아버지와 삼촌의 근사한 위업과 경쟁하려는 시도였을 가능성이 더 크다.

그는 1951년 2월 9일 유조선 안나G 호를 타고 브라질로 떠난 후 바다에서 6주를 보냈다. 6월까지 네 차례에 걸쳐 항해를 떠났고, 육지보다 바다에서 보낸 시간이 더 많았다. 항해하는 동안 그는 파타고니아의 코모도로리바다비아라는 아르헨티나의 먼 남쪽 항구까지 내려갔다가 남아메리카의 대서양 쪽 해안을 따라 영국령 트리니다드토바고까지 올라와 쿠라소, 영국령 기아나, 베네수엘라, 그리고 그 여정에 있던 브라질의 여러 항구를 방문했다.

치치나는 에르네스토의 마음속에서 결코 사라지지 않았다. 그는 항구에 도착할 때면 즉시 여동생 셀리아에게 전화를 걸어 치치나에게서 온 편지가 없는지 물어보았다. 수년이 지난 다음 셀리아는 이렇게 회상했다. 「오빠는 내게 부두로 달려오라고 했고, 나는 오빠가 말한 대로 달리고 또 달려가 편지를 전해 주었습니다. 한번은 오빠가 배가 곧 떠날 것 같으니 서둘러 달려오라고 해서 손에 편지를 쥐고 정말 있는 힘껏 달려갔지만 내가 부두에 도착했을 때에는 이미 배가 뭍에서 멀어져 가고 있었죠……. 오빠는 편지 쥔 손을 흔들며 작별 인사를 하는 나를 발견할 때까지 거기서 기다리고 있었어요.」

한편 에르네스토는 친구와 형제들에게 기항지들에서 작지만 이국적인 선물을 사다 주고 먼바다 생활에 관한 이야기를 늘어놓는 등 자신이 낭만적인 생활을 하고 있다는 인상을 풍겼다. 그는 실제로 별난 사건들도 겪었다. 그는 카를로스 피게로아에게 브라질의 한 항구에서 어느 미국인 선원과 벌인 싸움 ─ 그의 여동생 셀리아는 트리니다드에서 영국인과 벌인 싸움으로 회상했다 ─ 에 관해 이야기

했다. 앵글로색슨인에 대한 그의 잠재된 적개심을 확인해
주는 듯한 사건이었다. 그리고 오스발도 비디노스트에게
는, 배에 있던 유일한 외과용 메스가 칼싸움에 사용되었다
가 법원 증거물로 사용이 금지된 상태였기 때문에 바다 위
에서 부엌칼로 한 선원의 맹장을 수술해 준 이야기를 들려
주었다.

그는 선원 생활을 낭만적으로 포장하려 애썼지만 사실
뱃사람으로서의 삶은 그의 기대에 미치지 못했다. 그가 근
무하던 유조선이 항구에 머무르는 시간은 너무 짧았고 구
경 다닐 시간조차 거의 없었다. 에르네스토는 실망했다. 대
학교의 다섯 번째 학기가 시작된 5월에 마지막 항해를 떠
나 6월 중순에 돌아온 그는 다시는 바다로 나가지 않았다.

에르네스토는 바다에서 책도 많이 읽고 생각도 많이 한
것이 분명했다. 그가 부에노스아이레스로 돌아와서 아버
지에게 준 신기한 선물이 그 증거였다. 그것은 〈고뇌〉라는
제목이 붙은 자전적 에세이가 담긴 노트였다. 여러 철학자
에게서 뽑은 인용문들로 가득 채워진 그 노트는 입센을 인
용한 다음 구절로 시작되었다. 〈교육은 삶이 제기하는 고
비에 맞설 능력이다.〉

수수께끼 같은 은유들로 포장된 「고뇌」는 에르네스토가
바다에서 겪고 극복했던 우울함의 원인과 본성에 대한 내
성적이고 실존적인 성찰이다. 그 이야기는 에르네스토가
트리니다드의 적도 카리브 해에서 몇몇 선원 친구들과 보
낸 휴가를 중심으로 구성되어 있다. 멜로드라마적이기는
하지만 그것은 에르네스토가 짧은 이야기를 쓰려 한 최초

의 시도였다. 서문에서 다시 한 번 〈긍정적으로 웃으며 주변 공기를 들이마실 수 있다〉고 말했지만 그는 그 이야기 속에서 깊은 고독을 표현하며 치치나와의 관계에 대해 괴로워하고 있는 듯 보인다. 또 그는 사회의 구속에 짜증을 내면서 그로부터 자유로워지고 싶어 했다.

〈나는 무릎을 꿇고 해답과 진실, 원동력을 찾으려 한다. 나는 시골에서, 공장에서, 벌목 캠프에서, 방앗간에서, 도시에서 사람들과 부대껴 왔으므로 인간이 선하다는 것을 알고 있다. 나는 인간이 선한지 자문하면서 영원히 책상머리에 앉아 있기 위해서가 아니라 사랑하기 위해 태어났다. 그가 신체적으로 건강하다는 것, 그가 협력의 정신을 가지고 있다는 것, 그가 숫염소처럼 젊고 정력적이지만 펼쳐진 전경 속에 그 자신의 모습은 빠져 있다고 생각하는 것, 바로 이것이 괴롭다……. 새로운 삶을 전혀 일구어 주지 못하는 무익한 희생을 하는 것, 바로 그것이 괴롭다.〉

7

6월 말에 에르네스토는 학교로 돌아왔다. 이제 스물세 살이었고 의학 학위를 따려면 2년 더 학교를 다녀야 했지만, 그는 일상적인 수업과 시험에 더 이상 흥미를 느끼지 못했다. 에르네스토는 사랑에 번민하며 안절부절못하면서 알 수 없는 불만감을 쌓아 갔다. 게다가 오토바이 여행과 최근 몇 달간의 항해로 방랑벽이 몸에 뱄지만, 치치나와 결혼하여 그녀를 데려올 희망은 점점 멀어져 가고 있었다.

겨우 열일곱밖에 안 된 치치나는 아직 가정의 테두리를 벗어나지 못한 여자아이였다. 부모의 완고한 반대와 치치나 자신의 어린애다운 우유부단한 태도가 답답하게 결합되어 그녀와 에르네스토의 관계는 불편하고 어정쩡한 정체 상태에 빠져들어 있었다. 그들이 떨어져 있다는 사실도 문제를 해결하는 데 전혀 도움이 되지 않았다.

바로 이때 최근에 긴 남아메리카 대륙을 1년 동안 여행할 장대한 계획을 짜기 시작한 알베르토 그라나도가 구원자로 등장했다. 알베르토는 몇 년 동안 대륙 횡단 여행에 대해 말해 왔지만 실행에 옮길 생각은 전혀 하지 않고 있었다. 그 때문에 그의 가족도 오래전부터 〈알베르토의 여행〉을 심심풀이 몽상 정도로 치부해 오던 터였다. 그러나 이제 서른이 다 된 알베르토는 지금 결행하지 않으면 앞으로도 그럴 일은 절대 없으리라는 걸 알았다. 그는 동반자가 필요하다고 판단했다. 엘 펠라오 말고 누가 이와 같은 모험을 할 기회를 위해 모든 것을 버리겠는가? 알베르토가 같이 가겠냐고 묻자, 〈의학부와 병원, 시험에 질린〉 에르네스토는 그 자리에서 수락했다.

10월에 학교를 잠깐 쉬는 동안 에르네스토는 알베르토를 만나 여행 계획을 짜기 위해 코르도바로 갔다. 나중에 에르네스토가 감상적으로 회상했듯이, 두 사람은 알베르토의 집 포도나무 정자 아래 앉아 달콤한 마테 차를 마시며 자기들이 갈 여행지를 그려 보았다. 〈우리는 상상의 나래를 펼쳐 먼 나라들에 닿았고 열대의 바다를 항해했으며 아시아의 모든 곳을 방문했다. 그러다 불쑥…… 이런 질문이 떠올랐다. 북아메리카로 가면 어떨까? 북아메리카로? 어떻게? 라 포데로사를 타고. 그리하여 이런 식으로 여행이 결정되었고, 그 여행은 처음 계획을 짤 때와 똑같은 일반 원칙, 즉 즉흥성에 따라 이루어질 터였다.〉

라 포데로사는 에르네스토가 최근에 산프란시스코델차냐르를 방문했을 때 에르네스토의 자전거를 끌려고 했지만 실패했던 바로 그 오토바이였다. 알베르토는 자신이 어린 시절에 탔던 자전거인 포데로사 I을 기리며 구형 500cc 노턴 오토바이에 라 포데로사 II라는 향수 어린 이름을 붙였다.

1952년 1월 4일 두 사람은 대서양 해안 쪽 도로를 타고 미라마르 해변 휴양지 쪽으로 향했다. 그곳에서는 치치나가 친구들과 휴가를 즐기고 있었다. 에르네스토는 작별 인사를 하고 싶었고, 오토바이 뒷좌석에 앉을 때 팔에 선물을 안고 있었다. 그 선물은 가만히 있질 못하는 새끼 강아지였는데, 그는 이 강아지에게 〈컴백Come-back〉이라는 영어 이름을 지어 주었다.

5장
북으로의 탈출

1

치치나가 머물고 있던 미라마르는 그들과 탁 트인 길 사이에 있는 마지막 장애물이었다. 에르네스토는 여전히 사랑에 빠져 그녀를 떠나야 할지 회의하며 괴로워하고 있었기 때문이다. 허튼짓을 하는 것은 아닐까? 그녀가 기다려 줄까? 에르네스토는 치치나의 확답을 원했고, 그녀가 강아지 컴백을 받는다면 그것은 그가 돌아오기를 바라는 〈관계의 징표〉라고 생각하기도 했다.

알베르토 역시 걱정이 많았다. 친구가 여행을 떠나기도 전에 그만두지 않을까 하는 걱정이었다. 에르네스토는 알베르토의 염려를 알고 있었고, 여행 일지에 이렇게 적었다.*〈알베르토는 위험을 알아차리고 자신이 홀로 아메리카를 여행하는 모습을 상상했지만 목소리를 높이지는 않았다. 싸움은 그녀와 나 사이에 있었다.〉

에르네스토가 치치나로부터 기다리겠다는 약속을 얻어 내려고 애쓰는 와중에 원래 이틀로 계획했던 체재 일정은 〈고무줄처럼 8일로 늘어났다〉. 에르네스토는 〈뷰익의 거대한 자궁 안에서〉 치치나의 손을 부여잡고 그녀가 손목에 차고 있던 금팔찌를 달라고 졸랐다. 여행의 기념품이자 부적으로 간직하겠다는 것이었다. 그녀는 거부했다. 〈불쌍한 여자! 사람들이 뭐라 하든 그녀에게 중요한 것은 금이 아니었다는 걸 나는 안다. 그녀의 손가락은 그런 금붙이를 달라고 하는 내 사랑을 느끼고 싶었던 것이다.〉

결국 에르네스토는 가기로 결정했다. 그는 자신이 요구했던 상징적 기념품도, 여행에 대한 치치나의 축복도 받지 못했지만 그녀는 그 개가 에르네스토의 주장대로 순종 독일 셰퍼드가 아니라 〈못생기고 작은 잡종개〉라는 친구의 비웃음을 무시하고 컴백을 받았다. 그리고 치치나는 미국에 도착하면 스카프를 사다 달라고 에르네스토에게 미국 돈 15달러를 건넸다. 그리 대단한 것은 아니었지만 그녀 입장에서는 영원한 애정과 충실을 맹세하는 상징적 답례

---

* 『여행 노트』는 에르네스토가 여행을 끝마친 다음 자기 일기에서 내용을 추려 쓴 여행담이다. 체 사후에 그의 쿠바인 미망인인 알레이다 마르치가 그것을 옮겨 적어 출판했다. 그것은 원본과 다르지 않고 축약되지 않은 판본이었던 것으로 생각된다. 이 책은 『모터사이클 다이어리』라는 제목으로 1995년에 영어로 출판되었다.

였다. 그리고 그것에는 분명 1월 14일에 에르네스토가 라 포데로사에 다시 오르리라는 예감이 담겨 있었다.

2

도로는 그들의 대장정을 기념하듯 탁 트였고, 두 집시는 속도를 높여 떠났다. 그러나 그들이 아르헨티나를 벗어나는 데는 4주도 더 걸렸다. 그들이 바이아블랑카 서쪽 정주 대초원의 절반을 지나기 전에 에르네스토는 감기로 쓰러져 며칠 동안 병원 신세를 져야 했다. 그리고 나서 그들은 부르릉거리는 소리를 내며 먼지 자욱한 길로 다시 들어섰다.

칠레와 국경을 접한 안데스 산계의 동쪽 숲지대 사면에 있는 그림같이 아름다운 호수 지방에 도착했을 때, 그들이 지닌 푼돈은 이미 줄아들어 있었고 이내 그들은 능숙한 구걸꾼이 되어 갔다. 에르네스토가 잔뜩 비꼬아 표현한 것처럼, 이 〈오토바이를 탄 빈대들〉은 도로변의 순진한 가족들이 인정을 베풀어 자신들에게 음식을 제공하며 환대해 주기를 기대했다. 에르네스토와 알베르토는 생존을 위한 구걸 기술을 누가 더 잘 써먹는지 시합을 벌였다.

그들이 점찍은 집주인들이 때때로 이들의 구걸을 거절하는 경우도 있었는데, 그러면 텐트를 치고 잘 수밖에 없었다. 하지만 빈대 붙기에 성공하는 경우도 많아서 그들은 차고와 부엌, 헛간에 간이침대를 펼 공간을 얻었다. 그들은 종종 경찰서에서도 잤고 그곳에서 흥미로운 다양한 부

류의 범죄자들과 감방을 함께 쓰고 식사도 같이했다. 바릴
로체 스키 리조트에서는 상선에서 무단이탈하여 유치장에
갇혀 있던 한 선원이 자기가 열네 살짜리 일본 여자애를 사
서 공해로 데리고 나갔다가 싫증이 나서 버렸다는 터무니
없는 이야기를 그들에게 늘어놓기도 했다.

　한 오스트리아인 가족의 헛간에서 하룻밤을 보내고 있
을 때, 에르네스토는 무언가가 헛간 문을 긁으며 으르렁
거리는 소리에 잠에서 깨 안을 들여다보는 빨간 눈동자 두
개를 보았다. 그 지방에 산다는 사나운 〈칠레 퓨마〉를 조
심하라는 이야기를 들은 터라 에르네스토는 아버지가 여
행할 때 쓰라고 챙겨 준 스미스앤드웨슨 권총을 겨누어 한
방을 쏘았다. 시끄러운 소리가 멈추었고 그는 다시 잠이
들었다. 그러나 두 사람이 아침에 깨어 나가 보니 에르네스
토가 잡은 것은 퓨마가 아니라 그 집 주인이 아끼던 독일
셰퍼드 보비였다. 그들은 시동이 걸리지 않는 라 포데로사
를 언덕 아래로 밀며 도망쳤고, 그들 뒤로 집주인이 저주와
욕설을 뒤섞어 가며 울부짖는 소리가 들려왔다.

　호수 지방에서 두 사람은 호수 주변을 하이킹하고, 산
봉우리에 오르고 ― 산을 오르다가 실수로 떨어져 죽을
뻔하기도 했다 ― 게바라 린치가 준 권총으로 야생 오리
를 밀렵했다. 특히 경치가 뛰어났던 호숫가의 한 장소에서
두 사람은 함께 돌아가 의학 연구 센터를 설립하는 공상을
해보았다. 호수 구경을 마치고 바릴로체의 감방으로 돌아
온 에르네스토는 막 도착한 치치나의 편지를 열어 보았다.
더 이상 에르네스토를 기다리지 않기로 했다고 통보하는

편지였다. 밖에서는 사나운 폭풍이 몰아쳤다. 〈나는 그 믿을 수 없는 편지를 읽고 또 읽었다. 바로 그렇게 내 모든 꿈이…… 무너져 내렸다. ……나는 나 자신에게 두려움을 느끼기 시작했고, 눈물 젖은 편지를 쓰기 시작했지만 쓸 수 없었다. 해봐야 소용없는 짓이었다.〉

그들의 로맨스가 끝났다. 『여행 노트』의 「마지막 인연의 단절」 장에서 에르네스토는 치치나가 관계를 끊은 이유를 밝히고 있지 않지만, 그녀는 다른 누군가를 만나고 있었음이 분명하다. 그는 치치나를 마음속에 떠올리려고 애쓰면서도, 절교 때문에 자신이 무너졌다는 인상을 주지 않으려고 했다. 〈우리를 둘러싼 황혼 속에서 환영 같은 얼굴들이 온통 소용돌이쳤지만, 《그녀》는 나타나지 않았다. ……나는 그녀를 위해 싸워야 한다, 그녀는 나의 것, 그녀는 나의 것, 그녀는 나……. 나는 잠들었다.〉

그 후 오랫동안 알베르토는 그들의 결별에 자신이 일말의 책임이 있는 게 아닌지 고민해야 했다. 예전에 그는 페레리아 가문의 무카마들 중 한 명을 〈뽑아〉 치치나 고모의 수영복을 입힌 다음 해변에 쳐놓았던 텐트 안으로 데려간 적이 있었다. 그것도 치치나와 그녀의 친구들이 뻔히 보고 있는 자리에서 말이다. 이것은 하인 계급과의 교제를 금지하는, 모두가 이해하고 있던 불문의 사회적 합의를 무시하는 행위였다. 〈치치나는 그것을 그리 좋아하지 않았다〉고 그라나도는 회상했다. 「그리고 내 생각에, 치치나는 나를 에르네스토와 자기를 갈라놓은 사람으로 원망했던 것 같습니다.」

한편 에르네스토는 실연의 아픔을 내색하지 않으면서 나머지 여정을 즐기기로 작정했다. 에르네스토는 안데스 산맥을 넘어 칠레로 간 일에 대해 쓰면서 다음과 같은 문장으로 시작하는 시 구절을 떠올렸다. 〈그리하여 이제 맨몸으로 자유로이 부유하는 내 거대한 뿌리를 느끼네…….〉

칠레에 들어서면서 그들은 에스메랄다 호수를 횡단하는 여객선을 공짜로 얻어 탔다. 뱃삯 대신 그들은 여객선이 이끄는 물이 새는 화물 바지선에서 빌지 펌프로 물 퍼내는 일을 했다. 배 위에서 에르네스토와 알베르토는 칠레인 의사 몇 명을 만나 자신들을 〈나병 전문가〉라고 소개했다. 이 말을 곧이곧대로 믿은 칠레 의사들은 두 사람에게 라파누이, 즉 태평양의 이스터 섬에 대해 이야기해 주었다. 거기에는 칠레의 유일한 나환자촌이 있는데, 매력적이면서도 고분고분한 여성들도 함께 산다는 것이었다. 이 말을 들은 에르네스토와 알베르토는 즉각 이 새로운 친구들로부터 발파라이소에 있는 〈이스터 섬의 친구들 협회〉에 보낼 추천장을 얻었다. 두 사람은 이 협회로부터 그 섬으로 가는 배편의 공짜 표를 얻을 작정이었다. 두 사람이 육지에 도착했을 때, 자신들의 야심적인 여정에 이 새로운 이국적인 목적지를 추가하기로 했다.

두 사람은 라 포데로사에 다시 올라탔다. 두 사람은 지나치는 풍경에 눈길을 거의 돌리지 않았다. 이스터 섬이 손짓하고 있었고, 두 사람은 거기에 가려고 서둘렀다.

그들의 다음 체재지는 태평양 연안의 발디비아 항구였다. 거기서 그들은 그 지방 신문 「코레오 데 발디비아」를 방문하여 자신들을 화려한 경력의 소유자로 소개했다. 그래서 두 사람의 자기소개는 「두 열성적인 아르헨티나 오토바이 여행자들이 발디비아를 방문하다」라는 머리기사로 나왔다. 좋은 기회를 결코 놓치는 법이 없는 에르네스토와 알베르토는 정식으로 자신들을 〈이전에 이웃 나라들에서 연구를 계속해 온 나병 전문가〉로 꾸며 냈다. 그리고 순진한 「코레오 데 발디비아」지 기자는 그들의 말을 기사로 실었다. 에르네스토와 알베르토는 나병 외에도 매우 다양한 주제들에 관해 거침없이 의견을 말했던 것 같다. 그도 그럴 것이, 「코레오 데 발디비아」지가 그들은 〈우리나라에 머문 짧은 기간 동안 우리나라의 사회적, 경제적, 위생상의 문제들을 꿰뚫어 보았다〉고 극찬했기 때문이다. 그러나 이게 다가 아니었다. 두 사람은 마지막으로 관대한 호의의 제스처를 보이며 「코레오 데 발디비아」 편집국에서 당시 400주년을 맞이한 발디비아 시에 자신들의 여행을 바치겠다고 떠벌렸다.

두 사람은 테무코로 이동해 그곳에서도 인터뷰를 했다. 1952년 2월 19일 「엘 아우스트랄 데 테무코」에 실린 기사는 「두 명의 아르헨티나 나병 전문가, 오토바이로 남아메리카를 여행하다」라는, 보다 더 긍정적인 머리기사로 나왔다. 기사에 딸린 사진에서 두 공모자는 영웅적인 포즈를 취하고 있다. 에르네스토는 진지한 표정으로 카메라를 똑바로 쳐다보고 있다. 엄지손가락을 벨트에 조심스럽게 찔러 넣은 에르네스토는 의대생이라기보다는 멋진 영화 배우에 더 가까워 보인 반면, 키가 작은 알베르토는 약간 장난꾸러기 같은 표정을 지으며 존경하는 듯한 자세로 에르네스토 쪽으로 몸을 기울이고 있다.

두 사람은 오려 낸 신문 기사를 손에 쥐고 다시 길을 떠났다. 이 기사에 대해 에르네스토는 〈우리가 얼마나 대담한지를 압축적으로 보여 주는 것〉이라고 자랑했다. 하루가 지난 다음 라 포데로사가 넘어져 기어 박스가 깨지고 핸들 축이 부러졌다. 그들은 라우타로라는 작은 역에 있는 정비소에 오토바이 수리를 맡겨야 했는데, 동네 사람들이 구경하러 모이는 바람에 두 사람은 순식간에 유명 인사가 되었다.

그들은 용케 공짜 식사 몇 끼를 얻어먹었고, 라 포데로사 수리가 끝난 다음 새로운 친구들의 초대로 와인을 마시게 되었다. 칠레 와인의 맛에 반해 버린 에르네스토는 알베르토와 함께 마을 댄스파티에 도착했을 때 이미 완전히 취해 버려 술김에 〈멋진 일을 해낼 수 있을〉 것 같았다. 파티에서도 술을 흥청망청 마신 에르네스토는 한 기혼 여성에게 춤을 청한 다음 그녀의 남편이 지켜보는 가운데 그녀를 밖으로 끌어내기 시작했다. 여자는 저항하려 했지만 에르네스토가 계속 〈그녀를 끌어당겼고〉 결국 그녀가 바닥에 넘어지고 말았다. 그러자 격노한 춤꾼들이 에르네스토와 알베르토를 댄스장에서 쫓아냈다.

두 사람은 〈우리를 더 이상 환대해 주지 않는 곳을 피해〉 마을을 떠났다. 이번에는 에르네스토가 핸들을 잡았다. 하지만 마을에서 몇 킬로미터도 못 가 급커브 길에서 포데로사의 뒷브레이크가 고장 났고, 곧바로 내리막길을 만나 질주하다가 핸드 브레이크도 맛이 갔다. 앞에서 갑자기 나타난 소 떼를 피하느라 에르네스토가 갑자기 핸들을 꺾는 바람에 그들은 길 둔덕과 충돌하고 말았다. 하지만 포데로사는 기적같이 멀쩡해 보였고, 뒷브레이크도 웬일인지 다시 작동하여 두 사람은 가던 길을 계속 갔다. 하지만 다른 일이 그들을 기다리고 있었다.

〈언제나 그랬듯이 우리는 예의 《신문》 추천장에 힘입어 몇몇 독일인들로부터 잠자리를 제공받았고, 이들은 우리를 매우 극진히 대접했다〉고 에르네스토는 썼다. 〈그날 밤 나는 배가 심하게 아팠지만, 아픈 배를 달랠 방법이 없었다. 요강에 기념품을 남기는 게 꺼림칙했던 나는 창문으로 올라가 한밤의 어둠 속으로 내 모든 고통을 밀어냈다. …… 다음 날 아침, 일이 어떻게 되었는지 알아보기 위해 밖을 내다보니, 2미터 아래 큰 양철판 위에는 볕에 말리려고 널어둔 복숭아들이 있었다. 거기에 추가된 광경이 가관이었다. 우리는 황급히 도망쳤다.〉

두 사람은 점점 더 길어지는 성난 주인들의 행렬을 뒤로하고 북쪽으로 계속 도망쳤지만, 믿음직한 준마가 그들을 저버리기 시작했다. 언덕을 오를 때마다 포데로사는 뒷걸음질을 쳤고, 둘째 날 처음 만난 가파른 언덕에서는 완전히 주저앉고 말았다. 그들이 〈오토바이 탄 빈대 생활〉을 마감하는 날이었다.

트럭 한 대가 그들과 고장 난 포데로사를 실어 다음 마을인 로스앙헬레스에 내려놓았다. 에르네스토와 알베르토는 마을 소방서장의 세 딸을 만나 수작을 걸어 소방서에서 잠자리를 얻었다. 나중에 에르네스토는 그 개방적인 처녀들을 〈얼굴 생김새에 상관없이 다른 사람의 마음을 순식간에 사로잡는 신선하고 자연스러운 칠레 여성들만의 우아한 매력을 가지고 있다〉고 은근히 칭찬했다.

알베르토는 좀 더 솔직하게 말했다. 〈저녁을 먹은 다음 우리는 그 처녀들과 밖으로 나갔다. 다시 한 번 나는 칠레 여자들과 우리나라 여자들이 자유를 대하는 태도가 다르다는 것을 확인했다. ……에르네스토와 나는 각자 겪은 일을 떠올리며 말없이 느릿느릿 소방서로 돌아왔다. ……푸세르는 눈에 띄게 흥분한 상태에서 자리를 폈는데, 나는 그게 천식 때문인지 아니면 그 처녀 때문인지 모르겠다.〉

다음 날 두 사람은 산티아고로 향하는 트럭을 얻어 타고 떠났다. 그리고 마치 전사한 동지의 시체라도 되는 양 라포데로사의 잔해도 함께 트럭에 실었다. 칠레의 수도는 그리 인상적이지 않았다. 그들은 차고 하나를 발견하여 거기에 오토바이를 맡겨 둔 다음 다시 떠났다. 이스터 섬에 가려는 생각을 여전히 버리지 않은 그들은 인근 발파라이소 항구에서 떠나는 배의 공짜 표를 구할 궁리를 했다.

3

에르네스토와 알베르토는 라 히오콘다라는 술집의 인심 좋은 주인을 만나 그곳에서 공짜로 숙식을 해결하면서 발파라이소 항구를 배회했다. 그들은 이스터 섬으로 떠나는 배가 6개월 동안 출항하지 않는다는 이야기를 듣고 실망해서 돌아왔다. 하지만 그들은 희망을 잃지 않았다. 아직 〈이스터 섬의 친구들 협회〉에 도움을 청하지 않았기 때문이다.

한편 그들은 주워들은 이야기로 상상의 나래를 펼쳤다. 에르네스토는 그 이야기들 중 몇 가지를 인용하면서 이렇게 썼다. 〈이스터 섬! ……《거기서는 백인 남자 친구를 갖는 게 여자들의 명예야.》《거기서는 여자들이 모든 일을 다 해. 정말 꿈같지. 먹고 자고 그 여자들을 만족시켜 주기만 하면 돼…….》거기서 1년을 머무른들 무슨 문제가 있을까, 도대체 누가 일, 공부, 가족 같은 것들에 신경 쓸까…….〉

두 사람은 라 히오콘다에서 끼니를 때울 때를 제외한 빈 시간에 색색의 페인트로 칠해진 양철 지붕 집들 사이로 난 산티아고의 구불구불한 계단들을 오르내렸다. 〈납청색 만 (灣)〉이 내려다보이는 그 광경에는 에르네스토가 보기에 〈정신 병동과 같은 아름다움〉이 있었다.

에르네스토는 이른바 의사 〈학위〉를 너무 많이 써먹은 탓에 라 히오콘다의 고객 중 한 명에게서 왕진을 와달라는 요청을 받았다. 그런데 알고 보니 그 환자는 만성 천식과 심부전증으로 쇠약해진 늙은 종업원 여자였다. 환자의 방을 찾았을 때 에르네스토는 〈짙은 땀과 더러운 발〉 냄새를 맡았다. 그녀는 〈적의를 제대로 감추지 못하는〉 가족들에 둘러싸여 있었다. 그녀의 존재 자체가 그 가족에게는 심한 고통인 듯했다. 그녀는 죽어 가고 있었고, 에르네스토가 그녀를 위해 해줄 일은 별로 없었다. 에르네스토는 그녀에게 식이요법 처방전과 그 자신이 복용하던 드라마민 알약 남은 것을 포함한 약 몇 개를 준 다음, 〈그 늙은 여인의 인사말과 친척들의 무심한 눈길을 뒤로하고〉 떠났다.

이 사건에서 에르네스토는 큰 충격을 받았고, 빈곤의 냉혹함에 대해 생각하게 되었다. 〈거기서, 시야를 아무리 멀리 두더라도 기껏해야 내일을 벗어나지 못하는 사람들의 마지막 순간에서 우리는 전 세계 프롤레타리아트의 삶을 감싸고 있는 비극을 본다. 죽어 가는 눈 속에는 순종적인 사죄가 들어 있고, 또한 흔히 그렇듯이 위안을 얻으려는 절박한 간청도 들어 있다. 하지만 위안은 마치 그들의 신체가 우리를 둘러싼 거대한 비참 속에서 곧 사라질 것처럼 허공 속으로 사라져 버린다. 터무니없는 신분 차별 의식에 기반을 둔 이 질서가 얼마나 오래 지속될지는 내가 대답할 수 있는 성질의 문제는 아니지만, 통치자들은 그들 정권의 동정심을 선전하는 데 들이는 시간을 줄이고 사회적으로 유용한 일들을 후원하는 데 더 많은 돈, 더욱더 많은 돈을 써야 할 때다.〉

며칠 후 〈이스터 섬의 친구들 협회〉가 몇 달 동안 어떤 배도 이스터 섬으로 항해하지 않을 거라고 확인해 주었다. 그 말을 들은 에르네스토와 알베르토는 마지못해 자신들의 원래 여행 일정으로 복귀했다. 두 사람은 선상에서 할 일을 찾아 부두를 하릴없이 배회하다가 산안토니오 호에 몰래 승선했다. 이 배는 칠레 북부의 안토파가스타 항으로 향하는 화물선이었다. 두 사람은 친한 선원과 공모하여 새벽에 몰래 승선하여 그 배의 변소로 숨어들었는데, 배가 움직이기 시작하자 알베르토가 토하기 시작했다. 악취가 너무 끔찍했지만 두 사람은 더는 참을 수 없을 때까지 변소에서 나가지 않았다. 〈오후 5시가 되어 배고파 죽을 지경이었고 해안이 더 이상 보이지 않았으므로 우리는 선장에게 모습을 드러냈다.〉

선장은 의외로 좋은 사람이었다. 그는 하급 승무원들 앞에서 두 사람을 호되게 꾸짖은 후 두 사람에게 먹을 것을 주고 뱃삯을 대신할 허드렛일을 시키라고 명령했다. 에르네스토는 이렇게 회상했다. 〈우리는 배급받은 식량으로 포식을 하기는 했지만, 내가 저 유명한 변소 청소를 맡게 되었다는 것을 알았을 때 먹은 게 목구멍으로 다시 넘어올 것 같았다. 나는 감자 깎는 일을 맡게 된 알베르토의 장난기 어린 눈초리를 뒤로하고 낮은 목소리로 구시렁거리며 아래로 내려갔다. 그때 나는 고백하건대, 글로 쓰인 동지애에 관한 모든 규칙을 머릿속에서 지워 버리고 일을 바꾸어 달라고 요청하고 싶은 생각이 들었다. 불공평해! 알베르토는 이미 쌓여 있는 똥더미에 적지 않은 자기 몫까지 싸지르는데, 그걸 내가 치워야 한다니 말이다!〉

맡은 일을 해치우자 선장은 두 사람을 손님으로 정중히 대했다. 그리하여 선장을 포함한 세 사람은 카드놀이를 하며 밤늦도록 술을 마셨다. 다음 날, 배가 긴 칠레 해안선을 비껴가는 동안 알베르토는 다시 부엌으로 돌아갔고, 에르네스토는 신경질적인 승무원의 엄중한 감독하에 등유로 갑판을 청소했다. 그날 밤 또 한 차례 지루한 카드놀이를 한 후 두 친구는 뱃전 난간에 올라 바다와 밤하늘을 쳐다보았다. 그때 안토파가스타의 불빛이 멀리서 막 나타나기 시작했다.

안토파가스타에서 두 사람은 더 북쪽으로 가는 배에 밀항하려고 재차 시도했으나 이번에는 실패로 돌아갔다. 그들은 배에 승선하여 숨어 있었지만 배가 출발하기 전에 발각되어 버리고 말았다. 그들 자신의 잘못 때문이었다. 두 사람은 맛있는 멜론 더미를 덮은 방수포 아래 숨었는데, 먹어 치운 과일 껍질을 아무 생각 없이 배 밖으로 던져 버렸다. 바다에 떠다니는 멜론 껍질이 점점 늘어나는 것을 보고 결국 선장이 그들이 숨은 장소로 오게 되었다. 〈완벽하게 벗겨진 멜론 껍질들이 잔잔한 바다 위에 일렬종대로 길게 줄지어 떠 있었다. 그 뒤에 일어난 일은 정말 수치스러웠다.〉

바다 여행을 계속하고 싶었던 환상이 그렇게 무참히 잘린 다음 그들은 내륙에서 히치하이킹을 했다. 그들의 다음 목적지는 페루였지만, 그전에 먼저 세계 최대의 노천광이자 칠레 부의 주된 원천인 추키카마타 광산을 구경하고 싶었다.

그 거대한 구리 광산은 미국인이 운영하고 있었고, 에르네스토는 그 광산에 다가가면서부터 이미 적대감으로 끓어올라 있었다. 추키카마타 광산은 칠레 경제를 지배하고 있는 외국 자본의 궁극적인 상징으로서 칠레에서는 첨예한 논쟁의 대상이었다. 칠레의 다른 구리 광산들과 마찬가지로, 아나콘다와 케니컷 같은 미국 광업 독점 회사들이 추키카마타 광산을 운영하고 있었다. 더욱이 케니컷의 칠레 자회사는 브레이든 구리 회사였는데, 이 회사는 한때 미국의 라틴 아메리카 총독 역할을 했던 스프릴 브레이든 가문 소유였다. 페론의 권력 획득 과정에서 브레이든이 아르헨티나 정치에 개입한 일은 아르헨티나에서 큰 민족주의적 분노를 불러일으킨 바 있었다.

이 회사들이 거대한 이윤을 챙기는 동안 칠레 경제는 그 회사들로부터 얻는 수입에 크게 의존하게 되었다. 그런데 이 수입이 구리 시장 변동에 따라 크게 출렁였다. 많은 칠레인, 특히 좌파는 이 합작 관계의 불평등한 조건에 불만이 많았고, 광산의 국유화를 위한 로비를 전개했다. 이에 대응하기 위해 미국은 최근 칠레에 새로운 정부가 들어설 때마다 광산 노조를 분쇄하고 공산당을 불법화하라는 압력을 가했다.

광산으로 가는 길 중간쯤의 건조한 사막 산악 지대에서 차를 기다리는 동안, 에르네스토와 알베르토는 오도 가도 못하고 고립되어 있던 한 부부를 만났다. 시간이 흘러 안데스 산맥의 밤이 온통 차갑게 내려앉았을 때 그들은 이야기를 나누기 시작했다. 남자는 파업 때문에 투옥되었다가 막 감옥에서 풀려난 광부였다. 그는 자신은 운이 좋았다고 말했다. 다른 동지들은 체포된 후 사라졌는데, 아마 살해되었을 거라고 했다. 그러나 불법화된 칠레 공산당원이었던 이 남자는 일자리를 찾을 수 없었고, 따라서 아이들을 인정 많은 이웃에게 맡긴 채 아내와 함께 산속 깊이 있는 황(黃) 광산을 찾아가고 있었다. 그 광산에서는 노동 조건이 워낙 험악해 정치적 신념 따위는 문제가 안 된다고 남자가 설명했다.

나중에 에르네스토는 이 우연한 만남에 관해 길게 썼다. 〈우리를 비추고 있는 촛불 옆에서…… 신비로우면서 비극적인 분위기를 풍기는 그 노동자의 찌든 모습……. 깜깜한 사막에서 꽁꽁 얼어붙은 채 서로 껴안고 있는 그 부부는 세계의 어디서나 볼 수 있을 프롤레타리아트의 살아 있는 초상이었다. 그들은 덮고 잘 변변찮은 담요 하나조차 없었고, 그래서 알베르토와 나는 그들에게 담요 한 장을 내준 다음 남은 한 장의 담요로 요령껏 우리 몸을 덮었다. 이날은 내가 일생에서 가장 심한 추위를 맛본 날이었지만, 동시에 적어도 나에게는 낯선 이 인종과의 우애를 조금 더 가까이 느낀 날이기도 했다.〉

여기 자본주의적 착취에 부들부들 떨며 살아 있는 희생자들이 있었다. 에르네스토와 알베르토는 잠시 그들과 똑같은 삶을 겪었다. 똑같이 춥고 배고팠으며, 똑같이 피곤에 절은 몸으로 오도 가도 못하고 있었다. 그러나 에르네스토와 알베르토는 그들 자신의 즐거움을 위해 여행하고 있었던 반면, 이 부부는 그들 자신의 신념으로 인해 박해받아 길거리로 내몰려 있었다.

다음 날 아침 추키카마타로 향하는 트럭 한 대가 그들 쪽으로 다가왔다. 에르네스토와 알베르토는 불확실한 미래를 향해 가는 그 부부를 뒤로하고 트럭에 올라탔다. 그 부부의 영상이 그들 마음속에 여전히 생생한 가운데, 추키카마타 구리 광산 방문은 에르네스토에게 철저히 정치적인 경험이 되었다. 그는 미국인 광산 관리자들을 〈유능하고 뻔뻔스러운 금발의 주인들〉이라고 경멸하듯 묘사했다.

그들은 광산 출입을 마지못해 허락하면서 서둘러 구경하고 가능한 한 빨리 떠나라고 재촉했다. 추키카마타는 〈관광 명소〉가 아니라는 것이었다.

두 사람에게 배정된 안내인은 칠레인이었지만 〈양키 주인들의 충직한 개〉였다. 그럼에도 그 사람은 아르네스토와 알베르토를 이곳저곳 안내하는 동안 자기 우두머리들을 심하다 싶을 정도로 욕했다. 안내인은 두 사람에게 광부들의 파업이 진행 중이라고 하면서 이렇게 말했다. 〈어리석은 그링고*들, 이들은 가난한 노동자들에게 몇 센타보를 더 주지 않기 위해 파업으로 하루에 수백만 페소를 잃고 있어요.〉

에르네스토는 다음과 같은 소회를 드러냈다. 〈우리는 언젠가 어딘가에서는 기꺼운 마음으로 곡괭이를 들고 행복하게 자기 폐를 망치러 가는 광부가 있는지 알아볼 것이다. 들리는 말로는 그곳, 세상을 현혹시키는 붉은 불꽃이 빛나는 그곳에는 있다고 한다. 그렇다고 하지만 나는 아직 모른다.〉

에르네스토는 특별히 그 광산에 일기장의 한 장(章)을 할애하여 구리의 생산 과정과 칠레에서 구리가 갖는 정치적 중요성을 꼼꼼히 묘사했다. 그의 묘사 속에서, 추키카마타를 에워싼 광물이 풍부한 산들 또한 〈착취당하는 프롤레타리아트〉였다.

〈언덕들은 희끗희끗한 등짝을 드러내 보이고 있다. 자연

---

* 라틴 아메리카 국가들에서 미국인들을 비꼬듯이 부르는 말 — 옮긴이주.

력과의 싸움에서 너무 일찍 늙어 버린 그 등짝에는 자신의 지질학적 나이와 맞지 않게 노년기의 주름들이 잡혀 있다. 이 유명한 형제[추키카마타]를 호위하듯 둘러싼 얼마나 많은 산들이 자신들의 거대한 자궁 안에 그 형제의 것과 유사한 부(富)를 내장한 채 굴착기들의 냉혹한 팔들이 인간의 생명을 양념 삼아 그들의 내장을 먹어 치우길 기다리고 있는가?〉

칠레는 대통령 선거운동으로 한창 달아올라 있었다. 에르네스토와 알베르토는 그들이 문제 삼은 노동 계급 인민의 대다수가 우익 후보인 전 독재자 카를로스 이바녜스 델 캄포 장군을 지지한다는 것을 알았다. 이 사람은 아르헨티나의 페론과 비슷하게 포퓰리스트적 카우디요 정치를 열망하는 남자였다.

에르네스토는 『여행 노트』에서 칠레의 정치 상황이 〈혼란스럽다〉고 말하면서도 몇 가지 과감한 추측을 했다. 그는 공산당 유권자들에 대한 법률적 금지 때문에 좌파 후보 살바도르 아옌데가 선거에서 이길 가능성이 전혀 없다고 예견하면서, 광산 국유화 정책과 대규모 공공사업 프로젝트를 포함한 반미 민족주의적 강령을 내건 이바녜스의 승리를 예측했다.* 그는 이 〈잠재적으로 부를 가진〉 라틴 아

---

* 에르네스토가 예측한 대로, 바로 뒤이은 선거에서 이바녜스가 대통령에 당선되었고, 살바도르 아옌데는 꼴찌를 했다. 그러나 이바녜스 집권하에서 광산이 국유화되는 일은 없었다. 그가 곧 국제통화기금IMF에 자국의 대규모 국제 수지 적자를 메워 달라고 간청하러 가야 했기 때문이다.
IMF의 가혹한 반(反)인플레 조건은 광범위한 불안을 낳아 칠레의 정치적 분열을 더욱

메리카 국가를 위한 권고와 통찰력 있는 경고로 결론을 맺었다. 〈이 나라가 해야 할 가장 큰 일은 자기 등짝에 달라붙은 불편한 양키 친구들을 털어 내는 것이다. 투자되어 있는 엄청난 양의 달러와 양키들이 자기들의 이해관계가 위협받기라도 하면 손쉽게 효과적인 경제적 압력을 행사할 수 있다는 점을 고려할 때, 적어도 지금으로서는 그 과업은 달성하기 쉽지 않은 일이다.〉

추키카마타에 다녀온 이후에 두 친구는 페루로 출발하여 며칠 후에 국경을 넘었다. 그들은 무뚝뚝한 아이마라 인디오들과 함께 트럭 짐칸을 얻어 타고 해발 5,000미터에 위치한 티티카카 호수를 향해 내륙을 힘들게 기어올라 갔다. 고원 지대의 평평한 땅이 펼쳐지면서 가파른 산악 경사지들을 따라 떨어지는 작은 폭포수들로 반짝이는 고대 잉카의 수로들이 드러났고, 더 높은 쪽에는 구름을 뚫고 올라간 눈 덮인 안데스의 봉우리들이 보였다. 에르네스토는 환호성을 질렀다. 〈거기서 우리는 전설의 계곡을 만났다. 이 계곡은 수 세기 동안 진화를 멈춘 채 오늘 우리, 운 좋은 인간들이 볼 수 있도록 여전히 그곳에 있다.〉

가속시켰다. 칠레 경제에서 발휘하는 미국의 압도적인 영향력은 살바도르 아옌데가 서반구 최초로 대중적으로 당선된 사회주의 대통령이 된 1970년까지 계속되었다. 아옌데가 취한 첫 번째 조치들 중 하나는 광산의 국유화였다. 그러나 칠레에서 미국의 영향력은 줄어들지 않았고, 3년 만에 아옌데 정부는 미국이 후원한 군사 쿠데타에 의해 폭력적으로 전복되었다.

4

에르네스토의 도취감은 오래가지 않았다. 타라타라는 인디오 마을에 도착하여 주변을 잠시 둘러보는 사이에 스페인인들의 정복이 초래한 뚜렷한 흔적이 눈에 들어왔다. 그가 발견한 것은 〈마을 거리를 지나다니며 우리를 쳐다보는 패배한 종족〉이었다. 〈길들여진 그들의 눈초리는 공포로 가득 차 있으며 바깥 세계에 완전히 무관심하다. 어떤 사람들은 떨쳐 낼 수 없는 습관인 양 살아간다는 인상을 준다.〉

다음 몇 주 동안 안데스 이곳저곳을 돌아다니면서 알베르토와 에르네스토는 가는 데마다 어김없이 자기 대륙의 〈패배한 종족〉을 만났다. 에르네스토는 큰 충격을 받았다. 백인이 지배해 온 4세기 동안의 모진 역사적 현실이 너무나 선명하게 드러나 있었다. 에르네스토의 나라 아르헨티나에서는 원주민들이 수백만 유럽 이민자들과 더불어 현대 아르헨티나의 용광로 속에 삼켜져 완전히 사라졌다면, 여기 페루의 고원에서는 원주민이 여전히 뚜렷한 다수를 이루고 있었고 그들의 문화 역시 비록 비참하게 정복된 상태로나마 대체로 보존되어 있었다.

알베르토와 에르네스토는 농산물과 사람들이 서로 구분이 안 될 정도로 지저분한 무더기를 이룬 채 실려 있던 혼잡한 트럭들을 얻어 타고 다녔는데, 대개의 경우 운전사들은 두 사람을 앞쪽 운전석 옆자리에 앉게 했다. 덮개 없는 트럭 뒤칸에는 촐로cholo라고 불리는 인디오들이 더러운 판초를 걸친 채 타고 있었다. 그들의 몸에는 이가 들끓었고 잘 씻지 않아 고약한 냄새를 풍겼다. 돈도 부족했고 남에게 〈빌붙으며〉 여행을 해야 할 처지였지만, 에르네스토와 알베르토의 여행은 특권을 가진 소수만이 누릴 수 있는 여행이었고, 그들도 이 사실을 알고 있었다. 백인이자 전문 직업인, 아르헨티나인이었던 두 사람은 그들을 둘러싼 다른 사람들보다 〈사회적으로 우월한 자들〉이었고, 바로 이 때문에 페루의 원주민들이 상상할 수 있는 것 이상으로 호의와 양해를 구할 수 있었다.

숙식을 해결하기 위해, 두 사람은 마을마다 파출소를 둔 페루 국립 경찰에 의탁했다. 거부당한 적은 거의 없었다. 어떤 마을에서는 경찰서장이 두 사람의 어려운 처지를 보고는 〈뭐라고? 아르헨티나에서 오신 두 의사 분이 돈이 없어 불편하게 자야 한다고? 그럴 수야 없지……〉라고 소리치며 두 사람을 위해 자기 돈으로 호텔을 잡아 주겠다고 고집했다.

훌리아카에서 그들은 한 술 취한 경사(警査)에 이끌려 어떤 술집에서 술을 마시고 있었다. 그런데 갑자기 그 경사가 명사수를 자처하며 자기 솜씨를 과시하기 위해 벽에 권총을 쏘아 댔다. 술집 주인으로 보이는 인디오 여자가 도움을 청하러 달려가 상급 경관을 데리고 돌아오자, 에르네스토와 알베르토는 총을 쏜 일이 없다는 경사의 말에 맞장구를 쳐주었다. 그들은 알베르토가 〈폭죽〉을 터뜨린 것이라고 말했다. 그들은 훈방되어 술집을 빠져나왔다. 떠나는 이들 일행 등에 대고 인디오 여자는 〈이 아르헨티나인들은 자기들이 모든 걸 가진 주인이라고 생각하나 봐〉라고 군소리를 퍼부어 댔다. 그들은 백인이었고, 그녀는 인디오였다. 그들은 힘이 있었고, 그녀는 힘이 없었다.

페루 인디오들은 〈가난한 사람들도 부자들과 똑같은 권리를 지닌 페론의 멋진 땅〉에 관한 이야기를 듣고 싶다며 그들에게 질문을 퍼부어 댔다. 에르네스토와 알베르토는 사실이 그렇지 않다는 것을 알면서도 죽을 병을 앓고 있는 환자들에게 거짓말을 하는 의사들처럼 페루 인디오들이 듣고 싶어 하는 말을 들려주었다.

사원과 요새들로 둘러싸인, 잉카 수도의 폐허 위에 세워진 장대한 식민 도시 쿠스코는 에르네스토를 매혹시켰다. 그는 여행 일지에 그 지역의 건축과 역사를 열정적인 어투로 꼼꼼히 기록했다. 그와 알베르토는 신비한 잉카 유적과 그것을 창조한 문화를 명확히 이해하기 위해 쿠스코의 박물관과 도서관에서 몇 시간을 보냈다.

능수능란한 빈대였던 두 사람의 행운은 쿠스코에서도 계속되었다. 알베르토는 예전에 한 의학 학술 대회에서 만난 적이 있던 의사를 찾아갔다. 그 의사는 친절하게 랜드로버 지프를 빌려 주고 운전사까지 붙여 주어 잉카의 계곡을 방문할 수 있도록 해주었다. 그리고 마추픽추 사원 유적지로 가는 공짜 기차표도 얻어 주었다.

그들은 깎아지른 정글 꼭대기에 세워진 석조 유적을 돌아보느라 몇 시간을 보냈다. 시골 축구 경기에도 참여하여 에르네스토의 표현대로 자신들의 〈상대적으로 엄청난 기술〉을 보여 준 후, 그 지역 관광호텔 지배인의 초청으로 거기 머물게 되었다. 하지만 이틀 후 버스 한 대분의 미국인 관광객들이 도착하자, 두 사람은 유료 관광객 수용을 위해 떠나 달라는 요청을 받았다.

두 사람을 태우고 쿠스코로 돌아오는 협궤 열차는 가다 서다를 반복하며 산악 지대를 통과하고 있었다. 이 기차에 인디오 승객들은 더러운 3등급 유개 화차에 타고 있었다. 에르네스토는 이 광경을 아르헨티나에서 가축을 수송하기 위해 사용되는 화물 기차에 비유했다. 에르네스토는 〈미국인 관광객들〉의 편의를 위해 마추픽추를 떠날 수밖에 없었던 일에 여전히 분개하면서 분통을 터뜨렸다. 〈편안한 버스로 여행하는 관광객들은 이 인디오들의 상태에 대해 당연히 아무것도 모를 것이다. ……대다수 미국인은 리마에서 쿠스코로 곧바로 날아가 유적을 방문하고 돌아갈 뿐 다른 어떤 것에도 관심이 없다.〉

이제 그는 더 이상 주체할 수 없는 적의를 느꼈다. 그는 여행 일지에 특별히 지면을 할애하여 〈또 다른 세계에서 온, 카메라를 휴대하고 스포츠웨어를 입은 금발의 통신원들〉에 대한 비판적인 촌평을 달았다. 그의 입장에서 이런 사람들은 짜증 나고 성가신 존재들이었다. 「잉카인의 땅」이라는 장에서 그는 미국인들을 조롱했다. 그들은 〈멸망한 잉카 사람들의 살아 있는 후손들과 자신들 사이의 도덕적 차이를 모른다. 어느 정도 남아메리카인만의 고유한 정신을 가진 사람들만이 이러한 미묘한 차이를 인식할 수 있기 때문이다〉.

에르네스토의 마음속에 여러 연상들이 화학 반응을 일

으키며 새로운 생각이 응고되고 있었다. 에르네스토는 〈정복당한 인종들〉인 원주민들에게 형제애를 느꼈다. 에르네스토는 지금 그들의 땅을 여행 중이었고, 지금 그들의 유적을 방문하는 중이었다. 그리고 과거에 자신의 선조들은 그들을 학살하는 데 가담했었다. 인디오와 유럽인, 이 두 인종은 처음에 엄청난 유혈 속에서 만났고, 수 세기 동안 불관용과 불의가 그들을 갈라놓았지만, 이것은 그들을 한데 묶어 놓은 사슬이기도 했다. 왜냐하면 메스티소라는 새로운 인종을 탄생시킨 원천은 바로 이 부정한 결합이었기 때문이다. 두 인종이 공유한 역사의 소산으로서 메스티소는 아마 어느 누구보다 진정한 라틴 아메리칸이었을 것이다. 그러나 전체적으로 보면 유럽 혈통의 크리올인과 메스티소, 인디오, 이들 모두는 수많은 〈이방인들〉과 마찬가지로 쿠스코와 마추픽추 유적지를 활보하는 북쪽에서 온 이 앵글로색슨인들보다는 서로에게 훨씬 더 가까웠다. 그들은 공통의 언어와 공통의 역사와 문화를 가졌고 공통의 문제에 직면해 있었다.

에르네스토는 장래 되고자 하는 의학 연구자의 자세로 자신이 본 증상의 원인을 탐구했다. 그리고 스스로 원인이라고 생각한 것을 발견하고서는 그것에 대한 처방을 탐색했다. 그래서 에르네스토의 마음속에서, 발파라이소에서 본 죽어 가던 늙은 부인과 추키카마타로 가는 길에서 만난 박해받는 광부 부부는 〈전 세계 프롤레타리아트의 살아 있는 견본〉이었다. 이들은 정의롭지 못한 사회 질서 때문에 비참하게 살아가는 사람들이었고, 이들의 삶은 미래의 계몽된 정부들이 사태를 변화시키지 않는 한 결코 나아지지 않을 것이었다. 증상과 원인이 거칠게나마 한 가지 포괄적 진단으로 통합되었다. 현지 정권의 배후에서 불의를 휘두르고 영구화시키는 것은 미국인들과 그들의 압도적인 경제력이었다. 칠레의 경우에 에르네스토의 처방은 〈자기 등짝에 붙은 불편한 양키 친구들을 털어 내는〉 것이었지만, 그러면서도 동시에 몰수의 어려움과 위험에 대해서도 경고했다. 에르네스토는 이 모든 질병에 대한 치료법을 가지고 있지는 않았지만, 탐색하고 있었다. 〈세상을 현혹시키는 붉은 불꽃〉이 해답일지도 몰랐지만, 그는 아직 확신이 서지 않았다.

5

에르네스토와 알베르토는 잉카의 땅에서 2주를 보낸 후 아방카이라는 안데스 산맥의 마을로 계속 여행했다. 그들은 〈나병 전문가〉 행세를 너무 많이 했기에 그 명칭에 걸맞은 처신을 하려고 애쓰고 있었다. 그래서 쿠스코의 의사 친구로부터 외딴 우암보 나병원 책임자들에게 그들을 소개하는 추천장까지 얻어 놓고 있었다.

그들은 여전히 빈털터리 상태였고, 지나가는 트럭을 감언이설과 간청으로 얻어 타면서 여행하는 수법도 변하지 않았다. 아방카이에서 그들은 병원에 부탁하여 무료 숙식을 제공받았다. 그 대가로 그들은 나병과 천식에 대한 약간의 〈강의〉를 해주었고, 간호사들과 불장난을 벌였다.

에르네스토는 아르헨티나를 떠난 이래 천식을 거의 잊고 지냈지만, 바로 여기서 천식이 발작했다. 천식이 심각해서 알베르토가 그에게 아드레날린을 세 번 주사했다.

두 사람은 우암보를 향해 여행을 계속했다. 그들은 우안카라마라는 마을에 도착했는데, 목적지인 나환자촌을 가려면 숲으로 뒤덮인 언덕 너머로 아직 몇 킬로미터를 더 가야 했다. 그런데 에르네스토는 천식이 너무 심해 서 있기조차 힘들었다. 그래서 그들은 지사에게 요청하여 말을 얻으려고 했다. 잠시 후에 케추아어를 말하는 안내원이 비쩍 마른 말 두 마리와 함께 그들 앞에 나타났다.

에르네스토와 알베르토가 다시 길을 떠나고 몇 시간이 지난 후, 그들은 자신들 뒤로 한 인디오 여자와 남자아이가 따라 걸어오고 있는 것을 보았다. 이 두 사람이 에르네스토 일행을 따라잡았을 때, 에르네스토 일행은 자신들이 타고 가던 말이 그들의 재산이라는 것을 깨달았다. 우안카라마 지사가 〈아르헨티나인 의사들〉을 돕겠다는 약속을 지키기 위해 그 말들을 몰수했던 것이다. 에르네스토와 알베르토는 여러 번 사과한 후에 말을 돌려주고 걸어서 여행을 계속했다.

우암보 나병원은 모기가 들끓는 정글 개간지에 지은 지 얼마 안 된 초가지붕 오두막 수용소였다. 이곳에서 수는 적지만 헌신적인 의료진이 미미한 예산으로 일하고 있었다. 담당 의사의 말에 따르면 시설의 설립자인 우고 페세 박사는 페루 나병 치료 프로그램 사무총장이자 저명한 공산주의자이기도 했다. 그래서 에르네스토와 알베르토는 리마에 가면 그를 꼭 찾아보리라 결심했다.

두 사람은 인근의 부유한 대농장주 집에서 숙식을 제공
받았다. 이 대농장주는 자신의 방대한 황무지 토지에 사람
들을 이주시키기 위해 사용했던 방법을 떠들어 댔다. 그는
콜로노colono라 불리는 가난한 정주자들을 자기 땅으로 끌
어들여 한 구획의 숲을 개간하여 작물을 심게 한 다음, 첫
수확물이 들어오면 그곳에서 이 정주자들을 쫓아내 더 높
고 더 척박한 곳으로 점차 이주시켰다. 그는 이런 식으로
자기 토지를 공짜로 개간했다고 털어놓았다.

에르네스토와 알베르토는 우암보에서 며칠을 보냈지만
장대비가 쏟아지고 에르네스토의 천식이 심해지자 제대로
된 병원 치료를 받기로 결심했다. 에르네스토 일행이 떠나
는 것을 도와주기 위해 대농장주는 인디오 하인 중 한 명
을 딸려 보냈다. 두 사람이 농장주가 제공한 말을 타고 가
는 동안 그 인디오는 두 사람의 가방을 들고 걸어서 따라
갔다. 에르네스토는 이렇게 말했다. 〈그 지역 부자들의 사
고방식에서는 하인들이 비록 걸어서 여행하더라도 무겁
고 번거로운 모든 것을 들고 다니는 게 너무나 당연한 일
이다.〉 일단 농장주의 시야에서 벗어나자 에르네스토와 알
베르토는 그 인디오에게서 자기들 가방을 받아 들었다. 두
사람은 감사의 표시를 예상했지만 예상은 빗나가고 말았
다. 왜냐하면 그 인디오의 얼굴에는 그들의 제스처에 대해
그가 무슨 생각을 했는지에 관해 〈아무것도 드러나지 않았
기〉 때문이다.

두 사람은 안다우아일라스라는 마을에서 약을 구했고,

에르네스토는 병원에 입원하여 천식이 진정될 때까지 이틀 간 머물렀다. 거기서 그들은 경찰 초소로 이동하여 리마로 떠나는 트럭을 기다렸다.

배고픈 나날들이었다. 두 사람은 감자와 옥수수 속대, 유카 말고는 먹을 게 거의 없었고, 그것들을 요리하기 위해 그들은 그 지방 감옥을 겸하던 경찰 초소에 수용되어 있던 죄수들의 스토브를 같이 이용했다. 알고 보니 죄수들 중 대다수는 범죄자들이 아니라 3년의 의무적인 군 복무 기간 동안 근무지를 이탈했던 인디오들이었다.

그런데 어느 날 한 경찰대원이 감금된 남편들에게 음식을 가져다주러 온 인디오 여자들을 희롱했고, 이 광경을 알베르토가 목격하게 되었다. 이 사건이 있기 전까지 두 사람은 경찰서 안에서 환영을 받았는데, 그 대원의 행위에 알베르토가 항의하자 그 이후로 초소 분위기가 싸늘해진 것이다. 다행히 가축을 싣고 안다우아일라스를 떠나는 트럭이 있어 에르네스토와 알베르토는 쫓겨나기 전에 출발할 수 있었다.

또다시 배고프고 불편한 열흘 동안, 그들은 안데스를 관통하는 불확실한 경로를 따라 페루의 태평양 연안 사막 지대에 자리 잡은 리마로 향했다. 에르네스토는 이렇게 썼다. 〈우리의 여행은 같은 방식으로 계속되었다. 인정 많은 누군가가 우리의 궁핍을 딱하게 여겨 줄 때마다 어쩌다 한 번씩 끼니를 해결했던 것이다.〉 분명히 이즈음은 그들의 모든 여정에서 가장 비참한 나날들이었다. 환대를 얻기 위한 그들의 수법은 이제 필사적인 수준에 도달하여, 때로는 난처한 결과를, 때로는 굉장한 결과를 낳기도 했다.

　어느덧 그들은 공짜로 끼니를 해결하는 공식을 완성했다. 에르네스토가 말했듯이, 그들은 과장된 아르헨티나 악센트로 말함으로써 〈후보들〉의 호기심을 불러일으키는 수법도 썼다. 이렇게 하면 대개의 경우 분위기가 누그러져 대화를 시작할 수 있었다. 그런 다음 에르네스토나 알베르토 둘 중 한 사람이 〈생각에 잠긴 듯 시선을 먼 곳에 두고 자신들의 어려움에 대해 차분하게 말하기〉 시작하면, 다른 한 사람은 오늘이 길을 떠난 지 1년째 되는 날이라는 등의 〈우연의 일치〉를 언급했다. 그러고 나서 〈나보다 훨씬 더 뻔뻔스러운 알베르토가 깊은 한숨을 내쉬며 (마치 나에게 비밀이라도 털어놓는 것처럼) 이렇게 말한다. 「이런 날도 축하하지 못하다니, 우리 신세가 이렇게 한심할 수가…….」〉

　바로 이 지점에서 예외 없이 그 〈후보〉는 에르네스토와 알베르토에게 술 한잔 대접하겠다고 제안했다. 물론 두 사람은 답례할 수 없기 때문에 도저히 그 호의를 받아들일 수 없다고 거절하지만, 〈후보〉가 계속해서 강권하면 두 사람은 마침내 어쩔 수 없다는 듯이 〈포기했다〉. 바로 뒤이어 에르네스토가 최후의 일격을 가했다. 〈첫 잔을 마신 후 내가 더 이상 술을 받을 수 없다고 딱 잘라 거절하면 알베르토가 나를 놀린다. 대접하는 사람은 화를 내며 마시라고 우기고 나는 이유를 대지 않고 거절한다. 그 남자가 계속 고집하면 나는 부끄러워 견디기 힘들다는 표정으로 아르헨티나에서는 식사와 함께 술을 마시는 게 관습이라고 고백한다.〉

5월 1일 노상에서 넉 달을 보낸 후 〈무일푼이지만 행복한〉 두 사람은 안데스 산기슭의 작은 구릉지에 위치한 리마에 도착했다. 1535년 정복자 프란시스코 피사로에 의해 건설되어 한때 찬양받는 식민지 〈총독의 도시〉였던 리마는 1952년 현재에도 여전히 아름답지만 사회 계급으로 층화된 수도였다. 에르네스토가 보기에 그 도시는 〈식민지 시대의 봉건 상태를 벗어나지 못했고, 여전히 진정한 해방적 혁명의 피를 기다리는 페루〉를 상징하고 있었다.

두 사람은 어느 날 아침 경찰 초소들을 이곳저곳 돌아다닌 끝에 결국 밥을 조금 얻어먹었고, 그런 다음 나병 전문의 우고 페세 박사를 방문했다. 페세는 그들을 따뜻하게 맞아 주었고, 그들이 기아 나병원에 머물 수 있도록 주선해 주었다. 거기서는 마음씨 따뜻한 여성 보조원 소라이다 볼루아르테가 그들을 보살펴 주었다. 얼마 되지 않아 에르네스토와 알베르토는 그녀를 완전히 사로잡았고, 그들은 곧 볼루아르테의 집에서 식사와 세탁을 해결하게 되었다.

다음 3주 동안 두 사람은 먹고 쉬면서 밀린 편지들을 보내고 리마 시내를 돌아다녔다. 무엇보다도 중요한 점은 그들의 가족에게서 돈이 조금 왔다는 것이었다. 또 그들은 페세의 병원 강의에 몇 차례 참석했고 저녁 식사에 빈번히 초대받았다. 그리고 저녁 식사 후에는 나병과 생리학에서부터 정치와 철학에 이르기까지 온갖 주제에 관해 몇 시간 동안 대화를 나누었다.

에르네스토는 페세 박사를 〈엘 마에스트로〉라는 존칭으로 불렀고, 알베르토는 페세 박사와 에르네스토 사이에 특별한 친분 관계가 생겨나고 있음을 눈치챘다. 두 젊은이 모두에게 페세는 충분히 존경할 만한 사람이었다. 페세는 이탈리아에서 의과 대학을 졸업한 후 고국으로 돌아와 페루의 마르크스주의 철학자 호세 카를로스 마리아테기를 만나 그의 신봉자가 되었다. 마리아테기는 1928년에 쓴 선구적인 저작 『페루의 현실을 해석하는 일곱 편의 에세이 *Siete ensayos de interpretación de la realidad peruana*』에서 페루 같은 나라들에서 사회주의를 위한 새로운 앞길로서 라틴 아메리카의 무권리 인디오와 농민들의 혁명적 잠재력을 제시했다.

1930년 마리아테기가 사망한 이후 페세는 의사로 일하면서도 페루 공산당 당원으로서 계속 두드러진 활동을 했다. 그는 나병 전문의로 명성을 얻었을 뿐만 아니라 열대 질병에 관해 연구하고 대학에서 강의도 하며 말라리아와 관련된 여러 발견을 통해 공적을 인정받았다. 그의 정치 활동 때문에 오드리아 대통령은 한동안 그를 안데스 쪽으로 유배 보내기도 했지만 결국 리마의 대학교수직 복귀를 허락했다. 그는 자신의 유배 경험에 근거하여 『침묵의 땅』이라는 책을 출판했다.

페세는 에르네스토가 만났던 의료인 중에서 〈공동선〉에 자신의 삶을 의식적으로 바치고 있던 최초의 인물이었다. 에르네스토에게 페세는 페루의 슈바이처나 간디, 즉 라틴 아메리카의 고유한 문제를 해결하는 데 자기 재능을 바치며 에르네스토 스스로 지향하고자 했던 매우 고결한 삶을 추구하는 사람으로 보였던 것 같다. 에르네스토 자신이 지침으로 삼을 사회 철학을 탐구하고 있던 차에 때마침 나타난 페세의 신념과 개인적 사례는 모방할 만한 틀을 제공해 주었다.

그때 이후 계속 자신도 페세의 경우와 비슷한 무언가를 찾아야 한다는 생각이 에르네스토의 마음속에서 형성되기 시작했다. 마르크스레닌주의에 관심은 있었지만 특정한 이데올로기에 전념하기 전에 아직 더 많은 지식을 쌓을 필요가 있었다. 먼저 그는 알베르토와의 여행을 완수하고 아르헨티나로 돌아가 학위 취득 시험을 마치고 세계를 더 많이 탐구할 필요가 있었다…….

페세는 세상에서 자신의 위치를 찾으려는 에르네스토의 열망을 감지하고 그 응답으로 그에게 많은 시간을 할애하고 용기를 북돋아 주었던 것 같다. 10년 후 에르네스토 게바라는 자신의 첫 번째 책 『게릴라 전쟁La guerra de guerrillas』을 페세에게 보내면서 자신의 세계관 형성에 미친 페세의 영향을 인정했다. 그것은 다음과 같은 말로 헌정되었다. 〈우고 페세 박사님께. 박사님은 아마 본인은 알지 못하시겠지만 삶과 사회에 대한 저의 태도에 큰 변화를 불러일으켜 주셨습니다. 그리하여 저는 예전과 똑같은 모험 정신으로 충만하면서도 아메리카의 필요와 더욱 조화되는 목표 쪽으로 유도되었습니다.〉

그러나 그들이 리마에서 모든 시간을 철학적 각성에 보낸 것은 아니었다. 그들은 기아 병원 인근 동네 소년들과 축구도 하고 나병 환자들과 잡담도 즐겼으며, 볼루아르테 집 아이들의 친구들을 만나기도 했다. 일요일에 그들은 투우장에 갔다. 에르네스토로서는 처음 하는 투우 구경이었다. 그는 거기서 받은 인상을 간결하게 기록했다. 〈세 번째 투우에서 황소가 투우사를 멋지게 낚아채 허공으로 날려 보냈을 때에는 흥분이 일기도 했지만, 그 이상은 아무것도 없었다. 그 파티는 아무런 영광도 수치도 없이 여섯 번째 동물의 죽음과 더불어 끝났다. 거기에는 예술이 보이지 않는다. 용기, 그저 그런 대로. 기술, 아주 적음. 흥분, 비교적. 요컨대 그것은 온전히 일요일의 소일거리일 뿐이다.〉

에르네스토가 천식에서 회복되고 여윳돈도 조금 생기자 그들은 여행을 계속하기로 했다. 그들은 미국에 가려는 원래 희망을 포기하는 대신 베네수엘라에 가기로 계획했다. 먼저 그들은 페루의 아마존 지역에 위치한 페세의 치료 센터 세 군데 중 가장 큰 산파블로 나환자촌으로 여행하기로 했다.

그들이 떠나기 전에 페세 박사는 낡고 해진 그들의 복장을 대신할 옷가지 몇 벌을 주었다. 에르네스토는 박사의 흰색 정장을 물려받았는데, 그에게는 너무 작았지만 어쨌든 자랑스럽게 그것을 입었다. 소라이다 볼루아르테는 그들에게 마멀레이드 한 병을 주었고, 병원 환자와 직원들은 모금을 하여 페루 돈 100솔과 휴대용 프리머스 난로를 주었다.

일주일 후 버스를 타고 또 한 번 질척거리는 길을 따라 가다 서다를 반복하여 안데스를 넘은 다음 〈라 세네파〉라는 배의 1등석을 타고 우카얄리 강을 여행했다. 그 배는 페루의 아마존 지역에 있는 고무 붐의 중심지였던 이키토스로 가는 배였다. 라 세네파의 통로에 해먹을 걸어 놓은 동료 승객들 중에는 고무 채취자, 제재목 상인, 모험가 몇 명, 관광객 부부 한 쌍, 수녀 몇 명, 유혹적인 자태의 어린 매춘부들이 있었다. 3등급 승객들은 돼지와 목재 짐을 싣고 뒤에서 끌려가는 바지선에 타고 있었다.

여행은 7일이 걸렸다. 그동안 두 사람은 승객 및 승무원들과 대화를 나누고 카드놀이를 하며 모기들과 싸우고 탁한 강물의 흐름과 스쳐 가는 정글을 바라보며 시간을 보냈다. 그들은 매춘부들과도 놀아났는데, 이 매춘부들의 방탕한 행위에 수녀들은 분개했고, 배 위의 남자들은 엉망이 되었다.

배에서 며칠을 보낸 후 알베르토가 〈푸세르와 나도 그 규칙에서 예외가 아니었다〉고 털어놓았다. 〈특히 나로 말하자면, 열대의 미녀들만 보면 가슴이 매우 두근거리는 사람이었다.〉에르네스토도 천식이 재발했음에도 불구하고 배에서 여자와 놀아 볼 수 있을 거라는 생각에 이끌렸다. 그는 강 위에서 보낸 둘째 날에 대해 서술하면서 이렇게 썼다. 〈그날은 별다른 일 없이 지나갔다. 우리가 돈푼깨나 있을 거라고 생각했음이 분명한 정말 문란해 보이는 한 젊은 여자와 친해진 것을 제외하면 말이다. 그녀는 매번 우리가 우는 소리를 해대는데도 끈질기게 돈 이야기를 꺼냈다.〉

돈 이야기에 무너질 사람들이 아니었던 두 아르헨티나 젊은이는 그녀가 더 이상 돈 이야기를 꺼내지 못하게 할 방도를 찾았다. 알베르토는 두 사람이 기울인 노력에 대해 이렇게 썼다. 〈우리는 그녀에게 우리가 본 것들과 아직 보지 못한 놀라운 것들을 이야기해 주었고, 그녀는 그 이야기에 홀딱 빠져들었다. 그녀는 여행가가 되기로 결심했다. 그 결과 아무런 방해 없이 푸세르와 나는 그녀에게 필요한 개별 지도를 해주고 있다. 물론 사례금은 선불이며, 현물로 지급된다.〉 이틀 후 그는 이렇게 덧붙였다. 〈하루하루가 예전과 똑같은 리듬으로 지나가고 있다. 그 젊은 여자는 우리처럼 말 잘하는 사람들뿐만 아니라 카드 게임을 진행하는 남자같이 씀씀이가 좋은 사람들에게도 애교를 떨어 준다.〉

성적인 만남 때문에 에르네스토는 향수 어린 분위기에 젖어들었다. 〈나의 건강 상태를 측은히 여긴 어린 매춘부의 무심한 포옹은 모험 여행을 떠나기 전 내 삶에 관한 잠재된 기억 속으로 마치 대못처럼 뚫고 들어왔다. 그날 밤 모기 때문에 잠을 못 이루던 나는 치치나를 떠올렸다. 이제 치치나는 먼 꿈으로 바뀌었다. 아주 기분 좋은 꿈, 깨어날 때…… 기억 속에 냉랭함보다는 서서히 녹는 감미로움을 남겨 주는 꿈. 나는 그녀에게 느긋하고 부드러운 키스를 보냈다. 그녀를 잘 알고 이해하는 오랜 친구가 하는 듯한 키스였다. 그리고 기억은 말라게뇨로, 그토록 많은 긴 밤을 보냈던 큰 홀로 되돌아간다. 이 홀에서 그녀는 새로운 연인에게 새로 준비한 밀어들을 속삭여 왔겠지.〉

에르네스토는 별이 총총 빛나는 밤하늘을 바라보며 이 모든 것을 위해 치치나를 잃는 것이 가치가 있는지 다시 한

번 자문했고, 밤의 공허 속에서 무언가가 그에게 〈그렇다〉
고 대답했다.

6월 1일에 그들은 이키토스에 도착했다. 이키토스는 한
때 고무 붐으로 번성했다가 쇠퇴해 가는 도시로, 정글로 둘
러싸여 있고 거리의 라테라이트 진흙으로 붉은 기운을 띠
고 있었다. 에르네스토와 알베르토는 페세 박사의 추천장
을 들고 지역 보건소로 향했다. 아마존 하류 쪽 산파블로
나병원으로 가는 배를 기다리는 동안, 그들은 지역 황열병
퇴치 캠페인 본부에서 쪽잠을 자고 이키토스 종합 병원에
서 식사를 했다.

그러나 에르네스토는 천식 때문에 꼼짝도 못하는 상태
가 되었고, 이키토스에 체류한 6일 동안 몸져누운 상태에
서 아드레날린 주사를 맞고 집에 편지를 쓰면서 보냈다. 그
는 베아트리스 고모에게 아마존 통과 계획에 대해 말했던
이전 편지를 언급하며 익살스러운 어투로 이렇게 썼다.

〈그런데 털어놓을 게 있어요. 이전에 사람 사냥꾼 같은
것들에 대해 썼던 건…… 거짓말이었습니다. 아쉽게도 아
마존은 아르헨티나의 파라나 강만큼 안전한 것 같아요.〉
그는 베아트리스에게만 콜롬비아의 수도 보고타에서 받을
수 있도록 새 천식 흡입기와 야날 천식 치료약 앰풀을 보내
달라고 요청했다. 그러면서 〈전 천식을 앓고 있지 않아요〉
라고 강조하며 자신이 건강하게 잘 있지만 단지 일어날지
도 모를 우발적인 사태에 대비하고 싶을 뿐이라고 그녀를
안심시키기 위해 조심했다.

6월 6일, 에르네스토와 알베르토는 엘 시스네 호에 타

고 산파블로로 향하는 이틀간의 여행을 시작했다. 콜롬비아 및 브라질과 맞닿은 페루의 정글 국경 인근 아마존 둑에 자리 잡은 그 나병원은 시설 관리자들과 의료진과는 격리된 채로 자체 마을에 사는 600명의 환자를 돌보고 있었다. 이곳이 바로 에르네스토와 알베르토가 14일간 머물게 될 곳이었다.

기아 병원에서처럼 여기서도 두 사람은 열정적으로 의사들의 환자 회진에 참여하고 축구를 하며 나환자들과 친하게 지냄으로써 모든 사람에게 깊은 인상을 심어 주었다. 평소에 알베르토는 몇 시간이고 실험실에서 현미경을 들여다보았고, 에르네스토는 시를 읽거나 산파블로의 의사들과 체스를 두거나 낚시를 하러 갔다. 여기서도 에르네스토 속에 있던 저돌성이 고개를 들었다. 어느 날 오후 에르네스토는 충동적으로 넓은 아마존에 뛰어들어 두 시간 동안 헤엄쳐 강을 건넘으로써 강가에서 그를 지켜보던 의사들을 당황하게 만들었다.

6월 14일은 에르네스토의 스물네 번째 생일이었다. 병원 직원들은 그를 위해 페루의 전통주 피스코를 곁들여 잘 차려진 파티를 열어 주었다. 에르네스토는 일어서서 감사의 말을 했고, 이것을 〈성(聖) 게바라의 날〉이라는 제목으로 자기 일기에 기록했다. 그는 파티를 열어 준 사람들에게 과장된 말투로 깊은 감사를 표한 후, 진심 어린 〈라틴 아메리카주의자〉에 관한 독백조의 말로 끝맺었다.

〈……우리는 실체 없고 불확실한 민족들로 아메리카를 쪼개는 것이 완전한 허구라고 믿습니다. 이러한 우리의 민음은 이번 여행이 끝나면 이전보다 더욱 확고해질 것입니다. 우리는 멕시코에서부터 마젤란 해협에 이르기까지 두드러진 민속지적 유사성을 가진 단일한 메스티소입니다. 이를 위해 저는 제 자신 속에 눈곱만큼이라도 있을 지방주의에서 벗어나려는 뜻에서 페루와 통합된 아메리카를 위해 축배를 제안합니다.〉

파티는 밴드가 페루 왈츠, 브라질 쇼라, 아르헨티나 탱고, 대중적인 쿠바 맘보 등을 연주하는 가운데 새벽 3시까지 이어졌다. 미리 약속한 대로 알베르토는 탱고가 연주될 때마다 음치 에르네스토의 옆구리를 찔렀다. 한번은 치치나가 좋아했던 신나는 쇼라 곡이 흘러나오자, 알베르토가 에르네스토의 옆구리를 툭 치며 이렇게 말했다. 「기억나?」

그러나 방의 맞은편에 있던 간호사에게 눈독을 들이고 있던 에르네스토는 알베르토의 팔꿈치 신호가 〈탱고 신호〉라 믿고는 마루로 나와 자기 주변의 모든 사람이 쇼라에 맞추어 가볍게 몸을 움직이는 동안 고집스럽게 느리고 열정적인 탱고를 추었다. 에르네스토는 무언가 잘못되었다는 것을 깨닫고 알베르토 쪽으로 가 어떻게 해야 할지 물어보았지만, 알베르토는 눈앞의 광경에 도저히 웃음을 참을 수 없어서 아무런 지시도 해주지 못했다.

그들이 여행을 계속해야겠다고 느꼈을 때, 나병 환자들과 직원들은 그들을 위해 뗏목을 만들어 여기에 맘보-탱고라는 이름을 붙여 주었고, 옷가지와 파인애플, 낚시 도구, 닭 두 마리를 선물로 주었다. 두 사람이 출발하기 전날 저녁에 나환자 오케스트라가 카누를 타고 직원 숙소 쪽 선창으로 와 두 사람에게 세레나데를 연주해 주었다. 에르네스토는 어머니에게 보낸 편지에 그 장면을 기술했다. 〈실제로 그것은 우리가 이제까지 본 것 중 가장 재미있는 광경이었습니다. 노래 부른 사람은 장님이었고 아코디언 연주자는 오른손에 손가락이 없어서 손목에 나뭇가지 몇 개를 묶어 손가락을 대신했습니다.〉 다른 연주자들도 비슷하게 불구였고, 강에 반사된 랜턴과 횃불에 〈괴물 같은 형상〉으로 보였다.

세레나데에 이어 환송 인사말이 이어졌고, 〈의사들을 위한 만세 삼창〉으로 끝을 맺었다. 답례로 알베르토는 팔을 뻗어 너무나 화려하고 선동적인 수사를 동원하여 감사 표시를 했다. 에르네스토의 표현에 따르면 알베르토는 마치 〈페론의 후계자〉처럼 보였다.

다음 날 에르네스토와 알베르토는 뗏목을 아마존 물살 속으로 밀어 넣었다. 그들은 탐험가가 된 기분을 느끼며 브라질의 한참 하류 쪽에 있는 마나우스 시까지 여행하기로 마음먹고 맘보-탱고를 하류 쪽으로 조종했다. 그들은 마나우스에 도착하면 거기에서 아마존의 지류를 따라 베네수엘라의 뒤꽁무니에 닿을 수 있다는 이야기를 들은 적이 있었다.

그러나 3일 후 두 사람은 레티시아라는 콜롬비아의 작은 항구를 지나쳐 더 하류로 떠내려갔고, 낚시 도구와 남은 닭을 잃어버린 후 야심 찬 계획을 포기하기로 했다. 그들은 강변의 콜로노에게 자신들의 뗏목과 식량을 준다고 하며 상류로 데려가 달라고 설득하여 레티시아로 갔다. 레

티시아에는 콜롬비아의 수도 보고타 행 비행기가 한 달에
두 번 있었다.

다시 빈대가 된 그들은 경찰서에서 공짜 숙식을 얻었고,
다음번에 출발하는 비행기 삯 50퍼센트 할인을 약속받았
으며, 그 동네 축구팀의 코치로 고용되었다. 라틴 아메리카
최고의 축구팀을 가지고 있는 아르헨티나의 명성이 그들
에게 도움이 되었다. 그 동네 축구팀은 결승전을 앞두고 있
었고 그들이 이길 수 있도록 도와줄 그들의 〈전문성〉을 필
요로 했다. 에르네스토와 알베르토는 부에노스아이레스
의 최신 발놀림 중에서 몇 가지를 가르쳐 줌으로써 팀의 성
적을 실제로 높여 줄 수 있었다. 비록 그 팀이 우승은 못했
지만, 어엿하게 2위를 하여 모두가 기뻐했다.

7월 2일 두 사람은 낡디낡은 쌍발 카탈리나 수상 비행기
에서 천연고무, 군복, 우편물 가방 등의 화물들과 함께 편
안하게 자리 잡고 레티시아를 떠났다. 이 비행기에 대해 에
르네스토는 〈마치 칵테일 쟁반처럼 흔들렸다〉고 말했다.
그 비행기 여행은 이전에 하늘을 날아본 적이 없는 알베르
토에게 엄청난 희열을 느끼게 해주었다. 그는 너무 흥분한
나머지 같이 탄 승객들에게 이 엄청난 비행 경험에 대해 시
적인 장광설을 늘어놓았다.

7

높고 푸른 고원 지대에 자리 잡은 도시 보고타는 법과
질서가 엄격하게 집행되는 긴장된 섬이었다. 그 도시를 둘

러싼 주변 농촌 지역에서 격심한 내전이 소용돌이치고 있었기 때문이었다. 에르네스토와 알베르토는 분위기가 쌀쌀하고 불안정하다고 느꼈다. 그들은 페세 박사가 써준 편지 덕택에 병원에서 잠자리를 얻었고, 대학교에서 식사를 해결할 수 있었으며, 학생들 사이에서 친구도 사귀었다. 그러나 에르네스토는 어머니에게 이렇게 썼다.

〈우리가 여행하며 거쳐 온 모든 나라 중에서 이 나라는 개인의 권리가 가장 억압받고 있는 나라입니다. 소총을 어깨에 메고 거리를 순찰하는 경찰들이 사람들에게 언제나 신분증을 요구합니다. ……머지않아 폭동이 일어날 것 같은 긴장감이 정적 속에 감돌고 있습니다. 평원 지대에서는 공공연하게 폭동이 일어나고 있지만 군대는 전혀 힘도 못 쓰고 있고, 보수주의자들은 서로 싸우며 어떤 합의도 이루어 내지 못하고 있습니다. 그리고 1948년 4월 9일의 기억이 모든 사람의 영혼을 납덩이처럼 짓누릅니다. ……한마디로, 콜롬비아인들은 그들이 원한다면 참을 수 있을지도 모르겠지만, 우리는 이 질식할 것 같은 분위기에서 하루빨리 벗어나려고 합니다.〉

에르네스토는 1948년 4월에 일어나 콜롬비아의 정치 시스템을 난폭하게 붕괴시킨, 인기 있는 자유당 지도자 호르헤 엘리에세르 가이탄 암살 사건을 언급하고 있었다. 이 사건으로 가이탄의 지지자들은 집권 보수당 정부가 암살을 사주했다고 의심하면서 수도의 거리로 몰려 나갔고, 그 결과 〈엘 보고타소El Bogotazo〉라고 불리게 되는 3일간의 유혈 폭동이 일어났다.

그 폭동은 미국의 후원 아래 미주기구OAS 헌장에 서명하기 위해 모인 서반구 외무장관 회담이 열리는 동안 일어났다. 그와 동시에 그 수뇌 회담에 항의하기 위해 〈반제국주의〉 라틴 아메리카 학생회의가 소집되었고, 라틴 아메리카 전역의 학생 지도자들이 그 행사에 참여하기 위해 몰려들었다.

그중에는 피델 카스트로 루스라는 스물한 살의 쿠바 법학생이 있었다. 그는 가이탄의 죽음 이후 일어난 폭동 속에서 무기를 들었지만 쿠바 대사관으로 피신하여 체포를 면했다. 그는 쿠바로 돌아가 정치 활동에 점점 더 적극적으로 참여했고, 이제는 최근 수립된 풀헨시오 바티스타 정권에 반대하는 무장봉기를 비밀리에 꾸미고 있었다.

한편 콜롬비아에서는 엘 보고타소에 의해 야기된 폭력 때문에 정치적 분위기가 대립으로 치달은 상태였다. 고(故) 가이탄의 자유당이 1949년 대통령 선거에 참여하기를 거부한 이후, 경쟁자가 없는 상태에서 군부의 지원을 받은 집권 보수당 후보 라우레아노 고메스가 대통령으로 선출되었다. 많은 자유당원들은 농촌에 근거지를 둔 콜롬비아의 신생 공산주의 게릴라 그룹들과 동맹을 맺은 상태였다. 무정부 상태가 확산되면서 보수당 실력자들이 이끄는 무장 농민 자경단 집단들과 군대가 보복을 자행했고, 대량 학살이 일상화되었다. 전국적으로 대역병처럼 번진 이 유혈 사태는 완곡한 표현으로 간단히 〈라 비올렌시아La Violencia〉라 불렸고, 1952년에도 여전히 시야에서 사라지지 않았다.

에르네스토와 알베르토가 〈그 질식할 것 같은 분위기에

서 벗어나〉기 전에 경찰과 문제가 생기고 말았다. 어느 날 집에서 온 편지를 찾기 위해 아르헨티나 영사관으로 가고 있던 중에, 그들을 의심한 경찰 하나가 불심검문을 하며 소지품을 수색했다. 경찰은 에르네스토가 소지품으로 가지고 있던 칼을 압수했다. 그것은 그가 여행을 떠날 때 동생이 선물로 준 은제 모조 가우초 대검이었다. 그러고 나서 경찰이 천식약을 찾아냈을 때, 에르네스토는 경솔하게도 이렇게 조롱했다. 「조심하시오. 그건 매우 위험한 독약이오.」 즉각 체포된 그들은 여러 경찰서로 끌려다니다가 마침내 관헌을 〈놀렸다〉는 이유로 기소되어 재판까지 받게 되었다. 사태는 그들이 신분을 증명할 서류를 제출한 다음에야 비로소 진정되었다.

그러나 에르네스토에게는 문제가 끝난 게 아니었다. 그를 체포했던 경찰이 압수하여 개인적으로 보관하고 있던 칼을 되찾는 것은 에르네스토에게 자신의 명예가 걸린 문제였다. 에르네스토는 관할 경찰서를 수 차례 방문한 끝에 마침내 칼을 반환받았지만, 그 과정에서 그는 경찰관들의 화를 돋우었다. 에르네스토와 가깝게 지내던 학생 친구들은 경찰이 반드시 보복을 가해 올 거라고 경고하며, 그와 알베르토에게 콜롬비아를 당장 떠나라고 재촉했다. 그들은 두 사람이 떠나는 걸 돕기 위해 돈까지 모아 주었다.

아무런 미련을 두지 않고, 에르네스토와 알베르토는 곧바로 버스를 타고 보고타를 떠나 베네수엘라 국경으로 향했다. 이키토스를 떠난 이후로 에르네스토에게 천식 발작이 일어난 적은 한 번도 없었지만, 열대 저지대로 내려가자 천식이 다시 찾아왔다. 알베르토는 에르네스토의 심장이 부담을 느낄 만큼 많은 아드레날린을 주사해야 했다.

카라카스에 도착하기 하루 전에 두 사람은 잠시 쉬면서 향후 일정에 대해 상의했다. 두 사람 모두 중앙아메리카와 멕시코로 계속 여행하고 싶었지만, 여행을 지속할 돈이 없었다. 그들은 논의 끝에 합의에 도달했다. 종마를 키우는 에르네스토의 삼촌 마르셀로의 동업자가 카라카스에 있으니, 말을 수송하는 데 쓰는 비행기에 자신을 태워 준다면 에르네스토는 부에노스아이레스로 돌아가 의학 공부를 마칠 수 있을 터였다. 알베르토는 베네수엘라에 머물러 보기로 했다. 나병원에서 일하든지 아니면 추천장을 받아 주는 대학들 중 한 곳에서 일할 요량이었다. 계획이 모두 틀어지면, 그들은 어떻게 해서든 멕시코까지 여행을 계속할 생각이었다.

다음 날인 7월 17일, 그들은 카라카스에 도착했다. 카라카스는 베네수엘라의 석유 붐으로 부유해지고 이민자들로 부풀어 오른 떠들썩한 도시였다. 평평한 지붕의 새로 지은 초고층 빌딩들이 식민지 시대의 붉은색 타일 지붕들의 스카이라인을 압도하며 치솟아 있었다. 지저분한 노동자들이 주거하는 빈민가가 그 도시를 둘러싼 언덕 사면에 뾰루지처럼 솟아올라 퍼져 나갔다.

브라질이나 트리니다드 같은 곳에서 상륙 허가 기간 동안 잠시 체재했던 때를 제외하면 에르네스토는 흑인을 만난 적이 거의 없었다. 에르네스토의 고향인 아르헨티나에서는 흑인들을 보기가 힘들었지만, 남아메리카의 카리브 해안에서는 쉽게 만나 볼 수 있었다. 그래서 그랬는지 그는 카라카스의 흑인 거주지를 이리저리 돌아다닌 다음에 〈보통 사람〉의 옹호자답다고 하기 거의 어려운, 다시 말해 백인, 특히 아르헨티나 백인의 전형적인 거만하고 생색내는 듯한 말을 했다.

〈씻는 일과는 전혀 친하지 않은 덕분에 자신들의 인종적 순수성을 보존해 온 아프리카 인종의 탁월한 견본인 그 흑인들은 다른 종류의 노예들인 포르투갈인들에게 자신들의 땅을 침략당해 왔다. 지금 그 두 인종은 사소한 다툼과 언쟁으로 가득 찬 공통의 경험을 가지고 있다. 두 인종은 하루하루 살아남기 위한 투쟁에서 차별과 가난에 맞서야 한다는 점에서는 하나이지만, 삶에 대한 서로 다른 태도가 그들을 완전히 갈라놓고 있다. 흑인들은 게으르고 비현실적인 태도를 가지고 있다. 그들은 쓸데없는 일과 술 마시는 데 돈을 몽땅 써버린다. 반면 유럽인들은 아메리카의 이 구석까지 그들에게 붙어 와, 그 누구의 도움 없이도 자신들의 개인적 열망을 성취하게 만드는 노동과 저축의 전통을 가지고 있다.〉

그들은 처음에 허름한 하숙집을 숙소로 잡았지만, 에르네스토 친구의 이모인 마르가리타 칼벤토를 만난 이후로 형편이 나아졌다. 그녀는 이들을 먹이고 가톨릭 유스호스텔에 잠잘 곳을 마련해 주었다. 이곳을 근거지로 하여 그들은 각자 해야 할 일에 착수했다. 에르네스토는 자기 삼촌의 동업자를, 알베르토는 일자리를 찾아 나섰다.

페세 박사의 추천장을 지니고 있었던 알베르토는 카라

카스 인근 나병원에서 보수가 좋은 일자리를 제안받아 이를 받아들였고, 에르네스토는 부에노스아이레스에서 마이애미로 삼촌의 경주마를 수송하기로 되어 있는 다음 비행기에 좌석을 얻었다. 에르네스토는 급유를 위해 카라카스에 착륙할 그 비행기에 탑승했다가 화물 하역을 위해 마이애미를 경유한 후 집으로 날아가게 되어 있었다.

두 친구가 카라카스에 함께 머문 마지막 나날들은 곧 헤어져야 한다는 슬픔 때문에 분위기가 가라앉았다. 그들은 모두 각자의 가까운 장래에 대해 논의하면서 자신들의 감정을 애써 숨기려 했다. 에르네스토는 학위를 취득하고 1년 후 알베르토와 다시 합류할 생각이었다. 모든 게 잘되면, 그도 나병원에서 일자리를 얻을 수 있을 것이고, 얼마라도 돈을 저축한 후 새로운 여행을 함께 시작할 수 있을 것이었다.

6월 26일, 에르네스토는 말 화물들과 함께 더글러스 비행기에 탑승하여 마이애미로 날아갔다. 그러나 마이애미에 착륙했을 때 조종사가 엔진 결함을 발견했다. 수리될 때까지 비행이 연기되어야 할 상황이었다. 며칠 지연되리라고 예상한 에르네스토는 마이애미에서 건축학부 졸업을 앞두고 있던 치치나의 사촌 하이메 〈지미〉 로카를 찾아갔다. 로카는 에르네스토 못지않게 빈털터리였지만, 한 스페인 식당과 계약을 맺어 자기 차를 팔아 갚기로 하고 외상으로 식사를 하기로 했다. 에르네스토의 식사도 이제 그의 계산서에 추가되었다.

에르네스토가 타고 갈 비행기 수리가 며칠에서 몇 주로

지연되는 바람에 두 젊은이는 매일 해변에 나가거나 도시를 떠돌아다니며 돈 없이도 가능한 재미있게 지내는 일에 골몰했다. 스페인 식당의 한 친절한 아르헨티나인 웨이터는 그들에게 음식을 추가로 주었고, 어떤 술집에서는 로카의 친구가 공짜 맥주와 감자튀김을 슬쩍 건네주기도 했다. 스카프 구입을 위해 치치나에게서 받은 15달러를 에르네스토가 여전히 가지고 있음을 안 로카는 그 돈을 써버리자고 설득하려 했지만 에르네스토는 완강히 거부했다. 치치나가 그와의 관계를 끊었을지언정 그는 단호히 자신의 약속을 지키려 했고, 로카의 애원에도 불구하고 밖으로 나가 치치나의 스카프를 샀다.*

마침내 로카는 용돈이라도 벌라며 자신이 알고 지내던 쿠바 항공사 여승무원의 아파트를 청소하는 일을 에르네스토에게 주선해 주었다. 그러나 그것은 재난에 가까운 일이 되었다. 에르네스토는 일머리가 전혀 없었다. 일해 놓은 꼬락서니를 본 승무원은 로카에게 에르네스토를 더 이상 보내지 말라고 말했다. 그녀의 말에 따르면, 에르네스토는 아파트를 청소하기는커녕 이전보다 훨씬 더 더럽게 만들어 놓았던 것이다. 이 사건에도 불구하고 그 승무원은 에르네스토에게 끌렸고, 그가 식당에서 접시 닦는 임시직 일자리를 얻도록 도와주었다.

마침내 에르네스토는 미국에 있었다. 그가 여행하는 동

---

* 페페 아길라르에 따르면, 에르네스토는 여행에서 돌아온 후 치치나를 다시 보려고 하지 않았지만 스카프는 보내 주었다.

안 라틴 아메리카에 대한 착취를 목도하며 무거운 마음을 가눌 수 없게 했던 바로 그 〈북쪽 나라〉에 마침내 발을 디딘 것이었다. 나중에 그가 부에노스아이레스에서 친구들에게 한 말에 비추어 보면, 미국 땅에서 그가 본 것은 그의 부정적인 선입관을 더욱 굳히는 계기가 되었다. 그는 흑인들에 대한 백인 인종주의와 관련된 사건들을 직접 목격했고, 미국 경찰들로부터 그의 정치적 신념에 관해 심문을 받았다고 말했다. 그러나 로카는 에르네스토에게서 언젠가 라틴 아메리카 빈민들을 위한 저소득자용 주택 공급의 〈필요성〉에 관한 말을 들은 기억밖에는 없다고 회상했다. 로카는 그들이 정치에 관해서는 대화하지 않고 오로지 노는 데만 열중했다고 말했다.

6장
〈나는 예전의 내가 아니다〉

1

에르네스토는 아르헨티나로 돌아왔다. 하지만 그가 없는 사이에 아르헨티나는 많이 변해 있었다. 그가 부에노스 아이레스에 도착하기 닷새 전에, 에비타 페론은 33세의 나이에 암으로 쓰러졌다.

장례식이 유례없을 정도로 대중이 슬퍼하는 가운데 치러졌고, 그녀의 유해는 영구 방부 처리되기 전에 2주 동안 공개 안치되었다. 자유의 여신상보다 더 큰 기념비를 세우려는 계획도 진행되고 있었다. 그것은 교황이 그녀에게 공식적으로 시성(諡聖)하기를 바랐던 추종자들의 기대에 걸맞은 것이었다. 측근들은 비밀 이야기를 수군거리고 적들은 음모를 꾸미는 가운데, 그녀를 잃은 슬픔에 잠긴 남편 후안 도밍고 페론은 대통령으로서의 임무를 계속 수행했다. 아르헨티나 정치는 여느 때와 마찬가지로 돌아가고 있었지만, 주변 사람들에게 페론은 젊은 부인이 죽은 이후 강건함을 잃은 채 방황하는 것처럼 보였다.

한편 에르네스토는 그 나름대로 극적인 나날을 보내고 있었다. 그 당시 박사 학위를 취득하기 위해서는 30개 과목에서 시험을 통과해야 했다. 그는 그라나도와 떠나기 전에 16개 시험을 통과해 놓고 있었다. 그러나 그가 다음 학기에 학위를 취득하고자 한다면 5월까지 14개 시험을 더 통과할 필요가 있었다.

허비할 시간이 없었다. 첫 시험이 11월로 잡혀 있었기 때문이다. 그는 베아트리스 고모의 아파트, 때로는 파라과이 가에 있는 아버지의 작업실에서 책에 둘러싸인 채 맹렬하게 공부하기 시작했다. 집에는 가끔씩 식사 때에만 들르는 정도였다. 공부에 대한 압박감에도 불구하고 그는 알레르기 병원에도 시간을 할애했다. 피사니 박사는 그의 귀환을 기뻐했다.

또 에르네스토는 여행 일기를 추려 『여행 노트』를 씀으로써 방금 마친 여행을 정리하기 시작했다. 그는 여행이 자신을 변화시켰다고 판단했다. 〈이 노트들을 쓴 자는 아르헨티나 땅에 다시 발을 들여놓는 순간 죽었다. 그 내용을 수정하고 다듬는 사람인 《나》는 내가 아니다. 적어도 나는 예전의 내가 아니다. 우리 《아메리카》를 두루 떠돈 바로 그 방랑이 생각 이상으로 나를 변화시켰다.〉

집에서는 변한 게 별로 없었다. 아버지는 여전히 건축과 부동산 임대 일을 힘들게 꾸려 나갔다. 아라오스 가의 넋 나간 여왕벌이었던 어머니는 혼자 카드놀이를 하며 이제 아홉 살로 초등학교에 다니던 후안 마르틴을 돌보고 있었다. 로베르토는 고등학교를 마치고 군 복무를 하고 있었고, 셀리아와 아나 마리아는 모두 부에노스아이레스 대학에서 건축을 공부하고 있었다. 어머니 셀리아의 살롱은 늘 어났다. 몇몇 새로운 인물들이 게바라의 패거리에 참여했다. 아나 마리아는 건축학부 학생 친구들과 스터디 그룹을 만들었다. 그 가운데 페르난도 차베스와 카를로스 리노가 있었고, 이들 모두 마리아의 눈길을 끌기 위해 경쟁하고 있었다. 마리아는 리노와 데이트를 하고 있었지만, 결혼은 결국 차베스와 하게 된다. 게바라 가족은 에르네스토가 집에 와서 기뻤고, 그가 방랑벽을 접고 부에노스아이레스에 정착하여 의사나 알레르기 연구자가 되기를 희망했다.

1952년 11월에 에르네스토는 첫 시험을 치를 예정이었다. 그런데 시험이 한창 진행되는 중에 그는 심하게 앓게 된다. 이번에는 천식 때문이 아니라 병든 인간 내장에 노출되어 걸린 신열 때문이었다. 피사니는 연구 목적으로 인간 내장을 갈도록 설계된 특수한 기계를 얻어 놓고 있었는데, 그 기계를 한번 써보고 싶어서 안달이 난 에르네스토가 의학교수에게서 감염된 인체 유해 약간을 얻어 보호 장구도 착용하지 않은 채 그것을 갈은 것이다. 그런 연후에 그는 매우 높은 열과 함께 아프기 시작하여 결국 침대에 몸 겨누웠다. 아버지가 침대에 몸겨누운 그를 발견했다. 에르네스토의 병세가 시시각각 더 나빠지는 것을 보고 놀란 게바라 린치는 피사니 박사에게 전화를 하자고 했지만, 에르네스토는 아버지를 말렸다. 시간이 조금 흘렀다. 아버지는 아들을 옆에서 간호하며 기다렸다. 〈갑자기 에르네스토가 나에게 신호를 보냈다. 내가 가까이 다가가자 에르네스토는 나에게 병원에 전화를 걸어 당장 심장 자극제를 갖다 달라고 하고, 피사니 박사에게도 전화를 해달라고 말했다.〉

게바라 린치는 사태가 심각하다고 느끼고 전화를 걸었다. 몇 분 만에 병원 간호사와 피사니가 도착했다. 피사니가 에르네스토 곁에 혼자 몇 시간 동안 머물며 그의 병세를 관찰했다. 떠나기 전에 피사니는 가족에게 이러저러한 약을 사오라고 말한 뒤, 에르네스토에게는 절대 안정을 권했다. 온 가족이 괴로워하면서 밤을 지새웠다. 하지만 이는 게바라 가족이 에르네스토의 경솔함 때문에 오랫동안 겪어 온 수많은 사건들 중 단지 한 사례에 불과했다.

게바라 린치는 이렇게 회상했다. 〈아침 6시쯤에 에르네스토의 상태가 매우 좋아졌고, 놀랍게도 아들이 옷을 입기 시작했다. 나는 아무 말도 하지 않았다. 그 아이가 고집불통이라는 건 알았지만, 나는 에르네스토가 밖에 나가려고 옷을 챙겨 입는 모습을 바라보다가 결국엔《너, 뭐 하려는 거냐?》라고 물었다. 「시험이 있잖아요. 시험관들이 아침 8시에 도착해요.」나는《만용을 부리지 마라》라고 말했다. 「네가 시험을 칠 수 없다는 걸 몰라?」순간 그 아이를 말리려는 어떤 말도 소용없었다. 에르네스토는 그날 시험을 치겠다고 이미 결심한 상태였고 그것을 해야 했다. 그리고 결

국 시험을 쳤다.〉

에르네스토는 11월에 세 개의 시험을 통과하고 다음 달에는 열 개를 더 통과했다. 이제 그에게 남은 것은 4월에 치를 시험 하나뿐이었고, 이것만 통과하면 의학 학위를 취득하여 베네수엘라로 돌아갈 수 있었다. 그사이 에르네스토는 피사니 병원에서 하는 연구에 가능한 한 많은 시간을 할애했다. 그는 이 연구가 흥미로웠다. 알레르기로 고생하는 실제 환자들의 병상(病狀)에 자기 자신을 적용시켜 볼 수 있었을 뿐만 아니라 실험실에서 그들의 원인을 격리하여 치료제를 찾기 위한 시도도 해볼 수 있었기 때문이었다.

피사니는 기회가 닿는 대로 그를 격려해 주었고, 몇몇 경우 연구 결과를 발표하면서 그의 공로를 인정해 주기도 했다. 일례로 과학 계간지인 『알레르히아』의 1951년 11월 ~1952년 2월 호에 발표된 「오렌지 추출물 주사를 통한 기니피그 꽃가루 민감화」라는 연구 논문에는 공저자로 다른 여러 사람과 함께 피사니 박사와 에르네스토의 이름이 올라 있었다.

1953년 4월 11일, 에르네스토는 최종 시험을 치렀다. 게바라 린치는 그날을 이렇게 기억했다. 〈작업실에 있을 때 전화벨이 울렸다. 수화기를 든 순간 바로 그 아이의 목소리임을 알아차릴 수 있었다. 수화기에서 이런 말이 흘러나왔다. 「에르네스토 게바라 데 라 세르나 박사입니다.」 그 아이는 박사라는 단어를 유난히 힘주어 말했다.〉

〈말할 수 없이 기뻤다〉고 게바라 린치는 말했다. 〈하지만 기쁨은 오래가지 않았다. 그 아이가 박사 학위를 따고 졸업했다는 사실을 알게 되자마자, 에르네스토는 새로운 여행 계획을 공표했다. 이번에 그 아이와 함께할 사람은 오랜 죽마고우 카를로스《칼리카》페레르였다.》

언젠가 에르네스토가 칼리카에게 다음 여행에는 데려가겠다고 약속한 적이 있었고, 의대를 중퇴한 칼리카는 에르네스토가 돌아오기를 학수고대하고 있었다. 이제 그 여행이 현실화되고 있었고, 그들은 곧바로 여행 준비를 시작했다. 칼리카는 이렇게 기억했다. 「우리는 우리가 아는 모든 연고 관계를 점검해 보았습니다. 볼리비아를 거쳐 가기로 결정했죠. 에르네스토가 거기의 잉카 유적을 방문하고 싶어 했기 때문입니다. 그는 잉카 유적에 관해 공부했고, 많은 것을 알고 있었습니다. 그래서 우리의 다음 목적지는 마추픽추가 되었습니다.」

그들은 좀 더 장기적인 계획에 대해서도 논의했다. 에르네스토는 인도에 가겠다는 말을 했고, 멋진 인생에 관심이 더 많았던 칼리카는 파리를 거니는 자신의 모습을 상상했다. 옷을 잘 차려입고 예쁜 여자들과 팔짱을 낀 채 칵테일 파티에 참석하는 모습이었다. 〈내가 기억하는 한, 우리의 목표는 베네수엘라에 도착하여 조금, 그러니까 꼭 필요한 만큼만 일한 다음 유럽으로 가는 것이었다〉고 칼리카는 말했다.

그 모든 일을 옆에서 지켜본 게바라 린치는 이렇게 썼다. 〈우리의 환상은 카드로 지은 집처럼 무너졌다. 우리는 무엇이 그 아이를 기다리고 있는지 알았다. 우리는 그것을 잘 알았다. 그 아이는 멀고도 먼 길을 걸을 것이고, 승용차든

트럭이든 닥치는 대로 매달려 갈 것이다. ……에르네스토
는 자신의 천식이나 건강 상태를 조금도 고려하지 않았다.
……우리, 그러니까 그의 부모와 일가붙이들로서는 그 아
이에 관해 어떤 것도 할 수 없었다. ……그는 더 이상 아이
나 청소년이 아니라 에르네스토 게바라 데 라 세르나 박사
였고, 자신이 원하는 모든 것을 했다.〉

에르네스토가 피사니 박사에게 자신이 떠날 거라는 소
식을 알리자 피사니는 그에게 머무르라고 설득하려 했다.
피사니는 에르네스토에게 유급 일자리와 병원 내 아파트
를 제공해 줄 테니 알레르기 연구를 함께 해나가자고 제안
했다. 에르네스토는 거절했다. 이미 마음을 굳힌 상태였다.
그는 피사니처럼 〈정체되고〉 싶지 않았다.

6월에 에르네스토는 자신의 박사 학위증 사본을 얻었
고, 며칠 후에는 스물다섯 번째 생일을 맞이했다. 직함을
손에 쥐고 정식으로 공인된 만큼 그는 이제 진짜 의사였다.
남은 일은 두 사람의 여행을 위한 비자와 충분한 자금을
마련하는 것이었다. 다시 한 번 해결책은 빈대 붙기로 결정
이 났다. 그와 칼리카는 공략 계획을 세웠다. 칼리카는 이
렇게 회상했다. 〈우리는 우선 고모들에게 부탁했다. 우리
의 모든 고모와 할머니들……, 만만해 보이는 모든 사람에
게 돈을 꾸어 달라고 부탁했다. 그리고 우리는 일의 진척
상황에 따라 계산을 했다. 「넌 아무개한테 부탁해 봤니?」
「응, 엄청나게 달라고 했지.」「할머니가 좀 주실 거고, 엄마
도 주실 거야.」〉

곧 에르네스토와 칼리카는 미국 돈 약 300달러에 상당

하는 돈을 모았고, 필요한 모든 비자를 받았다. 단, 베네수엘라는 제외였다. 오일 붐으로 경제가 호황을 구가하자 수천 명의 외국인 구직자들이 베네수엘라로 몰려들고 있었고, 따라서 비자 심사는 엄격했다. 베네수엘라 영사관에 출석했을 때, 두 사람은 돌아가는 표를 가지고 있지 않다는 이유로 비자를 거부당했다.

비록 빈손으로 베네수엘라 영사관 문을 나왔지만, 에르네스토는 칼리카에게 여행 도중에 다른 나라에서 비자를 받게 될 테니 걱정하지 말라고 말했다. 한편 그는 그 사건을 자기 친구들에게는 우스꽝스러운 일화로 바꾸어 말했다. 티타 인판테에게는 그것이 모두 단순한 오해였다고 말했다. 자기가 천식 발작을 일으켜 얼굴이 일그러졌는데, 영사가 그만 이것을 화난 것으로 오해하고는 자기 안전에 위협을 느꼈다는 것이었다.

1953년 7월이었다. 칼리카는 여행의 〈경제학자〉에 임명되었다. 즉 그가 돈을 지니기로 한 것이다. 칼리카의 어머니가 그의 속옷에 돈주머니를 바늘로 기워 만들어 주었고, 에르네스토는 그것을 보고는 즉각 〈정조대〉라고 이름 붙였다. 그들은 7월 7일, 벨그라노 역에서 출발하는 볼리비아 행 기차 2등석 표를 샀다. 출발 준비가 다 되었다.

많은 가족과 친구들이 북새통을 이루며 역에 모여 그들을 배웅했다. 에르네스토는 동생 로베르토가 선물로 준 군 작업복을 입었다. 그들은 여느 때처럼 과도하게 많은 짐을 질질 끌고 다녔고, 에르네스토는 여행용 옷가지보다 훨씬 더 많은 책을 꾸려 넣은 상태였다.

그들은 인디오들과 이들의 보따리로 가득 찬 2등칸의 긴 나무 의자에 자리를 잡았다. 두 젊은이는 불현듯 같은 기차를 타고 가는 초라한 승객들과 그들 자신의 잘 차려입은 친척과 친구들 사이의 확연한 대조를 고통스럽게 확인했다. 마지막 순간에 배웅하는 사람들이 지나치게 많은 선물과 음식을 바리바리 싸서 그들 손에 억지로 쥐여 주었다. 칼리카의 어머니는 케이크를 주었고, 또 다른 누군가는 사탕 꾸러미를 주었다.

플랫폼에서 지켜보던 셀리아 게바라 데 라 세르나가 갑자기 로베르토의 약혼녀인 마틸드의 손을 움켜쥐고는 쓸쓸하게 〈내 아들이 떠나고 있어, 다시는 그 아이를 보지 못할 거야〉라고 말했다. 차장의 호루라기 소리와 함께 기차가 움직여 역을 빠져나가기 시작했다. 모두가 손을 흔들며 큰 소리로 그들에게 안녕을 고했다.

열차가 서서히 빠져나가기 시작했을 때, 한 사람이 군중속에서 벗어나 에르네스토와 칼리카가 자리를 잡은 칸 옆으로 뛰어왔다. 에르네스토의 어머니 셀리아였다. 그녀는 허공에 대고 손수건을 흔들고 또 흔들었다. 그녀는 아무 말도 하지 않았지만 눈물이 그녀의 뺨을 타고 흘러내렸다. 그녀는 플랫폼이 끝나는 자리까지 열차를 따라 달리다가 더 이상 달리지 못했고, 열차는 이내 떠나 버렸다.

7장
〈어느 길이 북쪽인지도 모른 채〉

1

　　의학 박사이자 노련한 방랑자인 에르네스토 게바라는 다시 길을 떠났다. 그는 〈다시 한 번Otra vez〉이라고 제목을 단 새 일기장*에 이렇게 썼다. 〈이번에는 알베르토 대신 칼리카로 공모자의 이름이 바뀌었지만, 여정은 똑같다. 두 개

---

* 게바라 인생의 그다음 3년을 기록한 이 미출판 일기는 그의 사후에 미망인인 알레이다 마르치가 발견하여 옮겨 적었다. 몇 군데 드문드문 발췌된 부분을 제외하면 그 내용 전체가 공개된 적은 일체 없었지만, 그녀는 원고 전체를 저자가 활용할 수 있도록 해주었다. 그것은 여러 개의 성적인 그림들로 채워진 단락들을 제외하고는 외관상 대체로 생략되지 않은 것이다. 마르치는 고인이 된 남편의 〈이미지〉를 지키기 위해 그 단락들을 삭제했음을 인정하고 있다.

7장 〈어느 길이 북쪽인지도 모른 채〉　237

의 사방으로 뻗친 의지가 자신들이 무엇을 추구하는지, 어느 길이 북쪽인지도 정확히 모른 채 아메리카를 관통하여 뻗어나간다.〉

에르네스토의 기차가 그리 멀리 가지 못했을 때, 사촌 마리오 사라비아는 놀라운 사실을 발견했다. 자신이 머무르고 있던 게바라 집으로 돌아왔을 때, 그는 자신의 실크 셔츠 세 벌이 없어진 것을 알았다. 사라비아는 에르네스토가 가져갔을 거라고 의심하며 이 사실을 에르네스토의 어머니 셀리아에게 말했다. 셀리아는 놀라며 말했다. 「아니, 그 아이가 설마 그걸 가져갔으려고?」 사라비아는 에르네스토에게 편지를 써서 셔츠를 가져갔냐고 물어보았다. 에르네스토는 자기가 가져갔노라는 답장을 보내왔다. 사라비아에게 셔츠를 잘 썼으니 걱정하지 말라고 했다. 그 셔츠들을 팔았고, 그 돈으로 〈보름 동안 먹고 잘〉 수 있었다고 했다. 이에 대한 보복으로 사라비아는 에르네스토가 잘 보관해 달라고 부탁했던 소중한 현미경을 팔아서 그 돈을 〈휴가〉 가는 데 썼다고 거짓 답장을 보냈다.

두 친구는 라키아카라는 칙칙한 국경 검문소에서 3일을 지체한 후 기차를 타고 볼리비아로 들어가는 여행을 계속했다. 그러나 칼리카의 고집으로 그들은 이제 1등석 침대칸에서 여행했다.

이틀 후 그들은 차가운 갈색의 알티플라노Altiplano 고원 지대에서 내려와 거대한 천연 분화구 안으로 들어갔다. 그곳은 라파스 시가 일종의 실험적인 달 식민지처럼 햇볕을 가릴 나무 한 그루 없이 그대로 자신을 드러낸 상태로 우글우글 웅크려 있는 곳이었다.

주변 환경은 더욱 인상적이었다. 도시의 먼 가장자리에서는 그 도시를 둘러싼 분화구의 선명한 선이 기이한 지형의 침식된 불모지, 즉 돌칼처럼 위로 돌출한 온 계곡의 거대한 흰색 석순들 속으로 갈라져 들어갔다. 위로는 땅이 급경사를 이루며 치솟은 높은 암석과 빙하의 얼음 쪽으로 기어 올라가 일리마니 산의 청색과 흰색 분화구를 이루고 있었다.

에르네스토는 완전히 매혹되었다. 그는 열광하며 일기에 〈라파스는 아메리카의 상하이다〉라고 썼다. 〈온갖 국적의 돈 많은 모험가들이 다채로운 빛깔을 드러내는 메스티소 도시에 하릴없이 모여들어 번성하고 있다.〉

에르네스토와 칼리카는 즉각 그 도시를 파악하는 일에 착수했다. 두 사람은 〈시티〉라는 이름을 가진 초라한 호텔에 여장을 푼 뒤, 색색의 옷을 입은 인디오와 무장 자경단원들로 가득 찬 가파른 자갈 포장도로들을 탐험하기 시작했다. 이제 그들은 라틴 아메리카에서 가장 인디오적이고 가장 빈곤한 나라, 악명 높은 착취의 역사를 가진 혁명 볼리비아에 있었다. 한 줌의 지배 가문이 볼리비아의 주 수입원인 주석 광산과 소출이 많은 비옥한 농토를 악착같이 통제하면서 엄청난 부를 축적하는 동안, 대다수 토착 원주민은 수 세기 동안 농노와 다름없는 상태로 비참하게 살아오고 있었다.

이제 그런 상태가 전복된 듯했다. 민족혁명운동당MNR이 1년 전에 군중 폭동으로 정권을 잡은 이래 군대를 해산하고 광산들을 국유화했다. 뜨거운 논쟁의 대상이었던 농지개혁법이 몇 주 안에 효력을 발휘할 예정이었다. 그러나 볼리비아는 여전히 불안정한 상태였다. 많은 정치 세력들이 반목하면서 정권의 안정을 위협하고 있었다. 농촌에서는 성마른 소농들이 사유 대농장들을 공격함으로써 토지개혁 문제를 힘으로 밀어붙이고 있었고, 새로 조직된 독립 노동조합 연맹인 볼리비아노동총연맹COB이 이끄는 광부들은 정부로부터 더 많은 양보를 끌어내기 위해 가두시위로 힘을 과시했다.

무장한 민병대들이 거리를 어슬렁거렸고, 해산 군대의 불평분자들이 역쿠데타를 일으킬 거라는 소문이 나돌았다. 1월에 이미 한 차례의 음모가 진압된 적이 있었다. 바로 그 무렵 공산주의자들이 권력을 노동자들에게 완전히 이양할 것을 요구하는 가운데 민족혁명운동당 연립 정권 내 우익과 좌익 분파들이 대립되는 의제를 추구했고, 빅토르 파스 에스텐소로 대통령을 포함한 중도파는 공산주의자들과 로스케로rosquero라 불리는 지방 과두제 양자 모두를 고립시키는 중도 노선을 추구했다.

에르네스토와 칼리카는 도심을 어슬렁거리다가 기차 여행 중에 만났던 한 젊은 아르헨티나인과 마주쳤다. 그는 자기 아버지 이사이아스 노게스를 방문하던 중이었다. 저명한 정치인에다가 투쿠만 주(州) 출신의 설탕 공장 사장이었던 노게스는 당시 페론에 반대하다가 추방당한 상태였다. 서로 소개를 하고 나니까 노게스가 에르네스토뿐만 아니라 칼리카의 가족과 잘 아는 사이라는 사실이 드러났다. 그래서 노게스는 칼리카와 에르네스토를 자기 집 저녁 식사에 초대했다.

　노게스의 집에서 두 사람은 정성 들인 아르헨티나 아사도* 파티에 참석하여 라파스에 거주하던 아르헨티나인 망명자 집단 중 다른 사람들을 만났다. 에르네스토가 보기에 자신들을 초대한 주인은 일리마니 산의 〈8월의 평온함〉을 연상시키는 귀족이었다. 〈아르헨티나에서 추방된 그는 망명자촌의 중심이고, 이들에게 그는 지도자이자 친구다. 그의 정치사상은 요즘 같은 세상에는 좀 낡은 것이었지만, 그는 우리의 호전적인 지구에 휩쓸아친 프롤레타리아트의 대폭풍과는 무관하게 자기 사상을 지키고 있다. 그는 상대방이 아르헨티나인이기만 하면 그 사람이 누구인지와 왜 왔는지를 불문하고 우호적인 손길을 내민다. 그리고 그가 지닌 8월의 평온함은 우리 같은 불쌍한 인간들에게 아버지 같은 영원한 보호막을 쳐준다.〉

　두 사람은 또한 유럽에서 화려한 생활을 하다가 막 돌아와 노게스를 만나러 온 그의 플레이보이 형제 〈고보〉라는 사람도 만났다. 씀씀이가 헤프고 발이 넓은 한량인 고보는 에르네스토와 칼리카에게 자기 〈친구〉 그리스 선박왕 아리스토텔레스 오나시스의 결혼식 초대장을 보여 주었다. 고보는 두 젊은 여행자를 좋아했고, 이들에게 라파스의 술집과 레스토랑들을 두루 구경시켜 주었다. 그와 함께 그들은 아르헨티나인 소유의 카바레인 〈가요 데 오로(황금 수

---

* 쇠고기에 소금을 뿌려 숯불에 구운 아르헨티나의 전통 요리 — 옮긴이주.

닭〉〉를 찾아냈다. 이곳은 정치인, 망명객, 모험가들이 술을 매개로 라파스의 한량 집단과 어울리는 곳이었다. 에르네스토와 칼리카는 이곳을 곧 정기적으로 드나들게 되었고, 여기서 도로에서 떼 지어 몰려다니는 사람들과는 다른 볼리비아인들을 볼 수 있었다. 언젠가 설사에 시달리던 에르네스토는 가요 데 오로의 남자 화장실로 황급히 달려갔다가 몇 분 후 돌아와서는 칼리카에게 충격받은 목소리로 방금 전에 안에서 코카인을 흡입하는 두 남자를 보았다고 말했다.

그들이 드나들던 또 한 곳은 호텔 라파스의 테라스였다. 그곳에서 아르헨티나 망명객들은 술과 커피를 마시며 아르헨티나의 정치와 볼리비아 혁명에 대해 토론하며 시간을 보냈다. 테라스는 새의 둥지처럼 그 나라의 움직임을 살피기 좋은 자리에 있었다. 매일 정부에 대해 이러저러한 요구를 외쳐 대며 대통령궁을 향해 행진하는 인디오들의 행렬이 한눈에 들어왔다.

에르네스토와 칼리카에게 그곳은 다른 면에서도 쓸모 있음이 드러났다. 어느 날 거리의 사람들을 바라보던 중에 칼리카는 두 명의 예쁜 젊은 여자를 발견하고 테라스에서 과감히 뛰어내렸다. 둘 중 한 명을 데리고 올라올 수 있지 않을까 하는 생각에서였다. 젊은 여자들은 한 늙은 남자와 함께 있었다. 이 남자는 베네수엘라 대사관 무관으로서 〈호화로운 유배〉 생활을 하고 있던 라미레스라는 이름의 베네수엘라 장군이었다. 칼리카의 뻔뻔스러운 의도에도 불구하고 장군은 호의를 보이며 그를 술자리에 초대했다. 얼마 안 있어, 칼리카는 라미레스로부터 예전에 거부당했던 두 사람의 베네수엘라 비자를 주겠다는 약속을 받아 냈다.

여성과 사귀려는 에르네스토의 열망은 일기 형식의 산문 속에 뜬금없이 삽입되어 있다. 〈시골 처녀처럼 순진하고 숨김없는 라파스는 자신의 인공적 경이를 자랑스럽게 보여 준다.〉 그러나 며칠 후 그는 가망성 있어 보이는 살아 있는 진짜 여성을 만났다.

그녀는 수도 밖으로 수 킬로미터까지 뻗은 땅을 소유한 토지 귀족 가문의 부유한 딸인 마르타 피니야였다. 에르네스토는 라미레스와 같이 있던 어느 날 저녁 그녀를 만났다. 그동안 라미레스는 에르네스토와 칼리카가 비자를 얻도록 도와주고 시내를 돌아다니며 그들과 놀아 주던 터였다. 칼리카도 그 자리에 동행했다. 그는 라미레스와 처음으로 조우하던 날 만났던 소녀들 가운데 한 명과 연인 사이가 되어 있었다. 7월 22일, 칼리카는 운수가 대통한 데 한껏 들떠 어머니에게 신이 나서 편지를 썼다. 일이 술술 풀리고 있었다. 노게스 덕택에 그들은 우중충한 호텔에서 빠져나올 수 있었고, 이제 부유한 아르헨티나인 가정집에서 하숙인으로 보살핌을 받고 있었다. 그들은 〈대단히 사교적인 생활〉을 하고 있었다.

〈라파스 최고의 명사들이 우리를 점심 식사에 초대했어요.……그들은 우리를 자동차에 태워 도시를 구경시켜 주었고 파티에도 초대했습니다. ……또 한 아르헨티나인이 소유한 나이트클럽인 가요 데 오로에도 갔고요. 그들은 우리가 돈을 내도록 내버려 두지 않았어요. 이곳의 모든 아르헨티나인들은 잘 뭉쳐 있고, 우리에게 굉장히 친절합니다. 수크레와 호텔 라파스의 차와 식사는 언제나 끝내주게 맛있어요. ……오늘 오후에는 한 쌍의 부유한 아가씨들과 차를 마시고 저녁에는 춤을 추러 갈 거예요.〉

그 도시의 하류 인생과 〈상류 인생〉 사이를 끊임없이 오가면서, 그들의 삶은 정신 분열증을 앓듯이 분열되어 있었다. 에르네스토는 볼리비아 혁명의 내막을 좀 더 들여다보고 싶어 했다. 그러면서도 그들은 라파스의 엘리트들과 사회적 친분을 돈독히 하고 있었다. 일어나고 있는 변화의 천적인 그들과 말이다. 이를테면 부유한 마르타 가문은 곧 통과될 예정인 토지개혁 법안에 의해 자신들의 땅을 몰수당할 처지에 놓여 있었다.

두 사람이 혁명적 상황의 볼리비아에서 나타난 불안정한 사회 구조를 누비고 다님에 따라 소소한 사건들이 일어났다. 어느 날 밤 그들이 가요 데 오로에서 돌아올 때, 도시 곳곳을 돌아다니던 인디오 순찰대가 총구를 들이대며 그들의 차를 세웠다. 칼리카는 이렇게 회상했다. 「그들은 우리를 내리게 하고는 신분증을 요구했습니다. 그런데 약간 취했던 고보가 그들 중 한 명에게 〈어이 인디오, 그 엽총 치워, 꿩 잡는 데나 쓰라고〉라고 말하더군요.」

칼리카는 부유한 백인 친구들의 인종주의적 태도를 무비판적으로 따라했지만, 에르네스토는 자신이 목격한 장면을 깊이 반추했다. 〈이른바 《좋은 사람들》, 교양 있는 사람들은 벌어지는 사건들에 깜짝 놀라고 인디오와 촐로가 중요한 존재로 부각되는 상황을 저주한다. 하지만 정부의 몇 가지 조치와 더불어 모든 사람 속에서 민족주의적 열정이 불꽃처럼 일어나고 있음을 느낄 수 있다. ……세 주석 광산 지배층의 권력으로 상징되는 현 상태를 끝낼 필요성은 아무도 부정하지 않으며, 젊은 사람들은 그것이 인간과 재산의 평등을 확대하기 위한 투쟁에서 중요한 일보였다고 믿는다.〉

일주일로 예정되었던 에르네스토의 체류 기간은 늘어나기 시작하고 있었고, 그와 칼리카의 가용 자금도 늘어나고 있었다. 에르네스토는 7월 22일에 아버지에게 이렇게 썼다. 〈여기 머물 수 없다는 게 좀 아쉬워요. 이곳은 매우 흥미로운 나라이고, 터지기 일보 직전의 순간을 겪고 있기 때문이에요. 8월 2일에 농지개혁 법안이 통과되는데, 나라 전역에서 소동과 싸움이 일어날 것으로 예상되고 있어요. 우리는 모제르총과 기관단총으로 무장한 사람들의 놀라운 행렬을 봐왔어요. 그들은 이 총들을 장난삼아 발사했지요. 매일 총소리가 들리고, 소형 화기로 인한 사상자가 발생하고 있어요.

정부는 농민 대중과 광부들을 억제하거나 지도할 능력이 거의 없어 보여요. 하지만 정부도 식물인간처럼 가만히 있지만은 않아요. 야당인 팔랑헤당이 무장봉기를 일으킨다면 정부는 틀림없이 민족혁명운동당 편에 설 겁니다. 여기서는 인명이 별로 중요하지 않고, 목숨을 살리고 빼앗는 일이 그리 대수롭지 않게 일어납니다. 이런 모든 점 때문에 중립적 관찰자 입장에서 이 나라는 대단히 흥미로운 상황

을 연출하고 있습니다.〉

에르네스토는 떠날 거라는 인상을 주면서도, 실제로는
8월 2일에 무슨 일이 일어날지 보기 위해 머무를 계획을 세
우고 있었다. 그는 역사적 사건을 목격하고 싶었다. 아마
도 그 현장은 무척 소란스러울 터였다. 한편 그와 칼리카
는 노게스의 모든 저녁 식사 초대를 활용하여 배를 채우려
고 했다. 칼리카는 자기 어머니에게 이렇게 썼다. 〈에르네
스토가 얼마나 먹어 대는지 마치 일주일은 굶은 것 같아
요. 아주 유명합니다.〉 에르네스토의 왕성한 식욕에 고보
는 에르네스토가 앉은자리에서 얼마나 먹을 수 있는지 내
기를 걸었고, 그들 모두가 다음 목적지로 잡고 있던 리마에
서 다시 만나면, 아주 많이 먹는 손님에게는 음식을 공짜로
주는 식당에 에르네스토와 칼리카를 데려가겠다고 약속했
다. 그는 〈아르헨티나 민족의 이 자랑스러운 모범을 보여
준다면〉 자신에게 큰 기쁨이 될 거라고 선언했다.

이렇게 노게스의 집에서 저녁 시간을 보내던 어느 날, 그
들은 아르헨티나인 변호사 리카르도 로호를 만났다. 머리
가 벗겨지기 시작하고 코밑수염을 기른, 키 크고 살집 좋은
로호는 스물아홉 살밖에 안 되었지만 이미 능란한 정치 베
테랑이었다. 야당인 급진시민연합 소속의 반페론주의자였
던 로호는 부에노스아이레스에서 테러 혐의로 구금되었다
가 최근에 경찰서 유치장에서 도망쳐 나온 상태였다.

그는 과테말라 대사관에 피신해 있다가 과테말라 좌익
정부 대통령 하코보 아르벤스가 제공한 여행증명서로 칠
레로 날아온 터였다. 그는 라파스로 와서 게바라나 다른

모든 아르헨티나인들처럼 으레 이사이아스 노게스의 집을 찾아갔다. 로호는 최근 자신이 벌인 영웅적 활약을 자랑하며 그가 안전한 곳으로 도피해 날아온 이야기가 실린 『라이프』지의 기사 내용을 가지고 다녔다. 그는 볼리비아에서 페루로 간 다음 과테말라를 거쳐 마지막으로 미국으로 갈 계획이었다.

노게스의 집에서 로호도 게바라의 〈야만적인〉 식성을 목격했고, 게바라가 주로 고고학에 대해 말했기 때문에 그가 의사라는 사실에 놀랐다. 「게바라의 첫 인상은 그리 특별하지 않았습니다. 그는 다른 사람들의 대화를 듣는 쪽을 좋아해서 별로 말을 하지 않았어요. 그런데 그는 갑자기 애교 띤 미소와 면도날 같은 촌평으로 다른 사람들의 말을 잘라먹곤 했습니다.」

그것은 그들의 공통된 특징이었다. 로호 역시 신랄한 위트와 날카로운 말투를 지니고 있었고, 게바라만큼이나 논쟁을 즐겼다. 처음 만난 그날 밤, 그들은 에르네스토의 호스텔로 함께 걸어가며 이야기를 나누었다. 로호에 따르면, 그들은 〈돈에 쪼들리는 젊은 대학생이라는 사실 말고는 아무런 공통점이 없었음에도 불구하고 친구가 되었다. 내가 고고학에 관심이 없었듯이 그는 정치에 관심이 없었다. 적어도 정치가 당시 내게 의미 있었고 에르네스토에게는 나중에 의미 있게 된다는 점을 생각하지 않는다면 말이다〉.

이 우연한 만남 이후, 두 사람은 다시 만나기로 약속했다. 놀랍게도 로호는 약방의 감초 같은 인물이 되어 그다음 10년 동안 게바라의 삶에 등장했다가 사라지기를 반복했다.*

에르네스토는 반혁명 봉기의 조짐이 있다는 소문이 나
돈 8월 2일에 라파스에 있고 싶은 마음이 굴뚝같았지만,
악명 높은 볼리비아 광산들의 상태를 직접 보고 싶은 생
각도 간절했다. 그래서 그 결정적인 날에 현장에 없게 된
다는 것을 의미함에도 불구하고 그와 칼리카는 라파스 인
근 볼사네그라 텅스텐 광산을 방문하기로 결정했다. 해발
5,000미터가 넘는 곳에 위치한 그 광산은 일리마니 산의
자갈 비탈과 얼음 뒤로 숨어 있었다. 광산 기술자들은 방
문객들에게 혁명 이전 파업 중에 회사 경비원들이 기관총
을 설치해 놓고 광부와 그들의 가족에게 발포했던 곳을 보
여 주었다. 이제 광부들이 승리하여 볼사네그라 광산은 국
가에 귀속되어 있었다. 추키카마타에서 그랬듯이 여기서
도 에르네스토는 자신이 본 광경에 깊은 감명을 받았다.
〈광산의 침묵이 그 언어를 모르는 우리 같은 사람도 무겁
게 짓눌렀다.〉

에르네스토와 칼리카는 광산에서 하룻밤을 보냈다. 그
러고 나서 라파스로 떠나려고 준비하던 순간, 그들은 여러
대의 트럭에 나누어 탄 광부들을 만났다. 이들은 농업 개혁
법을 지지하는 무력시위를 하러 라파스에 갔다가 돌아오
는 길이었다. 그들은 손에 든 총을 하늘을 향해 쏘아 댔다.
〈무표정한 얼굴에 빨간색 플라스틱 헬멧을 쓴〉 그들은 에
르네스토에게 〈딴 세상에서 온 전사들〉처럼 보였다. 결국

* 자세한 설명은 부록 참조.

에르네스토와 칼리카는 수도에서 큰 소요 없이 하루가 지나갔다는 것을 알았다.

에르네스토에게 광산 방문은 가치 있는 일이었다. 그는 다시 한 번 라틴 아메리카가 미국에 종속되어 있다는 확연한 증거를 직접 목격했다. 그는 볼사네그라의 광석에 대해 이렇게 썼다. 〈오늘날 그것은 볼리비아를 지탱해 주는 유일한 것이다. 그것은 미국인들이 구매하는 광물이고, 이 때문에 볼리비아 정부는 생산 증대를 주문해 왔다.〉 바로 여기에 이미 광산 국유화 딜레마에 빠져 있던 칠레에 대해 했던 것과 똑같은 그의 예측을 뒷받침해 주는 증거가 있었다. 미국이 광물 수출 시장을 통제하는 한, 진정한 독립은 불가능했다.

볼리비아의 혁명 정부도 그 점을 잘 알고 있었고, 이미 미국의 새 아이젠하워 행정부로부터 개혁을 신중히 진행하라는 압력을 강하게 받고 있었다. 그리고 볼리비아 정부는 이 충고를 충실히 따랐다. 승리를 쟁취한 민족혁명운동 혁명이 세 개의 가장 큰 주석 재벌의 광산들만 몰수하는 데 그쳤던 것이다. 더욱이 미국이 볼리비아 광물의 주된 구매자였고, 판매 가격도 좌우했다는 점에서 볼리비아는 미국에 여전히 종속적이었다. 제2차 세계 대전 동안 미국은 낮은 가격으로 거대한 양의 주석을 매입했고, 이렇게 매입한 주석을 여분의 비축분으로 보관해 두었다. 그리고 이제 그 비축분을 매각함으로써 주석의 세계 가격을 지배할 수 있게 되었다.

볼리비아 혁명이 직면한 위험은 경제적 압력만이 아니

었다. 아이젠하워가 집권한 이래 미국은 해외에서 〈소련의 공산주의적 팽창주의〉를 봉쇄하기 위해 공세적인 정책을 폈다. 1953년 여름에 볼리비아 대통령 파스 에스텐소로는 워싱턴의 심기를 건드리면 자국 정부가 어떤 어려움에 처하게 될지를 바로 이웃 나라에서 실례로 확인할 수 있었다.

공산주의 쪽으로 기울어졌다는 혐의를 받은 과테말라 좌익 성향 정부는 영향력 있는 유나이티드프루트 사의 과테말라 내 사업체를 국유화했던 1952년의 농업 개혁 법안 때문에 워싱턴으로부터 점점 더 강력한 공격을 받고 있었다. 보복을 하고 싶었던 유나이티드프루트 사는 이미 고위층, 특히 아이젠하워 행정부 안에 영향력 있는 친구들이 있다는 것을 보여 주고 있었다.

세계는 새로운 문턱에 도달하고 있었다. 소련에서는 3월에 이오시프 스탈린이 죽었다. 그러나 서방과 관련해서는 냉전이 수그러들 기미가 전혀 없었다. 소련은 미국과의 전략적인 군비 균형을 달성하기 위해 세계 최초의 수소폭탄 개발에 마지막 박차를 가하고 있었고, 결국 8월 12일에 이 폭탄의 폭파 시험을 하게 된다.

한국에서는 중국군과 유엔군이 양측의 전쟁 포로를 교환하는 와중에도 막바지 유혈 전투를 벌였다. 하지만 300만 명에 이르는 민간인의 목숨을 앗아 갔던 3년간의 분쟁이 이제 정전 협정으로 종결되었다. 7월 27일에 조인된 정전 협정으로 폐허로 변한 한반도에서는 분단이 고착되었다. 이제 동과 서 사이에 적대적 경계선이 하나 더 생겼고, 점점 더 분열되던 세계에 일촉즉발의 새 인화점이 추가 되었다.

워싱턴이 〈안전하다〉고 여기던 나라인 쿠바에서는 게바라의 삶에 곧 심대한 의미를 띠게 될 사건이 일어나고 있었다. 7월 26일, 일단의 젊은 무장봉기자들이 군사 독재자 풀헨시오 바티스타에 대항한 전국적 반란의 불꽃을 일으키기 위해 동부의 산티아고 시에 있던 몬카다 병영을 공격하여 일시적으로 함락시켰다.

몬카다 전투에서 정부군 병사는 19명이 살해된 반면 반군 사망자는 8명에 불과했다. 하지만 그 후 정부군은 반군을 추적하여 피의 학살을 벌였다. 바티스타는 그 반란을 〈공산주의자들〉과 연결 지으려 했지만, 쿠바 공산당은 그 봉기를 〈부르주아적 반란〉으로 규정하며 자신들은 전혀 개입되지 않았다고 주장했다. 69명의 젊은 반란자들이 체포되어 즉결 처형되거나 고문 끝에 죽었다. 교회가 사태 중재에 나섰고, 이후 나머지 생존자들은 체포되어 구금되었다. 여기에는 당시 반란을 주도한 스물여섯 살의 학생 지도자 피델 카스트로와 그의 동생 라울도 들어 있었다.

2

혁명적 상황의 라파스로 돌아온 에르네스토와 칼리카는 새로 만들어진 농민부를 방문하여 뉴플로 차베스 장관을 만났다. 장관의 임무는 선포된 농업 개혁법을 집행하는 것이었다. 에르네스토는 그 부서가 〈접견실 입장 차례를 기다리는 다양한 알티플라노 인디오 집단들로 가득 찬 이상한 곳〉이라고 생각했다. 〈각 집단은 고유 의상을 입었고, 각각 고유한 토착 언어를 쓰는 카우디요, 즉 대장의 명령에 따랐다. 직원들은 그들이 들어설 때 DDT를 뿌렸다.〉

이 광경을 보고 에르네스토는 분개했다. 그것은 혁명 지도자들과 이들이 대표한다고 생각된 일반 대중 사이에 문화적 경계가 여전히 존재한다는 것을 뜻했기 때문이다. 칼리카가 보기에 DDT 살포에는 충분한 이유가 있었다. 인디오들은 〈더럽고 이가 들끓었으며, 농민부의 카펫과 커튼은 그런 해충들로부터 보호되어야 했다〉. 그 후 그와 에르네스토는 거리에서 머리에 허연 먼지를 뒤집어쓴 인디오를 보기만 하면, 서로를 쳐다보며 〈저 봐, 뉴플로로 차베스와 함께 있었군〉 하고 말하곤 했다.

이제 에르네스토와 칼리카가 라파스에 머문 지 근 한 달이 지나고 있었다. 그들은 가용 자금의 절반을 소비했고, 베네수엘라로 가는 비자를 갖고 있었다. 다시 길 위에 나설 때가 되었지만, 두 사람은 쉽사리 떠날 수가 없었다. 마침내 그들은 떠나기로 합의했고, 에르네스토는 이에 대해 이렇게 썼다. 〈우리 각자는 남겨둘 애정 관계가 있었다. 나의 작별 인사는 달콤한 말보다는 이성적인 것에 더 가까웠지만, 나는 우리, 그러니까 그녀와 나 사이에 무언가 있다고 믿는다.〉 한편 칼리카는 자신이 사랑에 빠졌다고 믿었고, 카라카스에 익숙해진 다음에 자신의 새로운 애인을 찾아 라파스로 돌아오겠다는 약속을 했다.

에르네스토와 칼리카는 티티카카 호수에 잠시 들른 다음 페루 국경에 도착했다. 푸노라는 국경 마을의 세관에서 에르네스토의 책 때문에 실랑이가 벌어졌다. 〈그들은 두 권의 책을 압수했다. 한 권은 『소련의 인간』이었고, 또 한 권은 농민부 장관이 쓴 책이었다. 이 출판물은 선동적이고 폭로적인 논조로 쓰인 극좌적인 책으로 취급받았다.〉 그러나 〈재미있는 이야기를 나눈〉 이후 경찰서장은 그들을 풀어 주며 에르네스토에게 책을 리마로 보낼 테니 거기서 돌려받으라고 말했다.

그들은 푸노에서 쿠스코로 여행했다. 에르네스토는 다시 와서 기뻤지만, 칼리카는 이상할 정도로 그 역사적인 장소에 감흥을 받지 않았다. 칼리카는 자기 어머니에게 그곳이 흥미로운 도시이기는 하지만 〈상상할 수 있는 수준에서 가장 더러운 곳〉이며 너무나 불결해서 〈목욕을 하지 않으면 견딜 수 없을 정도〉라고 썼다. 그러나 그는 체류한 지 8일 만에 농담조로 어머니에게 〈엘 찬초는 한 번 목욕을 했는데, 그것도 단지 건강을 위해 상호 합의하에 했다〉고 말했다.

며칠 후 더러움과 불편함에 대해 칼리카가 하도 불평해 대는 바람에 에르네스토는 짜증이 났다. 그는 8월 22일 셀리아에게 쓴 편지에서 불만을 토로했다. 〈알베르토는 잃어버린 제국을 되찾기 위해 풀밭에 드러누워 잉카의 공주들과 결혼하겠다고 했습니다. 칼리카는 불결한 것을 저주합니다. 거리에 널린 수많은 똥덩어리 쪽으로 발걸음을 옮길 때마다 공중에 지은 신전과 하늘은 보지 않고 자신의 더러운 신발만 봐요. 그는 쿠스코의 감동적인 신비는 냄새 맡지 않고 대신 스튜와 똥 냄새만 맡습니다. 기질적으로 그런

것 같아요. 칼리카가 이 도시를 너무나 싫어해서 빨리 떠나려고 합니다.〉

자신의 미래에 관해서는 베네수엘라에서 〈일이 어떻게 풀릴지 몰라〉 불확실하다고 어머니에게 말했다. 더 먼 미래에 관해서는 베네수엘라에서 저축하기로 계획했던 금액인 〈미국 돈 1만 달러〉를 어떻게 해서든 벌어 보리라는 꿈을 아직 가지고 있다고 말했다. 〈그리고 알베르토와 함께 새로운 여행을 할 계획인데, 이번에는 남북 방향으로 아마 헬리콥터를 타고 하게 될지도 모르겠습니다. 유럽을 여행한 다음, 그다음에는 모르겠네요.〉 달리 말해 모든 것이 가능했다.

여전히 미국인 관광객들로 우글거렸지만, 그럼에도 여전히 에르네스토의 마음을 사로잡은 마추픽추로 우회한 다음, 두 사람은 리마로 가는 3일간의 피곤하기 이를 데 없는 버스 여행을 시작했다. 한 휴게소에서 잠시 장난치며 쉴 여유가 생기자, 그들은 아방카이 강의 차가운 물에서 수영하기 위해 언덕 비탈을 기어 내려갔다. 에르네스토는 홀딱 벗은 채로 물속으로 솟구쳐 오르내리며 도로 쪽에서 놀란 표정을 짓고 있던 여성들에게 손 흔드는 일을 특별히 즐거워했다. 지칠 대로 지친 상태에서 리마에 도착한 그들은 한 호텔에 투숙하여 〈마치 다람쥐처럼〉 긴 잠을 잤다.

9월 4일 에르네스토는 부에노스아이레스에서 〈엄청난 양의 편지〉가 와 있기를 기대했지만 아버지에게서 온 단 한 통밖에 없었다고 불평하며 아버지에게 편지를 썼다. 〈저의 작은 도움이 시급히 필요할 정도로 경제적 어려움이 그리 심하지 않다는 소식을 듣게 되어 다행입니다. 모두의 소식을 듣게 되어 기뻐요. ……하지만 사정이 나빠지면 좀 서두르라고 말해 주는 걸 잊지 마세요.〉

확실히 그는 가족을 돕기 위해 돈 버는 일자리를 얻어야 한다는 압박감을 느끼고 있었고, 모든 일이 잘되고 있다는 아버지의 말에 마음이 잠시 편해졌다. 같은 편지에서 에르네스토는 어머니가 편지를 보내지 않아 섭섭하다는 말을 전해 달라고 했다. 그는 어머니에게 혼자서 카드 게임을 하려고 앉을 때마다 그 게임 중독을 〈치료〉하기 위한 방법으로 그에게 편지를 써보라고 제안했다.

리마에서 칼리카는 마침내 자기가 원하던 바를 찾았다. 그는 9월 8일 어머니에게 보낸 편지에서 〈나는 이 도시가 아주 마음에 듭니다. 현대적이고, 깨끗하고, 모든 편의 시설을 갖춘 멋진 도시예요〉라고 말했다. 그들은 극진한 대접을 받았고, 기아 나병원에서 에르네스토의 친구들과 페세 박사를 만났다. 페세 박사는 두 사람이 식사를 해결할 수 있을 대학 구내식당과 더운 물이 나오는 깨끗한 하숙집을 찾도록 도와주었다. 그리고 두 사람은 고보 노게스와도 재회했다. 칼리카는 들뜬 심정을 가감없이 드러냈다. 〈고보는 우리를 사교계에 소개시켜 주었어요. 우리는 정말로 훌륭하고 엄청나게 비싼 컨트리클럽에서 두 번이나 식사를 했습니다. 당연한 말이지만, 이 사교계 사람들은 우리가 돈을 내지 않게 해주었고, 우리는 그란 호텔 볼리바르[리마에서 가장 비싼 호텔]에 여러 번 가보았어요.〉

칼리카와는 달리 에르네스토는 초연한 금욕주의자의

비판적인 시선으로 리마를 바라보고 있었다. 〈내 생각에, 내부를 웅장한 것들로 가득 채우고 있는 이 도시의 교회들은 외적으로는 쿠스코 사원들처럼 장중한 엄숙함을 보여 주는 데에는 이르지 못한다. ……그 성당은 스페인의 용맹한 전사들이 타락하여 사치와 안락함에 빠져든 이행기에 지어진 것으로 보인다.〉처음으로 〈혁명적인〉〈3D〉영화를 보러 영화관에 가서도 그는 아무런 인상을 받지 않았다. 〈그것은 어떤 면에서도 혁명으로 보이지 않는다. 영화는 여전히 달라진 게 아무것도 없다.〉

에르네스토는 페세 박사를 수차례 만나, 다시 한 번 〈장시간 동안 다양한 주제에 관해 친숙한 토론〉을 즐겼다. 그러나 이후 그와 칼리카는 구금되어 심문을 받았고, 페루 형사들은 그들이 묵고 있던 호텔 방을 난장판으로 만들었다. 아마 형사들이 두 사람을 〈현상 수배된 유괴범〉으로 오인한 것 같았다. 사건은 정리되었지만 그 후 에르네스토는 경찰이 여전히 자기들을 감시한다는 점을 고려하여 페세와 더 이상 접촉하지 않기로 결심했다. 그는 페세 박사에게나 자신들에게 더 이상 문제를 일으키고 싶지 않았다.

에르네스토는 경찰과의 작은 충돌이 단순한 신원 착오에서 생긴 문제라고 확신할 수 없었다. 볼리비아 국경에서 그의 〈붉은〉 문건이 압수되는 소동이 있기도 했거니와, 또 그와 칼리카의 이름이 아마 요주의 인물로 파일에 올라 있을 것 같기도 했다. 또 여전히 권력을 쥔 페루의 독재자 마누엘 오드리아는 볼리비아의 좌익 혁명이 에르네스토가 칼리카에게 표현한 대로 〈그의 닭장을 오염시킬〉지도 모른다고 우려할 게 틀림없었다. 이런 상황에서 에르네스토 는 페루 당국자들이 그들을 공산주의자 페세 박사와 부적 절하게 연결시킬 어떤 상황도 원하지 않았다. 또 그는 압수 된 책들을 돌려받겠다는 희망도 접었다. 그들의 리마 체류 를 더 복잡하게 만들 뿐이라고 판단했기 때문이었다.

9월 17일, 에르네스토는 어머니의 편지를 받았다. 그들 이 에콰도르에 도착하면 그 나라 대통령이 〈숙식을 제공하〉도록 자신이 주선해 두었다는 내용이었다. 다음 날 홍 분한 칼리카는 이 멋진 소식을 전하기 위해 자기 어머니에 게 편지를 썼다. 그는 환희에 차서 자신과 에르네스토가 이 제 〈멋진 곳에서 먹고 자는 광경〉을 기대할 수 있게 되었다 고 자랑했다.

또 그들은 망명한 아르헨티나인 친구 리카르도 로호를 다시 우연히 마주쳤다. 로호는 파나마 행 배를 탈 계획으 로 과야킬로 가는 중이었다. 두 사람도 과야킬을 방문할 예정이었기 때문에, 로호는 과야킬의 한 하숙집 이름을 알 려 주고는 거기서 자기를 찾으라고 했다.

3

에르네스토가 다시 천식으로 고생하는 가운데 두 사람 은 버스를 타고 페루 해안을 거슬러 올라가는 여행을 했 다. 9월 28일 에콰도르에 들어선 이후 우아키야스라는 국 경 마을에서 배편을 기다리며 에르네스토는 〈하루 여행을 망친 것〉을 불평했지만 〈칼리카는 맥주를 마시며 즐겼다〉.

그들은 과야킬 만으로 흘러드는 강을 따라 보트로 하루 밤낮을 이동하고 늪지 삼각주를 지나 고온다습한 열대 항구 도시 과야킬에 도달했다. 부두에는 리카르도 로호와 아르헨티나의 라플라타 대학에서 온 세 명의 법학생 친구들이 마중 나와 있었다. 그들은 에르네스토 일행을 자신들이 머무르던 하숙집으로 데려갔다. 로호와 동행한 이들은 에두아르도 〈괄로〉 가르시아, 오스카르 〈발도〉 발도비노스, 안드로 〈페티소〉 에레로였다. 로호와 마찬가지로 그들 역시 과테말라로 향하면서 도중에 약간의 모험을 해보려는 참이었다.

그들의 하숙집은 킨타 파레하라는 황폐한 지구에 자리 잡은 식민지 시대의 낡고 쓰러져 가는 저택이었다. 저택에는 그 앞을 흐르는 과야스 강의 진흙투성이 둑에 카누 선착장이 딸려 있었고 저택의 큰 방들은 자동차 선적용 나무 상자들을 이용해 작은 공간들로 조각조각 나뉘는 과정에 있었다. 에르네스토와 칼리카가 도착했을 때에는, 안으로 들어갈수록 내부 공간이 좁아지더니 갑자기 나타난 동굴 같은 방에 다른 네 사람이 있었다.

하숙집의 곤궁한 주인은 마리아 루이사라는 마음씨 좋은 여자였다. 누구든 그녀의 낡은 집에서 살다 보면 어려운 시기를 겪고 있는 크고 무질서한 가족의 일원이 되는 것 같았다. 마리아 루이사는 그곳을 자기 어머니인 아그리피나 — 현관의 해먹 위에서 끝없이 담배를 피워 대며 하루를 보내는 쭈그렁 할멈 — 와 남편 알레산데르와 함께 운영했다. 이 남편이라는 사람도 원래는 손님이었지만 빚이 너무 커져서 그만 마리아 루이사와 결혼하지 않을 수 없게 되었다고 했다.

결국 두 사람은 벨라스코 이바라 대통령을 방문하기 위해 키토로 갈 필요가 없게 되었다. 에르네스토와 칼리카는 그 나라의 대통령이 과야킬을 방문하고 있다는 것을 알고는 옷을 차려입고 그의 개인 비서에게 매달렸다. 10월 21일, 에르네스토는 어머니에게 편지를 써서 그 비서와 만난 이야기를 비웃는 듯한 투로 알려 주었다. 〈그 비서는 나에게 벨라스코 이바라를 만날 수 없을 거라고 하면서, 내가 그에게 생생하게 표현해 준 비참한 경제 상황이 살아가면서 겪는 굴곡들 중 하나라고 말했어요. 그러고는 철학적인 어조로 이렇게 덧붙였어요. 「인생에는 좋을 때가 있으면 나쁠 때도 있기 마련이라네. 당신들은 그런 나쁜 시기를 겪고 있는 거야. 용기를 가지라고, 용기를.」〉 에르네스토와 칼리카는 원래 있던 곳으로 사실상 빈털터리로 돌아갔다. 그들을 따라갔던 다른 네 사람도 마찬가지였다. 그러는 중에 그들이 마리아 루이사에 진 빚이 눈덩이처럼 불어나고 있었다. 그들은 자금을 한데 모아 에르네스토의 주도하에 엄격하게 관리하기 시작했다. 칼리카가 〈정조대〉를 차고 여행을 시작했을지언정, 여행 과정에서 누가 더 알뜰한 사람인가는 너무나 명확히 판명된 마당이었다. 에르네스토는 〈절대 절약〉이라는 슬로건을 내걸었다. 그는 이따금 바나나를 사 먹으며 자신이 내건 공약을 어겼지만 실상 그것은 그 당시에 그가 먹은 음식의 전부였다.

10월 중순에 리카르도 로호와 오스카르 발도비노스는

유나이티드프루트 사 소유의 배로 파나마를 향해 떠났다. 다른 사람들은 다음번에 구할 수 있는 배로 따라가야 할 상황이었다. 에르네스토와 칼리카는 한동안 괄로 가르시아 및 안드로 에레로와 함께 머물렀다. 남은 일행은 베네수엘라로 떠날 생각은 아직 하지 않은 채 동지애를 느끼며 다음으로 움직일 곳을 숙고했다. 그러는 동안 에르네스토는 과야킬을 돌아다녔다.

하숙집에서 그는 새로운 친구들과 체스를 하고 대화를 나누었다. 그들은 모두 자신들의 가족과 과거의 일, 그리고 미래의 희망을 이야기하며 아르헨티나에 대한 향수에 젖어 있었다. 에르네스토는 다른 사람들에게 자신을 〈찬초〉라 부르라 했고, 천식은 나아졌다.

8장
북의 발견

1

과야킬에서 에르네스토의 마음을 사로잡는 것은 아무 것도 없었다. 그가 보기에 과야킬은 〈매일 일상적으로 들고 나는 배들이 사건의 전부인 자체의 생명력을 찾아보기 힘든 무늬만 도시〉였다.

하지만 그는 떠나지 않았다. 그는 오도 가도 못하는 새로운 친구들의 가난을 함께 나누고 얼마 안 되는 푼돈을 세어 가며 빈둥거렸다. 그는 안드로 에레로에게 이전에는 이러한 무조건적인 동료애를 느껴본 적이 전혀 없었다고 고백했다. 이런 동료애 아래에서 모두가 아무런 걱정 없이 가진 것을 나누고 공통의 문제에 직면하면서도 세상의 모든 것에 관해 토론했다. 그가 이전에 그런 동료애를 가장 가깝게 느꼈던 순간은 럭비를 할 때였다. 동료 선수들은 좋은 〈친구들〉이었고, 함께 술 마시러 나가기에 더할 나위 없이 좋았지만, 진짜로 친한 친구는 하나도 없었고, 그곳을 벗어나면 유대 관계가 끝났다. 가장 가까운 친구는 알베르토이고 칼리카는 어린 시절부터 알고 지낸 〈좋은 녀석〉이긴 하지만 사실 이 친구들과는 아무런 공통점이 없다고 에르네스토는 말했다.

에르네스토는 안드로에게 진정한 동료애가 늘 자신을 비껴갔다고 말했다. 그는 늘 그러한 감정을 갈망했지만 언제나 제각각이었고 외부인들로 들끓는 가족 안에서는 그런 기분을 느낄 수 없었다. 그는 자기 어머니에 대해 많은 이야기를 했다. 안드로가 보기에 에르네스토는 어머니에게 각별한 감정을 느끼고 있었다. 하지만 그는 자기 어머니가 시를 비롯해 잡다한 형식의 문학과 〈레즈비언으로 추정되는〉 여자들에 둘러싸여 있었다고 불쑥 말하기도 했다. 그보다 몇 살 연상이었던 안드로는 에르네스토가 그런 식으로 자신의 소외감을 드러내고 있다고 생각했다. 그는 본능적으로 에르네스토가 애정을 절실히 필요로 하는 사랑스러운 젊은이라고 느꼈다.

〈게바라는 매우 특별한 친구였다〉라고 안드로는 회상했다. 「때때로 그는 불쾌하게 느껴질 정도로 무표정한 얼굴을 했습니다. 하지만 그것은 천식 때문이었죠. 숨을 쉬려고 애쓰는 과정에서 표정이 일그러지는 거였습니다. 이 때문에 다른 사람들에게 불쾌해 보일 수는 있었을 것 같습니다. 하지만 그런 다음에는 표정이 누그러지고 눈가에 주름을 지으며 웃는 얼굴을 보였습니다.」

에르네스토의 극심한 천식 발작에 새로운 동행자들은 충격을 받았고 가능한 한 그를 도와주려 했다. 「밤에 게바라 때문에 잠에서 깬 기억이 있습니다. 그날 밤 게바라는 천식 약을 집으려고 애썼지만 잡을 힘조차 없어서 우리 중 한 사람이 가져다주어야 했습니다.」

새롭게 맛보는 우애로운 분위기를 즐기면서도, 에르네스토는 다음에 무얼 해야 할지 혼란스러워하며 갈피를 잡지 못했다. 그에게는 이미 준비된 길이 있었다. 그는 부에노스아이레스를 떠나기 전에 알베르토 그라나도에게서 그가 일하던 나병원에 일자리를 마련해 두었다는 편지를 받았었다. 그곳으로 가기 위한 돈이라면 알베르토가 빌려 줄 것이므로 걱정할 게 없었다. 에르네스토는 그곳에 가야 할 동기도 충분히 느끼고 있었다. 그는 안드로에게 자기 어머니를 파리에 보내 특별한 치료를 받게 할 수 있도록 많은 돈을 벌고 싶다고 말했다. 그는 어머니가 여전히 암을 앓고 있지 않을까 걱정했고, 그녀가 최상의 의료진으로부터 치료받기를 원했다.

어느 날, 팔로 가르시아가 그와 안드로에게 함께 과테말라로 가자고 무심히 제안했을 때 그의 딜레마는 해결되었다. 그들은 새로운 것, 즉 미국의 힘에 도전했다가 지금은 생존을 위해 분투하고 있는 좌익 혁명을 보기 위해 과테말라로 떠나기로 했다. 과테말라 혁명의 결과는 한 편의 드라마처럼 라틴 아메리카의 미래를 결정할 수도 있었다. 에르네스토는 이전 계획을 포기하고 모든 약속을 창밖으로 내던지며 가르시아의 제안을 받아들였다.

과테말라로 가기로 결정한 것과 실제 그곳으로 가는 것은 별개였다. 에르네스토와 그의 친구들에게는 과야킬을 떠나는 일부터가 쉽지 않은 일이었다. 그들은 파나마 행 비자가 필요했고, 또 비자를 위해서는 다음 출국을 위한 승선권을 갖고 있어야 했다.

하지만 빈털터리였던 그들은 배표를 구할 수가 없었다. 그들을 공짜로 태워 주면서 파나마 당국자들에게 그들을 보증해 줄 마음씨 좋은 선장이라도 만나야 할 판이었다. 이것은 터무니없는 주문이었고, 그들도 이 점을 알고 있었다. 하지만, 그들은 개의치 않고 선착장을 배회하기 시작했다. 그들의 시도는 실패로 돌아갔고 돈 한 푼 제대로 쓰지 못하는 지루한 날들이 속절없이 흘러갔다.

에르네스토는 기항하는 아르헨티나 고철선의 승무원들과 사귀었다. 그것은 1951년에 안나G 호에서 승무원으로 일했던 추억을 떠올리게 했다. 그는 몇 차례 고철선에 올라 와인과 함께 음식을 먹은 다음 하숙집으로 돌아와 미국산 담배와 마테 차가 든 짐을 풀어 놓았다. 그 배에 타고 있던 한 아르헨티나 외교관이 에르네스토의 가족을 알고 있었다. 그는 에르네스토에게 뜻밖의 고향 소식을 알려 주었다. 에델미라 무레 데 라 세르나 이모가 최근에 죽었다는 소식이었다. 에르네스토는 최근 가족들에게 쓴 편지에서 특징적으로 나타나기 시작한, 매정해 보일 정도로 무뚝뚝한 어조로 삼촌과 사촌들에게 위로 편지를 보냈다. 〈이 같은 상황에서 희망의 말을 전한다는 것은 어려운 일이고, 저에게는 더욱더 그래요. 왜냐하면 저는 저 나름의 인생관 때문에 에델미라에게 그녀의 마지막 몇 년 동안 그렇게 도움이 되었던 종교적 위안조차 건넬 수 없으니까요.〉

여러 날이 흘렀다. 움직이고 싶어 안달이 난 칼리카가 인내심의 한계를 드러내며 에콰도르의 수도인 키토까지 그 먼 길을 혼자 가기로 결정했다. 에르네스토는 며칠 더 머물기로 하고, 만약 상황이 호전되지 않으면 키토의 칼리카에게 기다리라고 전보를 친 다음 함께 카라카스까지 가기로 했다. 그런데 칼리카가 떠나고 며칠 지나지 않아, 에르네스토 일행은 과요스 호의 선장이 그들에게 파나마로부터 출국할 승선권을 보증하는 가짜 편지를 써준 덕택에 비자를 얻었다. 그러나 에르네스토가 칼리카에게 그를 기다리지 말라고 전보를 치자마자 과요스 호의 항해 날짜가 〈무기한〉 연기되었다.

그사이 에르네스토의 천식이 재발했고, 구토와 설사를 야기하는 약 때문에 그의 상태는 더욱 악화되었다. 게다가 에르네스토와 그의 친구들은 마리아 루이사의 하숙집에 큰 빚을 지고 있었고, 빚은 날이 갈수록 불어났다. 그들은 돈을 지불하지 않고 도망칠 방법을 궁리했지만, 현관에 떡 버티고 있는 아그리피나를 피해 갈 수 없다는 것을 알고는 이 계획을 폐기했다. 그들은 각자의 소지품들을 팔기 시작했다.

10월 22일, 에르네스토는 어머니에게 자신이 〈완전히 빈털터리 무전 여행꾼〉이 되었다고 알리는 편지를 썼다.

그는 어머니에게 과테말라로 갈 예정이라면서 그녀가 송별 선물로 준 새 정장을 팔아 치웠다고 말했다. 〈어머니의 고귀한 꿈은 전당포에서 장렬하게 전사했어요. 그리고 제 여행 가방 속에 있는 불필요한 모든 것들도 똑같은 운명을 맞았어요.〉 그는 아끼던 사진기마저 팔려고 결심했지만, 구매자가 나타났을 때 〈재산 욕구의 부르주아적 잔재〉가 그를 주저하게 만들었다. 며칠 후 에르네스토는 일기장에 절망적인 어조로 이렇게 적었다. 〈팔 물건이 사실상 아무것도 남지 않았다. 우리의 상황은 정말 위태롭다. 우리는 수중에 한 푼도 없고, 빚은 500, 아니 아마 1,000수크레는 될 것이다. 이게 우리가 처한 상황이다.〉

안드로가 해결책을 찾았다. 안드로가 부채에 대한 보증인으로 남고 나머지 사람들은 그에게 돈을 보내 그가 떠나서 자신들과 합류할 수 있도록 해주기로 했다. 에르네스토는 이 계획에 반대했다. 결국 자신이 신참자이고 만약 누군가가 남아야 한다면 그건 바로 자신이라는 것이었다. 그러나 안드로는 단호했다. 그리고 문제는 쉽게 해결되었다. 훔볼트 호텔에서 식품 구매 일을 하는 안드로의 친구가 안드로가 남아서 자신을 위해 일해 주는 대가로 빚 대부분을 갚아 주겠다고 했던 것이다.

(결국 안드로는 그의 동료들과 다시는 합류하지 못했고, 에콰도르에서 몇 달 동안 다양한 종류의 괴상한 일자리를 전전해야 했다. 그 가운데는 서커스단에서 〈인간 포탄〉 역할을 하는 것도 있었다. 칼리카는 카라카스에서 알베르토를 만나 일자리를 얻었다. 그는 거의 10년간을 베네수엘라에서 살다가 고향으로 돌아

갔다. 이때 이후 칼리카는 물론 안드로도 다시는 에르네스토를 보지 못하게 된다.)

이제 두 사람이 떠날 차례였다. 며칠 더 지체한 후에 과요스 호가 출항할 태세를 갖추었다. 에르네스토는 내부에 접이식 나무틀을 갖춘 선원용 더플백을 안드로에게 주고 그 대가로 그의 모든 책을 넣을 수 있는 더 큰 여행 가방을 얻었다.

10월 31일에 안드로는 코코넛이 쌓여 있는 부두에서 에르네스토와 괄로를 배웅했다. 이 작별에 대해 에르네스토는 냉정한 어조로 설명했다. 〈늘 그렇듯 이별의 순간은 차갑고 언제나 바라는 대로 되지 않는다. 그런 순간에는 사람들이 속에 있는 감정을 표현하지 못한다.〉

하지만 그 순간에 대한 안드로의 기억은 전혀 다르다. 그는 보통 때는 과묵했던 에르네스토가 자신이 우정을 얼마나 소중하게 생각하는지를 말하며 〈어린아이처럼 울었다〉고 기억하고 있다. 안드로는 이러한 감정 표현에 감동을 받아 스스로의 기분을 못 이긴 나머지 과요스 호가 출항하기 전에 부두를 떠났다.

2

에르네스토가 탄 배가 북쪽으로 중앙아메리카를 향해 가고 있을 때, 그는 자신이 〈진정한 의미의 나라라고는 없고〉, 교대로 등장해 온 독재자들이 소유한 〈사유 농장들〉만 있는 지역에 들어서고 있다는 것을 알았다. 오래전에 에르네스토가 좋아하는 시인 파블로 네루다는 「유나이티드 프루트 사」라는 시를 써 그 회사가 자행하던 착취를 비난하고, 그 회사가 현지의 충직한 폭군들을 통치자로 내세워 수많은 종속적 〈바나나 공화국들〉을 창출했다고 고발한 바 있었다. 네루다는 그것을 〈파리들의 전제적 지배〉라고 불렀다. 〈트루히요 파리, 타초 파리, 카리아스, 마르티네스, 우비코라 불리는 파리들…… 파리들의 피비린내 나는 영토.〉

실제로, 1953년에 과테말라를 제외한 중앙아메리카 지협에 있는 한 무리의 후진적 농업국들은 모두 미국이 지배하는 〈바나나 공화국들〉이었다. 북아메리카 대륙과 남아메리카 대륙을 연결하는 잘록한 땅에 위치한 파나마는 50년 전에 미국 대통령 시어도어 루스벨트가 새로 건설한 파나마 운하에 대한 미국의 통제를 확실히 하기 위해 인위적으로 세운 이래로 명목상의 주권만을 가까스로 유지했다. 증대하는 민족적 감정을 도외시하며 미국은 그 나라를 양분하고 운하 지구에 대한 사법권을 보유했다. 미국은 그곳을 자국 군대로 채워 넣고 파나마의 경제와 정치 생활에 압도적인 영향력을 행사했다.

니카라과는 1930년대 이래 부패한 장군 아나스타시오 〈타초〉 소모사 가르시아에 의해 통치되어 왔다. 수년 동안 계속된 내전과 〈질서 회복〉을 명분으로 삼은 미 해병의 반복된 침입을 끝내기 위한 회담이 진행되던 동안 소모사가 민족주의 게릴라 지도자 아우구스토 세사르 산디노의 암살을 명령한 이후로, 소모사의 통치는 배신행위에 의해 보증되었다. 확고한 반공주의자였던 소모사는 워싱턴에 친구가 많았고, CIA는 소모사의 강력한 요구에 따라 과테말라의 개량주의 혁명에 적의를 드러냈다.

비슷하게, 작은 엘살바도르는 커피 재배 과두제의 손아귀에 꽉 쥐어 있었다. 20년 전 공산주의자들의 영향하에 일어난 농민 봉기가 3만 명의 목숨을 대가로 진압된 이래 연속하여 나타난 군사 통치자들이 엘살바도르를 운영해 오고 있었고, 그곳 농민 대다수의 생활은 여전히 봉건적이었다. 인접한 국가 온두라스는 포장된 도로조차 거의 없었을 뿐만 아니라 인구도 희박하고 저개발 상태였다. 등장하는 대통령마다 그 나라에 플랜테이션과 항구, 철도 등을 소유하고 있던 유나이티드프루트 사에 한심할 정도로 종속되어 있었다.

코스타리카는 그 법칙에서 예외적인 존재였다. 코스타리카 역시 유나이티드프루트 사의 숙주 노릇을 하고 있었지만, 호세 〈페페〉 피게레스가 1948년의 개량 혁명을 이끈 이래 코스타리카는 자국에 좀 더 유리한 교역 조건을 얻어 냈다. 그러면서도 코스타리카는 외국 회사들을 몰수하는 일을 자제함으로써 워싱턴의 눈 밖에 나는 상황을 피했다. 〈중앙아메리카의 스위스〉로 칭송받는 코스타리카는 정치적 관용과 온건함의 분위기를 뿜어냈다.

플랜테이션 경제로 조직되어 있고, 아프리카 노예들의 후손인 가난한 흑인들이 인구의 대다수를 차지하고 있는 인근 카리브 해 섬들은 런던과 파리 혹은 헤이그에서 지명된 백인 총독들에 의해 지배되는 식민지 영토들이었다. 이

유럽 열강들은 대륙에도 여전히 식민지들을 영유했다. 유카탄 반도의 작은 영국령 온두라스와 남아메리카의 북쪽 곳에 있는 외딴 가이아나는 네덜란드, 프랑스, 영국의 손아귀에 들어 있었다. 미국도 푸에르토리코를 사실상 합병함으로써 이 제국적 패거리에 합류했다. 반세기 전에 스페인에서 미국의 손으로 넘어간 이후, 푸에르토리코는 바로 한 해 전에 미국의 첫 번째 〈자치령〉이 되었다. 아이티, 도미니카 공화국, 쿠바만 독립 공화국이었지만, 이 세 나라 모두 불안정하고 부패한 통치하에서 침체되어 있었다. 자기중심적이고 사악한 라파엘 트루히요 장군이 1930년대 이래 도미니카 공화국을 통치하고 강탈했다. 검은 아이티에 관해 말하자면, 아이티는 1950년의 군사 쿠데타 이후 정치적으로 불안정했고, 곧 프랑수아 〈파파 독〉 뒤발리에 박사의 끔찍한 통치 아래 들어갔다. 그리고 한 해 전부터 쿠바는 군사 쿠데타로 권력을 장악한 풀헨시오 바티스타 장군의 자의적인 통치 아래 들어갔다.

3

과요스 호가 파나마에 정박했을 때, 에르네스토와 괄로는 싸구려 하숙집을 찾아가 각자 하루에 1달러를 내고 복도에서 잠을 잤다. 그들은 아르헨티나 영사관에서 로호와 발도비노스가 이미 과테말라로 떠났지만 그들에게 편지를 남겨 두었다는 것을 알았다. 그 편지에는 파나마대학생연맹에서 만나 볼 만한 몇몇 사람의 이름이 적혀 있었고, 발도비노스가 파나마 국회의원의 딸인 스물세 살의 루스밀라 오예르와 격렬한 연애 끝에 결혼했다는 놀라운 소식도 들어 있었다.

그들은 홀로 남아 있던 루스밀라를 만났고, 그녀가 〈발도〉와 갑작스럽게 결혼한 것 때문에 오예르 가문에 〈혁명〉이 일어났다는 것을 알았다. 그녀의 아버지는 집을 나갔고, 루스밀라의 어머니는 발도와 만나기를 거부했다. 그 결혼은 완전히 추문 그 자체였다. 오예르의 가족은 발도가 날건달에다가 금품을 노리고 결혼한 사기꾼이라고 비난했다. 에르네스토는 일기에 발도가 신부와 〈섹스를 하거나 추측컨대 진지한 감정조차 나누어〉 보지 않은 채 과테말라로 떠난 것을 비난했다. 발도비노스의 새 신부에 관해서 에르네스토는 〈매우 순진하고, 지적으로 보이지만, 내 취향에 비해서는 지나치게 가톨릭적〉이라고 평가했다.

에르네스토와 괄로는 서두르기 시작했다. 아르헨티나 영사는 협조적이었고, 그들이 접촉했던 대학생들도 그랬다. 그들은 재빨리 학생들 사이에서 친구를 사귀었고, 이베리아와 코카콜라라는 두 카페를 드나들던 시인, 미술가, 정치 활동가 등으로 이루어진 흥미로운 패거리와 친해졌다. 새 친구들은 에르네스토와 괄로가 하숙비를 낼 수 있도록 도와주었고, 여행 기사 몇 편의 기사화를 위해 에르네스토를 잡지 편집인들에게 소개해 주었다. 또한 그 친구들은 에르네스토를 의과대학에도 데리고 가서 그가 알레르기에 관해 강연하도록 주선했다.

에르네스토는 알베르토 그라나도와 함께한 뗏목 모험

에 관해 쓴 기사를 『파나마-아메리카』지에 발표하여 20달러를 받았다. 그러나 마추픽추에 관한 기사와 관련해서는 두드러진 반미 성향 때문에 『시에테』의 편집자들과 〈다투고 있다〉고 그는 일기에 언급했다. 1953년 12월 12일, 결국 『시에테』지에 「마추픽추, 아메리카의 돌에 새겨진 신비」라는 기사가 실렸고, 여기서 에르네스토는 페루의 고고학적 유산을 약탈해 간 양키들을 향해 십자 포화를 퍼부었다. 잉카 제국의 역사와 하이럼 빙엄의 마추픽추 발견에 관해 기술한 후, 그는 이렇게 썼다. 〈여기서 슬픈 부분이 시작된다. 모든 유적은 자신을 애워싸고 있던 울창한 숲을 잃어버리고…… 완벽히 연구, 기술되었으며, 그곳의 모든 물건은 깡그리 강탈당해 연구자들의 손아귀에 들어갔다. 이 연구자들은 값으로 따질 수 없을 정도로 귀한 고고학 보물들을 200상자씩이나 의기양양하게 자기들 나라로 가져갔다. ……사람들이 그 토착 도시의 재보들을 숭배하고 연구하려면 어디로 갈 수 있을까? 대답은 명백하다. 북아메리카의 박물관들로.〉 그가 편집자들과 다툰 것은 놀라운 일이 아니다. 미국이 운영하는 파나마 운하와 미군 기지들이 있는 파나마에서 인쇄되기에는 너무 선동적인 어투였다. 그리고 그의 결론은 그가 새로 품기 시작한 정치적 관점을 드러냈다. 〈그러면 그 잉카 도시에 적당한 두 가지 의미를 부여하는 데 만족하자. 차돌 같은 목소리로 전 대륙을 향해 외치는…… 전사들에게는 《인도아메리카의 시민이여, 과거를 되찾자》라는 의미를, 다른 사람들을 위해서는…… 한 영국인이 자기 제국에 대한 향수를 담아 신랄한 어투로

쓴 호텔 방명록 속에서 적당한 구절을 찾을 수 있다.《코카
콜라 광고가 없는 곳을 찾아오게 되어 행운이다.》〉

에르네스토에게 마추픽추는 자신이 철천지 원수로 여기
게 된 나라에 대한 적개심을 고취하기에 적당한 장소로 보
였던 게 확실하다. 한편 에르네스토는 일기에 자신이 만났
던 사람들의 목록을 정리하고 기술하기 시작했다. 그는 이
들의 인간적 자질뿐만 아니라 그들의 정치적 〈건전성〉에
대해서도 평가했다.

그는 파나마 대학에서 〈카를로스 모레노 박사〉와 만났
던 일을 언급했다. 〈그는 지적인 선동가 같은 인상을 주었
다. 그는 대중의 심리에 대해서는 아는 게 많았지만, 역사
의 변증법에 대해서는 그렇지 않았다. 그는 매우 동정적이
고 친절했으며 우리를 정중히 대해 주었다. 그는 자신이 무
엇을 하고 있는지, 자신이 어디로 가고 있는지를 잘 아는
듯한 인상을 주지만, 혁명에 관해서는 대중을 진정시키는
데 꼭 필요한 정도 이상은 더 나아가지 않을 인물이다.〉

마르크스주의 이데올로기에 대한 모레노 박사의 지식
과 혁명가로서 그가 지닌 잠재적 가치는 에르네스토에게
중요한 것이었다. 이 인물 묘사들에서 그가 사람들을 국경
을 넘어선 혁명의 참여자들로서 그들의 장래 잠재적 용도
에 따라 평가하여 노트에 적어 두었다는 인상을 지울 수 없
다. 마치 그의 미래 프로그램의 희미한 초기 모습이 이미
그의 의식 속에 스며들어 오고 있기라도 한 것처럼 말이다.

에르네스토가 적도 파나마에서 칼을 가는 동안 부에노
스아이레스에서는 게바라 린치가 방랑자 아들을 걱정하느

라 속을 태우고 있었다. 게바라 린치는 과야킬에서 양복을
저당잡혔다는 에르네스토의 편지를 받은 이래 줄곧 분을
삭이지 못했다. 아들 〈게바라 박사〉가 옷을 제대로 갖추어
입어야 한다고 확신했던 게바라 린치는 새 양복을 맞추어
에르네스토에게 보내야겠다고 결심했다.

새 양복과 블레이저코트, 타이를 받았을 때, 에르네스토
는 아버지에게 다음과 같은 내용의 편지를 보냈다. 〈아르
헨티나 옷이라는 게 정말 싸구려군요. 전부 다 쳐서 100달
러밖에 못 받았거든요!〉

11월 말에 에르네스토와 괄로의 경제 사정이 다시 절박
해졌다. 그들이 과테말라에 가기 위해 타려 했던 배는 출항
이 지연되었다. 그들은 육로로 여행을 계속하기로 결정했
지만, 새로운 비자 문제에 다시 부딪혔다. 그는 일기에 이
렇게 썼다. 〈상황이 나쁘다. 코스타리카 영사는 우리에게
비자를 주지 않으려 한다. 한심한 놈이다. 싸움이 힘들어
지고 있다…….〉

이제 루스밀라는 파나마를 떠나 과테말라에서 발도와
결합할 준비가 되어 있었다. 가족들과의 문제가 원만하게
해결되었고, 그녀는 과테말라의 파나마 대사관에서 외교
관 자리를 얻을 수 있기를 희망하고 있었다. 그녀는 떠나
기 전에 에르네스토와 괄로를 도와주러 와서는 그들에게
45달러를 빌려 주었다. 그들은 마침내 코스타리카 비자를
얻어 출발할 수 있었다. 그들은 부채를 갚고 남은 5달러를
주머니에 넣은 채 떠났다. 그러나 그들이 멀리 가기도 전에
다시 사정이 나빠지기 시작했다.

파나마 북부 중간쯤 어딘가에서 그들이 타고 가던 트럭이 고장나 도로를 이탈했다. 그들은 이틀 더 시골 기차를 얻어 타고 걸어서 여행한 끝에 코스타리카 국경을 넘어 태평양을 접한 골피토라는 아름다운 항구에 도착했다. 이 항구는 유나이티드프루트 사가 〈1만 명의 고용인들〉을 위해 건설한 바나나 항구였다. 에르네스토는 자신이 목격한 것을 일기에 이렇게 적었다. 〈도시는 잘 정비된 지구들로 분할되어 있었고, 곳곳에 서 있는 경비원들이 진입을 제지하고 있었다. 물론 가장 좋은 지구는 그링고들이 사는 지구였다. 그곳은 마이애미와 조금 닮았지만 당연히 가난한 사람들은 없었다. 그링고들은 자신들 집의 네 담장과 스스로 형성해 놓은 협소한 사회적 집단에 갇혀 있다〉.

그는 회사 병원을 방문하고 나서 다음과 같은 비판적인 평가를 남겼다. 〈병원은 사람들에게 적절한 의료적 처치를 제공할 수 있을 만큼 안락하다. 하지만 그 회사 직원들의 부류에 따라 제공되는 편익은 매우 다르다. 항상 그렇지만, 그링고들의 계급 정신이 눈에 띈다.〉

다음 날 에르네스토와 괄로는 에르네스토가 〈유명한 파추카(파추코라 불리는 건달들을 실어 나르는)〉라는 별명을 붙인 유나이티드프루트 사의 배를 타고 여행을 시작했다. 그 배의 진짜 이름은 리오그란데였고, 코스타리카의 태평양 연안 푼타레나스 항구로 가는 항해를 했다. 여행의 시작은 아주 순조로웠지만, 몇 시간 만에 바다가 거칠어져 〈라 파추카는 날아가기 시작했다〉.

에르네스토는 이렇게 썼다. 〈괄로를 포함한 거의 모든

승객이 토하기 시작했다. 나는 소코로라는 흑인 여자와 함께 밖에 있었다. 내가 후려 낸 이 여자는 지난 16년 동안 침대에서 같이 뒹굴었던 그 어떤 여자보다 더 음탕했다.〉예전부터 능숙한 뱃사람이었던 에르네스토는 뱃멀미를 하지 않았고 나긋나긋한 소코로와 함께 법석을 떨며 바다에서 이틀을 보냈다. 푼타레나스에 정박한 이후 소코로와 작별한 에르네스토는 괄로와 함께 내륙에 있는 코스타리카의 수도 산호세로 향했다.

맑고 푸른 하늘 아래 완만한 녹색 언덕 위에 둥지를 틀고, 붉은색 타일과 주석 지붕들로 덮인 작은 도시 산호세는 캐러비언 군단의 새 본부였다. 친민주적 지역 정치 동맹인 캐러비언 군단은 이전에 아바나에 근거지를 두고 쿠바의 전직 대통령 카를로스 프리오 소카라스의 후원을 받았었는데, 바티스타의 쿠데타 이후 산호세로 옮겨 온 터였다. 베네수엘라와 도미니카 공화국, 니카라과에서 독재를 피해 온 망명 정치 지도자들이 이제 피게레스 대통령의 지도 하에 음모를 꾸미기 위해 산호세에서 만났다.

페페 피게레스는 라틴 아메리카 정치인으로는 매우 드물게도 워싱턴의 자유주의적 정책 담당자와 보수적 정책 담당자 모두로부터 존중을 받았다. 그 조그마한 나라의 대통령이 이처럼 대단한 일을 해낸 것은 그가 조심스러운 중도적 입장을 견지하면서 정치 개혁을 추진한 덕분이었다. 그는 코스타리카 군대를 해산시켰고 은행을 국유화했으며 경제에 대한 국가 통제를 확대했지만, 외국 기업체들은 건드리지 않았다. 그는 라틴 아메리카에서 독재 정권에 의존하던 전통적인 방식을 버리고 민주적 개혁을 지지하는 쪽으로 방향을 바꾸라고 워싱턴을 설득하면서도, 코스타리카에서 공산당을 금지함으로써 워싱턴으로부터 더욱 지지를 받았다.

그 당시 피게레스 말고도 라틴 아메리카의 지도적인 〈민주적 대안들〉에는 빅토르 라울 아야데라토레가 이끄는 페루의 아메리카인민혁명동맹APRA과 로물로 베탕쿠르가 이끄는 베네수엘라의 민주행동당이 있었다. 베탕쿠르는 자유주의적 연립 정부를 이끌다가 마르코스 페레스 히메네스를 지지하는 군부에 의해 무너졌다. 그들이 지지했던 정책은 온건한 사회민주주의를 지향하면서도 확고한 반공적 입장을 취했으며, 사회 개혁과 외국인 투자 유치를 동시에 추진했다. 물라토 작가이자 정치인이었던 후안 보슈가 이끈 도미니카 민주혁명당은 망명 정당들 중 가장 좌익적이었지만 공공연한 마르크스주의 강령과는 거리가 아주 멀었다.

아야데라토레는 리마 주재 콜롬비아 대사관의 손님으로 5년째 정치적 망명 생활을 하고 있었고, 보슈와 베탕쿠르는 코스타리카에 있었다. 에르네스토는 사회적-정치적 개혁에 관한 이들의 사상을 간절히 듣고 싶어 했다. 에르네스토는 특히 미국에 관한 그들의 정치적 입장에 관심이 있었다. 그것은 그가 정치적 정당성을 판단하는 풍향계가 된 주제였다. 그러나 그와 깔로는 우선 살아남아야 했고, 그러기 위해 이중의 목적을 추구하면서 새로운 빈대 생활을 재개했다.

에르네스토와 괄로는 어느 날 후안 보슈와 코스타리카 공산당 지도자 마누엘 모라 발베르데를 만나 대화를 나누었다. 며칠 후에 에르네스토는 마침내 로물로 베탕쿠르를 만났다. 세 사람 중에 에르네스토에게 가장 깊은 인상을 준 사람은 공산주의자 모라 발베르데였다. 〈발베르데는 조용한 사람이었지만…… 틱 장애 같은, 내적으로 매우 불안한 듯한 모습도 보였다.〉 에르네스토는 코스타리카의 최근 역사와 피게레스의 친미 정책에 대한 발베르데의 분석을 주의 깊게 들었다. 에르네스토는 대화 내용을 요약하며 이렇게 적었다. 〈피게레스가 국무부의 동정심에 대한 믿음을 버린다 해도, 결론은 어떻게 될지 알 수 없다. 그는 싸울 것인가 아니면 굴복할 것인가? 딜레마가 있다. 우리는 무슨 일이 일어날지 지켜볼 것이다.〉

에르네스토는 후안 보슈를 〈명확한 생각과 좌익적 경향이 있는 문학인〉으로 묘사했다. 〈우리는 문학에 대해서는 논의하지 않고, 정치에 대해서만 이야기했다. 그는 바티스타를 깡패들에게 둘러싸인 깡패로 묘사했다.〉 에르네스토는 로물로 베탕쿠르에 대해서는 신랄한 평가를 내렸다. 〈그는 머릿속에 어떤 확고한 사회적 이념을 가진 정객인 듯한 인상을 주지만, 이런 점을 제외하면 그의 사상은 이해관계에 따라 언제든지 휠 수 있다. 원칙적으로 그는 미국편에 서 있다. 그는 1948년 리우 미주방위조약에 찬성했고, 공산주의자들에 대한 혐오를 불러일으키는 일을 충실히 해왔다.〉

그 직후 에르네스토와 괄로는 니카라과 — 에르네스토

가 〈타초[소모사]의 영지〉라고 부른 곳 ― 를 향해 히치하이킹을 시작했다. 국경을 건널 때 폭우 속에서 리카르도 로호가 갑자기 다시 나타났다. 그는 두 명의 아르헨티나인, 즉 베베라히 형제와 함께 여행하던 중이었다. 이 형제는 자신들의 차를 몰아 남아메리카로 가고 있었다. 로호는 과테말라에서 몇 주일을 보낸 후 빈둥거린다는 느낌이 든 나머지 그들의 차에 함께 타고 왔던 것이었다. 코스타리카로 가는 도로가 통행 불능 상태라는 것을 안 로호와 그의 동행자들은 남부행 페리를 알아보기 위해 해안 쪽으로 갔다. 그동안 에르네스토와 괄로는 버스를 이용해 니카라과의 수도 마나과로 갔다.

에르네스토에게 뜨겁고 바싹 마른 호반 도시 마나과는 흥밋거리를 별로 주지 못했다. 그는 비자를 얻기 위해 〈바보 같은 측근과 함께 영사관들을 순례〉하는 데 시간을 보냈다. 그러나 온두라스 영사관에서 로호와 그의 동행자들이 다시 나타났다. 그들은 페리를 탈 수 없었다. 그 자리에서 그들은 대열을 나누기로 결정했다. 로호와 왈테르 베베라히는 비행기를 타고 산호세로 가고, 에르네스토와 괄로는 도밍고 베베라히와 함께 차를 몰아 과테말라로 가기로 했다. 거기서 도밍고는 그 차를 팔 작정이었다.

그날 밤에 그들은 아르헨티나와 그 나라의 정치에 관해 오래도록 토론했다. 에르네스토가 기록했듯이, 그들은 서로의 정치적 입장에 관해 다음과 같이 결론지었다. 〈로호와 괄로, 도밍고는 비타협적인 급진 분자들이었다. 왈테르는 좌익 노동당 당원이었고, 나는 《엘 고르도[로호]》에 따

르면 저격수였다.〉

왈테르 베베라히는 1948년에 페론을 전복하려는 음모에 가담한 혐의로 투옥되어 고문을 당한 적이 있었다. 왈테르는 도피했지만 미국에서 망명 생활을 하던 중 시민권을 박탈당했다.* 그것은 페론이 정적을 처벌하기 위해 어디까지 갈 수 있는지를 보여 주는 사건이었다. 로호 역시 발도비노스와 함께 과테말라시티에서 페론을 비난하는 기자 회견을 한 일로 나름대로 초조해했다. 에르네스토 자신은 이러한 아르헨티나적 논쟁에는 대개 초연한 태도를 보이면서도 흥미를 보이며 주의 깊게 경청했다. 그는 때때로 날카로운 논평을 제시해 〈저격수〉라는 별명을 얻었다.

에르네스토는 팔로 및 도밍고 베베라히와 함께 차를 몰아 온두라스 국경 쪽으로 계속 나아갔다. 그들이 가진 돈이라곤 20달러가 전부였다. 그들은 펑크 난 타이어를 교체할 때를 제외하고, 넓게 뻗은 건조한 온두라스 농촌 지역을 가로지르는 여행을 쉼없이 계속했다. 그들은 하루 만에 작은 엘살바도르의 화산 지형을 지나 쉬지 않고 과테말라의 초록색 고원 지대로 갔다. 그들은 국경세를 현물로 냈다. 출구 쪽 엘살바도르에는 커피를, 입구 쪽 과테말라에는 랜턴을 헌납했다. 12월 24일 아침에 그들은 모두 합해 고작 3달러만 지닌 채 과테말라시티에 도착했다.

---

* 나중에 왈테르 베베라히는 반유대인적 관점을 옹호하는 유명한 초국수주의자가 되었다. 그는 자신의 책 『민족주의론』에서 〈민주주의와 자유주의〉를 부패한 현대 사회의 쌍둥이 악마로 공격했다.

4

1950년대에 과테말라시티는 작고 보수적인 지방 도시였다. 백인과 메스티소 등 특권 계층이 이 도시에 모여 살았고, 대다수 인디오들은 그 도시를 둘러싸고 있는 농촌 지역에 살았다. 주변 자연 경관은 놀라울 정도로 아름다웠다. 도시 한쪽은 숲으로 뒤덮인 화산, 호수, 커피 플랜테이션을 품은 고원 지대로 둘러싸여 있었고, 이 지형은 설탕 플랜테이션과 농장들이 있는 열대 태평양 연안 저지로 뚝 떨어졌다.

역대 과테말라 정부들은 알록달록한 옷을 입고 자신들의 거주지와 조화롭게 어우러진 상태에서 행복하게 일하는 원주민들의 모습을 담은 그림엽서를 제공해 왔지만 이러한 이미지들은 속임수에 불과했다. 과테말라는 시간이 한참 지났음에도 불구하고 스페인 정복의 흔적이 아직 생생하게 남아 있는 곳이었다. 과테말라에서는 백인과 혼혈 크레올 소수자들이 수 세기 동안 다수 원주민들을 통치해 왔고, 원주민들은 지배 과두제나 유나이티드프루트 사의 방대한 사적 플랜테이션에서 노동하면서 생존했다.

1940년대에 후안 호세 아레발로의 개량주의적 혁명이 가혹하고 권위적인 우비코 독재를 전복시키고 민주적인 변화를 이끌어 낼 때까지, 이런 상태는 어찌할 도리가 없는 현실이었다. 아레발로는 자신이 추진했던 모든 개혁을 다 수행하지는 못했지만, 좌익 성향의 과테말라 대령인 하코보 아르벤스가 그를 계승하여 개혁 작업을 계속 추진했다.

이 개혁 작업 중에서 가장 뜨거운 쟁점은 1952년에 아르벤스가 서명하여 입법된 토지개혁 포고령이었다. 이 법을 통해 아르벤스는 과두제적인 대토지 소유 시스템을 종식시키고 유나이티드프루트 사의 재산을 국유화하고자 했다.

이 조치로 인해 아르벤스는 과테말라의 보수 엘리트층과 무소불위의 권력을 행사하는 유나이티드프루트 사로부터 끝없이 미움을 받았다. 유나이티드프루트 사는 아이젠하워 행정부와 특별한 친분을 과시했다. 그중에서도 각각 국무부 장관과 CIA 국장을 지내던 덜레스 형제와 유독 가까웠다. 두 사람 모두 설리번앤드크롬웰 법률 회사 및 그 고객이었던 J. 헨리 슈로더 은행과 관련된 일을 통해 유나이티드프루트 사와 관계를 맺었다. 헨리 슈로더 은행은 과테말라 철도의 대부분을 소유하고 있다가 소유권을 유나이티드프루트 사에 매각한 중앙아메리카국제철도회사의 금융 자문 회사였고, 이 거래를 중개한 사람이 바로 존 포스터 덜레스였다. 존 포스터 덜레스의 형인 앨런 덜레스는 슈로더 은행의 이사였고, CIA는 이 은행을 비밀 공작금을 세탁하는 곳으로 활용했다.

아이젠하워 행정부와 유나이티드프루트는 노골적으로 유착되어 있었다. 관계자들은 많았다. 미주국 차관보 존 무어스 캐벗의 가문은 유나이티드프루트 사의 주식을 소유하고 있었고, 아이젠하워의 개인 비서도 그 회사 홍보 이사의 부인이었다. 그러한 연줄 덕택에 유나이티드프루트는 권력을 휘두를 수 있었다. 이 회사는 과테말라 정부에 대한 압박의 강도를 높이기 위해 트루먼의 전직 최고 라틴 밀사였던 스프릴 브레이든을 컨설턴트로 고용했다. 1953년 3월에 브레이든은 다트머스 대학에서 화끈한 연설을 통해 아이젠하워 행정부가 과테말라에서 〈공산주의자들〉을 몰아내기 위해 군사적으로 개입해야 한다고 역설했다. 그 직후에 유나이티드프루트는 어떤 짓이든 벌일 수 있다는 의지의 표시로 바하베라파스 주의 주도인 살라마에서 무장봉기를 사주했다. 체포된 난동자들에 대한 재판이 진행되는 과정에서 유나이티드프루트 사가 봉기에 개입했다는 사실이 드러났다. 하지만 CIA도 개입하여 과테말라 정부를 전복시키기 위한 후속 계획을 유나이티드프루트와 논의하고 있었다는 사실은 아직 공개적으로 알려지지 않은 상태였다.

1953년 말에 과테말라와 워싱턴 사이에 전선이 명확히 그어졌다. 과테말라와 인접한 중앙아메리카 국가들, 특히 소모사 같은 독재자들은 과테말라 혁명이 자기 나라로 파급되지 않을까 하는 우려의 목소리를 높이고 있었다. 한편, 정치적 망명자로서든 아니면 에르네스토처럼 단지 과테말라의 사회주의 실험을 직접 보기 위해서든 수백 명의 라틴아메리카 좌익분자들이 과테말라에 도착했고, 아르벤스 정부와 아이젠하워 행정부 사이의 설전이 하루하루 확대되고 있던 시점에서 이들의 존재는 과테말라의 뜨거운 분위기에 불쏘시개를 더해 주었다.

겉보기에는 여전히 정치적으로 냉담한 태도를 취하는 듯했지만, 에르네스토는 과테말라에 도착하기 전에 이미 정치적 전향을 겪은 것으로 보인다. 아니면 적어도 그는 새로운 정치적 신념을 가지려 애쓰고 있었다. 곧바로 행동으로 옮겨지지는 않았지만, 그러한 신념들은 에르네스토가 과테말라로 간 동기를 설명하는 데 많은 도움을 준다. 이 점을 뒷받침해 주는 부분적인 증거가 그가 부에노스아이레스에서 『여행 노트』를 정리하며 쓴 수수께끼 같은 문구 속에 있다. 그는 그것을 〈여백의 메모〉라고 불렀는데, 그것이 그의 다른 여행 이야기와 전혀 일치하지 않는 만큼 그 표현은 적절한 것이었다.

에르네스토는 〈계시〉가 어디에서 있었는지는 언급하지 않은 채, 자신이 〈차가운 별들로 가득 찬 하늘 아래 어떤 산골 마을〉에 있는 것으로 설정했다. 거대한 어둠이 그를 감쌌고 그와 더불어 한 남자가 어둠 속에서 오직 네 개의 하얀 앞니만 드러낸 채 거기 있었다. 〈나는 내가 계시를 받을 준비를 하게 된 것이 그 사람의 존재 때문이었는지 아니면 그 분위기 때문이었는지 잘 모른다. 하지만 나는 안다. 나는 많은 사람들에게서 그 이야기를 들었지만 감명을 받은 적은 단 한 번도 없었다. 사실 우리의 화자는 흥미로운 친구였다. 그는 젊은 시절 독선의 칼을 피해 유럽의 한 나라에서 도망쳤다고 했다. 그는 공포의 맛(삶을 가치 있게 하는 경험들 가운데 하나)을 알았고, 그 이후에 이 나라 저 나라를 떠돌며 수많은 모험을 한 끝에 이 외딴 지역에 뼈를 묻으러 와서 그 위대한 사건이 일어나기를 참을성 있게 기다렸다.

시시하고 진부한 말로 각자 자기 이야기를 하고 나자 대화가 시들해졌고, 우리는 막 헤어질 참이었다. 그런데 그가 고르지 않은 네 개의 앞니를 유난히 드러내며 특유의 교활한 소년의 웃음을 띠며 이렇게 내뱉었다. 「미래는 인민의 것이지요. 인민은 여기서는 물론 전 세계에서 점진적으로 혹은 일격에 권력을 잡을 겁니다. 문제는 그 인민이 개화되어야 하는데, 이 일이 권력을 잡기 전에는 일어날 수 없고 오직 권력을 잡은 다음에야 일어날 수 있다는 거지요. 인민은 그들 자신의 오류의 대가를 치르며 배움으로써만 개화될 겁니다. 이 오류는 심각할 것이고, 많은 무고한 생명을 희생시킬 겁니다. 어쩌면 아닐지도 몰라요. 그들은 무고하지 않을 겁니다. 적응력이 부족해서 자연을 거스르는 어마어마한 죄를 지었을 테니까요.

그들 모두, 즉 적응하지 못하는 자들 모두, 그러니까 그대와 나 같은 사람들은 엄청난 희생을 치르면서 그 탄생에 일조했던 권력을 저주하며 죽을 거예요. ……비인격적인 혁명은 우리의 생명을 앗아 갈 것이고, 심지어는 그 죽음의 기억까지 이용할 겁니다. 우리의 죽음은 모범으로 남아 다음 세대의 젊은이들을 길들일 도구가 될 겁니다. 나의 죄는 더 크지요. 왜냐하면 더 날카롭고 경험이 많은 나는, 뭐라 말해도 좋지만, 나의 희생이 단지 무너져 가는 부패한 문명을 상징하는 경직성 때문이라는 것을 알면서 죽을 것이기 때문입니다…….」〉

추측컨대 스탈린의 대학살로부터 도피한 마르크스주의 망명자인 듯한 이 신비의 화자는 자신의 죄악을 개화되지 않은 대중이 휘두르는 새로운 권력에 대한 자신의 〈적응 불능〉으로 의식하고 있다. 그리고 이제 그 화자는 에르네스토를 향해 다음과 같은 예언을 전한다.

〈「당신은 주먹을 불끈 쥐고 이를 꽉 다문 채 증오와 전투의 흔적을 고스란히 드러내며 죽을 겁니다. 왜냐하면 당신은 하나의 상징(생명 없는 표본 같은 것)이 아니라 무너져가는 사회의 실제 구성원이기 때문이지요. 집단의 정신이 당신의 입을 통해 전달되고 당신의 행동 속에서 모습을 드러냅니다. 당신은 나만큼 유용한 존재입니다. 하지만 당신은 당신을 희생시키는 사회에 당신의 헌신이 얼마나 유용한 것인지는 모르지요.」〉

그리고 이제 혁명적 경로의 귀결을 충분히 예감케 하는, 에르네스토 자신의 〈계시〉가 이어졌다.

〈나는 역사를 비판하는 그의 악당 같은 표정과 치아를 보았다. 그가 내 손을 쥐는 듯한 느낌이 들었고, 마치 먼 데서 들리는 중얼거림처럼 의례적인 작별 인사가 들렸다. ……그가 한 말들에도 불구하고 이제 나는 안다…… 나는 인민과 함께할 것이다. 이를 내가 아는 것은 다음 이유 때문이다. 즉, 교리를 취사선택하여 해부하는 자이자 독단을 꿰뚫어 보는 정신 분석자인 내가 신들린 자처럼 울부짖으며 바리케이드와 참호들을 공격하고 내 무기를 피로 적시며 분노로 광분하여 내 손에 들어오는 모든 적의 목을 베는 모습이 밤하늘에 새겨져 있기 때문이다.

그리고 마치 천 근 같은 피로가 최근 나의 고양된 기분을 잠재우듯, 내가 시범적으로 나의 과오를 인정하며, 개별 의지들을 통합하는 진정한 혁명의 제물로 죽는 모습이 보인다. 그리고 나는 콧구멍이 팽창하는 느낌과 함께 화약과 피와 죽은 적의 고약한 냄새를 맛본다. 이제 내 몸이 일그러지고 싸울 준비가 되어 있으며, 나는 내 존재를 마치 신성한 장소인 양 준비한다. 그렇게 되면 그 안에서 승리한 프롤레타리아트의 야성적인 고함 소리가 새로운 진동과 새로운 희망과 더불어 울려 퍼질 수 있게 될 것이다.〉

이 글은 스물다섯 살의 에르네스토 게바라 안에서 특별히 열정적인, 그리고 멜로드라마적인 충동이 작용하고 있음을 드러내 준다. 에르네스토 게바라 자신의 장래 죽음과 이른바 많은 혁명가들이 그가 남긴 유산을 그의 사후에 활용하는 방식을 불가사의할 정도로 정확히 예견하는 이 생생하고도 강력한 〈여백의 메모〉는 단호한 개인적 서약으로 간주되어야 한다. 왜냐하면 거기에 담긴 정신은 곧 그의 잠재된 생각의 희미한 영역으로부터 나타나 그의 장래 행동 속에서 표현될 것이었기 때문이다.*

5

에르네스토와 그의 일행은 발도와 그의 신부 루스밀라를 방문한 다음 에르네스토의 표현대로 〈우리가 처박혀서 빚을 지기 시작할 수 있는〉 하숙집을 찾아다녔다.

로호는 과테말라로 돌아와 곧 에르네스토에게 그의 삶에서 중요한 부가물이 될 한 여자를 소개시켜 주었다. 그녀는 20대 후반의 중국계-인디오의 특징을 지닌 땅딸막하고

* 자세한 내용은 부록 참조.

오동통한 여자, 일다 가데아였다. 그녀는 아메리카인민혁명동맹 청년 조직의 망명 지도자로서, 지금은 아르벤스 정부에서 일하고 있었다.

그녀는 나중에 그 만남에 대해 이렇게 썼다. 〈처음 만났을 때 게바라는 인상이 별로 좋지 않았다. 그는 지성인으로 보기에는 너무 천박한, 이기적이고 변덕스러운 사람으로 보였다.〉

이러한 부정적 인상 — 그녀는 이것이 이웃 나라 사람들에게 자만심과 속물근성으로 유명한 아르헨티나인에 대한 자신의 태생적인 〈불신〉과 복합된 것이었다고 인정했다 — 에도 불구하고, 그녀는 이내 에르네스토에게 홀딱 반했다. 그러나 그동안 에르네스토의 마음은 다른 곳에 있었다. 그는 일자리를 알아보려고 사람들을 만나느라 바빴고, 자기 일기에서 미국인 마르크스주의자 교수 해럴드 화이트를 소개해 준 사람으로 일다를 잠깐 언급한 것 말고는 그녀에게 별다른 주의를 기울이지 않았다.

〈나는 마르크스주의에 관한 말도 안 되는 글을 쓰고 이것을 스페인어로 번역하는 이상한 그링고를 만났다. 일다 가데아가 그 사람을 소개했고, 루스밀라와 나는 그 사람의 글을 번역하는 일을 맡았다. 지금까지 25달러의 비용을 청구했고, 나는 그 그링고에게 스페인어 강의를 해주고 있다.〉 하지만 이 일은 시간 때우기에 불과했다. 에르네스토가 바라던 것은 과테말라 보건 장관과의 인터뷰였지만, 그가 〈음침한 두목〉이라고 부르기 시작했던 그 남자와 만나려는 모든 시도는 실패로 돌아갔다.

에르네스토는 과야킬에 여전히 발이 묶여 있던 안드로 에레로에게 보내는 편지에 이렇게 썼다. 〈일자리를 빨리 구할 것 같지는 않지만, 결국엔 모든 게 잘될 겁니다. 우리가 어떻게 해서든 돈을 구해 당신께 곧 보내 주겠습니다. 내 개인적인 견해로는, 과테말라는 흥미로운 곳입니다. 물론 과테말라도 다른 모든 혁명과 마찬가지로 친숙했던 무언가를 잃겠지만 말입니다.〉

　〈혁명〉 과테말라가 에르네스토의 기대치에 충분히 도달했던 것 같지는 않았다. 하지만 토지개혁이 일어났던 농촌쪽 사정에 대해서 그는 아직 아는 바가 없었다. 작은 상업 중심지는 행상들로 소란스러웠고, 네온사인들이 어지럽게 걸려 있었다. 외곽 주거 지구의 부유한 거주자들은 부겐빌레아 꽃으로 덮인 담장 안 주택 단지에서 평온한 생활을 계속했다.

　그러나 겉으로 드러난 일상적인 표정에도 불구하고, 과테말라시티는 여전히 1954년 초에 저항할 수 없는 매력으로 사람들을 끌어당긴 곳이었다. 에르네스토는 거기 모인 라틴 아메리카 정치 망명객들의 잡다한 공동체 속에서 매일 새로운 사람들을 만났다. 페루에서 온 아프리스타 당원들과 니카라과 공산주의자들, 아르헨티나 반페론주의자들, 베네수엘라 사회민주주의자들, 쿠바 반(反)바티스타주의자들이 있었다.

　온두라스 망명자 엘레나 레이바 데 올스트와 만난 다음 에르네스토는 흥분하여 이렇게 썼다. 〈그녀는 어떤 면에선 공산주의자들에 가까워 보였고, 매우 좋은 사람인 듯한 인상을 주었다. 그날 저녁에 나는 니카노르 무히카[망명한 페루 아프리스타 당원] 및 일다와 토론을 했고, 한 헤픈 여교사와 약간의 불장난을 즐겼다. 지금부터 나는 매일 일기를 쓸 작정이고 과테말라의 정치 현실과 좀 더 가까워지려고 노력할 것이다.〉

에르네스토는 과테말라 보건부에서 유급 일자리를 찾으려고 애썼지만, 단지 일자리를 구하기 위해 이렇게 멀리 온 것은 아니었다. 그는 개인적으로 정치적 탐색을 하고 있었다. 이 사실을 그의 가족이 사전에 몰랐다면, 이제 그의 편지는 가족에게 그를 전혀 생소한 사람처럼 보이게 했을 것이다. 그는 자기 내부에서 실제로 일어나던 심각한 변화 과정을 가족들에게 계시조로 되풀이하며 드러내 보여 주기 시작했다.

여전히 산호세에 있던 12월 10일에 그는 베아트리스 고모에게 새 여행기를 보냈다. 바로 이때 처음으로 개인적인 편지 속에 그의 이데올로기적 확신이 선명한 모습을 드러냈다. 〈제가 여행 짐과 배낭을 용감히 내던지고 동지 가르시아와 함께 굽이진 길을 따라 여기에 오기까지 제 삶은 결의의 바다였습니다. 그 행로에서 저는 유나이티드프루트의 영지들을 통과할 기회가 있었는데, 거기서 이 자본주의적 문어가 얼마나 끔찍한 놈인지 다시 한 번 확신하게 되었습니다. 저는 예전의 저 애도받는 스탈린 동지의 사진 앞에서 이 자본주의적 문어가 박멸되는 것을 보기 전까지는 쉬지 않으리라고 맹세했습니다. 과테말라에서 저는 저 자신을 갈고닦아 진정한 혁명가가 되는 데 필요한 일을 해낼 겁

니다.〉

베아트리스를 상당히 어리둥절하게 만들었음이 분명한 이 극적인 선언 다음에 에르네스토는 포옹과 사랑, 키스와 더불어 〈강철 같은 체격과 텅 빈 위장, 사회주의적 미래에 대한 빛나는 신념을 지닌 당신의 조카, 차우, 찬초로부터〉라는 서명으로 편지를 끝맺었다.

마나과에서 에르네스토는 집에서 온 우편물을 확인하기 위해 아르헨티나 영사관에 들렀다가 아버지에게서 온 〈어리석은〉 전보를 보게 되었다. 아버지는 그의 소식을 간절히 바라고 있었고, 만약 필요하다면 돈을 부치겠다고 했다. 이 편지가 에르네스토를 격앙시켰다. 12월 28일 과테말라에서 보낸 첫 편지에서 그는 더할 나위 없이 거친 말투로 이렇게 말했다. 〈제가 죽어 가더라도 아버지께는 돈을 요청하지 않을 줄 아버지께서도 아실 거라 생각합니다. 그리고 제게서 응당 와야 할 편지가 오지 않더라도 아버지께서는 인내심을 가지고 기다리셔야 합니다. 때때로 저는 우표조차 없을 때도 있으니까요. 하지만 저는 완벽하게 잘 있을 것이고 언제나 살아 있을 겁니다. 걱정되는 일이 있더라도 전보로 부치려던 돈을 챙겨 나가서 술을 드시거나 다른 데 쓰세요. 하지만 전 지금부터는 이런 종류의 어떤 전보에도 답장을 보내지 않을 겁니다.〉

에르네스토의 거친 어조는 그 자신과 가족 사이에 방어선을 그으려는 그의 방식으로 보인다. 가족들의 설득에 의해 제지당하거나 가려던 길에서 벗어날 수 없을 만큼 안전한 거리를 두고서 그는 이렇게 말하고 있었다. 〈좋든 싫든 이것이 저, 진짜 접니다. 이런 저를 어쩌지 못하실 겁니다. 따라서 이제는 이런 저에게 적응하시는 게 좋을 겁니다.〉

9장
〈굴욕도 영광도 없는 나날〉

1

에르네스토는 난생 처음으로 특정한 정치적 입장의 편에 공공연히 섰다. 그는 자기 기대에 미치든 못 미치든 과테말라의 좌파 혁명을 선택했다. 그 혁명의 많은 결함과 잘못에도 불구하고, 이 나라는 라틴 아메리카에서 〈가장 민주적인 공기〉를 들이킬 수 있는 나라였다. 회의론자이자 분석적인 〈저격수〉, 〈교의에 대한 선택적 해부자이면서 독단에 대한 정신 분석가〉는 모험을 감행했다.

그의 다음 과제는 자신이 할 유용한 일을 찾는 것이었다. 역설적이지만 그는 그런 일을 결코 찾지 못하게 된다. 과테말라에 체재한 그의 시간은 정치를 배울 실제적인 집

중 훈련 과정으로서 더할 나위 없이 귀중한 것이 되지만 이후 6개월 동안 그는 혁명에 기여할 일자리를 찾는 데 시간을 허비하느라 〈굴욕도 영광도 없는 나날〉을 보냈다. 이에 대해 그는 〈놀라울 정도로 자기 반복적 특징을 지닌 후렴구〉라고 표현했다.

하지만 한편으로 그는 사람들을 만나고 있었다. 의사 일자리를 얻으려는 그를 돕기 위해 연줄 좋은 일다 가데아가 자신이 접촉하던 정부 고위 인사를 그에게 소개시켜 주었다. 이중에는 귀족적인 경제 장관 알폰소 바우에르 파이스, 아르벤스 대통령의 비서 하이메 디아스 로소토도 있었다. 그는 그들을 만나면서, 의사 일자리를 구해 달라는 부탁과 함께 과테말라 혁명에 관해 물으며 들을 봤다. 이러한 초기 시절에 그는 과테말라의 오지 페텐 정글에 있는 나환자 치료소에서 일하고 싶다는 희망을 품었다. 우연하게도, 그곳은 과테말라에서 가장 풍부한 고고학 유적지인 티칼의 마야 사원 단지가 있는 곳이었다.

일다는 또 에르네스토에게 니카라과의 정치 망명객 에델베르토 토레스 교수도 소개해 주었다. 그는 고인이 된 시인 루벤 다리오를 연구하는 고전학자이기도 했다. 토레스의 젊고 예쁜 딸 미르나가 영어를 공부하러 1년 동안 캘리포니아에 갔다가 막 돌아와 아르벤스 정부가 세운 농업신용 기관인 생산촉진원에서 가데아와 함께 일하고 있었다. 또한 미르나의 남동생으로서 과테말라의 공산청년단 후벤투드 데모크라티카의 서기장을 맡고 있던 에델베르토 주니어가 막 중국 여행을 마치고 돌아와 있었다. 분위기 좋은 토레스 가정은 일다를 비롯한 여러 망명자들이 모이는 장소였고, 에르네스토와 깔로도 이 동아리에서 환영을 받았다. 에르네스토는 토레스의 집을 방문한 첫 날에 이미 몇 달 동안 그 도시에 머무르고 있던 쿠바 망명자 몇 명을 만났다. 그들은 키가 엄청나게 크고 깡마른 남자 안토니오 〈니코〉 로페스, 아르만도 아렌시비아, 안토니오 〈비고테스〉 다리오 로페스, 마리오 달마우 등이었다. 혈기 왕성하고 솔직하며 격의 없는 쿠바인들은 과테말라 망명객 집단의 다른 성원들에게 신선한 공기를 불어넣고 있었다.

쿠바인들은 정치적 추방자들 가운데서 단연 돋보였다. 오직 그들만이 독재에 대항한 무장봉기를 경험했고, 실패로 돌아가기는 했지만 투쟁을 통해 결의와 용기를 보여 주었으며, 반바티스타 운동으로 폭넓은 찬양과 인기까지 얻었다. 니코와 그의 동지들은 6개월 전에 젊은 변호사 피델 카스트로 루스의 지도하에 몬카다와 바야모 병영 공격에 참여했다가 아바나 주재 과테말라 대사관으로 피신하여 체포를 면한 터였다. 아르벤스 정권으로부터 피난처를 제공받은 몬카디스타스moncadistas ─ 그들은 이렇게 불렸다 ─ 는 그들 조직으로부터 추가 명령을 받기 전까지 과테말라에서 아르벤스 정부의 손님 자격으로 대기 상태에 있었다. 한편 그들은 유명 인사였고, 망명자들이 주최하는 디너파티와 야유회의 단골 초대 손님이었다.

당시 쿠바인들은 사정이 좋아 보이지 않았다. 그들의 지도자 피델 카스트로는 쿠바 법정에서 재판을 받고 15년 징역형을 선고받아 당시 피네스 섬에 있는 감옥의 작은 방에서 복역하고 있었다. 그러나 어려운 상황에도 불구하고 과테말라의 쿠바인들, 특히 니코는 장래에 자신들이 벌여 나갈 투쟁에 대해 열정과 확신을 가지고 있었다.

〈니코는 자신이 과테말라에 오래 머물지 않을 것이고, 곧 피델과 함께 혁명을 위해 또 다른 나라로 떠날 거라고 확신했다〉고 일다는 썼다. 〈그의 신념은 너무나 확고해 그의 말을 듣는 사람은 누구든 그를 믿지 않을 수 없었다.〉

에르네스토 역시 니코에게서 깊은 인상을 받았고 곧 따뜻하고 활달한 그에게 강한 호감을 갖기 시작했다. 그들은 사교 모임에서 계속 만났고 친구가 되었다. 니코와 그의 동지들은 푼돈을 벌기 위해 에르네스토와 한 팀이 되어 물건들을 대신 팔아 주는 일을 했다. 니코는 에르네스토에게 〈엘 체 아르헨티노〉 — 과라니어로 〈이봐〉라는 뜻인 〈체〉를 입에 달고 다니던 에르네스토의 전형적인 아르헨티나인 습성에 빗댄 것이었다 — 라는 별명을 붙여 주었고 에르네스토도 니코로부터 초기 단계의 쿠바 투쟁과 그 지도자 피델 카스트로에 대해 알기 시작했다.

또 그들의 호스텔에 체재하던 또 한 명의 쿠바인 망명자 호세 마누엘 〈체-체〉 베가 수아레스가 급성 복통으로 쓰러졌을 때 니코와 달마우는 에르네스토에게 도움을 청했다. 에르네스토는 베가를 살펴보고 구급차를 부른 다음 병원까지 그를 따라갔다. 베가는 병원에서 치료를 받고 며칠 만에 좋아졌다. 달마우의 말에 따르면, 이 일을 겪은 이후로 쿠바인들은 센트럴 파크에서건 아니면 하숙집에서건 거의 매일 에르네스토를 찾아왔다.

그러나 당장 에르네스토의 첫 번째 관심사는 쿠바가 아니라 과테말라였다.

에르네스토는 보건부 장관을 상대로 많은 노력을 기울였지만, 아르헨티나에서 받은 의학 학위가 과테말라에서 유효하려면 그가 의대를 1년 더 다녀야 한다는 통지를 받았다. 에르네스토는 과테말라 의료계를 〈꽉 막힌 소수 독재 사회〉라 부르며 의사로 일하겠다는 희망을 버리고 다른 길을 찾았다.

그는 1월 15일에 가족들에게 보낸 편지에서 자신의 경제적 곤경을 대수롭지 않다는 듯이 빈정대는 투로 말했다. 〈저는 놀라운 기적을 행하시는 검은 그리스도, 에스키풀라스의 주님의 고귀한 이미지를 팔고 있습니다. ……전 그리스도가 행한 기적의 일화에 관한 무수한 목록을 가지고 있고, 팔아먹기 위해 끊임없이 새로운 것을 만들어 내고 있습니다.〉

그의 가족은 에르네스토의 말을 농담으로 받아들였을지도 모른다. 하지만 그의 말은 농담이 아니었다. 그는 니코 로페스와 함께 과테말라의 검은 그리스도를 숭배하는 광범위한 신앙을 이용해 돈을 버는 사업에 몰두했다. 니코는 돈벌이가 될 것 같은 어떤 장치를 생각해 냈다. 유리 문틀 뒤에 검은 그리스도의 작은 초상화를 두고 이 초상을 비추기 위해 기단부에 전구를 달았다. 니코가 이 장치를 만들었고, 에르네스토가 파는 일을 도왔다.

한편 에르네스토의 농담 같은 말에도 불구하고 그의 가족은 걱정이 많았다. 특히 고모 베아트리스의 걱정이 컸다. 그녀는 편지에 돈을 담아 에르네스토에게 보냈지만 그것은 배달되지 않았다. 그녀는 에르네스토가 그 돈을 받았는지 물어보는 편지를 한 통 더 보냈다. 2월 12일, 고모의 두 번째 편지에 답장하면서 에르네스토는 여전히 비꼬는 투로 일관했다. 그는 고모에게 〈민주적인 우편배달부가 부를 공평하게 분배했을〉 거라고 생각할 수밖에 없다고 말했다. 〈더 이상 돈을 보내지 마세요. 고모는 그럴 여유도 없잖아요. 여기서 전 땅바닥에 널려 있는 달러를 주워요. 돈을 줍느라 하도 허리를 구부리는 바람에 난생 처음으로 요통에 걸렸다는 말씀을 드려야겠네요.〉

2

에르네스토와 꽐로가 생존을 위해 여전히 발버둥 치고 있는 동안, 미르나 토레스와 그녀의 여자 친구들은 두 아르헨티나인에 대해 로맨틱한 생각을 품기 시작했다. 어느 날 밤 미르나와 과테말라 저유소장(貯油所長)의 딸 블랑카 멘데스는 그들 중 누가 에르네스토를 차지할지 결정하기 위해 동전 뒤집기를 했다. 나중에 미르나는 〈블랑카가 이겼다. 물론 에르네스토는 전혀 몰랐다〉고 썼다.

그러나 곧 미르나는 에르네스토를 가장 매료시킨 사람은 더 나이 많고 평범한 외모의 일다였다는 것을 알게 되었다. 〈점차 내 친구들도 아르헨티나인들, 특히 에르네스토가 일다와의 대화를 더 좋아한다는 걸 알게 되었다. 일다는 정치에 관해 토론할 수 있었기 때문이다. 또 일다가 어떤 모임에는 우리를 초대하지 않는다는 사실도 알게 되었다. 이 때문에 처음에는 짜증이 났지만, 나는 두 아르헨티나인이 진짜로 과테말라 혁명에 대해 알고 싶어 한다는 것을 이해했고, 일다를 따라 그들에게 혁명 지도자들을 소개시켜 주었다. 그들은 우리의 작은 파티에 오곤 했지만 춤을 추지는 않았고, 내 아버지나 남동생들과 이야기하기를 더 좋아했다.〉

1월 11일, 미르나는 일기에 이렇게 적었다. 〈이 아르헨티나 남자들은 정말 이상한 사람들이다. 오늘 그들이 일다의 사무실로 가는 길에 내 사무실을 지나가면서 내게 건넨 말이라곤 《안녕》이라는 말이 전부였다. 그리고 돌아갈 때도 《안녕, 미르나⋯⋯》라는 말밖에 하지 않았다. 내가 쿠바인들의 과장된 태도에 익숙해져 있어서 그런 게 아닌가 싶기도 하다. 사실 그들은 붙임성이 꽤 있는 편이다. 문제라면 정치적 관계를 더 좋아한다는 거다.〉

일다는 교양이 풍부했고 정치적 지향이 분명했으며 시간을 내서 만나 주며 돈을 쓰는 등의 일에 관대했다. 그리고 일다는 에르네스토가 이 모든 것을 필요로 할 때 에르네스토의 삶에 나타나 주었다. 나중에 일다는 자신이 에르네스토에게 마오쩌둥과 월트 휘트먼을 소개해 준 적이 있다고 주장했다. 한편 에르네스토는 일다에게 사르트르, 프로이트, 아들러, 융에 관한 지식을 넓혀 주었다. 일다와 에르네스토는 이들에 관해 의견이 서로 달랐다. 일다는 사르트르의 실존주의 철학과 프로이트의 삶에 대한 성적인 해석이 지나치게 협소하다며 받아들이길 거부했지만, 에르네스토는 이러한 개념들로부터 영향을 받았다. 시간이 지나면서 이런 관점에 대한 에르네스토의 집착이 누그러졌는데, 이는 에르네스토의 해석이 점차 마르크스주의 쪽으로 기울어졌기 때문이었다고 일다는 말했다.

한편 일다 자신의 철학은 마르크스주의의 영향을 일정하게 받았지만, 여전히 사회민주주의적 관점 안에 웅크린 상태였다. 이것은 그들이 다투는 주된 원인들 가운데 하나였다. 에르네스토는 일다가 마르크스주의자처럼 〈사고〉하면서도 주로 도시 중산 계급을 기반으로 한 아메리카인민혁명동맹의 당원이라는 모순을 지적했다. 에르네스토는 다른 아메리카인민혁명동맹 당원들과의 대화를 통해 그 이데올로기의 핵심에 근본적인 반공주의가 자리 잡고 있다는 것을 알아냈다. 그는 아메리카인민혁명동맹과 그 지도자 빅토르 라울 아야데라토레를 경멸했고, 〈토레〉가 양키들에 대한 투쟁과 파나마 운하의 국유화를 호소하던 원래의 반제국주의 강령을 포기했다고 비난했다. 일다는 반론을 폈다. 그 당의 지도적 철학은 여전히 반제국주의, 반과두제이고, 아메리카인민혁명동맹이 원칙을 포기했다면 이는 순전히 전술적인 차원에서이며, 권력을 획득하기만 하면 〈진정한 사회 변혁〉을 수행할 거라는 얘기였다.

에르네스토는 라틴 아메리카의 현 상황을 고려하면 선거에 참여하는 어떤 정당도 혁명성을 유지할 수 없다고 다시 공격했다. 또 그는 그 정당들이 불가피하게 우파와 타협하고 나아가 미국과의 화해를 도모할 수밖에 없을 거라고도 주장했다. 혁명이 성공하려면 〈양키 제국주의〉와의 정면 대결이 불가피했다. 동시에 그는 공산당에 대해서도 비판적이었다. 에르네스토가 생각하기에, 공산당은 권력 분점을 위해 우파와 전술적 동맹을 맺음으로써 〈노동 대중〉으로부터 멀어져 있었다.

다른 사람들도 이 논쟁에 끼어들었다. 일다와 에르네스토는 리카르도 로호와 온두라스 망명자 엘레나 레이바 데 올스트를 논쟁에 빈번히 끌어들였다. 에르네스토는 금세 올스트와 긴밀한 관계를 맺었다. 올스트는 정치적으로 활동적이었고 마르크스주의에 정통했으며 소련과 중국을 여행한 적이 있었다. 그러나 로호와 에르네스토의 정치적 차이가 점점 더 첨예해졌고, 두 사람은 끊임없이 논쟁했다.

일다는 이렇게 썼다. 〈로호가 우리의 논쟁에 끼어들 때마다 그들의 논쟁은 싸우기 일보 직전에 끝났다. ……게바라가 소련 혁명의 업적에 매우 공감하는 말을 하면 로호와 나는 종종 이의를 제기했다. ……그러나 나는 혁명을 찬양했지만 로호는 피상적인 주장으로 그 혁명을 폄하했다. 언젠가 이 논쟁이 끝난 후, 로호와 에르네스토가 나를 집에 데려다주는 동안 논쟁이 다시 시작되었고 곧 격렬해졌다. 주제는 언제나 똑같았다. 에르네스토는 유일한 길은 폭력 혁명이고 아메리카인민혁명동맹, 민주행동당, 민족혁명운동당 등이 제시하는 다른 대안들은 배반이라고 말했다. 로호는 선거 과정에서 대안을 찾아낼 수 있다고 강력하게 주장했다. 각자가 주장을 제시할 때마다 논쟁이 더욱 가열되었다.〉

에르네스토는 몹시 화를 냈고, 일다가 진정시키려 하자

고함을 질러 말을 가로막았다. 그리고 나중에 그들만 있게 되었을 때 에르네스토는 일다에게 사과하며 이렇게 말했다. 「미안해. 내가 흥분했나 봐. 내가 무슨 말을 하는지 모르겠어. ……그건 단지 그 멍청한 친구가 항복하자는 주장으로 나를 돌게 만들기 때문이야. 그 친구는 결국 제국주의의 앞잡이가 되고 말 거야.」

에르네스토와 그의 친구들이 정치 이론에 관해 토론하는 동안, CIA는 과테말라의 짧은 사회 혁명 실험을 묻어 버릴 계획을 착착 진행시키고 있었다. 1954년 1월에 그 비밀 프로그램은 〈작전 성공Operation Success〉이라는 암호명까지 갖게 되었다. 중앙아메리카 전역에서 트루히요, 소모사, 페레스 히메네스, 그리고 인근 온두라스와 엘살바도르 대통령들이 CIA의 계획에 포섭되었다. 과테말라인 꼭두각시 한 명이 반(反)아르벤스 〈해방군〉을 이끌기 위해 선발되었다. 카스티요 아르마스라는 이름의, 가구상을 하던 퇴역 대령이었다. 그의 민병대는 무장을 하고 니카라과에서 훈련받고 있었다.

작전을 좀 더 원활하게 펼치기 위해, 코스타리카와 니카라과, 온두라스 주재 미국 외교관들은 진즉부터 충직한 CIA 요원들로 교체되어 있었다. 과테말라에 새로 부임한 대사 존 푸에리포이는 대사직을 맡은 지 두 달밖에 안 된 상태였다. 대담한 성격의 그는 〈작전 성공〉의 조정 임무와 과테말라에서의 권력 이행이라는 원하던 결과를 이끌어 내기 위해 선발되었다.

1월 말에 〈북쪽의 정부(미국)〉와 동맹하려는 그들의 책략을 상세히 기록한, 카스티요 아르마스와 트루히요, 소모사 사이의 편지가 유출되면서 비밀작전의 정체가 드러났다. 아르벤스 정부는 즉각 이 사실을 공개하고 〈북쪽의 정부〉에 해명을 요구했다. 에르네스토는 2월 2일 아버지에게 보낸 편지에 이렇게 썼다. 〈정치적으로 사정이 그리 좋지 않습니다. 모든 순간 당신의 친구 아이젠하워의 후원 아래 쿠데타가 꾸며지고 있다는 의혹이 감지되고 있기 때문입니다.〉

미 국무부는 음모의 정체를 전혀 모른다고 부정하며 더 이상 언급하려고 하지 않았다. 한편 CIA는 음모 준비를 조용히 계속했다. CIA 요원들이 오늘날의 기준으로 보면 우스꽝스럽게 보일 만큼 공공연하게 과테말라를 비롯하여 이웃 나라들을 두루 돌아다녔다. 그들이 이렇게 떠들썩하게 다닌 데에는 목적도 있었다. CIA의 프로그램에는 군대의 분열을 자극하고 아르벤스의 결의를 약화시키며 나아가 바라 마지 않는 쿠데타를 자극하기 위해 긴장과 불확실성의 분위기를 조성하려는 의도가 담겨 있었다.

이 불안정한 분위기에서 미국인들을 의심하는 에르네스토의 습관이 더욱더 심해졌다. 로호가 과테말라 혁명에 관한 책을 쓰기 위해 자료를 수집하고 있던 러트거스 대학의 교수 로버트 알렉산더를 소개시켜 주었을 때, 에르네스토는 알렉산더가 FBI 첩자가 아닐까 의심했다. 로호는 물론 일다도 에르네스토와 같은 의심을 품지 않았지만 두 사람은 에르네스토를 설득하기가 어려웠고, 결국 에르네스토가 맞을 수도 있다는 점을 인정해야 했다.

동시에 에르네스토는 망명자들 중에서 각각의 나라에서 제국주의에 대항하기에 충분할 만큼 확고한 철학을 가진 사람이 별로 없다는 것을 알았다. 더구나 위협받고 있는 과테말라 혁명을 방어하기 위해 싸울 의지가 있어 보이는 사람은 더욱 적었다. 1930년대 국제주의자들이 스페인 공화국을 방어하기 위해 싸웠듯이 과테말라에서도 정치적 자유를 위해 싸울 기회가 있었지만, 아직 아무 일도 일어나지 않고 있었다.

그의 비판은 아르벤스 정부를 향해 확대되었다. 그가 보기에 아르벤스 정부는 자신을 향해 고조되고 있던 위협에 너무 안이하게 대처하고 있었다. 에델베르토 토레스는 에르네스토가 아르벤스 정부의 연합 파트너들 사이의 경쟁과 실질적 통일성의 부재에 대해 걱정했었다고 회상했다. 경제 장관 알폰소 바우에르 파이스도 그 젊은 아르헨티나인이 똑같은 점을 강조했던 것을 기억했다. 에르네스토는 미국이 계획하는 무력 침공의 실질적 위험을 강조하고 과테말라의 대비 태세를 의심했다. 〈그는 무장 민병대를 조직해 최악의 경우에 대비할 필요가 있다고 믿었다.〉

에르네스토가 최근 특정 입장으로 기우는 칼럼을 쓰려고 하는 가운데 그가 과테말라의 무제한적인 언론 자유를 주요 풍자의 대상으로 삼은 것은 자못 흥미롭다. 1월 5일에 베아트리스 고모에게 보낸 편지에서 에르네스토는 이렇게 말했다. 〈이곳은 누구든 폐활량을 늘리기만 하면 민주주의를 들이마실 수 있는 나라예요. 여기에는 유나이티드프루트 사가 운영하는 일간지들이 있어요. 만약 제가 아르벤스라면 전 당장 그 신문들을 폐쇄시켜 버릴 거예요. 그 신문들은 패씸하게도 하고 싶은 말을 다 하고 이 나라를 도둑과 공산주의자, 반역자 등의 소굴로 묘사하며 미국이 원하는 분위기를 조성하는 데 일조하고 있기 때문이에요.〉

에르네스토는 가족에게 보낸 편지에서 이렇게 예측했다. 〈다가오는 미주기구 카라카스 회의에서 양키들은 과테말라에 제재를 가하기 위한 온갖 함정을 설치할 거예요. 틀림없이 여러 정부가 양키들에게 머리를 조아릴 것이고, 양키들의 전투마는 페레스 히메네스, 오드리아, 트루히요, 바티스타, 소모사입니다. 말하자면 반동적인 정부들 중에서 가장 파시스트적이고 반인민적인 정부들이지요. 볼리비아도 흥미로웠지만, 과테말라는 훨씬 더 흥미로운 나라예요. 왜냐하면 과테말라는 눈곱만큼의 경제적 독립성도 없이 온갖 무장 기도에도 저항하지 않으며…… 심지어 표현의 자유를 억압하지도 않으면서 다가오는 모든 것에 맞서 왔기 때문입니다.〉

지평선에서 금방이라도 폭풍우를 뿌릴 듯한 먹구름이 몰려오자 많은 정치 망명자들이 과테말라시티를 떠나기 시작했다. 이 대열에는 대다수 베네수엘라인들과 일다의 아메리카인민혁명동맹 동지들도 포함되어 있었다. 2월 초에 오스카르 발도비노스와 루스밀라가 떠났다. 발도는 고향을 못 잊어 떠났고, 루스밀라는 어찌어찌하여 아르헨티나에서 외교관 자리를 구했다. 이제 로호와 팔로도 떠날 의향을 밝혔다.

이와는 대조적으로 에르네스토는 무슨 일이 있더라도

당분간은 머물 생각이라고 선언했다. 뉴욕에 잠시 살고 있던 에르실리아 고모가 에르네스토에게 뉴욕으로 와서 함께 지내자고 초대장을 보내왔지만, 이 초대장을 동봉한 베아트리스의 편지에 답장하면서 에르네스토는 베아트리스에게 〈원칙적으로〉 자기 대답은 〈노〉라고 말했다.

〈미국은 내가 아메리카 대륙의 나라들을 방문하는 기록을 완성시킬 목적으로 한번 둘러보는 것 외에는 나에게 큰 흥밋거리를 주지 않아요. 여하튼 전 적어도 6개월은 여기서 머물 거예요. 생활 기반이 될 만한 일자리가 있고, 괜찮은 의사 자리도 두 개나 날 것 같으니까요. 하여튼 지금의 과테말라는 아메리카에서 가장 흥미로운 나라이고, 가능한 모든 수단으로 보호받아야만 해요.〉

3

에르네스토는 구직 활동을 계속하면서, 흥미가 당기는 의학 주제들을 연구하고 때때로 쿠바인 〈체-체〉 베가와 같은 환자들을 치료하며, 베네수엘라인 말라리아 전문가 페냘베르 박사의 연구실에서 일을 거들었다.

이제 그는 의학과 정치라는 자신의 두 가지 주된 관심사를 결합시킬 프로젝트에 착수했다. 그는 2월 15일에 편지를 써서 베아트리스에게 이렇게 알렸다. 〈제 작은 경험에 근거하여 사회 의학에 관한 매우 야심적인 책을 준비하고 있어요. 작업에는 2년의 시간이 걸릴 것 같아요. 제목은 《라틴 아메리카에서의 의사의 역할》이고, 지금까지 개략적인 윤곽을 그리고 첫 두 장을 썼을 뿐이에요. 하지만 인내심을 가지고 꼼꼼하게 일을 해나간다면 제가 훌륭한 무언가를 말할 수 있을 거라 생각해요.〉

일단 그 책에 관한 약간의 작업을 완성하자 그는 쓴 것을 일다에게 보여 주었다. 일다는 이렇게 회상했다. 〈그것은 국가 보호의 결핍, 의료인들이 직면해야 했던 자원의 희소성, 그리고 우리나라에 만연해 있는 엄청난 위생 문제에 관한 분석이었다. 그는 나에게 라틴 아메리카 각국의 보건 통계 수집을 도와 달라고 요청했고, 나는 그러마고 약속했다. 그것이 매우 가치 있는 작업이라고 믿었기 때문이다. 더욱이 그것은 내가 보기에 사회 문제에 민감하고 지칠 줄 모르는 사람의 작업이었다.〉

실제로 쿠바 역사가인 마리아 델 카르멘 아리에트에 따르면, 에르네스토가 계획했던 그 저작은 혁명적 사회에서 의사가 맡아야 할 역할에 관한 지침서였고, 그 속에서 에르네스토는 라틴 아메리카 전역의 의사들뿐만 아니라 자신이 담당해야 할 사회적 기능을 제시했다. 그가 책의 완성 시기를 2년으로 계획한 것은 어쩌면 당연해 보인다. 왜냐하면 그 2년은 그가 과테말라의 오지에서 의사로 봉사하고자 했던 것과 똑같은 기간이었기 때문이다. 이제 그는 그 자신이 〈사회 의학〉이라고 부른 프리즘을 통해 정치 혁명가로서 막 문턱을 넘고 있는 참이었다. 그는 아직 군사 훈련을 받지 않은 상태였기에 의학은 그가 헌신하기 위해 가진 유일한 기능이었다.

에르네스토는 식민지 시대부터 현대까지 라틴 아메리카

의 의료 역사, 임상 문제의 범위, 그리고 그것들에 영향을
미치는 지리적, 경제적 요인들을 개설하면서 책의 윤곽을
그렸다. 그런 다음 그는 치료를 위한 폭넓은 분석에 착수
했다. 그는 사회 의학의 예방 프로그램만이 저발전에 의해
야기된 질병들을 적절히 다룰 수 있고, 이를 위해서는 사회
주의적 정부 형태야말로 추구해야 할 올바른 정치적 경로
라고 판단했다.

〈의사와 환경〉이라는 장에 대한 스케치에서 에르네스토
는 사회주의로의 혁명적 변혁을 달성하는 데 의사들이 직
접적인 역할을 담당할 것이라고 전제하며, 이와 관련한 장
래의 행동 계획을 제시했다. 첫째로 그는 그 당시 라틴 아
메리카의 정치 현실을 대토지 소유자들에 의한 지배, 인기
없는 불량배 같은 당국자들, 성직자에 의한 지배, 효과적인
법률의 부재, 외국 독점기업들의 압도적인 경제적 영향력
등으로 이루어진 식민지주의로 규정했다.

혁명적 의사들은 이 요소들에 대항한 투쟁에서 자기 역
할을 하면서, 약탈과 약취를 일소하고 인민을 위한 의료적
배려를 확보하기 위해 기성 당국자들과 공공연히 대결해
야 할 것이었다. 〈무장 중립〉과 〈공공연한 전쟁〉 사이의 이
러한 이행 단계를 에르네스토는 준비기로 보았다. 즉 의사
들이 자신들이 보살피는 사람들과 그들의 건강 상태를 면
밀히 파악하고 그들의 계급의식과 일상생활에서의 건강의
중요성에 대한 의식을 높이도록 도와야 할 시기였다. 마지
막으로 혁명적 의료인의 임무는 그가 복무해야 할 유일한
〈주권자〉인 인민에 악영향을 미치는 모든 위해 요인에 맞

서 싸우는 것이었다.

의심할 여지 없이 에르네스토의 명제는 대체로 혁명기 과테말라의 현 상태에 대한 자신의 분석에 근거한 것이었다. 그 시점에서 미국이 후원하는 카스티요 아르마스의 해방군이 〈개전〉 위협을 가하고 있는 가운데 과테말라의 내부 상황은 〈무장 중립〉 상태라고 할 만했다. 개전 이전의 무장 중립 시기 동안 현장에서 〈혁명적 의사〉가 필요할 거라는 그의 신념은 바로 이런 상황 인식에서 나온 것 같다. 에르네스토는 위기가 다가오면 정부가 과테말라 노동당 전사들을 무장시켜 방위력을 갖출 거라고 여전히 믿었다. 만약 이런 일이 일어나고 〈인민〉이 침략을 격퇴하는 데 성공한다면, 사회주의 혁명은 과테말라에서 확고히 확립될 수 있을 것이었다.

이 저술 작업 덕택에 에르네스토는 마르크스주의에 대한 지식을 더욱 넓히게 되었고, 마르크스, 레닌, 엥겔스, 그리고 페루의 호세 카를로스 마리아테기 등의 저작들을 더욱 깊이 읽게 되었다. 일다가 이 독서 행군에 참여했다. 두 사람은 이 저작들과 여기서 제기된 논점들에 관해 토론하느라 많은 시간을 보냈다. 일다는 가지고 있던 마오쩌둥의 『새로운 중국』 사본을 에르네스토에게 빌려 주었다.

〈그 책은 에르네스토가 위대한 중국 혁명에 대해 읽은 첫 번째 저작이었다. 그는 그 책을 읽고 나와 토론하면서 소련의 지원하에 권력을 획득하기 위해 중국 인민이 벌인 장구한 투쟁에 큰 경의를 표했다. 또한 그는 사회주의로 향한 중국의 길이 소련이 걸었던 길과는 약간 다르다는 점과 중국의 현실이 우리 인디오와 농민들의 현실에 더 가까웠다는 점도 이해했다. 나도 중국 혁명을 찬양했기 때문에 우리는 종종 그 혁명과 거기에서 일어나고 있던 모든 것에 관해 토론했다.〉 에르네스토는 엘레나 레이바 데 올스트 및 에델베르토 토레스와도 중국에 관해 토론했다. 두 사람 모두 중국에 다녀온 적이 있었다. 에르네스토는 자신이 들은 것에 열광하여 이제 중국을 자신의 장래 방문국 목록에 포함시켰다.

미국인들에 대한 에르네스토의 적대감과 의심을 고려하면 좀 아이러니한 일이었지만, 이 시기 동안 그의 정치 학습에서 핵심 역할을 한 인물 가운데 하나는 해럴드 화이트였다. 에르네스토는 처음엔 이 늙은 남자를 냉담하게 대했지만 차츰 부드러운 태도를 보였고, 오래지 않아 그는 일다에게 이렇게 말했다. 「이 사람은 좋은 그링고야. 그는 자본주의에 싫증을 느끼고 새로운 삶을 살고 싶어 해.」

이제 에르네스토와 일다, 화이트 이 셋이서만 함께 많은 시간을 보냈고, 대부분의 주말에 그들은 교외로 소풍을 갔다. 일다가 자주 번역해 주어 부드러워지긴 했지만 에르네스토의 초보 영어와 화이트의 서툰 스페인어로 그들은 당면 사건에서부터 〈마르크스주의, 레닌, 엥겔스, 스탈린, 프로이트, 소련의 과학, 파블로프의 조건 반사에 이르기까지〉 모든 것을 토론했다.

4

2월 말에 괄로 가르시아와 리카르도 로호가 떠났다. 에르네스토는 이제 혼자 남았고, 남아 있는 가장 친한 친구는 일다였다. 두 친구는 두 사람 사이에 애정이 싹트고 있다고 놀려 댔지만, 사실 둘 사이에 아직은 아무 일도 일어나지 않은 상태였다.

두 사람이 지적으로 서로 끌렸고 일다가 에르네스토에게 육체적 매력을 느꼈던 점을 제외하면, 일다가 에르네스토에게 반한 이유는 적어도 부분적으로는 모성 본능 때문으로 보인다. 그들이 만난 직후에 에르네스토가 자기에게 〈자신의 질병에 관해〉 말했다고 일다는 회상했다. 〈그의 천식 때문에 나는 항상 그를 특별히 염려했다.〉 에르네스토 편에서도, 그는 자신이 일다에게 미친 영향을 너무나 잘 알고 있었다. 하지만 그는 심각한 관계에 빠지지 않으려고 애쓰는 와중에도 일다의 감정을 이용했던 것으로 보인다.

괄로와 로호가 떠난 며칠 뒤, 일다는 하숙집에 있던 에르네스토를 방문했다. 그녀가 도착해 보니 에르네스토는 천식 발작 때문에 꼼짝도 못하고 아래층 로비에서 그녀를 기다리고 있었다. 〈나는 그나 어느 누구든 그토록 격심한 천식 발작으로 고통받는 모습을 본 적이 없었고, 그가 겪고 있던 엄청난 호흡 곤란과 그의 가슴 깊숙한 곳에서 새어 나오는 헐떡임에 충격을 받았다. 나는 내 감정을 숨기기 위해 짐짓 설득조로 침대에 누워야 한다고 말했다. 그도 그러는 게 좋겠다고 했지만, 그는 계단을 올라갈 수 없었고 내 도움도 거부했다. 그는 나에게 자기 방이 어디인지 말해 주며 올라가서 미리 준비해 둔 주사기를 가져다 달라고 부탁했다. ……나는 그가 말한 대로 했고, 그가 아드레날린 주사를 놓는 모습을 지켜보았다.

그는 조금 휴식을 취했고 조금 더 쉽게 숨을 쉬기 시작했다. 우리는 천천히 계단을 올라갔다. 우리는 그의 방에 도착했고, 그는 누웠다. 그는 나에게 자기가 열 살 때부터 스스로 주사를 놓을 수 있었다고 말했다. 나는 그제야 그의 질병이 무엇을 의미하는지를 충분히 깨달았다. 나는 그의 강인한 성격과 자기 규율에 탄복하지 않을 수 없었다. 그의 저녁 식사로 밥과 과일이 배달되었다. ……나는 이 모든 것에 얼마나 많은 감동을 받았는지를 숨기려 애쓰며 되는 대로 어떤 것에 관해서든 대화를 이어 갔다. 그동안 내내 나는 이토록 소중한 남자, 즉 이토록 지적이면서도 너그럽고, 사회를 위해 너무나 많은 일을 할 수 있을 이 남자가 이런 고통을 겪어야 한다는 것이 얼마나 고약한 일인지 생각했다. 내가 그런 처지에 있었다면 자살했을 것이다. 나는 그 자리에서 당장 그의 곁에 머물러야겠다고 결심했다. 물론 감정적으로 얽히지는 않으면서 말이다.〉

일다는 에르네스토와 사귈지 말지 여전히 주저하는 듯했지만 몇 주 만에 결국 그에게 강하게 다가가기 시작했다. 그녀는 출판된 회고록에서 에르네스토가 자신을 쫓아다닌 것으로 묘사했지만, 에르네스토의 일기에는 그녀가 쫓아다닌 사람으로 기술되어 있다. 2월 말에 에르네스토는 이렇게 썼다. 〈나는 그동안 천식 때문에 조금도 움직이지 못했다. 그런데 지난밤 구토로 고비는 넘긴 것 같았다. ……
일다 가데아는 나를 계속 걱정하고 항상 병문안을 오면서
이런저런 것을 가져다준다.〉

한편 1954년 2월과 3월에 에르네스토의 눈길을 끌려고
노린 주된 경쟁자는 홀리아 메히아라는 간호사였다. 그녀
는 에르네스토가 주말마다 가서 지낼 수 있도록 아마티틀
란 호숫가에 집 한 채를 마련해 주고 에르네스토의 구직도
도와주었다. 그들은 곧 가끔씩 정사를 나누게 되었다.

에르네스토가 비밀리에 딴 여자와 놀아나는 걸 몰랐던
일다는 계속 자기 연줄을 활용하여 그에게 일자리를 구해
주려고 애썼다. 일다는 자기 사무실에서 일하던 헤르베르
트 차이지크라는 남자에게 에르네스토의 일자리를 부탁했
다. 과테말라 노동당PGT 청년 조직원이었던 그 남자는 에
르네스토에게 일자리를 구해 주었지만 일다에게 그가 먼
저 당에 가입해야 한다고 말했다. 에르네스토는 분노했다.
그는 일다에게 자신이 당에 가입한다면 〈나 스스로 알아
서〉 하겠지만 일자리를 구할 목적으로는 윤리적 이유 때문
에 그렇게 하지 않겠노라고 차이지크에게 말해 달라고 했
다. 이런 원칙적인 태도를 보고 일다는 에르네스토를 더욱
더 숭배하게 되었다.

한편 에르네스토의 재정 상황은 여전히 심각했다. 리카
르도 로호가 떠나기 전에 괄로의 하숙비 절반을 지불했지
만, 에르네스토는 여전히 하숙비도 못 내는 상태에 있었고
그가 때때로 구했던 유급 일자리는 충분하지 않았다.

2월 28일, 에르네스토는 부모님께 편지를 써서 울리세

스 페티트 데 무라트의 주소를 물었다. 아버지의 친구인 그는 멕시코에서 영화를 찍고 있는 배우였다. 에르네스토는 편지에 〈혹시 제가 그곳에 가게 될 경우를 대비해서〉라고 말했다. 한편 그는 부모님께 자신이 간판 페인팅 공장에서 일자리를 제안받았지만 이 일자리가 보건 분야에서 일자리를 찾을 시간을 빼앗을 것 같아 받아들이고 싶지 않았다고 말했다. 그는 농민협동조합과 바나나 플랜테이션에서 의사로 일하고 싶다는 제안을 했지만 두 일자리 모두 그의 손에서 벗어났다. 그가 그 〈염병할〉 과테말라의사협회 회원이 아니었기 때문이었다.

그는 이모 사라 데 라 세르나가 암으로 위중하다는 소식을 들었다. 그는 거의 일상화되다시피 한 잔인한 어투로 자아도취를 드러내며 어머니 셀리아에게 이렇게 썼다. 〈저는 어떤 위로의 말씀도 드릴 수 없습니다. 어머니도 아시다시피 경제 사정 때문에 가보지도 못하겠습니다. 단지 힘껏 안아 드리고 미래를 보면서 현재로부터 약간 거리를 두시라는 말씀밖에는 드릴 수 없군요. 차우로부터.〉

3월에 에르네스토의 상황이 약간 변했다. 일다가 밀린 하숙비 일부를 대신 내주었고, 훌리아 메히아가 동부 페텐 정글에 있는 의사 일자리를 위한 면접 기회를 알아봐 주었다. 이 때문에 기분이 잠시 나아진 그는 일기에 〈나는 낙관한다〉라고 적었다. 페텐은 그가 진정 가고 싶어 했던 곳이었다. 그는 어머니와 아버지에게 이렇게 썼다. 페텐은 〈더할 나위 없는 곳이에요. 마야 문명이 번성했던 곳이고……질병이 지천으로 널려 있기 때문이죠. 정말로 배울 수 있는

곳이에요(물론 원하는 사람이라면요)!〉

하지만 페텐에서 일을 하려면 의사협회의 승인이 필요했다. 그래서 에르네스토는 의사협회로 가서 협회 회장을 만나기로 했다. 그는 그 면접을 신랄한 투로 이렇게 요약했다. 〈그 남자는 자리보전에 급급한 자, 반공주의자, 음모꾼으로 보이지만, 나를 도와줄 생각은 있는 것 같다. 나는 충분히 조심하지는 않았지만 그렇다고 너무 많은 위험을 감수하지도 않았다.〉

일다는 에르네스토가 페텐에서 일자리를 얻을 수 있다는 소식을 듣고 그에게 그들 관계에 대한 일종의 약속을 요구하며 법석을 떨었다. 며칠 후 에르네스토는 이렇게 썼다. 〈일다는 자기가 꾼 꿈을 나에게 말했다. 내가 주인공으로 등장했다고 하는데, 이것은 그녀의 성적인 열망을 드러내는 내용이다. 나는 꿈은 안 꿨지만 천식 발작은 겪었다. 과연 어느 지점까지 천식이 도피처가 될 수 있을까? 재미있는 점은 자기 분석을 해보면 내가 도피할 어떤 이유도 없다는 결론에 정당하게 — 그 결론을 받아들이기만 한다면 — 이른다는 점이다. 그럼에도…… 일다와 나는 똑같은 두목의 노예이면서도 우리 둘 다 그것을 행동으로 부정한다. 아마 내가 좀 더 일관된 입장을 취하고 있는 것이겠지만 깊이 내려가면 똑같다.〉

여기서 에르네스토는 자기 자신에 관해 중요한 무언가를 말하려 하고 있는 듯하다. 암시하는 듯한 말투에도 불구하고, 다음과 같이 덧붙인 말을 보면 그가 자신의 성격 속에서 감지한 우유부단함을 정치 영역으로도 투사해 본 것은 확실하다. 〈쿠바인들이 아주 차분하게 호언장담하는 말을 듣고 나는 자괴감을 느꼈다. 나는 열 배나 더 객관적으로 연설을 할 수 있다. ……나는 그것을 더 잘 읽고, 내가 옳은 무언가를 말하고 있다고 청중을 확신시킬 수 있지만 나 자신을 설득하지는 못한다. 그러나 쿠바인들은 그렇게 한다. 니코는 마이크에 자기 혼을 불어넣는다. 그런 이유에서 그는 나 같은 회의론자도 열광시킨다. 페텐은 나로 하여금 나의 천식 문제는 물론 나 자신과도 대면케 하고, 나는 이렇게 대면할 필요가 있다. 나는 스스로의 힘으로 승리해야 하고 또 그럴 수 있다고 믿는다. 하지만 그 승리는 나의 천성 ─ 이것은 나의 잠재의식적 믿음보다 훨씬 더 크다 ─ 의 결과물이지 그 천성에 대한 믿음의 결과로 얻어질 것 같지는 않다.〉

에르네스토는 자기 자신과 일다가 가슴으로는 혁명가이지만 대의에 대한 전면적인 헌신으로 뛰어들지는 않았다고 말하고 있는 듯했다. 과테말라 혁명과 입장을 같이하는 것만으로는 충분하지 않았고, 에르네스토도 이 점을 알고 있었다. 일다는 여전히 아메리카인민혁명동맹에 가입한 상태였고, 결정적인 순간에 에르네스토 자신은 과테말라 노동당에 가입하기를 꺼렸다. 에르네스토의 노동당 가입 거부가 아무리 원칙적인 동기에서 나온 것이었다 해도, 그가 이전과 똑같은 냉정한 〈저격수〉이자 회의적인 국외자로서 여전히 망설이고 있었다는 점도 사실이었다. 그러나 이제 그는 자신의 투쟁에 대한 확고한 신념을 지닌 니코 로페스라는 전범(典範)이 있었다. 에르네스토는 로페스의 이런 신념을 아직 나누어 가질 수 없었다. 이는 그가 아직 정치 투쟁에 진정으로 참여하고 있지 않았기 때문이었다. 또 그는 천식이 그러한 헌신을 회피하는 핑계가 아닐까 하는 생각도 했다.

이제 그는 자신의 질병에 틀림없이 치명적일 눅눅한 정글 지역인 페텐에서의 일을 제안받았지만, 그곳은 〈혁명적〉 의사가 되려는 계획을 이행하기에 적절한 무대이기도 했다. 또 그 일에 대해 그는 자기 신념에 충실할 수 있고 동시에 천식을 극복할 수 있다는 것을 스스로에게 입증하기 위해 해야 할 일로 느꼈다. 그에게 천식은 자신이 거부해 가고 있던 유전의 고약한 족쇄를 상징하게 되었다. 그는 새로운 정체성을 형성하고 혁명가로서 자신을 개조할 뿐만 아니라 자신이 태생적으로 지녔던 제약 조건들을 일거에 극복하기를 바랐다.

한 차례의 자기 분석으로 정신이 약간 맑아지기는 했지만, 천식은 끊이지 않고 지속되었다. 며칠 후 그는 하숙집 침대에 엎드려 〈소소한 일들이 몇 가지 일어났다〉고 썼다. 협회 회장은 그에게 페텐의 일자리 문제가 잘 풀려 가고 있다고 말했다. 〈일다는 편지와 직접적인 행동으로 자기 사랑을 선언했다. 나는 천식을 심하게 앓고 있었고, 그렇지만 않았다면 나는 그녀와 관계를 했을 것이다. 나는 일다에게 내가 줄 수 있는 것은 이따금 만나는 것이 전부고 확실한 것은 아무것도 없다고 경고했다. 일다는 매우 당황하는 것 같았다. 그녀가 떠나면서 나에게 남긴 짤막한 편지는 매우 좋은데, 너무 못생긴 것은 참 아쉽다. 그녀는 스물일곱 살

이다.〉

이제 에르네스토는 자신이 정말로 페텐으로 갈 거라는 눈곱만큼의 보증도 없었음에도 불구하고 모든 사람들에게 자신이 페텐으로 떠날 거라고 말하며 다녔다. 3월에 그는 이렇게 썼다. 〈바야흐로 나는 가져가야 할 필수품 목록을 준비하려는 참이다. 나는 가고 싶어 좀이 쑤신다. 내가 이 나라에서 점점 더 움쩍 못 하게 되어 안 그래도 고민되는 판인데 일다가 나를 더욱 신경 쓰이게 한다.〉

동시에 과테말라에 대한 정치적 압력이 가중되고 있었다. 3월 카라카스에서 열린 미주기구의 제10차 회의에서 존 포스터 덜레스는 충분한 수의 나라들을 압박하여 결국 3월 26일 결의안에 다수결로 서명케 했다. 이로써 〈공산주의에 의해 지배되는〉, 따라서 〈서반구에 위협〉이 되는 어떤 회원국에 대한 무력 개입도 효과적으로 정당화될 수 있게 되었다. 멕시코와 아르헨티나는 기권했고, 그 결의안의 표적이었던 과테말라는 유일하게 반대표를 던졌다.

공작이 시작되고 있었다. 아이젠하워 행정부는 외교전에서 거둔 승리를 바탕으로 이제 우위를 확고히 다졌다. 과테말라 망명자들에 대한 CIA의 군사 훈련이 니카라과 소모사의 한 목장에서 착착 진행되었다. 또 CIA는 다가오는 공격에 사용할 목적으로 파나마 운하 지역과 온두라스, 니카라과에 20여 대의 비행기를 몰래 들여오고 일단의 용병 비행사들도 고용했다. 한편, CIA의 심리전 공작원들은 선전과 역(逆)정보 방송을 위한 녹음 준비와 과테말라 상공에서 뿌릴 전단을 인쇄하며 적절한 시점에 아르벤스와 소련의 연루 〈증거〉로 과테말라에 배치될 소련제 무기들을 사들이는 데 분주했다.

미르나 토레스는 과테말라를 떠나 약혼자가 있던 캐나다로 날아갔다. 에르네스토의 말에 따르면, 그녀는 〈자신이 무엇을 원하는지도 모른 채 실연의 찌꺼기를 남겨 두고 떠났다. 하지만 최악의 일은 나 자신이 떠나게 될지 말지 모른다는 것이다. 언제나 똑같은 불확실성……〉. 며칠 후 그의 불확실성이 더욱 심각해졌다. 즉, 의사협회 회장이 그를 만난 자리에서 페텐 일자리에 관해 냉담하고 회피하는 듯한 태도를 보였던 것이다. 그는 일기에서 스스로를 위로했다. 〈훌리아만이 나에게 응대해 준다. 그리고 그녀는 좋다…….〉

그러나 훌리아와 있을 때를 빼곤 그에게 쌀쌀한 분위기가 감돌았다. 이제 그는 협회 회장을 〈창녀의 자식〉이라고 불렀다. 그는 다음 만남에서 〈아무것도〉 기대하지 않았고, 온통 사람 만나러 다니는 일 때문에 그동안 편지를 쓸 틈조차 없었다고 불평했다. 〈열정은 건강과 상황에 달려 있는데, 두 가지 모두 내 뜻대로 되지 않는다. 페텐의 일자리는 점점 더 멀어지는 것 같다. ……모든 게 엉망이 되고 있다. 제기랄, 뭘 해야 할지 모르겠다. 일다는 목에 걸린 가시가 되고 있다. 어디론가 날아가 버리고 싶다. 어쩌면 베네수엘라로.〉

하지만 그는 돈이 없었기 때문에 떠날 수 없었다. 순례 과정이 계속되었다. 그는 무언가 생산적인 일을 하며 시간을 보내기 위해 페냘베르의 실험실에서 기생충 질병에 대한 연구를 고집스럽게 했다. 테키사테라는 곳에 있던 바나나 플랜테이션의 일자리는 아직 가능성이 있는 것으로 드러났다. 일다가 그에게 그 일자리 준비를 위해 준 약간의 보석으로 그는 하숙비 일부를 갚았지만, 여전히 여러 달 치가 빚으로 남았다. 하숙집 여주인은 그에게서 며칠 안에 한 달 치를 갚겠다는 약속을 받아 냈다. 그리고 약속된 날이 다가왔다.

〈나는 5센타보조차 지불할 수 없었기 때문에 하숙집에서 일이 험악해졌다. 나는 내 시계와 일다가 준 것 중에서 금사슬과 보석 반지를 저당 잡히고 역시 일다 것인 금반지도 약속했다. 보석들을 저당 잡힌 다음 나는 테키사테로 갔다. 도중에 천식이 다시 도졌는데, 이것은 내가 거기 가면 사태가 어떻게 돌아갈지를 보여 주는 전조였다.〉

그는 사라 이모가 죽었다는 소식을 들었다. 그는 고민을 잠시 접고 자기감정에 대해 곰곰이 생각했다. 〈나는 이모를 사랑하지 않았지만 그녀의 죽음은 나에게 영향을 미쳤다. 그녀는 건강하고 활동적인 사람이었기에 이런 식으로는 결코 죽지 않을 것 같았다. 그럼에도 그녀의 죽음은 하나의 해결책이다. 질병 때문에 그녀는 그 상황을 끔찍하게 생각했을 것이기 때문이다.〉 그런 상황에서 냉담해 보이지만 점점 더 집에 보내는 그의 편지의 특징이 되고 있던 정력적인 간결함으로 에르네스토는 어머니에게 편지를 썼다. 〈원기를 찾으세요. 사라 이모에게 일어난 일은 이제 끝났고, 파리가 기다리고 있어요.〉

이제 4월이 되었고, 그가 테키사테 일자리를 확보하는

데 남은 주된 장애물은 과테말라 상주권을 획득하는 것이었다. 그는 점점 더 숙명론적이 되고 있었다. 〈하루하루가 계속 지나가고 있지만 무슨 상관이란 말인가. 이렇게 날들이 지나가고 있노라면 언젠가 내가 올스트의 집에 가서 머물 수도 아닐 수도 있겠지만, 이런저런 문제들을 결말짓지 않으면 내 머리가 터져 버릴 것이다.〉

어느 주말에 교외에서 돌아오면서 에르네스토, 일다, 해럴드 화이트는 두건 쓴 남자들이 촛불을 들고 예수의 초상을 옮기는 부활절 행렬을 목격했다. 이 행렬에 그는 으스스한 기분을 느꼈다. 〈언젠가 창 같은 것들을 들고 지나가는 사람들을 보았는데, 그 모습이 너무 흉해 보여 기분이 꺼림칙했다.〉

4월 9일에 과테말라의 가톨릭교회가 과테말라에서 공산주의의 존재를 비판하며 모든 과테말라인에게 공산주의에 맞서 궐기하라고 호소하는 주교 교서를 발표했다. 비록 완곡한 말투로 표현되었지만 거기에 실린 속뜻을 모르는 사람은 아무도 없었다. 그러나 CIA가 과테말라 대주교 마리아노 로세이 아레야노와 접촉하여 영향을 미친 직접적 결과로 그 주교 교서가 발표되었다는 점은 대중에 전혀 알려지지 않았다. 과테말라 전역의 교회에서 사제들이 교서를 큰 소리로 읽는 동안 CIA의 비행사들이 과테말라 농촌 전역에 같은 메시지를 담은 수천 장의 전단을 뿌렸다.

에르네스토는 어머니에게 긴 편지를 썼다. 그들이 주고받은 최근 서신에서 에르네스토의 어머니는 파리에서 아들과 상봉하리라는 기대감에 잔뜩 부풀어 있었다. 에르네스토는 어머니에게 자신이 앞으로 10년 동안 세계를 탐험할 계획이므로 아마 이때가 서로 만날 유일한 기회일 거라고 말했다.

셀리아는 고고학과 라틴 아메리카 인디오의 상태에 대한 아들의 관심을 고려하여 고고학자가 될 생각이 있는지 대놓고 물어보았지만, 그는 다음과 같은 논리로 거부했다. 〈죽어 돌이킬 수 없는 것에 대한 연구를 제 삶의 길잡이로 삼는 것은 조금 역설적으로 보이는데요.〉 그는 〈두 가지〉를 확신한다고 어머니에게 말했다. 첫 번째는 자신이 〈약 35세에 진정으로 창조적인 단계〉에 도달하고 〈핵물리학, 유전학 등과 같은 분야〉에서 일하고 있을 거라는 점이었다. 두 번째는 〈아메리카 대륙이 제가 예전에 생각했던 것보다 훨씬 더 중요한 무대가 될 거라는 점입니다. 저는 진정으로 이 대륙을 이해한 것 같아요. 또 전 진정으로 라틴 아메리카인으로 느껴지는데, 이는 우리가 세계의 여느 민족들과도 다른 고유한 특성을 갖고 있다는 점에서 그런 것 같아요〉.

4월의 마지막 며칠 동안 에르네스토는 꾸벅꾸벅 졸고 있는 상태에서 자신을 흔들어 깨웠다. 그리고 〈영웅적이고 꺾일 수 없는〉 결정을 내렸다. 그는 상주권이 승인되지 않는다면 보름 안에 과테말라를 떠나기로 했다. 에르네스토는 하숙집 주인에게 자신의 결정을 알리고 소지품을 맡길 곳을 알아보기 시작했다. 그가 곧 떠날 거라는 소식에 일다는 걱정했다. 〈일다는 내가 떠나지 않도록 원하는 모든 것을 해주겠다며 끝까지 고집하고 있다. 아드레날린 1킬로그램이 도착했다. 베네수엘라에서 알베르토가 보낸 것이었다. 더불어 알베르토는 자기 쪽으로 오라는 내용의 편지도 보냈다. 나는 사실 별로 떠나고 싶지 않다.〉

에르네스토가 떠날 준비를 하고 있을 때, 워싱턴은 불안 유도 계획을 실행할 다음 조치를 취하고 있었다. 대대적이고 계획적인 홍보 활동과 더불어 푸에리포이 대사가 협의를 위해 워싱턴으로 소환되었다. 정통한 소식통에 따르면, 그의 방문 목적은 서반구에서 공산주의의 개입에 반대하는 최근의 카라카스 결의에 따라 아르벤스에 대항한 미국의 조치를 협의하기 위한 것이었다. 4월 26일 아이젠하워는 의회 연설에서 전시 용어를 구사하며 〈빨갱이들〉이 이미 과테말라를 통제하고 있고 이제 엘살바도르를 비롯한 여러 이웃 나라로 〈촉수〉를 뻗으려 한다고 경고했다.

에르네스토는 과테말라 상주권 획득을 위한 전 단계로서 경찰에 출두하라는 요구를 받았다. 그는 이것이 비약적 돌파라고 비꼬듯이 언급하면서 자신이 과테말라 외무부에서 한 노력을 최근 프랑스군 주둔지 디엔비엔푸에 대한 호치민 베트남 전사들의 맹공에 비유했다.

5월 15일에 에르네스토는 비자를 갱신하기 위해 과테말라를 떠나야 할 거라는 말을 공식적으로 들었다. 그리고 바로 이때 그는 어디로 가야 할지 결단을 내렸다. 떠나기 직전에 그는 생일이 다가오고 있던 동생들에게 편지를 썼다. 이 편지에서 그는 부모님께 보내는 편지에 비해 훨씬 더 노골적인 표현을 쓰고 있었다. 그는 일단 의사 일자리를 구하면 〈내 친구 마오가 나를 부를 때까지〉 진지한 삶을 살겠노라고 동생들에게 말했다. 중앙아메리카의 정치에 대해 그는 이렇게 썼다.

〈중앙아메리카는 여기 사람들이 흔히 말하듯이 멋진 곳이야. 이런저런 것들에 찬성하거나 반대하는 소동 없이 지나가는 해가 없어. ……지금 당장은 온두라스가 엄청난 파업의 한복판에 있고 이 나라 노동자의 거의 25퍼센트가 이 파업에 참여하고 있어. 이 지역 유나이티드프루트 사의 변호사인 포스터 덜레스는 과테말라가 파업에 개입했다고 말해. 반란을 선동하는 비밀 라디오가 있고 야당 일간지들도 반란을 선동하는데, 이는 그들이 자신의 습성을 잃지 않도록 유나이티드프루트의 도움으로 소규모 혁명을 이곳에 보내는 일이 자연스럽게 보이도록 하기 위해서지. ……미국이 (아직은 가능성이 적지만) 직접 개입하지 않는다면 과테말라는 이런 종류의 시도에 잘 견딜 수 있을 것이고, 그 운동에 공감하는 사람들이 멕시코에 많이 있기 때문에 든든한 후원자도 있다고 믿어.〉

에르네스토의 낙관적인 예언에도 불구하고, 아르벤스 정권에 돌이킬 수 없는 선고가 내려진 바로 그날에 사건이 일어났다. 한 달 전에 비밀리에 체코슬로바키아 무기들을 싣고 폴란드의 항구를 출발했던 스웨덴 화물선 알펨 호가 과테말라의 대서양 연안 항구인 푸에르토바리오스에 정박했다. 폴란드에서 그 비밀 항해 정보를 탐지하여 그 배에 실린 화물과 최종 목적지에 대해 의심하던 CIA는 그 배가 대서양을 횡단하여 여러 차례 항로를 바꾼 경로를 추적했다. 알펨 호가 푸에르토바리오스에 도착했을 때, 워싱턴은

이 배에 실린 화물의 진정한 성격 — 아르벤스 정권을 위한 2톤 이상의 전쟁 물자 — 에 대해 신속한 통보를 받고 행동에 들어갔다.

알펨 호는 워싱턴이 절실히 필요로 했던 것, 즉 소비에트 블록이 과테말라에 개입한 증거를 제공했다. CIA 국장 앨런 덜레스는 즉각 정보자문위원회와 국가안보회의를 소집하여 과테말라 침공 날짜를 다음 달로 의결했다. 5월 17일 미 국무부는 무기 인도를 비난하는 성명을 발표했고, 이어 아이젠하워는 그 체코제 무기가 중앙아메리카에서 〈공산주의 독재〉를 공고히 할 수 있다고 공개적으로 경고했다.

과테말라는 난처한 입장에 빠졌다. 물자 수송을 비밀리에 준비했다가 현장에서 발각된 아르벤스는 갑자기 감출 무언가를 가진 사람처럼 보였다. 연이어 며칠 동안 아이젠하워와 국무장관 덜레스는 언론을 통해 수송된 무기량이 과테말라의 군사적 필요보다 더 많았다고 말하며, 과테말라의 진짜 의도는 이웃 나라들을 침공하여 공산주의 통치를 강요하고 또한 미국이 통제하는 파나마 운하에 공격을 개시하려는 것일지도 모른다는 암시를 주었다. 워싱턴의 선전 기관들이 풀가동에 들어간 가운데, 그동안 군 장비의 성능 개선을 위한 아르벤스의 노력을 미국이 좌절시켜 왔다는 사실을 기억한 저널리스트는 별로 없었다. 사실 미국은 과테말라의 직접적인 군사 원조 요청을 거부해 왔고, 과테말라에 무기를 팔려는 다른 서방 나라들의 움직임도 방해해 왔다.

알펨 호가 정박한 지 채 일주일도 되지 않아 국무장관

덜레스는 온두라스와 〈상호안보 조약〉에 서명했다. 미국은 불과 몇 주일 전에 니카라과의 독재자 소모사와도 유사한 조약에 서명한 터였다. 이 조치는 과테말라 정부의 스파이들이 온두라스의 총파업을 선동했다고 미국과 온두라스가 비난하던 상황에서 취해진 것이었다. 이제 〈과테말라의 침공〉이 일어나면 온두라스는 미국이 방어하기로 되었다. 화룡점정을 위해 미군 수송기들이 과시하듯 니카라과와 온두라스로 날아가 표면상 두 나라의 방어 목적을 위한 무기류를 수송했다. 사실 그 수송품들은 과테말라 국경으로 움직이라는 진군 명령을 기다리고 있던 카스티요 아르마스의 해방군에 전달될 예정이었다.

5월 20일 알펨 호에 실린 무기의 과테말라시티 인도를 저지하기 위한 조치가 앨런 덜레스의 승인 아래 취해졌고, 그 일환으로 일단의 CIA 폭파 전문가들이 푸에르토바리오스 외곽 철도에 폭약을 설치했다. 그 폭약은 큰 타격을 입히지 못했고, 그래서 군용 열차가 지나갈 때 CIA 요원들이 사격을 가했다. 과테말라군 병사 한 명이 죽고 여럿이 부상을 당했지만 열차와 화물은 아무 문제없이 목적지에 도달했다.

상승일로에 있던 이 정치적 드라마를 뒤로하고 에르네스토는 하숙집을 떠났다. 그는 여전히 석 달 치 정도의 하숙비를 빚지고 있었지만, 하숙집 주인은 차용증을 받고 그를 보내 주었다. 그는 일다와 함께 산후안 사카테페케스라는 마을에서 밤을 보내러 갔다. 그들 둘이서만 보낸 첫날 밤이었다. 며칠 후 에르네스토는 꾼 돈 20달러를 주머니에

넣고 엘살바도르로 떠났다.

5

에르네스토는 위기가 정점에 달한 순간에 다시 한 번 몸을 빼내며 전장 속에 뛰어든 게릴라를 자처한 사람 치고는 눈에 띌 정도로 무사태평하게 처신하고 있었다. 동시에 에르네스토는 알펨 호를 둘러싼 긴장이 계속되는 가운데 최악의 시점을 골라 과테말라의 이웃 나라들을 방문하고 있었다. 그는 살바도르 국경에서 경찰에게 몇 가지 〈의심스러운 인쇄물〉을 몰수당했지만 뇌물을 주고 입국을 허락받았다.

그는 산타아나 주도(州都)에서 새 과테말라 비자를 얻은 다음, 수도 산살바도르로 여행을 계속했다. 거기서 그는 코판이라는 마야 유적지를 방문하고, 계속되는 노동자들의 파업을 〈확인〉할 수 있으리라 생각하며 온두라스 비자를 신청했다. 그는 주말 동안 인근 태평양 연안으로 떠나 그곳 해변에서 야영을 했다.

거기서 그는 몇몇 젊은 살바도르 남자들과 친구가 되었다. 나중에 그는 어머니에게 쓴 편지에서 이렇게 말했다. 그 친구들이 모두 약간 취했을 때 그리 심하지는 않았지만 〈과테말라식 선전〉 문구를 지껄이고 〈빨갱이 색채가 진하게 느껴지는 시 몇 편을 읊었습니다. 그 결과 우리 모두 경찰서에 출두했지만 곧 방면되었습니다. 그런데 우리를 방면하기 전에 경찰서장이 충고하길······ 제게 오후의 장미라

든가 아니면 다른 아름다운 것들을 노래하라고 하더군요. 하지만 제가 시를 쓴다면 전장의 포연에 관한 것이 될 겁니다〉.

산살바도르로 돌아왔을 때 에르네스토는 온두라스 비자가 거부되었다는 소식을 들었다. 그는 자신이 과테말라에서 왔기 때문일 거라고 생각했다. 당시의 정치적 분위기에서 과테말라에서 왔다는 사실은 범죄 행위나 마찬가지였다. 온두라스가 더 이상 대안이 아닌 상황에서 그는 엘살바도르 서부에 있는 찰추아파로 향했다. 콜럼버스 이전에 있었던 피필 인디오 피라미드인 타수말을 보기 위해서였다.

그는 관찰기를 일기에 꼼꼼히 기록하며 유적지를 탐사했다. 그날 밤 그는 산타아나 외곽 도로변에서 잠을 잤고 아침에는 지나가는 차를 얻어 타고 과테말라 국경을 다시 넘어왔다. 그러고는 과테말라 남부에 있는 키리구아 고대 인디오 유적지로 향했다. 다음 날 그는 할라파에 도착하여 프로그레소 마을로 가는 기차를 탔다. 거기서 어떤 여자가 그를 불쌍히 여겨 그에게 25센트를 주었다. 그는 이제 유명해진 항구 푸에르토바리오스로 난, 거의 완성된 새 길을 따라 걸었다. 그는 키리구아에 도착한 다음 그곳에서 그 석조 건축물과 페루에 있는 잉카의 건축물 사이의 유사성을 주의 깊게 관찰했다. 그러나 그는 조각품 안에 아시아 인물이 들어 있는 것에 특히 충격을 받으며 돌기둥에 새겨진 한 인물은 〈부처〉를 연상시키고, 다른 하나는 〈호치민〉을 닮아 있다고 생각했다.

다음 날 그는 다시 길을 나서며 푸에르토바리오스로 〈사내답게〉 단호히 향했다. 그는 기차 여행에 마지막 남은 돈을 썼다. 그것은 도박이었지만 효과가 있었다. 곧바로 그는 도로 건설 작업반에 타르 통을 옮겨 주는 야간 일자리를 얻었다. 〈그 일은 저녁 6시부터 아침 6시까지 열두 시간을 쉬지 않고 계속되었다. 나보다 더 단련된 친구들도 힘들어 할 만큼 정말 사람 죽이는 일이었다. 오전 5시 30분쯤 되면 우리는 자동 기계 혹은 여기서 술 취한 사람을 일컫는 《볼로스bolos》가 되어 있었다.〉 그는 〈첫날보다 일할 의욕이 현저히 떨어진 상태에서〉 하룻밤 더 일했지만, 〈정말로 성가시게 하는 모기에도 불구하고 장갑도 없이……〉 자기 순번의 일을 자랑스럽게 완수했다.

다음 날 아침, 한 공사 감독관으로부터 푸에르토바리오스에서 과테말라시티로 돌아가는 기차표를 약속받은 에르네스토는 성취감을 맛보며 바닷가의 버려진 판잣집에서 휴식을 취했다. 그것은 그가 태어나서 처음으로 맛본 지속적인 육체노동이었다. 〈나는 머리에서 발끝까지 먼지와 아스팔트로 뒤집어쓴 완벽한 찬초로 돌아가 있었지만 진정으로 만족했다. 나는 표를 얻었고, 내가 외상으로 밥을 먹었던 식당의 늙은 여자는 나에게 과테말라시티에 있는 자기 아들에게 1달러를 지불해 달라고 말했고, 나는 내게 닥쳐오는 어떤 일이든 견딜 수 있고 천식만 아니라면 그보다 더한 일도 할 수 있다는 것을 입증했다.〉

6

에르네스토는 과테말라시티로 돌아온 다음 〈나는 1달러를 갚았다〉고 자랑스럽게 썼다. 그가 돌아오지 않을 거라고 걱정했던 일다는 그가 돌아오자 놀라면서도 기뻐했다. 침공의 불안감이 높아 감에 따라 과테말라를 떠나는 사람들이 늘어나고 있었다. 그녀가 알고 지내던 정부 관리들은 그녀에게 피난처를 찾아보라고 재촉했고, 해럴드 화이트도 똑같이 권했다.

소문이 들끓는 수도의 과대망상적 분위기 속에서 에르네스토가 들은 첫 번째 이야기 중 하나는 자신과 직접 관련된 내용이었다. 한 파라과이 친구가 말하길, 많은 사람이 그를 페론의 스파이로 믿고 있다는 것이었다. 하지만 소문은 금세 잠잠해졌다. 에르네스토의 처신에서는 그를 페론의 스파이로 여길 만한 구석이라고는 눈곱만치도 보이지 않았기 때문이었다. 그는 밀린 하숙비를 갚을 능력이 전혀 없었기 때문에 예전의 하숙집으로 돌아가지 않고 엘레나 레이바 데 올스트의 집에서 숙식을 해결하고, 니코 로페스와 탱고를 불렀던 또 다른 쿠바인과 함께 방을 썼다. 에르네스토는 비밀리에 살금살금 그 방을 출입했고, 싱글 침대가 두 개밖에 없었기 때문에 그들은 두 침대를 붙여 칼잠을 잤다. 니코는 조직의 명령에 따라 멕시코로 향할 준비를 하고 있었고, 〈다른 하는 일은 별로 없이 웃고 장난치며〉 나날을 보냈다.

기대할 만한 일은 여러 가지 있었지만 그럼에도 그의 생활은 예전과 똑같이 지루한 쳇바퀴를 돌리고 있었다. 의사 일자리는 신기루처럼 계속 그에게 손짓하고 있었다. 그는 다시 만나러 오라는 이야기를 들었고, 그다음엔 기다리라는 말을, 마지막에는 또다시 일주일을 더 기다리라는 말을 들었다. 그는 다시 침체에 빠졌다. 집에서 오는 편지도 별로 없었다. 니코는 떠났고, 에르네스토는 코카라는 이름의 과테말라인과 함께 쓰는 또 다른 방으로 옮겨 갔다. 엘레나 레이바 데 올스트 역시 떠날 준비를 하고 있었지만 그녀는 에르네스토에게 다른 여자의 집에 그의 식사를 해결할 수 있도록 준비해 두고 보건부 장관과 마지막으로 한 번 더 만나 그의 일자리에 대해 이야기해 보겠노라고 약속했다. 설상가상으로 그의 천식이 다시 도졌다.

그러나 에르네스토의 지루한 나날들도 막 끝날 참이었다. 미국과 과테말라 사이의 대치 국면 속에서 움직임이 증가하고 있었기 때문이었다. 미국 전함들이 카리브 해에서 수상한 모든 선박에 대한 검문검색을 이미 시작한 상태였고, 국무장관 덜레스는 7월로 예정된 다음 미주기구 회의에서 과테말라에 대한 제재 조치가 비준되어야 한다고 호소하는 문서를 떠들썩하게 준비하고 있었다. 〈작전 성공〉의 선전 책임을 맡은 CIA 요원 하워드 헌트(나중에 워터게이트 사건으로 유명해진다)는 과테말라에 관심을 집중시키기 위해 최근에 멕시코시티에서 열린, 소련의 라틴 아메리카 개입에 반대하는 회의를 조직했다.

라틴 아메리카 전역에서 CIA는 과테말라에서 증대하는 공산주의의 위협을 경고하는 내용의 신문 기사와 선전 영화를 뿌리고 소책자들을 배포하고 있었다. 아르벤스는 외무장관을 보내 워싱턴과 협상을 시작하고 침공을 피하기 위한 유화 조치를 제안하며 푸에르포이 대사와 접촉을 시도했다. 화해 제의는 아무 소용이 없었다.

CIA의 심리전이 성과를 거두고 있었다. 6월 2일에는 반아르벤스 음모가 격퇴되고 주모자 몇 명이 체포되었다. 다음 날, 일단의 군 장교들이 아르벤스에게 정부 내에서 모든 공산주의자들을 파면하라고 요청했다. 아르벤스는 이 장교들에게 자신이 공산주의자들을 통제하고 있다고 말하며 그들의 우려를 일축했다. 그러나 많은 장교들이 여전히 의심을 거두지 않았고, 6월 5일에는 예비역 공군 참모총장이 변절했다. 그는 곧 CIA의 라디오 방송에 출연하게 된다.

CIA 요원 데이비드 애틀리 필립스의 지도하에 자칭 〈해방의 목소리〉라는 라디오 방송이 과테말라인들에게 해방군을 도와줄 것을 호소하며 그 군대가 수천 명의 전사를 갖고 있다는 인상을 주었다. 또 그 방송은 아르벤스가 〈농민 민병대〉를 꾸리기 위해 군대를 해산시키고 무기를 공산주의자들이 통제하는 조합들에 넘겨줄 계획을 꾸미고 있다고 비난함으로써 군사적 공포심도 이용했다. 6월 6일, 아르벤스는 침공 위협을 거론하며 30일간의 기본권 제한 조치를 취했다.

6월 14일, 에르네스토는 스물여섯 번째 생일을 맞았다. 다음 날 아이젠하워 대통령은 〈작전 성공〉을 최종 점검하기 위해 고위급 회의를 소집했고, 이틀 후에는 미국의 용병 조종사들이 과테말라 폭격 임무를 띠고 비행기를 출격시

컸다. 6월 18일, 카스티요 아르마스는 약 400명의 전사들로 이루어진 변변찮은 해방군의 선두에 서서 온두라스 국경을 넘어 과테말라로 진격했다. 침공이 시작되었고, 이와 더불어 에르네스토 게바라의 미래도 시작되었다.*

* 자세한 내용은 부록 참조.

10장
〈심한 찬물 세례〉

1

과테말라시티에 첫 번째 폭격이 시작되었을 때, 에르네스토는 처음으로 포화 아래 있다는 것에 스릴을 느꼈다. 셀리아에게 보낸 편지에서, 그는 〈원숭이처럼 매우 재미있어 한 것에 약간 부끄러운 느낌이 들었다……〉고 고백했다. 폭격이 가해지는 동안 거리에서 사람들이 뛰어다니는 모습을 보며 그는 〈마치 불사신이라도 된 듯한 신기한 느낌〉 때문에 〈쾌감에 자기 입술을 혀로 핥았다〉.

에르네스토는 폭력에 두려움을 느꼈다. 〈폭격은 아무리 가벼운 것이라 하더라도 위압감을 주기 마련이다. 나는 내가 있던 자리에서 비교적 가까운 목표물에 폭격이 가해지는 장면을 목격했다. 비행기가 점점 더 커 보이면서 비행기의 날개에서 간헐적으로 작은 불꽃이 일었고, 기관총 소리와 이에 응사하는 경기관총 소리를 들었다. 그 비행기는 홀연 공중에서 수평 상태로 정지한 듯하다가 급강하했고 폭탄으로 대지가 흔들리는 게 느껴졌다.〉

며칠 후 좀 더 냉정을 찾은 상태에서 에르네스토는 일기에 이렇게 썼다. 〈최근 사태는 역사의 한 장이다. 내 노트에 처음으로 중요한 일이 기록되는 것 같다. 며칠 전, 온두라스에서 온 비행기들이 과테말라의 국경을 지나 과테말라시티 상공을 통과하며 백주에 군사적 목표물은 물론 사람들에게도 기관총을 쏘아 댔다. 나는 의료 분야에서 협력하기 위해 보건대에 가입하고, 야간에 도시를 순찰하는 공산주의민주동맹 청년단에 가입 신청을 했다.〉

야간 등화관제가 실시되었고, 에르네스토가 맡은 순찰 임무 중 하나는 폭격의 표적이 되지 않게 소등을 감독하는 일이었다. 일다도 자기 몫의 일을 했다. 그녀는 정치 망명자들의 과테말라 혁명 지지 공식 성명에 자기 이름을 올렸고, 자기 사무실에서 순찰 임무를 맡은 남자들에게 음식을 날라다 주는 여성단을 조직했다.

6월 20일, 에르네스토는 어머니에게 보낸 생일 편지에서 이렇게 썼다. 〈그간 제 걱정이 조금 되셨겠지요. 비록 지금 당장은 걱정할 일이 없지만 앞으로도 그럴 거라고는 말하기 어렵습니다. 물론 개인적으로 나는 어떤 공격에도 끄떡없을 거라는 느낌을 가지고 있지만 말입니다(끄떡없을 거라는 게 딱 맞는 말은 아니지만, 아마 무의식중에 그런 표현이 튀어

나온 것 같습니다).〉

에르네스토가 셀리아에게 한 말에 따르면, 폭격과 카스
티요 아르마스의 지상 침공 같은 도발에도 불구하고 아
르벤스 정부는 용병들이 과테말라 안으로 충분히 깊숙이
들어오도록 내버려 두면서 조심스럽게 일을 처리해 나갔
다. 이는 어떤 형태의 국경 분쟁도 피하고, 그럼으로써 미
국과 온두라스가 선제공격은 과테말라가 했다고 주장하
며 상호 방위 조약을 발동할 빌미를 주지 않기 위한 것이었
다. 그 시점까지 과테말라는 온두라스에 외교적 항의를 하
고 유엔 안보리 특별 청문회에 자기주장을 제시하는 선에
서 그쳤다. 〈그 사건은 과테말라의 모든 국민을 그들의 정
부 아래 뭉치게 할 뿐만 아니라 나 자신처럼 과테말라에 이
끌려 들어온 사람들도 단결하게끔 하는 데 기여했습니다.〉
글을 맺으며 그는 〈의심할 여지없이 아르벤스 대령은 배짱
있는 친구이고, 그는 필요하다면 자기 자리에서 죽을 각오
가 되어 있다〉고 판단했지만, 이 판단은 곧 완전히 틀린 것
으로 드러났다.

처음에 전선에서 들려온 소식들은 무척 고무적이었다.
과테말라 정부군은 반격을 가하면서 어느 정도 성공을 거
두고 있었다. 카스티요 아르마스는 과테말라의 검은 그리
스도의 신성한 순례지인 에스키풀라스에 들어가는 데에는
성공했지만, 그들의 주요 목적지인 사카파와 푸에르토바
리오스 같은 도시들을 상대로 한 공격에서는 수렁에 빠져
있었다. CIA의 용병 비행기들은 초기에 심리적 공황을 불
러일으켰지만 자주 표적을 맞히지 못하는 등 여지껏 그들

이 입힌 피해는 비교적 경미했다. 또한 비행기 여러 대가 대공포를 맞고 작전에서 제외되었다. 온두라스 선박 시에스타데트루히요 호는 무기와 군수품 화물을 침공군에게 수송해 주려던 과정에서 푸에르토바리오스에서 나포되었다. 결국 과테말라는 국경을 침범당한 희생자로서 유엔의 개입을 요청할 좋은 명분을 갖게 되었다.

에르네스토가 이런 말들을 쓰고 있던 바로 그 6월 20일에 미국의 〈작전 성공〉 감독자들은 자신들이 보낸 해방군이 완패할까 봐 불안해하고 있었다. 그때 아이젠하워는 앨런 덜레스의 요청을 받아들여 전장으로 전폭기를 두 대 더 파견하라고 승인했다. 6월 23일에 새로운 비행기들이 작전에 들어갔고, 전장에 3일간 머무르며 수도를 포함한 과테말라의 주요 도시들에 있는 중요 목표물들에 기총소사와 폭격을 가했다.

동시에 과테말라는 위기 상황을 논의하기 위해 유엔 안전보장이사회 특별 회기 소집을 요구했고, 미국은 이를 방해하기 위한 저지 책략에 골몰했다. 6월의 임시 이사회 의장으로 있던 미국 대사 헨리 캐벗 로지는 그 문제와 관련하여 유엔 사무총장 다그 함마르셸드와 설전에 들어갔다. 결국 로지는 6월 25일에 회의를 소집하는 데 동의했다. 하지만 바로 그 시점에 새로운 폭격기들이 결정적인 타격을 가했고, 덕분에 카스티요 아르마스의 군대는 다시 결집하여 새로운 공격을 개시할 수 있었다.

6월 24일에 침입자들은 치키물라라는 작은 마을을 점령했고, 카스티요 아르마스는 이곳을 자신의 〈주정부〉 본부로 선언했다. 〈해방의 목소리〉 방송은 전쟁의 북을 요란히 울리며 청취자들에게 해방군이 도처에서 정부군의 방어선을 불도저처럼 무너뜨리며 승리를 거두고 있는 듯한 인상을 주었다.

아르벤스와 그의 일부 최고위 군 인사들은 자신감을 잃기 시작했다. 한편 미국의 로지 대사는 자국에 유엔 조사단을 파견해 달라는 과테말라의 요청안에 대한 반대표를 끌어내기 위해 이사국들을 상대로 분주히 로비를 벌였다. 특히 영국과 프랑스가 이 로비의 주된 표적이었다. 아이젠하워와 존 포스터 덜레스는 워싱턴을 방문한 영국 총리 윈스턴 처칠에게 압박을 가했다. 두 사람이 보낸 메시지는 만약 런던과 파리가 과테말라 문제에 미국과 보조를 같이 취하지 않으면 영국과 프랑스가 키프로스, 인도차이나, 수에즈 문제를 다룰 때 미국이 도와주지 않을 수도 있다는 것이었다. 6월 25일, 안보리 투표에서 영국과 프랑스가 기권한 가운데 미국은 유엔의 조사를 5대 4로 부결시키는 근소한 승리를 거두었다. 과테말라는 고립되었다.

2

7월 3일에 〈작전 성공〉은 이름값을 했다. 그날 〈해방자〉 카스티요 아르마스는 존 푸에리포이 미국 대사와 함께 비행기를 타고 과테말라시티로 날아왔다. 6월 27일 과테말라 군부 지도자들이 아르벤스를 강제로 사임시킨 다음 그들 사이에 일주일간 혼란스러운 권력 투쟁이 있었지만 미국의 중재로 카스티요 아르마스가 권력을 차지했다.

〈과테말라 사람들은 심한 찬물 세례를 받았다〉는 말로 에르네스토는 며칠 뒤 자신이 목격한 것을 정리했다. 그는 다시 셀리아에게 편지를 보내 영웅적 수사로 가득 찼던 지난번 편지에 대해 후회하는 투로 〈필요하다면 죽을 각오로 전선에 가기 직전의 영광스러운 꿈에 젖은 상태에서〉 그 편지를 썼다고 설명했다.

〈잠에서 깬 다음에도 잊고 싶지 않은 멋진 꿈이었어요. 사방에서 현실이 문을 두드리고 있고, 이제 총소리도 들립니다. 구체제에 좀 더 열광적인 신봉자들에 대한 답례지요. 군대는 일찍이 유산으로 물려받은 반역의 습성을 드러내고 있고, 이를 통해 민주주의의 진정한 원칙으로서 군대 해산이 절실히 필요하다는 금언이 다시 한 번 입증되고 있습니다(그런 금언이 없다면, 제가 만들겠습니다).〉

에르네스토가 보기에 아르벤스의 전복을 선동하고 도운 〈반동적〉 언론과 가톨릭교회도 마땅히 비난받아야 할 대상이었다. 이들은 미래에 어디선가 사회주의 혁명이 성공하려면 특별히 주의를 기울여야 할 대상이었고, 그는 이 점을 마음속 깊이 새겨 두었다.

이어 에르네스토는 사태가 끝난 직후 멕시코 대사관에 망명을 요청한 아르벤스를 비판했다.* 아르벤스가 푸에리

---

* 8월에 마침내 카스티요 아르마스는 아르벤스의 멕시코 행을 허락했지만, 나중에 공항에서 그를 위한 특별히 굴욕적인 일을 준비해 두었다. 아르벤스는 공항에서 카스티요 아르마스 지지자들에게 조롱을 당했고 세관에서는 많은 사람들이 보는 앞에서 옷을 벗어야 했다.

포이의 배후 조종을 받은 군 장교들의 요구에 굴복하여 사임했고 무엇보다 그가 국가 방위를 위한 〈인민의 무장〉에 주저했다는 게 비판의 초점이었다.

에르네스토는 비통한 심정이 되었다. 6월의 마지막 날들에 그는 전선에 가리라는 희망을 품고 공산청년단이 조직한 민병대에 가입했었다. 과테말라시티 북부의 어느 집에서 〈아우구스토 세사르 산디노 부대〉라는 민병대가 조직되었고, 로돌포 로메로라는 니카라과 자원자가 〈대장〉을 맡았다. 에르네스토는 그 부대에 받아들여졌고, 전선에 가서 전투에 참여할 기회를 애타게 기다리며 며칠 동안 그들과 대기했다. 하지만 보건부 장관이 나타나 그를 병원으로 전출시키며 다른 명령을 기다리라고 했다. 이 시점에 에르네스토와 로메로는 서로를 못 보고 지나쳤다(두 사람은 4년 반 뒤에 다시 만나게 된다. 반소모사 게릴라전을 위한 지원을 찾던 로메로가 사령관 에르네스토 〈체〉 게바라의 초청으로 새롭게 해방된 쿠바 수도 아바나로 날아왔을 때였다).

병원에서 에르네스토는 전선으로 가겠다고 다시 한 번 자기 의사를 밝혔지만, 그가 짜증 난다는 투로 지적했듯이, 〈그들은 나에게 전혀 신경 쓰지 않았다〉. 그는 보건부 장관이 다시 방문하기를 기다렸지만, 아르벤스가 사임하기 전날인 6월 26일 토요일에 마지막 기회를 잃어버렸다. 그가 일다를 방문하러 자리를 비운 사이에 보건부 장관이 왔다 가버린 것이었다.

아르벤스가 팽팽한 긴장감 속에서 몰락으로 치닫는 동안, 일다는 에르네스토가 붕괴를 미연에 방지하려고 안간 힘을 쓰고 있었다고 회상했다. 그는 만날 수 있는 모든 사람을 만나, 아르벤스에게 군사 고문들을 멀리하고 인민을 무장시켜 산악 지대로 이끈 뒤에 게릴라전을 준비해야 한다는 메시지를 전달하려고 했다(사실 추방당하기 이틀 전에 아르벤스는 민병대들에게 무기를 나누어 주려고 했지만 군부가 이를 거부했다). 에르네스토는 자신이 있던 병원에서 하나둘씩 차례로 항복하면서 카스티요 아르마스의 승리와 과테말라 혁명의 치욕적인 패배가 굳어져 가는 사태의 추이를 지켜보며 걱정과 분노에 휩싸였다. 억압은 이미 카스티요 아르마스가 당도하기 전부터 시작되었다. 계엄령이 선포되고 과테말라 노동당을 불법화한다는 포고령이 발포되면서 각국 대사관들은 공포에 휩싸인 망명 희망자들로 들어차기 시작했다. 에르네스토는 그간 사람들에게 〈빨갱이〉로 인식되었기 때문에 자신이 병원에서 추방되리라 예상했고, 일다는 새로운 숙소로 이사함으로써 예방 조치를 취했다.

카스티요 아르마스가 과테말라시티에 입성하던 날, 에르네스토는 〈사람들이 그를 진심으로 환호하는〉 광경을 목격했다. 밀짚모자를 쓰고 경기관총을 든 준군사 추종자들로 이루어진 아르마스의 군대는 으스대며 분란거리를 찾아 도시를 어슬렁거리며 〈해방자〉로서의 지위를 맛보고 있었다. 에델베르토 토레스 주니어가 체포되어 공산주의자 혐의로 기소되었고, 따라서 에르네스토는 그의 아버지이자 루벤 다리오 고전학자인 에델베르토 토레스의 운명이 어찌 될지 진심으로 걱정했다. 하지만 에르네스토 자신의 처지도 보잘것없었다. 스스로 예측했던 대로 병원에서 쫓겨난 다음, 에르네스토는 이미 피난처를 찾아 나섰던 두 명의 살바도르인 여자의 집에서 피신처를 찾았다.

정치적 격랑의 한복판에서 에르네스토와 일다는 서로 쫓고 쫓기는 연애 행각을 계속했다. 일다는 에르네스토에게 몇 편의 시를 써 보냈는데, 정작 그는 일다가 시 속에서 〈어리석은 말〉들을 늘어놓고 있다고 타박했다. 에르네스토는 일기에 이렇게 썼다. 〈그녀에게 일어나고 있는 일은 내 마음을 빼앗으려는 계산과 허구적인 상상, 그리고 나의 무관심에 상처 입은 자유로운 여자로서의 명예심이 뒤섞인 것이다. 나는 그녀에게 동물에 빗댄 시를 써 보냈다.

새처럼 항복하세요,
내가 곰처럼 당신을 취하겠소,
그리고 당신에게 천천히 키스를 하리다,
순진한 내가 남자다운 기분을 느낄 수 있도록.

……나는 일다에게 새로운 최후통첩을 보냈다. 하지만 그간 이런 최후통첩을 너무 많이 보냈기에 별 효과가 없었다. 그녀에게 진짜 영향을 미친 것은 내가 그 간호사와 잠자리를 같이했다는 고백이었다. 하지만 그녀는 여전히 나와 결혼하겠다는 희망을 가지고 있다.〉

7월 중순에 새 정권의 마녀사냥이 본격적으로 시작되었다. 아르벤스 정권과 관계가 있었거나 공산주의 혐의가 있는 모든 사람이 체포되고 있었고, 거기에는 에르네스토도 포함되었다. 아직 과테말라를 떠나지 않은 사람들은 탈출 기회를 찾고 있었다. 엘레나 레이바 데 올스트가 떠났고, 살바도르인의 집에서 피신 생활을 하던 에르네스토도 자기 자매들의 출국을 도우러 갔던 그 집 딸이 도착하면서 그 집을 떠나야 했다. 그 집은 폐쇄될 예정이었고, 에르네스토는 다시 숨을 곳을 찾아야 했다.

엘레나 레이바 데 올스트의 고모 집에 기숙하게 된 에르네스토는 아르헨티나 대사관을 오가며 나날을 보내면서도 정작 자신의 피난처는 아직 찾아 나서지 않고 있었다. 일다에 따르면, 그는 대사관에 드나들 권리와 과테말라시티의 혼란을 이용하여, 〈대사관에 임시로 피해 있던 사람들의 심부름을 해주고 약간의 무기를 수집하며 과테말라를 떠나고 싶어 하는 사람들이나 어려운 처지에 있는 사람들에게 피난처를 주선해 주었다〉.

에르네스토는 며칠 더 별 탈 없이 활동을 지속했지만, 일다는 체포되어 연행당했다. 에르네스토는 일다의 집에 있던 여자들에게서 일다가 잡혀가기 전에 경찰이 그녀에게 자신에 관해 물었다는 이야기를 들었다. 그것은 에르네스토가 무시할 수 없는 경고였고, 그도 이제 아르헨티나 대사관에 피난을 요청해 허락을 받았다. 그러나 그는 대사관으로 떠나기 직전, 일기에 자신의 장래 계획에 대해 곰곰이 생각한 바를 이렇게 적었다.

〈내 계획은 매우 유동적이다. 물론 내가 멕시코로 갈 확률이 아주 높지만 말이다. ……먼 훗날 아니면 가까운 장래에, 나는 이유는 모르지만 한 측면에서 약간의 압력만 가

해져도 나의 운명이 완전히 뒤바뀔 수 있는 그런 상황에 처할 것이다.〉

3

에르네스토는 아르헨티나 대사관 담장 안에 이미 정착한 크고 〈이질적인〉 집단에 합류했다. 하지만 그는 이내 불편함을 느끼고 초조해하기 시작했다. 〈망명은 지겹다고 말하기는 뭐하지만 분명 무익한 일이다. 이곳에 있는 사람들 때문에라도 도대체 할 수 있는 일이 없다.〉

그의 천식이 악화되었다. 일다는 구금되었다가 며칠 만에 풀려났다. 에르네스토는 신문을 보고 일다가 자유를 쟁취하기 위해 단식 투쟁을 했다는 것을 알았다. 그는 그녀가 아직 자기를 보러 오지 않은 이유를 이해하지 못했고, 그 이유가 〈내가 어디 있는지를 몰랐〉던 것은 아닌지 〈아니면 그녀가 나를 방문할 수 있다는 것을 모르고 있는 것은 아닌지〉 생각했다.

이제 처음으로 에르네스토는 어디로 가야 할지 마음을 굳힌 듯했다. 멕시코시티는 아르벤스를 비롯하여 체포를 피해 달아난 그의 대다수 동맹자들이 향했던 곳이었고, 과테말라에 있던 많은 라틴 아메리카 정치 망명자들도 그곳으로 가고 있었다. 불과 40년 전에 반제국주의 혁명이 일어났고, 정치적으로 관용적이고 문화적으로 역동적인 이 멕시코의 수도는 전 세계에서 온 수천 명의 좌파 정치 망명자들에게 성지가 되어 있었다. 망명자들 가운데는 상당수의 유럽 유대인들과 1930년대와 1940년대 파시즘을 피해 온 스페인 공화주의자들도 있었다. 확실히 에르네스토는 멕시코가 자신이 다음으로 가기에 가장 좋은 곳이라고 판단했다.

에르네스토는 한동안 움직이지 않았다. 그는 소일거리로 동료 망명 신청자들에 대한 인상을 기록하기 시작했다. 그의 관심을 사로잡은 첫 번째 인물은 유명한 공산주의 농민 지도자 카를로스 마누엘 페예세르였다. 에르네스토는 페예세르가 〈지적이고 용감한 사람 같다〉고 결론지었다. 〈그는 망명 신청자들 사이에서 대단히 두드러져 보인다. 확신할 수는 없지만, 그것은 그 자신의 개성에서 우러나는 것일 수도 있고 아니면 그가 당의 최고 지도자이기 때문일 수도 있다. ……하지만 그는 행동거지가 좀 사내답지 못하다. 젊은 시절에는 시집 한 권을 썼는데, 이는 이들 지역에서 흔히 나타나는 질병이었다. 그의 마르크스주의 소양은 내가 알아 온 다른 인물들만큼 견실하지 않고, 이런 소양의 결핍을 약간 발끈하는 성미로 숨기고 있다. 그는 진지하지만 지나치게 들뜬 사람이라는 인상을 주고, 잘못된 입장에 빠질 경우에는 자신의 신념을 너무 쉽게 포기하지만 결정적인 순간에는 최고의 희생을 할 수 있을 야심적인 사람의 인상이다.〉*

---

* 에르네스토의 평가는 선견지명이 있었다. 그 귀족적인 페예세르는 나중에 멕시코에서 피난처를 찾았다. 거기서 그는 자신이 예전에 지녔던 신념을 부인하고 CIA의 후원하에 반공 팸플릿을 썼다.

쿠바인 호세 마누엘 〈체-체〉 베가 수아레스에 대해서는 이렇게 썼다. 〈그는 돌 부스러기처럼 멍청하고 안달루시아 사람처럼 허풍을 떤다. 이전에 쿠바에서 그가 어떻게 살았는지에 관해서는 그가 《술꾼》으로 통했고 바티스타 경찰들에게 호되게 맞았다는 것 말고는 확실한 것은 아무것도 없다. ……피난처를 구하기 전 그의 행위는 비겁했다. 여기서는 악의 없는 허풍으로 사람들을 즐겁게 해주고 있다. 그는 이기적이고 버릇없는 어린애 같은 사람으로, 다른 모든 사람이 자신의 변덕을 참아야 한다고 믿는다. 그는 돼지처럼 먹는다.〉

천식으로 고생하며 이제 지겨워질 대로 지겨워진 체는 며칠을 더 그냥 허송했다. 한번은 가지고 있던 천식약이 떨어지자 엘레나 올스트의 집에 조금 남겨 두었던 것을 찾아오기 위해 대사관을 빠져나갔다 오기도 했다. 대사관에서 그는 〈의미 없는 논쟁을 비롯하여 시간을 죽일 수 있을 온갖 방법으로〉 나날을 보냈다.

8월 12일, 카스티요 아르마스의 훈련도 받지 않은 해방군에 의해 지위를 격하당하는 수모를 겪은 군 사관생도들이 반란을 일으켰다. 에르네스토는 대사관 안에서 총소리를 들을 수 있었다. 푸에리포이 대사가 미국은 과테말라 군대가 카스티요 아르마스를 굳건히 지지하기를 기대한다는 말을 전한 다음, 반란은 종결되었다. 에르네스토는 CIA로부터 임명을 받은 자의 권력 기반이 〈이제 완전히 공고해〉졌다고 지적했다.

한편 각국 대사관에 몰려든 사람들은 과테말라를 떠날

수 있도록 카스티요 아르마스가 안전통행증을 발급해 주기를 초조한 마음으로 기다렸다. 수많은 사람들의 안전이 아르마스의 결정에 달려 있었다. 에르네스토는 자기 자신에 대해서는 염려하지 않았다. 아르헨티나 시민권자인 그의 이름은 과테말라를 비롯한 어떤 국적의 망명 신청자 명단에도 올라 있지 않았기 때문이었다. 그는 단지 도피 생활을 접고 멕시코로 여행하는 게 안전하다고 느껴질 때를 기다리고 있었다.

사실 망명 신청자들의 상황은 그들이 지금까지 알고 있던 것보다 훨씬 더 아슬아슬했다. CIA는 워싱턴의 뒷마당에서 벌어진 냉전의 이 중대한 소접전에서 〈공산주의〉에 대한 승리를 공고히 하고 싶어 했고, 이를 위해 과테말라에 비밀요원팀을 파견하여 이전 아르벤스 정부의 〈진정으로 친소비에트적〉 성격을 입증할 증거를 수집했고 때로는 그 증거를 조작하려고까지 했다. 덜레스 형제도 카스티요 아르마스에게 그 나라에 남아 있는 모든 공산주의 혐의자와 동조 혐의자들을 체포하라고 요구하고 있었다.

카스티요 아르마스는 이 작전의 적극적인 파트너였고, 혁명의 모든 개혁 조치들을 되돌려 놓으면서 자신의 권력을 강화하기 위한 일련의 억압 조치 중에서 첫 번째 조치를 이미 실행한 상태였다. 7월 19일, 〈해방자〉는 국가반공위원회를 구성하고 뒤이어 〈공산주의 예방 형법〉을 공포했다. 이 국가반공위원회는 공산주의 혐의가 있는 어떤 사람이든 체포하여 구금할 폭넓은 권한을 가졌고, 공산주의 예방 형법은 이른바 〈정치적 사보타주〉를 포함한 광범위한 범죄에 사형을 적용했다. 문맹 투표자들은 포고에 의해 투표를 금지당했고, 이 조치로 과테말라 인구의 압도적 다수가 즉각 선거권을 박탈당했다. 농업 개혁법이 폐지되었고, 모든 정당과 노동조합, 농민 조직들이 불법화되었다. 〈전복적인〉 내용을 담았다고 간주되는 책들이 몰수되어 불태워졌고, 금서 목록도 만들어졌다. 이 목록에는 빅토르 위고와 도스토옙스키, 그리고 과테말라의 저명한 (그리고 나중에 노벨상을 수상하는) 작가 미겔 앙헬 아스투리아스의 책도 포함되었다. 더 나아가 아스투리아스는 시민권도 박탈당하게 된다.*

그러나 덜레스 국무장관은 여전히 만족하지 않았다. 그는 카스티요 아르마스가 수도의 외국 대사관들로 숨어든 약 700명가량의 망명 희망자들을 추적해야 한다고 주장했다. 〈덜레스는 이 사람들이 과테말라를 떠나도록 허락받는다면 이들이 서반구 전역으로 《다시 퍼져 나갈》지도 모른다고 우려했다.〉아르벤스 정부의 전복 과정에 대한 권위 있는 해설서인 『쓰디쓴 열매: 과테말라 쿠데타의 알려지지 않은 이야기』의 저자들은 이렇게 썼다. 〈그의 우려는 곧 강박 관념으로 발전했다. 여름 내내 그는 푸에리포이에게 카스티요 아르마스가 《망명 신청자》에 대한 체포 명령을 내려야 한다는 내용의 전보를 거의 퍼붓듯이 보냈다.

---

* 아스투리아스의 아들은 후에 가스파르 일롬이라는 가명으로 게릴라 최고 지도자가 된다. 이 가명은 아버지의 소설에 나오는 인디오 등장인물에서 딴 것이었다.

7월 초에 그는 푸에리포이에게 《공산주의》 망명 신청자들이 과테말라를 벗어나지 못하도록 할 방법으로, 그들을 《형사범》으로 기소하게끔 새 정권에 지시해야 한다고 말했다.〉

덜레스 장관은 심지어 카스티요 아르마스에게 공산주의자들이 모스크바로 곧장 송환되는 조건으로 공산주의자들에게 안전통행증을 부여하라는 계획을 제안하기까지 했다. 하지만 과테말라의 새 독재자는 이 계획을 받아들이지 않으려 했다. 아마 그는 그러한 국제 규범 위반이 자기 자신이 보기에도 도가 지나치다고 생각한 듯했다. 그래서 그 독재자는 8월 초에 대다수의 대사관 망명 신청자들에게 안전통행 비자를 승인하기 시작했다. 그 좋은 소식이 아르헨티나 대사관에 전달되자 대사관은 환호성으로 넘쳤다.

8월 중순에 처음으로 안전통행증 몇 개가 도착했지만 에르네스토의 생활에는 변화가 없었다. 그는 체스를 두거나 일다에게 메모를 써 보내거나 그도 아니면 동료 망명 신청자들에 대한 심리적이고 정치적인 인물평을 쓰며 시간을 보냈다. 이제 그는 과테말라인들에게 주의를 돌려 그들의 혁명적 소양을 평가했다.

사진가이자 무용가인 로베르토 카스타녜다는 〈철의 장막 뒤를〉 여행한 적이 있고, 〈그 모든 것에 대한 충실한 숭배자이지만 당에는 가입하려고 하지 않는다. 그는 마르크스주의에 대한 이론적 지식이 없고, 아마 이른바 부르주아적 결함 때문에 훌륭한 전사가 되지는 못할 것이다. 하지만 행동해야 할 때가 오면 그가 자신의 과업을 감당해 내리라는 점에는 의심의 여지가 없다. ……그는 실천적으로 무용가 특유의 여성스러운 매너리즘을 전혀 갖고 있지 않다〉. 그리고 또 한 명, 아라나에 대해서는 이렇게 썼다. 〈그는 연약하고 아무런 이념적 기반을 갖고 있지 않지만, 당에 충성스럽다. 그는 어중간한 지성을 갖고 있지만, 그럼에도 불구하고 노동자 계급을 위한 유일한 이상적인 경로는 공산주의라는 것을 깨달을 정도의 지성은 있다.〉

일다는 삼엄한 경비하에 있던 대사관을 두 번 방문했지만 출입을 저지당했다. 에르네스토는 계속 천식에 시달렸다. 그는 단식을 하면 몸이 〈깨끗〉해지지 않을까 생각하여 하루를 굶기로 결심했다. 일다는 그에게 꿀 한 병과 편지를 보냈다.

며칠이 느릿느릿 지나갔고, 이제 망명 신청자들에 대한 인물평으로 가득 찬 그의 일기는 단조로운 상태를 기술하고 있다. 에르네스토는 대사관 부엌 일을 거들었지만 그런 노동이 자신을 너무나 지치게 했고 자신의 피로한 근육을 보면 자신의 몰골이 얼마나 형편없는지 알 수 있다고 불평했다. 그의 인물평은 더욱 신랄해졌고, 그는 자칭 시인들이기도 한 많은 젊은 과테말라 좌익분자들에게 특히 비판적이었다. 예를 들어, 열여덟 살짜리 학생 마르코 안토니오 산도발의 시는 〈죽음에 대한 명상으로 찌들어〉 있었다. 산도발은 〈심한 자기 숭배자〉였다. 시인 우고 블랑코가 대사관 담장을 뛰어넘어 탈출했을 때 에르네스토는 그를 〈나쁜 시인〉이라고 칭하며, 〈나는 그가 지성적인 사람이라고도 생각하지 않는다. 그에게 붙어 다니는 것으로 보이는 성향은 모두 동정이다. 착한 아이의 미소가 그 시인을 따라 다닌다〉고 평했다.

안전통행증이 계속 조금씩 흘러들어 왔고, 페론이 대사관 내 사람들뿐만 아니라 그 가족들에게도 아르헨티나 망명을 허용하는 데 동의했다는 소식이 들려왔다. 에르네스토는 자신이 존경하는 사람들을 위해 가족과 친구들 앞으로 보내는 메모의 형태로 그 자신의 비공식적인 안전통행증을 발급했다.

그런데 어느 날 밤 도피 중인 공산주의 지도자 빅토르 마누엘 구티에레스가 대사관 벽을 기어 넘어 몰래 들어왔다. 구티에레스는 카스티요 아르마스의 수배자 명단에서 높은 자리에 올라 있었기 때문에 아르헨티나 대사와 과테말라 관리들 사이에 소란이 일어났다. 하지만 구티에레스는 망명을 허용받아 그의 동지인 페예세르와 같은 방을 쓰게 되었다.

그 직후 에르네스토는 성가신 〈공산주의자들〉로 분류된 다른 열두 명과 함께 대사관 차고에 감금되었다. 이들은 〈13인 그룹〉으로 알려지게 되었다. 에르네스토가 돌려 표현한 바에 따르면, 이러한 극단적인 조치는 미르나 토레스의 남자 친구인 움베르토 피네다가 소란을 피운 대가였다. 그들은 그 조치에 따르지 않으면 무력을 사용할 거라는 협박을 받았고, 다른 망명 신청자들과의 대화를 금지당했다.

그러나 13인 그룹이 억류된 첫날 밤에 움베르토 피네다와 그의 동생이 대사관을 탈출했다. 그들은 반정부 저항 운동 단체에 가입할 계획을 갖고 있었다. 일다는 자신의 책에서 두 사람이 에르네스토의 강권에 따라 그런 행동을 했다고 말했다. 에르네스토는 일기에서 단순히 두 사람에 대해 〈수완이 아주 좋은〉 사람들이라고 극구 칭찬했다.

이제 그는 차고 안에서 직접 얼굴을 맞대고 있던 동지들에게 관심을 집중했다. 그는 이렇게 썼다. 〈리카르도 라미레스는 아마 공산주의 청년들의 가장 유능한 지도자 중 한 명일 것이다. ……그는 교양 수준이 전반적으로 높을뿐더러 문제를 대하는 방식도 다른 동지들에 비해 훨씬 덜 교조적이다.〉*

오랜 억류 생활 속에서 모든 사람이 인내심의 한계에 다다르고 있는 가운데 어느덧 8월이 끝나 가고 있었다. 마침내 두 사람이 더 대사관을 탈출했고, 〈체-체〉 베가가 청소부 일을 하던 젊은 매춘부와 난장판을 벌인 이후 차고 안의 사람들은 더욱 엄중한 구금에 처해졌다. 이러한 긴장 상태는 아르헨티나 대사관 내 망명 신청자 중 페예세르와 구티에레스를 포함한 118명이 부에노스아이레스에서 온 다섯 대의 비행기로 후송된 이후에야 다소 누그러들었다.

에르네스토는 아르헨티나로 귀국하는 좌석을 제시받았지만 멕시코 행을 단호히 고집하며 그 제안을 거절했다. 대

---

* 당시 스물세 살에 불과했던 리카르도 라미레스는 빈자들의 게릴라군EPG의 지도자 〈롤란도 모란〉이 된다. 빈자들의 게릴라군은 1960년대 초 이후 거의 40년 동안 과테말라의 여러 정부에 대항해 싸우기 위해 출현한 마르크스주의 게릴라 세력들 중에서 가장 강력했다. 빈자들의 게릴라군과 과테말라민족혁명연합URNG 내 동맹자들은 1991년에 시작된 정부와의 긴 협상 끝에 1996년 12월에 마침내 평화 조약에 서명했고, 이 조약의 정신에 따라 1997년 1월 현재 해산을 준비하고 있다. 이 평화 조약으로 36년간의 내전이 종식되었다.

사는 그에게 본국 송환을 강요할 수 없었기에 마지못해 에르네스토에게 대사관 영내를 떠나도록 허가했다.

에르네스토는 다시 돈이 생겼다. 팔로 가르시아의 한 친구가 후송 비행기로 대사관에 오면서 에르네스토의 가족이 보내온 150달러와 두 벌의 양복, 4킬로그램의 예르바 마테, 산더미 같은 잡다한 물건들을 가져왔다. 그는 자신이 멕시코로 갈 준비를 계속하고 있다고 가족에게 써 보냈다. 그는 가족들에게 보내 준 선물에 감사하다고 말하면서도 보내 준 옷을 입고 다니지 않을지도 모른다고 경고했다. 〈나의 슬로건은 간단한 수화물, 튼튼한 다리, 고행자의 위장입니다.〉

4

8월 말 에르네스토가 한 달 동안의 억류 생활을 마치고 대사관을 떠난 다음에 처음으로 한 일은 일다를 찾아가는 것이었다.

일다로 말하자면, 그녀는 7월 26일 감옥에서 석방된 이래 페루 대사관에서 여권을 거부당하고 나서 당시 리마로부터 출입허가증을 기다리며 고독하고 무서운 망각 속에 살고 있었다. 일다는 카스티요 아르마스의 요청으로 대통령궁에 소환되어 그를 만났는데, 이 기묘한 접견에서 그녀는 여권 신청의 불확실한 결과를 기다리는 동안은 다시 체포당하지 않을 거라는 보증을 받았다. 그때 이래 그녀는 도시 한복판에 있던 전세 아파트에서 조용히 살며 대사관을 떠난 에르네스토를 초조하게 기다렸다.

　　그들은 일다가 식사를 해결하던 식당에서 만났다. 일다는 에르네스토가 나타나던 순간을 이렇게 회상했다. 〈어느 날 점심을 먹고 있는데 그가 나타났다. 식당 안에 있던 사람들은 애써 그를 무시했지만 나의 좋은 친구인 식당 주인만은 그를 알아보고 자리를 마련하여 그가 원하는 모든 음식을 먹게 했다. 그리고 우리가 점심을 먹고 난 다음 도심을 걸어 다닐 때, 우리를 알아본 사람들이 놀라 쳐다보았지만 감히 말을 걸지는 못했다. 심지어 손을 흔들지도 않았다. 틀림없이 그들은 우리가 경찰의 감시를 받고 있는 중이라고 생각했을 것이다.〉

　　구체적으로 책잡힐 만한 게 전혀 없다고 판단한 에르네스토는 출국 허가를 받기 위해 출입국 사무소에 여권을 제출했다. 멕시코 행 비자를 얻기 위한 첫 행동이었다. 그는 비자를 기다리는 동안 아티틀란 호수와 과테말라 고원에 갔다. 그는 며칠 만에 되돌아와 여권을 되찾고 마침내 멕시코 행 비자를 얻었다.

　　일다와 에르네스토의 관계는 갈림길에 봉착했다. 에르네스토는 멕시코에서의 새로운 모험을 향해 다시 길을 나설 태세였지만, 일다는 고국 페루로 돌아가길 기대했다. 일다의 말에 따르면, 에르네스토는 그들이 결국 멕시코에서 만나 결혼하게 될 거라는 호언장담을 하면서 이별에 개의치 않는 태도를 보였다. 하지만 그녀는 슬픈 마음으로 그를 영원히 잃어버리게 될 거라고 생각했다. 둘 사이의 분위기가 무거웠다. 두 사람은 오래전부터 자주 같이 갔던 산

후안 사카테페케스로 작별 여행을 가서, 에르네스토의 표현대로 〈엄청난 포옹과 마음에 없는 짧은 섹스〉를 했다.

사실 에르네스토는 일다와의 결혼을 안중에 두지 않았다. 마지막 밀회를 즐긴 바로 그날, 에르네스토는 이렇게 썼다. 〈그녀가 최종적인 결별을 위해 아직 떠날 수 없다는 사실을 나는 이용할 생각이다. 내일 나는 안녕을 고할 사람들에게 작별 인사를 하며 보낼 것이고, 화요일 아침에는 멕시코로 가는 위대한 모험을 시작할 것이다.〉

9월 중순에 에르네스토는 과테말라 국경을 넘어 멕시코시티로 향했다. 그는 자신의 안전을 다소 염려하기도 했지만 여행은 무사히 진행되었다.*

정치적 망명자들에 대한 존 포스터 덜레스의 본능적 판단이 결국 옳았다. 에르네스토 〈체〉 게바라 외에 장래의 수많은 혁명가들이 과테말라에서 덜레스의 손아귀에서 벗어

---

* 사실 에르네스토 자신은 깨닫지 못했지만 그는 눈에 띌 가능성이 훨씬 큰 처지에 있었다. CIA가 이미 그에 관한 파일을 확보하기 시작했기 때문이다. CIA 국장 앨런 덜레스에 관한 우호적인 전기 『신사 스파이: 앨런 덜레스의 삶』을 썼던 작가 피터 그로스는 이렇게 밝혔다. 〈데이비드 애틀리 필립스는 쿠데타 직후 몇 주 후에 과테말라의 붕괴된 아르벤스 정권의 파일들을 정리하다가 스물다섯 먹은 아르헨티나 의사에 관한 종이 한 장을 우연히 발견했다. 그는 사회 혁명의 와중에 의학 공부를 위해 지난 1월에 과테말라시티에 도착해 있었다. 《이 파일을 기록하기 시작해야 할까요?》라고 그의 조수가 물었다. 그 젊은 의사는 아르벤스 충성파들의 마지막 저항을 조직하려고 애쓴 듯했다. 그런데 그가 아르헨티나 대사관에서 피난처를 찾았다가 결국에는 멕시코로 이동했다. 《그에 관한 파일을 관리하는 게 좋겠다》고 필립스는 대답했다. 그 이후 《체》라는 이름으로 통한 에르네스토 게바라에 관한 파일은 CIA의 전 세계 기록들 중에서 가장 두꺼운 것 중 하나가 되었다.〉

났다. 멕시코를 비롯한 여러 곳에서 그들은 다시 결집하여, 아르벤스 정권이 붕괴한 잿더미로부터 종종 체 게바라의 도움을 받으며 끝내 마르크스주의 게릴라로 다시 부상해 다음 40년 동안 미국의 정책 결정자들을 괴롭히게 된다.

11장
〈나의 프롤레타리아적인 삶〉

1

1950년대 초의 멕시코시티는 여전히 1930년대와 1940년대에 정점에 달했던 정치적, 예술적 흥분이 채 가시지 않은 상태에 있었다. 유럽에서 파시즘을 피해 들어온 수많은 망명자들이 그 도시에 국제적인 세련미를 더해 주었고, 멕시코의 문화적 르네상스가 활기를 띠는 데 도움을 주었다. 디에고 리베라, 오로스코, 시케이로스, 프리다 칼로, 티나 모도티 같은 예술가들이 작품 활동을 통해 명성을 날렸다. 밤이면 멕시코 볼레로 춤의 대스타들이 출연하는 카바레에 작가와 예술가, 정치가들이 한데 모여들었다. 붐을 타던 영화 산업이 감독 에밀리오 〈엘 인디오〉 페르난데스, 코미디 배우 칸틴플라스, 스크린의 우상 돌로레스 델 리오와 마리아 펠릭스 같은 전설적인 영화계 인물들을 낳고 있었다. 프랑스 작가인 앙토냉 아르토와 앙드레 브르통에서부터 동시대의 비트 시인이자 작가 잭 케루악과 윌리엄 S. 버로스에 이르기까지 무수한 외국인들이 멕시코의 창조적인 분위기에서 자양분을 얻고자 모여들었다.

집권 제도혁명당PRI*이 혁명에 성공하여 권력을 공고히 한 이래 멕시코는 라틴 아메리카의 반제국주의 민족주의자들 사이에서 폭넓은 인기를 얻었을 뿐만 아니라 워싱턴으로부터도 마지못하나마 인정을 받았다. 1930년대에 라사로 카르데나스 대통령은 멕시코 유전을 국유화하고 포괄적인 농업 개혁 프로그램을 추진했다. 워싱턴으로부터 철저하게 독립된 대외 정책을 옹호하던 멕시코는 음모로 가득 찬 정치색 짙은 곳이기도 했다. 미국과 소련 모두 멕시코에 중요한 대사관과 정보기관들을 두었고, 망명자와 스파이 방랑자들이 뒤섞여 이 나라에서 온갖 음모를 꾸몄다. 멕시코시티에서는 유명한 암살 사건도 몇 건 일어났다. 1929년에는 쿠바 공산주의 지도자 훌리오 안토니오 메야가, 1940년에는 레온 트로츠키가 암살되었다.

창조와 정치라는 이 두 세계는 언제나 서로 뒤섞였다. 전자는 후자로, 후자는 전자로 가득 차 있었다. 사진작가 모도티는 한때 암살당한 메야의 신봉자였다. 화가 프리다 칼

---

* 멕시코의 집권당은 1929년에 창립된 이후 여러 번 이름을 바꾼 끝에 1946년에 현재의 이름을 채택했다.

로는 한때 트로츠키와 염문을 뿌렸고, 벽화가 시케이로스는 스탈린의 첩보원 라몬 메르카데르가 등산용 곡괭이로 으스스한 성공을 거두기 전에 한때 트로츠키의 집에 기관총 공격을 가한 적도 있었다.

1950년대의 멕시코시티는 지금처럼 스모그로 뒤덮인 거대 도시와는 거리가 한참 멀었다. 당시에는 지평선에서 우뚝 솟은 화산 포포카테페틀과 이스탁시우아틀의 눈 덮인 봉우리를 볼 수 있었다. 아스텍 수도의 폐허 위에 건설된 구 스페인 식민 도시임을 알리는 구불구불한 구도심에서 벗어나면 멕시코시티는 가로수가 늘어진 대로와 마을 같은 주택지가 들어선 고요한 도시였다. 1950년대만 해도 일요일 오후에 멋을 한껏 낸 카우보이 차림의 남자들이 말을 타고 레포르마 대로를 산책하는 모습을 보는 게 낯선 일이 아니었다.

멕시코의 이른바 〈낭만 시대〉가 쇠퇴를 고한 결정적인 시점을 꼽을 수는 없지만, 다른 무엇보다도 1954년 7월 2일 병든 프리다 칼로가 공개 석상에 마지막으로 모습을 드러낸 일이야말로 세월의 변화를 가장 극적으로 상징하는 사건이었다. 그 춥고 음습한 날에 폐렴에 시달리던 예술가는 침대에서 일어나 CIA의 아르벤스 정권 전복에 항의하는 시위대에 참여했다. 칼로의 남편 디에고 리베라는 멕시코 문화의 신전이었던 국립예술원 옥외에서 열린 집회에 참여하기 위해 프리다의 휠체어를 밀고 거리를 가로질러 갔다. 칼로는 거기서 네 시간 동안 자신의 반짝이는 반지 낀 손을 높이 쳐들고 〈살인자 그링고는 물러가라!〉고 외치는 군중 사이에 끼어들었다. 프리다는 왼손에는 평화의 비둘기를 그린 현수막을 들고 저항의 표시로 꽉 쥔 오른손 주먹을 치켜들었다. 그 후 마흔일곱의 이 예술가는 상태가 급속히 악화되었고, 그로부터 7일 뒤인 7월 13일에 세상을 떠났다.

2

9월 30일, 에르네스토가 멕시코에서 집으로 보낸 첫 번째 편지는 베아트리스 고모에게 보낸 것이었다. 〈뇌물의 도시, 아니 뇌물의 나라라고 하는 게 더 좋겠지만, 하여튼 멕시코는 나에게 안기지도, 이빨을 드러내지도 않는 큰 동물의 완연한 무관심으로 나를 받아들였습니다.〉

그의 당면 계획은 일자리를 찾아 생존할 수 있을 만큼 돈을 번 다음 멕시코를 두루 여행하고 〈북쪽의 타이탄[미국] 행 비자를 구하는〉 것이었다. 일이 잘 풀리면 그는 뉴욕에 있는 에르실리아 고모를 방문할 것이었고, 잘 안 된다면 파리로 갈 계획이었다. 수중에 지닌 돈으로는 기껏해야 두 달 정도 버틸 수 있을 거라 생각한 그는 곧바로 연줄을 찾기 시작했다. 그 가운데 한 명이 울리세스 페티트 데 무라트였다. 아버지의 친구인 그는 현재 멕시코 영화계에서 시나리오 작가로 일하고 있었다. 과테말라를 떠나기 전에 그는 일다에게 페티트에 대해 말하고는 멕시코에서 영화 엑스트라로 일하며 〈배우로서 이루지 못한 예술적 꿈〉을 펼쳐 볼 기회가 있을지도 모르겠다고 언급했다. 일다는 그에

게 하찮은 계획으로 재능을 허비하지 말고 의료직에 정진
하라고 간곡히 당부했다. 일다의 충고에 어느 정도 누그러
진 에르네스토는 단지 생계 수단으로 생각해 보았을 뿐이
라며 항변했지만 결국 그녀의 말에 동의한 뒤 옆길로 새지
않겠다고 약속했다.

그러나 이제 그는 일자리가 필요했고, 페티트 데 무라트
는 그가 멕시코에서 가진 몇 안 되는 연줄 중 하나였다. 그
들의 만남은 성공적이었다. 〈아저씨는 나를 데리고 나가
이곳저곳을 구경시켜 주었고, 우리는 정치에 대해서도 토
론했다〉고 에르네스토는 일기에 기록했다. 〈아저씨에게는
멋진 딸이 있지만 그녀는 전형적인 성직자연하는 부르주
아 교육을 받은 사람이다.〉 페티트와 그의 딸 마르타는 시
외에 있는 테오티우아칸 아스텍 피라미드를 보여 주겠다
며 에르네스토를 데려갔다. 그는 마르타를 모델 삼아 남
은 돈 절반을 털어 산 새 장난감 — 35밀리 자이스 카메
라 — 을 시험해 보았다.

페티트는 에르네스토를 자기 집에 머물게 하고 장학금
을 받도록 도와주겠다고 했지만, 에르네스토는 이 제안을
거절했다. 9월 30일, 아버지에게 보낸 편지에서 에르네스
토는 눈에 띄게 빈정대는 투 없이 자신이 〈아버지께서 보
내 주신 돈이 남아 있는 한 일정한 독립성을 유지하기로 결
심했다〉고 말했다. 확실히 에르네스토와 페티트는 정치적
으로 잘 맞지 않았다. 〈예전에 아버지와 제가 자유 같은 것
들에 관해 논쟁한 적이 있었지요. 페티트 아저씨와도 똑같
은 논쟁을 벌였는데, 아버지와 똑같이 그는 저와 의견이 맞

지 않았습니다. 아저씨는 아버지만큼이나 맹목적이에요. 더욱 화나는 일은 과테말라에서 일어난 일에 은근히 즐거워하는 기색이 역력하다는 거예요.〉

〈무의미한〉 며칠이 지나갔다. 에르네스토는 박물관을 방문하고 친구들을 찾아다니며 도시 구석구석을 돌아다녔다. 그는 자기와 마찬가지로 과테말라에서 멕시코로 망명을 떠났던 엘레나 레이바 데 올스트를 찾아 나섰다. 나중에 에르네스토는 엘레나가 일다에 관해 〈매우 헐뜯으며〉 말했던 일 때문에 엘레나와 일다 사이에 〈무언가 야릇한〉 일이 일어나고 있는 것 같다고 일기에 적었다. 엘레나가 에르네스토에게 무슨 말을 했든 이 말이 상당히 설득력 있었던 것 같다. 왜냐하면 그는 일기에 〈일다와의 이런 지속 불가능한 상황을 끝내야 한다는 생각이 든다〉고 적었기 때문이다.

집에서는 아르헨티나로 보냈던 〈과테말라 좌익분자들〉 대다수가 투옥되었다는 소식이 들려왔다. 10월에 에르네스토는 어머니에게 편지를 써 자신이 보낸 동지들을 가족들이 왜 더 잘 보살펴 주지 않았느냐는 비난을 퍼부었다.

이렇게 울분을 토함과 동시에 과테말라에서 일어났던 일에 관해 실망감을 토로하면서 에르네스토는 어떻게 처신해야 할지 몰라 괴롭다는 심정을 고백했다. 그는 지난 사건들을 반추하면서 셀리아에게 자기 소신을 밝혔다. 〈정치적으로 어중간한 조치들은 배반으로 이어질 첩경에 불과할 수 있다는 완전한 확신이 듭니다. 동시에 저 자신이 오래전에 내렸어야 할 결정적인 태도를 취하지 않은 것도 잘못된 일이었어요. 이렇게 된 것은 제가 마음속 깊은 곳에서 (그리고 겉으로 드러난 모습으로도) 제 삶을 철의 규율에 맡기고 싶어 하지 않는 건달 습성에 완전히 젖어 있었기 때문인 것 같아요.〉

에르네스토는 여전히 과테말라에서 경험한 일들을 되새기고 있었고, 사람들에게 보낸 편지들을 통해 사후 부검과도 같은 일을 계속해 나갔다. 그는 거기서 일어난 일에 관해 자신이 〈진실〉이라고 생각한 것을 모든 사람이 이해하기를 원했다. 그는 친구 티타 인판테에게 이렇게 썼다. 〈오늘 물리적으로나 정신적으로 과테말라와 멀리 떨어져 있는 상황에서 네가 보낸 마지막 편지를 다시 읽었는데, 참묘한 느낌이 들어. 아무런 도움도 줄 수 없는 처지에 절망하는 감정이 담긴 네 편지에서 특별히 따뜻한 마음이 느껴졌고, 난 정말 감동하지 않을 수 없었어.〉 사실 에르네스토는 과테말라에 있을 때 받은 인판테의 마지막 편지 속에 순수한 걱정 이상의 감정이 담겨 있다고 생각했다. 스페인 공화국과 과테말라는 〈내부와 외부에서〉 배신을 당했지만 똑같이 불명예스럽게 무너지지는 않았다고 그는 말했다. 가장 넌더리 난 일은 아르벤스 정부 주위에서 일어나고 있던 잘못된 수정주의였다. 〈잘못된 사상들〉이 아메리카 전역의 신문들에서 인쇄되고 있었다. 일례로 그는 어머니에게 이렇게 말했다. 〈살인이나 그와 비슷한 일이 일어나지 않았어요. 일찍부터 총살 부대가 몇 개는 있어야 했는데 말이에요. 그게 다른 점이에요. 만약 기강을 확고하게 잡았더라면 과테말라 정부는 반격해서 싸울 가능성이 있었을

거예요.〉

에르네스토는 미국의 과테말라 개입이 향후 미국과 공산주의 사이에 벌어질 전 지구적 대결을 위한 최초의 소규모 접전에 지나지 않다고 확신했다. 그의 이 무시무시한 예측은 엉뚱하게도 그가 여동생 셀리아에게 보낸 편지에서 나타났다. 그는 여동생이 젊은 건축가이자 게바라 가족의 친구인 루이스 로드리게스 아르가냐라스와 결혼을 약속했다는 소식을 들었다. 아마 그녀가 멕시코에서 일자리를 얻을 수 있을지 물어보았던 것 같은데, 이에 대해 그는 이렇게 썼다. 〈다른 나라들에 관한 터무니없는 생각일랑 집어치우고 거기 있어라. 폭풍우가 다가오고 있어. 원자폭탄이 아닌 굶주림이라는 폭풍우겠지만 말이야. 그리고 아르헨티나는 북쪽의 친구[미국]에 덜 의존하고 있기 때문에 영향을 덜 받을 거야.〉

에르네스토는 이 무서운 예측을 자기 아버지에게도 반복해서 말했다. 그는 몇 달 후에 보낸 편지에서 세계 대전이 불가피하다고 선언했다. 스탈린 사후 크렘린의 계속된 동요의 여파 속에서 위험이 〈거대하게〉 증대했다. 〈아르헨티나는 아메리카의 오아시스입니다. 우리는 끔찍할 게 틀림없는 전쟁에 빠지는 일을 피하기 위해 페론에게 가능한 모든 지지를 보내야 합니다. 좋든 싫든 이것이 현실입니다. 미국 부통령 리처드 닉슨이 이 나라들을 두루 돌아다니고 있습니다. 신생 한국에 원조로 제공될 값싼 일차 자원과 인력을 (비싸지만 낡은 기계류로 값을 치르고) 아메리카의 각 빈국에 할당하려는 움직임 같아요.〉

그는 집에 재앙을 예언하는 편지를 쓰지 않을 때에는 계속 일자리를 찾아다녔다. 그는 병원 일자리를 얻기 위해 면접을 보려 했지만 성과는 별로 없었다. 잠시 동안 그는 새로 산 사진기로 공원과 광장에서 사람들의 초상을 찍어 주면서 돈을 벌었다. 이후 몇 달을 그는 〈나의 프롤레타리아적인 삶을 특징짓는 희망과 실망의 일상적인 연속〉이라고 기술했다. 이 기간 동안 그는 야간 경비원에서부터 아르헨티나 통신사인 아헨시아 라티나에 투고하는 사진 통신원, 헤네랄 병원과 페디아트릭 병원 두 곳에서 알레르기 전문의 겸 연구원으로 일하는 등 다양한 일자리를 전전했다.

에르네스토가 이렇게 시간을 보내고 있는 동안 일다 가데아가 그의 삶 속에 다시 들어왔다. 에르네스토가 과테말라를 떠난 직후 일다는 다시 체포되어 하룻밤 구금되었다가 경비병의 감시를 받으며 멕시코 국경 쪽으로 후송되었다. 며칠 후 그녀는 돈을 주고 산 개인 경호원의 안내에 따라 국경을 가로지른 강을 건너 멕시코로 밀입국했다. 일다는 멕시코 정부로부터 정치적 망명 허가를 받기 위해 타파출라라는 국경 마을에서 8일 동안 발이 묶여 있다가 에르네스토가 있던 멕시코시티로 향했다. 그러나 이별한 이후 에르네스토의 생각과 행동은 염려하는 애인답지 않은 것이었다. 일다가 국경에 고립되어 있다는 소식을 듣고서도 그는 그녀를 돕기 위한 일을 전혀 하지 않았고, 다만 일기에 이렇게 언급했다. 〈일다가 멕시코의 타파출라에 있는데, 상태가 어떤지는 잘 모르겠다.〉

여느 때처럼 에르네스토와 일다의 단속적인 관계에 관

한 그들의 설명은 멕시코시티에서의 사건에 관해 서로 일치하지 않는다. 첫 만남 이후 에르네스토는 이렇게 썼다. 〈두고 보면 알겠지만, 일다와의 관계가 원상복구된 것 같다.〉 한편 일다의 표현에는 그녀 특유의 입장이 다시 역설되어 있다. 〈다시 에르네스토는 결혼할 가능성을 언급했다. 나는 좀 더 기다리자고 말했다. ……나의 애매한 응답이 다소 긴장을 유발했던 것 같다. 좀 더 기다리자는 내 말에 그는 그러면 단순히 친구 사이로 지내자고 했던 것이다. 나는 조금 놀랐다. 내 말은 그저 조금 기다려 달라는 것뿐이었는데. 하지만 나는 그의 결정을 받아들였다. 나는 막 도착했지만 벌써 우리는 다투고 있었다.〉

두 사람이 계속 만나며 때로는 함께 식사도 하고 영화관에도 갔지만, 일다는 곧 베네수엘라의 망명 시인 루실라 벨라스케스와 함께 부유한 콘데사 지역의 하숙집으로 들어갔다. 에르네스토와 마찬가지로 그녀도 일자리를 찾아 돌아다니기 시작했다.

즐거운 일이 일어났다. 에르네스토가 과테말라에서 만났던 쿠바인들, 특히 그의 친구였던 니코 로페스와 우연히 다시 만난 것이었다. 어느 날 에르네스토가 헤네랄 병원에서 자원봉사 일을 하고 있는데 니코가 알레르기 질환을 앓고 있던 동지를 치료할 곳을 찾기 위해 나타난 것이었다. 에르네스토와 니코는 즉각 우정에 다시 불을 붙였다. 니코는 미래에 관해 낙관적이었다. 그는 에르네스토에게 확신에 차서 몬카다 습격의 지도자 피델 카스트로와 그의 동생 라울, 그리고 투옥된 다른 동지들이 머지않아 석방될 거라고 말했다.

멕시코시티로 집결하라는 명령이 떨어진 이후 피델 카스트로를 추종하는 쿠바 망명자들이 1954년 초 이래 서반구 전역에서 멕시코시티로 조금씩 흘러들어 오고 있었다. 이 망명자들은 〈딕〉 메드라노라는 멕시코 프로 레슬러와 결혼한 쿠바 여성 마리아 안토니아 곤살레스의 아파트에 비공식 본부를 세웠다.

한편 카스트로가 전국적인 재판 사건의 주인공이 되어 있었던 쿠바에서는 바티스타가 자신의 사실상 지배를 합법화하기 위한 선거를 추진하고 있었다. 이런 상황에서 카스트로를 비롯하여 투옥된 다른 많은 몬카다 습격자들을 사면하여 석방하라는 대중의 압력이 고조되고 있었다. 일단 그가 석방되면, 멕시코가 피델 카스트로의 장대한 계획을 위한 기지가 될 거라고 니코가 에르네스토에게 말했다. 거기서 무장봉기 운동을 조직하고 훈련하여 쿠바 섬으로 돌아가 바티스타를 무너뜨리기 위한 게릴라 전쟁을 수행하게 될 거라는 것이었다. 그러나 에르네스토에게 그런 장대한 계획은 매우 먼 약속으로 보였던 것 같다. 또 그것은 그의 지속적인 재정적 문제를 일부라도 해결하는 것과는 전혀 무관해 보였을 것이다.

에르네스토는 어머니에게 다시 편지를 썼다. 에르네스토의 부탁으로 집에 받아들였던 망명 과테말라 공산주의자들의 행태를 비판하는 어머니의 편지에 대한 답장이었다. 〈그 공산주의자들의 유대감은 어머니의 유대감과는 다릅니다. 하지만 그들 사이에는 똑같은, 아니 어머니가 생각하시는 것보다 훨씬 더 훌륭한 유대감이 있습니다. 붕괴 이후 과테말라는 대학살의 장소가 되었고, 바로 여기서 전 그들의 동지애를 확실히 보았습니다. 모든 사람이 오직 자신을 구할 생각만 하던 와중에 그 공산주의자들은 신념과 동지애를 고스란히 지켰고, 거기서 끝까지 일했던 유일한 집단이었습니다. ……전 그들이 존경받을 만한 사람들이라고 생각하고, 조만간 저도 그 당에 가입할 겁니다. 하지만 지금 그렇게 하지 못하는 까닭은 제가 유럽을 두루 여행하고 싶은 간절한 열망을 여전히 버리지 않고 있기 때문입니다. 철의 규율에 복종해야 하는 상태에서는 여행을 할 수 없을 테니까요.〉

한 달이 지난 12월에 그는 어머니에게 다시 편지를 써 보냈다. 그 편지는 궁극적으로 공산당에 가입할 의사가 있다는 아들의 선언에 어머니가 불안감을 드러내며 쓴 편지에 대한 응답임이 분명했다. 그는 어머니에게 이렇게 말했다. 〈어머니께서 그렇게 걱정하시는 일에 도달하는 길은 두 가지입니다. 하나는 직접적인 확신을 통해 도달하는 긍정적인 길이고, 다른 하나는 모든 것에 실망한 다음 도달하는 부정적인 길입니다. 전 두 번째 경로를 통해 그 생각에 도달했지만 곧 첫 번째 길을 따라가야 한다고 확신하게 되었습니다. 그링고들이…… 아메리카를 다루는 방식에 저의 적개심이 점점 더 커져 왔지만 동시에 제가 그들의 행위 배후에 있는 이론을 연구하고 나서 전 그것이 과학적임을 발견했습니다. 그런 뒤로 과테말라 사태가 벌어진 겁니다〉

그는 과테말라에서 본 것을 통해 자신의 확신이 더욱 굳건해졌고, 어느 순간부터는 〈믿기〉 시작했다고 썼다. 〈어느 순간에 제가 이성의 길에서 벗어나 신념 비슷한 것을 갖게 되었는지는 당신께 대충으로라도 말씀드릴 수가 없습니다. 왜냐하면 그 길이 너무 멀었고 뒷걸음질도 많았기 때문입니다.〉 말 그대로였다. 가족들의 입장에서는 너무나 갑작스러운 일이었지만, 에르네스토는 이제 자기 소신을 밝히고 자신의 전향을 설명하고 있었다. 그는 공산주의자였다.

3

1955년 초에 에르네스토에게는 작은 변화가 생겼다. 한동안 그의 현실은 외국에서 일자리를 찾아 헤매는, 의학 학위를 갓 취득한 젊은 아르헨티나 여행객의 처지에서 벗어나지 못했다. 그와 일다의 관계는 부침을 겪었지만 새해 들어 한결 안정되었다. 하지만 둘 사이의 근본적인 차이가 해소된 것은 아니었다. 사실 에르네스토는 돈이 필요했고 그가 일기장에 써놓았듯이 〈갈급한 성적 욕구〉를 채워 줄 상대도 필요했다. 에르네스토는 일다가 이 두 가지를 채워 줄 수 있다는 것을 알았다.

그는 새해 첫날 함께 있지 못한 것을 벌충하기 위해 그녀에게 철 지난 선물을 했다. 호세 에르난데스의 아르헨티나 고전 서정시집 『마르틴 피에로』를 미니북 형태로 만들어 초록색 가죽으로 제본한 것이었다. 그것은 에르네스토가 언제나 좋아했던 책이었다. 그 안에 에르네스토는 일다가 보기에 괘씸할 정도로 이중적인 메시지를 써넣었지만, 그럼에도 불구하고 그녀는 그 문구를 자신에 대한 그의 감정의 증거로 받아들였다. 〈일다에게, 우리가 작별하는 날 그대가 새로운 지평을 향한 내 원대한 꿈과 내 전투적 숙명론을 알아주기를. 에르네스토가. 1955년 1월 20일.〉

일다는 여전히 일자리가 없었지만 집에서 보내 준 돈으로 생계를 유지했고, 바쁘게 생활할 길을 찾아냈다. 1월에 그녀는 자치 대학교에서 멕시코 혁명에 관한 두 달짜리 강좌에 신청했다. 그녀는 배우던 내용을 에르네스토와 토론했고, 존 리드의 『멕시코의 반란』과 판초 비야의 회고록을 포함하여 그 주제에 관련된 책들을 함께 읽었다.

이제 약 10여 명의 쿠바 몬카다 전사들이 멕시코시티에 모여 있었다. 몇몇은 구텐베르그 가에 있는 하숙집에 정착했지만, 니코 로페스와 칼릭스토 가르시아는 도심에 있는 갈베스톤 호텔에 별도로 거처를 정했다. 그들은 운동의 비공식 조정자 마리아 안토니아 곤살레스와 긴밀한 접촉을 유지했다. 접촉 장소는 도시 중심부의 엠파란 가(街) 49번지에 있는 보기 흉한 현대식 분홍색 건물 내 그녀의 아파트였다. 에르네스토는 병원에서 니코 로페스와 우연히 마주친 이후 로페스는 물론 그의 동지들과도 이따금씩 계속 만났고, 새로 도착하는 사람들도 만나기 시작했다. 에르네스토는 그들 중 두 명, 세베리노 〈엘 과히로〉 로세이와 페르난도 마르고예스를 고용했다. 3월에 열린 제2회 범미주경기대회* 취재용으로 통신사 아헨시아 라티나에 보내기 위해 찍은 사진을 현상하는 일을 맡기기 위해서였다. 또 다른 한 명, 코스타리카에서 막 도착한 몬카다 전사 호세 앙 헬 산체스 페레스는 티그레스 가에 있는 에르네스토의 하 숙집에서 살게 되었다. 두 달 전에 산체스 페레스는 코스타 리카에서 소모사의 지원하에 이루어진 피게레스 대통령에 대한 공격으로부터 그를 방어하기 위한 전투에 참여한 바 있었다.

범미주경기대회가 시작되기 직전에 산체스 페레스는 에 르네스토를 데려가 마리아 안토니아에게 소개시켰다. 쿠 바 국가평의회 연구원이자 카스트로의 반란 원정대원 중 한 명의 사위이며 쿠바 혁명 이전 〈망명〉기에 대해 15년간 연구했던 에베르토 노르만 아코스타에 따르면, 에르네스 토는 니코 로페스, 칼릭스토 가르시아를 비롯한 여러 쿠바 인과 친하게 지내 왔다는 점에서 마리아 안토니아로부터 믿을 만한 친구로 환대받았다. 그는 곧바로 마리아의 레슬 러 남편인 〈딕〉 메드라노와도 잘 지냈고, 정기적으로 그녀 의 아파트를 방문하기 시작했다.

한편 일다는 최근 말다툼 이후 끊어진 에르네스토와의 관계를 재개하고 싶어 했다. 그녀는 이렇게 썼다. 〈나는 에 르네스토가 그리웠고, 그와 화해하고 싶었다. 그래서 내가 먼저 손을 내밀기로 했다.〉 미르나 토레스가 캐나다에서 돌아오면서 일다에게 기회가 왔다. 토레스는 과테말라에 서 몇 달간 도피해 있다가 이제 멕시코에 살게 된 남자 친

---

* 4년마다 개최되는 남북아메리카 스포츠 대회로 1951년에 창설되었다 ― 옮 긴이주.

구 움베르토 피네다와 결혼하기로 결정한 상태였다. 〈나는 쿠바인들과 친분이 있는 그녀에게 쿠바인들의 집을 방문할 때 나를 데려가 달라고 부탁했다. 나는 에르네스토가 사진을 현상하러 거기 자주 들른다는 것을 알고 있었다.〉 이렇게 하여 그녀는 원하던 기회를 얻었다. 에르네스토는 일다를 만나러 오기로 했고, 그녀가 바라던 대로 그들의 관계가 재개되었다.

범미주경기대회가 끝났을 때, 아헨시아 라티나가 사업을 접고 있다는 안 좋은 소식이 들려왔다. 아르헨티나의 국제 통신사를 설립하려는 페론의 시도가 무산되었고, 그 회사의 사업 철수와 더불어 에르네스토의 주 수입원도 날아가 버렸다. 그는 자신이 그 통신사에 5,000페소를 받을 게 있다고 계산했다. 그는 이렇게 썼다. 〈빚도 일부 청산하고 멕시코의 이곳저곳을 여행하는 데 쓸 수 있는 정말 요긴한 돈이 완전히 사라져 버리고 말았다.〉 에르네스토는 돈을 애타게 기다렸지만, 그에게 남은 것이라고는 만일에 대비하여 챙겨 둔 그 통신사의 카메라 한 대뿐이었다.

4월에 에르네스토는 알레르기 회의에 참석하기 위해 과나후아토 주에 있는 레온으로 여행했다. 거기서 그는 「부분 소화된 항원 식품을 재료로 한 피부 조사」라는 논문을 발표했다. 이 논문은 그의 표현대로라면 조심스럽게 받아들여졌지만, 멕시코시티 헤네랄 병원에서 그의 상사였던 마리오 살라사르 박사는 이 논문에 대해 호의적인 논평을 했다. 또 그 논문은 『알레르히아』라는 학술지의 다음 호에 게재될 예정이었다. 이후 에르네스토가 〈멕시코 알레르기

분야의 두목〉이라고 부르던 살라사르 마옌이 그에게 헤네 랄 병원에서 인턴으로 일할 기회와 새로운 알레르기 연구를 수행할 작은 명예직을 제공하겠다고 제안했다.

5월에 살라사르 마옌은 약속을 이행했고, 에르네스토는 헤네랄 병원에서 인턴으로 일하기 시작했다. 그는 숙식과 세탁을 무료로 제공받으면서 월 150페소라는 최소 급료를 받았다. 적어도 이 일자리는 당장 급한 대로 그의 기본적 욕구를 충족시켜 주었다. 그는 어머니에게 다음과 같이 써 보냈다. 〈친구들의 도움이 없었다면 전 아마 경찰서 기록부에 아사(餓死)로 등재되었을 거예요.〉 급료에 관해서는 별 대수롭지 않은 태도를 보였다. 〈돈이란 흥미로운 사치품이지만 그 이상은 아니에요.〉

일다는 결혼해서 자기가 그를 부양하겠다고 제안했다. 그는 일기에 이렇게 썼다. 〈나는 안 된다고 말했다. ……나는 내가 언제가 될지는 모르겠지만 언젠가 사라질 때까지 우리가 잠깐 사귀는 애인으로 남아야 한다고 말했다.〉 그러나 이후 일다는 에르네스토에게 자기가 루실라 벨라스케스와 같이 쓰고 있던 아파트로 이사 오라고 제의했고, 에르네스토는 이 제의를 받아들였다. 두 여자는 최근에 린가(街)에 있는 새 아파트로 이사해 들어가 있었고, 일다는 유엔의 라틴 아메리카 카리브해 경제위원회ECLAC에 임시직을 구한 상태였다.

에르네스토는 일다와 함께 살게 되면서 식생활 문제를 해결하게 되었을 뿐만 아니라 사회적 교제의 범위도 넓어졌다. 동시에 그가 제공받았던 병원 침상보다 훨씬 더 안락한 숙소까지 누릴 수 있게 되었다. 일다는 최근의 과테말라 대탈주로 인해 더욱 그 수가 늘어난 멕시코 망명자 집단에 알고 지내는 사람이 무척 많았다. 그중에는 『우마니스모』지의 편집장을 지낸 저명한 쿠바 망명자 라울 로아와 푸에르토리코 망명자 후안 후아르베 이 후아르베도 있었다. 그외 아메리카인민혁명동맹의 좌익 청년 그룹 지도자이자 페루 변호사인 루이스 데 라 푸엔테 우세다,* 1950년에 산 후안에 있는 총독궁 공격을 이끈 혐의로 미국에 투옥되어 있던 푸에르토리코 독립투사 페드로 알비수 캄포스의 페루인 아내 라우라 메네세스 같은 사람도 있었다.

에르네스토는 푸에르토리코인들과 특히 죽이 잘 맞았고, 일다와 함께 그들을 방문해 라틴 아메리카 정치에 관해 토론하기 시작했다. 그들은 푸에르토리코의 독립 문제를 화제로 삼는 경우가 많았고 에르네스토는 이 문제에 깊은 공감을 드러냈다.

에르네스토는 일다와의 생활에 어느새 흥미를 잃어버렸지만, 일과 공부, 가사일로 이어지는 일상생활은 그리 나쁘지 않았다. 두 사람은 친구들을 만나고 때때로 영화를 보러 갔으며 집에서 저녁 식사를 함께 만들었다. 루실라가 집에 와서 보면 두 사람은 공부, 특히 경제학 서적에 깊이 빠져 있는 경우가 많았다. 그때마다 루실라는 말을 걸지 않

* 에르네스토와 루이스 데 라 푸엔테 우세다는 이때 만나지 못했다. 에르네스토와 일다가 사태를 수습하는 사이 우세다가 이미 페루로 떠났기 때문이었다. 두 사람은 우세다가 몇 년 후 페루 게릴라 운동을 조직하고 있을 때 쿠바에서 만나게 된다.

고 살금살금 걸어 자기 침실로 가 잠자리에 들었다.

5월 중순에 에르네스토와 일다는 멕시코시티 인근의 인기 있는 휴양지인 쿠에르나바카에서 주말 밀회를 즐기고, 수도에서 쉽게 갈 수 있는 범위 안에서 다른 장소들을 탐색하고 다녔다. 6월 중순에 어머니에게 보낸 편지에서 밝히고 있듯이, 에르네스토의 생활은 〈단조로운 일요일풍의 리듬〉을 갖게 되었다.

그러나 쿠바에서는 정치적 사건들이 벌어지는 속도가 빨라지기 시작했다. 바티스타는 앞서 11월에 열린 선거에서 경쟁자 없이 입후보하여 쿠바의 대통령에 당선되었다. 1월에는 미국의 리처드 닉슨 부통령이 그의 당선을 축하하기 위해 쿠바를 방문해 아이젠하워 정부가 바티스타 정권을 지지함을 공개적으로 천명했다. 그런 다음 4월에는 부활절 주말 기간 동안 CIA 국장 앨런 덜레스가 아바나를 방문하여 풀헨시오 바티스타를 만났다. 서반구에서 공산주의자들의 영향력이 확대되는 것을 염려한 덜레스는 이에 대처하기 위해 바티스타를 설득하여 특별 경찰정보국을 설립케 했다. 그 결과물로 CIA의 대대적인 자금 지원과 자문을 받아 공산주의활동진압국BRAC이 탄생했고, 이 기관은 즉각 활동을 개시하여 악명을 떨쳤다.

아이러니하게도 덜레스는 물론 아바나의 CIA 지국장도 공산주의활동진압국 창설을 제안했을 때 피델 카스트로를 염두에 두지 않았다. 그리하여 5월에 피델 카스트로와 그의 동생 라울, 그리고 그들과 함께 피네스 섬에 투옥되었던 18명의 몬카다 습격자들이 대사면법에 따라 석방되었다.

바티스타는 자신의 경솔한 관용을 〈어머니날〉을 기념한 호의의 제스처라고 표현했다.

4

바티스타는 당시 라틴 아메리카 최악의 독재자가 아니었다. 인접한 도미니카 공화국에서 라파엘 레오니다스 트루히요는 무자비한 비밀경찰을 효율적으로 활용해 1930년대 이래 절대적인 독재자로 군림하며 자신의 가난한 나라를 지배하고 있었다. 그는 서반구에서 유례가 없었던 개인숭배까지 강요했다. 수도 산토도밍고는 시우다드 트루히요로 개명되었고, 〈신은 하늘에 있고 트루히요는 지상에 있다〉〈우리는 트루히요 덕택에 행복하게 살고 있다〉는 식의 메시지를 담은 조지 오웰의 소설을 연상시키는 표지판이 도처에 널려 있었다.

도미니카 독재자의 대담한 폭정에 비하자면, 바티스타는 정치적 풋내기에 지나지 않았다. 백인과 흑인의 피가 섞인 물라토 출신 군 장교였던 바티스타는 1940년대에도 쿠바의 대통령이 되기 위해 병영을 이탈한 적이 있었다. 당시 그는 대체로 공정했다는 평가를 받은 선거를 통해 당선되었고, 이후 쿠바 공산당과 연립 정부를 구성해 쿠바를 통치한 바 있었다. 그 후 쿠바는 그라우 산마르틴과 카를로스 프리오 소카라스 등 활기 없고 부패에 찌든 대통령들을 거치며 쇠락의 길을 걸었다. 1952년, 바티스타는 쿠데타를 통해 카를로스 프리오 소카라스의 대통령 임기를 끝장냈다. 비록 그가 선거를 통해 다시 당선되었고, 예전 공산주의 동맹자들에게 반격을 가함으로써 적어도 워싱턴의 관점에서는 통치의 정당성을 획득했지만, 공민권을 박탈당한 쿠바의 정당, 학생, 도시 중산 인텔리 들에게 그는 권력을 찬탈하여 사회적 변화와 진정한 쿠바 민주주의를 창출하기 위한 개헌의 희망을 파괴한 독재자였다.

몬카다 병영 기습 사건 이래, 바티스타는 유례없이 공공연한 수뢰와 매수, 경찰 암살단 전술을 동원하면서 자신의 통치에 도전하는 세력을 척결하는 데 주저하지 않았다. 1950년대 중반에 쿠바는 〈카리브 해의 매춘굴〉이라는 오명을 얻고 있었다. 주말이면 미국인들이 쿠바로 건너와 도박과 술을 즐기며 아바나의 수많은 매춘부들과 흥청거렸다. 슈바르츠만이라는 악명 높은 인물이 노골적인 포르노 영화를 틀어 주고 라이브 섹스 공연을 하는 극장을 운영했고, 미국의 범죄 단체들도 들어와 나이트클럽과 도박 카지노를 열었다.

쿠바의 상류 사회는 바티스타를 혼혈 깡패로 여기며 몹시 경멸했다. 대통령인 그가 아바나에서 배타적이기로 소문난 백인 전용 컨트리클럽에 입회를 신청했을 때, 즉석에서 이를 거절하는 수모를 안길 정도였다. 피델 카스트로와 같은 쿠바의 새로운 민족주의적 이상주의자 세대에게 바티스타는 나라를 외국 불량배들에게 팔아먹는 포주에 지나지 않았다. 이들 세대는 미국이 미국-스페인 전쟁에서 승리한 후 쿠바를 마치 속주처럼 통치했던 20세기 초 치욕적인 시절의 유산인 관타나모 만 주둔 미 해군에 적개심을 느끼고 있었고, 바티스타는 이러한 적개심을 활활 타오르게 하는 불쏘시개나 마찬가지였다.

피델 카스트로는 자기 나라를 바꾸고 싶었고, 감옥에 있는 동안 이러한 결의는 더욱 굳어졌다. 그가 5월 15일 모델로 감옥 정문에 모습을 드러냈을 때, 그의 기분은 사면에 대한 고마움보다는 투쟁심으로 가득 차 있었다. 언론이 팡파르를 울리며 그를 맞이하는 동안 그는 사죄하는 태도를 보이기는커녕 바티스타의 〈폭정〉에 대항한 투쟁을 계속하겠다고 맹세했다.

이 시점에 그의 운동에는 비교적 견고한 내부 핵이 있었고, 그들은 바티스타에 대한 증오심으로 하나가 된 대개 중산 계급 출신의 개혁적인 쿠바 전문 직업인들로 이루어져 있었다. 소수를 제외한 대다수의 몬카다 공격자들은 공산주의자가 아니라 야당이었던 오르토독소당의 청년 분파 활동가들이었다. 1951년에 이 당의 지도자 에두아르도 치바스가 자살하면서 초래된 지도력의 진공 상태 속에서, 피델 카스트로는 가장 카리스마 있는 지도자로 부상했다.

대담한 카스트로는 사람들을 자기 주변에 결집시키는 지도자이자 젊은 급진 개혁가였다. 몬카다 사건 이래 그는 자신이 단지 호언장담만 하는 사람이 아니라는 것을 보여 주었다. 무엇보다도 카스트로의 추종자들은 1895년 스페인 식민 군대에 맞서 싸우다 총에 맞아 자기 말에서 떨어져 죽은 쿠바 독립의 〈사도(使徒)〉 호세 마르티의 낭만적 수사의 세례를 한껏 받은 민족주의자들이었다.

이 집단에 참여한 사람들 중에는 전술적으로 마르크스

주의자임을 밝히지 않은 니코 로페스, 칼릭스토 가르시아, 피델 카스트로의 동생 라울 같은 사람이 있었다. 카스트로는 공개적으로 반공주의를 표방했지만, 그는 자신의 목표 수행에 도움이 된다면 정치색과 상관없이 모든 사람들을 끌어모으며 그 특유의 교활한 정치적 기회주의의 기미를 보이고 있었다. 그는 나중에 그 대가를 치르게 되지만 당장에는 수행해야 할 힘든 전투가 있었고, 그는 얻을 수 있는 모든 도움을 필요로 했다. 그 운동의 실제 철학은 시간이 지나면서 점차 정련될 터였다. 당장에 그들 모두를 한데 묶은 것은 피델 카스트로의 인간적 흡인력이었다.

카스트로의 조직은 〈7월 26일 운동〉이라는 이름을 가지고 있었지만, 그 이름은 카스트로의 최측근들만 알고 있을 뿐 비밀로 붙여져 있었다. 카스트로는 공개적으로 자신은 창당 의사가 전혀 없으며 오르토독소당에 충성하겠다고 거듭 천명했다. 사실 카스트로의 계획은 쿠바 안에서 자유롭게 활동할 수 있는 동안 지지 기반을 구축한 다음 멕시코로 가서 투쟁의 다음 단계, 즉 바티스타를 몰아내고 자신의 정당으로 권력을 획득할 게릴라 전쟁을 준비하는 것이었다.

바티스타의 대사면 조치를 활용하여 니코 로페스와 칼릭스토 가르시아는 그들의 지도자를 만나 전략을 조정하기 위해 아바나로 돌아왔다. 그들이 멕시코를 떠나기 이틀 전인 5월 27일, 에르네스토는 아버지에게 흥미로운 편지를 썼다. 그는 자신의 알레르기 연구에 대한 설명으로 말문을 열면서 자신의 장래 여행 계획에 대해 장황하게 이야기하기 시작했다. 그러면서 밑도 끝도 없이 자신이 〈쿠바로 갈지도 모른다〉고 슬쩍 흘렸다.

에르네스토는 자신이 개별적인 두 가지 〈협업〉에 관여하고 있다고 썼다. 하나는 알레르기 연구와 관련된 것이었고, 다른 하나는 멕시코의 한 〈훌륭한 화학자〉와 함께 〈지금은 직감만 있지만 무언가 아주 중요한 결과가 산출될 거라고 믿는 문제에 관한〉 것이었다. 〈저는 이른바 새벽이 무르익은 곳들을 추천받고 싶어요……. 특히 제 마음을 풍경으로 가득 채울 장소로 아바나가 저를 사로잡고 있습니다. 레닌의 인용구들과 잘 어울리는 곳이지요.〉 암시로 가득한 이러한 말들은 틀림없이 그의 아버지를 어리둥절하게 만들었을 것이다.

그러나 7월 초에 스페인으로 항해할 배가 있다는 소식을 들었을 때, 그는 이 기회를 잡기 위해 다른 모든 계획을 포기할 태세였다. 또 그는 여행비용 일부를 지불할 수 있다면 차기 중국 공산청년단 대회에 참석할 수 있을 거라는 이야기를 들었다. 그는 〈마오의 땅〉을 보고 싶었다. 하지만 유럽이 그를 더 강하게 끌어당겼다. 며칠 후에 어머니에게 보낸 편지에서 밝혔듯이, 그것은 〈거의 생물학적인 필연성〉이었다. 결국 그는 있던 자리에서 떠나지 않았고, 〈간간히 영어 번역을 해가며 병동과 실험실, 도서관을 순회하는 생활〉에 빠져들었다.

5

흥분을 일으킬 만한 새로운 일을 갈망하던 에르네스토는 멕시코시티 위로 우뚝 솟은 두 개의 장대한 화산 중 하나인 눈 덮인 5,400미터짜리 포포카테페틀 산을 측량하려는 〈즉흥적〉 시도에 가담했다. 비록 그와 동료들은 정상 분화구보다 낮은 언저리밖에 도달하지 못했지만, 그는 〈대지의 속살을 들여다볼〉 수 있었다.

한편 그는 불안한 마음을 키워 가며 아르헨티나에서 들려오는 소식에 계속 귀를 기울였다. 6월 16일, 악화일로를 걷던 페론과 가톨릭교회 사이의 불화를 틈타 아르헨티나 해군이 페론 정부를 전복시키기 위한 유혈 공격을 감행했다. 대통령궁에 가해진 어지러운 공습의 와중에 민간인 수백 명이 사망했다. 비록 공격은 실패로 돌아갔지만, 그러한 전란 이후 페론의 위상은 심하게 흔들렸고, 그의 정권이 붕괴 직전의 고비에 들어서면서 팽팽한 불확실성의 분위기가 감돌았다.

에르네스토는 멕시코에서 보도되고 있던 내용을 믿지 못했기 때문에 어머니에게 편지를 보내 제대로 된 소식을 알려 달라고 했다. 〈저는 상황이 소문만큼 나쁘지 않기를 바라고, 우리 가운데 그 누구도 얻을 게 아무것도 없는 분쟁에 빠져들지 않기를 바랍니다.〉 가족의 강한 반페론주의 정서를 알고 있던 에르네스토는 그들 중 누군가, 특히 해군에 근무하던 동생 로베르토가 위험에 빠지지나 않을까 걱정했다. 에르네스토는 자기에 관한 이야기로 화제를 돌리며 셀리아에게 카를 마르크스를 가리키는 완곡한 표현인 〈산카를로스의 가르침〉을 〈6학년 아이들〉에게 전파하며 내내 한가로운 시간을 보내고 있다고 말했다.

아르헨티나가 혼돈 상태에 빠진 그때, 아바나의 정치적 분위기도 급속히 나빠졌다. 카스트로는 석방 이후 자기 조직에 새로운 성원들을 충원하고 언론을 통해 바티스타를 탄핵하는 데 여념이 없었다. 6월 12일 밤 식민지풍의 구 아바나에서 열린 비밀 모임에서 피델 카스트로가 이끄는 11명의 전국지도부와 더불어 〈7월 26일 운동〉이 공식적으로 결성되었다. 경찰, 학생, 카스트로의 민병대가 저지른 정치적 폭력이 격심하게 재개되었다. 돌아온 망명자들이 살해되었고, 파상적으로 퍼붓는 폭탄들이 아바나 전체를 갈기갈기 찢어 놓았다. 카스트로는 정부가 폭력을 격발시켰다고 비난했지만, 당국은 폭탄들을 설치한 혐의로 라울 카스트로를 기소하고 그에 대한 체포령을 발포했다. 피델은 정부가 자신과 자기 동생을 죽이려는 음모를 꾸미고 있다고 공개적으로 비난했다. 경찰은 예전에 이미 카스트로에게 방송 제작 금지 조치를 취해 놓은 상태였지만, 여기에 더해 6월 16일에는 카스트로의 남은 주요 언론 매체였던 타블로이드판 일간지 「라 카예」를 폐간시켰다.

피델은 활동 가능한 기간이 별로 남아 있지 않다는 것을 깨닫고 라울에게 멕시코로 도피하라고 한 다음 자신이 멕시코로 도피할 방도를 찾아보게 했다. 라울은 쿠바 주재 멕시코 대사관에 들어가 망명 신청을 하고 그곳에서 일주일을 보낸 다음, 6월 24일에 멕시코로 날아갔다. 라울은 마리아 안토니아의 집으로 직행했다. 그를 만나려고 기다리던 사람들 중에 에르네스토 게바라가 있었다.

사람들의 말에 따르면, 두 사람은 바로 죽이 맞았다. 무엇보다 두 사람의 이데올로기가 유사했다. 피델보다 다섯 살 어린 동생이었던 라울은 마르크스주의자였다. 그는 아바나 대학에서 쿠바 공산당 청년 조직에 가입했고 조직의 출판물인 『사에타』지의 편집을 도왔으며, 1953년 5월에는 불가리아 소피아에서 열린 세계(공산주의)청년축제에 참여했다. 라울은 아바나로 돌아온 피델 및 그와 함께 있던 니코 로페스로부터 이미 에르네스토에 관한 이야기를 들었음이 분명했다.

라울의 도착 직후 에르네스토는 그를 일다와 루실라의 아파트로 저녁 식사에 초대했다. 에르네스토는 일기에 그 일에 관해 언급하지 않았지만, 일다는 회고록에서 만나는 순간 곧바로 라울이 마음에 들었다고 말했다. 일다는 이렇게 회고했다. 〈나이는 스물서너 살로 어렸고 외모는 금발에 턱수염도 없어서 마치 대학생처럼 더 어려 보였지만, 혁명이 어떻게 이루어져야 할지, 더욱 중요하게는 무슨 목적으로, 누구를 위해 이루어져야 할지에 관한 그의 생각은 명확했다.〉

라울은 자기 형에 대한 믿음과 자신의 개인적 신념에 대해 말했다. 쿠바는 물론 다른 지역에서도 선거를 통해서가 아니라 오직 전쟁을 통해서만 권력이 쟁취될 수 있다는 그의 신념은 에르네스토의 관점과 통했다. 대중의 지지를 받으면 권력을 장악하고 사회를 자본주의에서 사회주의로 변혁할 수 있다는 것이었다. 일다는 이렇게 썼다. 〈그는 피델이 멕시코에 도착하는 즉시 그를 우리 집에 데려오겠다고 약속했다. 이후 그는 최소한 일주일에 한 번 우리 집에 들렀고, 에르네스토는 거의 매일 그를 만났다.〉

오랫동안 풀리지 않은 미스터리는 소련이 언제 쿠바 혁명에 개입하게 되었는가 하는 점이었다. 〈개입〉이라는 용어를 쓰기에는 지나친 감이 없지 않지만, 피델 카스트로의 혁명가들과 소련 관리들 사이의 첫 접촉은 1955년 여름 멕시코시티에서 이루어졌다.

기이한 우연의 일치로, 라울이 2년 전에 만났던 27세의 소련 외무부 관리도 멕시코시티에 있었다. 그의 이름은 니콜라이 레오노프였고, 1953년 라울이 유럽청년축제에 참석했다가 귀국하는 1개월간의 항해에서 두 사람은 친구가 되었다. 두 사람이 서로를 마지막으로 본 것은 라울이 아바나에 내린 때였다. 몇 주 후 라울은 몬카다 공격에 가담하여 투옥된 반면, 레오노프는 멕시코 주재 소련 대사관의 하급 관리직을 맡고 자치 대학교에서 스페인어 강좌를 듣기 위해 멕시코로 떠났다. 그런데 니콜라이 레오노프와 라울 카스트로가 우연히 다시 만나게 된 것이다.

1992년에 미국과 라틴 아메리카를 담당하는 KGB 제1국 부국장직에서 물러나 있던 레오노프의 말에 따르면, 그는 어느 날 거리에서 쇼핑을 하던 중에 라울 카스트로를 우연히 만났다. 그를 다시 만나 반가웠던 라울은 레오노프에게 마리아 안토니아의 집 주소를 알려 주면서 한번 들려 달라고 했다. 대사관에 사전에 알리지 않으면 어떤 사회적 접촉도 해서는 안 된다는 규칙이 있었지만 레오노프는 이를 위반하고 엠파란 가 49번지로 향했다. 바로 거기서 그는 에르네스토 게바라를 만났다.

〈그는 독감을 앓고 있던 라울을 치료하며 의사 행세를 하고 있었다〉고 레오노프는 말했다. 「내가 받은 첫인상은 그가 농담을 잘 하는 즐거운 사람이라는 것이었습니다. 사실 그가 라울을 치료하기 위해 한 일이라곤 여러 가지 야담과 농담을 들려주면서 격려해 주는 게 다였습니다⋯⋯.」

통성명을 하고 난 후, 에르네스토와 레오노프는 대화를 나누기 시작했다. 소비에트의 생활에 관한 궁금증으로 가득 차 있던 게바라는 그에게 소련의 문학에서부터 〈소비에트적 인간의 개념〉 — 〈그들은 어떻게 사고합니까? 그들은 어떻게 살지요?〉 — 에 이르기까지 모든 것에 관해 질문을 퍼부었다. 레오노프는 그 모든 궁금증을 풀어 주는 대신 소련 문학 몇 편을 읽어 보고 그런 이후에도 여전히 질문할 게 있으면 그때 좀 더 대화를 나눠 보는 게 어떻겠냐고 제안했다. 에르네스토는 동의했고, 책 세 권을 부탁했다. 그 세 권의 책은 소련 내전을 다룬 『차나예프』와 공산주의 작가 오스트롭스키가 쓴 『강철은 어떻게 단련되었는가』, 그리고 제2차 세계 대전 당시 소련의 공군 영웅에 관한 『완벽한 인간』이었다. 며칠 후 게바라는 그 책들을 빌리기 위해 대사관에 모습을 드러냈다. 그때 두 사람은 다시 대화를 나누었다. 하지만 레오노프가 주장하듯이 〈이번에는 친구로〉 대화를 나누었다. 두 사람은 계속 만나는 데 동의했고, 레오노프는 게바라에게 자신의 대사관 카드를 주었다. 바로 이때가 그들이 멕시코에서 만난 마지막 순간이었다고 레오노프는 말했다.

12장
〈신과 그의 새 오른팔〉

1

    그해 여름 에르네스토는 일기에 이렇게 썼다. 〈어떤 정치적 사건이 대담하기 그지없고 자신감에 찬, 지적이고 젊은 쿠바 혁명가인 피델 카스트로에게 닥쳐오고 있었다. 나는 우리 사이에 상호 공감대가 있다고 생각한다.〉

    에르네스토와 카스트로의 만남은 사실 몇 주 전, 즉 카스트로가 멕시코에 도착한 지 며칠 후에 일어났다. 에르네스토는 라울과 만났을 때와 마찬가지로 엠파란 가 49번지에서 카스트로를 만났다. 잠시 이야기를 나눈 에르네스토와 피델, 라울은 마리아 안토니아의 집을 나와 그 구역 아래쪽 식당에서 함께 저녁을 먹었다. 몇 시간 후 피델 카스트로는 에르네스토에게 게릴라 운동에 가담해 달라고 했고, 에르네스토는 그 자리에서 제안을 수락했다.

쿠바인들은 그를 체라고 부르기 시작했고, 이제 체는 그들의 의사가 될 운명이었다. 아직 시기가 무르익지는 않았지만 — 카스트로가 자신의 야심 찬 기획을 실행에 옮기기에는 아직 갈 길이 멀었다 — 그것은 에르네스토가 그토록 찾아 헤매던 대의였다.

2

에르네스토 게바라와 피델 카스트로는 태생적으로 대조적인 사람이었다. 쿠바 동부 마야리 주의 지주 가문에서 아홉 형제 중 하나로 태어난 스물여덟 살의 카스트로는 자신감이 넘치는 철저히 정치적인 동물이었다. 갈리시아 출신의 무식한 이민자였던 그의 아버지 앙헬 카스트로는 무일푼으로 쿠바에 도착해 땅과 설탕, 목재, 가축으로 조촐한 재산을 모았다. 자체 창고와 도축장, 제빵소를 갖춘 큰 농장 마나카스를 운영하던 카스트로는 300명의 노동자와 그들 가족의 운명을 지배한 시골 족장이었다.

앙헬 카스트로는 자신의 영리하고 반항적인 셋째 아들(가족 요리사였던 리나 루스와의 두 번째 결혼에서 낳은 아이)에게 돈으로 살 수 있는 최상의 교육을 시켰다. 그는 산티아고에서 마리아 수도회가 운영하는 돌로레스 초등학교와 특권층이 다니는 아바나의 예수회 소속 기숙학교인 벨렌 고등학교, 아바나 대학 법과대학원에서 교육을 받았다. 경쟁심이 강하고 성질 급한 피델은 폭발 직전의 아바나 대학 캠퍼스에서 총을 들고 다니며 선동하는 자로 명성을 얻었다. 몬카다 이전에도 그는 두 건의 총기 사건과 연루되었지만 두 번 다 교묘히 체포를 면한 바 있었다.

극심한 부패와 깡패 정치, 경찰의 잔혹 행위로 특징지을 수 있는 그라우 산마르틴과 프리오 소카라스가 대통령으로 재임하는 동안 성년이 된 카스트로는 쿠바의 민족 영웅인 호세 마르티의 순정주의적인 수사를 동원하여 깨끗한 정부와 학생들의 권리, 사회적 평등을 호소하면서 학생 운동에 몰두했다. 1947년에 비판적인 상원의원 〈에디〉 치바스가 그라우 산마르틴에 맞서 대통령에 출마하기 위해 오르토독소당을 창설했을 때, 카스트로는 신당의 청년 조직에 가입했다. 그리고 얼마 지나지 않아 카스트로는 많은 사람에게 치바스의 후계자로 보였다. 그는 공산당원인 친구들이 있었고 특정 이슈들과 관련해서는 그들을 지지하기도 했지만, 그럼에도 그는 학생 선거에서 그들에 맞서 가톨릭 분파들과 협력하여 선거운동을 했다.

또한 피델은 강한 반제국주의적 입장을 견지했고, 미국령 푸에르토리코의 독립을 옹호하는 단체를 포함하여 반제국주의적 관점을 제시하는 여러 학생 단체에 가입했다. 또 그는 미국-스페인 전쟁과 그에 이은 미국의 군사적 점령 이후 미국의 신식민지로서 쿠바 자체의 최근 처지를 너무나 잘 인식하고 있었다.

이른바 쿠바의 〈독립〉은 굴욕적인 1901년 플랫 수정안을 대가로 얻은 것이었다. 플랫 수정안으로 워싱턴은 쿠바

의 〈방위〉에 자의적으로 개입할 권한을 획득했고, 관타나
모 만을 해군 기지로 무기한 할양받았다. 피델이 고등학
교에 다니던 시절에 플랫 수정안은 철폐되었지만, 미국인
들은 관타나모 만을 보유했고 설탕에 기반을 둔 쿠바 경
제에서 상당한 지분을 획득했으며 정치 면에서 속주 총독
과도 같은 역할을 맡았다. 1949년에 미국 수병들이 아바
나 구시가지의 센트럴 파크에 있는 호세 마르티 동상에 오
줌을 눈 사건이 일어났는데, 이는 쿠바인들에게 신성 모독
과도 같은 사건이었다. 이 사건 이후 피델은 미 대사관 앞
에서 벌어진 항의 시위를 조직하는 일에 가담했고, 이 일로
쿠바 경찰의 수배를 받았다. 1951년에 피델은 물론 그의
동생 라울도 (멀리 아르헨티나에 있던 에르네스토 게바라의 입
장과 공명하며) 한국에서 벌어진 〈미국의 전쟁〉에 쿠바 군대
를 파견하려는 프리오 정부의 의도에 반대의 목소리를 높
였다.

피델 카스트로는 독립 쿠바를 〈가짜 공화국〉으로 변질
시키고 부패한 쿠바에서 독재가 뿌리를 내리도록 한 〈양키
들〉에게 깊은 반감을 느꼈다. 그의 고향 마야리 주는 사실
상 유나이티드프루트 사의 속주였고, 이곳에서 이 회사는
방대한 면적의 땅과 설탕 공장 대다수를 소유하고 있었다.
그 회사의 여러 중앙아메리카 영지들에서와 마찬가지로
그 회사의 미국인들과 특권적인 쿠바인 직원들은 상점, 병
원, 스포츠 시설, 사립학교 등을 완벽히 갖춘 그 회사의 주
택 지구에서 특권적인 생활을 누렸다. 피델 자신의 아버지
도 〈그 회사〉에 의존하기는 마찬가지였다. 자기 땅 가운데

상당 부분을 그 회사로부터 임차한 그는 사탕수수를 유나이티드프루트의 공장에 팔아야 했다.

당연히 피델은 쿠바에서 수출 의존형 플랜테이션 경제가 영속되는 가운데 부유한 지주 계급이 창출되고 노동자들이 고질적으로 빈곤한 삶에 처하게 된 원인이 미국에 있다고 보았다. 워싱턴이 바티스타 정권을 인정함으로써 그의 권력 장악에 정당성을 부여했지만, 바로 이 때문에 카스트로는 쿠바에서 미국의 영향을 끝장내겠다는 개인적 결심을 더욱 굳히게 되었다.

피델 카스트로는 언제나 자신을 쿠바의 미래 지도자로 생각해 온 듯했다. 학교에서 그는 어떤 활동에 참가하든 동료들 가운데에서 다툼의 여지가 없는 지도자가 되기 위해 싸웠다. 그것이 초등학교의 시(詩) 경연 대회에서 1등을 하는 것이든, 벨렌 고등학교의 농구부 주장이 되는 것이든, 아니면 아바나 대학의 학생 운동에서 인정을 받는 것이든 말이다.

열두 살 때 그는 프랭클린 루스벨트에게 그의 3선 대통령 취임을 축하하면서 〈1달러〉를 달라고 요청하는 편지를 보낼 정도로 조숙했다. 그 후 그의 일생 동안 영감의 원천이 되었던 인물은 호세 마르티였지만, 그는 율리우스 카이사르, 로베스피에르, 나폴레옹 같은 역사적 인물들도 숭배했다. 그는 정치에서 성공하는 데 도움이 되는 천부적인 교활함과 거래 기술을 가졌던 듯하고 교묘하게 속이는 법을 알고 있었다.

이러한 특성들 때문에 카스트로와 나중에 그의 오른팔

이 되는 에르네스토 게바라 사이의 주된 차이가 부각되었다. 게바라에게 정치는 사회적 변화를 위한 메커니즘이었고, 그를 움직인 동기는 권력 자체가 아니라 사회적 변화였다. 그에게 불안정한 요소가 있었을지라도 그것은 사회적 불안정성에서 기인한 것이 아니었다. 게바라에게는 카스트로에게는 틀림없이 있었고 그것이 힘의 원천으로 전화되었던, 과거에 대한 좋지 않은 기억이 없었다. 파산하기는 했지만 명문 귀족 출신이었던 게바라는 자신의 유산을 아는 데서 생겨나는 특권 의식과 사회적으로 인정받는 분위기 속에서 자랐다. 게바라 가족이 아르헨티나 사회에서 문제아 같은 존재였을지도 모르겠지만, 그들은 여전히 상류 사회의 일원이었다. 에르네스토가 아무리 자신의 생득권을 거부하고 자신의 가족적 연계를 잘라 내려 했다 하더라도, 이런 것들이 그에게 각인된 것은 불가피한 일이었다.

에르네스토 게바라는 분명 강한 자아를 갖고 있었지만 피델 카스트로만큼 굉장한 수준은 아니었다. 큰 집단 속에서 게바라는 뒤로 물러나 관찰하고 듣는 경향이 있었던 반면, 피델 카스트로는 역사에서부터 정치와 동물 사육에 이르기까지 토론 대상이 된 어떤 화제에 관해서든 앞에 나서서 권위자로 인정을 받지 않고는 못 배겼다.

게바라는 천식 때문에 자신의 신체적 결점을 심하게 의식한 반면 건장한 카스트로는 자신에 대한 어떤 결점도 인정하지 않았다. 카스트로는 타고난 운동선수는 아니었지만 무엇이든 마음만 먹으면 탁월하게 잘할 수 있다고 생각했고, 실제로도 자주 그렇게 했다. 무엇보다도 카스트로는 이기고자 하는 강한 충동이 있었다. 에르네스토에게는 내세울 만한 업적이라고 해야 고작 어린 시절에 럭비를 비롯하여 여러 운동을 할 수 있었고 팀의 일원으로 받아들여졌다는 것이 전부였다. 에르네스토가 추구한 것은 지도력이 아니라 동지애였다.

평균 이상으로 키가 컸고 어울리지 않는 작은 콧수염을 기르고 머리에는 기름을 잔뜩 바른 피델은 제멋대로 행동하는 데 익숙한 도시 남자의 기름진 생김새를 하고 있었다. 그리고 실제로도 그런 남자였다. 그는 음식을 좋아했고, 요리하는 것도 좋아했다. 감옥에서 그는 친구에게 감각적으로 후딱 만든 요리를 상세히 설명하는 편지를 써 보냈다. 두 살 어렸던 에르네스토는 키도 더 작고 호리호리했으며, 배우나 시인을 연상케 하는 인상적인 검은 눈과 병약한 안색을 하고 있었다. 많은 면에서 그들의 체격에 그들의 성격적인 차이가 나타나 있었다. 스스로 잘 의식하지는 못했지만 피델이 자신에게 관대했던 반면, 에르네스토는 천식에 의해 강요된 자기 규율로 단련된 인간이었다.

많은 차이에도 불구하고 에르네스토와 피델은 몇 가지 공통된 특징이 있었다. 두 사람 모두 대가족의 총아였고, 버르장머리라곤 눈곱만큼도 없었으며, 용모에 무신경했고, 성욕이 넘쳤지만 관계는 개인적 목표에 부차적이었다. 두 사람 모두 라틴적인 남성우월주의 기질에 물든 사람들로서, 여성은 천성적으로 약하다 믿었고 동성애를 혐오했으며 용감한 행동가를 숭배했다. 두 사람 모두 강철 같은 의지의 소유자들이었고 영웅적인 목표 의식에 사로잡혀 있었다. 두 사람이 만났을 때, 각자는 이미 자기 시대의 역사적 사건 속에서 직접적인 역할을 하려고 애썼지만 좌절을 맛본 상태였고, 미국이라는 공통의 강적을 확인했다.

피델은 대학에 다니던 1947년에 트루히요 장군을 전복시키기 위해 도미니카 공화국을 침공할 목적으로 쿠바의 외딴 섬에서 군사 훈련을 하던 쿠바와 도미니카인 그룹에 가담한 적이 있었다. 하지만 그 원정은 워싱턴으로부터 이미 경계 신호를 받은 그라우 산마르틴 대통령이 쿠바 군대를 동원해 사전 조치를 취하는 바람에 마지막 순간에 무위로 돌아갔다. 다음으로 피델은 1948년에 보고타에서 페론이 조직한 〈반제국주의〉 청년대회 대표단으로 참석했다가 콜롬비아의 야당 자유당 지도자 엘리에세르 가이탄의 암살 이후 일어난 엘 보고타소에 가담했고, 보수적인 정부에 반대하는 민중 저항을 조직하려 했다. 이후에 바티스타의 쿠데타, 몬카다, 투옥이 일어났다.

출옥한 이후 피델은 과테말라에서 일어나고 있던 사태를 흥미롭게 지켜보았고, 사면초가 상태에서, 친숙한 공포의 대상인 유나이티드프루트에 맞서 싸우던 아르벤스 정부의 투쟁에 공감했다. 또한 아르벤스의 몰락은 매우 교훈적이었다. 이 사건을 통해 피델은 자신이 쿠바에서 계획하는 혁명이 성공한다면 조심스럽게 전진하여 미국의 강력한 이해관계자들과 대적하기 전에 강력한 권력 기반을 확보해야 함을 배웠다. 그러나 쿠바를 마음대로 통치하기 위해서는 유나이티드프루트 같은 외국 기업들을 국유화해야 한다는 것 역시 명확했다. 비결은 빈틈없이 교활하게 전진하는 것임을 피델은 알았다.

그를 만난 대다수 사람들이 느꼈듯이, 에르네스토가 보기에도 피델 카스트로는 확실히 보기 드문 개성의 소유자였다. 이러한 개성은 자신이 궁극적으로 성공할 것이라는 완전한 자기 확신 덕분에 더욱 두드러져 보였다. 그리고 피델은 정치적으로 사회주의가 자신이 추구해야 할 정확한 노선이라고 에르네스토만큼 아직 확신하고 있지는 않았지만, 동일한 목표에 대한 공감을 드러냈다. 잠재력은 거기에 있었다. 피델 카스트로의 혁명이 사회주의 노선을 따르도록 하는 것은 에르네스토 게바라를 포함한 그의 측근들의 몫이었다.

피델을 만난 지 얼마 안 되었을 때, 에르네스토는 일다에게 이렇게 말했다. 「과테말라에서, 쿠바가 마르티 이래 무언가 좋은 것을 낳았다면 그건 바로 피델 카스트로라고 했던 니코의 말이 옳았어. 그는 혁명을 이루어 낼 거야. 우린 의견이 완전히 일치해. ……내가 가진 전부를 바칠 수 있는 그런 사람이야.」 그는 방위가 튼튼한 쿠바 해안에 게릴라를 가득 채운 보트 한 척을 상륙시킨다는 피델의 계획이 〈미친 생각〉임을 인정했지만, 어쨌든 그를 지지하지 않을 수 없다고 느꼈다.

7월 20일, 에르네스토는 베아트리스 고모에게 편지를 써 수수께끼 같은 말을 남겼다. 〈시간이 흐르면서 내가 하고 있던 수많은 기획들이 걸러졌고, 이제…… 전 오직 한 가지는 완수하리라 확신할 수 있어요. 그것은 내가 방문하는 다음 나라로 전파될 겁니다. 그 나라의 이름은 신과 그의

새 오른팔 외엔 아무도 모릅니다.〉

에르네스토는 새로운 친구와 동지 들을 축하하기 위해 일다와 루실라에게 피델을 위한 저녁 식사 준비를 부탁하고 라우라 알비수 캄포스와 후안 후아르베도 초청했다. 그날 밤, 카스트로는 앞으로 유명해질 자신의 세 가지 특성을 다 드러냈다. 다른 사람들을 무한정 기다리게 하기, 엄청난 개인적 카리스마, 몇 시간이고 끝없이 거드름을 피우며 말하는 능력. 루실라는 오랜 기다림에 지쳐 화를 내며 자기 방으로 들어가 버렸지만 일다는 참을성 있게 기다렸고, 그 기다림을 보상받았다고 느낄 만큼 강렬한 인상을 받았다.

〈그는 젊었다. 안색에 비추어 서른 살 정도로밖에 보이지 않았다. 190센티미터 정도의 큰 키에 체격이 건장했다. ……잘생긴 부르주아 관광객이라 해도 이상해 보이지 않을 정도였다. 하지만 대화할 때 그의 눈은 혁명적 열정으로 빛났고, 왜 사람들이 그의 말에 빨려드는지를 알 수 있었다. 그는 위대한 지도자의 매력과 인품뿐만 아니라 감탄을 자아낼 만큼 소박한 성격과 자연스러움을 갖추고 있었다.〉

저녁 식사 후에 일다는 마침내 경외감을 떨치고 카스트로에게 쿠바에서 투쟁을 할 거라면 왜 지금 멕시코에 머무르고 있느냐고 물었다. 〈그는 이렇게 대답했다. 「아주 좋은 질문이오. 설명해 드리리다.」〉 피델의 답변은 쿠바의 정세를 설명하고 무장 혁명을 위한 자기 계획의 윤곽을 드러내면서 네 시간 동안 이어졌다.

며칠 후 에르네스토는 일다에게 쿠바의 반란 침공에 가

담할 생각이라고 말했다. 그 말이 떨어지기가 무섭게 일다
는 에르네스토에게 자신이 임신 중임을 알렸다.

3

7월 26일, 피델은 몬카다 습격 2주년을 기념하기 위해
행사를 조직했다. 차풀테펙 공원에서 열린 그 의식은 피델
자신과 여러 라틴 아메리카 망명자들의 연설로 채워졌다.
행사를 마친 후 그들은 모두 피델이 자신이 좋아하는 요리
인 봉골레 스파게티를 준비시켜 놓은 한 가정에 모였다.

저녁 식사 자리에서 에르네스토는 별 말 없이 조용히 앉
아 있었다. 그가 침묵하고 있는 모습을 알아챈 피델이 소
리쳤다. 「이봐, 체! 너무 조용하군. 당신의 감독관이 지금
여기 있어서인가?」 그건 일다를 가리키는 말이었다. 그녀
는 이렇게 썼다. 〈확실히 피델은 우리가 결혼할 계획이라
는 걸 알고 있었다. 그래서 그런 농담을 던진 것이었다. 그
때 나는 두 사람이 서로 많은 이야기를 주고받았다는 것을
깨달았다. 나는 에르네스토가 마음이 편안해지면 수다스
러워지는 걸 잘 알고 있었다. 그는 토론을 좋아했다. 하지
만 주변에 사람이 많은 자리에선 뒤로 물러나 있는 편이었
다.〉

일다는 에르네스토가 침묵을 지킨 이유가 자신이 개입
된 사업의 중대성을 숙고하고 있었기 때문이라고 해석했
지만, 이러한 해석은 틀림없이 사후 신비화의 성격을 지닌
것이었다. 오히려 그는 그녀와 직면한 딜레마에 대해 곰곰

이 생각하고 있었다는 쪽이 훨씬 더 그럴듯해 보인다. 그는 그녀와 결혼하기로 결심한 터였다. 그리고 응당 그래야만 하는 일이었다. 하지만 그는 일기장에 이런 기록을 남겼다. 〈다른 남자들에게, 결혼이란 초월적인 사건일 것이다. 하지만 내게 결혼이란 불편한 사건일 뿐이다. 나는 한 아이의 아빠가 될 것이고 며칠 후에는 일다와 결혼할 것이다. 결혼에 이르는 모든 과정들이 그녀에게는 극적인 순간들이었겠지만, 나에게는 괴로운 순간들이었다. 결국 그녀가 원하는 대로 된 것이다. 그녀는 결혼 생활이 일생 동안 지속되길 희망하겠지만 내가 보기에 그 생활은 잠시 동안에 그치고 말 것이다.〉

늘 가정생활을 거부했고 이제 막 따라야 할 대의와 지도자를 발견한 남자에게, 곧 결혼을 하게 되리라는 전망보다 더 나쁜 것은 없었다. 하지만 에르네스토는 회피하지 않고 8월 18일에 멕시코시티 교외에 있는 테테포소틀란이라는 작은 마을의 등기사무소에서 일다와 결혼했다. 그들의 법적 증인은 루실라 벨라스케스와 공인 회계사 헤수스 몬타네 오로페사, 그리고 헤네랄 병원에 있는 에르네스토의 두 동료였다. 오로페사는 피델의 돈 관리인으로서 아바나에서 막 도착한 참이었다. 라울 카스트로도 결혼식에 참석했지만 눈에 띄게 행동하지 말라는 피델의 명령에 따라 방명록에는 서명하지 않았다. 바티스타의 비밀경찰과 미국 FBI가 자신을 감시하고 있을 거라고 의심하던 피델은 보안을 이유로 참석하지 않았지만, 에르네스토와 일다가 준비한 파티에는 모습을 드러냈고, 그 파티에서 에르네스토는 아르헨티나식 갈비인 아사도를 준비했다.

결혼식 이후 에르네스토와 일다는 루실라와 함께 쓰던 아파트에서 나와 콜로니아 후아레스의 나폴레스 가(街)에 있는 아르데코 풍 5층짜리 건물에 있는 둘만의 새 집으로 이사했다. 그리고 나서 두 사람은 각자의 부모에게 결혼 소식을 전했다. 일다는 이렇게 썼다. 〈내 부모님은 자신들이 결혼식에 참석할 수 있도록 왜 미리 알리지 않았냐고 나무라는 답장을 보내왔다. 또한 부모님은 500달러짜리 은행 환어음을 선물로 보내며, 사진을 보내 달라고 하셨다. 어머니는 교회 결혼식을 부탁했고, 고향 친구들을 위해 공식 발표를 할 수 있도록 정확한 날짜를 보내라고 말씀하셨다.〉

에르네스토는 새로운 처가 식구들에게 답장을 보냈다. 편지에는 중산 계급인 가데아 가족이 눈썹을 치켜뜰 만한 솔직함과 가벼운 상스러움이 섞여 있었다. 〈부모님께. 저희의 폭탄 같은 소식을 접하고서 얼마나 놀라실지 상상이 됩니다. 또한 이로 인해 묻고 싶으신 게 얼마나 많으시겠습니까. 물론 저희가 결혼식에 대해 알리지 않은 점은 백번 책망 받아 마땅합니다. 하지만 저희는 예상치 않게 아기가 생겼고, 이런 상황에서 저희 앞에 놓인 무수한 어려움을 고려하여 그렇게 하는 편이 더 현명하다고 판단했습니다. ……부모님께서 저희에게 보여 주신 애정 표현들에 매우 감사하게 생각하고 있습니다. 저는 그 표현들이 진심에서 우러나왔다는 걸 잘 알고 있습니다. 저는 일다를 아주 오래전부터 알고 지냈습니다. 제가 일다의 가족에 대해 잘 알고 있다고 느낄 정도로 말입니다. 저는 제가 일다의 남편 될 자격이 있다는 것을 보여 주려고 항상 노력할 겁니다. 《작은 선물》에 대해서도 감사드립니다. 너무 과분한 선물을 해주셨습니다. 저희에 관해서는 걱정하지 마십시오. 저희가 넉넉지 못한 것은 사실이지만, 일다와 제가 가정을 무리 없이 꾸려 나갈 정도로는 벌고 있습니다…….

저는 이것이 당신들의 애정 어린 편지에 대한 적절한 답장이 되었다고 생각합니다. 하지만 저희의 미래에 관해 덧붙일 말이 있습니다. 첫째로 우리는 《돈 에르네스토》(만약 남자아이가 아니라면 이 이름은 문제의 소지가 있겠지요)를 기다리고 있습니다. 그런 다음 우리는 제가 가지고 있는 두 가지 확고한 계획을 고려할 겁니다. 하나는 쿠바에 관한 계획이고, 다른 하나는 프랑스에 특별 연구원으로 가는 것입니다. 둘 중 어느 것을 선택할지는 일다가 얼마나 움직일 수 있을지에 달려 있습니다. 저희의 방랑 생활은 아직 끝나지 않았고, 제가 여러 면에서 좋아하는 나라인 페루나 아르헨티나에 확실히 정착하기 전에 저희는 유럽과 매혹적인 두 나라 인도와 중국을 조금 구경하고 싶습니다. 저는 특히 새로운 중국에 관심이 있는데, 이 나라가 저의 정치적 이상과 일치하기 때문입니다. 제 바람이지만, 곧 아니면 언젠가는 일다도 이런저런 진정으로 민주적인 나라들을 알게 되면 나와 같이 생각하게 될 겁니다.

저희 결혼 생활이 아마 부모님과 같지는 않을 겁니다. 일다는 하루에 여덟 시간 일하고 저는 조금 불규칙적으로 열두 시간가량 일합니다. 저는 연구 일에 종사하고 있는

데, 가장 힘든 (그리고 보수도 가장 형편없는) 분야입니다. 그러나 우리는 우리의 일상생활을 함께 조화롭게 맞추어 왔고 우리의 가정을 평등한 두 사람의 자유로운 연합으로 바꾸어 왔습니다(물론, 가데아 부인, 일다의 부엌은 집에서 질서와 청결, 혹은 음식 면에서 가장 부실한 곳입니다). 다만 한 가지 말씀드리자면, 저는 일생 동안 그렇게 살아왔고 저의 어머니도 똑같은 약점이 있습니다. 그래서 일다와 함께하는 한, 너저분한 집과 평범한 음식, 짠 마테 차가 제가 생활에서 원하는 모든 것입니다.

저는 가족들이 저를 똑같은 운명을 향해 같은 길을 오랫동안 여행해 온 형제로서 받아들여 주기를 바랍니다. 또 적어도 저에 대한 일다의 무조건적인 애정, 물론 저도 일다에 대해 똑같은 애정을 가지고 있습니다만, 여하튼 그런 애정을 참작하여 저의 (많은 면에서) 유별난 성격을 너그러이 눈감아 주시기를 바랍니다. 이 새로운 아들이자 형제가 가족들에게 포옹을 보내며 ─ 에르네스토.〉

에르네스토는 자기 가족에게는 9월 24일 어머니에게 보낸 편지의 맨 끄트머리에 자신이 결혼하여 곧 한 아이의 아버지가 될 거라는 소식을 대수롭지 않다는 듯이 전했다. 이 편지에서 주된 내용을 차지한 것은 4일 전에 결국 페론 정권을 무너뜨린 군사 쿠데타에 대한 그의 반응이었다. 〈진심으로 고백하건대, 페론의 붕괴는 제 마음에 깊은 상처를 안겨 주었습니다. 단지 페론 때문이 아니라 아메리카의 모든 사람에게 그 정권이 의미했던 바 때문입니다. 왜냐하면 어머니가 페론 정권을 인정하기 싫어했던 만큼, 또 최근의

강요된 단념*에도 불구하고 아르헨티나는 적이 북쪽에 있다고 생각하는 모든 이의 영웅이었기 때문입니다.〉

이후 고국에서 일어날 사회적 분화와 정치적 폭력을 예측한 후 그는 자기 자신에 관한 이야기로 돌아와 이렇게 말했다. 〈그런데 당신의 떠돌이 아들에게 무슨 일이 일어날지 누가 알겠습니까. 고국으로 돌아가 그곳에서 뼈를 묻을 결심을 했을지…… 아니면 진짜 투쟁의 시기를 시작하려고 결심했을지 말입니다. ……어쩌면 카리브 해 지역에서 그토록 넘쳐 나는 총탄들이 제 목숨을 끝장낼지도 모르지요(이것은 자랑이나 구체적 가능성이 아니라, 이 지역에서는 실제로 총탄이 정말 많이 돌아다닌다는 점을 말한 것뿐입니다). …… 그도 아니면 그저 제 이상을 본격적으로 추구하기 전에 제 인생의 계획 안에서 나 홀로 간직해 온 열망을 만족시키고 충실한 훈련을 완수하는 데 필요한 방랑을 계속할 겁니다. 사태가 엄청난 속도로 변화하고 있어서 어느 누군가가 내년에 어떤 이유로 어디에 있을지 어느 누구도 알거나 예측할 수 없습니다.〉

추신마냥 말미에 그는 이렇게 덧붙였다. 〈어머니께서 제 결혼과 상속자의 출현에 관한 의례적인 소식을 들으셨는지 모르겠습니다. ……듣지 않으셨다면, 당신께서 다른 사람들과 함께 나누시도록 그 소식을 공식적으로 전합니

---

* 페론이 최근 미국의 금융 기업들에 보여 준 화해의 제스처와 스탠더드 오일에 파타고니아 유전 지대의 탐사 수행을 허용하는 법안을 추진하려고 한 논란 많은 시도를 가리킨다.

다. 저는 일다 가데아와 결혼했고, 조만간 아이를 가질 겁니다…….〉 거의 같은 때에 에르네스토가 예전에 치료했던 나이 많은 천식 환자 마리아의 건강이 갑자기 악화되었다. 모든 노력을 기울였지만, 그녀는 천식 때문에 질식사했다. 에르네스토는 그녀가 마지막 가쁜 숨을 몰아쉴 때 그녀 옆에 있었다. 이러한 경험은 에르네스토가 시를 써 그녀를 죽음으로 몰고 갔다고 느낀 사회적 무관심에 분노를 쏟아붓도록 만들었다.

「늙은 마리아, 그대는 죽어 가오」에서 그 죽어 가는 여자는 라틴 아메리카의 버려지고 가난한 모든 사람들의 화신이었다. 에르네스토에게 그녀는 발파라이소의 늙은 부인, 추키카마타에서 만난 도망자 부부, 페루의 겁먹은 인디오들이 되었다.

불쌍한 늙은 마리아……
당신의 모든 삶과
당신의 희망을 저버린 가혹한 신에게 기도하지 마오
죽음으로부터 자비를 구하지 마오,
당신의 삶은 배고픔으로 끔찍하게 무두질되었고,
종말은 천식으로 손질되었구려.
허나 나는 희망으로 넘치는 낮은 목소리로,
당신에게 선언하고 싶소,
한 치도 틀림없는 내 이상을 걸고
가장 힘찬 핏빛 복수를
맹세하리오.

세탁비누로 반들반들해진 당신의 두 손으로
소년의 손처럼 보이는 한 남자의 손을 잡으오,
의사인 내 손의 매끈한 복수 속에서
딱딱한 군은살과 정결한 손마디를 문지르오.
평안히 잠드소서, 늙은 마리아여,
평안히 쉬소서, 늙은 전사여,
당신의 손자들은 모두 새벽을 보리니.

4

　당장은 〈핏빛 복수〉의 세계가 에르네스토의 상상 속에서만 끓어오를 수밖에 없었다. 분노를 쏟아 낼 유일한 배출구는 산문과 때때로 있던 정치 토론, 그리고 피델 카스트로의 혁명 프로젝트에 대한 커가는 희망이었다.

　그리고 그 프로젝트는 천천히 진행되고 있었다. 8월에 스물아홉 살이 된 피델은 쿠바에 남아 있던 그의 운동 대원들과 연락원을 통해 계속 접촉하고 있었고, 계획하고 음모를 꾸미고 글을 쓰고 명령을 내리며 무엇보다도 언제나 토론에 토론을 거듭하는 일에 바빴다.

　피델은 쿠바에서 그랬듯이 멕시코에서도 자신의 다채로운 매력과 설득력에 넘어갈 만한 모든 사람의 삶을 자기 것으로 만들었다. 마리아 안토니아의 친구이자 남편이었고, 작은 키의 인디오 얼굴을 한 레슬러(〈키드 바네가스〉) 겸 인쇄업자였던 아르사시오 바네가스 아로요는 피델의 『쿠바 인민에게 보내는 첫 번째 성명서』 2,000부를 인쇄하는 임무를 맡았다. 그러고 나서 피델은 또 한 명의 친구에게 그 인쇄물들을 쿠바로 몰래 반입하여 죽은 자기 스승 치바스의 4주기인 8월 16일에 그의 무덤에서 배포하게 했다. 이 성명서에서 쿠바의 민주주의와 정의의 회복을 추구하는 혁명 조직으로서 7월 26일 운동의 결성이 선포되었다. 그 성명서에는 피델의 개혁안이 조목조목 제시되었다. 봉건적 토지 소유 과두제, 즉 대농장의 제거, 농민에 대한 토지 분배, 공공 서비스의 국유화, 강제적 지대 감축, 야심적인 주택 공급, 교육, 산업화, 농촌 전화(電化) 프로그램 등등 쿠바 생활의 사실상 모든 측면이 포괄되어 있었다. 본질적으로 성명서는 쿠바를 현대적이고 좀 더 인간적인 사회로 변화시킬 급진적 조치의 실행을 요구하고 있었다.

피델의 계획은 팸플릿 발행에서 더 나아가 군사 전략으로 방향이 전환되었다. 피델은 쿠바 남동쪽에 길게 뻗은 외진 해안을 따라 자신의 장래 침공군을 상륙시키기로 결정했다. 그 해안은 바다 쪽으로는 돌출된 곳을 이루었고, 내륙 쪽으로는 땅이 솟아올라 시에라마에스트라 산맥을 이루고 있었다. 피델이 게릴라 전쟁을 개시하려 했던 곳이 바로 그곳 오리엔테의 산맥이었다. 오리엔테는 피델의 고향이었을 뿐만 아니라 호세 마르티를 포함한 쿠바의 19세기 애국자들이 스페인인에 맞서 싸우기 위해 공격을 개시했던 곳이기도 했다.

상징성뿐만 아니라 전략적 이유도 상당했다. 시에라는 쿠바 제2의 도시 산티아고와 인접해 있었다. 피델은 산티아고에서 지하 조정 임무를 맡은 스무 살의 프랑크 파이스라는 학생이 능숙하게 자기 임무를 수행해 줄 거라고 기대했다. 일단 피델의 부하들이 상륙하여 산악 지대로 들어가면, 산티아고를 전쟁 수행을 위해 지척에서 자금, 정보, 무기, 병력을 보충해 줄 배후지로 삼기로 되어 있었다.

최근 7월 26일 운동에 가담한 플랜테이션 농장 의사의 딸, 셀리아 산체스가 피델이 구하던 해안 지도를 입수하여 페드로 미레트에게 넘겨주었다. 피델의 대학 친구 미레트는 침공 계획을 조정하는 역할을 맡았고, 그는 상륙할 수 있는 지점을 정하기 위해 직접 현지답사까지 마친 상태였다. 9월에 미레트는 멕시코로 건너와 피델에게 지도를 주고 나서 전략을 협의했다. 한편 운동의 세포 조직들은 운동원들 중에서 전사가 될 만한 자들을 선별하는 작업을 진행했다. 선별된 자들을 멕시코로 데려와 군사 훈련을 받게 하는 것 역시 미레트의 임무였다.

피델은 장래의 군대를 훈련시킬 사람으로 경험이 있는 인물을 섭외해 놓은 상태였다. 그는 바로 쿠바 태생으로 스페인 내전에 참전했던 외눈박이 군사 모험가 알베르토 바요 장군이었다. 바요는 군에서 퇴역한 이후 멕시코에서 가구 공장을 운영하며 대학 강사 일을 하고 있었다. 하지만 그는 예전에는 스페인 군대에서 직업 군인 장교로 근무하며 모로코 게릴라 지도자 아브드 엘크림에 맞선 식민지 전투에 참전했고, 이후에는 공화군과 함께 프랑코와 싸운 베테랑이었다. 나중에는 카리브 해 지역과 중앙아메리카 여러 곳의 전쟁을 위해 자문과 군사 훈련 일을 하고, 이러한 경험을 바탕으로 『카리브 해의 폭풍』이라는 책을 썼다.

바요는 피델의 필요에 꼭 맞는 사람으로 보였다.

그러고 나서 피델은 뉴저지, 필라델피아, 뉴욕, 플로리다의 쿠바 이민자 집단을 상대로 한 순회 연설과 기금 조성을 준비하기 시작했다. 이 작업을 위해 친구 후안 마누엘 마르케스가 피델과 결합하기로 했다. 마르케스는 오르토독소당 지도자였고, 미국에 많은 인맥이 있었다. 한편 피델은 쿠바에 있는 전국집행부에 계속 메시지를 보내, 쿠바 내부에서도 자금을 모으라고 지시하며 운동원들의 과제와 의무를 통합하는 새로운 규칙을 설명했다.

에르네스토의 쿠바인 동지들은 이제 그를 체라고 부르며 그의 특이한 성격을 충분히 잘 인지할 정도로 알아 가고 있었다. 처음에 많은 이들의 심기를 건드렸던 도도하기 짝이 없는 도덕적 우월감도 그 가운데 하나였다. 몬카다 병영 습격에 참전했던 멜바 에르난데스가 아바나를 떠나 멕시코에 왔을 때, 그녀를 아내로 맞이한 지 얼마 안 된 헤수스 몬타네는 그녀를 대동하고 헤네랄 병원에서 일하는 〈엘체〉를 만나러 갔다. 그런데 체는 비행기에서 막 내려 보석으로 치장한 정장 차림 그대로였던 에르난데스를 힐긋 쳐다보고는 그렇게 많은 보석으로 치장하고서는 혁명가가 될 수 없을 거라고 퉁명스럽게 말하며 이렇게 단언했다. 〈진정한 혁명가들은 내면을 치장하지, 겉모습을 꾸미지는 않소.〉 이러한 인사에 톡 쏘인 에르난데스가 체에게서 받은 첫인상은 당연히 부정적이었다. 그러나 이러한 인상은 그녀가 그를 좀 더 알게 되면서 바뀌었다. 다른 사람들과 마찬가지로 그녀는 체가 타인을 자기 잣대로 재단하며 무례하게 굴기는 하지만 자기 자신에게도 똑같이 엄격하다는 것을 알게 되었다. 결국 체의 말을 곱씹어 본 후 체가 옳다고 판단한 에르난데스는 이후로는 보석 치장을 줄였다.

한편 에르네스토는 신체 단련을 계속했고, 10월 둘째 주에는 포포카테페틀에 다시 올랐다. 그리고 이 세 번째 시도에서 그는 마침내 6시간 30분 만에 그 화산의 진짜 꼭대기에 올라 국경일*을 기념하여 아르헨티나 깃발을 꽂았다.

얼마 전부터 그는 알레르기 연구를 위해 고양이를 가지고 실험을 시작했고, 라울 카스트로가 가끔 실험실에 따라와 그를 도와주었다. 라울은 에르네스토가 불운한 고양이들에게 주사 몇 방을 놓는 모습을 본 후 이 아르헨티나 친구의 의료 능력에 대한 믿음이 싹 가셔서 그 이후로 다시는 그에게서 주사를 맞지 않았다고 농담조로 말했다. 또한 에르네스토는 러시아-멕시코 비교문화연구소에 있는 도서관을 계속 방문했는데, 종종 라울과 헤수스 몬타네, 그리고 그의 부인 멜바 에르난데스가 그를 따라나섰다.

10월에 베아트리스 고모에게 보낸 신랄한 편지에서, 에르네스토는 자기 아들에게 지어 주려고 생각했던 이름(〈블라디미로 에르네스토〉)과 페론 추방 이후의 〈새로운 아르헨티나〉에 관해 농담하듯이 말했다. 〈이제 상류층 사람들은 케케묵은 인간쓰레기들을 제자리에 되돌려 놓을 수 있고, 미국인들은 아르헨티나에 도움이 되는 많은 양의 자본을 투자할 겁니다. 말하자면, 낙원이 될 거예요.〉 그는 짐짓 우

---

* 아메리카 대륙 발견일인 10월 12일 — 옮긴이주.

울한 척하며, 〈적절히 명명된〉 허리케인 일다의 여파 속에서 멕시코 정부에 봉사하겠다는 그의 제안이 거부당한 것을 한탄했다. 그가 가까이에서 그 파국을 지켜볼 기회를 주지 않기 위한 조치였다. 〈도시 일부가 물에 잠겼고 사람들은 거리에 방치되었지만, 사람이라고 불릴 만한 부류는 아무도 그곳에 살지 않기 때문에 아무 문제될 게 없어요. 그들은 모두 순수한 인디오들입니다.〉 그 특유의 방식으로 그는 그녀에게 예르바 마테를 더 보내 달라고 간청하며 편지를 끝맺었다.

11월 중순에 에르네스토와 눈에 띄게 배가 불러 오는 일다는 마야 유적을 구경하기 위해 유카탄 반도와 치아파스로 떠났다. 그들이 베라크루스에 머물렀던 5일 중에서 가장 유쾌했던 순간은 항구에서 아르헨티나 배를 발견하여 에르네스토가 예르바 몇 킬로그램을 얻은 일이었다. 일다는 이렇게 썼다. 〈에르네스토가 얼마나 기뻐했는지 상상할 수 있을 것이다. 마테는 그에게 뿌리 깊은 습관이었다. 그는 차를 마시는 데 필요한 기구들과 2리터짜리 보온병을 늘 챙기고 다녔다. 공부할 때나 대화할 때, 그는 언제나 마테를 마셨다. 그것은 그가 일어나서 하는 첫 번째 일이자 잠들기 전에 하는 마지막 일이었다.〉

두 사람이 남쪽 치아파스의 열대 폭서 지방 팔렝케에 있는 마야 사원 쪽으로 여행했을 때, 고원 지대인 멕시코시티에서는 거의 발병하지 않던 에르네스토의 천식이 갑자기 도졌다. 일다가 에르네스토에게 주사를 놓아 주겠다고 했을 때 일다가 그들 여행의 〈첫 실랑이〉라고 부른 일이 벌어졌다. 〈그는 격하게 거부했다. 나는 그것이 그가 자신이 아플 때 도움을 받거나 보호받는 기분을 느끼고 싶지 않기 때문이라는 걸 알았다. 나는 그의 무뚝뚝한 얼굴을 쳐다보며 가만히 있었지만 내심 그 일로 상처를 받았다.〉

그는 팔렝케의 사원 피라미드와 거기에 새겨진 얕은 돋을새김을 보며 경탄해 마지 않았다. 그는 일기에 여러 쪽에 걸쳐 치첸이트사와 욱스말의 마야 유적지와 팔렝케에 관해 그 유적지들의 상세한 물리적 특징과 이러한 건축물들을 둘러싼 고대 문명의 역사를 휘갈겨 썼다. 그는 그 뒤에서 피곤에 지쳐 따라가는 일다를 이끌고 흥분해서 유적지 주변을 뛰어다녔다. 그녀는 이렇게 썼다. 〈에르네스토는 기뻐 날뛰며 모든 사원에 올라가고 싶어 했다. 나는 마지막 제일 높은 사원에서 기진맥진해 중도에 포기했다. 너무 피곤하기도 했지만 뱃속의 아이가 걱정되었기 때문이다. 그런데도 그는 공연히 수줍은 티를 내지 말고 자기와 함께 가보자고 나에게 계속 졸라 댔다.〉

마침내 〈피곤에 지쳐 참을 수 없을 정도로 화가 치민〉 일다는 한 걸음도 떼지 않겠다고 했다. 에르네스토는 이에 굴하지 않고 고대 석상 앞에서 포즈를 취한 채 주변에 있던 사람에게 사진을 찍어 달라고 부탁했다. 사진 속에서 촌스러운 모습의 일다는 멕시코식 솜브레로 모자 아래로 화난 눈초리를 보이고 있고, 그녀 옆에 검은색 반팔 셔츠를 입고 파나마모자를 쓴 에르네스토는 호리호리한 체격에 젊음에 넘치며 완전히 신이 난 모습이다.

욱스말을 방문한 다음 그들은 작은 연안 화물선 아나

그라시엘라 호를 타고 베라크루스로 돌아왔다. 일다는 바다로 가기 싫었지만, 에르네스토는 최소한 〈같이 죽기〉밖에 더하겠느냐고 일다를 안심시키며 졸라 댔다. 그 항해는 더할 나위 없이 평화롭게 시작되었지만, 둘째 날에 강한 북풍이 불었고, 에르네스토는 들뜬 기분으로 그 바람 때문에 〈유쾌한 춤〉을 추었다고 적었다. 일다의 표현은 좀 더 못마땅하다는 투였다. 〈거의 모든 승객이 뱃멀미를 했다. 나도 썩 좋은 기분은 아니었다. 그러나 에르네스토는 어린아이 같았다. 수영 반바지를 입은 에르네스토는 갑판 한쪽 끝에서 다른 쪽 끝으로 이리저리 뛰어다녔다. 그는 배가 흔들리는 진폭을 계산하여 몸의 균형을 잡으며 다른 사람들이 당황해하는 모습에 웃음을 터뜨리며 사진을 찍었다.〉

일다의 표현 속에 든 속뜻은 명확했다. 에르네스토에게서 배려심과 책임감이라곤 찾아볼 수 없었고, 이런 그의 태도를 그녀는 조금도 이해할 수 없었다. 일다는 뱃속에 있는 아이의 안전을 핑계로 나머지 여행 기간 동안 침대에 틀어박혔다. 에르네스토는 뉘우치는 태도를 보이며 뜨거운 차와 레몬으로 그녀를 계속 귀찮게 했다. 그러나 나중에 일다는 그들의 최근 경험을 낭만적으로 묘사했다. 〈잊을 수 없는 15일간의 여행이었다. 항상 서로 함께라는 큰 만족감을 느끼며 그토록 아름다운 광경 속에서 단둘이 오붓하게 지냈다.〉 이와는 대조적으로 그 여행에 대해 에르네스토가 쓴 여행담에서는 일다가 한 번도 언급되지 않았다.

크리스마스 이전에 피델은 멕시코로 돌아왔다. 모금과 조직 작업을 목적으로 한 미국 여행은 큰 성공을 거두었다. 그는 두 달 동안 미국 동부 해안을 따라 오르내리며 연설과 설득, 미래에 대한 약속을 전하는 일을 했다. 그는 치바스와 마르티에 관한 기억을 불러내며 거창한 서약을 했다. 〈1956년에 우리는 자유로운 몸이 되거나 순교자가 될 겁니다.〉 이러한 서약의 대가로 그는 환호와 돈을 받았고, 그 돈은 반군을 조직하기에 부족하지 않을 정도였다. 그가 방문했던 여러 도시에서 7월 26일 운동 지부와 〈애국 클럽〉이 문을 열었다. 언론 노출 빈도가 그 어느 때보다 늘어났고, 쿠바에서는 〈혁명〉에 착수할 것이라는 카스트로의 의지가 공공연히 퍼지면서 기대감이 한껏 부풀어 오르고 있었다. 멕시코에서 피델 카스트로는 언제라도 전쟁에 나설 태세로 고무되어 있었다.

크리스마스이브에 카스트로는 구운 돼지고기와 콩, 쌀, 유카로 쿠바 전통 저녁 식사를 요리했다. 체와 일다도 그 자리에 있었고, 피델은 쿠바의 미래에 관한 자기 계획을 설명했다. 설명이 〈너무나 확신에 차〉 있어서 일다는 잠시 동안 전쟁이 이미 벌어져 승리를 거둔 것 같은 상상을 하기도 했다고 썼다.

5

그 자신의 말대로 1956년은 피델 카스트로의 혁명에 결정적인 해가 될 것이었다. 몸 상태를 최상으로 끌어올리기 위해 에르네스토는 등반을 계속하고 있었다. 하지만 이제 그는 포포카페테틀 옆에 있는 좀 더 작지만 등반하기는 더 힘든 이스타시우아틀에 도전했다. 하지만 정상에 오르려는 그의 시도는 번번히 실패로 돌아가고 있었다.

1월과 2월 동안 피델의 미래 전사들이 쿠바에서 멕시코시티로 속속 도착하고 있었고, 이들을 수용하기 위해 멕시코시티 외곽에 〈카사캄파멘토스casa-campamentos〉라 불리는 안가(安家) 6채가 임차되었다. 2월 중순에는 20여 명의 미래 원정단이 꾸려졌다. 이들에게 엄격한 규율과 기밀 준수 의무가 부과된 가운데 훈련이 시작되었다. 훈련은 먼저 도시 주변을 도는 마라톤으로 이루어졌다. 그러고 나서 요원들은 멕시코 레슬러이자 인쇄업자인 아르사시오 바네가스의 지도하에 수도 외곽 주변의 산등성이들을 오르며 몸만들기와 극기 훈련에 돌입했다. 바네가스는 요원들의 하체를 강화시키고 균형 잡는 법을 가르치기 위해 요원들을 뒤로, 옆으로 오르게 했다. 산행을 하던 어느 날, 바네가스는 체가 숨을 헐떡이며 천식용 흡입기를 입에 대고 버둥거리는 모습을 보았다. 나중에 회복되고 나서 체는 바네가스에게 자신이 본 것을 아무에게도, 심지어 피델에게도 말하지 말아 달라고 부탁했다. 에르네스토는 천식 때문에 군대에서 제외되지 않을까 걱정하는 모습이 역력했고, 이 사실을 동지들이 아직 모르고 있다고 착각하고 있었다.

바네가스는 자기 친구들 중 몇몇이 소유한 부카렐리 가의 체육관에서도 요원들에게 운동과 〈개인 방어〉 교습을 했다. 바네가스는 이렇게 말한다. 〈나는 그들을 매우 냉정하게 대했습니다. 나는 그들에게 당신들은 아가씨가 아니며 전쟁을 하고 싶으면 거칠어져야 한다고 말했지요.〉그는 체와 다른 요원들에게 〈최대한의 고통을 주도록 사람들을 때리는 법과 급소 차는 법, 옷을 잡고 땅바닥에 메치는 법〉의 시범을 보였다.

알베르토 바요는 안가에서 요원들에게 게릴라 전쟁 이론을 강의하기 시작했고, 2월에는 에르네스토 게바라를 포함한, 선발된 한 집단이 사격 연습을 위해 사격장 로스가미토스로 이동하기 시작했다. 피델과 사격장 주인의 합의에 따라 로스가미토스는 요원들이 비밀리에 사격할 수 있도록 특정한 날을 잡아 문을 닫았고, 때때로 요원들이 움직이는 표적에 대한 연습을 할 수 있도록 살아 있는 칠면조를 제공했다.

6

에르네스토와 일다는 2월 14일 성 발렌타인데이에 나폴레스 가에 있는 같은 건물 내 다른 층의 더 넓은 아파트로 이사했다. 바로 그날 밤, 일다는 산통에 들어가 다음 날 아이를 낳았다.

곧바로 에르네스토는 〈많은 시간이 흘렀고 많은 새로운 사실이 분명해졌다〉고 적었다. 〈가장 중요한 것만 적어 보자면, 1956년 2월 15일 현재 나는 아버지이고, 일다 베아트리스는 첫 자식이다. ……미래에 대한 나의 기획은 막연하지만, 나는 두 개의 연구 프로젝트를 완수하고 싶다. 올해는 나의 미래에 중요할 수 있다. 나는 병원을 떠났다. 나는 좀 더 상세히 쓸 것이다.〉

하지만 그는 그렇게 하지 않았다. 이 메모는 에르네스토가 거의 3년 전에 의사 시험을 통과하고 칼리카 페레르와 길을 떠난 후 시작했던 일기에 쓴 마지막 것들이었다. 그는 베네수엘라 나병원에 있는 친구 알베르토 그라나도와 다시 결합할 생각을 했었다. 하지만 그는 방향을 완전히 바꾸어 혁명으로 향하는 길로 접어들었다.

13장
〈내 안의 신성한 불꽃〉

1

무인도에 고립되었다가 마침내 지평선에서 구조의 희망을 본 항해자처럼 활기를 되찾은 에르네스토는 쿠바 혁명 사업에 에너지를 쏟았다. 그는 체중을 줄이기 위해 아침 식사로 먹던 전통식 스테이크를 끊었고, 저녁 식사로는 고기, 샐러드, 과일 등으로 구성된 식단을 짰다. 오후에는 곧장 체육관으로 향했다.

하지만 에르네스토는 신체 훈련만으로는 성이 차지 않았다. 혁명이 승리를 거둔 날까지 미리 내다보고 있던 에르네스토는 정치와 경제에 관한 확실한 이론을 갖추고 싶어했다. 그는 경제학 공부를 심화하면서 애덤 스미스와 케인

스를 비롯한 여러 경제학자의 문헌을 벼락치기로 공부하기 시작했다. 러시아-멕시코 비교문화연구소에서 빌려 온 마오쩌둥과 소련 문헌들에 진력이 났기 때문이었다. 또 그는 멕시코 공산당 회의도 조용히 참관했다. 저녁때에는 대체로 안가에서 쿠바인들과 함께 쿠바를 비롯한 여러 라틴 아메리카 나라의 정세에 관해 토론했다.

마르크스주의에 관한 그의 지식이 성숙해지고 있었다. 그는 오래전부터 적어 오던 철학 노트를 정리해 한 권으로 간소화했다. 타자로 친 총 300쪽 이상 분량의 이 최종본 〈철학 노트〉는 그의 관심 영역이 좁혀지고 있으며 마르크스, 엥겔스, 레닌의 저작들에 대한 연구가 심화되고 있음을 보여 준다. 〈자아〉의 개념을 다룬 색인의 마지막 항목은 프로이트의 책에서 인용한 다음과 같은 말이 적혀 있다. 〈사랑이 깨어나는 곳에서 어두운 폭군, 자아는 죽는다.〉

그는 완전한 신뢰 관계에 있지 않은 모든 사람과의 접촉을 피하면서 이중적 삶을 살기 시작했다. 또한 일다에게 피델의 반란 운동에 자신이 연루되어 있다는 사실을 드러내지 않도록 당신 친구들을 조심하라고 누차 경고했다. 마침내 그는 그녀에게 페루 아프리스타 친구들 ─ 그는 특히 이들을 믿지 않았다 ─ 과의 만남을 완전히 중단하라고 요청했다. 쿠바인들을 제외하면 이제 그가 만나는 사람은 극소수로 제한되었다.

에르네스토는 잠시 짬이 날 때마다 딸아이와 시간을 보냈다. 그는 아이에게서 기쁨을 얻었고, 2월 25일에는 어머니에게 아이의 출생을 알리는 편지를 썼다. 〈젊은 할머니께. 우리 두 사람은 조금 더 늙었습니다. 아니, 과일로 말하자면 조금 더 익었습니다. 아이는 정말 못생겼습니다. 척 보기만 해도 이 아이가 또래의 여느 아이들과 전혀 다르지 않다는 걸 알게 됩니다. 배고프면 울고 시도 때도 없이 오줌을 쌉니다. ……햇볕이 방해를 하건만 아이는 온종일 잠만 잡니다. 그래도 이 아이에게는 여느 아이들과 자명하게 다른 한 가지 점이 있습니다. 그건 아빠의 이름이 에르네스토 게바라라는 거지요.〉

한편 게릴라 후보생 〈체〉로서의 그는 명사수로서의 자질을 보여 주고 있었다. 3월 17일, 한국 전쟁에 참전했던 미국 퇴역 군인으로 마이애미에서 피델의 부탁으로 사격 교관이 된 미겔 〈엘 코레아노〉 산체스는 사격 훈련장에서 에르네스토가 기록한 성적을 다음과 같이 요약했다. 〈에르네스토 게바라는 20회의 정규 사격 교육에 참여. 대략 650발을 쏜 탁월한 사수. 규율 탁월함, 지도력 탁월함, 신체 지구력 탁월함. 명령 해석상의 사소한 실수와 살짝 미소 지은 데 대한 벌칙으로 팔 굽혀 펴기 수회 실시.〉

이미 체는 무리에서 두드러지게 부각되고 있었다. 강한 개성, 피델 및 라울과의 가까운 관계, 집단 안에서 탁월한 존재로 급부상한 것 등등을 이유로 몇몇 쿠바인 훈련병들은 이 〈외국인〉에게 때 이른 적개심을 느꼈다. 대다수 훈련병들은 에르네스토를 냉정하게 〈엘 아르헨티노〉라고 불렀고, 그를 잘 아는 자들만이 〈체〉라고 불렀다.

나중에 피델은 체를 〈그의 진지함과 지성, 인품 때문에〉 멕시코시티 내 안가 중 한 곳의 지도자로 임명한 이후 일어났던 작은 불상사를 회상했다. 피델은 이렇게 말했다. 〈그 곳에는 모두 합해 이삼십 명의 쿠바인이 있었고, 그들 중 일부가 체의 리더십에 반기를 들었다. 체가 쿠바인이 아니라 아르헨티나인이라는 게 그 이유였다. 물론 우리는 이런 태도를 비판했다. ……그건 우리 땅에서 태어나지 않았지만 우리 땅을 위해 피 흘릴 각오가 된 사람에 대한 배은망덕한 태도였다. 그 사건은 나에게 큰 상처를 주었을 뿐만 아니라 그에게도 상처가 되었다.〉

사실 게바라는 유일한 외국인이 아니었다. 또 한 명은 젊은 멕시코인 기엔 셀라야였다. 에르네스토는 그녀를 몇 달 전에 온두라스 망명자들이 모인 자리에서 엘레나 레이바 데 올스트를 통해 잠깐 만난 적이 있었다. 겨우 열아홉 살이었던 젤라야는 피델 측에 가담하려고 집을 도망 나왔고, 피델은 그녀를 받아들였다. 또 얼마 지나지 않아 한 도미니카인 망명자와 이탈리아인 상선 선원을 포함한 여러 외국인이 들어오게 되지만, 피델은 〈여러 민족 사람들의 잡동사니〉를 원하지 않는다고 설명하면서 그 선에서 금을 그었다.

에르네스토가 집에 보낸 편지에서 이제 혁명이 그의 삶을 지배하게 되었다는 것이 더욱 명확히 드러났다. 농담을 할 때마저 그랬다. 에르네스토는 4월 13일 셀리아에게 보낸 편지에서 자신의 갓 태어난 딸에 관해 쓰면서 아버지로서의 자긍심을 새로운 방식으로 묘하게 비틀어 표현했다. 〈제 공산주의적 영혼이 기쁨으로 가득 차고 있습니다. 그 아이는 마오쩌둥과 똑 닮은 모습으로 태어났어요. 벌써 머리통 한가운데가 벗겨질 조짐이 보여요. 지도자의 자비로운 눈빛과 툭 튀어나온 턱. 지금은 그 아이가 5킬로그램으로 지도자보다 몸무게가 적게 나가지만 시간이 지나면 이것도 같아지겠지요.〉

동시에 임신 기간 동안 잠시 수그러들었던 일다에 대한 짜증도 점점 더 두드러져 갔다. 에르네스토는 편지에서 아르헨티나에 관한 친숙한 주제로 화제를 돌려, 아르헨티나의 새 정권이 미국의 기업체들에 내준 특권에 관해 꼬치꼬치 물어본 다음 다시 말을 돌려 일다에 관한 험담을 늘어놓았다.

〈우리 훌륭한 이웃의 도움이 이 지역에만 한정되지 않고 내 나라도 그 혜택을 받을 수 있다고 생각하니 위안이 되는군요. ……이제 그것이 아메리카인민혁명동맹에 도움을 주었고 곧 모든 이가 페루로 돌아갈 것이며 일다 역시 조용히 거기로 갈 수 있을 것 같습니다. 그녀가 붉은 역병에 열렬히 빠진 이 사람과 생각 없이 결혼하여 다음 의회의 의원으로 좋은 보수를 받을 즐거움을 잃어버리게 된 것은 참으로 안타까운 일입니다…….〉

에르네스토가 일다에게 말했듯이 혁명은 두 사람 모두가 헌신해야 할 대의였고, 혁명의 시작은 그들의 오랜 이별이 될 것이었다. 비록 일다가 전쟁을 위해 떠나겠다는 에르네스토의 생각에 고통뿐만 아니라 자랑스러움을 느꼈다고 주장했음에도 불구하고, 그녀는 사태의 반전에 십중팔구 깊이 실망했을 것이다. 하지만 그녀 자신도 일정한 혁명적 책무를 옹호했기 때문에 그를 적극적으로 만류할 수 없었다. 설사 일다가 적극적으로 만류하려 했다손 치더라도, 에르네스토는 그녀의 태도를 중도적인 아프리스타 정치 철학에 사로잡힌 소부르주아의 행태에 지나지 않다는 증거로 보았을 것이다.

한편 피델은 부하들이 멕시코시티를 벗어난 곳에서 좀 더 비밀리에 야전 훈련을 완수할 장소를 찾고 있었다. 미국과 쿠바의 지지자들로부터 돈이 조금씩 흘러들어 오기 시작한 상태였다. 이제 그는 총도 조금 있었고, 그가 〈엘 쿠아테(친구)〉라는 별명으로 부른 멕시코인 무기 밀매상 안토니오 델 콘데로부터 더 많은 총을 입수하고 있었다. 피델은 그를 미국으로 보내 무기 구매를 알아보게 하고 그의 〈군대〉가 때가 되면 쿠바로 항해할 수 있도록 적당한 배를 찾아보게 했다.

확실히 피델은 침공 시점을 몬카다 3주년인 7월 26일에 맞추고 싶어 했다. 그가 1956년에 혁명을 개시할 거라고 공언했을 뿐만 아니라, 최근 사태에 비추어 볼 때 혁명에서 우위를 유지하려면 조만간 행동에 들어갈 필요가 있었다. 그는 여러 분파들로부터 점점 더 심각해지는 경쟁에 직면하고 있었다.

그의 잠재적 경쟁자들 중에는 전 대통령 카를로스 프리오 소카라스가 있었다. 프리오는 최근에 결성된 전투적 지하 학생 운동 그룹인 혁명지도자단의 실패로 끝난 바티스타 암살 계획을 지원함으로써 반란의 물결을 시험해 본후, 피델을 석방시킨 대사면의 기회를 틈타 쿠바로 돌아온 상태였다. 그는 공개적으로 폭력 행사를 단념하겠다는 의사를 밝히면서, 합법적이고 민주적인 수단을 통해 바티스타에 대항하겠다고 선언함으로써 지지 기반을 넓히려 하고 있었다.

1955년 가을, 쿠바의 상황은 걷잡을 수 없이 악화되어 있었다. 경찰이 시민들의 동요를 폭력적으로 틀어막고 있는 가운데 혁명지도자단이 경찰에 몇 차례 무장 공격을 감행했다. 그해 말, 피델의 7월 26일 운동을 포함하여 서로 다른 정치색을 지닌 광범위한 반대 세력들이 설탕 공장 노동자들의 파업을 지지했고, 곧이어 더 많은 가두 폭동이 일어났다. 반란의 분위기가 확산되는 가운데 저항세력들의 조직화나 통일은 여전히 미미했고, 따라서 한동안 바티스타가 힘의 우위를 잃지 않고 있었다.

힘의 균형이 바뀌는 시점에 피델은 선두에 설 작정이었다. 1956년 3월에 그는 오르토독소당 지도부가 평당원들의 〈혁명적 의지〉를 지지해 주지 않는다고 비난하면서 오르토독소당과 공개적으로 절연했다. 이는 현명한 처사였다. 왜냐하면 이로 인해 그는 자신이 갈아 치우길 원하던 정당에 굳이 충성을 가장할 필요 없이 자신의 혁명을 추진할 수 있게 되었기 때문이다. 이제 쿠바의 다양한 반바티스타 진영은 어느 쪽에 서야 할지를 선택해야 했고, 그렇게 되면 피델은 누가 친구이고 누가 적인지를 좀 더 명확히 볼 수 있게 될 것이었다.

하지만 그는 배신의 위험에 대해 경계심을 늦추지 않았고, 멕시코의 부하들을 세포 구조로 조직하면서 이미 예방 조치를 취해 놓은 상태였다. 요원들은 그룹별로 분리되어 훈련 시간에만 만났고 서로에 관해 물어보는 게 금지되어 있었다. 피델과 바요만 각 안가의 위치를 알고 있었다. 마지막으로, 피델은 규율 위반에 대한 처벌 목록을 작성해두었다. 이제 운동은 전시 규율에 따라 운영되었고, 배신에 대한 처벌은 죽음이었다.

피델이 보안에 신경을 써야 할 이유는 충분했다. 바티스타가 피델을 죽이길 원한다면, 그가 그렇게 할 수단과 방법을 가지고 있다는 걸 피델은 알고 있었다. 자신이 멕시코에 있다는 사실이 모든 안전을 보장해 주는 것은 아니었다. 피델은 자신이 암살의 표적임을 확인하는 데 오랜 시간을 들일 필요가 없었다. 1956년 초에 바티스타의 군정보부 SIM은 카스트로의 음모를 고발하며 쿠바에서 그의 추종자들에 대한 대대적인 검거 선풍을 일으켰다. 군정보부 조사 책임자가 멕시코에 도착한 직후, 피델은 군정보부가 배후 조종한 자신에 대한 암살 계획을 사전에 탐지했다. 피델이 그 음모를 알고 있다는 사실을 흘려 암살 계획은 취소되었지만, 쿠바 정부의 첩보원들과 이들에게 고용된 멕시코인들이 여전히 활동하면서 피델의 움직임에 관한 정보를 수집하여 바티스타에게 보고하고 있었다.

쿠바 내부의 정치적 분위기는 계속 뜨거워졌다. 4월에는 경찰이 군 장교들의 바티스타 전복 음모를 밝혀냈다. 일단의 혁명지도자단 단원들이 아바나 라디오 방송국을 접수하려고 시도하다가 실패했고, 이 와중에 단원 한 명이 사살되었다. 며칠 후 프리오의 아우텐티코당 소속의 한 호전적 그룹이 자신들의 지도자가 공공연하게 취하던 평화적 반대 입장을 포기하도록 압박하기 위해 카스트로의 몬카다 습격을 모방하여 몇몇 지방 군부대를 공격했다. 그들의 노력은 대학살이라는 대가로 돌려받았다. 그 후 정권은 프리오의 당을 대대적으로 단속하기 시작했고, 프리오는 다시 마이애미로 망명을 떠났다.

멕시코에서는 피델을 따르는 쿠바인의 수가 약 40명으로 늘어났다. 훈련 과정에서 에르네스토는 지칠 줄 모르고 두각을 나타냈고, 이것이 피델에게도 명확히 보였다. 그래서 어느 날 피델은 이 아르헨티아인을 모범 사례로 삼아 긴장이 느슨하게 풀린 다른 요원들을 질책했다. 5월에 훈련병들에게 각자 동지들의 성과를 평가하라는 명령이 주어졌고, 이때 에르네스토는 동료들로부터 만장일치로 〈지도자 혹은 참모장〉 자격을 갖추었다는 평가를 받았다. 에르네스토에게 이것은 중요한 문턱이었다. 그가 새로운 동료들로부터 그토록 간절히 갈구했던 존중을 얻게 된 순간이었기 때문이다.

2

5월에 에르네스토는 자신의 연기력을 시험해 보고 싶은 오랜 열망을 마침내 이루게 되었다. 바요와 피델의 오른팔 중 한 명이었던 시로 레돈도가 멕시코시티에서 동쪽으로 약 50킬로미터 떨어진 찰코에서 매물로 나온 목장을 찾아냈다. 산미겔 목장은 거대했다. 사격장과 황량한 언덕배기를 포함한 그 땅은 게릴라 훈련에 맞춤한 지형을 갖추고 있었다. 본관 건물은 크지 않았지만, 대지는 요새와 같은 높은 석벽으로 둘러싸여 있었고, 모서리 쪽에 총안을 낸 초병 포탑도 갖추고 있었다. 한 가지 문제가 있었다. 가격이 무려 25만 달러에 달했다. 목장 주인 에라스모 리베라는 다채로운 이력을 가진 사람이었다. 젊은 시절에는 판초 비야와 함께 싸웠지만, 혁명적 노병이 되었다고 하여 탐욕에서 자유로워진 것 같지는 않았다.

리베라와의 협상에서 바요는 자신을 해외에서 큰 목장을 구입하려는 부유한 〈살바도르인 대령〉의 대리인이라고 소개했다. 큰 땅덩어리를 팔 기대에 흥분한 리베라는 그 이야기에 홀딱 넘어갔고, 이를 틈타 바요는 외국인 분위기가 물씬 나는 게바라를 〈대령님〉으로 소개했다. 리베라는 살바도르인과 아르헨티나인의 악센트 차이를 구별할 수 없었거나 아니면 부유한 고객의 비위를 거스르는 질문은 전혀 하지 않기로 결심한 듯했다. 사기극이 통했다. 리베라는 본관 건물을 〈대령〉의 설계 조건에 맞도록 〈수리〉하는 동안 월 8달러의 상징적 임대료로 땅을 빌려 주는 데 동의했다. 매매 계약은 수리가 끝나면 그때 하기로 했다. 한편 수리는 작업을 위해 특별히 데려온 수십 명의 〈살바도르인 노동자들〉이 맡았다.

거래가 성사되자마자 피델은 바요에게 첫 번째 전사 그룹을 뽑아 목장에 보내라고 명령했다. 바요는 에르네스토를 높이 평가했고, 이 아르헨티나인 생도의 능력을 인정하여 그를 〈대원들의 우두머리〉로 임명했다. 바요는 나중에 게바라를 〈모든 생도 중에서 가장 훌륭한 게릴라〉라고 불렀다. 5월 말에 그들은 첫 훈련병 그룹과 함께 목장으로 떠났다. 에르네스토는 일다에게 자신이 돌아오지 않을지도 모른다는 말과 함께 작별 인사를 했다(피델은 델라웨어에 미군의 잉여 군수 어뢰정이 매물로 나와 있다는 정보를 입수했고, 7월에 쿠바로 항해해 가기 위해 이 배를 구입하여 적기에 멕시코로 가져오게 하고 싶었다. 모든 일이 잘되면, 그들은 목장에서 훈련을 마친 다음 곧장 쿠바 행 보트가 있는 곳으로 가기로 되어 있었다).

도시 밖 찰코로 나오자 훈련이 힘들어졌다. 그들의 본부는 산미겔 목장의 담장으로 둘러쳐진 복합 건물이었지만, 요원들은 인접한 바싹 마른 덤불로 덮인 언덕에 있는 두 개의 간이 막사에서 지내며 습격을 나가는 일에 대부분의 시간을 쏟았다. 이것은 그들이 쿠바에서 직면할 수도 있을 가혹한 상황에 대비케 하려는 것이었다. 물과 음식은 불충분하게 공급되었고, 바요와 체는 대원들을 이끌고 해 질 녘에 시작하여 새벽까지 계속되는 야간 행군과 지구력 증진 등반에 나섰다. 그들은 덤불을 헤치며 다니지 않을 때에는 모의 전투를 하고 보초를 섰다.

이것은 체가 지속적인 일상생활에서 쿠바인들과 함께 생활한 첫 경험이었다. 몇몇 대원은 여전히 그를 주제넘게 나서는 외국인으로 간주하며 그가 이곳에 있다는 사실을 불쾌하게 여겼지만, 이제 그들은 체를 직속상관으로 모셔야 했다. 그들이 보기에 체는 규율이 엄격한 사람이었지만, 의사로서 책임을 다하는 동시에 행군과 훈련에도 참가하는 사람이었다.

쿠바인들은 좋은 집안에서 태어나 훌륭한 교육을 받은 이 아르헨티나인 의사도 같이 진흙탕 속을 뒹군다는 사실에 충격을 받았다. 멕시코시티 시절부터 그는 이미 몇 년 동안 입어 낡아빠진 갈색 정장 때문에 괴짜로 보였다. 이 옷은 〈전문가〉에 대해 쿠바인들이 떠올리는 이미지와는 확실히 일치하지 않았다. 쿠바인들은 혁명가로 투신한 이후에도 여전히 겉모습을 의식했고, 1950년대 사회적으로 계층화된 라틴 아메리카에서 단정한 머리와 정장 차림은 자존심 있는 도시 남성의 표준이었다. 이제 야전에 나온 상황에서 쿠바인들은 체가 씻는 것도 좋아하지 않는다는 사실을 알게 되었다. 일다는 다음과 같이 회고했다. 〈에르네스토는 쿠바인들이 청결에 광적으로 집착한다는 걸 우스운 일이라고 생각하곤 했다. 하루 일과가 끝나면 쿠바인들은 모두 목욕을 하고 옷을 갈아입었다. 그는 《좋아, 하지만 산 속에서는 어쩌려는 거지? 그때도 과연 목욕을 하거나 옷을 갈아입을 수 있을까?》라고 말했다.〉

쿠바 반군의 일원이었던 물라토 출신 작곡가인 후안 알메이다는 병사들 가운데 한 명이 긴 행군과 과도한 훈련, 식량 부족 등에 항의하며 더 이상 가지 않겠다고 거부한 사건에 대해 기술하며 체가 얼마나 강직한 인물이었는지를 넌지시 드러냈다. 알메이다는 그 규율 위반자가 〈그 스페인 사람[바요]과 아르헨티나 사람[게바라]의 지도에 노골적으로 불만을 터트리며 길바닥에 주저앉았다〉고 썼다.

명령 불복종 행위를 접한 체는 대원들에게 캠프로 돌아가라고 명령했다. 명령 불복종은 사형을 받아 마땅한 심각한 규율 위반이었다. 피델과 라울은 그 사건을 즉각 보고 받고 신속히 멕시코시티에서 돌아와 군사 재판을 열었다. 그런 불쾌한 사건들을 덮어 두는 쿠바 혁명의 전통에 따라 알메이다는 명령 불복종 생도의 이름을 드러내지 않았지만, 알베르토 바요는 회고록에서 자신이 경험한 그 극적인 재판을 설명하면서 그 남자의 이름이 칼릭스토 모랄레스라고 밝혔다. 바요의 설명에 따르면, 카스트로 형제는 모랄레스를 동지들을 감염시키기 전에 박멸되어야 할 〈전염병〉에 비유하면서 그에게 사형이 적용되어야 한다고 주장했다. 목숨은 구해 주자는 바요의 탄원에도 불구하고 모랄레스는 사형을 선고받았다. 하지만 모랄레스는 나중에 피델에게 용서를 받았고, 게릴라 전쟁 동안 다시 총애를 받았다. 모랄레스의 군사 재판을 요구한 것은 체였다는 사실에도 불구하고, 쿠바 역사가인 마리아 델 카르멘 아리에트는 체가 모랄레스의 처형에는 반대했다고 말하고 있다.

당시 피델의 방첩 담당 부관이었던 우니베르소 산체스가 모랄레스의 처형을 담당하기로 되어 있었다. 피델 카스트로에 대한 가장 완벽한 전기를 쓴 작가인 태드 슐츠와의 인터뷰에서 산체스 역시 다른 여러 재판이 열렸고, 이 재판들 중에서 한 번, 즉 그들 내부에서 활동하다가 적발된 스파이에 대한 재판은 처형으로 종결되었다고 밝혔다. 슐츠는 이렇게 썼다. 〈신원이 알려지지 않은 그 남자는 안가에서 열린 군사 재판에서 사형 선고를 받았고 우니베르소의 지시에 따라 한 반군 대원에 의해 처형되었다. 《그는 총살되었고 인근 밭에 매장되었다》고 그는 말한다.〉

오늘날 산미겔 목장 부근에 사는 주민들은 그 복합 건물의 견고한 벽 안에 세 구의 시체가 매장되어 있다고 말하고 있다. 하지만 우니베르소 산체스의 시인에도 불구하고, 그런 소문은 전설 같은 이야기로 간단히 치부될 수 있었다. 쿠바에서는 이러한 사건들에 대한 어떤 언급도 터부시되고 있으며, 그런 사건들은 여전히 공식적으로 해명되지 않은 채 무시되고 있다.

6월 초에 알메이다의 그룹이 멕시코시티로 돌아갔고, 두 번째 그룹이 훈련을 받기 위해 목장에 도착했다. 14일에 체는 스물여덟 번째 생일을 맞이했다. 모든 일이 순조롭게 풀리는 듯 보였다. 하지만 6월 20일 멕시코시티 중심가에서 피델과 두 명의 동료가 무장한 멕시코 경찰 끄나풀에 체포되었다. 그로부터 며칠 만에 멕시코시티에 있던 사실상 모든 운동원이 체포되었다. 안가들이 급습당했고 은닉된 무기와 문서들이 압수되었다. 경계 신호를 받은 바요와 라울은 은신처로 숨었지만 체는 여전히 목장을 통솔하고 있었다. 일다 역시 체포되었지만, 그녀는 체포되기 전에 피델의 편지 ─ 피델은 일다의 주소를 비밀 편지 수령처로 사용하고 있었다 ─ 와 에르네스토의 좀 더 선동적인 정치적 글들을 숨길 수 있었다. 일다는 에르네스토와 피델의 활동에 관해 수차례 반복 심문을 받으며 아이와 함께 하룻밤 동안 감금되었다가 다음 날 석방되었다.

피델과 그의 동지들은 쿠바 및 멕시코 공산주의자들과 공모하여 바티스타 암살을 꾸몄다는 혐의로 기소되었고, 쿠바 정부는 그들의 본국 송환을 요구했다. 그런데 7월

22일에 피델은 자신의 공산당 가입 혐의를 공개적으로 부인하는 성명을 발표하도록 허락을 받았다. 그는 조심스러운 표현을 써가며 고인이 된 반공 오르토독소당 지도자 에두아르도 치바스와의 각별한 관계를 지적했다. 한편 아직 체포당하지 않은 라울과 그의 동료들은 서둘러 피델의 변호인단을 구성했다.

목장에서는 체가 곧 들이닥칠 경찰의 급습에 대비했다. 그와 열두 명의 동지들은 대다수의 무기를 새로운 은닉 장소로 옮기고 6월 24일에 경찰이 도착하기를 기다렸다. 충돌을 피하고 싶었던 피델은 멕시코 경찰의 허락을 받고 목장에 직접 와서 체와 그의 부하들에게 투항하라고 지시했다. 체는 지시에 따랐고, 미겔 슐츠 가에 있는 내무부 감옥으로 이송되어 동료들과 함께 투옥되었다.

3

멕시코 경찰이 찍은 인상착의 사진에서 에르네스토는 깨끗하게 면도했지만 헝클어진 머리에 결연한 표정의 젊은이 모습을 하고 있다. 정면으로 찍은 그 사진에서 에르네스토는 카메라를 똑바로 노려보고 있다. 측면 사진에는 그의 돌출한 이마가 뚜렷이 드러나 있고, 앙다문 입에 골똘히 생각에 잠긴 표정이 역력하다.

사진 아래의 경찰 기록에는 그의 이름과 출생지, 생일, 현주소, 신체적 특징, 공식적으로 기소된 죄목 — 비자 기한을 초과한 체재 — 이 적혀 있다. 그 아래에 한 줄짜리 신고서에는 〈그가 자신이 관광객이라 말하고 있다〉라고 쓰여 있다.

인상착의 사진을 찍은 지 이틀 후인 6월 26일에 에르네스토는 자신의 첫 경찰 진술에서 꼼꼼하게 진술했지만 경찰이 이미 그에 관해 알고 있는 만큼만 인정했다. 그는 과테말라에서 멕시코로 오게 된 사정을 설명하면서 자신이 아르벤스 지지자가 되었고 그의 행정부에서 일한 적이 있다는 것을 인정했다. 언젠가 멕시코에서 이름이 기억나지 않는 누군가가 그를 마리아 안토니아 곤살레스에게 소개해 주었다. 나중에 그녀의 집이 자국 정치 체제에 〈불만을 품은〉 쿠바인들의 본거지인 줄 알게 되었다. 결국 에르네스토는 그들의 지도자인 피델 카스트로 루스를 만나게 되었다. 약 한 달 반 전에 그들이 바티스타에 대항하는 혁명 운동을 이끌기 위해 훈련하고 있다는 사실을 알게 되었을 때, 의사로 일하겠다고 제안해서 받아들여졌다. 카스트로의 요청으로 그는 찰코 목장의 임차를 중개하는 일도 하게 되었다. 하지만 그는 쿠바인들이 표적 연습용으로 사용했던 소총 두 자루와 〈호신〉용 38구경 권총밖에 갖고 있지 않았다고 말하면서 목장에 있던 총기류와 인원에 대해서는 거짓으로 진술했다.

같은 날 멕시코의 친정부적 일간지 「엑셀시오르」는 1면 전단에 걸쳐 큼지막하게 〈멕시코, 반쿠바 반란을 분쇄하고 20명의 주모자를 체포하다〉라는 제목으로 그 체포 소식을 실었다. 다음 날 추가 기사에는 멕시코 연방 경찰 소식통을 인용하며 〈공산주의자들의 도움을 받았다고 전해진 쿠바 공모자들의 추가 체포〉 사실이 보도되었다.

연방보안국DFS 소식통은 주모자는 다름 아닌 〈에르네스토 게바라 세르나라는 아르헨티나 의사〉라고 밝혔다. 〈그는 쿠바의 음모자들과 국제적 성격을 띤 어떤 공산주의 조직 사이의 주된 연결 고리였다. ……도미니카 공화국과 파나마에서 벌어진 국제적 성격의 다른 정치 운동에서도 모종의 역할을 했던 게바라 박사는 연방보안국에 의해《멕시코-러시아 비교문화연구소의 활동가》인 것으로 확인되었다.〉 구금된 반란자들을 찍은 단체 사진에 붙인 설명 속에서, 에르네스토는 〈풀헨시오 바티스타에 대한 저항 운동이 좌파 조직들의 공동 후원하에 전개되고 있다는 의혹을 사게 할 만큼 공산주의와 은밀하게 관계를 맺고 있는〉 인물로 묘사되며 피델과 나란히 반란 주도자로 부각되었다.

언론 보도가 분주하게 계속되는 가운데, 피델의 사람들은 그를 석방시키기 위해 열심히 일했다. 그의 변호사 친구인 후안 마누엘 마르케스가 미국에서 날아와 두 명의 피고 측 법정 대리인을 고용했다. 호의적인 한 판사가 7월 2일에 피델의 석방 명령을 내렸지만, 멕시코 내무부가 그것을 방해했다. 이런 방해에도 불구하고 그 판사는 국외 추방 명령을 유예시킬 수 있었다. 들리는 바에 따르면, 다른 경로를 찾아보던 피델은 우니베르소 산체스에게 정부 고위 관료를 매수해 자기들이 석방되도록 힘써 보라고 했는데, 이러한 노력은 실패로 돌아갔다. 투옥된 쿠바인들이 단식 투쟁에 들어갔고, 7월 9일에 21명이, 며칠 뒤에는 몇몇이 더 석방되었다. 그러나 피델, 체, 칼릭스토 가르시아는 여전히 구금된 상태였다.

체는 7월 6일 부모에게 편지를 써 자신의 상황을 알리고 결국 자신이 하고 있던 활동들에 대해 실토했다. 〈얼마 전에, 이제는 꽤 오래전 일이 되었지만, 한 젊은 쿠바인 지도자가 저에게 자기 운동에 가담해 달라고 했습니다. 자기 나라의 무장 해방을 위한 운동이었고, 물론 저는 받아들였습니다.〉

미래에 관해 그는 부모에게 이렇게 말했다. 〈저의 미래는 쿠바 혁명의 미래와 연결되어 있습니다. 저는 승리를 거두거나 아니면 거기서 죽습니다. ……만약 제가 예측할 수 없는 어떤 이유 때문에 더 이상 쓸 수 없고, 실패하는 게 저의 운이라면, 이 편지를 작별 인사로 여겨 주세요. 과장이 아니라 진지하게 드리는 말씀입니다. 일생 동안 저는 시행착오를 통해 진실을 추구해 왔고, 지금은 올바른 길에 들어섰으며, 저보다 더 오래 살 딸과 더불어 순환 과정을 마무리했습니다. 이후 저는 제 죽음을 좌절로 생각하지 않으렵니다. 히크메트[터키의 시인]처럼 《저는 끝나지 않은 노래의 슬픔만을 무덤으로 가져갈 겁니다》.〉

경찰은 그들이 혁명 음모를 꾸몄다는 정보를 흘리고 언론은 이를 토대로 선정적인 기사를 써댔지만, 그들은 여전히 공식적으로는 멕시코 이민법 위반 혐의로만 기소된 상태였다. 한편, 이들을 어떻게 처리할지를 둘러싸고 멕시코와 쿠바 관리들은 막후에서 줄다리기를 하고 있었다.

동시에 경찰은 에르네스토 게바라에 관해 더 많은 것을 찾아내려 애쓰고 있었다. 7월 첫 주에 그는 적어도 두 차례 더 심문을 받았다. 불가해한 일이었지만, 이제 그는 자유롭고 장황하게 이야기했다. 이 경찰 진술들은 결코 공개되지 않았지만 쿠바 국가역사가협의회의 에베르토 노르만 아코스타가 그 기밀문서 사본을 입수했다. 엄중한 감시하에 있는 이 문서들을 주의 깊게 살펴보면, 이제 에르네스토 게바라가 스스로 공산주의자임을 공개적으로 인정하고, 쿠바뿐만 아니라 라틴 아메리카 전역에서 혁명적 무장 투쟁의 필요성에 대한 신념을 공언하기 시작했다는 것을 읽을 수 있다.

그 후 오랫동안 피델은 때때로 다정하게 나무라는 투로 체의 멕시코 경찰 진술을 언급하며, 고인이 된 그의 동지가 얼마나 〈지나치게 정직〉했는지를 보여 주는 사례로 들었다. 그러나 당시 피델은 격노했고, 충분히 그럴 만했다. 체가 자신의 마르크스주의적 신념에 대해 지껄이는 동안, 피델은 서구의 가장 훌륭한 민족주의적, 민주적 전통을 따르는 애국적 개혁가로 자부하고 있었다. 바티스타 정권이 아이젠하워 행정부로부터 더 많은 지지를 이끌어 내기 위한 한 가지 확실한 명분이 공산주의자들의 위협이었다. 이런 상황에서 피델이나 그의 추종자들이 쿠바를 공산주의 국가로 바꿀 생각을 하고 있다는 어떤 증거도 그의 혁명이 시작되기도 전에 실패로 이끌 게 분명했다. 이런 맥락에서 체의 발언은 특히 부주의한 것이었다. 왜냐하면 그 발언들은 카스트로의 적들이 필요로 하던 공격 수단을 주는 것이나 진배없었기 때문이다.

7월 15일 두 번째 공개 진술에서 카스트로는 미국 대사관이 그의 석방을 방해하기 위해 멕시코 당국자들에게 압력을 가하고 있다고 비난했다. 그가 어디서 그 정보를 입수했는지는 명확하지 않지만 카스트로의 비난은 옳았다. 실제로 미국인들은 그의 석방을 보류하라고 멕시코 정부에 요청한 적이 있었다. 그러나 워싱턴의 움직임은 피델 카스트로에게 느꼈던 불안감 때문이 아니라 자국의 이해관계를 위해 바티스타를 달랠 필요성에서 나온 것이었다. 7월 22일 파나마에서 〈미주정상회의〉가 열리기로 되어 있었고, 미국은 아메리카의 모든 정상이 참석하길 원했다. 하지만 바티스타는 카스트로가 석방되면 그 회의를 보이콧하겠다고 위협했던 것이다.

그럼에도 불구하고 피델은 여전히 신중한 태도로 일관하며 이번에는 한 걸음 더 나아가 공산주의와 이전보다 더 거리를 두려고 했다. 피델은 자신을 공산주의와 연루시키는 어떤 주장도 터무니없다고 주장하면서, 외려 바티스타 본인이 과거 쿠바 공산당과 동맹을 맺은 전력이 있음을 지적했다. 피델은 자신이 공산주의 조직과 어떤 연관도 없음을 입증할 증인으로 멕시코 비밀경찰 서열 3위 인물인 연방보안국의 〈구티에레스 바리오스 대위〉를 거명했다.

페르난도 구티에레스 바리오스에 대한 피델의 언급은 흥미로운 사실을 드러내었다. 지금까지 피델은 그보다 두 살 아래인 스물일곱 살의 멕시코 경찰관과 모종의 밀약을 한 상태였다. 구티에레스는 물론 피델도 그 밀약의 내용에 대해 상세히 밝힌 적은 없지만, 카스트로가 결국 석방된 데에는 멕시코의 도움이 결정적 요인으로 작용했을 게 분명했다.

구티에레스 바리오스는 왜 피델을 도왔을까? 최소한 그는 다른 많은 사람들과 마찬가지로 카스트로의 전설적인 개성에 감복한 것으로 보인다. 몇 년 후에 한 인터뷰에서 그는 처음부터 카스트로에 〈공감〉했다고 인정했다. 「첫째는 우리가 같은 세대였기 때문이었고, 둘째는 그의 이상과 신념 때문이었습니다. 그는 언제나 카리스마 넘치는 지도자였습니다. 그리고 그 시점에 그에게는 혁명 운동에서 승리하거나 아니면 죽는 것 외에는 다른 대안이 없었습니다. ……이런 이유들이 왜 처음부터 우호적인 관계가 있었는지를 설명해 줍니다. ……나는 결코 그를 범죄자로 간주하지 않았고, 오히려 독재 타도를 추구하는 이상을 가진 사람으로 보았습니다. 그의 죄는 단지 우리나라의 법[이민법]을 위반한 것일 뿐입니다.」

멕시코 민족주의자들은 끊임없이 간섭하는 이웃 미국인들에게 거의 호감을 느끼지 못했다. 민족주의자들이 가담했던 멕시코 혁명이 일어난 지 이제 겨우 40년 정도밖에 지나지 않은 시점이었다. 이후 30년 이상을 멕시코 비밀경찰 총수로 일하는 동안 구티에레스 바리오스는 다른 많은 라틴 아메리카 혁명가 망명자들을 보호해 주었고, 그들 가운데는 워싱턴의 수배자 명단에 들어 있던 자들도 있었다.

피델의 두 번째 공개 진술이 있던 7월 15일, 에르네스토는 어머니 셀리아에게서 온 충고조의 편지에 거칠게 반응했다. 에르네스토의 어조로 판단해 볼 때, 셀리아는 먼저 피델 카스트로와 얽히게 된 아들의 동기에 의문을 제기했고, 단식 투쟁 이후 왜 자기 아들이 다른 사람들과 함께 석방되지 않았는지에 대해 특히 의구심을 가지고 있었던 것 같다. 에르네스토는 셀리아에게 피델이 석방된 이후에도 자신이 칼릭스토와 마찬가지로 아마 구금되어 있을 거라고 말했다. 그 두 사람만 제대로 된 출입국 관련 서류를 갖고 있지 않기 때문이라는 것이었다. 그는 석방되자마자 멕시코를 떠나 인근 다른 나라로 옮겨 피델의 명령을 기다리며 〈내 역할이 필요할 때면 언제라도 대비 태세를 갖추기〉로 했다.

〈노부인, 저는 구세주나 자선가가 아닙니다. 전 구세주와는 정반대되는 사람이에요. ……전 제가 쓸 수 있는 모든 무기를 들고 제가 믿는 것을 위해 싸우며, 제가 십자가든 다른 어디든 못 박히지 않도록 상대편을 죽이려고 합니다. ……제가 진정 두려워하고 있는 것은 이 모든 상황에 대한 당신의 이해 부족과 온건함과 이기심을 부추기는 당신의 충고입니다. 이 모든 것은 한 개인이 가질 수 있는 가장 증오할 만한 속성들입니다. 전 온건하지 않을 뿐만 아니라 결코 그렇게 되려고 하지도 않을 겁니다. 그리고 내 안의 신성한 불꽃이 희미한 봉헌 등불로 바뀌어 버렸다고 판단되면, 최소한 제가 할 수 있는 일은 제 똥 위에 토하는 일입니다. 적당히 자기 실속을 차리라는, 방자하고 무시무시한 개인주의를 옹호하는 당신의 충고에 대해서는…… 제가 이런 것들을 제거하기 위해 이미 많은 일을 했다는 점을 말씀드리고 싶습니다…….

감옥에 있는 요즘은 물론 과거 훈련 기간 중에도 저

는 대의에 있어서 제 동지들과 완전히 일치했습니다……. 《나》라는 관념이 완전히 사라졌고 그 자리에 《우리》라는 관념이 들어섰습니다. 그것은 공산주의 도덕이었습니다. 당연히 비현실적인 과장으로 여기실 테지만, 정말로 나를 제거했다고 느낄 수 있는 것은 아름다운 일이었습니다 (지금도 여전히 그렇습니다).〉 그는 심각한 말을 멈추고 이렇게 빈정거렸다. 〈[편지지에 묻은] 얼룩은 핏자국이 아니라 토마토 주스예요…….〉 그러고 나서 그는 말을 이어 갔다. 〈위대한 발명이나 예술적인 걸작이 《온건함》이나 《적당한 이기심》에서 나온다고 믿는 것은 당신의 심각한 오류입니다. 모든 위대한 과업에는 열정이 요구되고, 혁명에는 열정과 담대함이 아주 많이 요구됩니다. 집단을 이룬 인간만이 이러한 것들을 가지고 있습니다.〉

그는 자기 성찰을 드러내며, 그들의 변화된 개인적 관계에 관한 독백으로 끝을 맺었다. 〈무엇보다도, 제가 보기에 그 고통, 늙어 가고 있으며 자기 아들이 살아 있기를 원하는 어머니의 고통은 이해할 만합니다. 저는 그 고통에 마음을 쓸 의무가 있을 뿐만 아니라 또 그러고 싶습니다. 또 저는 어머니가 보고 싶습니다. 어머니를 위로해 드리기 위해서뿐만 아니라 이따금씩 나타나는 부끄러운 제 향수(鄕愁)를 위로하기 위해서라도 말입니다.〉 그는 그 편지에 자신의 새로운 이름으로 〈당신의 아들, 엘 체〉라고 서명했다.

체는 자신의 구금 상태가 지연되는 사태가 대부분 자기 자신 때문이라는 점은 말하지 않았다. 결국 그가 더 염려했던 것은 이것이 아니라 쿠바 혁명 사업의 미래였고, 그 시점에 가장 중요한 것은 투쟁이 진전될 수 있도록 피델이 석방되는 것이었다.

그러나 피델은 7월 16일에 석방되지 않았고, 파나마 정상 회의 기간 내내 구금되어 있었다. 기분이 좋아진 바티스타는 회의에 참석했고, 7월 22일 그 자리에 모인 대통령들은 서반구를 친서방적인 정치 및 경제 발전 경로로 이끌겠다는 공동 선언에 서명했다. 아이젠하워가 군사 독재자들과 친교를 돈독히 하고 있던 동안, 피델의 변호사들은 멕시코의 전 대통령이자 멕시코 토지개혁의 설계자였던 라사로 카르데나스를 만나러 갔다. 카르데나스는 호의적이었고, 피델을 위해 아돌포 루이스 코르티네스에게 영향력을 행사해 주겠다고 했다. 이것이 효과를 발휘했다. 마침내 피델은 2주 안에 멕시코를 떠난다는 조건으로 7월 24일에 석방되었다.

예상한 대로, 이제 체와 칼릭스토 가르시아만 감옥에 남았다. 공식적인 이유는 그들의 체재 상태가 좀 더 〈복잡〉하다는 것이었다. 그러나 체의 경우에는 공산당 가입이 큰 원인으로 작용했던 게 확실했다. 가르시아는 멕시코에서의 불법 체류 기간이 1954년 3월 이후 가장 길었다는 이유로 남게 된 듯했다. 한편 본국으로 송환될지도 모른다는 염려가 두 사람의 뇌리에서 떠나지 않고 있었음에도 불구하고, 체는 과테말라인 친구 알폰소 바우에르 파이스와 울리세스 페티트 데 무라트가 외교적으로 손을 써보겠다는 제안을 거부했다. 체의 삼촌 중 한 명이 뜻밖에 아바나 주재 아르헨티나 대사가 되었고, 일다는 체의 석방을 위해 그 삼촌을 활용하자는 아이디어를 냈다. 일다는 이렇게 썼다. 〈피델은 동의했다. 하지만 우리가 그 생각을 에르네스토에게 설명했을 때, 그는 《절대 안 돼! 난 쿠바인들과 똑같은 대우를 원해》라고 말했다.〉

체가 버티는 동안 피델은 떠나라는 압력을 받고 있었다. 멕시코는 더 이상 안전한 곳이 아니었다. 피델은 멕시코 경찰과 바티스타의 첩보원들 모두에게 공격받기 쉬운 처지에 있었다. 예방책으로 그는 부하들을 해산시켜 멕시코시티에서 멀리 떨어진 곳으로 보내 사태 추이를 지켜보게 했다. 피델의 다급한 사정을 눈치챈 체는 피델에게 자기 없이 일을 추진하라고 말했지만, 피델은 그를 〈포기하지 않〉겠다고 맹세했다. 체는 카스트로의 이 통 큰 제스처를 결코 잊지 않았고, 나중에 이렇게 썼다. 〈우리를 멕시코 감옥에서 빼내는 일에 귀중한 시간과 돈이 전용되었다. 자신이 중요하게 여기는 사람들에 대한 피델의 인간적인 태도는 사람들이 그에게 품는 광적인 충성심의 열쇠였다.〉

이때쯤 그는 「피델 찬가」라는 송가를 지었다. 그는 그것을 일다에게 보여 주고 쿠바로 가는 해상에서 그것을 카스트로에게 줄 생각이라고 말했다. 미숙하고 직설적으로 쓰이기는 했지만, 이 시는 그 당시 에르네스토가 카스트로에 대해 얼마나 깊은 감정을 갖고 있는지를 보여 준다.

가자, 새벽을 알리는 열정적인 선지자여,
표지판 없는 머나먼 길을 따라
그대가 너무나 사랑하는 초록색 악어*를 해방시키러……

첫 총성이 울리고

온 정글이 순결한 놀라움 속에서 깨어날 때,

거기, 그대 곁에 거룩한 전사들,

우리가 그대 곁에 있겠소.

그대의 목소리가 사방으로 퍼져 나갈 때,

농업 개혁, 정의, 빵과 자유,

거기, 그대 곁에 똑같은 악센트로,

우리가 그대 곁에 있겠소.

그리고 그가 전제를 청산하기 위한

투쟁의 목표를 이루어 낼 때,

거기, 그대 곁에 최후의 전투를 위한 태세를 갖추고,

우리가 그대 곁에 있겠소.

그리고 우리의 길이 쇠사슬에 막혀버린다면,

우리는 아메리카 역사 속으로 들어갈

게릴라들의 유골을 덮을 수의,

쿠바인들의 눈물을 바라오.

그것으로 족하리니.

4

8월 중순, 투옥된 지 57일 만에 체와 칼릭스토 가르시아가 석방되었다. 두 사람의 석방은 분명 피델이 뇌물을 쓴

---

* 초록색 악어란 쿠바의 공산주의자 시인 니콜라스 기옌이 만들어 낸 말로서, 파충류의 모습을 닮은 쿠바 섬에 대한 은유다.

덕택이었다. 체는 일다에게 그 비슷한 일이 있었음을 넌지시 알렸고, 이후 그는 피델이 〈자신의 혁명적 태도를 위태롭게 할 수도 있을 위험한 일을 우정을 위해〉 했다고 썼다.

앞서 석방된 다른 동지들의 경우와 마찬가지로 체와 칼릭스토는 며칠 내로 멕시코를 떠난다는 조건을 달고 석방되었다. 그리고 다른 사람들과 마찬가지로 그들 역시 지하로 들어갔다. 먼저 체는 개인적 문제를 해결하고 나서 아기를 보기 위해 집으로 갔다. 체가 집에 머무르던 3일 동안 일다는 그가 첫딸 일디타의 요람 옆에 자주 앉아 있는 모습을 보았다. 그는 아기에게 소리 내어 시를 낭송해 주거나 아니면 그저 조용히 지켜보고 있었다. 그러고 나서 그는 다시 떠났다.

피델의 명령으로 체와 칼릭스토는 수도에서 떨어진 익스타판 데 라살이라는 주말 휴양지로 갔다. 그들은 그곳의 한 호텔에 투숙하면서 숙박부에는 가명을 적었다.

3개월 동안 지하 생활을 하는 동안 에르네스토는 두 차례 조심해서 멕시코시티에 다녀갔지만, 대부분의 경우 일다가 주말에 그를 보러 갔다. 그녀는 한때 그가 〈에르네스토 곤살레스〉라는 이름을 숙박부에 적어 놓은 카우틀라의 한 호텔로 그를 찾아가기도 했다. 하지만 에르네스토는 마르크스주의와 혁명이라는 두 주제에 몰입해 있었고, 이제 그것이 그의 삶을 지배했다. 집에 들를 때조차 그의 이러한 관심사는 수그러들 줄 몰랐다. 그는 일다에게 〈혁명적 규율〉에 관한 설교를 늘어놓거나 정치 경제학에 관한 난해한 책들 뒤로 자신을 파묻었다. 심지어 그는 아기에게도 이데

올로기적이었다. 그가 일디타에게 언제나 낭송해 준 시 가운데 하나는 안토니오 마차도가 리스테르 장군에게 경의를 표하며 쓴 스페인 내전에 관한 시였고, 그는 일디타를 언제나 〈나의 사랑스러운 마오〉라고 불렀다.

언젠가 일다는 에르네스토가 딸을 들어 올리며 심각한 어조로 이렇게 말하는 모습을 보았다. 「나의 사랑하는 작은 딸, 나의 작은 마오, 넌 모르지, 네가 얼마나 힘든 세상을 살게 될지를. 네가 자라면 이 대륙 전체, 그리고 어쩌면 전 세계가 거대한 적, 양키 제국주의와 싸우고 있을 게다. 너도 싸워야 해. 내가 여기에 더 이상 있지 않겠지만 그 투쟁은 대륙을 타오르게 할 거야.」

9월 초에 에르네스토는 천식이 재발하자 칼릭스토와 함께 익스타판 데 라살을 떠나 기후가 좀 더 건조한 톨루카로 갔다. 그런데 피델이 두 사람에게 다른 몇 명의 대원과 함께 베라크루스에서 열리는 회의에 참석하라고 했다. 거기서 체는 몇 달 동안 만날 수 없었던 많은 동지를 만났다.

베라크루스에서 멕시코시티로 돌아온 체와 칼릭스토는 새로운 안가로 이동했다. 두 사람은 린다 비스타 북쪽 교외에 있는, 성모 과달루페의 순례지 부근의 카사 데 쿠코에서 살았다. 이제 대원들은 출발할 때가 다가오고 있음을 알았다. 피델은 만반의 준비를 갖추려고 필사적으로 노력하고 있었고, 대원들은 죽을 때를 대비하여 〈가장 가까운 사람〉에 관한 정보를 제공하라는 요청을 받았다. 체는 나중에 그때가 자기 자신과 동지들에게 있어 가장 초월적인 순간이었다고 회상했다. 자신들이 기도하고 있던 일이 현실로 무겁게 눌러 왔고, 자신들이 곧 죽을지도 모른다는 것을 실감했기 때문이었다.

피델은 석방된 이후 줄곧 미친 듯이 속도를 높였다. 정치, 보안, 모금, 병참 등의 문제를 포함하여 모든 면에서 전면적으로 부하가 걸린 상태였다. 멕시코에서의 사찰을 피하기 위해 대원들을 분산 이동시켜야 했을 뿐만 아니라, 점점 심한 경쟁자가 되고 있던 혁명지도자단과 정치적 동맹을 강화하려고 했다. 혁명지도자단의 지도자 호세 안토니오 에체베리아가 8월 말에 피델을 만나러 멕시코로 날아왔다. 이틀간 마라톤 회의를 한 끝에 두 사람은 〈카르타 데 멕시코〉라는 문서에 서명했다. 이 문서는 바티스타에 맞선 투쟁에 양 조직이 공동으로 헌신한다는 선언이었다. 선언의 내용은 실질적인 협력 관계에는 미치지 못하는 것이었지만, 두 집단은 어떤 행동을 취하든 사전에 서로에게 알리고 카스트로와 그의 반군이 쿠바에 상륙하면 상호 행동을 조정한다는 데 동의했다.

몇 주 후 전쟁에 투입될 40명의 신병이 쿠바와 미국에서 도착했다. 산미겔 목장을 잃었기 때문에 그들은 좀 더 멀리 떨어진 기지들에서 훈련을 받아야 했다. 그 가운데 하나는 미국-멕시코 국경 바로 남쪽의 타마울리파스에 있었고, 다른 하나는 베라크루스에 있었다. 피델의 참모들 대다수가 멕시코시티로 합류했고, 지역 부대장들은 쿠바 내 활동을 조정하기 위해 쿠바에 남았다. 그러나 금고가 거의 바닥을 드러낸 상태였고, 대원들을 쿠바로 실어 나를 배도 아직 없었다. 구형 카탈리나 비행정을 구입하려던 계획이 얼마 못 가 무산되었던 것과 똑같이, 그렇게 바라던 쾌속 초계정 구입도 수포로 돌아갔다.

9월에 피델은 멕시코 국경을 넘어 비밀리에 미국으로 들어갔다. 거기서 그는 구적이자 대통령이었던 카를로스 프리오 소카리스를 만났다. 축출된 이래 프리오는 여러 건의 반바티스타 음모에 연루되어 왔고, 최근에는 도미니카 독재자 트루히요와 함께 쿠바를 침공하려는 음모를 꾸미고 있다는 보도도 있었다. 하지만 이제 프리오가 피델에게 자금을 대겠다고 했다. 프리오의 계산은 카스트로를 후원함으로써 그 젊은 신출내기가 힘든 전쟁을 벌이게 하고 자신은 나중에 권력에 조용히 복귀하거나 아니면 단순히 피델을 자신의 반바티스타 운동에서 활용할 수 있는 유용한 견제구로 활용하겠다는 정도였을 것이다. 프리오의 동기가 무엇이었든, 그 회담 준비에 관여했던 사람의 말에 따르면, 카스트로는 최소 5,000달러를 가지고 돌아왔다. 그리고 이후 더 많은 자금이 들어왔다.

피델은 대통령 재임 시 부패상에 대해 자신이 그렇게 소리 높여 비난했던 인물에게서 돈을 받는 정치적 위험을 감수했지만, 당장에는 선택의 여지가 별로 없었다. 그 당시 러시아-멕시코 비교문화연구소를 후원했던 KGB 관리 유리 파포로프에 따르면, 피델이 받은 돈은 프리오의 돈이 아니라 CIA의 돈이었다. 파포로프는 정보의 출처를 구체적으로 밝히지 않았다. 하지만 그 주장이 사실이라면, 그것은 바티스타가 점점 더 궁지에 몰리고 있는 상황에서 카스트로가 반바티스타 전쟁에서 승리할 경우에 대비하여 미국 정보기관이 일찍부터 카스트로를 자기편으로 끌어들이려고 시도했다는 보도에 신빙성을 더해 줄 터였다. 카스트로의 전기 작가 태드 슐츠에 따르면, CIA는 직접 피델의 7월 26일 운동에 자금을 댔다. 하지만 이후 1957년과 1958년 기간 동안에 자금 공급은 쿠바 산티아고 주재 미국 영사관 부속 기관을 통해 이루어졌다.

돈의 출처에 상관없이, 피델은 계속 자기 주관대로 행동했다. 피델이 프리오를 앞세운 악마와 계약을 맺은 것일지도 몰랐지만, 그 거래에서 피델이 자기 입장을 포기했다는 증거는 나타나지 않았다. 설사 그 돈에 부가된 조건이 있었을지라도 말이다. 결국 피델이 프리오로부터 돈을 받았든, 아니면 자신도 알지 못하는 상태에서 CIA로부터 돈을 받았든 하등 상관이 없었다. 어찌되었든 그것은 피델의 계산된 책략으로 보일 것이 틀림없었고, 따라서 피델이 권력을 추구하는 데 전혀 부정적인 영향을 끼치지 못했다.

이제 돈을 가지고 돌아온 피델은 여전히 배를 찾아야 했고, 마침내 9월 하순에 마땅한 것을 찾았다. 그 배는 로버트 에릭슨이 소유하고 있던 망가진 38피트짜리 모터보트 그란마 호였다. 추방된 미국인 에릭슨은 피델이 멕시코 만의 툭스판이라는 항구 마을에 있는 강변 주택을 함께 구입한다면 그 요트를 팔 용의가 있었고, 그는 그 둘을 묶어 4만 달러를 불렀다. 그 배는 항해에 적합하지도 않았고, 피델이 필요로 하는 만큼 충분히 크지도 않았지만, 피델은 지푸라기라도 잡는 심정으로 에릭슨의 제의에 동의했다. 그는 대금 중 일부를 계약금으로 지급한 다음, 대원 몇 명을 시켜 그 집에 살면서 그란마 호의 정비를 감독하게 했다.

10월 말에 체와 칼릭스토는 좀 더 중심가에서 가까운 콜로니아 로마의 안가로 거처를 옮겼다. 체는 주말이면 계속 일다를 찾아갔지만, 체가 떠날 때마다 그녀는 그가 돌아오지 않을 수도 있다는 것을 알고 있었다. 이러한 불확실성에다 다가오는 출정일이 주는 스트레스 때문에 그녀의 신경은 무너져 내렸고, 불안감은 갈수록 커졌다. 일다의 원기를 북돋기 위해, 체는 그녀에게 같이 아카풀코로 짧은 휴가를 다녀올 생각이라고 말했다.

일다는 〈겨우 일주일에 불과한 것이었지만, 나는 아카풀코 여행에 희망을 갖기 시작했다〉고 썼다. 〈그때 안 좋은 소식이 전해졌다. ……경찰이 로마스 데 차풀테펙에 있는 한 쿠바인 여자의 집을 급습하여 무기 몇 점을 몰수하고 그곳에 머무르고 있던 페드로 미레트를 체포했다는 것이었다. 토요일에 에르네스토가 왔을 때, 나는 그에게 그 사건에 관해 말했다. 그는 매우 침착하게 반응했다. 그가 한 말이라고는 경찰이 감시하고 있을지도 모르기 때문에 사전 경계를 배가해야 한다는 것뿐이었다. 일요일 아침 일찍 과히로가 왔다. 체는 어디에 있냐고 묻는 그의 말투에서 나는 그가 긴장하고 있음을 바로 알아챘다. 나는 그에게 에르네스토가 욕실에 있다고 말했고, 그 말을 듣자마자 그는 득달같이 욕실로 달려갔다. 머리를 빗어넘기며 욕실에서 나온 에르네스토는 태연하게 이렇게 말했다. 「경찰이 수색 중이어서 조심해야 할 것 같소. 우린 내륙으로 들어가려 하는데, 난 아마 다음 주에 돌아오지 않을 거요. 미안하지

만, 아카풀코 여행은 다음으로 미루어야겠소.」〉

일다는 속상했고, 〈심상치 않은 일이 일어났다〉고 생각
했다. 그녀는 에르네스토에게 무슨 급박한 일이라도 일
어난 거냐고 물었다. 〈「아니, 단지 조심하려는 것일 뿐이
오…….」 그는 자기 물건을 주섬주섬 챙기며 나를 쳐다보지
않은 채 대답했다. 떠날 준비를 마쳤을 때, 집을 나서기 전
에 항상 그래 왔듯이 그는 요람으로 가서 일디타를 어루만
졌고, 그러더니 돌아서서 나를 붙잡고 키스했다. 나는 영문
도 모른 채 떨리는 마음으로 그에게 조금 더 가까이 다가
갔다. ……그는 그 주말에 떠났고, 돌아오지 않았다.〉

미레트의 안가가 발각된 것에 피델은 충격을 받았다.
그것은 조직 지도부 안에 배신자가 있음을 뜻했기 때문이
었다. 카스트로의 최측근 가운데 한 명인 라파엘 델 피노
에게 의혹이 집중되었다. 최근 델 피노는 엘 쿠아테를 도
와 무기를 조달, 밀수하는 일을 맡고 있었다. 하지만 최근
에 그는 종적을 감췄고, 미레트가 머무르는 곳을 알고 있던
사람들 가운데 행방이 묘연한 유일한 사람이었다(이후 쿠
바에서 진행된 조사를 통해 델 피노가 실제로 수년전부터 FBI의
정보원으로 일해 왔다는 증거가 드러났다. 만약 그가 더 이상 피
해를 입히지 않았다면, 이것은 아마 그가 미국 측 담당자에게 더
많은 돈을 요구하며 정보를 주지 않았기 때문이었을 것이다).

피델은 위험을 감수하지 않으려고 멕시코시티에 있는
대원들에게 새 안가로 피신하라는 명령을 내리고 그란마
호의 정비에 속도를 높이라고 명령했다. 체와 칼릭스토는
알폰소 〈판초〉 바우에르 파이스가 가족들과 함께 살던 아

파트의 작은 하인방으로 숨었다. 그러나 거기서 보낸 첫 날 밤, 두 사람은 거의 체포될 뻔한 위험스러운 상황에 처했다. 이웃집 아파트에 강도가 들어 경찰이 가가호호 검문 검색을 했기 때문이었다. 사전에 귀띔을 받은 체는 그들 방 침대 매트리스 밑으로 칼릭스토를 숨겼다(칼릭스토는 흑인 이었기 때문에 멕시코에서는 주의를 끌 수밖에 없었다). 경찰이 들이닥쳤을 때, 체는 경찰을 속이기 위해 방 밖으로 나갔다. 이 수법이 효과가 있어, 경찰은 그의 방을 뒤지지 않고 아파트를 떠났다. 두 사람은 그 순간에는 안전했지만, 다음 날 칼릭스토는 바우에르 파이스의 집에 체를 혼자 남겨두고 새 은신처로 떠났다. 체는 떠나야 할 순간까지 거기에 머무르기로 했다.

한편 피델은 막바지 장애물들을 처리하고 있었다. 최근 몇 주 동안 친구들은 물론 경쟁자들도 피델에게 침공 계획을 연기하라고 설득하려 했다. 그의 오리엔테 주 담당자 프랑크 파이스가 8월과 10월, 두 번에 걸쳐 피델을 보러 왔다. 프랑크 파이스는 그란마 호의 상륙과 때를 맞추어 쿠바 동부 전역에서 무장봉기를 촉발시킬 임무를 맡고 있었으나, 그는 자기 쪽 사람들이 그런 장대한 계획을 실행할 준비가 아직 안 된 상태라고 하며 피델과 논쟁을 벌였다. 그렇지만 피델은 고집을 꺾지 않았고, 파이스는 할 수 있는 만큼은 해보겠다는 데 동의했다. 피델은 그에게 멕시코를 떠나기 직전에 원정대의 상륙 시간을 암호 메시지로 알려 주겠다고 말했다.

10월에 쿠바 공산당은 피델과 접촉하기 위해 밀사를 보냈다. 그들이 전한 급박한 메시지는 쿠바에서 무장 투쟁을 하기에는 아직 조건이 무르익지 않았다는 것이었고, 그들은 자신들도 참여할 무장봉기로 이어질 점진적인 시민 불복종 운동에 힘을 합치는 데 피델의 동의를 얻어 내려고 했다. 피델은 이 제안을 거부하고 그들에게 자기 계획을 추진할 거라고 말했다. 그러면서도 자신이 이끄는 반군이 쿠바에 도착하는 시점에 맞추어 공산당과 그 투쟁원들이 봉기를 일으켜 자기를 도와주기를 희망했다.

이 시점에서 피델과 쿠바 공산주의자들의 관계는 우호적이면서도 긴장되어 있었다. 공산당과 아무런 관계도 없다고 공개적으로 부인했지만, 그는 여전히 공산당 안에 가까운 친구들이 있었고, 라울이나 체 같은 마르크스주의자들이 자기 측근 그룹에 들어오는 것을 허용했다. 그는 쿠바 공산당과 공개적인 차원에서 신중하게 의사소통은 했지만, 대중의 부정적 인식을 피하기 위해서뿐만 아니라 자신이 권력을 장악하기 전까지 어떤 정치적 타협도 피하기 위해 비판적 거리를 일정하게 유지했다.

한편 소련 대사관은 카스트로 그룹 사람들과 러시아-멕시코 비교문화연구소 사이의 연관에 대한 대중의 달갑지 않은 인식 때문에 당혹스러워했다. 11월 초에 니콜라이 레오노프가 모스크바로 소환되었다. 그의 말에 따르면, 이는 사전 승인 없이 쿠바 혁명가들과 접촉을 시작한 데 대한 〈처벌〉이었다.

쿠바의 반란 무대에서 한자리를 차지하려는 세력이 공산주의자들만 있는 것은 아니었다. 피델이 멕시코를 떠날 준비를 하던 시점에, 혁명지도자단이 혁명의 으뜸 패를 쥐려고 획책하면서 벼랑 끝 전술 게임이 잇따라 일어났다. 8월에 호세 안토니오 에체베리아가 서명한 우호적인 문서에도 불구하고 혁명지도자단은 독자적으로 무력 행사를 하겠다고 고집했다. 10월에 피델과 에체베리아 사이의 두 번째 만남 직후 혁명지도자단의 저격수가 바티스타의 군 정보부 책임자인 마누엘 블랑코 리코 대령을 암살했다. 침공을 목전에 둔 사람치고는 유별나게도 피델은 그 암살을 〈부당하고도 자의적인〉 것이라고 공개적으로 비난했다. 피델이 쿠바의 야당 성향 시민들에게 주려고 했던 암시는 명확했다. 자신은 책임 있는 혁명가인 반면, 에체베리아는 더 많은 폭력을 초래할 뿐인 행동을 일삼는 테러리스트이자 고삐 풀린 망아지 같은 사람이라는 것이었다. 이러한 피델의 말은 며칠 만에 앞날을 내다보는 예지력을 가진 듯 보이게 되었다. 대령의 암살자들을 쫓던 경찰이 아이티 대사관 안에 있던 10여 명의 불운한 젊은 망명 신청자들을 살해했기 때문이었다.

11월 23일, 체가 그토록 오랫동안 준비해 왔던 순간이 마침내 왔다. 피델은 때가 되었다고 판단하고는 멕시코시티와 베라크루스, 타마울리파스에 있던 반란자들에게 다음 날 툭스판 정남쪽 유전 도시인 포소리코로 집결하라고 명령했다. 아무런 사전 고지 없이, 쿠바인들이 체를 찾아와 그를 차에 태워 멕시코 만 해안으로 데려갔다. 24일 그날 밤에 그들은 요트를 타고 출발하기로 했다.

이 모든 첩보 활동 같은 행위의 아이러니는 피델 카스트

로의 계획된 쿠바 침공이 공공연하게 알려져 있었다는 것
이었다. 쿠바의 모든 이들이 피델이 그러리라는 것을 알고
있었다. 의문 부호는 정확히 언제 어디서 그가 반군을 상륙
시킬 계획인지에만 달려 있었다. 실제로 며칠 전에 바티스
타의 수석 참모가 아바나에서 혁명 지도자들의 성공 가능
성을 논하면서 이를 조롱하기 위해 기자 회견을 열었고, 다
른 한편으로는 쿠바 섬의 카리브 해 해안을 따라 육상 및
해상 순찰 병력을 증강시켰다.

그러므로 성공을 위해 피델은 프랑크 파이스의 관리하
에 있는 오리엔테 주에서 7월 26일 운동에 대한 지지를 이
끌어 내고 마지막 순간까지 그란마 호의 정확한 상륙 날짜
와 장소를 비밀로 유지하는 데 도박을 걸고 있었다. 피델
은 항해가 5일 정도 걸릴 것으로 예상했고, 멕시코시티를
떠나기 직전 파이스에게 그란마 호가 11월 30일 플라야라
스콜로라다스라는 오리엔테의 황량한 해변에 도착할 거라
는 암호 전문을 보냈다.

11월 25일 새벽이 되기 전 칠흑 같은 밤에 체는 대원들
틈에 끼여 그란마 호에 타기 위해 기어오르고 있었다. 피델
카스트로의 반군이 멕시코 땅에서 보낸 마지막 시간은 초
조하고 혼란스러웠다. 모두 다 도착한 것도 아니었지만 도
착한 사람들 중에서도 일부는 그란마 호의 공간이 부족했
기 때문에 마지막 순간에 남겨졌다. 이제 좋든 싫든 간에
그들은 출발할 수밖에 없었다. 82명의 대원과 총과 장비들
을 잔뜩 실은 그란마 호는 툭스판 강기슭을 출발하여 쿠바
와 멕시코의 만을 향해 하류로 미끄러져 내려갔다.

떠나기 전에 에르네스토는 어머니에게 보낼 편지를 남겼다. 그 편지에서 그는 〈슬픔을 미리 겪지 않게〉 편지는 〈감자가 실제로 불에 올려질 때〉 발송될 거라고 쓰며 다음과 같이 말했다.

〈그런 연후에 당신께서는 태양이 작열하는 아메리카의 어떤 나라에서 당신의 아들이 부상자를 돌보기 위해 외과술을 더 이상 공부하지 않았던 자신을 저주하고 있을 거라고 알게 될 겁니다…….

그리고 이제 힘든 부분이 옵니다, 노부인. 제가 도망쳐 본 적도 없고 언제나 좋아했던 바로 그런 부분 말입니다. 하늘은 검게 변하지 않았고, 별자리들은 궤도에서 벗어나지 않았으며, 홍수나 너무 오만한 허리케인도 오지 않았습니다. 징조가 좋습니다. 승리의 징조들입니다. 그러나 만약 우리가 그 징조들을 잘못 읽었고, 결국에는 신조차 실수한다면, 그러면 저는 당신이 모르는 어떤 시인처럼 내가 이렇게 말할 수 있을 거라고 믿습니다. 《나는 오로지 내 무덤으로 가져갈 것이다/끝나지 않은 노래의 악몽을》 마지막이길 거부하는 모든 사랑의 작별 인사와 더불어 당신께 다시 키스를 보냅니다. 당신의 아들이.〉

2부

체가 되다

14장
비참한 시작

1

에르네스토가 집으로 보낸 마지막 편지가 신파조로 흐르기는 했지만, 그의 말들은 자신이 직면한 위험을 정확히 예견했다. 하지만 그가 그러한 위험에 어떻게 대처하는지에 대해서는 완전히 틀리기도 했다. 나중에 밝혀진 것처럼, 그란마 호가 상륙한 지 며칠 뒤에 매복하고 있던 군대가 반군을 불시에 기습해 〈감자가 타버렸을〉 때, 에르네스토의 머릿속에는 자신이 야전 수술에 경험이 부족하다는 생각은 아예 떠오르지도 않았다.

반군 병사들이 총에 맞아 쓰러지고 살아남은 병사들은 사방으로 도주하는 당황스러운 혼전이 뒤따르는 가운데,

에르네스토는 구급상자와 탄약통 중 무엇을 지킬 것인지를 순간적으로 판단해야 할 상황에 직면했다. 그는 탄약통을 택했다. 에르네스토 게바라의 생애에서 단 하나의 결정적인 순간을 고르라면, 그것은 바로 이 순간이었다. 그가 의학 박사 학위를 갖고 있었을지 모르지만, 그의 진정한 본능은 전사의 본능이었다.

잠시 후, 유탄에 목을 맞고 치명상을 입었다고 믿은 그는 쇼크 상태에 빠졌다. 그는 덤불 쪽으로 소총을 한 번 갈긴 후 가만히 누워 환상 속에서 〈죽을 최상의 방법〉에 관해 생각하기 시작했다. 그에게 떠오른 이미지는 잭 런던의 단편 〈모닥불〉에 나오는 한 장면이었다. 알래스카에서 한 남자가 불을 피울 수 없어 나무에 기대앉아 얼어 죽어 가면서도 위엄을 잃지 않는 모습 말이다.

에르네스토는 〈승리 아니면 죽음을〉이라는 외침에 걸맞게 배수진을 치고 끈질기게 싸우는 자신의 모습을 그렸지만, 매복 공격과 자기 자신의 부상에 충격을 받아 순간적으로 희망을 포기했다. 그의 많은 동지들과 대조적으로 ── 완전히 겁에 질린 자들도 있었고, 엄폐물을 향해 움직이면서 적에게 반격을 가하며 군인답게 싸우는 자들도 있었다 ── 에르네스토는 드러누워 자신이 곧 죽을 수도 있다는 것에 대해 냉정하게 생각했다.

전투를 처음으로 경험하면서 그가 구급상자가 아니라 탄약통에 손을 뻗었다는 사실이 에르네스토 게바라에 관한 본질적인 무언가를 드러냈다면, 그의 부상 역시 그러했다. 죽음에 대한 숙명론이 그것이다. 이후 2년에 걸쳐 전쟁을 치르는 동안, 그가 전투 경험이 풍부한 노련한 게릴라로 성장해 감에 따라 이러한 경향은 분명하게 드러났다. 그는 유별날 정도로 전투를 좋아했고 악명이 자자할 정도로 자신의 안전을 돌보지 않았다. 셀리아의 떠돌이 아들은 마침내 전쟁에서 자신의 진정한 특기를 찾았다.

2

그란마 호의 항해는 완전한 재난이었다. 여정은 예정된 5일이 아니라 7일이 걸렸다. 파도가 심한 멕시코 만을 횡단하면서 뱃멀미로 약해진 반군들은 쿠바 카리브 해안의 잘못된 장소에 상륙했다. 그들이 도착하면 산티아고에서 프랑크 파이스가 반군과 더불어 봉기를 일으킬 예정이었고 트럭과 100여 명의 대원들이 카보크루스 등대에서 그들을 환영하는 파티를 계획하고 있었다. 합류한 두 부대는 인근 니케로 마을을 공격하고 이어 만사니요 시를 타격한 다음 시에라마에스트라로 도피하기로 되어 있었다. 그러나 산티아고의 봉기는 그 누구의 도움도 받지 못한 채 흐지부지되고 말았고, 피델이 보기를 희망했던 놀라운 광경은 전혀 기대할 수 없게 되었다. 산티아고 봉기를 이미 진압한 군은 경계 태세를 갖추고 있었다. 바티스타는 오리엔테 주에서 화급히 군대를 증강시켰고, 피델의 상륙 부대를 저지하기 위해 해군과 공군 순찰대를 파견했다.

12월 2일 아침 동이 트기 전에, 그란마 호는 쿠바의 남동 해안에 접근했다. 선상의 대원들이 카보크루스 등대를 찾아내려고 온 신경을 곤두세우고 있을 때, 항해사가 배 밖으로 떨어졌다. 배는 얼마 안 남은 귀중한 야음을 소진하며 그의 외침이 들릴 때까지 선회하다가 그를 구조했다. 그러고 나서 피델이 조타수에게 가장 가까운 육지를 향해 가라고 명령한 후, 그란마 호가 모래톱에 충돌했다. 그들의 쿠바 도착은 상륙이라기보다는 난파에 가까웠다. 반군은 탄약과 음식, 약품 대부분을 버린 다음 해가 중천에 뜬 대낮에 뭍에 올랐다.

그들은 아직 모르고 있었지만, 쿠바의 연안 순시선이 그들을 발견하고 이미 군대에 경보를 보낸 상태였다. 또한 반군은 원래 의도했던 집결지에서 1킬로미터 못 미치는 곳에 상륙했고, 그들 앞에는 맹그로브 습지가 놓여 있었다. 이틀 동안 헛되이 기다린 끝에 환영 파티는 취소되었다. 그들은 아무런 도움도 받지 못하는 상태가 되었다.

육지에 도착한 후 두 그룹으로 나뉜 반군은 지칠 대로 지친 상태에서 덤불을 통과해 행군했고, 그 과정에서 더 많은 장비를 버렸다. 나중에 체가 묘사했듯이, 그들은 〈마치 어떤 알 수 없는 심리적 메커니즘에 의해 움직이듯 길을 잃고 같은 길을 빙빙 돌며 헤매는 그림자, 즉 유령의 군대였다〉. 그들이 길을 잃고 행군하는 과정에서 정부군 비행기가 그들을 찾으려고 끊임없이 그들 머리 위로 날아다녔고, 심지어 덤불에 기관총 사격까지 가했다. 이틀이 지난 다음에야 비로소 두 부대는 조우했고, 현지 농민의 안내를 받아 내륙을 행군하며 시에라마에스트라 산맥을 향해 동쪽으로 이동했다.

12월 5일 자정이 막 지난 새벽에 대열은 사탕수수 밭에서 휴식을 취하기 위해 길을 멈추었다. 여기서 그들은 옥수수 줄기를 게걸스레 먹었는데, 부주의하게도 머문 흔적을 남겼다. 그러고 나서 그들은 동틀 무렵까지 계속 행군하여 알레그리아데피오라는 곳에 도착했다. 그런데 안내원이 떠나면서 그들이 있는 곳을 표시해 두고 가장 가까운 정부군 부대에 알려 주러 갔다. 반군은 무엇이 그들을 기다리고 있는지 전혀 눈치채지 못한 채, 사탕수수 밭 가장자리 빈터에서 간이 천막을 치고 하루를 보냈다.

그날 오후 4시 30분, 정부군 부대가 공격해 왔다. 혼비백산한 반군은 공황 상태에 빠져 자신들에게 날아오는 총탄 세례를 피해 사방으로 흩어졌다. 피델과 그의 측근들은 사탕수수 밭에서 숲으로 도망치며 다른 사람들에게 따르라고 명령했다. 피델의 명령을 따르려고 애쓰는 가운데 반군 병사들은 장비를 버리고 황급히 달려 도망쳤다. 대원들 가운데 일부는 충격과 공포에 휩싸인 나머지 자리를 뜨지 못했다. 체가 탄약통을 구하려고 하던 바로 그 시점이었다. 바로 그 순간 한바탕 총격이 가해져 체 옆에 있던 병사의 가슴과 체의 목을 맞혔다. 〈총탄은 탄약통을 먼저 맞힌 다음 나를 땅바닥에 쓰러뜨렸다〉고 체는 야전 일기에 불분명하게 기록했다. 〈나는 몇 분간 희망을 잃었다.〉*

* 체의 〈전사의 일기Diario de un combatiente〉는 1963년 아바나에서 처음 출판된 그의 책 『쿠바 혁명전쟁 회고록Pasajes de la guerra revolucionaria』의 바탕이 되었다. 그의 일기 중 첫 3개월분은 쿠바 정부에 의해 세심한 검열을 거쳐 출판되었지만, 내가 체의 미망인 알레이다 마르치로부터 입수한 원텍스트는

부상자와 겁먹은 사람들이 항복을 외치는 소리에 둘러 싸인 채 자기가 죽어 가고 있다고 믿은 체는 무기력 상태에 빠졌지만, 후안 알메이다가 그를 깨워 일어나 뛰라고 말했다. 체는 알메이다를 포함한 다른 세 명의 대원과 합류한 다음 이들 뒤로 사탕수수 밭이 화염에 휩싸여 불타는 소리를 들으며 정글로 달려들어 갔다.

체는 운이 좋았다. 그의 목에 난 상처는 깊지 않았다. 그의 동지들 중 일부는 구사일생으로 도망쳤지만, 이후 며칠 동안 바티스타의 군대는 포로로 잡은 수많은 대원들을 즉결 처형했다. 부상자는 물론 심지어 항복한 자들도 처형했다. 흩어진 생존자들에 관해 말하자면, 그들이 제일 먼저 급박하게 해야 할 일은 산이든 어디서든 숨을 곳과 서로를 찾아내는 일이었다. 그란마 호에서 상륙한 82명의 대원들 가운데 최종적으로 22명만이 시에라에 재결집했다.*

체와 동지들은 밤새 비틀거리며 걸었다. 다음 날 새벽, 그들은 동굴 하나를 발견하고 그곳을 피난처로 삼으며, 혹시 포위되더라도 죽을 때까지 싸우자는 비장한 맹세를 했다. 돌아갈 곳이 없었지만, 적어도 그들의 상황이 더 나빠

이전에 공개된 적이 없었던 것으로, 게릴라 전쟁 중 게바라의 생활을 생생하게 드러내 준다(부록도 참조).

* 그란마 호 생존자들의 정확한 수는 불확실한 채로 남아 있다. 공식 설명에서는, 살아남아 재결집하여 반군의 핵심을 이룬 인원은 언제나 12명으로 언급되어 왔다. 사도적 상징성을 태연히 걸치고 있는 이 숫자는 혁명기 쿠바 저널리스트이자 공식 역사가인 카를로스 프랑키에 의해 그의 책 『12인 Los doce』에서 우상화되었다. 다른 많은 초기 지지자들과 마찬가지로 프랑키는 나중에 카스트로의 정적으로 추방되었다.

질 것도 없었다. 체는 일기장에 이렇게 적었다. 〈우리에게
는 우유 깡통 1개와 대략 1리터의 물이 있었다. 가까운 곳
에서 전투 소리가 들려왔다. 비행기들이 기관총을 쏘아 댔
다. 우리는 야음을 틈타 밖으로 나와 달과 북극성에 의지
하여 길을 걸었고, 날이 밝아 오면 잠자리에 들었다.〉

그들은 시에라에 도달하기 위해서는 동쪽을 향해 계속
가야 한다는 것을 알았다. 〈북극성〉은 체의 발견이었지만,
그의 천문학에 대한 기억은 자신이 생각한 만큼 정확하지
않았다. 한참 지나서야 비로소 그들은 자신들이 실제로는
다른 별을 따라가고 있었으며, 지금까지 올바른 방향으로
행군했던 것은 순전히 운이었다는 것을 깨달았다.

갈증을 못 이긴 다섯 명의 도망자는 숲 속으로 들어갔
다. 물이 없었고, 유일하게 남아 있던 우유 깡통도 실수로
쏟아버린 상태였다. 그들은 그날 아무것도 먹지 못했다.
다음 날인 12월 8일, 그들은 해안이 바라다보이는 곳에 도
착했고, 아래 민물이 고여 있는 것 같은 연못 하나를 발견
했다. 하지만 연못과 그들 사이에는 밀림과 50미터 높이의
절벽이 놓여 있었고, 아래로 내려가는 길을 발견하기도 전
에 비행기들이 상공에 다시 나타났다. 그래서 그들은 다시
한 번 엄폐물을 찾아, 겨우 1리터의 물을 나누어 마시면서
낮 시간을 버텨야 했다. 해 질 녘에 허기와 갈증에 지친 그
들은 그들이 찾을 수 있는 유일한 것이었던 손바닥선인장
열매를 허겁지겁 먹어 치웠다. 밤새 이동하던 중에 발견한
오두막에서 그들은 그란마 호의 동지 세 명을 더 만났다.
이제 여덟 명이 된 그들은 다른 동지들이 살았는지 죽었는

지 알 길이 없었다. 그들이 아는 것이라곤 다른 동지들을 찾아내기 위해서는 동쪽을 향해 이동하여 시에라마에스트라로 들어가는 게 최선이라는 것뿐이었다.

군용기와 적 도보순찰대를 피해 가며 물과 음식을 찾아 헤매는 생존의 시련이 여러 날 동안 이어졌다. 한번은 해안의 만을 굽어보는 동굴에서 해군 상륙부대가 반군 추적에 가세하기 위해 해변에 상륙하는 모습을 지켜보았다. 그날 이동할 수 없었던 체 일행은 지니고 있던 쌍안경의 접안렌즈로 물을 나누어 마셨다. 후에 체는 이렇게 썼다. 〈상황이 좋지 않았다. 우리가 발각된다면 탈출할 기회는 조금도 없었기에 우리는 그 자리에서 끝까지 싸우는 수밖에 없었다.〉 어두워진 다음 그들은 〈독 안에 든 쥐〉처럼 느껴지게 하는 이 곳에서 벗어나야 한다고 결정하고는 다시 이동하기 시작했다.

12월 12일, 그들은 한 농가를 발견했다. 음악이 연주되는 소리를 들은 그들이 농가에 들어서려는 순간, 우연히 안에서 〈나의 전우들을 위해〉라고 건배를 제의하는 목소리를 들었다. 그들은 그 목소리가 정부군 병사들의 것이라 생각하곤 줄행랑을 쳤다. 그들은 강바닥을 발견하고 피곤에 지쳐 더 이상 움직일 수 없는 한밤중까지 그것을 따라 행군했다.

그들은 하루를 더 식량과 물 없이 숨어 지낸 후 다시 행군에 나섰다. 하지만 지친 대원들은 사기가 땅에 떨어졌고, 상당수가 더 이상 계속하지 못하겠다고 말하며 주저앉았다. 이런 분위기는 그들이 밤늦게 한 농가에 도착한 다음에야 변했다. 대원들은 체의 신중한 태도를 무시하고 문을 두드렸다가 환대를 받았다. 집주인이 알고 보니 제7일안식교회 목사였고, 그 지역에서 초기 7월 26일 농민 조직의 조직원이었다.

체는 야전 일기에 〈그들은 우리를 아주 잘 대해 주었고 우리에게 음식을 주었다. 대원들은 너무 먹어 배탈이 났다〉고 적었다. 그러나 체는 나중에 『혁명전쟁 회고록』에서 이때의 경험을 회고하며 음울한 유머 감각을 드러냈다. 〈우리를 숨겨 준 그 작은 집은 지옥으로 바뀌었다. 먼저 알메이다가 설사로 뻗었고, 여덟 개의 감사할 줄 모르는 창자는 확실한 배은망덕을 보여 주었다.〉

다음 날 배탈이 약간 진정되고 나서 그들은 인근 마을에서 끝없이 밀려오는 호기심 강한 안식교 신자들을 맞이했다. 반군의 상륙은 큰 뉴스거리였고, 잘 발달된 밀림 통신망 덕택에 그 지역 사람들은 무슨 일이 일어났는지 놀랍도록 잘 알고 있었다. 체와 그의 동료들은 그란마 호 대원들 중 16명이 항복 후 즉각 처형되어 죽은 것으로 알려졌다는 사실을 접하게 되었다. 5명 이상이 생포되었고, 그 수가 정확히 알려지지 않은 대원들은 체바라 일행과 마찬가지로 겨우 산악 지대로 도망한 것으로 알려져 있었다. 피델의 생존 여부는 아직 확인되지 않고 있었다.

그들은 안전을 도모하기 위해 그 지역의 여러 집들로 흩어져 머무르기로 결정했다. 그들은 제복을 벗고 과히로, 즉 오리엔테 농부들처럼 옷을 입고 무기와 탄약을 한 농부의 집에 숨기기로 하는 예방책도 취했다. 함께 그룹의 비공식

지도자 역할을 하던 체와 알메이다만 각자 권총을 계속 휴대했다. 너무 아파서 움직일 수 없었던 한 대원도 남았다. 그러나 밖으로 나갔을 때, 그들은 자신들의 존재에 관한 소식이 정부군의 귀에 들어갔다는 것을 알게 되었다. 그날 아침 일찍, 그들이 그곳을 떠난 지 단 몇 시간 후에 병사들이 그들이 머물렀던 집을 급습하여 그들이 은닉해 둔 무기를 발견하고 병든 동지를 포로로 데려갔던 것이다. 누군가가 군대에 밀고한 게 틀림없었고, 정부군 병사들은 추적에 열을 올리고 있었다.

다행히 원조가 신속히 도착했다. 7월 26일 운동 농민 조직망의 핵심 멤버였던 기예르모 가르시아가 체 일행에 관한 소식을 통보받고는 그들을 안전한 곳으로 안내하기 위해 찾아왔다. 체 일행은 가르시아로부터 피델이 아직 살아 있다는 소식을 들었다. 피델이 두 명의 동료와 함께 반란 운동의 협력자들과 접촉하여 가르시아를 생존자 수색에 내보낸 것이었다.

더 깊숙한 산악 지대에 있던 피델과 체 일행 사이에는 여전히 며칠을 더 행군해야 할 거리가 가로놓여 있었다. 그러나 가르시아 덕택에 체와 그의 동지들은 도중에 친절한 농민들의 도움을 받았다. 마침내 12월 21일 새벽에 그들은 피델이 기다리고 있던 커피 농장에 도착했다. 거기서 그들은 라울 카스트로도 따로 네 명의 동료와 함께 험난한 길을 헤친 끝에 이곳에 무사히 도착해 있음을 알았다.

침공 계획이 참담한 차질을 빚었음에도 불구하고 피델은 이미 일을 가다듬고 있었다. 여전히 피해 다니고 있을 그란마 호의 생존자들을 찾기 위해 농민들이 모집되었고, 시에라에서 7월 26일 운동 농민 조직을 구축했던 셀리아 산체스와 프랑크 파이스로부터 지원을 요청하기 위해 산티아고와 만사니요로 전령이 파견되었다. 그러나 전망은 여전히 어두웠다. 그란마 호에서 상륙한 82명의 대원 중 15명만 다시 모였고, 무기는 다섯 개밖에 남아 있지 않았다. 거의 3주가 흘렀고, 낙오자들을 추가로 찾을 가망은 날이 갈수록 점점 더 희박해졌다. 체 일행의 도착과 함께, 헤수스 몬타네가 포로로 잡혔고, 피델의 친구인 후안 마누엘 마르케스와 다른 두 명이 죽었다는 소식이 전해졌다. 체 또한 자신의 친구였던 니코 로페스가 살해되었다는 것을 알았다. 이후 며칠에 걸쳐 체의 오랜 감방 친구 칼릭스토 가르시아를 포함한 다섯 명의 원정대원이 더 들어왔지만, 피델의 반군은 껍데기에 지나지 않았다. 이제부터 반군은 세력을 재건하기 위해 현지 농민들에 의존해야 했다.

더욱이 피델과의 재결합은 체와 그의 동료들에게 마냥 즐거운 일은 아니었다. 그들이 무기를 잃어버렸다고 피델이 분노를 터뜨리며 그들을 질책했기 때문이었다. 「당신들은 당신들이 저지른 과오의 대가를 치르지 않았소. 그런 상황에서 당신들이 무기를 버린 대가는 바로 당신들의 목숨이오. 적과 정면충돌했을 경우에 당신들에게 생존의 유일한 희망은 당신들의 총이었소. 무기를 버린 것은 범죄일 뿐만 아니라 바보 같은 짓이었소.」 그날 밤 체는 천식 발작을 겪었다. 십중팔구 피델의 불만에 기분이 몹시 상했기 때문이었을 것이다. 몇 년 후 체는 피델의 〈혹독한 비난〉이

〈전쟁 기간 동안은 물론 오늘날에도 마음속에 깊이 각인되었다〉고 인정했다.

피델의 비난이 틀린 것은 아니었지만, 그렇다고 그렇게까지 신랄하게 비난할 필요까지는 없었다. 그때 전령이 만사니요에서 셀리아 산체스의 새로운 무기 공급 약속을 가지고 돌아왔기 때문이었다. 실제로 체가 도착한 바로 다음 날 새로운 총기류가 도착했고, 그중에는 카빈 몇 자루와 기관총 네 정도 있었다. 체의 천식 발작은 가라앉았지만, 무기 분배로 그의 기분이 나아지지는 않았다. 피델이 무기를 분배한 방식에 중요한 상징성이 있었기 때문이었다. 피델은 체에게서 지위의 상징인 권총을 회수하여 크레센시오 페레스라는 교활한 농민 유력자에게 주었다. 대신 체는 그가 냉소적으로 표현했듯이 〈저질 소총〉을 받았다.

체는 즉석에서 호의를 보여 주거나 철회함으로써 주변 사람들의 감정을 조종하는 피델의 능란한 능력을 직접 경험하게 되었다. 체는 피델의 승인에 극히 민감했고, 피델의 측근 그룹에 끼고 싶어 했다. 그가 자신의 영원한 충성을 맹세하고 피델을 〈새벽을 알리는 열정적인 선지자〉로 묘사하면서 「피델 찬가」를 쓴 지 겨우 몇 달 지나지 않은 시점이었다. 자기 우상이 자신에 대한 신뢰를 철회했다는 사실은 틀림없이 그에게 큰 충격으로 다가왔을 것이다.

하지만 다음 날 피델은 체가 마음의 상처를 입었다는 걸 눈치챈 듯, 체에게 명예를 회복할 기회를 주었다. 피델은 갑자기 대원들의 전투태세를 점검하겠다고 결정하고서는 체를 통해 전투 준비 명령을 하달했다. 체는 기민하게 대응했다. 체는 일기장에 이렇게 적었다. 〈나는 그 소식을 전하기 위해 달려갔다. 대원들은 훌륭한 전투 정신으로 잘 대응해 줬다.〉

다음 날 셀리아의 전령이 더 많은 무기를 가지고 만사니요에서 도착했다. 300발의 소총 실탄과 45발의 기관단총 실탄, 9개의 다이너마이트였다. 원정대에 있던 또 다른 의사 파우스티노 페레스가 정찰 임무를 위해 아바나로 파견되면서, 체에게 그가 지니고 있던 망원경이 달린 최신 소총이 주어졌다. 이 일로 마냥 신이 난 체는 일기장에 이 총을 〈보석〉이라고 칭하며 들뜬 마음을 거침없이 표현했다.

사태가 다시 정상으로 돌아갔다. 긴급한 전쟁 준비에 주의를 돌리면서 피델의 노여움은 가라앉았고, 체는 자신감을 되찾은 듯했다. 그렇더라도 피델의 질책은 분명 화가 나는 일이었다. 피델이 도주 과정에서 자신의 총을 지켰을지는 모르지만, 그란마 호의 좌초에서 시작하여 그들을 재난으로 이끌었던 것은 피델의 오판이었다. 그리고 알레그리아데피오에서 매복 공격을 당한 이후, 긴급 사태에 대한 아무런 대책도 마련되어 있지 않은 상황에서 〈각자가 알아서 생존을 해결해 가며〉 체의 그룹은 최선을 다했고, 그리고 살아남았다.

체가 적개심을 품었을지는 모르지만, 그는 그것을 계속 마음속에 담아 두지는 않았다. 하지만 이후 며칠에 걸쳐 피델의 지휘 스타일에 대한 짜증이 그의 일기 속에 드러나기 시작했다. 12월 22일, 체는 〈거의 완전히 무기력한 하루〉였다고 말했다. 다음 날에도 그들은 〈여전히 같은 곳에〉 머물렀다. 그리고 크리스마스이브에 〈무익해 보이는 기다림〉 속에서 그들은 추가로 무기와 탄약이 오기를 기다리며 그 자리에 뿌리가 박힌 듯 머물러 있었다.

그는 크리스마스 날을 멋진 반어법으로 묘사했다. 〈호화로운 돼지고기 향연 이후 마침내 우리는 로스네그로스를 향해 행군을 시작했다. 그 행군은 매우 느리게 울타리를 부수는 일로 시작되며 우리의 방문 흔적을 남겼다. 우리가 가옥을 공격하는 연습을 하고 있을 때, 집주인 에르메스가 나타났다. 그러고 나서 우리는 커피를 마시고 대화를 나누느라 두 시간을 더 지체했다. 마침내 우리는 길을 떠나기로 결정하고 조금 더 전진했지만, 우리가 낸 소음 때문에 도중에 널려 있던 모든 오두막에 우리의 존재가 노출되었다. 새벽에 우리는 목적지에 도착했다.〉

체는 더 조직되고 규율 있는, 활동적인 모습을 보고 싶었다. 즉 전쟁이 시작되기를 원했다. 이 기간 동안 그의 기분을 조금이나마 북돋운 일은 피델 원정군 내부의 어떤 역겨운 인물에 관한 쿠바 신문의 보도였다. 그 인물은 〈자기 나라에서 추방된, 아주 나쁜 전력을 지닌 아르헨티나인 공산주의자〉였다. 체는 〈그 성은 물론 게바라〉라고 썼다.

3

다른 곳에서와 마찬가지로 멕시코에서 알레그리아데피오에서 반군이 대패했다는 소식이 언론의 머리기사를 장식했다. 아바나 주재 미국 UPI 통신원은 완전한 승리라는 바티스타 정부의 주장에 넘어가 그것을 특종으로 타전했고, 많은 신문이 이 소식을 받아 보도했다. 피델과 라울, 그리고 에르네스토 게바라도 사망자 명단에 올라 있었다.

일다는 자기 사무실에서 그 소식을 들었다. 〈내가 사무실에 도착했을 때 모두가 침통한 표정을 짓고 있었다. 당황스러운 정적이 흘렀고, 나는 무슨 일인지 의아했다. 그런 다음 나는 모두가 나를 쳐다보고 있다는 것을 의식하게 되었다. 한 동료 직원이 나에게 신문을 건네주며《정말 안됐어요, 이 뉴스 말이에요》라고 말했다.〉

참담해진 일다는 집에 가도 좋다는 말을 들었다. 다음 며칠 동안 미르나 토레스, 라우라 데 알비수 캄포스, 그리고 바요 장군을 포함한 친구들이 그녀 주변에 모여들었다. 바요는 그녀를 위로하려고 하면서, 그 보도가 아직 확인된 것이 아니라는 점을 상기시키며 적어도 자신은 그 보도를 믿지 않는다고 주장했다. 일다는 추가 소식을 애타게 기다렸지만, 최초의 보도를 확인하거나 부정하는 보도는 나오지 않았다.

게바라 가족 역시 그 보도에 똑같이 혼란스러워했다. 소식을 처음 들은 에르네스토의 아버지는 라 프렌사의 뉴스룸으로 달려가 확인을 요청했지만, 기다려 보는 수밖에 없다는 말을 들었다. 셀리아도 AP 통신에 전화를 걸었으나 똑같은 대답을 들었다.

크리스마스가 다가왔지만 게바라 가족의 침울한 분위기는 바뀌지 않았다. 여러 날이 지나도 여전히 아무 소식이 없었다. 그러던 어느 날, 멕시코 소인이 찍힌 편지 한 통이 도착했다. 그것은 에르네스토가 그란마 호로 출발한 이후에 부쳐 달라고 일다에게 남겨 두었던, 어머니에게 죽음과 영광에 대해 말했던 바로 그 편지였다. 일다는 나중에 그 편지를 보냈는데 하필 그 편지가 최악의 시점에 배달된 것이었다. 체의 아버지는 이렇게 회상했다. 〈그건 우리 가족에겐 그야말로 소름 끼치는 것이었다. 아내는 눈물도 흘리지 않고 그것을 우리 모두에게 큰소리로 읽어 주었다. 나는 이를 갈았고, 에르네스토가 자기 조국과 아무 관련도 없는 혁명에 왜 개입하게 되었는지 전혀 이해할 수 없었다.〉

며칠 후 에르네스토의 아버지는 아르헨티나 외무부에 불려 갔다. 그곳에는 아바나 주재 대사인 그의 사촌이 보낸 전신이 와 있었다. 그의 조사에 따르면 에르네스토는 반군 사상자 명단에도, 바티스타 정권에 붙잡힌 포로 명단에도 들어 있지 않았다. 체의 아버지에게는 충분히 좋은 소식이었다. 그는 흥분하여 집으로 달려가 소식을 전했다. 그는 이렇게 썼다. 〈그날 오후 거기서 모든 게 변했다. 다소 낙관적인 분위기가 우리를 감쌌고, 우리 집은 다시 한 번 시끌벅적하고 즐거운 곳이 되었다.〉

에르네스토의 아버지는 일다에게도 전화를 걸어 희망적인 소식을 전했다. 그 후 일다는 에르네스토가 아직 살아 있다는 희망적인 다른 소문을 들었다. 〈나는 그 희망에 의지해 살았다〉고 일다는 몇 년 후에 회상했다. 한편 그녀는 페루의 집으로 돌아가 가족과 함께 크리스마스를 보낼 계획을 추진했다. 그러나 떠날 준비가 되었을 때 여전히 마음이 산란했다. 〈멕시코에서의 마지막 며칠 동안 나는 에르네스토의 상황을 확인해 줄 새로운 소식이 없어 너무나 불안하고 걱정이 되었다. 그래서 가재도구들도 챙길 수 없었고, 그 대부분을 남에게 주거나 버렸다.〉* 12월 17일, 일다와 열 달이 된 일다 베아트리스는 멕시코를 떠나 리마로 향했다.

에르네스토의 생존 소식을 기다리던 게바라 가족은 아바나 주재 아르헨티나 대사관에서 올 희망적인 보고에 믿음을 걸었다. 크리스마스가 지나갔다. 그러고 나서 12월 31일 밤 10시경, 게바라 가족이 신년 축하 준비를 하고 있을 때 현관문 아래로 항공우편 한 통이 모습을 드러냈다. 어머니 셀리아 앞으로 온 그 편지에는 쿠바의 만사니요 소인이 찍혀 있었다.

봉투에 든 단 한 장짜리 편지지에 의심할 여지 없는 에르네스토의 필체로 다음과 같은 메시지가 쓰여 있었다. 〈나이 지긋한 분들께. 전 더할 나위 없이 잘 지내고 있습니다. 제 목숨 둘은 잃었지만 아직 다섯 개가 남아 있습니다. 저는 아직 같은 일을 하고 있습니다. 제 소식은 띄엄띄엄 전해질 것이고, 앞으로도 계속 그럴 겁니다. 하지만 신이 아르헨티나에 있다는 것을 믿으세요. 모두에게 큰 포옹을, 테테가.〉

게바라 가족은 에르네스토가 에둘러 표현한 메시지를 즉각 알아들었다. 에르네스토는 어린 시절 애칭을 사용하

---

* 아마 이때 일다는 에르네스토가 맡겼던 많은 편지와 시, 기타 글들을 잃어버렸던 것 같다.

여 가족들에게 자신이 잘 있고, 마치 고양이처럼 일곱 개의 목숨 중에서 두 개를 잃었을 뿐이라는 점을 알려 주고 있었다.* 게바라 가족은 너무나 기뻤다. 샴페인으로 축배가 시작되었다. 그런데 자정을 알리는 시보가 울리기 직전에 또 한 장의 편지가 문 밑으로 들어왔다. 그 안에 붉은 장미가 인쇄된 카드와 〈행복한 새해, TT는 아주 잘 있어요〉라는 쪽지가 들어 있었다.

아버지 에르네스토는 이렇게 회상했다. 〈그것은 우리 모두가 전혀 예상하지 못했던 일이었다. 새해를 알리는 종이 울렸고, 내 집에 온 모두가 행복해하는 모습을 보이기 시작했다. 에르네스토가 적어도 지금은 안전했다.〉

4

150킬로미터에 걸쳐, 쿠바의 모루 모양 남동쪽 끝 대부분을 차지하며 펼쳐져 있는 시에라마에스트라 산맥은 카리브 해의 대륙붕으로부터 급격하게 솟아올라 있다. 그 산맥은 반대편 내륙 쪽으로 50킬로미터에 걸쳐 펼쳐져 있는 비옥한 저지대와 카리브 해안 쪽 사이에 천연의 바위투성이 경계를 이루고 있다. 2,000미터에 이르는 쿠바의 최고봉 피코투르키노가 우뚝 솟은 시에라는 또한 1950년대 말 쿠바 섬에 남은 몇 안 되는 야생지들 중 하나였다. 이곳에는 들어가기조차 힘들어 베어 낼 수 없는 토착 열대림이 여

---

* 체는 고양이 목숨이 아홉 개가 아니라 일곱 개인 것으로 믿었던 것 같다.

전히 남아 있었다.

몇 안 되는 작은 마을들밖에 없는 시에라에는 겨우 입에 풀칠이나 하며 사는 과히로라 불리는 농부들이 6만 명 정도 흩어져 살고 있었다. 가난하고 무식한 흑인, 백인, 물라토 영세농으로 이루어진 이들의 밀짚모자, 쪼글쪼글한 맨발, 모음이 떨어져 나간 채 속사포처럼 발음되는 무식한 토착 스페인어는 쿠바의 도시 중산 계급 사이에 즐거운 놀림거리였다. 〈과히로〉는 우둔하고 얼빠진 시골뜨기와 다름없었다. 일부 과히로는 차지농(借地農)이었지만, 또한 많은 수가 한 뙈기의 땅을 개간하여 토담집을 짓고 사는 무단 거주자 혹은 불법 침입자들로 영세농, 꿀 채취자 혹은 숯꾼으로 근근이 생계를 유지했다. 현금이 필요할 경우에는 쿠바의 다른 농민들과 마찬가지로 야노llano(평원)로 내려가 수확기에는 사탕수수 수확하는 일을 했고, 목장에서 목동 일을 했다. 일부 모험적인 사람들은 쿠바 도시들의 수요에 대기 위해 대마를 불법 재배했고, 일련의 밀수 통로를 활용하여 경비대를 피해 대마를 시장으로 가져갔다. 몇몇 벌목 회사는 숲에서 목재 벌목권을 얻었고, 커피 플랜테이션도 몇 개 있었지만, 대개의 경우 시에라에는 소득이 되는 고용처가 없었고, 사실상 학교와 도로를 비롯한 현대적 편의 시설도 전혀 없었다. 바깥세상에 관한 소식은 트랜지스터라디오나 좀 더 일반적으로는 〈라디오 벰바〉라고 알려진 무성한 〈밀림 통신〉 시스템을 통해 전해졌다.

시에라마에스트라 과히로들의 삭막하기 그지없는 삶은 그곳 지주들의 삶과 극명하게 대조되었다. 그뿐만 아니라 산티아고, 만사니요, 바야모, 올긴 같은 오리엔테 지방의 크고 작은 도시들에 사는 대다수 사람들의 삶과도 확연히 달랐다. 시에라에서 가장 좋은 땅인 야노 아래쪽 땅은 사유지로서, 쿠바의 도시들에 사는 부재지주들이 소유한 경우가 종종 있었고, 마요랄레스mayorales라 불리는 무장 감독들이 그러한 사유지들을 관리했다. 그들이 하는 일이란 끈질기게 들어오는 무단 거주자들precaristas을 쫓아내는 것이었다. 제멋대로 행동하며 때때로 폭력을 행사하는 이들은 지역 사회에 큰 영향력을 갖고 있었다. 그들은 그 지역 곳곳에 있던 수비대와 초소들에 주둔하고 있는, 훈련도 제대로 받지 않은 채로 형편없는 급료를 받고 사는 농촌 경비대 다음으로 사실상 경찰 행세를 했다. 시에라마에스트라는 외지고 험준한 입지 조건 때문에 법망을 피해 온 범죄자들의 전통적인 보루이기도 했다. 시에라마에스트라의 구릉지에서는 정부의 효과적인 법 집행 대신 마체테 칼과 권총에 의한 피의 반목과 보복 행위들이 일상화되어 있었다. 경비대는 과히로들의 빈곤과 당국에 대한 두려움을 이용하면서 치바토chivato라 불리는 정보원들을 고용하여 최신 정보를 입수하고 범죄자들을 조사했다. 그란마 호 상륙 직후 피델과 그의 부하들을 추적하던 경비대는 이미 치바토 망을 통해 극적인 성공을 거둔 바 있었다.

무단 거주자들과 무장 감독들 사이에서 폭력 사태가 빈발했다. 이는 결코 놀라운 일이 아니었다. 역사가 휴 토머스는 〈무장 감독들은 무단 거주들의 집을 불태웠고, 무단 거주자들은 다시 살인으로 대응했다〉고 썼다. 〈양쪽 편에는 각각 잘 알려진 지도자와 추종자 무리가 있었다.〉 그중에 크레센시오 페레스라는 사람이 있었다. 그는 설탕 재벌 훌리오 로보 밑에서 트럭 운전사로 일하고 있었지만, 또한 사람 여럿을 살해한 전력이 있고 시에라 전역에 〈80명의 아이들〉을 두고 있다는 소문이 돌고 있는 무단 거주자들의 보스이기도 했다. 그 결과, 페레스는 거대한 대가족을 거느렸고 접촉하는 사람이 무수히 많았으며 상당히 많은 수하를 두고 있었다. 셀리아 산체스가 시에라에서 반군 지원망을 구축하기 위해 찾아간 사람이 바로 그였다. 당국자들에게 증오심을 갖고 있던 페레스는 그 자신과 가족, 그리고 기예르모 가르시아 같은 친척들뿐만 아니라 그의 몇몇 일꾼들마저 피델의 손에 맡겼다.

그런 사람과 일하는 것을 꺼림칙하게 생각했을지 모르지만, 피델은 내색하지 않았다. 1956년 크리스마스 다음 날 〈참모진〉을 개편하면서, 피델은 크레센시오 페레스와 그의 아들 가운데 한 명을 새로이 다섯 명으로 구성된 참모장으로 승진시켰다. 그리고 피델 자신이 코만단테(사령관)로서 참모회의를 주재했고, 나머지 두 명의 참모장에는 경호원 우니베르소 산체스와 체가 임명되었다. 알레그리아데피오에서 자기 그룹을 이끌며 투혼을 보여 주었던 라울과 후안 알메이다는 각각 다섯 명의 병사를 휘하에 거느린 소대장에 임명되었다. 또 피델은 몬카다의 고참병이자 자신의 오랜 추종자 가운데 한 명이었던 라미로 발데스와 사형을 가까스로 면한 칼릭스토 모랄레스, 그리고 또 다른 남자 아르만도 로드리게스를 정찰대에 임명했다.

불확실한 성공 가능성은 말할 필요도 없이, 최근의 대실패와 반군의 실제 규모를 고려할 때, 함께 있던 15명 중 7명에게 장교 계급을 나누어 준 피델의 요란함은 희극적으로 보일 수도 있었다. 하지만 그것은 피델 특유의 타고난 저돌성과 끝이 없어 보이는 자신감의 발로였다. 그는 쉽게 낙담하는 사람이 아니었다. 자기 군대의 3분의 2 이상과 사실상 모든 무기와 보급품을 잃어버렸지만 그는 시에라에 도달했고 도시 지하 운동으로 7월 26일 운동을 소생시켰으며, 이제 새로운 지형을 익히고 군대를 재건하기 위해 크레센시오를 참모로 확보한 상태였다. 협력에 대한 답례로 그는 그 과히로 동맹자에게 특별한 지위를 부여했다. 하지만 피델은 자신의 필요에 따라 언제든 그 지위를 박탈할 수 있었고, 또 그렇게 할 터였다. 피델은 새로 임명된 과히로 장교에게 모든 농민 신병을 지휘할 책임을 맡겼고, 그의 조카 기예르모 가르시아에게는 부관 임무를 부여했다.

실제로 피델은 자신이 이미 쿠바의 총사령관이라도 된 양 행동하고 있었다. 피델은 이러한 〈재편〉을 통해, 권력에 도달하기 위해 구상했던 군대의 엄격한 위계를 신속히 확립했다. 그리고 그 위계의 맨 꼭대기에는 굳건하게 자기 자신을 앉혔다. 나중에 유명해지게 되는 이러한 독재적인 성격은 그가 야노에 성명을 공표할 때 이미 눈에 띄었다. 피델은 시에라와 그 주민들을 자신의 영향권 아래 두려고 획책하면서도 몹시 쪼들리는 도시 지하 그룹에는 무기와 물자를 공급하라고 요구했다.

승리 이후에 시에라마에스트라의 〈훌륭한 농민들〉에게

쏟아진 모든 혁명적 찬사에도 불구하고, 초기에 피델과 그의 부하들은 분명 아주 낯선 땅에 있었다. 그들은 현지인들의 마음을 알지도 이해하지도 못한 채 크레센시오와 그의 부하들을 대외 접촉 창구로 활용했고, 이것은 종종 참담한 결과를 낳았다. 피델이 스스로 선택한 지형에 익숙했다고는 하지만, 이것이 얼마나 보잘것없는 것이었는지는 피델이 초기에 그 지역 농민들과 접촉했던 많은 경우에 자신들의 진정한 동조자들이 어디에 있는지 조심스럽게 염탐하면서 스스로 정부군 장교 행세를 했다는 점에서 명확히 드러난다.

다음 며칠 동안 체는 한 장소에 너무 오래 머무르면 정부군에 체포될지도 모른다고 우려하면서, 더 머무르기로 한 피델의 결정에 신경을 곤두세웠다. 그들이 셸리아 산체스가 보낼 몇 명의 자원병을 기다리고 있는 동안 체는 일기에 〈내게는 현명한 일로 보이지 않지만, 피델은 그것을 고집하고 있다〉라고 적었다. 심부름꾼이 만사니요를 오가며 수류탄, 다이너마이트, 기관총 탄약, 그리고 〈대수학, 쿠바 약사, 기초 쿠바 지리〉 등 체가 요청했던 세 권의 책을 가져왔다.

약속된 지원병은 나타나지 않았지만, 여섯 명의 과히로 신병이 캠프로 흘러들어 왔다. 반군은 전멸에 가까울 정도로 대원을 잃었지만 쿠바에 도착한 지 채 한 달이 지나기도 전에 인원을 늘리기 시작했다. 가장 중요한 점은 자원자들이 현지인들이라는 사실이었다. 이것은 진정 초기에 거둔 승리라 할 만했다. 마침내 12월 30일에 피델은 더 이상 기다리지 않고 새로운 은거지를 향해 산맥의 더 깊은 곳으로 향하기로 결정했다.

이러한 긍정적 흐름에 대한 체의 열광이 그의 일기에서 감지되었다. 이제 일기는 좀 더 자신감과 확신에 찬 어조를 띠었다. 새해 전날 늦게, 한 전령이 정부군 부대가 그들을 쫓아 시에라로 들어올 준비를 하고 있다는 소식을 가지고 왔다. 체는 이렇게 썼다. 〈그해의 마지막 날은 신병들을 훈육하고 책을 조금 읽으며, 전쟁과 관련된 소소한 일들을 하며 보낸 시간이었다.〉

5

새해 첫날부터 비가 오기 시작했고, 적의 새로운 세부 계획이 전해졌다. 400명의 병사들이 산악 지대로 향했고, 현지의 모든 수비대가 강화되었다. 현지 과히로의 길 안내를 받으며 반군은 지친 행군을 계속했다. 1월 2일 밤에 겪은 시련을 체는 〈많은 대원이 설사를 겪으며 진창길을 통과하는 느리고 피로한 행군〉으로 기록했다. 하지만 다음 날 그의 일기는 음침한 만족감을 기록했다. 〈네네 헤레스가 중상을 입고 죽어 가고 있다는 좋은 소식을 받았다. 그는 알레그리아데피오에서 우리가 매복 공격을 받은 곳으로 병사들을 안내했던 자였다.〉 1월 5일에 그들은 1,300미터 높이의 피코카라카스를 볼 수 있었다. 이 산은 시에라마에스트라 등줄기의 꼭대기를 이루는, 정글로 뒤덮인 산맥의 첫 봉우리였다. 에르네스토는 기뻐하며 이렇게 말했다. 〈전망

이 좋다. 여기서 라플라타까지는 모두 가파르고 숲으로 덮여 있어서 방어에 이상적이다.〉

이틀 후 대원들은 카라카스 산허리에 있는 물라토 계곡에서 야영했고, 약속된 만사니요 자원병 중 아홉 명이 새로 들어와 인원이 보강되었다. 하지만 그들은 무턱대고 전진하기 전에 정부군의 움직임에 관한 새로운 정보를 기다렸다. 과히로 심부름꾼들로부터 서로 상충되는 보고가 들어왔다. 한 명은 부근에 정부군 병사들이 없다고 말한 반면, 다른 한 명은 한 치바토가 인근 해안 경비대에 자신들의 위치를 보고하기 위해 갔다는 놀라운 소식을 전했다.

1월 9일에 반군은 다시 이동하기로 결정했고, 다음 날 오후에 전망 좋은 새로운 숙영지에서 치바토에 관한 보고가 정확했다는 것을 눈으로 확인했다. 18명의 해군 병사가 마시아스 요새에서 뻗어 나온 길을 따라 걸어오는 모습이 보였다. 이들은 아무런 경계도 하지 않는 것 같았다. 그러나 반군은 공격하지 않았다. 그들은 그란마 호의 생존자들을 찾기 위한 마지막 사명을 성과 없이 끝내고 돌아오던 기예르모 가르시아와 식량 배달을 기다렸고, 피델은 적과 전투에 들어가기 전에 준비를 잘 갖추고 싶었다. 하지만 체는 좋은 기회를 놓쳤다고 아쉬워하며, 일기에 〈그 부대는 손쉬운 표적이 되었을 것이다〉라고 썼다.

반군이 전투를 벌일 첫날이 다가오고 있었다. 반군을 무찔렀다는 정부의 주장을 반박하고 민간인들에게 자신들의 전투 능력에 대한 믿음을 심어 주기 위해, 또한 동시에 그들 자신의 사기를 높이기 위해, 반군은 자신들이 무시하기 힘든 세력임을 입증할 필요가 있었다. 그것은 공격 개시를 의미했다. 그리고 가급적이면 외지고 방비도 허술한 요새를 공격해 그들을 깜짝 놀라게 할 필요가 있었다. 그래서 경비대원들이 별로 없다고 전해진 라플라타 강 연안의 몇몇 작은 병영들이 피델에게는 완벽한 기회를 주는 것으로 보였다. 하지만 피델과 생각이 달랐던 체는 1월 10일자 일기에 이렇게 썼다. 〈피델의 계획은 며칠 치의 충분한 식량을 가지고 매복 공격을 한 다음 숲으로 도망가는 것이다. 나빠 보이지는 않지만, 휴대해야 할 무게가 만만치 않다. 내 계획은 충분한 식량을 갖춘 중앙 캠프를 구성하고 공격 부대를 파견하는 것이었다.〉

체는 전투가 발생했을 때 믿을 수 있는 대원들에 관해서도 염려했다. 〈일시적 부상자 라미로 발데스를 포함하여 만사니요 병력 중에서 확실한 부상병이 한두 명 있다.〉 결핵에 걸렸다고 밝힌 한 명은 떠나도 좋다는 허락을 받은 상태였고, 다른 두 명은 우유부단해 보였다. 또 그는 치바토들로 인한 위협에 대해서도 걱정했다. 그는 일기에서 〈본때를 보여 주어야 한다〉고 말하며 이 위협에 대처하겠다고 맹세했다. 그는 아직 모르고 있었지만, 배신자는 이미 대원들 속에 침투해 있었고, 곧 체는 본때를 보여 줄 기회를 잡게 된다.

다음 날, 체가 예측한 대로 다섯 명의 만사니요 자원병이 전장을 떠나겠다고 했지만 피델은 길을 재촉하기로 결정했다. 그들이 그 지역에 있다는 사실이 너무나 잘 알려져 있었기 때문에 더 이상 머물러 있을 수 없었다. 첫 번째 목표는 세 명의 현지 마요랄레스, 즉 플랜테이션 감독을 죽이는 것이었다. 이 사람들에 대해 체는 〈농민들의 공포의 대상〉이라고 썼다. 그들은 누녜스베아티에 목재 및 설탕 회사를 위해 일한다고 알려져 있었고, 과히로들 사이에서 잔혹하기로 악명이 높았다. 이 압제자들에게 타격을 가한다면 피델의 반군은 현지인들로부터 인기를 얻을 수 있을 것이었다.

반군은 움직이지 못하는 라미로를 호신용 권총과 함께 한 우호적인 농민의 집에 남겨 두고 라플라타 강으로 향했다. 기예르모 가르시아가 농민 신병 몇 명을 데리고 나타난 덕택에 이제 반군은 32명으로 불어난 상태였지만 여전히 무기가 부족했다. 총기류 23정, 다이너마이트와 수류탄 몇 개가 고작이었다. 그들은 그날 밤 한 협력자가 마체테로 나무를 찍어 표시를 해두었던 길로 에우티미오 게라의 안내를 받으면서 걸었다. 게라는 자기 이웃 한 명과 함께 자진하여 안내원이 된 그 지역의 유명한 무단 거주자 지도자였다.

1월 15일, 반군은 이동 중에 꿀을 채취하던 현지 소년 한 명을 만나 그를 인질로 데리고 라플라타 강의 입구를 굽어보는 지점에 도착했다. 정부군 야영지에서 몇 킬로미터밖에 떨어지지 않은 곳이었다. 그들은 망원경을 사용하여 표적을 관찰했다. 강둑과 물가 사이의 빈터 한복판에 반쯤 지은 막사가 보였고, 허름하게 군복을 걸친 일단의 병사들이 허드렛일을 하고 있었다. 바로 그 너머로 그들이 처형하기로 결정했던 무장 감독들 중 한 명의 집이 있었다. 그들은 감시를 계속하면서, 해 질 녘에 병사들을 실은 해안 경비정이 나타나 뭍에 있는 병사들에게 무언가 신호를 보내는 듯한 모습을 지켜보았다. 반군은 이 행위가 무슨 뜻인지 확실히 알 수 없어서 계속 숨어 있으면서 다음 날로 공격을 미루기로 했다.

새벽에 반군은 병영을 관찰하기 위해 보초를 세웠다. 경비정이 사라지고 병사들도 보이지 않아 당황했지만, 반군은 정오가 조금 지나 접근해 보기로 결정했다. 모든 대원이 강의 얕은 곳으로 건너 병영 쪽으로 이어지는 길을 따라 위치를 잡았다. 몇 분 후 두 소년과 함께 남자 둘이 길에 나타났고 반군은 이들을 붙잡았다. 한 명은 치바토로 의심되는 자였다. 이자에게서 정보를 끌어내기 위해 체가 일기에서 완곡하게 표현했듯이, 〈약간 압박을〉 가했다. 그 남자의 말에 따르면 병영에는 병사 열 명이 있고, 그들의 타격 대상이었던 세 명의 무장 감독 가운데 최악의 인간으로 알려진 치초 오소리오가 그들 방향으로 오고 있어 언제라도 마주칠 수 있다는 것이었다.

몇 분 후 오소리오가 노새 등에 올라탄 채 아래서 걷고 있는 어린 흑인 소년의 시중을 받으며 예상대로 모습을 드러냈다. 반군은 그를 속이기로 하고 〈정지, 농촌 경비원!〉이라고 소리쳤다. 오소리오는 즉각 병사들의 암구호인 〈모스키토!〉를 외친 다음 자기 이름을 말했다. 반군은 다가가서 오소리오의 권총과 칼을 압수하고 피델이 기다리고 있던 곳으로 그들을 데려갔다.

그다음에 일어난 일은 쿠바 혁명의 유명한 일화가 되었

다. 체가 나중에 출판된 글에서 그 일화를 설명하면서 썼
듯이, 〈피델은 모종의 불법 행위를 조사하고 있는 농촌 경
비대 대령 행세를 하며 그를 속였다. 술에 취한 오소리오는
그 자신의 말대로 불알을 까버렸어야 할 그 정권의 모든 적
들에 관해 소상히 설명했다. 누가 우리의 친구이고 누가 아
닌지 확인되었다.〉

상황이 그렇게 심각하지만 않았다면, 이 익살맞은 만남
은 그저 웃음거리로 회상되었을 것이다. 그러나 실제로 아
무것도 의심하지 않았던 오소리오는 말 한마디 한마디를
내뱉을 때마다 자신의 무덤을 조금씩 더 깊이 파들어 가
고 있었다. 피델 〈대령〉은 그에게 그들의 안내인 에우티미
오 게라에 관해 무엇을 알고 있는지 물었다. 그러자 오소리
오는 게라가 피델 카스트로를 숨겨 준 것으로 알려져 있다
고 대답했다. 오소리오는 사실 자신이 게라를 찾고 있으며,
만약 찾으면 죽여 버릴 거라고 말했다. 피델은 그 술 취한
무장 감독이 더 깊이 자기 무덤을 파도록, 만약 〈피델〉이
발견되면 당연히 죽여야 할 거라고 맞장구쳐 주었다. 오소
리오는 열렬히 동의하며 크레센시오 페레스도 죽여야 한
다고 덧붙였다. 오소리오는 이내 본색을 드러내더니 자신
이 죽였거나 학대했던 사람들에 관해 자랑을 늘어놓으며
자신이 얼마나 대단한 사람인지를 보여 주는 증거로 자기
발을 가리켰다. 체는 나중에 이렇게 썼다. 〈그는 자신이 신
은 (그리고 우리도 신은) 멕시코제 장화를 가리키며, 《봐요,
이 부장화는 우리가 죽인 그 개자식들 중 한 명에게서 뺏은
거요》라고 말했다.〉 바로 그 지점에서 치초 오소리오는 부

지불식간에 자신의 사형 선고에 서명한 셈이었다.

그런데 너무나 취했든지 아니면 피델이 정말 경비대 장교라고 믿을 정도로 순진했든지, 그리고 나서 오소리오는 피델의 호의를 몹시 얻고 싶은 듯 병영의 방어 시스템의 약점을 지적하며 자기가 그곳까지 안내해 주겠다고 제안했다. 심지어 〈조사관〉 흉내에서 자신이 죄수인 척 묶이는 역할을 담당하겠다고까지 했다. 반군이 병영을 향해 가는 동안 오소리오는 보초병들이 어디에서 경계를 서는지, 잠은 어디서 자는지를 설명했다. 반군 중 한 명이 확인차 파견되어 돌아와서는 오소리오의 정보가 정확하다고 보고했다. 마침내 반군은 오소리오를 두 명의 대원에게 지키게 하고는 공격 태세를 갖추었다. 〈그들이 받은 명령은 사격이 시작된 순간, 그를 죽이는 것이었다. 그들은 이 명령을 엄격히 따랐다〉고 체는 담담하게 기록했다.

새벽 2시 40분이었다. 반군은 3개조로 나뉘었다. 그들의 표적은 양철 지붕 병영과 그 옆에 붙은 시골집이었다. 그들이 표적으로 삼은 세 명의 무장 감독 중 두 번째 인물이 소유한 집이었다. 약 40미터 거리까지 접근했을 때 먼저 피델이 기관총을 두 차례 사격했고, 그런 다음 모두가 총을 발사했다. 반군은 병영 안의 병사들에게 항복하라고 외쳤지만 병사들은 발포로 응대했다. 체와 그란마 호의 한 동지, 루이스 크레스포는 각각 수류탄을 던졌지만 어떤 것도 터지지 않았다. 라울이 다이너마이트에 불을 붙여 던졌지만 이번에도 아무 일도 일어나지 않았다. 피델이 감독의 집을 향해 사격하라고 명령했다. 첫 두 번의 사격은 발포 때의 반동으로 표적에서 빗나갔지만, 체와 크레스포의 세 번째 사격은 성공적이었다. 하지만 막상 총알이 날아간 곳은 감독의 집이 아니라 그 옆에 있던 코코넛으로 가득 찬 창고였다.

그것으로 충분했다. 병영 안의 병사들은 산 채로 구이가 되지 않을까 겁먹은 게 틀림없었던지 도망가기 시작했다. 크레스포는 자신이 있던 방향으로 달려온 병사의 가슴을 쏘았다. 체는 다른 한 명에게 쏘았는데 어두웠지만 그는 적중했다고 믿었다. 몇 분 동안 총탄이 날아 오가기를 반복한 후 총격전이 잦아들었다. 병영 안의 병사들이 항복했고, 감독관의 집을 조사해 보니 그 집은 부상자들로 가득했다. 전투가 끝났고, 체는 일기에 결과를 기록했다. 〈전투 결과는 스프링필드 권총 8정, 기관총 1대, 총알 약 1,000발 획득이었다. 우리는 대략 500발을 소모했다. 또 우리는 탄띠, 헬멧, 깡통에 든 식량, 칼, 옷가지에다 럼주까지 얻었다.〉

경비대는 심한 타격을 받았다. 그들의 막사는 총탄 세례를 받아 마치 벌집처럼 구멍이 숭숭 뚫려 있었다. 두 명의 병사가 죽어 널브러져 있었고 다섯 명이 부상을 입었다. 부상자 세 명은 치명상을 입은 듯했다. 다른 세 명은 포로로 잡혔다. 반군에서는 희생자가 없었다. 반군은 철수하기 전에 건물들을 불태웠다. 체는 막사의 지휘관이었던 한 하사관과 함께 도망친 그 〈형편없는〉 무장 감독의 집을 직접 불태웠다.

한편 구릉지로 돌아온 반군은 치바토로 의심되는 자에

게 경고를 한 후에 포로와 민간인 인질들을 풀어 주었다. 피델은 체의 반대를 묵살하고 반군의 모든 약품을 석방 포로들에게 주면서 아래쪽 파괴된 빈터에 남아 있던 부상병들을 치료해 주게 했다. 반군은 첫 번째 인질이었던 10대 소년이 전투로 소란한 틈을 타 정찰병 한 명과 함께 도망갔다는 것을 알았다. 기분 나쁜 소식이었다. 더욱 나쁜 것은 두 사람이 산탄총 한 자루와 나중에 치초 오소리오에게 압수한 권총을 가져갔다는 것이었다.

아직 4시 30분밖에 안 된 시간이었다. 반군은 아직 걷히지 않은 야음을 틈타 동쪽 팔마모차로 도망갔다. 팔마모차는 3킬로미터쯤 떨어진 바다로 흘러들어 가는 강의 이름을 따서 지은 농촌 마을이었다. 그들이 마을에 도착했을 때 참혹한 광경이 펼쳐지고 있었다. 공군이 그 지역을 공습할 것이라는 경고를 듣고 민간인들이 가재도구를 챙겨 정신없이 도망치고 있었다. 체는 일기에 비난조로 이렇게 적었다. 〈그 책략은 명백히 모든 농민을 몰아낼 것이고, 나중에 누녜스베아티에 사가 그 버려진 땅들을 차지할 것이다.〉

자신들의 행동이 미친 부수적 결과를 직접 목격한 반군은 틀림없이 뒤쫓아 올 정부군 병사들을 매복 공격할 장소를 찾아 이동했다. 행군 중에 잠시 멈춘 자리에서 피델이 각자의 탄약을 점검하라고 명령하자 대원들은 긴장과 피로를 느꼈다. 각 대원은 40발씩 갖도록 되어 있었다. 그런데 새로 모집된 과히로 신병 중 한 명인 세르히오 아쿠냐가 100발을 가지고 있는 것이 발견되었다. 피델이 그에게 나머지를 내놓으라고 했지만, 그는 거부했다. 이에 피델이 그를 체포하라고 명령하자 그는 자기 총을 위협적으로 치켜세웠다. 라울과 크레센시오가 나서서 아쿠냐에게 총기와 탄약을 건네주라고 설득한 뒤에 만약 그가 반군에 남겠다고 〈정중하게〉 요청하면 군율 위반에 대해서는 책임을 묻지 않겠다고 하고서야 사태가 진정되었다. 체는 이런 해결책을 탐탁지 않아 하면서 일기에 이렇게 썼다. 〈피델도 여기에 동의했는데, 이는 나중에 다시 고개를 들 매우 부정적인 선례를 남기는 것이었다. 왜냐하면 아쿠냐가 제멋대로 행동하는 모습을 모두가 보았기 때문이다.〉

그 작은 소란을 끝내고 반군은 행군을 계속하여 체가 〈아로요 델 인피에르노(지옥의 개울)〉라고 명명한 작은 개울 부근의 3면이 숲으로 둘러싸인 개활지에 자리 잡은 한 농가에 도착했다. 그 장소는 물과 도피로를 확보하기에 적절할 뿐만 아니라 복병을 배치하기에도 완벽한 곳이었다. 그들이 도착했을 때 땅 주인은 그 땅을 반군에게 남겨 두고 해안으로 가는 탈출 행렬에 낄 준비를 하고 있었다. 이후 며칠 동안 반군은 조직을 정비하고, 그 집이 잘 보이는 숲에 매복지를 설치하고 개활지로 이어지는 길을 냈다.

하지만 대원들은 신경이 예민해져 있었다. 어느 날 아침 피델과 함께 전투원들의 위치를 점검하던 도중에 체는 거의 총에 맞을 뻔했다. 전투원 중 한 명이 체가 멀리서 오는 모습을 보고 그에게 총 한 방을 쏘았던 것이다. 물론 라플라타에서 전리품으로 가져온 군대 하사관 모자를 쓴 체의 잘못도 있었다. 그러나 더욱더 놀라운 것은 다른 대원들의 반응이었다. 이들은 발포 소리에 방어 위치로 신속히 자리를 잡지 않고 즉각 관목 숲으로 도망을 쳤다. 나중에 공개된 글에서 체는 사격을 받은 일에 대해서는 언급했지만 도망간 대원들에 대해서는 전혀 언급하지 않았다. 대신 그는 전쟁에 임한 대원들의 상태를 칭송하는 비유담으로 그 일화를 언급했다. 〈이 사건은 전투 개시를 기다리던 동안 팽배해 있던 높은 긴장 상태를 잘 보여 주는 것이었다. 그런 순간에는 신경이 쇠심줄 같은 사람조차 어느 정도는 무릎이 떨리는 것을 느끼기 마련이고, 각자는 전투의 밝은 순간이 오기를 고대한다.〉

며칠 더 아무 일 없이 조용히 지나갔다. 피델은 그 지역에 남아 있던 몇 안 되는 농민들로부터 물자 조달을 명령했고, 잃어버린 돼지를 찾으러 나타난 한 농민에게는 보상을 해주었다. 그 농민이 찾던 돼지는 그들이 야영했던 첫날, 피델이 식량 확보를 위해 쏘아 죽인 바로 그 돼지였다. 그들은 라플라타 공격에 대한 정부군의 보복이 현지 농민들에게 가해지고 있다는 소문을 듣기 시작했다. 그들의 새로운 안내인 에우티미오 게라가 피델을 위한 몇 가지 메시지와 군대의 움직임에 대한 정보 수집 임무를 띠고 자기 집으로 출발했다. 반군은 가지고 있던 라디오에 예민하게 귀 기울였지만 정부군의 움직임에 관해서는 어떤 뉴스도 방송되지 않았다.

1월 22일 새벽 동이 트기 전에 멀리서 들려오는 사격 소리를 듣고 그들은 정부군이 다가오고 있다는 것을 알았다. 반군은 전투 채비를 갖추었지만 아침이 지루하게 지나도록 정부군 병사들은 전혀 나타나지 않았다. 그런데 정오에 개활지에서 한 사람이 나타났다. 체 옆에 자리를 잡고 있던 칼릭스토 가르시아가 먼저 그 사람을 발견했다. 그들은 망원경으로 살펴보았다. 정부군 병사였다. 그들이 지켜보는 동안 모두 아홉 명이 시야에 들어왔고, 개활지에 있는 오두막 주변으로 모였다. 그런 다음 사격이 시작되었다. 체는 야전 일기에 이렇게 기록했다. 〈피델이 발포했고, 그 남자는 즉각《아이구, 어머니》라고 외치며 쓰러졌다. 그의 동료 둘도 쓰러졌다. 갑자기 나는 내가 있던 곳에서 겨우 20미터 떨어진 두 번째 집에 병사 한 명이 숨어 있다는 것을 깨달았다. 그 병사의 발밖에 보이지 않았지만 나는 그 방향으로 사격을 가했다. 두 번째 사격에 그 병사가 쓰러졌다. 루이스 크레스포가 나에게 피델이 보낸 수류탄을 가져왔다. 그들이 집 안에 더 많은 사람이 있다고 말했기 때문이었다. 나는 루이스의 엄호를 받으며 집 안으로 들어갔지만 다행히 아무것도 없었다.〉

체는 자신이 맞혀 쓰러뜨린 병사의 소총과 탄띠를 회수한 다음 시체를 검사했다. 총알이 그의 가슴 아래에 맞아 오른쪽으로 뚫고 지나갔다. 그는 죽어 있었다. 체가 확실히 아는 바로는 그는 처음으로 사람을 죽인 것이었다.

6

체가 전투에서 역량을 발휘하고 있던 바로 그 시점에 일다와 아기는 아르헨티나의 게바라 가족을 방문하고 있었다. 설날에 게바라 린치는 일다에게 전화를 걸어 에르네스토가 보낸 〈테테〉의 메시지를 전하고 부에노스아이레스로 오는 비행기표를 보냈다. 일다는 그 소식을 통해 처음으로 에르네스토가 알레그리아데피오 매복 전투에서 살아남았다는 것을 확실하게 접했다. 그녀는 너무나 기뻤다. 일다는 리마에서 자기 가족과 함께 3주를 보낸 후 1월 6일에 아기와 함께 부에노스아이레스로 날아가 처음으로 시아버지를 만났다.

게바라 가족은 아기를 보며 아주 기뻐했고, 일다를 환영했다. 하지만 이내 일다에게 질문을 퍼부어대기 시작했다. 에르네스토는 자기 나라 일도 아닌데 왜 위험한 곳으로 갔지? 피델 카스트로는 도대체 누구지? 일다는 에르네스토가 가족의 총애를 받는 아들임을 금세 눈치챘다. 일다는 이렇게 썼다. 〈에르네스토에 대한 깊은 애정 때문에 시부모님들은 그가 위험에 처해 있다는 것을 받아들이지 못했다. 이분들은 에르네스토가 아르헨티나에 그냥 있는 게 더 좋았을 거라는 생각을 지우지 못했다.〉 일다는 에르네스토의 정치적 진화 과정에 대해 자신이 아는 바를 설명하려고 최선을 다했지만, 에르네스토가 편지에서 가족들에게 이미 말했던 것을 그저 반복할 뿐이었다. 가족이 에르네스토의 말을 받아들이기 힘들었던 게 분명했다.

그러나 일다의 위안을 가장 필요로 했던 사람은 셸리아였다. 〈나는 시어머니인 셸리아에게 에르네스토가 그녀에게 느꼈던 깊은 애정에 대해 말했다. 그저 셸리아를 위로하기 위해 과장한 게 아니었다. 나는 셸리아가 에르네스토에게 어떤 존재인지 알고 있었다. 셀리아는 자신이 했던 모든 질문에서 자명했던 괴로운 질문, 즉《내 아들이 어디 있지?》라는 질문으로 끊임없이 고통을 받았다.〉

일다와 아기는 한 달 동안 게바라 가족과 함께 머물렀다. 뜨거운 부에노스아이레스의 여름이 절정에 달했고, 그래서 그들 모두 이리네오포르텔라에 있는 가족 농장으로 휴가를 떠났다. 어느 날 일다는 시아버지 특유의 허풍을 직접 볼 수 있었다. 게바라 가족은 미국에 있는 한 친척이 보낸 편지를 통해 체가 알레그리오델피오에서 부상을 당했다는 소식을 처음 접했다. 바로 그때 활기찬 분위기 속에 에르네스토의 아버지는 〈만약 에르네스토가 쿠바에서 붙잡히면 자신이 배를 타고 가서 그를 구할 거라고 선언했다〉.

일다가 리마로 돌아왔을 때, 에르네스토에게서 편지가 와 있었다. 1957년 1월 28일자 편지였다. 〈오랜 친구에게. 여기 쿠바의 정글에서 나는 아직 살아 있소. 피에 굶주린 나는 마르티의 영감을 받아 정열에 불타는 이 편지를 쓰고 있소. 나는 내가 정말 병사라도 된 듯 총을 옆에 차고, 입에 시가를 문 채로 양철판 위에 앉아 이 편지를 쓰고 있소.〉

똑같이 힘차고 과장된 어조로, 그는 〈이제 유명해진〉 그란마 호 상륙 이래 직면했던 모든 위험과 고난을 극복했던 일을 강조하며 일어난 모든 일에 대해 기운차게 설명했다. 〈우리의 불운은 끝없이 계속되었소. ……우리는 지금은 유명해진 알레그리아에서 기습을 받았고, 비둘기처럼 흩어졌소. ……목에 상처를 입었음에도 내가 아직 살아 있는 것은 내 고양이의 목숨들 때문이오. ……며칠 동안 나는 내가 심각한 부상을 입었다고 생각하며 산등성이들을 걸어 다녔소. ……우리는 조직을 정비하고 재무장하여 군대 막사를 공격했고, 병사 다섯 명을 죽였소. ……그들은 특수 부대를 보내 우리를 추적했소. 우리는 이들을 격퇴했고, 이번에 그들은 세 명이 죽고 두 명이 부상을 당했소. ……그 직후 우리는 세 명의 경비대를 포로로 잡아 그들의 무기를 빼앗았소.

더구나 우리는 아무런 손실이 없었고, 산악 지대가 우리 수중에 들어왔소. 이런 사실들을 보면 적군의 사기가 얼마나 떨어졌는지 알 것이오. 적군이 우리를 함정에 빠뜨렸다고 생각하는 바로 그 순간 우리는 비누처럼 그들의 손에서 빠져나가오. 당연한 이야기지만 모든 전투가 승리로 끝나지는 않을 것이고 앞으로 더 많은 전투가 있을 것이오. 그러나 지금까지 일이 순조롭게 진행되고 있고 매번 우리는 더 많은 일을 하게 될 거요.〉

그는 〈찬초〉라고 서명한 뒤 일다에게 〈큰 포옹〉을, 아기에게는 포옹과 키스를 보낸다고 했다. 또 자신이 급히 떠나느라 멕시코시티에서 찍었던 스냅 사진들을 남겨 두고 왔는데 그것들을 보내 줄 수 있겠느냐고 물었다. 그는 일다에게 멕시코에서 우편물을 받을 수 있을 주소를 알려 주었는데 이 주소지로 도착한 편지는 언젠가는 그에게 전달될 수 있을 것이었다.

당시에는 그 편지가 마냥 달갑지만은 않았을 테지만 일다는 자신의 회고록에서 아무런 의견도 달지 않고 그 편지를 그대로 전재했다. 그녀는 낙심한 주부이자 어머니로서 남편 걱정 외에 달리 하는 일이 없었지만 에르네스토는 자신이 씻지도 않고 시가를 피우며 〈피에 굶주린〉 게릴라로서의 삶을 철저히 즐기며 활기찬 모험을 하고 있다는 점을 지나칠 정도로 강조해서 말했다. 에르네스토는 편지를 마칠 때까지 끝내 일다가 겪었을 고생에 대해서는 걱정하는 말을 하기는커녕 물어보지도 않았다.

7

이후 3주에 걸쳐 반군은 시에라마에스트라의 이곳저곳을 돌아다니며 새로운 자원병 몇 명을 모집했지만, 탈주자와 스파이도 생겼다. 1월 30일 공군이 카라카스 산의 경사면에 반군이 친 베이스캠프를 폭격했다. 공습으로 사상자가 발생하지는 않았지만, 반군은 패닉 상태에 빠져 숲으로 도망쳤다. 한편 희생자들의 귀를 잘라 내어 개인 소장품으로 삼을 정도로 잔인하기로 악명 높았던 호아킨 카시야스 대위가 이끄는 정부군 추적자들은 스파이를 민간인으로 위장시켜 반군을 추적하게 했다. 카시야스의 병사들은 지나가는 길에 반군에 협력한 혐의가 있던 농민들을 살해하고 이들의 집을 불태운 다음 그 흔적을 그대로 놓아두곤 했다.

이제 체는 대담하고 무모하기까지 한 게릴라 전사로 부상하고 있었다. 알레그리아데피오에서 후퇴하는 도중에 자기 소총을 잃은 잘못 — 그는 이 잘못을 심하게 의식했다 ─ 을 만회하고 자신의 능력을 입증하고 싶어 안달이 난 게 분명했던 그는 가장 위험한 임무에 빠지지 않고 자원했다. 카라카스 산에서 공군의 폭격이 있었을 때 피델을 포함한 모든 대원이 도망갔지만, 체는 뒤에 남아 낙오자들을 구하고 버려진 소지품들, 특히 무기류와 피델의 지휘관 모자를 회수했다.

다른 강한 특징들도 나타나고 있었다. 그는 신참 게릴라들, 특히 도시 출신자들에게 마치 검사처럼 엄하게 대하기 시작했다. 그는 이들의 용맹성, 인내심, 전투에 대한 헌신성을 별로 믿지 않았다. 또 전쟁 중에 만난 농민들도 마찬가지로 믿지 않았는데, 그는 종종 일기에서 농민들을 〈말재주 좋은 사기꾼들〉 혹은 〈신경질적〉이라고 표현했다. 또 그는 겁쟁이에 대한 깊은 증오심을 키워 갔다. 일종의 강박관념처럼 이는 곧 그가 전시에 보여 준 가장 유명하고 공포스러운 특징 중 하나가 될 것이었다. 그는 〈엘 가예고〉호세 모란이라는 대원을 특히 싫어했다. 체는 그란마 호의 고참병 중 하나였던 그가 소심할뿐더러 배반자가 될 가능성이 있다고 보았다.

이제 스파이와 치바토들의 위험을 실제로 알게 된 체는 다른 사람들에 대한 본보기로 응징할 기회를 찾았다. 정부군에서 보낸 세 명의 스파이가 반군에 억류되어 자신들의 진짜 신분을 털어놓았을 때, 체는 이들의 사형을 주문하는 쪽에 속했다. 그러나 피델은 경고와 더불어 그들의 지휘관들에게 보내는 개인적 편지를 휴대케 하여 그들의 막사로 되돌려 보냄으로써 관용을 보여 주는 쪽을 택했다. 게릴라들이 강인하고 규율 잡힌 전투 부대로 담금질되는 모습을 보고 싶어 했고, 나태 분자와 불복종 분자들에 대한 피델의 관용을 걱정한 체는 피델이 1월 말에 마침내 법을 정했을 때 기뻐했다. 그 시점부터 피델은 대원들에게 〈탈주, 불복종, 패배주의〉 이 세 가지 범죄는 사형에 처할 거라고 선언했다. 한 탈주자, 세르히오 아쿠냐가 군 체포자들의 손에서 소름 끼치는 종말 — 아쿠냐는 고문을 당한 다음 총 네 방을 맞고 목이 내걸렸다 — 을 맞이했을 때, 체는 그 사건에 대해 〈슬프지만 교훈적〉이라고 표현했다.

1월 말에 피델의 작은 부대가 쿠바 전역에 영향을 미치고 있다는 징후가 더욱 많이 나타나고 있었다. 아바나에 있던 피델의 부하 파우스티노 페레스가 반군을 위해 3만 달러를 모금했고, 7월 26일 운동 도시 세포들이 파업을 수행하고 있으며, 반군의 짜증 나는 공격에 정부군 지휘부 안에서 불만이 증가하고 있다는 소식이 아바나에서 전해졌다. 바티스타가 육군 참모총장을 경질할 계획이라는 소문이 도는 가운데 바티스타와 그의 장군들은 여전히 반군이 사실상 박멸되어 잔당들이 도주한 상태로서 군대에 아무런 위협도 되지 않는다는 주장을 고집했다. 이 선전 공세는 피델의 신경을 몹시 거슬리게 했고, 따라서 피델은 파우스티노 페레스에게 시에라로 와서 자신의 존재를 전 세계에 증명해 줄 수 있는 믿을 만한 언론인과 인터뷰를 주선하라고 명령했다. 또 그는 전국적 전략을 조율하기 위해 전국지도부와 회담하기를 원했고, 프랑크 파이스와 셀리아 산체스에게 회담을 조직해 달라는 말을 전했다.

2월 초에 반군은 억수 같은 비와 공군의 무의미한 일상적 폭격을 견디며 며칠 동안 휴식을 취했다. 비교적 잠잠해졌을 때에는 체가 라울에게 프랑스어 강의를 해주기도 했다. 이 강의는 그들이 다시 출발했을 때, 체가 설사로 힘들어할 때, 그리고 짧지만 심각한 말라리아가 발병했을 때를 제외하고는 계속되었다. 로스알토스 데 에스피노사라는 언덕에서 벌어진 정부군의 매복 공격에서 체가 알파벳을 가르치기 시작했던 흑인 문맹 과히로인 훌리오 세논 아코스타가 죽었다. 그란마 호 상륙 이후 반군이 겪은 첫 번째 전투 사망자였다. 나중에 체는 스스로 〈나의 첫 학생〉이라 불렀던 세논 아코스타를 혁명의 심장과 영혼을 이룬 〈고귀한 농민〉의 표본이라고 칭송했다.

시간이 흐르면서 체와 피델은 자신들의 농민 안내인 에우티미오 게라를 내부 반역자로 의심하기 시작했다. 게라는 밖으로 나갔다 오기를 반복했는데, 그가 사라질 때마다 묘하게 군대가 공격해 왔다. 로스알토스 데 에스티노사에서의 매복 공격 이후 그들은 소식에 밝은 농민들로부터 그들의 의심이 정확하다는 것을 알게 되었다. 게라는 언젠가 한번 외부로 나갔을 때 정부군에 붙잡혀 만약 피델을 배신하면 보상받을 거라는 약속을 받았다. 카라카스 산에서의 공중 폭격과 최근의 매복 공격 모두 게라의 공모로 이루어진 것이었다. 반군은 이런 사실을 알고서도 그에 관해 아무런 일도 할 수 없었다. 게라가 사라졌기 때문이었다. 그리고 곧바로 엘 가예고 모란도 사라졌다.

2월 중순에 접어들어 많은 대원이 아프고 사기가 떨어지자 피델은 숙청을 단행하기로 하고, 대원들에게 크레센시오 페레스의 보호하에 한 과히로의 집에서 〈요양 휴가〉를 주었다. 동시에 전령이 7월 26일 운동 전국지도부와 「뉴욕 타임스」의 저명한 저널리스트인 허버트 매슈스가 피델을 인터뷰하기 위해 도착할 거라는 소식을 가져왔다. 그들은 2월 17일 시에라 북쪽 측면에 있는 한 농가에서 만나기로 했다.

점점 수가 줄어들던 피델의 부대는 에우티미오 게라의 행방과 정부군의 매복 공격을 걱정하며 접선 장소를 향해 조심스럽게 산을 횡단하여 이동했다. 그것은 운명적인 만남이 될 것이었다. 왜냐하면 단 3일 사이에 전쟁 경로를 뒤바꿀 여러 사건이 일어나게 되고, 그 사건들 가운데 하나는 에르네스토 〈체〉 게바라라는 떠오르는 인물의 새로운 측면을 드러내 줄 것이었기 때문이다.

15장
〈물과 폭탄〉의 나날

1

에르네스토 게바라는 이제 전쟁에 뛰어들어 혁명을 창조하려고 했다. 그는 국외자들에게는 보이지 않는 경계를 넘었고, 이상을 위해 목숨을 잃을 수도 있고 목적이 수단을 정당화하는 영역에 뛰어들었다.

에르네스토에게 사람들은 더 이상 단순한 사람들이 아니었다. 각각의 인간은 전반적인 체계 속의 한 장소를 대표했고, 그 전반적인 체계의 틀이 그의 마음속에 확고히 자리 잡았다. 집을 떠났을 때 그의 세계관이 처음으로 확장되었다면, 이와 똑같이 자신의 신념을 결정하려는 탐색 과정이 마르크스주의적 사고로 안착되면서 다시 좁혀졌다.

이제 에르네스토에게 현실은 흑백의 문제였지만, 동시에 자신이 선택한 신념이 무한히 확장될 수 있을 거라고 믿었다. 그는 자신이 하던 일의 역사적 필연성을 확신했기 때문에 심판자가 될 수 있었고, 이제 사람들을 대체로 친구 아니면 적으로 보았다. 당연히 가운데 있는 사람은 어느 누구든 믿을 수 없는 사람이었다. 왜냐하면 그의 목표는 전쟁을 통해 권력을 획득하는 것이었고, 매일 눈을 뜨자마자 이 대의를 위해 죽이고 죽을 거라는 마음으로 살았기 때문이었다.

2

전국지도부 회의가 열리기로 되어 있는 농가로 이동하기 시작한 지 이틀째였다. 반군이 한 우호적인 흑인 가족이 그들을 위해 요리해 준 염소탕을 먹으려고 자리에 앉았을 때, 갑자기 엘 가예고 모란이 다시 나타났다. 모란은 납득하기 어려운 이야기를 해가며 자신이 사라졌던 이유를 설명하려고 했다. 음식을 구하러 나갔다가 배신자 에우티미오 게라를 발견했고, 그래서 게라를 추적하다가 놓치는 바람에 캠프로 돌아가는 길을 찾을 수 없었다는 것이었다. 체는 일기에서 이렇게 말했다. 〈엘 가예고의 행위의 진위는 판단하기 매우 어렵지만, 내가 보기에 그것은 단순히 도망치려다 실패한 것일 뿐이다. ……그때 나는 그 자리에서 그를 죽일 것을 조언했지만 피델은 그 문제를 무시해 버렸다.〉

계속 진군한 반군은 에우티미오 게라의 한 친구가 운영하는 시골 가게에 도착했다. 주인이 사라진 것을 안 반군은 문을 부수고 안으로 들어갔다가 〈깡통에 담긴 음식으로 가득 찬 진정한 낙원〉을 발견하고 게걸스럽게 먹어 치웠다. 반군은 추적자들을 따돌리기 위해 가짜 흔적을 남긴 후 밤을 새워 행군하여 2월 16일 새벽에 회담이 열리기로 되어 있던, 에피파니오 디아스라는 농민 협력자의 농장에 도착했다.

전국지도부 사람들이 도착하기 시작했다. 프랑크 파이스와 셀리아 산체스는 이미 도착해 있었고, 다음으로 파우스티노 페레스와 산티아고 출신의 새 여성 운동가 빌마 에스핀이, 또 그다음으로는 아이데 산타마리아와 그녀의 약혼자 아르만도 아르트가 도착했다. 이 모임은 피델이 피네스 섬의 감옥에서 석방된 이후 1955년 여름에 결성한 7월 26일 운동 지도부의 영향력 있는 핵심 측근 그룹이었다.

스물세 살의 프랑크 파이스는 혁명지도자단 구성원들 가운데 가장 젊었지만, 오리엔테에서 정치적 활동가로 인상적인 경력을 쌓아 왔고, 지금은 학생 연맹의 부의장을 맡고 있었다. 7월 26일 운동이 창설된 이후, 그는 오리엔테에서 반란 활동의 조정자로서 피델과 운명을 같이해 왔다. 서른일곱 살의 셀리아 산체스는 몬카다 투옥자들을 석방시키기 위한 운동에 참여했고, 7월 26일 운동이 창설된 이래 만사니요의 자기 본거지에서 피델과 협력했다. 크레센시오 페레스를 끌어들이고 그란마 호의 도착을 기념하는 환영 파티를 준비했던 장본인이 바로 그녀였다. 서른일곱 살의 파우스티노 페레스는 피델과 같은 아바나 대학 출신으로 1952년 바티스타의 쿠데타 이후 그에 반대하는 학생 운동의 지도자였지만 크레센시오와는 관련이 없었다. 페레스는 멕시코로 가서 피델과 힘을 합했고, 그란마 호에 타기도 했었다. 저명한 판사의 아들로서 스물일곱 살이었던 법학도 아르만도 아르트는 오르토독소당 청년 운동가 출신이었고, 파우스티노 페레스가 바티스타에 반대하는 학생 운동을 조직할 때 함께 일했으며, 피델의 운동 창설에도 기여했다. 아르트의 스물다섯 된 약혼녀 아이데 산타마리아는 몬카다 공격에 가담했고, 그 후 7개월간 감옥에 있었다. 그녀 역시 7월 26일 운동 창설자였고, 오리엔테에서 프랑크 파이스가 이끈 1956년 11월 봉기에 참여했다. 그녀의 가족은 피델과 연루된 대가를 이미 톡톡히 치렀다. 그녀의 남동생 아벨은 오르토독소당의 청년 전사로, 몬카다에서 고문으로 죽을 때까지 피델의 부관이었다. 그녀의 또 다른 남동생 알도는 저항 운동을 하다 투옥되었다. 스물일곱 살의 새 얼굴 빌마 에스핀은 산티아고의 부유한 가문의 딸로 MIT에서 공부했고, 7월 26일 운동에 통합된 프랑크 파이스의 학생 그룹 일원이었으며, 1956년 11월 봉기에도 참여했다. 대부분 중산 계급 출신인 이 젊은 도시인들은 운동의 전국 지하 조직을 담당하며 새 운동원의 모집, 무기와 자원병의 입수와 시에라로의 밀반입, 현금과 보급품의 조달, 선전물 배포, 대외 홍보, 도시 사보타주, 정치 강령을 개발하기 위한 꾸준한 노력 등을 포함한 모든 것을 책임지고 있었다.

모두에게 역사적인 날이었다. 피델은 이때 곧 자신의 가장 믿을 만한 친구이자 애인이 될 셸리아 산체스를 처음으로 만났다. 그리고 같은 날, 라울은 나중에 자기 아내가 될 빌마 에스핀을 만났다. 체에게는 피델의 혁명 운동에서 중추 세력을 이루고 있는 사람들을 처음 볼 기회였다. 체는 이들의 됨됨이를 가늠해 보고 싶었다.

전반적으로, 체는 피델의 7월 26일 운동 동료들이 중산계급적 성장 배경과 특권적 교육 때문에 투쟁을 통해 무엇을 달성해야 할지에 관해 소극적인 관념에 가망 없이 매여 있다고 보았다. 체는 이들이 자신과는 매우 다른 관점을 가지고 있다고 생각한 점에서는 정확했다. 이들 대다수는 체 자신과 같은 급진적인 사회 변혁에 대한 마르크스주의적 생각을 갖고 있지 않았고, 그들 스스로 부패한 독재자를 축출하고 그것을 전통적인 서구 민주주의로 교체하기 위해 싸우고 있다고 생각했다. 도시 지도자들을 만나고 나서 체가 처음 보인 반응은 자신의 부정적인 예감을 강화하는 쪽이었다. 일기에서 체는 〈산발적인 대화를 통해 나는 그들 대다수, 특히 아르트에게서 명확한 반공주의적 경향을 발견했다〉고 썼다. 그러나 다음 날 그의 분석은 약간 수정되었다. 〈여성들 중에 아이데는 정치적 성향이 가장 좋아 보이고, 빌마는 가장 흥미로우며, 셸리아 산체스는 매우 적극적이지만 정치적으로 교조적이다. 그리고 아르만도 아르트는 새로운 사상에 수용적인 태도를 가지고 있

다.〉*

하지만 이후 며칠 동안 도시 지도자들이 피델을 만났을 때, 한 가지는 명확해졌다. 피델은 자신의 반군이 운동에서 절대적 우선성을 갖도록 하고 싶어 했다. 모두가 운동의 전국적 전략에 관한 나름의 생각을 가지고 왔지만, 피델은 방문객들에게 가장 우선적인 문제는 게릴라의 유지와 강화이고 바로 여기에 모든 노력을 기울여야 한다고 말했다. 피델은 비야클라라 주의 에스캄브라이 산지에서 아바나에 좀 더 가까운 〈제2전선〉을 열자는 파우스티노의 제안과, 해외에서의 연설과 자금 조달을 위해 시에라를 떠나겠다는 프랑크 파이스의 주장을 의제로 다루지 않았다. 결국 다른 사람들은 피델의 설득에 압도당해 전국적인 〈시민 저항〉 지원망 구축에 착수하는 데 동의했다. 프랑크 파이스는 2주일 안에 산티아고로부터 새 전투원 부대를 보내 주겠다고 약속했다. 장래에 시에라로 들어가는 비밀 통로 역할을 하게 될 에피파니오 디아스의 농장이 접선 장소로 정해졌다.

체는 전국지도부의 구성원이 아니었다. 따라서 그는 초기 단계에는 자신의 권한을 넘지 않으려고 주의하면서 이 회의들에 참석하지 않았다. 하지만 그는 회의에서 흘러나온 모든 내용을 은연중에 접했고, 그의 일기에서 드러나듯 시에라의 무장 전사들과 야노의 도시 활동가들 사이에 잠재되어 있던 불화의 초기적 징후를 이미 포착하고 있었다.

* 자세한 내용은 부록 참조.

현재로서는 시에라에서 생존하는 것이 가장 시급한 문제라는 피델의 주장이 먹혀들 수 있었다. 하지만 이후 몇 달 동안 전쟁이 확대됨에 따라 이러한 불화는 좌익과 우익 사이의 이데올로기적 분쟁으로, 더 나아가 반란 운동에 대한 통제권을 둘러싼 야노 지도자들과 피델 사이의 권력 투쟁으로 공공연하게 드러나게 된다. 그리고 결국에는 피델이 체의 도움을 받아 승리자로 부상하게 될 터였다.

스페인 내전과 무솔리니의 아비시니아 전투, 제2차 세계 대전 등을 취재했던 언론 베테랑이자 「뉴욕 타임스」의 수석 특파원인 허버트 매슈스가 2월 17일 아침 일찍 캠프에 도착했다. 매슈스가 세 시간 동안 피델을 인터뷰할 때 체는 동석하지 않았다. 하지만 나중에 피델이 체에게 인터뷰 내용을 설명해 주었고, 그는 일기에 중요한 몇 가지 사항을 적어 두었다. 피델은 미국이 바티스타에게 군사 지원을 해주는 것에 불만을 표시했고, 매슈스가 피델에게 스스로를 반제국주의자로 생각하느냐고 물었을 때, 피델은 그 질문이 자국을 경제적 사슬로부터 해방시키는 것을 뜻한다면 자신을 반제국주의자라 할 수 있을 거라고 조심스럽게 대답했다. 그러면서 피델은 이 말이 자신이 미국과 미국민을 미워한다는 뜻은 아니라고 황급히 덧붙였다. 〈그 그링고가 호의적 태도를 보였고, 곤란한 질문은 전혀 하지 않았다〉고 피델은 체에게 말했다.

그러나 피델은 약간의 속임수를 준비해 두었다. 그는 전투원 한 명으로 하여금 헐레벌떡 뛰어들어와 〈제2중대로부터 온 메시지〉를 전하게 했다. 당시 피델의 반군은 사실

스무 명도 안 되었지만, 피델은 매슈스로 하여금 자신이 상당히 많은 전투원을 확보하고 있다고 믿게 하고 싶었다. 인터뷰가 끝나고 매슈스는 만사니요로 차를 몰아 돌아갔다. 만사니요에서 매슈스는 산티아고로 가서 비행기를 타고 아바나로 간 다음 거기서 뉴욕 행 비행기를 타기로 되어 있었다. 그는 큰 특종거리를 손에 넣었다고 생각했고, 그래서 가능한 한 빨리 보도하고 싶었다.

〈그 그링고는 일찍 떠났다〉고 체는 일기에 적었다. 〈그리고 내가 경계를 서고 있을 때, 대원들이 나에게 와서 에우티미오가 에피파니오의 집에 있기 때문에 경계를 두 배로 강화해야 한다고 말했다.〉후안 알메이다가 순찰대를 이끌고 그 반역자를 잡으러 갔다. 자신의 배신행위가 발각된 것을 모르고 있던 에우티미오는 체포되어 무장 해제된 다음 피델 앞으로 끌려갔다. 적과의 협력을 입증하는 에우티미오의 이름이 적힌 군 통행증이 반군의 손에 들어왔고, 피델은 그것을 에우티미오에게 보여 주었다.

체는 이렇게 썼다. 〈에우티미오는 무릎을 꿇고 앉아 자기가 결국 총살을 당하느냐고 물어보았다. 피델은 속임수로 에우티미오에게 목숨은 살려 줄지도 모른다고 믿게 하려고 했다. 하지만 에우티미오는 치초 오소리오를 처리할 때의 장면을 떠올리고 속아 넘어가지 않았다. 그러자 피델은 에우티미오가 처형될 것이라 선언했고, 시로 프리아스가 오랜 친구와 같은 어조로 에우티미오에게 진심 어린 설교를 늘어놓았다. 에우티미오는 조용히, 어느 정도는 위엄 있게 죽음을 기다렸다. 엄청난 폭우가 빗발치기 시작했고,

모든 것이 검게 변했다.〉

바로 그다음에 일어난 일은 40년 동안 쿠바의 국가 기밀로 엄격히 통제되어 왔다. 에우티미오 게라 — 쿠바 반군에 의해 처형된 첫 번째 배신자 — 의 처형을 목격한 사람들 중 어느 누구도 누가 최후의 한 발을 쏘았는지 공개적으로 입을 열지 않았다. 이유는 간단했다. 그 답은 체의 개인 일기장에 나온다.

〈그 상황은 대원들은 물론 에우티미오에게도 불편했다. 그래서 내가 32구경 권총으로 그의 머리 오른쪽에 한 방을 쏘았고, 총알이 오른쪽 측두엽에 구멍을 내면서 문제가 종결되었다. 에우티미오는 잠시 숨을 헐떡이다가 죽었다. 그의 소지품을 회수하려 했을 때 나는 그의 허리띠에 체인으로 묶여 있던 시계를 떼어 낼 수 없었다. 그러자 그가 나에게 두려움과는 거리가 먼 차분한 목소리로 《이봐, 확 당겨서 끊어 버려, 무슨 상관이야……》라고 말했다. 나는 그의 말대로 했고, 그의 소지품은 이제 내 것이 되었다. 우리는 젖은 채 잠을 설쳤고, 나는 천식기가 있었다.〉

체의 설명은 그의 성격을 드러내는 섬뜩한 것이었다. 그 처형을 서술할 때 보여 준 극도의 사실성과 그의 총알이 관통하여 생긴 상처에 대한 과학적인 약술은 폭력에 대한 놀라운 초연함을 떠올리게 한다. 체가 에우티미오를 처형하기로 결정한 것은, 그 자신의 말에 따르면 〈불편한 상황을 끝장내기 위한〉 하나의 방편이었다. 에우티미오의 사후 〈마지막 말〉에 대한 그의 회상은 간단히 말해 불가해한 일이고, 그 섬뜩한 광경에 초현실적 분위기를 더해 준다.

이러한 서술은 또한 체가 출판물을 통해 그 사건을 설명했을 때와 전혀 달랐다. 「배신자의 죽음」이라는 제목이 붙은 글에서 그는 그 장면을 담담한 필치로 묘사하고, 그것을 희생을 통한 구원이라는 어두운 혁명적 우화로 바꾸어 놓았다. 에우티미오가 피델 앞에 무릎 꿇는 순간을 묘사하면서 체는 이렇게 썼다. 〈그 순간 그는 나이 들어 보였고, 관자놀이에는 우리가 이전에 결코 알아보지 못했던 흰머리가 상당히 많이 있었다.〉

시로는 에우티미오에게 설교하면서 그가 많은 사람을 죽게 하고 많은 친구와 동료들에게 고통을 안겨 주었다고 나무랐다. 이 시로의 〈설교〉에 관해 체는 이렇게 썼다. 〈길고 감동적인 연설이었다. 에우티미오는 고개를 숙인 채 소리 없이 들었다. 우리는 그에게 원하는 게 있느냐고 물었고, 그는 있다고 대답했다. 그는 혁명이, 아니 우리가 자기 아이들을 보살펴 주기를 원했다.〉 혁명은 에우티미오의 약속을 지켰지만, 그의 이름은 〈이미 잊혔고, 아마 아이들도 아비의 이름을 잊었을 것〉이라고 체는 썼다. 그의 아이들은 새 이름을 얻었고, 쿠바의 국립학교에 다니고 있었으며, 다른 아이들과 똑같은 대우를 받았고, 더 나은 삶을 준비하고 있었기 때문이다.

그는 이렇게 덧붙였다. 〈그러나 언젠가 그 아이들은 자신들의 아버지가 배신행위 때문에 혁명 권력에 의해 처형되었다는 사실을 알아야 할 것이다. 또 그 아이들은 자신들의 아버지 — 부패의 유혹에 견디지 못했고, 부와 명예를 얻으려는 욕심 때문에 심각한 범죄를 저지르려 했던 한 농민 — 가 그럼에도 불구하고 자신의 과오를 인정하고 자신이 관용을 받을 자격이 없다는 것을 너무나 잘 알았기 때문에 털끝만큼도 관용을 바라지 않았다는 이야기도 들어야 할 것이다. 마지막으로, 그 아이들은 그가 마지막 순간에 자기 아이들을 기억했고, 다른 사람들에게 아이들의 장래를 부탁했다는 것도 알아야 할 것이다.〉

체는 자신의 우화를 종교적 상징성으로 심하게 채색된 에우티미오의 임종 순간에 대한 서술로 완성했다. 〈바로 그때 맹렬한 폭풍우가 일었고 하늘이 어두워졌다. 비가 억수처럼 내리고 하늘을 찢을 듯 번개와 요란한 천둥이 치는 가운데 천둥을 동반한 번개가 치는 순간 에우티미오 게라의 목숨은 끝장났고, 그 부근에 서 있던 동지들조차 총소리를 듣지 못했다.〉

이 사건은 시에라마에스트라의 게릴라와 농민들 사이에서 체가 신비적 존재로 부각되는 데 큰 영향을 미쳤다. 그때 이후로 체는 혁명 규칙을 위반하는 자들에게 언제라도 직접 행동을 취할 수 있는 냉혈한이라는 명성을 얻었다. 사실 이름을 밝히길 꺼리는 쿠바의 한 소식통에 따르면, 아무도 행동을 취하고 싶어 하지 않는다는 게 분명해지자 체가 나서서 에우티미오를 죽인 것이었다. 추측건대 피델도 이런 사람들 중 한 명이었다. 피델은 에우티미오에게 사형 선고를 내린 뒤 처형을 실행할 사람을 뽑지 않은 채 비를 피해 집 안으로 들어가 버렸다.

한 과히로가 에우티미오의 무덤에 나무 십자가를 꽂아 주려 했다. 하지만 체는 그렇게 하지 못하게 했다. 자신들이 주둔했던 땅 주인의 가족에게 해가 될 수도 있다는 것이었다. 대신 부근에 있는 나무에 십자가 표시를 해두었다.

설사 체가 에우티미오를 처형한 행위를 꺼림칙하게 생각했다 하더라도, 다음 날에 그런 감상의 흔적은 거의 보이지 않았다. 그는 일기에 예쁘장한 7월 26일 운동 활동가 한 명이 농장에 도착한 일을 언급하면서 이렇게 썼다. 〈그녀는 운동의 대단한 숭배자이지만, 나에게는 단지 성교하고 싶어 하는 여자로 보인다.〉

3

2월 18일 아침에 7월 26일 운동 수뇌부 회의가 끝났다. 피델은 도시 동지들이 쿠바 섬 전역에 뿌릴 성명을 쓰면서 아침을 보냈다. 피델의 「쿠바 국민에게 고함」은 체의 마음에 와 닿는 전투적 언어가 담겨 있었고, 체는 일기에서 그것을 〈정말로 혁명적〉이라고 찬양했다.

전쟁의 간략한 개요로 시작된 그 성명은 대의를 위해 적절하게 과장된 수사로 표현되었다. 그는 반군이 궤멸된 세력이기는커녕 80일간의 전투에서 적군의 현대식 무기와 엄청난 힘의 우위를 〈가까스로 극복하여〉 이제 부대가 〈시에라마에스트라의 농민들로 착실히 보강되었다〉고 주장했다.

그는 〈국민에게 주는〉 여섯 가지 〈지침〉으로 끝맺었다. 이 지침에서 그는 설탕 수확과 공공 서비스, 수송, 통신 시스템에서 경제적 사보타주를 강화할 것과 〈혁명가들을 고문하고 살해하는 앞잡이들에 대한 즉각적인 처형, 경직되고 완고한 태도로 나라를 이 지경으로 몰고 간 정권의 정치인들, 그리고 운동의 성공을 가로막는 모든 분자들에 대한 즉각적인 처형〉을 호소했다. 또 그는 쿠바 전역에서 〈시민적 저항〉의 조직과 〈증가하는 운동 비용을 충당하기 위한〉 모금 운동의 진작, 그리고 바티스타에 대항한 투쟁을 최고조로 끌어올리기 위한 〈혁명적인 총파업〉을 호소했다.

피델은 사탕수수를 태워 버리라는 자신의 포고를 옹호하면서 이렇게 썼다. 〈노동자들의 생계를 들먹이며 이 조치에 반항하는 자들에게 우리는 묻는다. 《그들이 노동자들의 봉급을 빨아먹을 때, 그들이 노동자들의 퇴직 연금을 사취할 때, 그들이 노동자들에게 채권으로 지급하고 8개월 동안 노동자들을 굶겨 죽일…… 때, 그들은 왜 노동자들을 지켜 주지 않는가?》* 쿠바의 가난한 자들을 위해서가 아니라면 우리가 왜 피를 흘리고 있는가? 우리가 내일 일용할 빵과 자유를 얻을 수 있다면 오늘 조금 배가 고픈들 뭐가 문제란 말인가?〉

그러나 피델의 호소는 상당 부분 속임수에 근거해 있었다. 그가 실제보다 더 많은 부대를 보유하고 있다고 허버트 매슈스를 속여 믿게 한 것과 똑같이 이제 그는 자기 군대의 병력 수가 〈농민의 지원〉 때문에 〈착실히 증가하고〉

---

* 쿠바의 대다수 사탕수수 노동자들은 4개월의 수확기에만 고용되었다. 비수기에는 대개의 경우 떠돌이 노동자로, 혹은 커피나 담배 같은 작물 수확자로 전국을 떠돌며 살아남았다.

있다고 선언하고 있었다. 이 시점에 그 지원이란 대개 허구적인 것이었고 결코 자발적으로 이루어지지 않은, 말하자면 피델이 크레센시오의 충성을 얻은 다음 〈매수〉를 통해 이루어진 것이었다. 이후 반군은 에우티미오 게라라는 농민의 배신으로 거의 궤멸 직전까지 갔지만, 라플라타 공격 이후 더 많은 수의 농민이 군대의 경고에 따라 시에라를 떠난 상태였다. 몇몇 눈에 띄는 예외가 있기는 했지만, 반군이 의존했던 농민들 중 대다수는 사실 자기 이익을 추구하고 있었다. 그들은 음식이 됐든 다른 무엇이 됐든 반군이 원하는 것들을 공급하면서 그 대가를 바랐다. 생소한 농민들과 상대하면서 피델이 계속해서 경비대 행세를 한 자체가 그가 농민들로부터 얻은 충성을 그리 믿을 만한 것으로 여기지 않고 있었음을 보여 주고 있었다.

피델은 디아스의 농장에서 산악 지대로 귀환하는 과정에서 미처 피난 가지 못한 한 농민과 마주쳤다. 피델은 그에게 자신과 동료들이 〈혁명가들〉에 관한 정보를 수집하는 농촌 경비대라고 말했다. 겁먹은 농민은 그들에 관해 전혀 모른다고 말했지만 피델이 계속 추궁하자 그는 앞으로 낯선 사람을 보면 가장 가까운 초소로 달려가 보고하겠다고 약속했다. 체는 그 장면을 일기에 이렇게 묘사했다. 〈피델은 마침내 그에게 우리는 혁명가들이고 가난한 사람의 복리를 보호하지만, 당신은 경비대를 도울 의사를 표했으니 교수형에 처해질 거라고 말했다. 페드로 폰세라는 그 남자는 특이한 반응을 보였다. 그는 식은땀을 흘리고 벌벌 떨면서 이렇게 말했다. 「아니요, 어떻게 그럴 수 있나요. 우리 집으로 와서 닭고기와 밥을 드세요.」피델이 농민들의 원조가 없다고 신랄하게 비난한 다음, 우리는 음식을 제공하겠다는 그의 제안을 받아들였다.〉

하지만 이후 체는 공식적인 출판물에서 이 일화에 대한 이야기를 뺐다. 그 일화에서 피델이 때때로 속임수를 지나치게 즐긴다는 게 드러나기 때문이었다. 이때 피델은 자신이 원하는 것을 결국 얻었지만, 그는 페드로 폰세의 협력을 이끌어 내기 위해 죽이겠다는 협박을 사용했고, 공포로 얼어 버린 그의 진짜 감정에 대해서는 결코 알 수 없었다.

하지만 피델은 영리하게 상당한 주의를 기울인 것으로 보인다. 일부 과히로는 강요하지 않아도 호의적인 태도를 보였지만, 더 많은 과히로들에게 반군은 충성에 대한 대가로 인센티브나 안전은 별로 보장해 주지 못하면서 시에라에 죽음과 파괴를 몰고 온 거북한 존재였다. 정부군이 여전히 압도적으로 우세한 세력이었다. 정부군은 도로와 도심을 지배했고, 에우티미오 게라에게 했듯이 물질적 보상과 공포를 적절히 조합하여 사람들을 자기편으로 끌어들일 수 있었다. 피델이 시에라에서 농민들을 자기편으로 끌어들이고 싶다면, 그는 먼저 군사적으로 우세한 세력이 되어야 했다. 그렇게 되기 전까지 그는 거점을 마련하기 위해 쓸 수 있는 모든 수단을 사용해야 했다. 농민 자원자 네트워크를 통해 가능해진 적극적인 감언이설은 물론 잠재적 배신자나 스파이를 무력화하기 위한 선택적 테러와 매수, 속임수 등이 총동원되었다.

반군은 2월 말에 산악 지대로 다시 이동했다. 이때 그들은 민간인들에 대한 정부군의 폭력적인 보복이 효과를 발휘하고 있음을 알았다. 이제 반군을 도우면 누구든 그에 대한 대가를 치르리라는 것이 과히로들 사이에서 상식이 되어 있었다. 반군은 그들의 주요 식량 공급자가 카시야스 대위의 부대에 의해 살해되었다는 소식을 들었다. 며칠 후 그들이 그 농민의 집에 도착했을 때, 피살자의 노부모는 집 안에서 문을 걸어 잠그고 밖으로 나오려 하지 않으면서 그들에게 가라고 소리쳤다.

민간인들은 정부군의 난폭한 잔학 행위와 밀고자들에 대한 게릴라들의 보복 테러 사이에서 이도 저도 할 수 없는 궁지에 몰려 있었다. 그러나 전쟁 중에 인정사정을 봐준다는 것은 있을 수 없었다. 체는 에우티미오 게라를 처형하여 〈즉결 혁명 재판〉이라는 반군의 새 정책을 이끄는 데 전면에 나섬으로써 곧바로 거칠고 무자비하다는 평판을 얻기 시작했다.

2월 18일에 일어난 새로운 사건은 그 점을 더욱 부각시켰다. 전국지도부 위원들이 디아스 농장을 떠나려고 준비하던 바로 그 순간에 부근에서 권총 소리가 울려 모두들 무기를 집어 들었다. 하지만 그것은 오작동한 경보였다. 당시의 상황을 체는 이렇게 기록하고 있다. 〈그 직후 우리는 《아무것도 아니야, 아무것도》라고 외치는 소리를 들었고, 엘 가예고 모란이 한쪽 다리에 45구경 총탄에 부상을 입은 채 나타났기 때문이다. ……나는 그에게 페니실린을 먹이고 왼쪽 다리에 부목을 대어 고정시킨 뒤 응급조치를 해주었다. ……피델과 라울은 그가 일부러 그런 짓을 했다고 비난했다. 나는 명확하게 분간할 수 없었다.〉 다시 한 번 모란의 진짜 동기를 밝혀 줄 확실한 증거는 없었지만, 〈사건〉이 일어난 시점이 매우 의심스러웠다. 에우티미오를 처형한 바로 그다음 날이었고, 캠프를 마지막으로 방문한 자들이 막 떠나기 전에, 그러니까 전장에서 벗어날 수 있는 호기에 그 사건이 일어났기 때문이었다.

모란은 체 게바라에 대한 두려움을 떨치지 못하고 괴로워했던 게 확실했다. 그는 〈탈주와 불복종, 패배주의〉가 사형에 해당하는 죄라는 것을 알고 있었고, 더구나 도망갈 생각을 품고 있는 자로 공공연히 의심을 받고 있었다. 체는 그를 끊임없이 감시했고 불과 며칠 전만 해도 모란의 처형을 주장하는 등 모란에게 징벌을 가하려고 특별히 벼르는 사람이었다. 더구나 에우티미오의 죽음으로 체는 그러한 처형을 직접 완벽하게 수행할 수 있다는 사실을 보여 주었다. 모란은 자신이 죽을 날이 며칠 남지 않았다고 생각했던 게 틀림없었다. 그리고 이런 그의 생각은 틀리지 않았던 것 같다.

나중에 체는 바티스타 정권 쪽으로 넘어간 엘 가예고 모란의 묘비명을 썼다. 〈배신을 저지르고 관타나모에서 혁명가들의 손에 죽은 모란의 이후 이력은 그가 고의로 자기 다리를 쏘았다는 것을 확증해 주는 듯하다.〉 체가 모란에 관한 이야기를 이런 식으로 간략하게 결론지은 것은 전쟁에 참여했던 사람들에 대한 그의 많은 묘사와 유사하다. 쿠바의 새 공식 역사의 설계자로서 자신의 역할을 의식한 체는 각 개인에게 〈새〉 쿠바에서 자랑스럽게 여겨지거나 비난받을 가치의 대표자로서 토템 신앙적 의의를 부여했다. 에우티미오 게라는 영혼이 썩은 농민이자 그 이름이 배신과 동의어가 된 농민이었고, 그 과오가 결코 반복되어서는 안 될 농민이었다. 이와는 대조적으로 훌리오 세논 아코스타라는 과히로는 체의 묘사에서 노동자와 농민 들이 본받아야 할 전범이자 혁명적 순교자가 되었다. 엘 가예고 모란은 탈주병, 나중에는 배신자였으며, 그가 배신의 궁극적 대가를 치렀다는 것은 체가 혁명의 적들에게 특히 강조하여 확인해 준 운명이었다. 물론 혁명의 공식적인 적은 군대와 비밀경찰이었지만, 내부의 적 역시 마찬가지로 큰 위협이었다.

그의 동지들의 진정한 충성의 열쇠는 그 동지들의 가슴과 영혼 속에 감추어져 있었고 〈혁명〉의 운명도 그들과 함께 있었지만, 체의 의심의 눈초리에서 자유로운 사람들은 별로 없었다. 〈올바른 경로〉에서 벗어난 사람들에 대한 체의 박해에서 명백히 드러난 것은 칼뱅주의적 열정이었다. 그는 〈혁명〉을 역사적 교훈의 궁극적 체현이자 미래를 위한 정확한 경로라고 충심으로 받아들인 상태였다. 이제 자신이 옳다고 확신한 그는 혁명의 생존을 위협할 수도 있는 자들을 심문관의 눈으로 살펴보았다.

4

반군은 3월 5일로 약속된 프랑크 파이스의 자원병들을 맞이하기 위해 부근에 머무르기로 결정하고 구릉지로 이동했다. 그러나 이때 체는 천식이 심하게 도졌고, 때문에 나중에 그 자신이 말한 대로 〈개인적으로 전쟁 중 가장 힘든 나날〉을 맞이했다.

발작이 결국 잦아들기는 했지만, 전쟁 기간 내내 체는 만성 질병의 치명적인 발작을 주기적으로 겪게 된다. 이 때문에 좀 더 건강한 그의 동지들은 마라톤 행군을 힘들게 계속하는 체의 의지력에 놀랐다. 그러나 체가 천식 때문에 몸을 움직이지 못할 때에는 그를 직접 들어 옮기며 많은 사람이 체를 도와주기도 했다. 체 같은 심한 천식 환자가 습한 아열대 기후의 쿠바에 정착해야 했던 것은 아이러니였다. 쿠바는 1인당 천식 환자 비율이 서반구에서 가장 높은 나라에 속했다.

체가 자신의 〈나〉를 제거하고 집단의 성원이 되고자 마음속 깊숙이 느꼈던 열망은 천식이 그에게 안겨 준 태생적 고립에서 연유된 것이라는 느낌을 지우기 어렵다. 다행히 그는 자신이 찾던 바로 그 우애감을 발견했다. 비록 자신의 불행을 극복하지는 못했고 그 이후로도 극복하지 못하지만, 이제 그것을 더 이상 혼자 감당할 필요는 없었다. 실제로 시에라마에스트라에서 완전히 몸을 가누지 못해 동지들의 도움에 대한 의존이 말 그대로 삶과 죽음의 문제가 된 적이 있었다. 그럼에도 게릴라 전쟁이라는 이 공동생활 중에 혼자서 고생하는 자는 아무도 없었고, 생존의 필요에 의해 조성된 상호 의존은 일방적인 것이 아니었다. 도움을 필요로 하는 사람이 어느 날에는 체였고, 다음 날에는 또 다른 사람이었다. 이렇게 체는 개인적으로 게릴라 생활의 풍조를 강하게 숭배했는데, 이러한 체의 숭배심을 불러일으킨 것은 다른 어떤 요인보다도 앞서 말한 그런 공유감이었을 가능성이 크다.

2월 25일, 그러니까 체가 이후 〈물과 폭탄의 날〉이라고 이르게 되는 이날, 체와 그의 동지들은 점점 더 가까이 들려오는 박격포 터지는 소리와 기관총, 소총 소리에 잠이 깼다. 정부군이 그 지역을 샅샅이 수색하고 있다고 생각한 체의 동지들은 어두워진 이후 캠프를 옮겼지만 곧 열악한 상황에 처했다. 식량이 거의 바닥나 그들은 초콜릿과 연유로 연명했다. 더욱이 체는 며칠 동안 〈위험한 천식 발작〉이 일어날지도 모른다는 동요를 느꼈고, 이제 그 천식이 본격적으로 덮쳐 잠을 이루지 못할 정도로 악화되었다. 게다가 한 농민 협력자가 제공한 돼지고기를 먹고 대원들 대다수가 배탈이 났고, 체도 이틀 동안 토하느라 더욱 몸이 허약해졌다. 비에 흠뻑 젖으며 행군한 이후 체의 헐떡거림은 만성이 되었다. 반군은 농민들이 호의적이지 않은 지역에 들어서 있었고, 식량이 떨어진 상태에서 최근에 새로 고용된 안내인까지 갑자기 사라진 상태였다. 에우티미오와 같은 밀고자가 새로 생겨날까 우려한 피델은 능선 지대로 퇴각하라고 명령했지만, 체력이 소진된 체는 더 이상 걸을 수 없었다. 다른 대원들이 기다리는 가운데 체는 가지고 다니던 아드레날린 주사액 두 개 중 하나를 주사한 다음에야 겨우 기력을 회복했다.

산등성이에 도착한 반군은 적군 한 중대가 능선을 점령하기 위해 올라오는 모습을 발견하고 먼저 도착하기 위해 내달리기 시작했다. 첫 번째 박격포탄이 터졌을 때, 반군은 적군이 자신들을 발견해 냈다는 것을 알았다. 체는 나중에 스스로 인정했듯이 거의 달릴 수 없을 지경이었다. 〈나는 행군에 보조를 맞출 수가 없었고, 끊임없이 뒤처졌다…….〉 다행히 충실한 친구 루이스 크레스포가 곁에서 그를 부축하거나 배낭을 대신 들어 주면서 도왔다. 그러면서도 크레스포는 그를 〈아르헨티나 개자식〉이라고 부르고 자기 소총의 개머리판으로 치려는 제스처를 취하며 위협을 가하기도 했다.

반군은 정부군을 피했다. 하지만 산을 오르는 도중에 체는 다시 한 번 폭우에 흠뻑 젖었고 숨도 쉬지 못할 지경이 되어 나머지 행군 구간에서는 실려 다녀야 했다. 피델은 한 가지 결정을 내렸다. 약 없이는 체가 더 이상 갈 수 없다는 게 분명했다. 피델은 한 농민에게 돈을 주어 신속히 만사니요에 가서 천식약을 사오라고 한 다음, 한 과히로의 보호하에 체를 남겨 두고는 다른 대원들과 함께 행군을 계속했다. 새로운 계획은 체의 상태가 호전되는 대로 체가 디아스의 농장으로 가서 새로운 자원병들과 합류한 뒤 이들을 시에라로 데려와 피델과 합류한다는 것이었다.

체와 함께 남도록 임명된 남자는 〈엘 마에스트로(선생)〉라고 불리던 자로, 최근에 들어온 자원병이었다. 그는 자신이 예전에 몬카다 습격에 참여했다고 우겼지만 이내 그 말은 거짓으로 드러났다. 그럼에도 여하튼 그는 반군에 받아들여졌다. 체가 나중에 기술한 바에 따르면, 그는 〈평판은 의심스러웠지만 힘은 무지하게 센 사람〉이었다. 피델이 떠난 후 체와 그 선생은 숲에 몸을 숨긴 채 약을 구하러 간 농민이 돌아오기를 기다렸다. 어느 날 밤 잠을 이루지 못한 체는 그간 못 썼던 일기에 매달렸다. 〈마치 끈적끈적한 게 달라붙은 듯 불편하기 그지없는 것으로 기억에 각인된 날이었다. 나는 그 집에서 100미터 떨어진 곳에 앉아…… 열두 시간을 보냈는데 천식은 떨어지지 않고 악화되었다가 호전되기를 반복했다. 나중에 나는 열 발짝을 걸었고, 이제 불편한 비탈진 언덕에서 온 밤을 보내고 있다. 천식은 내 목에 딱 달라붙어 있고 새벽까지 잠을 이룰 수가 없다. 그 남자가 임무를 완수할 때까지 나는 다음 날 3시까지는 꼼짝없이 기다려야 한다는 것을 알고 있다. 밤에 땅이 세 번 진동했는데, 이것은 헐떡이는 소리로 가득 찬 밤 시간의 악절(樂節)에 색다른 음조를 더해 주었다. 낮 동안 우리가 지난밤을 보낸 바로 그 숲에서 기관총과 박격포의 덜거덕거리는 소리가 들렸다. 이것은 틀림없이 우리가 그 장소에 출현했다는 정보를 정부군이 입수하여 아마 내일쯤이면 그들이 우리가 지금 있는 곳을 샅샅이 뒤질 거라는 조짐이었다. 나와 함께 있던 선생은 정글 속으로 더 깊이 숨으려고 계속 애쓰면서 매우 초조한 시간을 보내고 있다.〉

〈희망과 공포〉가 뒤섞인 이틀이 지난 후 체의 심부름꾼이 천식약을 가지고 돌아왔다. 〈정말로 딱 한 병뿐이었지만, 어쨌든 그는 약을 가져왔고 약간의 우유와 초콜릿, 비스킷도 가져왔다〉고 체는 적었다. 그러나 체는 약을 먹어도 증상이 조금밖에 나아지지 않았고, 여전히 걸을 수 없었다. 3월 3일, 체는 약속한 날짜에 디아스 농장에 무슨 일이 있어도 도착해야 한다는 생각에 최후의 노력을 기울여 움직이려고 했다. 하지만 그날의 결과는 극히 실망스러웠다. 그는 다섯 시간의 사투 끝에 언덕 하나를 올랐는데 정상적인 경우라면 한 시간밖에 걸리지 않을 거리였다. 그날 밤에 그는 〈정신적으로는 승리, 육체적으로는 패배로 기록된 날〉이었다고 적었다.

디아스 농장에 도착하는 데 일주일이나 걸렸고 그래서 5일이나 늦어 버렸다. 체는 선생으로부터 도움을 거의 받지 못했고, 한번은 그가 도망가려는 계획을 세우고 있는 것 같은 의심이 들어 그에게 원한다면 도망가라고 권했다. 선생은 도망치기를 거부했지만 체는 그를 여전히 의심스러운 눈초리로 바라보았다. 체는 농민들에게서도 별 도움을 받지 못했다. 체는 평소 우호적이던 한 농민이 자신을 보고 너무 긴장하는 모습을 보이자 풀이 죽어 이렇게 적었다. 〈그가 어찌나 두려워하던지 두려움을 재는 기계가 있다면 그 기계를 부수고도 남았을 것이다.〉

3월 10일, 천식이 조금씩 나아지는 가운데 체는 마침내 목적지에 도착했지만 새로운 부대가 아직 도착하지 않았다는 걸 알게 되었다. 에피파니오 디아스가 그에게 새로운 소식을 전해 주었지만 좋은 소식은 아니었다. 며칠 전에 다시 한 번 밀고 행위가 일어나 피델의 부대가 로스알토스 데 메리노라는 곳에서 적군의 기습 공격을 받아 부대가 둘로 나뉘었다는 것이었다. 피델이 어떻게 되었는지에 관해서는 아직까지 아무런 소식이 없었다.

5

쿠바 혁명을 특징지을 많은 아이러니한 일들 가운데 하나는 시에라마에스트라에서 반군이 가장 절망적인 나날을 보내고 있을 때 바티스타 정권에 가장 통렬한 타격을 가한 사건들 가운데 하나가 동시에 일어났다는 점이었다.

2월 말에 피델이 허버트 매슈스와 가진 대담한 인터뷰 소식이 마치 폭탄처럼 쿠바를 강타하며 정치적 소동과 언론의 열광을 야기했다. 체가 도취감에 싸여 지적했듯이, 〈피델과 매슈스의 인터뷰는 모든 예상을 뛰어넘는 것이었다〉. 바티스타의 국방장관은 신속히 그 인터뷰를 매슈스가 꾸며 낸 사기극이라고 비난하면서 그에게 피델과 직접 찍은 사진을 공개하라고 다그쳤다. 하지만 장관의 호령은 바티스타를 괴롭힌 마치 속사포처럼 일어난 일련의 당혹스러운 실책들의 서막일 뿐이었다. 그 실책들은 매슈스의 3부작 시리즈 중 첫 회가 「뉴욕 타임스」에 보도된 다음 날인 2월 25일에 바티스타가 언론 검열을 철폐하면서 시작되었다.

매슈스의 인터뷰는 여러 신문에 즉각 번역, 전재되었고 쿠바 전역의 공중파를 통해 논평과 토론을 불러일으켰다. 그의 인터뷰는 피델이 죽었다는 정부의 주장에도 불구하고 피델이 여전히 전혀 이상 없이 살아 있음을 입증했을 뿐만 아니라 미국의 유력지에 보도됨으로써 피델이 국제적 유명 인사로 데뷔할 기회까지 주었다. 특히 그 기사는 우호적이었고, 쉰일곱 살의 통신원은 피델에게 확실히 설득당해 그의 대의에 공감을 드러냈다.

매슈스는 이렇게 썼다. 〈쿠바의 젊은 반군 지도자 피델은 살아 있고 쿠바 섬의 남쪽 끝, 험준하고 접근하기 힘든 광대한 시에라마에스트라에서 격렬하면서도 성공적인 전투를 벌이고 있다. ……많은 남녀가 피델 카스트로와 그가 대표한다고 생각하는 새로운 정책에 공감하고 있다. …… 매우 존경받는 수백 명의 시민이 카스트로 씨를 돕고 있으며…… 정부의 난폭한 대테러 정책은 사람들로 하여금 바티스타 장군에게 더욱 등을 돌리도록 자극해 왔다. ……사태가 돌아가는 형국으로 볼 때 바티스타 장군이 카스트로의 반란을 진압하리라 기대하기는 어려울 것 같다.〉

매슈스는 피델을 묘사하면서 감탄할 만한 강건한 이미지를 불러일으켰고, 군대의 규모와 관련해 피델의 속임수에 넘어갔음을 드러냈다. 〈그는 영락없는 남자였다. 구릿빛 피부에 둥근 얼굴, 아무렇게나 자란 턱수염을 가진 180센티미터의 강한 인상을 주는 사람이었다. 그는 올리브그레이 색상의 작업복을 입고 망원경이 달린 소총을 휴대하고 있었는데, 그는 이 총을 매우 자랑했다. 그의 대원들은 여기 있는 50자루 외에 더 많은 무기를 가지고 있는 듯하다. 그는 정부군 병사들이 대원들을 무서워한다고 말했다. 《우리는 이 총들로 1,000미터 거리에서도 그들을 쏘아 맞힐 수 있다》고 그는 말했다. ……그는 사람들을 압도하는 개성의 소유자다. 또한 대원들이 그를 숭배한다는 것을 쉽게 알 수 있고 그가 쿠바 섬 전역에서 젊은이들의 상상력을 사로잡은 이유도 쉽게 알 수 있다. 여기에 교양 있

고 헌신적인 열광자, 이상과 용기, 놀라운 지도력을 가진 한 남자가 있다.〉

매슈스는 〈반군의〉 정치적 성향을 거의 프랭클린 루스벨트식 자유주의 측면에서 정의하며 이렇게 썼다. 〈그것은 스스로를 사회주의적이라 부르는 혁명 운동이다. 또 그것은 민족주의적이기도 한데 이는 라틴 아메리카에서는 일반적으로 양키를 반대한다는 것을 의미한다. 그 강령은 모호하고 보편적인 원리들로 표현되어 있지만, 궁극적으로는 쿠바를 위한 뉴딜이라 할 수 있고, 급진적이고 민주적이며 따라서 반공주의적이다. ……카스트로는 헌정을 회복하고 선거를 치러야 하는 당위성과 사회 정의, 민주주의, 자유 등에 대한 강한 이상을 가지고 있다.〉

이후 몇 주 동안 미디어 전투가 격렬하게 이어졌고, 반군의 자체 라디오 방송 때문에 더욱 흥미롭게 전개되었다. 이 전투는 2월 28일 「뉴욕 타임스」에 매슈스가 피델과 함께 찍은 사진이 공개되면서 정점에 달했다. 그 사진은 매슈스가 인터뷰 전체를 꾸며 냈다는 정권의 부주의한 주장을 극적으로 꺾어 버렸다. 더 나아가 오리엔테 군사령관은 〈그 가상의 인터뷰가 일어났다고 하는 지대는 물리적으로 들어오기 불가능한 곳〉이라고 자랑 삼아 주장하기도 했는데, 이 역시 자신이 잡히지 않을뿐더러 패배를 모른다는 피델의 주장에 무게를 실어 줄 뿐이었다.

피델이 언론에 대문짝만하게 등장한 데 이어 프랑크 파

이스와 아르만도 아르트가 체포되었다는 나쁜 소식이 들어왔다. 그러고 나서 3월 13일에 체가 에피파니오 디아스의 농장에서 새로운 반군 자원병들을 기다리고 있을 때, 라디오 방송이 아바나에서 바티스타에 대한 암살 기도가 있었다고 자세히 보도하기 시작했다. 호세 안토니오 에체베리아가 이끄는 혁명지도자단 소속 무장 그룹이 카를로스 프리오의 아우텐티코당 당원들와 함께 대낮에 대통령궁에 대담한 공격을 개시하여 아바나의 24시간 방송국 〈라디오 렐로〉를 일시적으로 접수하기도 했다. 하지만 공격은 실패로 돌아갔고, 이어진 총격전에서 40명 이상이 죽었다. 사망자에는 에체베리아와 그의 추종자 30명 이상, 5명의 대통령궁 경비대원, 우연히 재수 없이 그곳에 있게 된 미국인 관광객 한 명이 들어 있었다. 공격이 닥쳐온 순간, 아이러니하게도 링컨의 암살에 관한 책을 읽고 있던 바티스타 자신은 아무런 피해도 입지 않고 살아남았다.

사적인 메모에서 체는 혁명지도자단을 여느 때처럼 〈테러리스트 집단〉이라고 부르며, 대학교에 기반을 둔 전사 집단에 대한 자신의 감정을 드러냈다. 피델과 에체베리아는 멕시코시티에서 서류상으로 조약에 서명했지만, 사실상 두 지도자는 화해할 수 없는 경쟁자였다. 비록 실패로 끝나기는 했지만 에체베리아의 바티스타 암살 시도에는 아바나 사람들에게 자신의 세력이 피델 세력과의 권력 투쟁에서 이겨 그를 대체한 세력이 되었음을 기정사실화하려는 목적이 깔려 있었다. 지도자의 사망으로 혁명지도자단은 심한 타격을 받았지만, 이후 사태가 보여 주듯 무대에서 완전히 사라진 것은 아니었다. 혁명지도자단은 마지막 순간까지 피델의 헤게모니에 계속 도전할 터였다. 당분간 아바나의 7월 26일 세포들은 부상자들을 돌보고 수배자들을 그들 자신의 안가에 숨겨 주며 구원자 역할을 하는 동시에 이 기회를 틈타 혁명지도자단의 사용되지 않은 무기 은닉물들을 접수했다.

암살 시도는 바티스타에게 단기적으로 긍정적인 결과를 가져다주었다. 보수적 사업가 집단이 〈테러 행위〉를 규탄하며 그의 주변에 결집했던 것이다. 또한 바티스타는 그 사건을 통해 강력한 통치자, 즉 전통적인 쿠바 사회를 무정부 상태로부터 지키는 최후의 방어선을 제공하는 군사 지도자로 부각되었다. 이후 며칠 동안 바티스타 경찰은 수많은 인사들을 체포하고, 암살 시도에 가담했다가 도피한 생존자들을 찾아내 사살했다. 암살 시도에 연루된 혐의를 받은, 유명한 전 상원의원이자 오르토독소당 임시 지도자였던 펠라요 쿠에르보 나바로가 경찰에 살해되었다.

몇 가지 사건에도 불구하고 3월 17일에 산티아고 출신의 신병 50명과 새로운 무기 몇 점이 디아스 농장에 도착했다. 신참자들을 관목 숲 속에 숨긴 다음, 체가 직면한 가장 큰 문제는 많은 대원들을 먹일 식량을 확보하는 일과 이들을 데리고 산악 지대를 통과하여 로스알토스 데 에스피노사에서 그리 멀지 않은 사전에 정해 놓은 접선 지점에서 피델과 재결합하는 일이었다. 그들이 행군에 나섰을 때 체는 산티아고에서 온 새로운 부대가 모두 그란마 호 대원들이 처음에 가졌던 것과 똑같은 결함을 가지고 있음을 깨달았다. 그 신참자들은 군율에 대한 감각이 거의 없었을 뿐만 아니라 신체적 지구력도 별로 없었다. 그들은 배급받은 식량에 불평을 늘어놓았고, 일부는 첫 구릉지 등반을 간신히 수행했다.

일단 신병들이 언덕에 오르자, 체는 원기를 회복하도록 그들을 하루 종일 쉬게 했다. 신병들이 언덕에 오른 것은 체가 일기에 아이러니하게 적은 대로 〈이제까지 혁명이 이룬 것 중 가장 위대한 업적이었다〉.

체는 과히로 몇 명을 불러 도움을 받으며 신병들을 시에라 쪽으로 서서히 이동시키기 시작했다. 8일간의 느리고 고통스러운 행군 끝에 그들은 마침내 피델을 비롯한 다른 대원들 ― 이들은 최근의 매복 공격을 이겨 내고 결국 살아남았다 ― 과 만났다. 한동안 그들은 안전했다. 체는 자기 임무를 완수했고, 18명에 불과했던 반군은 이제 70명으로 늘어나 있었다.

16장
마른 소와 말고기

1

불평을 해대는 손발이 부르튼 신병 부대와 함께 일주일에 걸쳐 시에라마에스트라에 오른 후, 체는 라데레차라는 외진 언덕배기 마을에서 피델과 재회했다. 다시 한 번 체는 피델에게 꾸중을 들었다. 새로운 자원병들의 지도자인 호르헤 소투스에게 권위를 충분히 각인시키지 않았다는 게 그 이유였다. 신병들의 거만한 태도에 체는 짜증이 났고, 도중에 그의 많은 부하들도 화가 나서 항의를 했지만 체는 그 남자에게 〈규율〉의 필요성을 설교하는 선에서 그쳤다. 체는 소투스를 다루는 일은 피델에게 맡기는 쪽이 더 낫다고 판단했다.

피델이 알아차렸듯이, 체는 〈지휘를 하지〉 않았다. 체에 대한 피델의 노여움은 체가 도착하자마자 단행된 참모진 재편에 그대로 반영되었다. 피델은 몇 명을 새로 장교로 승진시키고, 부대를 세 개의 확대된 소대로 나눈 뒤 라울, 후안 알메이다, 호르헤 소투스에게 지휘를 맡겼다. 반면 체는 참모진 의사에 재임명되면서 자신의 보잘것없는 역량을 다시 확인받았다. 체는 일기에 이렇게 썼다. 〈라울은 내가 정치위원에도 임명되어야 한다고 주장하려 했지만 피델의 반대에 부닥쳤다.〉

쿠바 혁명전쟁에 관한 체의 공식적인 출판물에는 이러한 이야기가 언급되지 않고 있지만 이 일화는 체에 대한 라울의 호의뿐만 아니라 피델의 정치적 통찰력을 보여 준다는 점에서 주목할 만하다. 바티스타는 이미 피델을 공산주의자라고 비난하고 있었고, 피델은 이런 비난을 극구 부인하고 있었다. 이런 상황에서 체 같은 공공연한 마르크스주의자를 정치위원으로 임명하면 바티스타의 손에 놀아나게 될 뿐만 아니라 반공주의가 압도적 대세를 이루고 있는 7월 26일 운동의 많은 성원들을 이반시킬 수도 있었다.

피델은 참모진 재편을 끝낸 뒤에 당면한 전쟁 계획을 짜기 위해 체를 포함한 여덟 명의 최측근들과 비밀회의를 열었다. 체는 새로운 대원들이 화력 시범을 해보이도록 정부군과 교전에 들어가야 한다고 주장하며 즉각 전투에 복귀할 것을 역설했다. 하지만 피델을 비롯한 대다수 대원은 체의 주장에 반대했다. 정부군을 점진적으로 격파하는 게 낫다는 것이었다. 체는 일기에 〈우리는 전투를 피하려고 애쓰면서 덤불숲을 통과하여 투르키노 산으로 행군하기로 결정했다〉고 썼다.

그리고 3월 25일, 한 전령이 산티아고 감옥에서 프랑크 파이스가 몰래 내보낸 메시지를 가지고 왔다. 이 편지는 크레센시오 페레스에 관한 긴급 정보 몇 가지를 담고 있었다. 파이스는 자신이 아는 소식통이 크레센시오가 호아킨 카시야스 대위와 거래한 사실을 알려 왔다고 전했다. 반군이 모두 모이는 때에 한 번에 제거할 수 있도록, 그가 반군이 모이는 장소를 정부군에게 알려 주기로 했다는 것이었다. 일기에서 드러나듯이, 체는 파이스의 정보를 신뢰한 것으로 보인다. 그는 크레센시오의 충성심을 의심할 이유를 이미 가지고 있었다. 농민 전사들을 모집할 사명을 띠고 한동안 나가 있었던 그 과히로 지도자는 140명의 무장병들을 모집했다는 메시지를 최근에 전해 온 바 있었다. 그러나 체가 디아스 농장에서 나오는 도중에 크레센시오를 만나러 가서 확인해 보니, 그와 함께 남아서 회복 중인 전사 4명만이 있을 뿐, 신병은 전혀 없었다. 또한 크레센시오는 사탕수수를 태워 버리라는 피델의 명령에 화를 내며 어찌할 바를 모르고 있었다. 이러한 의견 불일치는 결정적인 시점에 반군 지도부와 가장 중요한 농민 동맹군 사이에 존재하는 혁명 전략에 대한 몰이해의 간극이 얼마나 큰지를 보여 주는 것이었다. 지도부는 이러한 간극이 반역으로 증폭되었는지 확신하지 못했지만, 그렇다고 위험을 감수할 수도 없는 노릇이었다. 피델은 가장 믿을 만한 부하 몇 명을 소집하여 3월 25일 바로 그날 밤에 작전에 동원될 거라고 지시를 내렸다.

그러나 재편된 반군의 첫 도정은 무능한 경찰들에 대한 무성 영화 「키스톤 캅스」의 한 장면 같았다. 첫 번째 큰 언덕을 오를 때 가장 이국적인 새 자원병들 중 한 명 — 관타나모 만의 미 해군 기지에서 도망쳐 온 미국인 10대 세 명 중 하나 — 이 지쳐 기절했다. 언덕을 내려가는 동안에는 전위대 두 명이 길을 잃었고, 곧바로 제2소대 전체가 길을 잃었다. 그런 다음 소투스의 부대와 후위대 역시 길을 잃었다. 체는 이렇게 적었다. 〈피델은 버럭 화를 냈지만 결국 우리 모두 약속된 집에 도착했다.〉

반군은 한 농부의 농장에서 훔친 플랜테인과 유카를 먹어 치우며 하루 동안 휴식을 취한 후에, 이튿날 예전에 매복 공격을 받았던 언덕인 로스알토스 데 에스피노사로 다시 올라갔다. 훌리오 세논 아코스타가 묻힌 곳에서 반군은 그에 대한 간단한 추모식을 했다. 그때 체는 우연히 근처 가시 덤불 속에서 예전에 잃어버렸던 담요를 발견하고는 다시는 그런 식으로 장비를 잃어버리지 않겠노라고 스스로에게 다짐했다. 그것은 〈신속한 전략적 후퇴〉의 유물이었다. 체의 무거운 의료 장비 운반을 돕도록 새로운 대원 — 〈파울리노라는 이름을 가진 물라토〉 — 이 참모진에 임명되었다. 그 짐을 운반하느라 과로하여 체의 천식이 도졌기 때문이다.

그 이후 몇 주 동안 반군은 이런 식의 행보를 반복했다. 피델은 전투를 하지 않는 이런 휴지기를 활용하여 예비 식량과 무기, 탄약을 확보하고 농민 지원망을 확대할 생각이었다. 하지만 먼저 그들은 하루하루 대원들의 끼니를 해결할 식량부터 확보해야 했다. 그들은 시에라의 이곳저곳을 이동하면서 농민들과 계약을 맺어 수확할 농작물 가운데 일부를 자기들이 쓸 수 있도록 떼어 두게 했지만, 현재로서는 상황이 극히 어려웠다. 게다가 반군의 수가 80명을 넘었기 때문에 한 농민의 집에서 끼니를 때울 수 있을 거라고 기대할 수 없었다. 고기를 구경하기가 힘들게 되었고, 그들의 식단은 종종 플랜테인, 유카, 말랑가 등으로 이루어졌다. 형편없는 식사에 피델은 우울한 기분에 빠져들었다. 4월 18일, 체는 피델이 간단한 임무를 위해 캠프를 떠났다가 저녁 식사를 거른 이후 발끈 화를 내는 장면을 보았다. 〈피델은 늦게 돌아와서는 벌컥 화를 냈다. 우리가 먼저 밥을 먹었기 때문이었고 또 자신이 바라던 대로 일이 풀리지 않았기 때문이었다.〉

식량 부족에 시달린 반군은 곧 단순 강도짓이나 다름없는 일도 불사하며 필사적으로 상황 타개에 나섰다. 어느 날 밤 대원 몇 명이 잡화점 약탈에 동원되었고, 또 다른 대원들은 치바토로 의심받던 포파라는 자를 협박하여 그의 소 한 마리를 몰수하는 임무를 띠고 파견되었다. 포파를 찾아간 대원들이 돌아왔을 때, 체는 이렇게 언급했다. 〈그들은 포파에게 멋지게 한 방 먹여 말 한 마리를 빼앗았지만 떠날 때 보니 그가 결국 치바토가 아닌 것 같다는 인상을 받았다. 포파는 말값을 지불받지 못했지만 잘 처신하면 값을 지불받을 거라는 약속을 받았다.〉 빼앗은 말은 조리용 도가니 속으로 들어갔다. 하지만 처음에 과히로들은 일 잘

하는 유용한 동물이 식용으로 죽임을 당했다는 데 격분하여 말고기를 먹지 않으려고 했다. 먹고 남은 고기는 소금에 절여 일종의 저장용 고기인 타사호tasajo로 만들었다. 한편 타사호가 만들어지는 데 시간이 지체되자 피델은 캠프를 이동할 계획을 연기했다. 체는 이를 냉담한 어투로 기록했다. 〈타사호에 대한 고려 때문에 피델이 마음을 바꾸었다.〉

시에라마에스트라 밖에서는 정치적 분위기가 폭발하기 일보 직전으로 치달았다. 폭력이 증대하는 상황에서 정당들은 바티스타에게 새 선거 일정을 잡으라고 요구하고 있었다. 몇몇 정치인은 〈반란 집단들과의 대화〉를 요구했다. 이는 반란자들이 좀 더 중요한 존재로 받아들여지고 있음을 시사했다. 하지만 바티스타는 〈반란자들이 존재하지도 않기〉 때문에 대화는 불필요하다고 선언했다. 하지만 바티스타의 이런 태도는 공허한 정치적 제스처에 지나지 않았다. 산티아고 11월 봉기의 〈진압자〉 바레라 페레스 소령이 대령으로 승진되어 시에라마에스트라를 일소하기 위해 1,500명의 병사를 지원받았다는 뉴스가 곧바로 들려왔기 때문이다.

쿠바의 여러 도시에서 정치 공작이 계속되는 동안 반군은 시에라마에스트라의 산등성이들을 떠돌아다녔다. 피델은 마침내 크레센시오 페레스로부터 앞뒤가 맞지 않는 통보를 받았다. 그 과히로 지도자는 전언을 통해 이전에 공언했던 인원수를 채우지는 못했지만 이제 몇 명의 자원병이 모였다고 하면서, 자신은 〈다리가 아파서〉 그들을 데려갈 수 없으니 피델 본인이 와서 데려가면 안 되겠느냐고 물었다. 체의 메모는 아리송했다. 〈피델은 페레스에게 진지한 모든 제안을 받아들이고 나중에 무장 대원들과 함께 가겠노라는 응답을 보냈다.〉 분명히 피델은 그 과히로가 배반 행위를 하고 있을 경우 함정이 될 수도 있을 상황을 피하면서도 속내를 드러내지 않기로 결정한 것이었다.

부득이 반군은 시에라의 주민들과 관계를 구축하는 데 더 많은 노력을 기울이기 시작했다. 심지어 체는 옥외 건강상담소를 운영하기 시작했다. 〈지루한 일이었다〉고 체는 나중에 술회했다. 〈나는 줄 약이 거의 없었고, 시에라에서는 임상 사례가 모두 비슷했다. 치아가 없는 조로한 여자, 어린이 복부 팽창, 기생충, 구루병, 전반적인 비타민 결핍……〉 체는 이들 증상의 원인이 과로와 빈약한 식사에 있다고 진단하며 이렇게 썼다. 〈거기서 상담하는 동안 우리는 인민의 삶에 결정적인 변화가 있어야 한다는 점을 생생하게 느끼기 시작했다. 농업 개혁에 관한 생각이 명확해졌고, 인민과의 일체성이 단지 이론이 아니라 우리 존재의 근본적인 일부로 전환되었다.〉 아마도 체는 자각하지 못했겠지만, 한때 자신이 꿈꾸었던 〈혁명적 의사〉로 서서히 변모해 가고 있었다. 그는 이미 농업 개혁 같은 혁명적 정책들에 관한 생각을 갖고 있었지만 농민들 속에서 직접 생활해 본 경험은 이러한 구상들을 좀 더 구체화하는 데 도움을 주었다.

2

반군이 시에라에서의 생활에 적응해 가는 동안 야노의 운동 지도자들은 〈시민 저항Resistencia Cívica〉 지하 지원망을 통해 반군에게 생명선을 구축해 주기 위해 애쓰고 있었다. 프랑크 파이스는 고(故) 에디 치바스 상원의원의 동생이자 오르토독소당 의장인 라울 치바스를 끌어들여 아바나 지부를 이끌게 했다. 전 쿠바 중앙은행 총재이자 경제학자인 펠리페 파소스도 자기 아들인 하비에르 파소스 ― 그는 허버트 매슈스의 인터뷰를 주선했다 ― 가 행동에 돌입할 때가 왔다고 신호를 보내옴에 따라 지하 운동에 가담했다. 산티아고에서는 저명한 의사 앙헬 산토스 부치가 지하 지원망을 이끌었다.

그러나 그즈음 전국지도부의 핵심 요원들이 체포되어 협력 활동이 일격을 받았다. 7월 26일 운동의 지하 선전가로 활동해 온 저널리스트 카를로스 프랑키와 파우스티노 페레스가 대통령궁 공격에 연루되었다는 혐의를 받고 모두 체포되었다. 두 사람은 아바나의 엘 프린시페 감옥에서 아르만도 아르트와 만났지만, 프랑크 파이스는 여전히 산티아고에 구금되어 있었다. 그러나 감옥에서도 그들은 비밀 활동을 계속했고, 비밀 서신을 통해 서로 접촉하며 피델과도 접촉을 유지했다. 운동 지도부 중에서 거의 유일하게 자유로운 상태였던 셀리아 산체스가 피델의 주된 외부 접촉선 역할을 했다. 피델은 산체스에게 끊임없이 편지를 보내며, 때로는 화를 내고 때로는 아첨을 하면서 자신의 늘어

나는 군대를 위해 더 많은 자금과 보급품을 보내 줄 것을
요구했다.

　4월 15일, 반군은 체가 최초로 자신의 부하를 죽였던 곳
인 아로요 델 인피에르노로 돌아갔다. 한 분대가 식량을
구하고 지역 주민들로부터 정보를 수집하러 파견되었는
데, 주민 중 한 명이 인근에 필리베르토 모라라는 치바토
가 있다는 사실을 알려 주었다. 새로 분대장에 임명된 기예
르모 가르시아가 용의자를 잡으러 나간 사이에 피델은 초
조해했다. 그 치바토에 관한 소식이 전해진 시점에 딱 맞추
어 정부군 비행기가 반군 캠프 상공에 나타났기 때문이었
다. 따라서 피델은 다시 캠프를 옮기고 싶어 했다. 그들이
출발하려고 준비하던 차에 기예르모 가르시아가 밀고 용
의자를 데리고 나타났다. 가르시아는 피델의 방법에 따라
정부군 장교 흉내로 속여 그 용의자를 데려왔는데, 그 치
바토는 반군 캠프에 도착하자 당황한 기색이 역력했다. 체
는 일기에 이렇게 적었다. 〈필리베르토라는 그 남자는 속
았지만 피델을 본 순간 무슨 일이 일어나고 있는지 알아차
리고는 용서를 구하기 시작했다.〉 겁을 집어먹은 필리베르
토는 자신의 모든 전죄를 고백했는데, 이 중에는 아로요 델
인피에르노 매복에 정부군을 안내한 역할까지 있었다. 더
놀라운 사실도 드러났다. 모라의 일당 중 한 명이 정부군에
게 반군이 있던 위치를 알려 주기 위해 사라졌다는 것이었
다. 체의 메모는 이렇게 결론지었다. 〈그 치바토는 처형되
었다. 나는 그의 머리에 총을 쏘고 10분 후에 그가 죽었다
고 선언했다〉

반군이 캠프를 철수했을 때, 셀리아가 보낸 심부름꾼이 편지와 500달러를 가지고 도착했다. 편지에서 셀리아는 피델에게 곧 더 많은 돈을 보내줄 거라고 말하고는 피델의 추가 언론인 접촉 부탁에 대한 응답으로 몇몇 언론인을 물색하여 자신이 직접 이들을 데리고 시에라로 가겠다고 약속했다. 감옥에 있던 아르만도 아르트에게서도 비밀 편지가 도착했다. 그런데 체는 도대체 아르트가 쓴 모든 것에 관해 믿음이 가지 않았고 기분이 찜찜했다. 그는 일기에 이렇게 적었다. 〈그 편지에서 아르트는 자신이 적극적인 반공주의자임을 드러냈고, 심지어 양키 대사관과 모종의 거래를 한 듯한 인상도 풍겼다.〉*

4월 말에 더 많은 농민이 합류했고, 반군의 보급 시스템이 좀 더 효율적으로 작동하기 시작했다. 이제 하루 단위로 사람들과 노새들이 식량과 함께 도착했다. 미국 CBS 방송국의 밥 테이버와 웬들 호프먼이라는 두 백인이 피델을 만나러 도착할 거라는 소식도 전해졌다. 셀리아 산체스와 아이데 산타마리아도 동행할 거라고 했다. 셀리아가 시에라로 가기를 원하는 저널리스트들을 찾는 데 시간이 많이 걸리지 않았던 게 확실했다. 피델과 쿠바의 반란에 관한

* 바로 이 편지가 공식 쿠바 혁명사에서는 빠져 버렸는데, 이는 게릴라 전쟁 기간 동안 7월 26일 지하 운동과 미국 정부 사이에 이루어진 비밀 접촉에 관한 모든 공개적인 인정이 공식 역사에서 빠진 것과 똑같은 경우였다. 그러나 그런 접촉은 분명히 있었다. 이전의 설명들에서는 그 접촉이 1957년 여름에 시작되었던 것으로 추측되었다. 체의 말은 미국 정부 관리들이 일찍이 3월에 벌써 피델의 지하 요원들에게 의사 타진을 하고 있었음을 시사한다.

허버트 매슈스의 「뉴욕 타임스」 기사가 미국 언론계에 광범위한 관심을 촉발했기 때문이었다. 테이버는 CBS 라디오에 방송을 신청할 예정이었고, 또한 그와 그의 카메라맨은 반군에 관한 텔레비전 다큐멘터리도 만들 계획이었다. 이들의 도착에 맞추어 피델은 자신의 참모본부를 반군 캠프 본진 위쪽 언덕 정상으로 옮겼다. 방어를 강화하고, 체가 지적한 바와 같이 〈저널리스트들에게 깊은 인상을 심어 주기 위한〉 조치였다.

저널리스트들은 강한 인상을 받고 곧바로 일을 시작했다. 그들은 첫날을 반군에 가담하여 미국에서 유명한 사건이 되었던, 세 명의 미국인 도망자와 인터뷰를 하며 보냈다. 피델은 그 자신의 인터뷰를 위해 또 한 번 극적인 언론 플레이를 염두에 두고 있었다. 그는 쿠바에서 가장 높은 산인 투르키노 산에 올라 그 정상에서 기자 회견을 하고자 했다. 4월 28일 거의 모든 사람이 피델의 휴대용 고도계로 측정하여 1,850미터나 되는 꼭대기까지 등반했다. 거기서 피델은 카메라 촬영을 하는 가운데 테이버와 호프먼의 인터뷰에 응했고, 모든 대원이 총을 쏘면서 극적인 분위기를 더했다. 천식으로 씨근거리던 체는 마지막으로 정상에 올라 등반에 성공했다는 사실에 엄청난 뿌듯함을 느꼈다.

투르키노 산에서 내려온 후, 체는 천식이 가라앉자 안도감을 느꼈다. 좋아지기는 했지만 이제 막 건강을 되찾은 체에게 세 명의 미국인 도망자 중 한 명인 빅터 벌먼을 돕는 후위 임무를 맡긴 피델의 처사는 좀 지나친 감이 있었다. 벌먼은 허약했고 위통을 호소하며 자기 배낭을 짊어지지도 못했다. 체는 마지못해 그를 도와주며 일기장에 그 젊은 미국인이 무엇보다 〈향수병〉을 앓고 있는 게 아닌지 의심 스럽다고 툴툴거렸다.

반군의 투르키노 등정에 때맞춰 이전에 보지 못했던 새로운 유형의 자원병이 유입되었다. 반군의 유명세가 널리 퍼진 덕분에 그 대의에 낭만적으로 이끌린 젊은이들이었다. 한 젊은이는 두 달 동안 반군의 행적을 찾아다녔다고 말했다. 쿠바 중부의 카마구에이 주 출신의 또 다른 청년 둘을 체는 처음에 〈두 명의 모험가〉로 치부하며 받아 주지 않으려 했지만, 지나치게 까다롭게 굴 여유가 없었던 반군은 결국 그들을 받아들였다. 나중에 체가 지적했듯이, 이 애송이들 중 한 명인 로베르토 로드리게스는 결국 〈우리 혁명전쟁의 가장 호감 가고 총애받는 인물인 바케리토(작은 카우보이)〉가 되었다. 그는 이후 대담무쌍한 영웅적 행동으로 쿠바의 혁명 영웅 신전에서 추앙받는 한자리를 차지하는 인물이 된다.

체는 의사 역할 외에 새로운 중요한 임무를 수행하기 시작했다. 비록 피델이 예전에 그를 정치위원에 임명하기를 꺼리긴 했지만, 신참자들을 면담하고 이들에게 초보적인 정치적 예비 교육을 해주는 일이 체의 비공식 임무가 되었다. 바케리토가 나타났을 때, 체는 그를 의심스러워했다. 하지만 나중에 체는 그에 대해 이렇게 썼다. 〈바케리토는 머릿속에 정치적 관념이라곤 하나도 없는, 그저 이 모든 것을 멋진 모험으로 생각하는 행복하고 건강한 소년으로 보였다. 맨발로 온 그에게 셀리아는 남는 신발 한 켤레를 빌려 주었다. 멕시코 사람들이 즐겨 신는 가죽 신발이었는데, 그의 발이 너무 작아서 맞는 신발이라고는 그것밖에 없었다. 새 신을 신고 커다란 야자 잎 모자를 쓴 바케리토는 멕시코 카우보이vaquero처럼 보였다. 바로 그것이 그가 그런 이름을 얻게 된 이유다.〉

또 한 명의 새 자원병은 훌리오 게레로라는 과히로였다. 물라토 계곡에 살던, 죽은 에우티미오 게라의 동네 사람이었다. 반군과 연루된 혐의 때문에 집이 불타 버린 그는 정부군으로부터 도망 다니는 신세였다. 정부군은 게레로에게 피델을 죽이면 현상금을 주겠다고 제의했지만, 그가 제안 받은 현상금은 에우티미오가 약속받았다고 알려진 1만 달러보다 훨씬 적은 300달러와 새끼 밴 암소 한 마리에 불과했다.

반군이 정치적 자질이 검증되지 않은 전사들을 돌려보낼 여유가 없었던 것과 똑같이, 민간인 동맹자들에 대해서도 찬밥 더운밥을 가릴 형편이 못 되었다. 7월 26일 운동원 중 한 명으로부터 혁명지도자단의 대통령궁 공격 실패 직후 가까스로 회수된 혁명지도자단의 무기들이 산티아고로 몰래 반입되었다는 소식이 전해졌는데, 피델은 은닉된 곳에서 무기들을 분류하여 현지 안내인 편으로 보내 달라고 부탁했다. 현지 안내인은 체가 일기에서 지적했듯이, 〈마리화나 유통업자라는 그의 직업 덕분에〉 시에라 전 지역을 훤히 꿰뚫고 있었다.

또한 낯익은 얼굴이 다시 모습을 드러냈다. 엘 가예고 모란이었다. 체는 놀라면서 불쾌감을 느꼈다. 다리를 부상당해서 여전히 절뚝거리던 모란은 〈특급 비밀 계획〉을 제안하겠다고 하면서 흥분에 완전히 들떠 있었다. 피델은 모란의 〈계획〉을 들어주었고, 이후 체는 피델이 그 제안을 받아들였다는 소식에 매우 안타까워하며 일기장에 이렇게 썼다. 〈피델은 내게 엘 가예고를 멕시코로 보내 남아 있는 대원들로 또 하나의 원정대를 꾸려 오게 한 다음, 미국으로 보내 자금을 조성하고 선전전을 수행하게 할 거라고 말했다. 나는 피델에게 공공연한 도망자에다가 품행은 나쁘며 사기꾼에다가 모략가이고 기껏해야 거짓말쟁이인 엘 가예고 같은 사람을 보낸다는 게 얼마나 위험한 일인지 말했지만…… 아무 소용이 없었다. 피델은 엘 가예고가 적개심을 품고 미국으로 가게 내버려 두기보다는 무언가 일을 줘서 보내는 게 더 낫다고 역설한다.〉 여전히 미덥지 못했던 체는 이렇게 덧붙였다. 〈가예고가 원하는 모든 것은 미국으로 가서 이곳을 버리는 것이다.〉

(결국 체의 의심은 충분한 근거가 있었던 것으로 밝혀졌다. 얼마 지나지 않아 모란이 바티스타의 정보부 쪽으로 돌아서서 반란 혐의자들을 추적하는 일에 적극적으로 협력했기 때문이다.)

모란이 임무를 수행하기 위해 떠났을 때, 또 다른 미국인 기자 한 명이 피델을 만나러 오는 중이라는 소식이 들려왔다. 테이버의 카메라맨이 이미 떠났고 필름도 별도로 비밀리에 반출되었지만, 테이버는 남아서 『라이프』지에 실을 기사 작업을 계속했다. 새로운 기자가 온다는 소식을 들었을 때, 테이버는 피델에게 자기 혼자 특종을 건질 수 있도록 자신이 일을 끝낼 때까지 그 기자와의 인터뷰를 보류해 달라고 부탁했다. 피델은 동의했고, 새로 오는 기자를 도중에 며칠 대기시켰다.

그들의 마리화나 유통업자 안내인이 보급품과 돈을 가지고 돌아왔다. 그는 새로운 무기들을 인수할 접선 지점이 투르키노 산 북동쪽으로 며칠 걸어서 갈 지역으로 정해졌다는 소식도 가져왔다. 반군이 밖으로 이동하려고 준비했을 때, 체는 피델에게서 메시지를 받아 대부분의 반군이 야영하고 있던 곳으로 갔지만 어두워진 다음이라 길을 잃고 말았다. 그는 혼자서 3일 동안 숨고 덤불숲을 헤매며 돌아다닌 끝에 결국 동지들에게 돌아가는 길을 찾았다. 반군의 후위 캠프에 도착하니 거기에 새로 오기로 한 저널리스트인 헝가리계 미국인 프리랜서 앤드루 세인트 조지가 아직 대기 중이었고, 그의 동지들은 진심 어린 박수로 그를 환영해 주었다. 이에 감동을 받은 체는 〈모두에게서 받은 환영은 애정 어린 것이었다〉고 말했다. 하지만 체는 이 전사들이 자기들 마음대로 〈인민재판〉을 했다는 이야기를 듣고는 마음이 편치 않았다. 〈그들은 나에게 나폴레스라는 치바토를 죽이고, 죄질이 심하게 나쁘지 않은 다른 두 명은 풀어 주었다고 말했다. 이 대원들은 하고 싶은 일을 마음대로 하고 있다.〉

체가 없는 사이에 밥 테이버가 세 명의 미국인 아이들 중에서 집으로 돌아가기로 결정한 두 명을 데리고 떠났다.*

---

* 세 번째 청년 찰스 라이언은 몇 달 더 머물다가 게릴라 생활에 지쳐 역시 떠나기로 결정했다.

반군은 다시 제재소가 밀집되어 있는 피노델아과라는 마을 인근 무기 인도 지점으로 행군해 갔다. 하지만 접선 지점에 아무도 나타나지 않아 반군은 애매한 상태에서 구릉지로 철수했는데, 거기서 그들은 크레센시오 페레스를 만났다. 이 과히로는 마침내 오래전에 약속했던 농민 자원병 부대 24명 ─ 무장 상태는 빈약했다 ─ 을 이끌고 도착했다. 반군은 정부군 순찰대와 우연히 마주쳐 그들을 공격한 다음 도망쳤지만, 어린 반군 병사 한 명이 포로로 잡혀 총을 맞은 다음 총검에 찔려 죽었고, 그의 시체는 길에 버려졌다. 복수할 길을 찾던 체를 포함한 대다수 반군은 방금 포로로 잡은 육군 상병의 처형을 요구했지만, 여전히 무장 병력을 자기 편으로 끌어들일 방도를 찾던 피델은 그에게 아무런 해도 입히지 않고 석방할 것을 주장했다(크레센시오의 충성심에 대한 오랜 의심은 잊혔거나 은연중에 무시되었다. 체는 자신의 일기에서 그에게 가졌던 의심을 전혀 언급하지 않았고, 혁명전쟁에 관한 어떤 출판물에서도 크레센시오가 의심을 받은 사건에 대해 전혀 언급하지 않았다).

반군이 무기 인도의 새로운 시점과 장소에 관한 소식을 기다리고 있을 때, 라디오에서 그들의 주장이 중요한 상징적 승리를 거두었다는 뉴스가 나왔다. 산티아고에서 열린, 그란마 호의 생존자들을 포함한 많은 수의 7월 26일 운동 동지들에 대한 재판이 끝났다. 예상했던 대로 그들은 징역형을 선고받았지만 재판장 마누엘 우루티아는 나라의 〈비정상적 상황〉 때문에 피고인들은 합헌적인 권리 안에서 무기를 든 것이라고 용감하게 선언했다. 추가로 날아온 선물도 있었다. 프랑크 파이스가 구금 상태에서 풀려났다는 소식이었다. 이는 당국자들이 아직 반란 운동 내에서 그가 차지하고 있는 진짜 지위를 파악하지 못하고 있다는 것을 뜻했다. 이러한 긍정적 사태 전개에 이어 7월 26일 운동원 두 명이 잠시 캠프를 방문했다. 무기 인도를 위한 새로운 일정을 조정하기 위해 찾아온 이들은 인도해 줄 무기를 더 많이 확보했다는 소식도 더불어 전했다. 〈합계 약 50정의 권총〉이라고 체는 즐겁게 지적했다.

그러나 이러한 긍정적 사태 전개에도 불구하고, 무기 인도 실패 이후 엉망이 되었던 피델의 기분이 나아지지는 않았다. 피델은 새로 온 저널리스트 앤드루 세인트 조지를 노골적으로 무시했다. 이 사람은 도대체 피델이 자기와 인터뷰할 의사가 있는지 확인하기 위해 체를 끊임없이 닦달했다. 반군들과 이미 2주일을 보낸 저널리스트는 자기 임무를 완수해야 한다는 생각으로 초조했다. 그는 라디오 인터뷰를 계획하고 있었고, 체가 스페인어로 번역해 준 질문지를 이미 제출한 상태였다. 거기 있던 사람 중에서 영어를 할 수 있는 사람이 없었고, 체와 세인트 조지 모두 프랑스어를 했기 때문에 체가 세인트 조지의 안내인이자 통역자 역할을 했다. 하지만 체는 조지와 피델 사이를 중개하는 자신의 역할을 점점 더 난감해했다. 〈나는 피델을 변호하려고 무수히 많은 핑계거리를 생각해 냈지만, 사실대로 말하자면 피델의 행위는 정말로 무례한 것이었다. 사진 찍는 동안 그는 마치 화난 임금처럼 『보에미아』를 읽으며 해먹에서 내려오지도 않았다. 한참 지난 다음 비로소 피델은 모든 참모진을 물리쳤다. 라디오 인터뷰가 번역되었고, 이제 남은 일은 테이프에 녹음하는 것뿐이었다. 하지만 밤 동안 피델은 계속 언짢은 표정으로 녹음을 하기 싫어하며 다음 날로 미루려고 했다. 또 그는 음식이 형편없다며 우리와 밥도 같이 먹지 않았다.〉

다음 날 적이 집결하고 있다는 소식이 들려와, 반군은 폭우가 쏟아지는 가운데 행군하여 캠프를 신속히 이동해야 했다. 따라서 당연히 인터뷰도 할 수 없었다. 세인트 조지는 격분했고, 체는 이에 대해 이렇게 썼다. 〈심기가 사나워진 그 남자는 온갖 거짓말로 인터뷰를 연기한 데 대해 나에게 심한 불만을 표했다. 나는 어떻게 변명해야 할지 몰랐다.〉 반군은 작은 협곡에 도착하여 밤을 지내기 위해 야영을 했다. 그런데 피델은 시냇물 소리가 〈너무 시끄럽다〉는 이유로 인터뷰를 또 연기했다.

바로 그날 밤에 반군에서 대량 이탈 사태가 발생했다. 그 일은 열다섯 살 된 가장 어린 신병이 건강상의 이유로 떠나게 해달라고 요청하면서 시작되었다. 곧이어 또 다른 한 명이 이 신병과 함께 가게 해달라고 졸랐고, 그다음에는 열여섯 살 된 다른 한 명이 가담했다. 마지막에는 또 한 명이 〈아프다〉는 핑계를 댔다. 체의 일기에 따르면, 피델은 그들 가운데 나이 든 축은 남게 하고 어린 병사들은 〈나이를 고려하여〉 가게 해주었다. 체는 이전에 방출된 일곱 명의 반군이 정부군에 붙잡혀 자신들이 알고 있던 모든 것을 불어 버렸다며 이들을 억류해 두어야 한다고 주장했다. 〈그들을 내보내면 반군이 어디에 도착할지 정부군이 알 것이기 때문에 상황이 특히 위험하다〉는 것이었다.

세인트 조지의 상황이 마침내 좋아졌다. 피델이 그토록 미루던 인터뷰를 마지못해 하겠다는 듯이 허락했다. 하지만 5월 18일, 라디오에서 테이버의 필름 〈쿠바 정글 전사들의 이야기〉가 내일 미국 전역에 방송될 예정이라는 보도가 흘러나왔다. 이 뉴스에 속이 상한 세인트 조지는 작별 인사도 없이 캠프를 떠나 버렸다.

다음 날 접선 지점에 무기가 도착했다는 소식이 전해졌고 25명의 대원이 무기를 인계받기 위해 파견되었다. 대원들은 다음 날 새벽에 체가 〈귀중한 화물〉이라고 부른 것을 가지고 돌아왔다. 기관총 거치대 3개, 마드센 기관총 3정, M-1 소총 9정, 존슨 연발총 10정, 그리고 총알 6,000발이었다. 이후에 체는 이렇게 썼다. 〈우리에게 그것은 세상에서 가장 놀라운 광경이었다. 살상 도구들이 모든 전사들의 갈망 어린 눈길을 받으며 전시되어 있었다.〉

피델이 자신의 것을 포함하여 새로 온 총들을 분배했다. 체는 마드센 기관총 한 정이 참모부에 할당되고 체 자신이 그 총의 관리를 맡게 될 거라는 말을 듣고 뛸 듯이 기뻤다. 나중에 그는 이렇게 썼다. 〈이런 식으로 나는 정규 전사로서 데뷔하게 되었다. 왜냐하면 그때까지도 나는 비정규 전사였고 나의 주된 임무는 군의관으로서의 일이었기 때문이다. 나는 새로운 단계에 들어선 것이다.〉

3

새로운 무기의 도착과 더불어 반군은 공격할 준비를 했다. 반군은 이제 풋내기가 아니었다. 그들은 시에라마에스트라에서 두 달 동안 보잘것없는 식량으로 버티며 끝없는 행군을 한 후, 더 거칠고 야위어져 있었다. 하지만 여전히 전투 경험이 부족했다. 이제 본격적으로 전장에 나설 때가 도래했다.

그들이 있던 지역 피노델아과는 목재 벌목 지구로 제재소가 점점이 있고 정부군이 빈번히 순찰을 도는 도로들이 종횡으로 나 있는 곳이었다. 체는 정부군 트럭 몇 대를 매복 공격하고 싶었지만, 피델은 더 좋은 계획이 있다고 했다. 엘우베로에 있는 해안 경비대를 공격하자는 것이었다. 그곳은 반군이 이제까지 작전을 펼치던 곳에서 동쪽으로 훨씬 더 멀리 떨어진 곳에 있었다. 60명의 병사가 지키고 있는 그곳은 그들이 이제까지 공격했던 것 중에서 가장 큰 목표물이었다. 공격이 성공을 거둔다면 사기 면에서나 정치적으로 엄청난 반향을 불러일으킬 것이었다.

피델은 이 계획의 실행과 관련하여 죽마고우인 엔리케 로페스에게 도움을 청할 수 있었다. 엔리케 로페스는 엘우베로 근처에서 레바논계 쿠바인 바분 형제가 소유한 제재소의 관리자로 일하고 있었다. 오리엔테에서 시멘트 제조업과 조선업을 영위할 뿐만 아니라 광대한 벌목 이권을 지닌 지주였던 바분 형제도 이미 비밀리에 반군에 협력해 오던 터였다. 바분 형제는 자신들의 배로 산티아고에서 최근의 무기 은닉물을 수송하도록 도와주고, 그다음에는 자신들의 땅을 무기 저장소로 사용하게 해주었다. 한편 엔리케 로페스는 이미 자기 직원들을 위해 쓸 구매품으로 위장하여 반군을 위한 식량과 기타 보급품을 구매하기 시작한 터였다.

출동 준비를 하면서, 피델은 부대를 얼마간 재편했다. 체는 마드센 기관총을 운반하고 작동하는 데 보조 역할을 할 젊은 신참 네 명을 새롭게 할당받았다. 페페 베아톤과 페스탄 베아톤, 오냐테(곧 멕시코 희극 배우의 이름을 따서 〈칸틴플라스〉로 이름을 바꾼다), 그리고 새로 들어온 열다섯 살 소년 호엘 이글레시아스가 그들이었다. 바케리토와 마찬가지로 호엘은 이후 체의 가장 헌신적인 추종자 중 한 명이 될 것이었다.[*]

마지막으로 전투 전야에 피델은 떠나길 원하는 자들은 모두 떠나라고 마지막 기회를 주면서 〈분위기를 일신하려고〉 했다. 많은 수의 대원이 손을 들었다. 체는 이렇게 썼다. 〈피델이 이들에게 불쾌한 기색을 보이자 일부는 마음을 바꾸려고 했지만 받아들여지지 않았다. 결국 9명이 떠나고 총 127명이 남았다. 이제 거의 모두가 무장을 갖추게 되었다.〉

반군은 구릉지 더 깊숙한 곳을 향해 이동하기 시작했다.

---

[*] 게릴라 전쟁 이후 베아톤 형제는 혁명군 지휘관 한 명을 살해하고 무장 반혁명을 기도한 혐의로 체포되어 처형되었다. 호엘 이글레시아스는 군 지휘관이자 청년 반군 조직의 지도자가 되었다. 전후에 칸틴플라스는 중위 계급으로 군에 남았다.

산악 지대에서 야영하던 중에 그들은 라디오에서 놀라운 뉴스를 들었다. 무장한 반란 원정대가 오리엔테 북부 해안 지역의 마야리에 상륙하여 정부군 순찰대와 마주쳤고, 승선하고 있던 27명 중 5명이 포로로 잡혔다는 뉴스였다. 피델의 부대는 이 사실을 아직 모르고 있었지만, 그 배는 아우텐티코당 당원이자 미 육군 예비역인 칼릭스토 산체스의 지휘하에 며칠 전에 마이애미를 출발했던 코린티아 호였다. 아우텐티코당 당원들과 혁명지도자단 당원들로 이루어진 그 원정대는 카를로스 프리오의 자금 지원으로 무장한 상태였다. 끊임없이 음모를 꾸미는 전직 대통령 프리오는 피델의 반군과 경쟁하기 위해 자신의 세력을 배치해 놓고 싶었던 것이다(산체스를 포함한 23명의 코린티아 호 승선자들이 체포되어 며칠 뒤 처형되었다는 최초 보도는 잘못된 것이었다. 몇 달 후 세 명의 생존자 중 한 명이 시에라에 도착하여 피델의 군대에 가담했다).

한편 엘우베로 제재소의 관리자 엔리케 로페스는 세 명의 경비대원이 민간인 복장을 하고 자기 공장 주변을 염탐하고 있다는 말을 전해 왔고, 피델은 대원 몇 명을 보내 경비대원들을 붙잡아 오게 시켰다. 파견되었던 대원들이 스파이 가운데 두 명을 데리고 복귀했다. 한 명은 파견대원들이 도착했을 때 이미 도망친 상태였다. 체는 일기장에 흑인 한 명과 백인 한 명 ─ 이자는 〈가슴이 미어질듯이 울었다〉 ─ 으로 이루어진 두 사람이 호아킨 카시야스 대위에게 고용된 스파이임을 자백했다고 기록했다. 그리고 이렇게 덧붙였다. 〈비겁한 태도를 보인 그들은 불쌍하다기보다

는 혐오스럽다는 감정을 일으켰다.〉

다음 날 아침, 피델은 장교들을 불러 모아 48시간 안에 전투가 있을 것이므로 대원들과 무기를 준비시키라고 명령했다. 그리고 피델의 마지막 명령에 따라, 정부군 스파이 두 명은 사살되었다. 체는 일기에 〈두 명의 치바토 경비대원을 묻기 위해 구덩이를 판 다음 진군 명령이 내려졌다〉고 적었다. 〈후위 부대가 그들을 처형했다.〉

반군은 밤새 행군하여 엘우베로에 도착했다. 제재소 근처에서 그들은바분 회사에 다니는 또 한 명의 우호적인 직원이었던 힐베르토 카르데로와 만났다. 카르데로는 제재소 관리인을 찾아가 그의 부인과 아이들을 대피시키게 하라는 지시를 받았다. 하지만 관리인 가족은 나중에 공모 혐의를 받을까봐 떠나기를 거부했다. 피델은 대원들에게 민간인들에게 피해가 가지 않도록 주의하라고 말했지만, 여하튼 새벽에는 공격이 이루어질 것이었다.

5월 28일 아침 동이 텄을 때, 반군에게는 〈불쾌한 현실〉이 기다리고 있었다. 야간에 그들이 차지한 위치에서는 수비대가 또렷하게 보이지 않았기 때문이었다. 체 자신은 선명한 시야를 확보했지만 목표물로부터 약 500미터 떨어진 상태였다. 그러나 위치를 바꾸기에는 너무 늦은 상태에서 공격이 시작되었다.

〈피델의 사격과 더불어 전투 명령이 내려지자마자 기관총이 드르륵거리는 소리를 내기 시작했다. 나중에 알게 되었듯이, 수비대는 매우 효율적으로 응사했다. 알메이다가 엄폐물도 없이 전진하자 이를 본 그의 대원들도 그를 따랐다. 카밀로가 7월 26일 운동 완장이 달린 모자를 쓰고 전진하는 모습도 보였다. 나는 베아톤에게는 기관총을, 다른 두 보조에게는 탄창을 들린 채 함께 왼쪽으로 전진했다.〉

체의 그룹에 반군 몇 명이 더 가담했다. 적군의 전방 60미터 지점까지 접근한 체의 그룹은 나무를 엄폐물 삼아 계속 전진했다. 개활지에 도착한 그들은 포복을 시작했지만 체의 옆에 있던 병사 마리오 레알이 총에 맞았다. 체는 레알에게 인공호흡을 해준 다음, 붕대 대용으로 그가 찾은 종이 한 장을 상처 부위에 덮어 주고는 어린 호엘에게 간호를 맡기고 마드센 기관총 거치대로 돌아가 수비대를 향해 사격을 계속했다. 잠시 후 또 한 명, 마누엘 아쿠냐가 오른쪽 손과 팔에 총상을 입었다. 하지만 반군이 전력을 다해 전면 공격을 개시하자, 수비대는 곧 항복했다.

피델의 부대는 승리를 거두었지만 큰 손실을 입었다. 모두 합쳐 여섯 명이 전사했고, 전사자 중에는 초기 과히로 안내인 가운데 한 명이었던 엘리히오 멘도사도 있었다. 그는 자신을 지켜 주는 〈성자〉가 있다고 우기면서 주저 없이 전투에 뛰어들었다가 불과 몇 분 만에 총에 맞아 쓰러졌다. 그란마 호의 용사 훌리토 디아스도 죽었다. 그는 전투가 시작된 직후 피델 옆에 있다가 머리를 저격당했다. 마리오 레알 역시 머리에 총상을 입었고, 시예로스는 폐에 상처를 입었는데 둘 다 상태가 심각했다. 그 외 오른쪽 어깨와 다리를 저격당한 후안 알메이다를 포함하여 일곱 명이 부상을 당했다. 이런 희생을 대가로, 그들은 적군 병사 14명을 죽이고 19명 이상에게 부상을 입혔으며, 14명을 포로로 잡았다. 겨우 6명만이 도망쳤다. 격렬한 총격전이었음에도 불구하고 관리인 가족을 포함하여 민간인 희생자가 전혀 없었던 것은 놀라운 일이었다.

철수하기 전에 반군뿐만 아니라 정부군의 많은 부상자들이 치료를 받아야 했고, 체는 당장 처리해야 할 일에 압도당하는 느낌이었다. 〈내 의학 지식은 결코 넓지 않았다. 부상자 수가 너무 많았고, 당시 내 임무의 중심은 의료가 아니었다.〉 체는 수비대 의사에게 도움을 요청했지만, 그 의사는 나이가 체보다 훨씬 더 많았음에도 불구하고 경험이 별로 없다고 주장했다. 〈한 번 더 나는 병사에서 의사로 변신해야 했고, 이를 위해 필요한 일이라고는 내 손을 씻는 일이었다.〉 체는 할 수 있는 한 많은 사람들을 치료했다.

〈의료 임무에 복귀하면서 나는 가슴 아픈 순간을 몇 번 겪었다. 첫 환자는 동지 시예로스였다. ……그의 상태는 심각했다. 나는 그에게 진통제를 주고 그가 좀 더 원활히 숨쉴 수 있도록 가슴을 단단히 묶어 주는 일밖에 해줄 수 없었다. 그 순간 우리가 아무리 애를 써도 그를 구할 유일한 방법은 그냥 그 자리에 남겨 두는 것이었다. 우리는 14명의 포로를 데려가고 부상 정도가 심한 우리 병사 레알과 시예로스를 적군에 남겨 두었다. 그러면서 우리는 수비대 의사로부터 자신의 명예를 걸고 그들을 잘 보살피겠노라는 약속을 받아 냈다. 내가 시예로스에게 흔히 하는 위로의 말과 함께 이런 사정을 설명하니까 그는 그 어떤 말보다 분명하게 슬픈 미소로써 자기 의사를 전달했다. 거기에는 자기에게는 이제 모든 것이 끝났다는 확신이 담겨 있었다.〉

(사실 정부군은 부상당한 두 반군 병사를 잘 대해 주었지만, 시예로스는 병원에 당도하기 전에 죽었다. 마리오 레알은 머리 부상에서 극적으로 살아남아 전쟁이 끝날 때까지 피네스 섬의 감옥에 갇혀 있었다.)

반군은 바분이 제공한 트럭에 전사자와 부상이 덜한 병사들, 그리고 수비대에서 약탈한 많은 장비를 싣고 엘우베로에서 철수했다. 체는 마지막까지 남아 가능한 한 많은 의료 물자를 찾아 확보하려고 애썼다. 그날 저녁에 체는 부상자들을 치료하고 도로 한 모퉁이에서 여섯 명의 전사자들을 매장하는 일을 거들었다. 정부군이 곧 자신들을 추격해 올 거라고 생각한 반군은 부상병들과 뒤에 남아 있겠다는 체의 말에 동의하고 먼저 자리를 피했다. 피델의 친구인 엔리케 로페스는 체의 연락병이 되어 안내와 수송, 은닉처 마련, 정기적 의료품 보급을 위한 연락 등의 일을 돕기로 했다.

다음 날 아침 정부군 정찰기가 상공에서 선회하기 시작하자, 반군은 떠날 때가 되었다는 것을 알았다. 체와 함께 일곱 명의 부상병, 한 명의 안내인, 체의 충직한 두 조수 호엘과 칸틴플라스가 남았다. 또 부상당한 자기 삼촌 마누엘 아쿠냐를 돕기 위해 후안 비탈리오 〈빌로〉 아쿠냐도 남았다. 또 한 명의 시에라 참전용사였던 빌로 아쿠냐는 끝까지 체와 운명을 같이하게 된다(종전 이전에 빌로 아쿠냐는 반군에서 소령으로 진급하고, 1967년에는 〈호아킨〉이라는 이름으로 볼리비아에서 체의 게릴라 부대에 참여하게 된다).

전후에 체는 엘우베로의 유혈 전투를 반군의 전환점으

로 평가했다. 〈우리가 약 80명, 적군이 53명, 도합 133명이 있었는데 이중에서 전체 병력의 4분의 1 이상인 38명이 2시간 30분 남짓한 전투에서 전투력을 상실했다는 점을 고려하면, 이 전투가 얼마나 치열했는지를 알 수 있을 것이다. 대원들은 매우 부실한 방어 수단을 가지고 맨몸으로 적군을 향해 전진하며 공격에 나섰다. 양쪽 모두 대단한 용기를 보여 주었다. 우리에게 이것은 우리가 성년에 도달했음을 알리는 승리였다. 이 전투 이후 계속 우리의 사기는 엄청나게 높아졌고, 승리에 대한 우리의 결의와 희망도 높아졌다.〉

엘우베로 전투에서 실제로 바티스타 정권은 허를 찔렸다. 피델의 반군이 활동을 멈추고 있던 오랜 기간 동안 독재자와 그의 관료들은 승리의 나팔을 부는 데 취해 있었기 때문이다. 3월에 시에라에서 반군 소탕 작전을 맡았던 바레라 페레스 대령은 오래 머무르지 않았다. 그는 무상 식량과 무상 의료 서비스로 시에라 농민들을 자기편으로 끌어들이기 위한 〈심리전〉을 시작한 다음, 반군이 민간인 지원망으로부터 고립되었다고 주장하면서 아바나로 돌아왔다. 그러나 엘우베로에서 정부군이 당한 당황스러운 패배는 바레라 페레스의 임무가 실패로 돌아갔다는 것을 보여 주었다. 그는 야전으로 복귀하라는 명령을 받았다.

페레스 대령은 시에라 구릉지 바로 북쪽에 있는 에스트라다팔마 설탕 공장에 새 지휘부를 구축했다. 하지만 〈마음을 사로잡으려는〉 대령의 예전 작전은 거친 게릴라 소탕 전략으로 대체되었고, 그의 상관 오리엔테 주 사령관 디아스 타마요는 페드로 로드리게스 아빌라로 교체되었다. 아빌라는 바티스타의 육군 참모총장 프란시스코 타베르니야로부터 필요한 모든 수단을 동원하여 반군을 격파하라는 명령을 받았다. 새 정책에 따라 반군 활동 지역에서 민간인들이 강제로 소개되었다. 공군이 대대적인 공중 폭격 작전을 수행할 수 있도록 무차별 사격 지대를 조성하기 위한 조치였다. 의미심장하게도, 엘우베로 전투는 정부군이 외진 지역들에 위치한 작은 수비대들을 방어할 수 없다는 것을 보여 주었다. 정부군은 곧 외진 지역의 수비대들을 포기하기 시작하여 그 지역을 반군에 무방비 상태로 내주게 된다.

피델이 떠난 후, 체는 정부군의 대거 투입이 임박한 가운데 부상자들을 안전하게 후송해야 할 악몽 같은 상황에 직면했다. 게다가 수비대로부터 노획한 무기들도 상당한 부담이었다. 이 무기들은 도망 중인 전사들이 가지고 다니기에는 너무 많았다. 체는 자신의 도피를 위해 엔리케 로페스의 도움이 필요했는데, 로페스가 약속된 트럭을 가지고 나타나지 않자 많은 무기를 잠시 숨겨 두고 걸어서 빠져나가는 수밖에 없었다. 대다수 대원들은 걸을 수 있었지만, 한 명은 폐에 총을 맞았고, 다른 한 명은 총상을 입은 세 곳이 감염되었다. 그래서 체 일행은 해먹으로 임시 들것을 만들어 이들을 옮기며 천천히 숲으로 이동했다.

이후 며칠 동안 체 일행은 식량과 휴식, 도피처를 찾아 이 농장 저 농장을 옮겨 다녔고, 이 과정에서 체가 모든 주요 결정을 내려야 했다. 대위 계급의 후안 알메이다가 야전에서는 명목상으로 체의 상급자였지만 상태가 좋지 않아 책임을 맡기 어려웠다. 체의 가장 큰 골칫거리 중 하나는 부상자들을 옮길 사람을 찾는 일이었다. 셋째 날이 끝나 갈 즈음에 체 일행은 덤불숲을 헤매며 다니던 비무장 정부 군 병사 몇 명과 마주쳤다. 엘우베로에서 피델이 풀어 주었던 바로 그 포로들이었다. 이들을 보내 준 후 체는 일기에서 정부군 병사들에게 반군이 시골 지역을 〈통제〉하고 있다는 인상을 심어 준 것을 무척 기뻐했다. 하지만 체는 병사들이 곧 그 지역에서 체 일행의 존재를 알리지 않을까 걱정하기도 했다.

행군 과정에서 체는 곧 결정적 도움을 주게 될 한 남자를 소개받았다. 그는 아바나의 어떤 변호사가 소유한 펠라데로 농장의 감독인 다비드 고메스라는 사람이었다. 이 남자에 대한 체의 첫인상은 좋지 않았지만, 자기 일행의 상황이 절망적이었으므로 체는 불쾌한 감정을 드러내지 않았다. 〈D는 자기 주인을 위해 이 지역에서 부정하게 얻은 그의 모든 토지를 지켜 주는 일과 선거 결과만을 굳게 믿는 후견자에 대한 노예적 충성심을 갖고 있을 뿐만 아니라 가톨릭에다가 인종주의적 근성을 가진 낡은 아우텐티코 타입의 사람이다. 또 그는 농민들의 재산을 갈취하는 데에도 가담한 의심이 든다. 하지만 이런 측면을 제외하면 그는 좋은 정보원이고 우리를 도울 의사도 있다.〉

사실 고메스는 이미 돕고 있었다. 그들이 먹었던 소들은 고메스의 묵인하에 도살된 주인 재산이었다. 그리고 고메스는 더 많은 것을 해주겠다고 제안했다. 첫 시험으로 체는 고메스에게 구입품 목록을 주고 그것들을 산티아고에서 사오게 했다. 바깥세상의 정보에 목말라하던 체는 『보에미아』 최신판도 특별히 목록에 끼워 넣었다. 고메스를 대하는 체의 태도는 그가 점점 더 자기 상관인 피델을 닮아가고 있음을 보여 주었다. 피델은 이데올로기적으로 적대적인 상대라 하더라도 단기적, 전술적으로 동맹을 맺는 것이 권력 투쟁에 성공하기 위한 열쇠라는 점을 언제나 이해했다. 이제 낯선 지역에서 쫓기는 집단의 지도자가 된 체는 자신의 필요를 고메스만이 충족시킬 수 있다는 것을 알았고, 그래서 체는 그에 대한 혐오감을 억누르고 실용적인 태도를 취할 수 있었다.

실제로 쿠바에 있는 동안 이미 체는 고상한 사람들의 이상주의적 우애만으로는 혁명에 성공할 수 없다는 것을 확인했다. 반군 안에는 무뢰한, 소도둑, 살인자, 비행 청소년, 마리화나 밀매꾼 등이 얼마든지 있었다. 부패한 카를로스 프리오도 그란마 호를 위한 비용에 도움을 주었고, 엘우베로 전투 역시 크게 보면 부유하고 사기성 있는 바분 형제가 도와준 덕분에 성공을 거둘 수 있었다. 이들 형제는 바티스타의 친구였지만, 오리엔테에서 반군을 도움으로써 아마도 자기 이권을 지키길 희망했을 것이다.

다비드 고메스가 약속했던 물품들을 가지고 산티아고에서 돌아오자, 그를 좀 더 신뢰하게 된 체는 그에게 새로운 임무를 맡겼다. 이번에는 전국지도부에 전갈을 전하는 일이었다. 엘우베로에서 전투를 벌인 지 3주 정도가 지나자 대다수 대원들은 부상에서 회복해 걸을 수 있게 되었다.

13명의 새로운 자원병이 나타났다. 하지만 자원병들이 들고 온 무기라고는 22구경 자동권총 한 정이 전부였다. 6월 21일, 체는 자신의 병력을 점검했다. 〈병력이 늘어났다. 부상에서 회복된 다섯 명, 부상병을 동행했던 다섯 명, 바야모에서 온 열 명, 방금 합류한 두 명과 그 지역 출신 네 명, 합계 26명. 하지만 무기가 부족했다.〉

며칠 후 산악 지대로 서서히 행군을 시작한 이후에 체는 자신의 군대가 이제 〈36명의 형편없는 병사들〉로 이루어져 있다고 말했다. 다음 날 그는 떠나기를 원하는 모든 사람에게 기회를 주었다. 세 명이 제안을 받아들였는데, 이 중에는 전날 합류한 한 명도 포함되어 있었다. 이후 며칠 동안 몇 사람이 더 합류하고 떠났다. 도망간 사람도 있었고, 체가 짐을 꾸려 보낸 사람도 있었다. 그러나 대다수가 〈형편없었〉지만 그들은 체의 지도하에 자연스럽게 새로운 게릴라 부대의 핵심으로 성장하고 있었다. 6월 말에 체의 작은 군대는 자체의 전령, 정보원, 보급선, 정찰병 등 독자적으로 완결된 기능을 갖추어 가고 있었다.

7월 1일은 체에게 개인적으로 안 좋은 날이었다. 그는 천식 때문에 잠에서 깨 하루 종일 해먹에 누워 지냈다. 그러다가 라디오에서 흥미로운 뉴스를 들었다. 쿠바 전역에서 일어나던 반란 행위들에 관한 뉴스가 보도되었던 것이다. 체는 일기에 이렇게 메모했다. 〈카마구에이에서는 반란 분자들이 거리 순찰을 돌고 있고, 관타나모에서는 몇몇 담배 저장소가 불에 탔다. 반란 분자들은 어느 힘 있는 미국 회사의 설탕 창고에도 불을 지르려고 시도했다. 산티아고에서는 반군이 두 명의 병사를 죽이고 하사 한 명에게 부상을 입혔다. 우리 측 사상자는 네 명이고, 이 중에는 프랑크 파이스의 동생 호수에도 포함되어 있었다.〉

7월 2일은 그란마 호 상륙 이후 꼭 7개월째 되는 날이었지만, 체는 피곤에 지친 대원들을 1,550미터 높이의 라보텔라 산으로 이끌면서 그날을 보냈다. 낮 동안 두 명이 도망을 쳤고 저녁에 텐트를 치는 동안 추가로 세 명이 떠나게 해달라고 했다. 체는 이 사건을 나중에 재미있는 일화로 이야기했다. 〈치초는 한 작은 그룹의 대변인이었는데, 그는 예전에 확신과 결의에 찬 어조로 그들 모두가 죽을 때까지 우리를 따르겠노라고 말했었다. 그런데 바로 이 그룹이 작은 계곡에서 밤을 보내기 위해 야영 준비를 하던 중에 게릴라 생활을 그만두고 싶다는 의사를 표했을 때, 우리가 얼마나 놀랐겠는지 상상해 보라. ……우리는 그들에게 떠나도 된다고 허락해 주고는 그곳을 《죽음의 계곡》이라고 명명했다. 왜냐하면 치초의 대단한 결의가 꼭 그 지점까지만 지속되었기 때문이다.〉

추가 이탈을 미연에 방지하기 위해 체는 떠나고 싶어 하는 모든 자들에게 〈마지막 기회〉라고 말하며 다시 한 번 떠날 기회를 주었다. 두 명이 제안을 받아들였지만, 그날 오후에 새로운 대원 세 명이 각자 무기를 들고 도착했다. 두 명은 아바나 출신의 전 정부군 상사였는데, 체는 이들을 믿지 않았다. 체는 그날 밤 일기에 〈그들은 자기들 말로 교관이라고 했지만, 내가 보기에는 빌붙어 먹을 데를 찾는 똥이나 처먹을 놈들에 지나지 않았다〉고 적었다. 그는 이런 의심이 들었음에도 불구하고 그들을 머물게 했다.

체의 부대에 가담한 또 한 명의 추종자는 다름 아닌 피델의 바분 회사 친구 엔리케 로페스였다. 그는 스스로 무장 투쟁에 참가하기로 결심했다. 또 다른 한 명이 정부군 초소를 공격할 〈멋진 계획〉이 있다고 말하며 나타나 그 초소엔 지휘 장교 없이 병사 40명만 있다고 말했다. 또 그는 대원 두 명만 붙여 주면 〈치바토 한 명을 해치우겠다〉고 했다. 체는 이 사람의 제안을 거절하면서 〈나는 그에게 까불지 말고…… 당신네 사람들로 그 치바토를 죽인 다음 그들을 이곳으로 보내라고 말했다.〉

팔마모차와 인피에르노 부근의 옛 근거지로 되돌아간 피델 일행을 따라잡기 위해 체는 시에라를 서쪽 방향으로 가로질러 투르키노 산 쪽으로 부대를 이동시키고 있었다. 체의 전령들은 그들이 향하고 있던 쪽에 큰 정부군 부대가 주둔해 있고, 에스트라다팔마의 정부군 기지 부근에서 큰 전투가 있었다는 소식을 전해 주며, 라울 카스트로가 부상을 당했다고 보고했다(나중에 이 보고는 근거 없는 소문으로 밝혀졌다). 하지만 체는 개의치 않고 계속 전진하기로 하고, 적군을 피해 산을 우회하는 더 힘든 경로를 택했다.

7월 12일에 체의 안내원인 시네시오 토레스와 또 한 명의 반군 병사 레네 쿠에르보가 무기를 들고 도망쳤다. 체는 이들을 추격했지만 허탕을 치고 돌아온 다음 그 두 명에 관한 새로운 사실을 알게 되었다. 이제 밝혀진 일이지만 그 두 명 모두 탈주한 범법자들이었고, 그들은 체의 부대에 새로 들어온 다른 두 신참자 ─ 이스라엘 파르도와 테오도로 반데라 — 소유의 마리화나 농장을 털기 위해 사라진 것 같았다. 이 두 명의 마리화나 농장 주인이 자기 사업체를 지키기 위해 이어서 탈영할 거라고 생각한 체는 이들에게 두 도망병을 추적하게 했다. 하지만 그는 이 두 사람이 돌아오리라고 기대하지 않았다. 다음 날 새로운 문제가 나타났다. 체가 자기 부대 안에서 한 집단이 대대적인 탈주 계획을 꾸미고 있다는 사실을 알게 된 것이었다. 그들은 무기를 가지고 탈주하여 자신들이 알고 있던 어떤 치바토를 죽이고 그의 물건을 빼앗은 다음, 불법 갱단을 만들어 더 많은 강도 행각을 벌일 계획이었다. 체는 그 음모에 연루된 자들을 불러 이야기해 보았는데, 이들 모두 자신들이 한 역할을 부정하고는 그 대신 〈엘 멕시카노〉라는 남자를 주범으로 지목했다. 엘 멕시카노는 자기 계획이 탄로가 났음을 알아차리고는 자발적으로 체 앞에 와 자신의 결백을 주장했다. 체는 그의 해명이 불충분하다고 생각했지만, 〈사태가 더 복잡해지는 것을 원하지 않았기 때문에 그의 해명을 진실로 받아 주었다〉고 썼다.*

　행군하는 동안 체는 치과 의사로도 데뷔했다. 불운한 환

---

* 이스라엘 파르도와 테오도로 반데라는 레네 쿠에르보와 시네시오 토레스를 찾지 못한 채 돌아왔다. 하지만 쿠에르보는 나중에 붙잡혀 혁명 총살대에 의해 처형당했다. 시네시오 토레스의 운명은 알려져 있지 않다. 반데라는 전투 중에 죽었지만, 파르도는 살아남아 전쟁 이후에도 혁명군에 잔류했으며 대위 계급을 달았다. 엘 멕시카노는 반군에서 대위 계급까지 승진했지만, 그에 관한 정보를 알려 주었던 대원들 가운데 한 명이 전투 중 죽었을 때, 엘 멕시카노가 그를 살해했다는 의혹이 있었다. 체에 따르면, 1962년 당시 그는 〈혁명의 배신자〉로 마이애미에서 살고 있었다.

자에게 줄 마취제가 없는 상태에서 그는 〈심리적 마취제〉를 사용했다. 그것은 환자들이 너무 심하게 불평해 댈 때 그들 면전에 저주를 퍼붓는 것이었다. 그는 이스라엘 파르도를 치료하는 데에는 성공했지만, 호엘 이글레시아스는 치료할 수 없었다. 나중에 체는 썩은 어금니를 뽑기 위해서는 다이너마이트라도 한 자루 필요할 지경이었다고 썼다. 단단히 박힌 어금니는 호엘의 입안에 계속 남아 전쟁이 끝날 때까지 여러 번 부러졌고, 호엘은 그때의 경험 때문에 치과 의사에 대해 일생 동안 공포심을 갖게 되었다고 말했다. 체 자신도 이 행군 동안 치통으로 고생했지만, 영리하게도 자신의 이는 그대로 두었다.

7월 16일에 체 일행은 투르키노 산의 서쪽 사면에 있는 익숙한 지역으로 복귀했고, 다음 날 피델의 캠프에 도착했다. 체는 반군이 지난 한 달 반 만에 성숙해진 것을 단박에 알아보았다. 대원 수도 이제 200명이 넘었고, 잘 훈련되고 사기도 높아 보였다. 새로운 무기도 있었다. 무엇보다도 최근에 끈질긴 앙헬 산체스 모스케라 대위 — 반군과 싸우던 여러 장교들 중 한 명 — 가 이끄는 정부군의 습격을 격퇴한 이후 반군은 이제 그들 자신의 〈해방구〉를 갖게 되었다.

그러나 재회의 기쁨은 금세 사라졌다. 피델이 방금 전에 부르주아 야당 지도자 두 명 — 라울 치바스와 펠리페 파소스 — 과 조약을 체결했고, 그 두 명이 피델의 캠프에 머무르고 있다는 것을 체가 알게 되었기 때문이었다. 〈시에라마에스트라 성명〉이라는 제목이 붙은 이들의 조약은

7월 12일에 체결되어 공표를 위해 이미 『보에미아』지에 발송된 상태였다. 그 성명은 적절한 시점에 나온 셈이었다. 왜냐하면 1958년 6월 1일 대통령 선거를 실시한다는 개혁 법안이 의회에서 통과되면서 바티스타와 주요 야당 세력 사이에 몇 달에 걸쳐 벌어진 정치적 실랑이가 정점에 달해 있었기 때문이었다. 바티스타가 자신은 후보로 나서지 않겠다고 솔직히 인정했음에도 불구하고 그의 진짜 의도에 관해서는 많은 사람이 의심을 거두지 않았다. 대다수 관측자들은 그가 직접 뽑은 후계자를 위해 선거를 조작할 의도를 가지고 있다고 생각했다. 카를로스 프리오의 아우텐티코당과 치바스의 오르토독소당은 선거 개시를 거부했지만, 두 당에서 분리되어 나온 분파들은 다른 군소 정당 집합체들과 연대를 꾸리고 선거에 나설 생각이라고 발표했다.

〈시에라 협정〉은 바티스타의 계획에 대한 피델 자신의 교활할 정도로 시의적절한 거부를 상징하는 것이었다. 피델은 두 명의 존경받는 오르토독소당 당원인 치바스 및 파소스와 동맹을 맺음으로써 한껏 명분을 얻고 다른 어디로 향할 데가 없는 쿠바 온건파들 사이에서 좀 더 폭넓은 지지 기반을 확보하기를 바랐다. 7월 17일자 일기에서 체는 신중한 태도를 취하긴 했지만, 파소스와 치바스가 피델에게 영향력을 행사하는 모습을 확인하는 것이 결코 달갑지 않았다. 그가 보았듯이, 그 강령은 이 〈중도〉 정치인들의 부정할 수 없는 영향을 담고 있었는데, 이들은 바로 체가 가장 불신하고 경멸하는 그런 부류의 사람들이었다. 〈피델은 나에게 계획과 현실에 관해 설명하려고 했다. 즉 바티스타의 즉각적 사임을 요구하고 군사 정권이 아니라 시민단체 인사들의 주도로 정치적 이행을 이루어 내야 한다고 주장하는 문건이 이미 배포되었다는 것이었다. 또 그 문건에 따르면 정치적 이행은 1년 안에 끝나야 하고, 그 기한 내에 선거가 이루어져야 한다고 되어 있었다. 또 그 문건에는 농업 개혁의 기초적 요소들이 개략적으로 제시된 최소 강령을 포함하고 있었다.〉 그런 다음 그는 이렇게 덧붙였다. 〈피델은 말하지 않았지만, 내가 보기엔 파소스와 치바스가 그의 선언을 상당히 윤색한 듯하다.〉

물론 진실은 훨씬 더 복잡했다. 피델은 치바스와 파소스의 지지를 얻고 싶어 했다. 그리고 그가 자신이 진정으로 열망하는 것보다 덜 급진적인 강령에 서명하더라도, 그것은 어쨌든 단기적으로는 그에게 도움이 될 수밖에 없었다. 피델이 일생 동안 서명했던 다른 수많은 협정들과 마찬가지로 이 협정은 단지 한 번 더 추가된 전술적 동맹, 즉 기회가 되면 언제라도 깨질 동맹에 불과했다. 나중에 체가 인정했다시피, 〈우리는 그 협정에 만족하지 못했지만, 그것은 필요했다. 당시에는 그것이 진보적이었다. 그 협정은 혁명의 진전에 방해가 될 시점 너머까지는 지속되지 않을 것이었다. ……우리는 이것이 최소 강령, 즉 우리의 노력을 제한하는 강령이라는 것을 알았지만, 또한 시에라마에스트라를 벗어나지 못한 상태에서는 우리의 의지를 강요할 수 없다는 것도 인정해야 했다.〉

체는 당시에 시에라 조약에 관해 더 많은 것을 생각했을 것이다. 하지만 그는 그 생각을 일기에 적지 않았다. 대신 체의 주된 관심사는 그가 캠프에 도착한 당일인 7월 17일에 피델이 그에게 부여한 새로운 지휘관 직책에 있었다. 체는 이 직책에 틀림없이 흥분했겠지만, 그는 이런 감정을 전혀 드러내지 않고 그 소식을 일기에 기록했다. 〈피델이 나에게 불쌍한 우니베르소 산체스가 모두가 탐내던 그의 자리에서 물러났다고 말했다…….* 라미로 발데스는 대위로, 시로 레돈도는 중위로, 엘 과히로 루이스 크레스포는 우니베르소의 자리로, 알메이다는 제2사령관으로 진급했다. 그리고 나 자신은 대위로 진급하여 팔마모차에서 산체스 모스케라를 끝까지 추적할 임무를 띤 부대의 부대장을 맡았다.〉

반군 내에서, 체는 총 75명의 부하를 거느리게 되었다. 체는 자신이 데리고 온 대원들에 더해 그란마 호의 동지 라미로 발데스와 시로 레돈도가 이끄는 소대와 랄로 사르디냐스가 이끄는 부대에 대한 지휘도 맡게 되었다. 랄로 사르디냐스는 자기 집을 찾아온 낯선 사람을 살해한 후 최근에 반군에 가담한 시에라의 상인이었다. 랄로 사르디냐스는 또한 체의 부관이 되었다.

체의 새로운 지위는 피델의 최종적인 승인을 의미했다. 체는 자신의 능력을 인정받기 위해 열심히 싸웠고, 또한 인

---

* 우니베르소 산체스는 멕시코에 있을 때부터 피델의 경호원이었지만, 3월에 있은 최종 진급 발표문에서 피델은 자신의 동반자였던 산체스를 대대장으로서 참모진에 진급시켰고, 크레센시오 페레스의 과히로들 중 한 명 — 예전에 도축업을 했던 마누엘 파하르도 — 을 새 경호원에 임명했다.

정받기 위해 노력하는 과정에서 그는 성숙해졌다. 그는 혼자 힘으로 부상당한 병사들을 안전하게 데리고오라는 어려운 과업을 부여받았고, 그 과업을 성공적으로 완수했다. 그는 전투와 새로운 사상자가 발생할 수도 있는 위험을 적절하게 피하면서 대원들의 건강을 회복시킴으로써 의사로서의 본분을 다했다. 또 그는 새로운 부대를 구축함으로써 반군의 힘을 강화시켰으며, 그와 동시에 민간인들 사이에서 소중한 접촉점을 구축했다. 그는 자신이 게으름뱅이와 사기꾼을 가혹하게 다루는 엄격한 감독자라는 것과 스스로에게도 정직하고 양심적이라는 것을 보여 주었다. 무엇보다도, 체는 자신이 대원들의 지도자가 될 수 있다는 것을 보여 주었고, 이제 그는 처음으로 군사령관에 임명됨으로써 이에 대한 보상을 받았다.[*]

체는 다음 날 아침 마에스트라에서 매복 지점을 확보하기 위해 대원들을 데리고 떠나면서 즉각 일을 시작했다. 매복 지점은 팔마모차 강과 라플라타 강 사이에 있는 구릉지였다. 체가 선택한 위치는 우연하게도 처형된 정보원 필리베르토 모라가 묻힌 장소였고, 그는 그곳을 모라의 이름을 따라 〈필리베르토 봉〉이라고 명명했다. 그로부터 사흘간 체는 매복 공격을 준비하는 한편으로, 척후병을 보내 정부군 병사들을 찾아 나섰다. 7월 22일 반군 병사 한 명이 실

---

[*] 체는 서열을 제도화면서 자기 부대의 신참자들에게 〈로스 데스카미사도(셔츠 입지 않은 사람들)〉라는 명칭을 부여했다. 이 명칭은 페론이 자신의 노동 계급 지지자들에게 붙여 준 유명한 찬사였다. 모든 사람은 〈콤바티엔테(전사)〉로 인정받기 전에 〈힘든 일〉을 하는 하급 데스카미사도에서 시작했다.

수로 자기 총을 발사해 피델 앞에 끌려갔다. 근래 들어 강
경하고 가차 없는 성미를 보이던 피델은 즉석에서 그 남자
를 총살하라고 명령했다. 〈랄로와 크레센시오, 내가 나서
서 피델에게 처벌을 완화해 달라고 부탁했다. 왜냐하면 그
불쌍한 자는 그렇게 심한 처벌을 받아야 마땅할 정도는 아
니었기 때문이다〉라고 체는 썼다.

그날 아침 늦게 피델이 반군을 대표하여 프랑크 파이스
에게 보내는 편지에 모든 반군 장교가 서명했다. 최근에 동
생을 잃은 파이스에게 위로를 표하기 위한 편지였다. 바로
그 순간 피델은 아무런 사전 통지도 없이 돌발적으로 체를
새롭게 진급시켰다. 체가 나중에 설명한 바에 따르면, 체가
편지에 서명할 차례가 되었을 때 피델은 체에게 그의 계급
을 〈코만단테〉로 적으라고 말했다. 〈그리하여 나는 매우
비공식적인 방식으로, 거의 순간적으로 게릴라군 제2부대
의 사령관이 되었고, 제2부대는 나중에 제4부대로 알려지
게 된다.〉*

---

* 체가 지휘하게 된 부대는 적군에게 실제 병력 수를 속이기 위해 〈제4 부대〉로
불렸다. 역사가들은 체의 진급을 종종 피델이 그에 대해 매우 큰 호감을 가지고
있던 증거로 제시한다. 그 근거로 역사가들은 그가 피델의 동생보다 우대를 받
았다고 지적하면서도, 라울이 혜택을 받지 못한 이유에 대해서는 아무런 설명도
하지 못하고 있다. 하지만 그 운명적인 날에 관한 체의 간결한 일기 내용이 부분
적 해답을 제시할지도 모른다. 〈여러 명이 진급했다. 나는 이제 사령관 계급을
받았고, 과히로 루이스 크레스포는 중위, 시로 레돈도는 대위, 그의 소대원 전
체의 반항 때문에 계급장을 떼었던 라울 카스트로는 중위에 임명되었다.〉 라울
과 그의 부하들 사이에 정확히 무슨 일이 일어났는지에 대해서는 체의 나중 공
식 기록과 쿠바 혁명에 관한 모든 공식 역사에서 빠졌다. 오늘날 쿠바의 역사가
들이 과거에 일어난 사건의 그런 세부 사항을 캐내려면 힘 깨나 들 것이다. 라울

진급과 함께 체는 새로운 직위에 맞는 장식물도 받았다. 〈셀리아가 나에게 새 계급장, 즉 작은 별을 주었다. 선물도 하나 함께 주어졌다. 만사니요에서 주문한 손목시계들 중 하나였다.〉 대단한 영광이었다. 소령 계급에 해당하는 코만단테는 반군에서 가장 높은 계급으로서 지금까지 피델만이 그 계급을 가지고 있었다. 피델 다음으로 그 계급을 받은 사람이 쿠바인이 아니라 〈엘 아르헨티노〉 체였던 것이다.

　　체는 나중에 〈우리 모두 내심 어딘가에는 약간의 허영기가 있다〉고 썼다. 〈그날 나는 세상에서 가장 자랑스러운 인간이 된 것 같은 기분을 느꼈다.〉 사실 그는 그러한 칭호를 계속 자랑스럽게 생각했고, 그때 이후 줄곧 그는 가장 가까운 친구들을 제외한 모든 이들에게 〈코만단테 체 게바라〉였다.

카스트로는 쿠바 혁명군의 힘 있는 우두머리인 데다 현직 자기 형의 후계자로 지명된 상태이기 때문이다.

17장
온갖 적과 싸우며

1

새로운 지휘권에는 새로운 책임이 따랐다. 체는 자신이 책임을 다할 수 있음을 보여 주고 싶어서 안달했다. 체의 부대는 산체스 모스케라를 쫓기로 했지만 그는 피델의 부대와 헤어지자마자 먹잇감인 산체스 모스케라가 산악 지대를 이미 떠났음을 깨달았다.

체는 여러 가지 선택안을 놓고 궁리한 끝에 출신 성분이 다양하고 제멋대로이며 대다수가 여전히 데스카미사도 계급이었던 대원들의 규율을 바로잡는 일에 착수했다. 그러자 바로 탈주자가 속출하여 그를 괴롭혔지만 체는 전에 없이 엄격하게 대응했다. 그는 탈주자를 추격할 대원들을 보내면서 〈발견 즉시 사살하라〉라고 명령했다. 또 반군에 협력적인 농장 감독 다비드 고메스가 정부군이 치바토를 반군에 침투시켜 암살을 꾀하려 한다고 경고해 주었기 때문에 체는 새로 입단하는 게릴라 전사들을 더욱 주의 깊게 살폈다.

체는 지휘권을 처음 행사하는 작전으로 투르키노 산 반대편에 주둔 중인 정부군을 기습 공격하여 피델의 부대로부터 정부군의 주의를 돌리기로 계획하고 부하들과 함께 이동하기 시작했다. 7월 28일에 탈주자를 추격하러 보냈던 처형단 두 명 중 발도가 혼자 돌아와서 체가 〈단순하고 가슴 아픈〉 사건이라고 기록한 사건을 보고했다.

발도의 보고에 따르면, 함께 탈주자를 추격하러 갔던 동료 이브라임이 도망치려고 했고, 그래서 발도는 〈그에게 총을 세 방 쏘아 죽였다. 시체는 매장하지 않고 라마에스트라에 그대로 남겨 두었다〉. 체는 이브라임의 운명을 본보기 삼아 부하들, 특히 사건이 일어난 당시 막 도착한 신참 지원자들에게 교훈을 주기로 했다. 나중에 체는 이렇게 설명했다. 〈나는 그 우울한 사건이 일어난 곳 맞은편 언덕에 대원들을 집결시켰다. 그런 다음 이제 어떤 장면을 보게 될지, 또 그것이 무슨 의미인지 설명했다. 또 탈주를 죽음으로 벌해야 하는 이유와 혁명을 배신한 자에게 사형을 선고해야 하는 이유를 다시 한 번 설명했다. 우리는 말없이 일렬종대로 산길을 걸어 마침내 임무를 저버린 대원의 시체 앞에 도착했다. 대원들 중에는 죽음을 한 번도 목격하지 못한 사람들이 많았다. 그들은 아마 혁명에 대한 배신보다도 그 당시에는 당연했던 나약한 정치의식 때문에, 또 망자에 대한 개인적인 감정 때문에 마음이 흔들렸을 것이다. 그때는 힘든 시기였으므로 우리는 그를 본보기로 삼았다.〉

그러나 체는 일기에 혼란스러운 자신의 심정을 털어놓았다. 〈그의 죽음을 본보기로 삼긴 했지만 그의 처형이 정당했는지는 확신할 수 없다. ……시체는 엎드린 자세였고 한눈에 척 보기에도 왼쪽 폐에 총구멍이 하나 있었으며 결박되어 있었던 것처럼 양손을 모은 채 손가락을 구부리고 있었다.〉

그들은 계속 전진했다. 체는 하루만 더 행군하면 도착할 수 있는 부에이시토에서 정부군 수비대를 습격하기로 했다. 공격은 7월 31일 밤에 이루어졌지만 〈단순하되 과시적으로〉라는 계획에 따라 진행되지는 않았고, 나중에 체도 그 사실을 인정했다. 몇몇 분대가 제시간에 나타나지 않자 체는 단독 공격을 개시하기로 결정하고 정부군 막사로 곧장 걸어가서 보초병과 맞닥뜨렸다. 체가 톰슨 기관단총을 겨누고 〈꼼짝 마!〉라고 외쳤지만 보초병이 움직였다. 체는 머뭇거림 없이 보초병의 가슴을 겨누고 방아쇠를 당겼다. 그러나 총은 발사되지 않았다. 체와 동행한 나이 어린 전사가 보초병을 쏘려 했지만 그의 소총도 불발이었다. 이렇게 되자 체는 생존 본능에 따라 보초병의 소총에서 빗발처럼 쏟아지는 총알을 피해 달아났다. 그는 나중에 이렇게 썼다. 〈나는 쏜살같이 달려서 모퉁이를 돌아 교차로에 도착했다. 그때 이후로는 한 번도 그렇게 빨리 달린 적이 없

었다.〉

　보초병이 총격을 시작하자 숨어 있던 반군들도 총을 쏘아 댔다. 그러나 체는 총격전에 거의 참가하지 못했다. 그가 톰슨 기관단총을 고쳤을 때는 이미 수비대가 항복한 후였다. 라미로가 이끄는 대원들이 뒤쪽을 치고 들어가서 안에 있던 정부군 12명을 사로잡았다. 정부군 여섯 명이 부상을 입었고 그중 두 명은 치명상이었다. 반군은 대원 한 명을 잃었다. 그들은 수비대를 약탈하고 불을 지른 다음 수비대 대장 중사와 오란이라는 치바토를 포로로 잡아 트럭을 타고 부에이시토를 떠났다.

　반군의 탈출은 차가운 맥주와 폭발로 장식되었다. 도중에 술 창고 주인으로부터 맥주를 공짜로 얻은 데다 작은 나무다리에 다이너마이트를 설치했던 것이다. 체의 부대는 민간인들의 〈만세〉 소리를 들으며 라스미나스 마을로 들어갔다. 체는 이곳에서 아랍 상인과 함께 가두 연극을 즐겼다. 〈우리 편이었던 무어인이 즉석 연설을 시작하더니 포로 두 명을 풀어 달라고 요청했다. 그래서 나는 정부군이 마을 사람들에게 보복을 할까 봐 걱정되어 포로를 잡고 있는 것뿐이며 주민들의 뜻이 그렇다면 더 이상 할 말이 없다고 설명했다.〉 그들은 포로를 풀어 주고 마을 공동묘지에 죽은 대원을 묻은 다음 계속 전진했다.

2

　체의 부대가 라마에스트라의 반군 기지로 돌아오자, 경

찰이 7월 26일 운동의 오리엔테 책임자 프랑크 파이스를 죽였다는 소식이 기다리고 있었다. 운동 세력은 7월 26일을 기념하기 위해서 산티아고에서의 활동을 한층 강화했고, 이에 맞춰 경찰의 억압도 더욱 심해졌다. 경찰 대장 호세 살라스 카니사레스 대령 치하에서 반군 용의자들이 체포되어 살해당하는 것은 흔한 일이 되었다. 고문의 흔적이 남아 있는 시체들이 나무에 매달리거나 길가에 버려진 채 발견되었다. 스물세 살의 파이스는 감옥에서 풀려난 후 이곳저곳으로 거처를 옮겨 다니며 숨어 지냈지만 피델에게 보낸 마지막 편지에는 얼마나 더 오래 발각되지 않고 피해 다닐 수 있을지 모르겠다고 썼다. 7월 30일, 마침내 피난처가 발각되어 그의 운이 다했다. 파이스는 대낮에 동료 한 명과 함께 길거리에서 약식으로 처형되었다.

프랑크 파이스의 죽음은 대대적인 항쟁을 불러왔다. 파이스의 장례식은 떠들썩한 반정부 시위를 촉발시켰고 파업이 쿠바 전역으로 확산되었다. 바티스타는 이러한 소요에 대응하여 계엄령을 선포하고 언론 검열을 재개했다. 그러나 독재자 바티스타로서는 운 나쁘게도 산티아고에서 이런 사건들이 일어날 때 마침 새로 부임한 얼 스미스 미국 대사가 산티아고를 방문했다. 스미스 대사는 쿠바에서 두 번째로 큰 도시를 익히기 위해 막 도착한 참이었다.

1957년 중반 당시 미 국무부 관리들 중에서 풀헨시오 바티스타에 대해서 아직까지 환상을 품고 있는 사람은 거의 없었다. 억압과 부정부패가 점점 심해지는 바티스타 정권은 곤혹스러운 존재로 부상했다. 그러나 바티스타에 대한 공식 정책에는 아직까지 아무런 변화도 없었다. 하지만 미 외교관 스미스는 쿠바 주재 대사라는 새로운 직책을 수행하면서 공명정대한 모습을 보임으로써 미국이 바티스타 정권을 유지하기 위해 노력하고 있다는 쿠바 전역에 퍼진 인상을 불식시키라는 지시를 받았다.

전반적으로 미국의 대쿠바 정책은 쿠바에서 창출되는 미국의 상당한 경제적 이익을 보호하는 데 주안점을 두고 있었다. 불안은 사업에 해로웠다. 워싱턴에서는 바티스타가 선거를 통해 쿠바를 〈민주화〉하도록 만드는 것이 폭력 사태를 완화하는 최선의 방법이라는 견해가 우세했다. 또한 미국은 선거를 통해서 〈안전한〉 기존 정당 중 하나가 정권을 잡기 바랐다. 그러나 끈덕지게 버티는 피델이 이러한 평형 상태에 예측할 수 없는 요인을 더했고 미 국무부와 CIA, 국방부는 피델을 처리할 최선의 방법을 두고 의견이 갈렸다. 그 결과 1957년부터 1958년까지 미국의 여러 정부 기관은 그들 나름대로 쿠바 문제를 해결하려고 노력했지만 그 방법이 항상 양립한 것은 아니었다.

대사직을 시작하기 전에 워싱턴 측의 의향을 타진해 본 결과, 스미스는 국무부가 바티스타의 축출을 바라며 암암리에 카스트로의 권력 추구를 지지한다는 인상을 확실히 받았다. 라틴 아메리카국 로이 러보텀 차관보와 국무부 카리브국 국장으로 새로 임명된 윌리엄 위랜드 모두 바티스타에 반대했고 CIA 쿠바 전문가 J. C. 킹도 마찬가지였다. 쿠바에 도착한 스미스는 이곳에서 활동 중인 CIA 요원들도 바티스타에 반대한다는 사실을 깨달았다. 반면 쿠바에 주둔 중인 미군 장교들은 쿠바 정부군과 친밀한 관계를 즐기고 있었다. 쿠바의 공산주의활동진압국은 미국의 지원을 받아 활동했다. 더욱 논란이 된 것은 바티스타의 군대가 〈서반구 방위〉를 위해 쿠바에 할당된 미국 군수품을 게릴라 타도 작전에 사용하고 있다는 사실이었다.

마찬가지로 카스트로의 정치적 성향에 대해서도 의견이 갈렸지만, 바티스타가 카스트로를 공산주의자라고 계속 비난했음에도 불구하고 그의 말을 믿는 정치가는 거의 없었다. 스미스 대사는 신중한 노선을 선택했다. 그는 첫 번째 기자 회견에서 쿠바가 공산주의에 대항하는 공동의 투쟁에 열심히 노력하고 있다고 칭송하면서도 카스트로가 친공산주의 세력이라고 생각하지는 않는다고 말했다. 그러나 스미스는 산티아고 경찰들이 시위하는 여자들에게 경찰봉과 물호스를 들이대는 모습을 보고 경찰의 거친 대응을 공개적으로 개탄했고 산티아고를 떠나기 전에 파이스의 무덤에 화관을 바쳤다. 이러한 제스처는 바티스타에게 우호적이었던 전임 대사 아서 가드너의 태도와 판이하게 달랐기 때문에 쿠바인들은 미국의 정책이 바뀔 것이라는 희망을 품었다. 쿠바인들에게 인기가 별로 없었던 가드너는 바티스타의 지나친 행동을 한 번도 공개적으로 비판한 적이 없었고 사적인 자리에서는 바티스타가 시에라에 암살자를 보내 피델을 죽여야 한다고까지 말한 바 있었다.

스미스 대사가 산티아고 경찰의 만행에 대해 신중하지 못한 발언을 한 이후 카스트로를 둘러싼 논쟁에 불이 붙기 시작했다. 바티스타 정권의 관리들과 미국 극보수파는 워싱턴이 공산주의에 대해서 무른 태도를 취한다고 비난했다. 8월이 되자 어디에든 빠지지 않고 등장하는 스프릴 브레이든이 카스트로를 공산주의 〈동승자〉라고 비난하며 싸움을 걸었다. 그는 바티스타가 선거에 당선되어 대통령으로서 첫 임기를 보냈던 제2차 세계 대전 당시 미국 대사를 지낸 인물이었다.

사실 CIA는 산티아고와 아바나에 주재하던 CIA 관리들을 통해서 피델의 반란 세력과 이미 접촉을 시도하고 있었다. CIA와 피델의 접촉 사실이 처음 언급된 것은 1957년 4월에 체가 〈양키 대사관과의 거래를 제안〉하는 아르만도 아르트의 편지를 매섭게 비난했을 때였다. 그다음 언급은 프랑크 파이스가 피델에게 보낸 7월 5일자 편지에 등장했다. 이 편지에서 파이스는 레스테르 〈엘 고르디토〉 로드리게스가 무사히 미국 비자를 받았다고 알렸다. 7월 26일 운동 간부 엘 고르디토는 미국에 가서 자금을 모으고 반군이 사용할 무기를 구입할 예정이었다. 파이스는 이렇게 설명했다. 〈우리에게 무척 소중한 도움을 줄 미국 대사가 찾아와서 관타나모 기지에서 더 이상 무기를 약탈하지 않는다면 그 대가로 무엇이든 도와주겠다고 제안했습니다.[*] 우리는 엘 고르디토 앞으로 2년짜리 비자를 내주고 그가 쿠

---

[*] 7월 26일 운동은 관타나모 기지의 쿠바인 직원들 사이에서 왕성하게 지하 작전을 벌이며 그란마 호 작전이 일어나기 전부터 관타나모 기지에서 무기와 탄약을 빼내고 있었다. 저자가 인용하는 전쟁 당시 반군이 주고받은 서신 대부분과 마찬가지로 이 글의 출처 역시 카를로스 프랑키의 『쿠바 혁명 일지Diary of the Cuban Revolution』다.

바에서 빠져나가게 해준다면 그렇게 하겠다고 약속했습니다. 오늘 그들이 약속을 지켰습니다. 영사가 직접 엘 고르디토를 데려갔고, 그에게 필요한 서류와 편지, 지도는 외교 관용 가방에 넣어서 가져갔습니다…….〉

7월 11일에 파이스가 다시 피델에게 편지를 썼다. 〈마리아 A가 오늘 정오에 급히 연락을 해왔습니다. 미국 부영사가 다른 사람들이 동석한 자리에서 당신과 이야기를 나누고 싶다고 합니다. 다른 사람들이 누구인지는 모릅니다. ……대사관과의 밀고 당기기도, 그들과의 대화도 지치고 신물이 납니다. 우리가 조금 더 단결하여 그들과의 접촉을 끊지는 않되 그들에게 지금만큼의 중요성을 두지 않는 것이 유익할 것 같습니다. 그들이 무언가 책략을 세우고 있다는 것은 알겠으나 진정한 목표가 무엇인지는 정확히 모르겠습니다.〉

피델 카스트로의 전기를 쓴 태드 슐츠는 1957년 가을부터 1958년 중반 사이에 CIA가 7월 26일 운동의 여러 인물들에게 최소한 5만 달러를 건넸으며 자금을 건네준 사람의 이름은 위차라고 밝혔다.

피델은 미국 부영사를 만나기로 했다. 그는 날짜가 적혀 있지 않은 답장 속에서 프랑크 파이스에게 이렇게 말했다. 〈나는 미국 외교관의 방문에 반대할 이유가 없다고 생각하오. 멕시코 외교관이나 다른 나라 외교관들을 맞이하는 것처럼 미국 외교관도 이곳으로 맞이할 수 있소.〉 그런 다음 그는 호언장담을 늘어놓았는데, 마치 이 편지가 미국인들에게 전해지길 바란다고 암시하는 듯했다. 〈그들이 쿠바에서 승리를 거두고 있는 우리 민주주의 세력과 더욱 친밀한 관계를 맺고 싶어 한다면 어떨까요? 더할 나위 없이 좋소! 그들이 이 전쟁의 최종 결과를 인정한다는 뜻이니 말이오. 그들이 친구로서 중재를 하겠다고 제안한다면 어떨까요? 그러면 우리는 명예로운 중재도, 애국적인 중재도 없다고 말할 것이오. 이 전쟁에서는 중재가 가능하지 않다고 말이오…….〉

피델이 승인했음에도 불구하고 CIA 요원들과의 만남은 실현되지 않았던 듯하다. 아마도 파이스의 죽음 때문에 미루어졌다가 CIA의 정책이 바뀌면서 취소되었을 가능성이 높다. 그러나 CIA는 전국지도부 야노 측 간부들과 한동안 접촉을 유지했고 7월 26일 운동에 자금과 또 다른 형태의 원조를 분명히 제공했다. 여기서 주목해야 할 점은 CIA가 접근해 올 무렵에 파이스가 쿠바 시엔푸에고스 해군 기지에서 반바티스타 봉기를 계획하고 있던 개혁파 장교 대표단과도 만났다는 사실이다. 개혁파 장교들의 봉기 계획 역시 비밀리에 미국의 지원을 받고 있었다.

아바나 CIA의 2인자였던 윌리엄 윌리엄슨은 음모를 꾸미던 해군 장교들에게 봉기가 성공하면 미국의 인정을 받을 것으로 기대해도 좋다고 말했다. 7월에 이들 장교들이 아바나의 파우스티노 페레스, 산티아고의 프랑크 파이스와 접촉하여 군사 동맹을 제안했다. 파이스는 전해 들은 장교단의 계획을 강력히 지지했고 그 소식을 피델에게 전달했다.

매력적인 제안이었다. 장교들은 단순한 병영 쿠데타가

아니라 바티스타를 쫓아낼 전면적인 봉기를 계획하고 있었다. 공군과 육군 내 반동 세력들도 이 계획을 지지했으며 시엔푸에고스와 산티아고, 아바나에서 동시에 봉기를 일으킬 계획이었다. 피델은 바티스타가 무너진 이후 자신보다 앞서 권력을 잡을 가능성이 있는 군사 임시 정부에 대해서는 형태를 불문하고 공개적으로 반대해 왔으나 기회를 놓칠 사람은 아니었다. 시엔푸에고스의 공모자들을 지지해서 잃을 것은 거의 없었다. 첫째, 봉기에 참가할 사람들은 시에라의 피델 세력이 아니라 야노의 7월 26일 운동 세력이었으므로 음모가 발각되더라도 피델에게는 관련 사실을 부인할 명분이 있었다. 둘째, 피델이 이번 계획에 반대했는데 공모자들이 성공을 거둔다면 그는 소외되고 산속에 갇히게 될 것이었다. 물론 피델이 봉기를 실제로 도울 경우 의표를 찔릴 위험이 있었지만, 그렇게 되면 성명서에서 공언한 대로 산에서 계속 싸우면 될 터였다. 당분간은 피델의 입장이 유리했다. 이제 미국인들은 물론이고 쿠바 정부군 내부의 반역자들까지도 그를 찾아왔다. 피델은 강력한 막후 인물이 되었고 시에라에서 전쟁을 계속하면서 여러 제안들을 신중히 고려할 여유가 있었다.

한편 피델은 다른 문제에 직면해 있었다. 7월 26일 운동의 방향과 지배권을 놓고 야노의 전국지도부와 피델 사이에 긴장이 고조되던 때에 파이스가 죽임을 당한 것이었다. 파이스와 파우스티노 페레스는 2월에 에피파니오 디아스의 농장에서 만난 이후 〈제2전선〉 건설을 승인받기 위해 피델을 설득하고 있었다.

그들의 계획은 이중적이었다. 게릴라 제2전선을 만들면 적의 관심이 분산되어 피델이 지휘하는 반군의 활동이 쉬워질 뿐 아니라 무장 투쟁에 대한 전권을 행사하려는 피델의 움직임을 막을 수 있었다. 그러나 피델은 7월 26일 운동이 가장 우선시해야 할 일은 시에라에서 활동 중인 전사들을 지원하는 것이라고 강력하게 주장했다. 그는 자기 병력이 확고히 자리를 잡을 때까지는 무기가 다른 곳으로 분산되면 안 된다고 주장했다. 2월에 결국 피델의 주장이 관철되어 〈제2전선〉 계획은 잠시 보류되었다. 하지만 완전히 기각된 것은 아니었다.

이 사건은 단지 시에라와 야노 사이의 본격적인 균열을 드러내는 조짐에 불과했다. 카를로스 프랑키, 파우스티노 페레스, 아르만도 아르트가 함께 투옥되었을 때, 그들은 감옥에 갇혀 있던 쿠바 야당 대표들을 거의 다 만나서 긴 이야기를 나누었다. 세 사람은 극복할 수 없는 사상적 차이 때문에 7월 26일 운동과 쿠바 공산당의 연합은 불가능하다는 결론을 내렸고, 쿠바 공산당은 피델이 권력을 잡기 위해 〈반란〉 전략을 선택한 것을 계속해서 비판했다. 그들은 혁명지도자단과 연합할 가능성이 있다고 생각했지만 당시까지 실제적 협력 관계를 맺지는 못했다. 혁명지도자단은 피델의 권위주의적인 지도자 성향을 염려했다. 피델은 이러한 성향 때문에 오랫동안 비판을 받아 왔고 7월 26일 운동도 그 점을 인식하고 있었다. 피델이 독재적인 요구를 하며 야노 세력의 활동에 대해서 끊임없이 불평을 늘어놓자 야노 측도 분개하기 시작했다. 피델의 편지는 그가 야노 세력을 시골 게릴라전과 도시 게릴라전을 아우르는 공동 투쟁의 동등한 파트너로 생각하기보다 단순한 공급자 정도로밖에 생각하지 않는다는 사실을 보여 주었다. 또 피델은 야노 세력이 체포와 고문, 처형의 위험에 끊임없이 노출된 채 위태롭게 지낸다는 사실을 무시하는 듯했다.

야노 세력은 7월 26일 운동과 다른 단체들의 연대를 확대하는 한편 군대 내의 방첩 작전, 도시 지역 폭탄 작전, 사보타주, 암살 등을 담당했다. 또 비밀 안가와 진료소, 무기 밀수단도 운영했다. 게다가 2월에 피델이 〈성명서〉에서 선포한 바와 같이 시골 및 산업 현장에서의 사보타주 활동을 실행하는 임무까지 더해졌다. 즉, 전국노동자전선을 만들어 바티스타가 조종하는 노동조합과 경쟁하고, 총파업을 조직하고, 시민 저항 조직망을 통해 피델에게 돈과 무기를 계속해서 공급하는 중요한 임무를 수행해야 했다.

새로운 게릴라 전선을 건설한다는 계획은 혁명지도자단이 대통령궁을 공격할 당시 사용하고 남은 무기를 7월 26일 운동이 입수한 후에야 가능해졌다. 무기 중 일부는 피델이 엘우베로를 공격하기 직전에 그에게 보내졌다. 프랑크 파이스는 남은 무기를 이용해서 레네 라모스 라투르 혹은 〈다니엘〉이라고 알려진 법대생이 이끄는 새로운 반란 단체를 만들었다. 다니엘의 단체는 오리엔테의 작지만 전략적으로 중요한 시에라크리스탈을 중심으로 활동했다. 시에라크리스탈은 시에라마에스트라의 동쪽 지방으로 산티아고와 관타나모 사이에 있었다. 다니엘의 단체는 6월에 첫 번째 작전을 실시하여 정부군 수비대를 공격했지만 실패로 끝났고, 결국 많은 무기와 여러 대원을 잃었다. 그 와중에 프랑크 파이스는 무기 몇 점을 지켜 냈고 다니엘과 대원 20명을 산티아고의 안가에 숨긴 다음 대담한 계획을 새로 짰다. 무장한 준(準)군사 세력인 〈로스 티그레스(호랑이단)〉를 이끄는 정치 깡패 롤란도 마스페레르가 친바티스타 집회를 개최할 예정이었는데 파이스는 이 집회에 시한폭탄을 설치하여 폭파시키기로 했다. 그러나 폭탄은 불발로 끝났고 곧이어 그의 친동생 호수에와 동지 두 명이 죽임을 당하면서 자기주장을 펼치려던 파이스는 결정타를 맞았다.

파이스는 이처럼 여러 가지 실패를 겪은 후 피델에게 주류 정치가들과 연대를 굳건히 맺어 정치적 힘을 넓히라고 설득하며 라울 치바스와 펠리페 파소스를 시에라로 초대하라고 했다. 그는 또한 마침 경찰로부터 탈출한 참이었던 아르만도 아르트와 함께 7월 26일 운동의 전반적인 구조 쇄신 계획을 세웠다. 의사 결정을 새로운 행정 기구에 맡기고 각 지역 지도자 여섯 명으로 새로운 전국지도부를 구성한다는 내용의 이 계획에는 피델을 여섯 명의 지역 지도자 중 시에라 반군을 대표하는 한 명으로 격하시켜 그의 권력을 대폭 축소하려는 의도가 확연히 담겨 있었다. 파이스는 피델에게 보낸 편지에 이렇게 적었다. 〈어떤 제안이나 꼭 반영해야 할 일이 있으면 말하십시오. 어찌 되었든 계획의 초안이 완성되면 살펴보고 의견을 낼 수 있도록 보내 드리겠습니다.〉

피델은 이에 대해서 시에라마에스트라 성명으로 대답

함으로써 자신의 세력을 축소하려는 파이스의 노력을 사실상 진압해 버렸다. 그 뒤 피델은 파이스에게 편지를 써서 능숙하게도 그의 제안에 대한 언급은 피하면서 모호한 말만 늘어놓았다. 〈활동 계획을 전국적 범위에서 체계적으로 세워야 할 필요성을 당신이 그토록 정확히 인식하고 있다니 정말 기쁘고 축하할 만한 일이오. 싸움이 필요한 이상 우리는 이곳에서 계속 싸울 것이오. 우리는 진정한 혁명의 승리가 아니라면 죽음으로 이 싸움을 끝낼 것이오…….〉

몇 주 후 프랑크 파이스가 죽자 피델은 빈자리를 메우기 위해 서둘렀다. 파이스가 죽은 다음 날인 7월 31일, 피델은 셀리아 산체스에게 편지를 보냈다. 그는 파이스를 잃어서 무척 슬프고 화가 난다고 말한 다음 〈프랑크가 맡았던 일의 상당 부분〉을 맡아 달라고 요청했다. 피델은 또한 전국 지도부의 빈자리는 파우스티노 페레스에게 맡기자고 제안하면서 셀리아에게 파이스가 하던 업무를 페레스에게 가르쳐 주라고 재촉했다. 그러나 이번 일에서만큼은 전국지도부가 피델에게 드문 승리를 거두었다. 파이스의 후임자가 된 이는 페레스가 아니라 다니엘 — 레네 라모스 라투르 — 이었다.

이즈음 피델은 셀리아 산체스에게 점점 더 의존하며 원하는 것을 얻으려 했다. 피델은 셀리아에게 꾸준히 수많은 편지를 쓰면서 자신이 살아남으려면 당신이 반드시 필요하다고 되풀이했고 야노가 충분히 지원해 주지 않는다고 불평을 늘어놓았다. 사실 2월에 두 사람이 처음 만난 이후 셀리아는 야노 세력 가운데서 피델이 가장 믿을 수 있는 친구가 되었고, 이제 셀리아의 힘은 더욱 커졌다. 다른 7월 26일 운동 간부들은 셀리아의 새로운 위치를 금세 파악하고 그녀를 피델과 야노 사이의 주요 중재자로 대하기 시작했다.

다니엘은 파이스의 노력을 그대로 이어받아 피델과 그가 이끄는 반군을 좀 더 통제하려 애쓰면서 특히 고삐를 죌 필요가 있는 인물로 체를 꼽았다. 다니엘은 자신이 파이스의 후임으로 결정된 이후 체가 한 번도 연락하지 않았으며 전국지도부의 승인도 받지 않은 사람들과 제멋대로 공급 협약을 맺어 문제를 일으키고 있다고 피델에게 불평했다. 그러나 피델은 다니엘을 무시하고 셀리아에게 계속 편지를 보내 야노 측이 시에라를 〈버렸다〉며 격렬하게 비난해 댔다. 분쟁은 해결되지 않은 채 계속 부글부글 끓어 올랐고 그 와중에도 전쟁은 계속되었다.

3

체는 호아킨 카시아스 소령이 이끄는 부대를 공격할 준비를 하는 동시에 풋내기 신참과 탈주자, 치바토 등 일상적인 문제와 씨름하고 있었다. 라스미나스에서 새로운 지원자들이 체의 부대로 들어왔고 그중에는 최초의 여자 지원자도 있었다. 오니리아 구티에레스라는 열일곱 살 소녀였다. 그러나 언제나 그랬듯이 체는 며칠 후 〈카파르cafard〉의 낌새를 보이기 시작한 지원자 몇 명을 돌려보냈다. 카파르란 체가 겁쟁이를 가리킬 때 사용하던 프랑스어였다.

또 체는 협력자였던 농장 감독 다비드 고메스가 체포되어 고문을 당한 후 살해된 것 같다는 소식을 들었다. 정부군은 다비드가 일하던 펠라데로 농장을 점령하고 일꾼 한 명에게 압력을 가해서 반군이 그 지역 사람들과 어떤 연계를 맺고 있는지 아는 대로 전부 털어놓게 만들었다. 체는 격분하며 일기에 이렇게 적었다. 〈그 결과 그들은 다비드의 마부 두 명을 포함해서 총 열 명을 죽였고, 물건을 모두 강탈하고 동네의 집들을 전부 불태웠으며, 몇몇 이웃을 심하게 폭행했다. 결국 몇 명은 죽었고 이스라엘의 아버지 등 몇 명은 골절상을 입었다. 나는 치바토가 세 명 있었다는 말을 듣고 그들을 처형할 지원자를 모집했다. 여러 명이 지원했지만 나는 이스라엘과 그의 형제 사무엘, 마놀리토, 로돌포를 뽑았다. 그들은 《7월 26일 운동의 반역자로 처형됨》이라고 적힌 작은 표지를 가지고 일찍 떠났다.〉

처형단은 치바토 한 명을 추격해서 죽이고 일주일 뒤에 돌아왔다(그러나 다비드가 죽었다는 보고는 잘못된 것으로 판명되었다. 나중에 다비드가 직접 체를 찾아와 자신이 체포당해서 무자비한 고문을 받았지만 끝내 입을 열지 않았다고 말했다). 처형단이 돌아온 다음 체가 부대를 이끌고 엘우베로 전투 이후 이동했던 지역을 다시 거쳐 지나갈 때, 엘우베로 전투 직후에 도망갔던 탈주자 레네 쿠에르보가 연락을 해왔다. 쿠에르보는 체에게 편지를 보내 용서를 청하면서 체의 환심을 사려는 듯이 치바토 한 명을 죽였다고 보고했다. 라메사에 도착하자 체의 공급책 한 명이 쿠에르보가 자기 마을에 돌아다니고 있다고 보고하면서 어떻게 할지를 물었

다. 체의 대답은 퉁명스러웠다. 〈나는 그가 너무 귀찮게 굴 거든 죽이라고 말했다.〉*

8월 말경 체의 부대는 엘옴브리토 골짜기에서 야영을 하고 있었다. 체와 부하들은 적군을 찾아내려고 열심히 노력했지만, 그들은 부에이시토 전투 이후 거의 한 달 동안 한 번도 전투를 치르지 못하고 있었다. 8월 29일, 한 농부가 체에게 정부군 대부대가 다가오는 중이라고 알려 주며 정부군의 야영지까지 안내해 주었다. 체는 적군이 더 전진하기 전에 즉시 공격하기로 결정했다. 그날 밤 그는 정부군 숙영지로 이어지는 길에 부하들을 배치했다. 다음 날 정부군이 이동할 길이었다. 체의 계획은 선두에 선 열에서 열둘 가량의 병사가 지나가도록 내버려 둔 다음 대오의 중간을 매복 공격하는 것이었다. 그렇게 해서 부대가 둘로 나뉘면 쉽게 포위해 제거할 수 있을 터였다.

해가 뜨자마자 군인들이 일어나서 철모를 쓰고 행군을 준비하는 모습이 보였다. 정부군이 언덕을 올라 부하들이 숨어 있는 곳으로 다가오기 시작하자 체는 초조해졌다. 다가올 전투의 긴장감 때문에 불안하기도 했고 새로 구한 브라우닝 자동 소총을 처음으로 시험해 보고 싶었다. 군인들

* 저자가 입수한 게바라의 전쟁 일기 앞부분은 1956년 12월 2일에 시작해서 1957년 8월 12일에 끝난다. 중간 부분(1957년 8월 13일~1958년 4월 17일)은 사라지고 없으며 뒷부분은 1958년 4월 18일부터 전쟁이 끝나기 한 달 전인 1959년 12월 3일까지의 내용이다. 일기가 없는 기간에 대한 정보는 직접 인터뷰와 다른 간행물을 통해 얻었으며, 간행물에는 게바라가 해당 시기에 대해서 언급한 글도 포함된다. 참고문헌 중 『쿠바 혁명전쟁 회고록』 참조.

이 가까이 다가오자 체는 숫자를 세기 시작했다. 그런데 여섯 명까지 세었을 때 한 군인이 소리를 지르는 바람에 체는 반사적으로 여섯 번째 군인을 쏘고 말았다. 체가 한 번 더 총을 쏘자 그의 부하들이 미처 대응을 하기도 전에 나머지 다섯 명이 시야에서 사라졌다. 체는 황급히 부하들에게 공격 명령을 내렸다. 공격이 시작되었고 정부군은 이미 기습의 충격에서 벗어나 바주카포를 쏘기 시작했다. 체는 후퇴 지점으로 물러나라고 명령하다가 호엘 이글레시아스의 사촌 에르메스 레이바가 죽었다는 사실을 깨달았다. 체의 부대는 1킬로미터 떨어진 고지에 서서 군인들이 행군을 멈춘 채 레이바의 시체를 태우는 모습을 지켜보았다. 그들은 반군들이 다 볼 수 있도록 일부러 시체를 모독했다. 체는 이렇게 회상했다. 〈우리는 무력한 분노를 느끼며 멀리서 총을 쏠 수밖에 없었고, 이에 그들은 바주카포를 쏘며 대응했다.〉

반군과 정부군은 하루 종일 교전을 벌였고 땅거미가 질 무렵이 되자 정부군이 퇴각했다. 체는 이번 작전에서 소중한 부하 한 명을 잃었고 적의 무기 노획은 한 점에 그쳤다. 그럼에도 이것은 그에게 있어 〈위대한 승리〉였다. 체의 부대가 부족한 무기를 가지고 바주카포로 무장한 140명 규모의 정부군 중대와 싸워 그들이 전진하지 못하도록 막았던 것이다. 그러나 며칠 후 지역 농부들이 체의 부대와 공모했다고 의심한 정부군 중대가 보복으로 농부를 여러 명 죽이고 집을 불태웠다는 소식이 들려왔다. 이 가슴 아픈 사건은 반군이 정부군을 공격한 지역에서 아무런 방비도 없는 민간인이 어떤 대가를 치러야 하는지를 가르쳐 주었다. 체는 이제부터는 정부군의 잔학 행위를 방지하기 위해 공격을 하기 전에 먼저 민간인들을 피난시키기로 마음먹었다.

전투가 끝난 후 체와 피델이 다시 만났다. 피델이 라스 쿠에바스 근처 정부군 야영지를 공격한 직후였다. 그는 부하 네 명을 잃었지만 정부군도 사상자를 내고 후퇴할 수밖에 없었다. 피델과 체는 유리한 현재 상황을 밀고 나가기로 결정하고, 작은 정부 수비대가 주둔 중인 피노델아과를 합동 공격하기로 계획했다. 정부군을 발견하면 공격을 하고, 발견하지 못하면 반군의 존재를 알려 산지로 유인한다는 계획이었다. 피델의 부대가 미끼 역할을 하고 체의 부대가 매복을 하기로 했다. 계획이 서자 두 부대는 목표 지역으로 향했다.

그러나 체의 부대에서 상황이 꼬이고 있었다. 탈주자가 여러 명 더 나왔을 뿐 아니라 어린 전사 한 명이 중위에게 불복종했다는 이유로 무장을 해제당하자 다른 사람의 리볼버를 빌려 머리에 총을 쏘아 자살했던 것이다. 전우들은 충격에 빠졌다. 그의 매장을 놓고 군장(軍葬)을 할 것인지 말 것인지에 대해 체와 부하들 사이에 의견이 갈렸다. 체는 군장에 반대했다. 〈나는 그 사람이 아무리 훌륭한 성품을 가지고 있었다 해도 그러한 상황에서 자살한 것을 인정해 주어서는 안 된다고 주장했다. 몇몇 대원이 복종하지 않아서 작은 소동이 일었지만 결국 군장을 치르지 않고 철야 의식만 하기로 했다.〉

부하들이 불만을 품자 체는 서둘러 엄격한 규율을 정하고 규율 감시단을 만든 다음 소년 전사 한 명을 책임자로 지목했다. 엔리케 아세베도는 체의 결정 때문에 전사들이 서로 원한을 품게 되었다고 회상했다. 아세베도는 당시 열다섯 살의 가출 소년이었고 형 로헬리오와 함께 데스카미사도 계급으로 체의 부대에 들어온 지 얼마 안 된 때였다. 〈작은 헌병대나 다름없었다. 규율 담당에게는 여러 가지 임무가 있었다. 큰 소리로 말하지 못하게 하고, 해가 지기 전에 불을 피우지 못하게 하고, 정찰기가 날아올 경우에 대비해 불가에 물통이 있는지 확인하고, ……보초 서는 사람들을 점검하고, 일기를 쓰지 못하게 하는 것 등이었다. 감시단은 새로운 규율이 얼마나 엄격한지 확실히 느끼게 만들었다. 감시단 지원자가 자기 일을 너무나 즐겁게 수행했기 때문에 결국 우리 모두에게는 악몽이 되었다…….〉

　　반군 사이에서 체는 엄격한 규율을 좋아하기로 악명이 높았고 그의 부대원 중에는 다른 부대로 옮겨 달라는 사람들도 있었다. 어린 아세베도는 처음 부대에 지원했을 때 체에게 거절당했지만 ―「이곳이 뭐라고 생각하나? 고아원이나 탁아소라도 되는 줄 알아?」― 남아도 좋다는 허락을 억지로 얻어 낸 후 계속해서 체를 무척 주의 깊게 관찰했다. 아세베도는 〈불법〉 일기에 이렇게 적었다. 〈모두들 존경심을 가지고 그를 대한다. 그는 부지런하고 쌀쌀맞으며, 때로 몇몇 부하들에게 신랄하다. 몸가짐은 무척 세련됐다. 그가 명령을 내릴 때면 부하들에게 정말로 존경받고 있다는 사실을 알 수 있다. 사람들은 그의 명령에 즉시 복종

한다.〉

며칠 후 아세베도 형제는 체의 약식 재판을 목격했다. 엔리케 아세베도는 그 순간을 생생히 기록했다. 〈새벽에 그들이 덩치 큰 남자를 데려왔는데, 초록색 옷을 입고 군인처럼 머리를 밀고 콧수염을 기르고 있었다. 레네 쿠에르보였다. 그는 산파블로데야오와 베가라유아 지역에서 문제를 일으키고 있었다. 쿠에르보는 7월 26일의 깃발 아래서 권한을 남용하고 있었다. ……체는 해먹에 누운 채 그를 맞이했다. 죄수가 손을 내밀었지만 아무 반응도 없었다. 우리한테는 그들이 무슨 말을 하는지 들리지 않았지만 무척 격렬해 보였다. 약식 재판 같았다. 결국 체가 경멸스럽다는 듯이 그를 데려가라는 손짓을 했다. 그들이 그를 협곡으로 데려갔다. 22구경 소총으로 처형했기 때문에 세 발이나 쏘아야 했다. 체가 해먹에서 뛰어내리더니 이렇게 소리쳤다. 「됐어!」〉 아세베도의 말에 따르면 그 장소는 그때 이후 〈오요 델 쿠에르보(까마귀 구멍)〉라고 불렸다.

그 후에도 체는 쿠에르보를 죽이기로 한 결정에 대해 유감스러워하지 않았다. 〈그는 혁명 대의를 위해 싸우며 첩자를 처형한다는 핑계를 대면서 사실은 군대와 결탁하여 시에라 일부 지역의 주민 전체를 희생양으로 삼았는지도 모른다. 탈주자였기 때문에 재판은 신속하게 진행되었고 곧장 처형으로 이어졌다. 불행히도 시에라마에스트라에서는 지역에 팽배한 분위기를 이용해서 범죄를 저지르는 반사회적인 인물을 처형하는 것이 드문 일이 아니었다.〉

그러나 몇 주 후 짧은 전투가 다시 벌어졌을 때 체는 보다 자비로운 면모를 드러냈다. 이 사건은 그가 반역자와 첩자, 겁쟁이에게는 냉혹하지만 전투에서 죽음에 맞설 만큼 용맹한 적은 존중한다는 사실을 보여 주었다. 체는 피노델아과 근처에서 정부군으로 가득 찬 트럭을 매복 공격한 다음 피해 상황을 알아보려고 접근했다. 체는 이렇게 말했다. 〈첫 번째 트럭을 노획하다가 사망자 두 명과 부상자 한 명을 발견했는데, 부상자는 누워서 죽어 가면서도 여전히 싸우는 듯한 동작을 취하고 있었다. 우리 부대원이 그에게 항복할 기회도 주지 않고 숨통을 끊어 버렸다. 사실 그는 의식이 거의 없었기 때문에 항복을 할 수도 없었다. 이 야만적인 행동을 한 부대원은 바티스타의 군대가 자기 가족을 싹 쓸어 버리는 모습을 목격했던 자였다. 나는 그를 심하게 나무랐지만 또 다른 부상병이 트럭 짐칸의 방수포 밑에 숨어 꼼짝도 하지 않고 엿듣고 있는 줄은 몰랐다. 적은 내가 부대원을 나무라는 말과 그가 잘못했다고 사과하는 말을 듣고는 대담해져서 자기 존재를 알리며 죽이지 말아 달라고 빌었다. 그는 다리가 부러져 있었기 때문에 도로 한쪽 옆에 남겨졌고 그동안 다른 곳에서 전투가 계속되었다. 부상병은 반군 전사가 근처를 지나갈 때마다 《절 죽이지 마세요! 죽이지 마십시오! 체가 포로를 죽이지 말라고 했습니다!》라고 외쳤다. 전투가 끝나자 우리는 그를 제재소로 옮겨 응급 치료를 해주었다.〉

4

9월 첫째 주에 구릉지를 전진하던 반군은 마침내 전국적인 봉기가 일어났다는 소식을 들었다. 9월 5일, 반군이 시엔푸에고스의 경찰 본부와 해군 기지를 공격하여 점령했다. 해군 내 반역자들, 아우텐티코당을 비롯한 여러 단체 사람들과 함께 상당수의 7월 26일 운동 전사들이 공격에 가담했다. 그러나 일은 계획대로 진행되지 않았다. 마지막 순간에 아바나와 산티아고의 반군 공모자들이 교착 상태에 빠졌고 시엔푸에고스 봉기만이 홀로 지속되었다.

반군이 그날 오전에 시엔푸에고스를 점령했지만 오후가 되자 정부 측이 산타클라라 수비대의 탱크를 투입했고 반군을 공습하기 위해 미국제 B-26 폭격기를 급파했다. 반군은 근처의 에스캄브라이 산지로 달아나는 대신 도시에 남아 최후의 저항을 벌이는 치명적인 실수를 저질렀고, 결국 무참히 살육당했다. 이 작전에 가담한 7월 26일 간부 세 명 — 아바나 지하 조직의 직무 대행 하비에르 파소스, 라스비야스 주의 행동대장 훌리오 카마초, 시엔푸에고스 7월 26일 운동 지도자 에밀리오 아라고네스 — 은 달아났지만 여러 단체에서 가담한 약 400명 중 자그마치 300명이 죽임을 당했으며, 그들 중 다수는 항복 후 총살되었다. 반군에 대한 복수는 야만적이었다. 보고에 따르면 부상자들은 산 채로 매장당했고, 봉기의 지휘자이자 해군 대위였던 디오니시오 산 로만은 생포되어 몇 달 동안 고문을 받은 후 처형되었다.

9월 5일의 봉기는 그때까지 일어난 쿠바 분쟁 중에서 가장 규모가 크고 가장 많은 피를 흘린 사건이었던 만큼 그 여파도 컸다. 프리오 내각에서 장관을 지낸 바 있고 〈몬테크리스티Montecristi〉라는 반바티스타 단체를 이끌던 후스토 카리요가 피델을 반역자라고 비난했다. 그는 이번 반란 음모에 가담했던 군 파벌 중 하나와 동맹을 맺고 있었고 그전에는 7월 26일 운동에 자금을 제공하기도 했다. 시에라 협정 당시에 그는 동맹에 가담해 달라는 피델의 요청에 응할 듯한 태도를 보이다가 끝내 동맹 참여를 거부한 적도 있었다. 이제 카리요는 피델이 배신행위를 저질렀다고 비난했다. 피델이 봉기가 실패하여 그와 라이벌 관계에 있던 군인들이 죽게 될 것임을 알면서도 시엔푸에고스 봉기를 승인했다는 것이었다. 나중에 체는 카리요의 비난을 간접적으로 반박하며 이렇게 적었다. 〈우리 7월 26일 운동은 비무장 동맹으로 참가했기 때문에 우리 지도부가 결과를 알았다 해도 일의 흐름을 바꿀 수 없었을 것이며, 사실 결과를 정확히 알지도 못했다. 이 사건이 주는 교훈은 병력을 가진 세력이 전략을 지시한다는 것이다.〉

그러나 바티스타 역시 시엔푸에고스 사태의 영향을 받았다. 바티스타는 미국이 제공한 무기를 폭동 진압에 사용했는데, 미 국무부의 입장에서 보면 이것은 쿠바와 미국의 방위 조약을 어긴 뻔뻔스러운 행위였다. 탱크와 B-26 폭격기는 서반구 방위를 위해 제공된 것이지 내부 봉기 진압을 위해 제공된 것이 아니었다. 미국은 쿠바 군부의 해명을 요구했고, 해명이 당장 발표되지 않자 바티스타 정권에 대한 무기 공급 중단을 검토하기 시작했다.

한편 시에라마에스트라에서는 체와 피델이 다음 군사 목표에 접근하고 있었다. 9월 10일, 두 부대는 피노델아과에 도착했다. 피델은 누군가가 정부군에 몰래 알리기를 바라면서 지역 사람들에게 자신들의 목적지가 어디인지 퍼뜨린 다음 부대를 철수시켰다. 그날 밤 체는 적군이 나타날 것으로 예상되는 도로와 오솔길을 따라 비밀리에 매복했다. 일이 계획대로 잘 진행된다면 군용 차량대를 습격하여 트럭을 여러 대 노획할 수 있을 것이었다. 체의 부대는 주요 도로가 내려다보이는 절벽 위 숲 속에서 일주일을 기다렸다. 마침내 트럭이 다가오는 소리가 들렸다. 적이 미끼를 문 것이다.

이렇게 시작된 전투는 무척 소규모였다. 매복 공격이 시작되자 군인들을 태운 트럭 두 대가 달아났다. 그러나 반군이 나머지 트럭 세 대를 노획해서 불태웠고 귀중한 무기와 탄약을 손에 넣었다. 반군은 또한 군인 세 명을 죽이고 한 명을 포로로 잡았는데, 하사였던 포로는 결국 반군에 가담하여 취사병이 되었다. 그러나 무척 슬프게도 반군은 과히로 시인 〈크루시토〉를 잃었다. 크루시토는 반군의 또 다른 서정시인이었던 칼릭스토 모랄레스와 시 대결을 펼치며 전사들을 즐겁게 해주던 이였다. 그는 스스로를 〈마에스트라의 나이팅게일〉이라고 칭하면서 라이벌인 모랄레스에게는 〈평원의 말뚱가리〉라는 별명을 붙여 주었다.

피델의 부대가 먼저 펠라데로로 향했고 체의 부대가 그 뒤를 따랐다. 그곳으로 가는 도중에 체는 한 상인으로부터 노새 한 마리를 징발했다. 후안 발란사라는 그 상인은 반군에게 적대적이지는 않았지만 반군은 그가 친바티스타파이며 대지주들과 친하다고 생각했다. 체에게는 또 다른 동기가 있었기 때문에 그것으로도 충분했다. 체는 나중에 이렇게 썼다. 〈후안 발란사에게는 노새가 한 마리 있었는데, 그 근방에서는 지구력이 강하기로 유명했다. 우리는 일종의 전쟁 세금으로 노새를 빼앗았다.〉 노새를 도살해서 고기를 얻는 것이 당연한 일이었지만 후안 발란사의 노새는 발이 튼튼하고 날렵하다는 사실을 증명했기 때문에 체는 노새가 〈살 권리를 획득했다〉고 생각하여 죽이지 않았다. 결국 체는 노새를 자기 것으로 삼아 계속 타고 다녔다. 이 노새는 전쟁 후반에 체의 개인적 숙적이 된 앙헬 산체스 모스케라 대위에게 〈다시 노획〉당했다.

어느덧 반군이 시에라 주민들을 다스리며 임시적인 법과 질서를 정립할 때가 되었다. 시에라마에스트라에는 무장한 사람들이 우글거렸고 탈주자들과 무법자 용병들, 일부 반군이 악행을 저질렀기 때문에 무정부 상태가 되어 가고 있었다. 일부 반군 전사들은 정부의 힘이 미치지 않는다는 점을 이용해서 무기를 들고 강도와 강간, 살인을 저질렀다. 한편 반군의 행동을 통제하는 엄격한 행동 규범이 새로 채택되자, 반군들, 특히 체의 부대원들이 분노했다. 체의 부대에서는 새로 임명된 〈규율 감시단〉이 지나친 열의를 보였기 때문에 부대 내의 긴장이 한껏 고조되다가 마침내 피비린내 나는 절정에 다다랐다.

체의 부대가 펠라데로에 도착하고 나서 며칠 후 체가 근처에서 야영 중인 피델을 만나러 갔다. 체와 피델이 대화를 시작하고 얼마 지나지 않았을 때 라미로 발데스가 들어와서 대화를 방해했다. 긴급 상황이었다. 좋지 않은 일이 일어난 것이 틀림없었다. 나중에 체는 이렇게 썼다. 〈랄로 사르디냐스가 규율을 어긴 동료에게 벌을 주겠다며 그의 머리에 권총을 가져다 댔다. 충동적인 행동이었다. 그러다가 의도치 않게 총이 발사되는 바람에 그 동료는 즉사하고 말았다. 금방이라도 부대에 폭동이 일어날 것 같았다.〉

체가 야영지로 돌아왔을 때는 랄로의 행동에 항의해 전면적인 폭동이 일어날 태세였다. 대원들 대다수가 랄로의 약식 재판과 처형을 요구했다. 체는 부하들의 증언을 수집하기 시작했다. 몇 명은 미리 계획한 살인이라고 했고 몇 명은 사고였다고 말했다. 곧이어 피델이 도착하여 랄로의 운명을 결정할 재판이 열렸다. 랄로는 장교였으며 품성이 뛰어나고 용감한 전사였기 때문에 체와 피델 모두 그를 살리고 싶었지만, 대원들의 의견도 고려해야 했다. 대원들 대부분이 사형을 원하고 있었다. 체가 마침내 입을 열었다. 나중에 그는 이렇게 회상했다. 〈나는 동지의 죽음은 전투라는 상황의 탓이라고, 우리가 전쟁 중이라는 바로 그 사실 때문이라고, 따라서 독재자 바티스타가 유죄라고 설명하려 했다. 그러나 나의 말은 적의로 가득 찬 대원들을 별

로 설득시키지 못했다.〉

다음은 피델의 차례였다. 체의 말에 따르면 피델은 긴 연설을 하며 랄로를 옹호했다. 〈그는 결국 이 패씸한 행동은 규율이라는 관념을 지키기 위해 저질러진 것이며 우리는 그 사실을 기억해야 한다고 설명했다.〉 체의 표현을 빌리자면, 많은 대원들이 피델의 〈어마어마한 설득력〉에 흔들렸지만 좀처럼 동의하지 않는 대원도 많았다. 결국 투표를 통해서 결정하는 것으로 의견이 모였다. 랄로는 총살을 당하든지 강등될 것이었다. 다수결로 결정하기로 했다. 체가 공책에 표를 기록했다. 결국 총 146명 중 70명은 사형에, 76명은 강등에 표를 던졌다.

랄로는 목숨을 건졌다. 그는 지위를 박탈당한 다음 일반 병사로 전투에 참가하여 명예를 회복하라는 명령을 받았다. 하지만 이것으로 끝이 아니었다. 꽤 많은 대원들이 결정에 불만을 품고 다음 날 무기를 버리고 떠날 테니 허락해 달라고 요구했다. 흥미롭게도 그들 중에는 체가 만든 규율 감시단 단장과 단원들도 있었다. 체는 나중에 이 사건을 기록하면서 후일담을 밝히는 그의 평소 습관대로 떠난 대원들 중 몇 명이 혁명을 배신했다는 뒷이야기를 확실하게 밝혔다. 〈다수의 의견을 존중하지 않고 투쟁을 저버린 이들은 그 후 적을 위해 봉사했다. 그들은 반역자가 되어 우리의 땅에 싸우러 돌아왔다.〉

체는 반역의 동기를 떠난 대원들의 탓으로 돌리려고 무진 애를 썼지만, 이 사건은 혁명의 도덕적 이야기라기보다는 그 당시 체의 무정한 성격을 드러내는 이야기로 들린다.

체가 누비고 다니던 시에라마에스트라 곳곳에는 치바토와 탈주자, 태만한 자들의 시체가 널려 있었다. 그들의 죽음을 명령한 사람은 바로 체였고 어떤 경우에는 직접 처형하기도 했다. 전사들은 가족과도 같았고 체는 점점 늘어나는 전사들 안팎에 엄격한 행동 강령을 적용했기 때문에 랄로와 같은 경우가 쉽게 일어날 수 있는 분위기를 만들었다. 본보기를 보인 것은 지도자인 체였다. 부하들은 단지 나름대로의 서툰 방식으로 그의 행동을 모방했을 뿐이었다.

폭동이 정리되고 나자 피델은 떠난 대원들의 자리를 메우기 위해 자기 대원 몇 명을 체의 부대로 이동시켰고 랄로를 대신할 사람으로 카밀로 시엔푸에고스를 임명했다. 금발에 잘생기고 외향적인 전직 야구선수가 체의 선봉대 대장이 된 것이다. 이 선택은 훌륭했다. 카밀로의 명랑한 성격이 체의 엄격함을 보완할 수 있었다. 카밀로와 체는 서로를 무척 존경했고, 체는 그 누구에게도 용인하지 않았던 친밀함을 카밀로에게만 허락했다. 두 사람의 대화는 친밀한 심술과 자극으로 점철된 상스러운 농담이었다.

다시 이동할 때가 되었다. 피델은 체에게 새로운 명령을 내렸다. 〈우리의 임무는 우리가 투쟁을 시작한 지역뿐 아니라 카라카스, 엘로몬과 가까운 지역에서 혁명의 기치를 내걸고 범죄를 저지르고 있던 산적들을 소탕하는 것이었다. 카밀로는 우리 부대에 들어와 제일 먼저 그자들을 생포하는 임무를 맡았다. 그들은 재판에 회부될 예정이었다.〉

카밀로가 〈산적〉을 쫓는 동안 체는 그의 본부로 변해 가고 있던 엘옴브리토 계곡으로 돌아왔다. 8월에 체가 그곳에서 매복 공격을 가한 이후, 정부군은 아직 돌아오지 않고 있었다. 그래서 체는 상설 기지의 기초를 세우기 시작했다. 그는 계곡 중간 지점에 있던 신참 지원자들이 지내는 집을 아리스티디오라는 과히로가 상주하며 관리하도록 했고 빵을 구울 화덕도 지었다. 평온한 분위기였지만, 현지 농부들은 정부군이 들이닥칠까 노심초사했다. 산체스 모스케라가 미나스데부에이시토에 이미 기지를 건설한 상태였고 곧 산지를 덮칠 기세였다. 아리스티디오는 확실히 경각심이 없었다. 체가 자리를 비운 사이에 리볼버를 팔아 치우고 정부군이 도착하기 전에 자기가 정부군과 접촉할 계획이라고 경솔하게 떠들고 다녔던 것이다. 체는 이 사실을 보고받자마자 즉시 행동을 취했다. 그는 이렇게 회상했다. 〈혁명 과정 중에서도 이 시기는 무척 힘든 때였다. 지역 총책임자라는 나의 권한에 따라 우리는 아주 간략한 조사를 한 다음 아리스티디오를 처형했다.〉

아직 어렸던 엔리케 아세베도는 아리스티디오가 잡혀 오는 모습을 지켜보았다. 〈맨발의 죄수가 바로 우리 옆을 지나가고 그들이 그를 묶는다. 아리스티디오다. 두목 같던 겉모습은 하나도 남아 있지 않다. 나중에 총성이 한 발 들린다. 우리가 그곳으로 달려가 보니 그들이 아리스티디오를 흙으로 덮고 있다. 지친 하루가 지나고 새벽이 되자 체가 아리스티디오는 게릴라의 자금과 자원을 잘못 사용했기 때문에 처형되었다고 설명한다.〉

그러나 나중에 체는 아리스티디오의 운명에 대해 거의 사과하듯 이렇게 말했다. 〈아리스티디오는 혁명의 중요성을 확실히 이해하지 못한 채 혁명 대오에 합류한 농부의 전형적인 예였다. ……이제 우리는 그가 정말로 죽임을 당할 만큼 죄가 컸는지, 혁명의 건설적인 시기에 이용할 수도 있었을 한 목숨을 살리는 것이 불가능했는지 물어볼 수 있을 것이다. 전쟁은 가혹하다. 적이 공격을 강화할 때 우리는 배신으로 의심되는 어떤 행위도 용납할 수 없다. 게릴라 운동이 훨씬 약했던 몇 달 전이었더라면, 혹은 우리가 훨씬 강해진 몇 달 후였더라면, 그의 목숨을 살려 줄 수 있었을지도 모른다.〉

체는 아리스티디오를 처형한 후 또 다른 숙청 임무를 띠고 카라카스 산으로 갔다. 이번에는 카밀로를 도와서 중국계 쿠바 산적 〈치노 창〉이 이끄는 무장 갱을 쫓는 일이었다. 창은 반군과 느슨한 동맹을 맺고 있었지만 근방의 농부들을 약탈하고 죽였다. 카밀로는 이미 공범 몇몇을 잡았고 그들은 곧 혁명 재판에 회부될 예정이었다. 반군이 생긴 후 처음으로 혁명 사법 업무를 수행할 변호사가 생겼다. 그는 바로 아바나 출신으로 7월 26일 운동 일원이자 유명한 변호사였던 움베르토 소리 마린이었다.

치노 창이 잡혀서 재판이 시작되었다. 갱 대부분은 방면되었지만 소녀를 강간한 농부와 치노 창은 사형을 선고받았다. 체는 평소와 마찬가지로 날카로운 눈으로 두 사람의 마지막 순간을 지켜보면서 그들이 죽음에 용감하게 맞서는지 겁을 내는지 지켜보았다. 〈우리는 먼저 치노 창을 처형한 다음 강간을 저지른 농부를 처형했다. 그들은 숲 속 나무 한 그루에 묶여 있었고 둘 다 차분했다. 농부는 눈가

리개를 하지 않은 채 죽었는데, 총을 똑바로 응시하며《혁
명이여 영원하라!》고 외쳤다. 창은 아주 침착하게 죽음을
맞이했지만 사르디냐스 신부를 불러서 마지막 의식을 치
르게 해달라고 요청했다. 하지만 당시 사르디냐스는 야영
지에서 멀리 떨어져 있었다.* 우리가 그의 요청을 들어줄
수 없는 이유를 말하자 창은 자신이 사제를 요청했다는 사
실을 분명히 밝히려고 했다. 마치 그 사실을 공개적으로 밝
히면 저세상에서 정상 참작이라도 해줄 것이라는 듯이 말
이다.〉

　반군은 가짜 처형식을 치러서 창의 갱단에 소속되어 있
던 젊은이 세 명에게 교훈을 주기로 했다. 세 청년은 사형
선고를 받고, 치노 창과 강간범의 처형을 목격한 다음 자
기들 차례가 돌아오기를 기다렸다. 체는 이렇게 설명했다.
〈그들은 창의 폭력 행위에 깊이 연루되어 있었지만 피델은
그들에게 기회를 한 번 더 주어야 한다고 생각했다. 우리
는 그들에게 눈가리개를 씌우고 가짜 총살이라는 고통을
겪게 했다. 공중에 총을 발사하고 나자 소년들은 자기들이
아직 살아 있다는 사실을 깨달았다. 그중 한 명이 나에게
몸을 내던지더니 기쁨과 감사를 표현하는 즉흥적인 행동
으로 마치 자기 아버지에게 하듯 소리를 내어 입을 맞추었
다.〉체가 나중에 들려준 이야기에 따르면 세 사람의 목숨
을 살려 주기로 한 결정은 보람이 있었다. 그들 세 명은 반
군에 남았고 한 명은 체의 부대에 들어가서 〈훌륭한 혁명

* 산티아고 출신의 사제 기예르모 사르디냐스 신부는 6월에 반군에 가담했다.

전사〉가 되어 속죄를 했다.

저널리스트 앤드루 세인트 조지가 다시 나타나 가짜 처형과 진짜 처형 모두에 참석하여 그 자리에서 펼쳐진 드라마를 사진기에 담았다. 세인트 조지의 사진과 기사는 『룩 Look』지에 실렸고, 그는 미국 정보부에도 보고서를 보냈던 듯하다(세인트 조지가 반군을 찾아갈 때마다 미국 정부를 위해서 피델과 반군 세력에 대한 정보를 수집했다는 소문이 있었지만 그는 한 번도 이 소문에 반박하지 않았다).

며칠 후 규칙을 위반한 자들이 몇 명 더 잡혔다. 그중에는 에우티미오 게라의 정체를 밝힐 때 도움을 주었던 농부 디오니시오 올리바도 있었다. 불과 몇 달 사이에 올리바는 처남과 함께 반군의 식량을 훔쳤고 가축 도둑이 되어 있었다. 그는 다른 사람들의 집을 빼앗아 정부(情婦) 두 명을 그곳에 살게 했다. 올리바 일당과 함께 다른 사람들도 여러 명 붙잡혔는데 그중에는 에체베리아라는 소년도 있었다. 그의 형제 여러 명이 반군에 들어갔고 그중 한 명은 그란마 호에도 승선했지만, 에체베리아는 반군 대신 무장 용병 갱단에 들어갔다. 그러나 체가 인정했듯 에체베리아의 재판은 〈가슴 저미는〉 사건이었다. 에체베리아는 전투에서 죽게 해달라고 사정했지만 ── 그는 혁명 총살대에 의해 처형됨으로써 가족에게 불명예를 안겨 주고 싶지 않았다 ── 재판소의 결정은 확고했다. 체의 말에 따르면 에체베리아는 총살되기 전에 어머니에게 편지를 써서 〈자기가 받은 벌이 정당하다고 설명하며 혁명에 계속 충성하라고 부탁했다〉.

마지막 사형수는 다름 아니라 체가 산티아고에서 온 신참 지원자들을 만나기 위해서 천식에 시달리며 먼 길을 떠날 때 함께했던 겁 많은 동료 〈선생〉이었다. 선생은 그 후 몸이 아프다는 이유로 게릴라단을 나가서 〈부도덕한 행위를 하며 지냈다〉. 그의 진짜 범죄는 〈의사〉 체 게바라 행세를 하면서 몸이 아파 찾아온 농민 소녀를 강간하려 한 것이었다.

혁명이 성공한 이후에 피델은 7월 26일 운동 소속 저널리스트 카를로스 프랑키에게 혁명전쟁 당시의 처형에 대해서 이야기했다. 피델은 전쟁 동안 그가 승인한 처형 횟수에 대해서는 거짓말을 했지만 〈선생〉 사건에 대해서는 무척 유창하게 이야기해 주었다. 「우리가 총살대 앞에 세운 사람은 몇 명 되지 않아요, 정말 적었습니다. 25개월이라는 전쟁 기간 동안 총살된 사람은 열 명도 채 되지 않습니다.」 그는 〈선생〉에 대해서는 이렇게 말했다. 「오랑우탄 같았습니다. 수염이 정말 무성했지요. 그는 타고난 광대였고 헤라클레스처럼 짐을 지고 다녔지만, 나쁜 군인이었습니다. ……그리고 그는 선생보다는 의사 역할을 좋아했습니다! 우리가 그렇게 오랜 시간을 보낸 곳에서, 모두가 우리를 잘 아는 곳에서 체의 행세를 하다니 얼마나 멍청한 짓입니까. ……선생은 수염을 새로 길러서 체의 행세를 하며 다녔습니다. 〈나에게 여자들을 데려와라. 모두 진찰해 주지!〉 그렇게 괘씸한 말을 들어본 적이 있습니까? 그래서 우리는 그를 쏴버렸습니다.」

한 차례 처형이 실시된 후 체와 부하들은 엘옴브리토로 돌아갔다. 1957년 10월 말이었다. 체는 엘옴브리토에 게릴라가 지속적으로 머물 수 있도록 〈산업〉 기반 시설을 짓고 싶었다. 그의 야심 찬 계획은 아바나 대학생 두 명이 도착하면서 한층 더 진척되었다. 두 사람은 옴브리토 강에서 수력 발전으로 전기를 얻기 위한 댐 건설에 투입되었다. 그들의 또 다른 임무는 게릴라 신문 「엘 쿠바노 리브레(자유 쿠바인)」 창간을 돕는 것이었다. 11월 초에 그들은 신문을 찍기 위해 산으로 특별히 들여온 낡은 1903년식 등사기로 창간호를 출간했다.

체가 다시 펜을 들어 예전에 쓰던 〈저격수〉라는 필명으로 칼럼 첫 회를 썼다. 그는 「종말의 시작」이라는 첫 번째 글에서 미국의 바티스타 군사 원조 문제를 정확히 겨냥하여, 얼마 전 동물 애호가들이 뉴욕의 UN 건물 밖에서 소비에트가 라이카라는 개를 스푸트니크 2호 위성에 태워 우주로 쏘아 올리기로 했다는 결정에 반대하며 벌인 시위와 솜씨 좋게 엮었다(그보다 한 달 앞서, 소비에트는 지구 주변의 궤도를 도는 세계 최초의 위성 스푸트니크 1호를 쏘아 올렸다).

〈자신은 이해하지 못하는 큰 뜻을 위해서 영광스럽게 죽을 그 가련한 동물을 생각하면 우리의 영혼은 동정심으로 가득 차오른다. 그러나 우리는 미국의 어느 박애주의 단체가 우리 과히로들에 대한 온정을 요구하며 그 고귀한 건물 앞을 행진한다는 소식은 단 한 번도 들어 본 적이 없다.

P-47과 B-26 폭격기의 기관총에 맞아서…… 혹은 정부군의 성능 좋은 M-1에 벌집처럼 맞아서 수없이 많은 과히로들이 죽어 가고 있는데도 말이다. 아니면 정치적 편의주의라는 틀 안에서는 시베리아의 개 한 마리가 쿠바의 과히로 1,000명보다 더 소중하다는 뜻인가?〉

신문은 단지 시작일 뿐이었다. 체는 엘옴브리토에 적당한 영구 기지를 짓겠다는 목표를 가지고 허술하나마 병원을 하나 세웠으며 하나 더 지을 계획이었다. 곧이어 빵을 구울 화덕뿐 아니라 어설픈 돼지 및 가금류 농장도 만들었고 제화소와 마구 작업장을 갖추었으며 〈무기 공장〉이 전력으로 돌아가고 있었다. 원시적인 지뢰와 소총으로 쏘는 수류탄 — 이 수류탄에는 소비에트가 새로 만든 위성들을 기념하여 〈스푸트니크〉라는 이름이 붙었다 — 을 생산하기 시작했고 적절한 원료를 획득하면 박격포를 만들 계획이었다. 체는 이러한 업적을 기리기 위해 대형 7월 26일 운동 깃발에 〈행복한 1958년!〉이라고 써서 엘옴브리토 산꼭대기에 꽂았다. 그는 이 모든 사업을 감독하면서 자신이 이 지역에 〈진정한 권위〉를 세우고 있다는 자부심을 느꼈지만, 여기저기 습격하며 다니는 산체스 모스케라 부대에 대한 주의를 늦추지 않고 부하들을 시켜 반군의 작은 봉토로 이어지는 여러 길을 따라 방공호와 방어 시설을 지었다. 체는 11월 24일에 피델에게 보내는 편지에 이렇게 썼다. 〈우리는 이곳을 꿋꿋이 지키며 무슨 일이 있어도 포기하지 않을 생각입니다.〉

그러나 체가 이 편지를 쓰고 있을 때에도 산체스 모스케

라의 부대가 인접한 마르베르데 골짜기로 전진하며 농부
들의 집을 불태우고 있다는 보고가 계속 들어왔다. 체는 먼
저 카밀로 시엔푸에고스를 파견하여 매복시킨 다음 정부
군을 뒤에서 칠 계획으로 그들의 뒤를 밟았다.

정부군이 마르베르데 계곡을 따라 전진하자 체와 부하
들은 계곡 옆 숲이 우거진 산을 따라 이동하면서 눈에 띄
지 않게 정부군을 따라잡기로 했다. 반군은 걸음을 재촉하
려 했지만 그들의 새로운 마스코트가 된 강아지가 고집스
레 따라오고 있었다. 체가 강아지를 돌보던 부하 펠릭스에
게 돌려보내라고 명령했지만 작은 개는 충성스럽게 계속
쫓아왔다. 그러다가 체의 부대가 작은 협곡에 도착해서 휴
식을 취할 때 강아지가 아무 이유 없이 갑자기 짖기 시작했
다. 그들이 강아지를 달래려 했지만 작은 개는 멈추지 않
고 계속 짖었다. 그러자 체가 강아지를 죽이라고 명령했
다. 나중에 그는 이때의 일을 이렇게 적었다. 〈펠릭스가 무
표정한 눈으로 나를 바라보았다. 그가 아주 천천히 밧줄을
꺼내더니 짐승의 목을 감고 조이기 시작했다. 귀엽게 살랑
대던 작은 꼬리가 갑자기 발작적으로 움직였다. 밧줄이 꽉
조이고 있었는데도 목에서는 신음 소리가 계속 새어 나왔
다. 마침내 움직임도 신음 소리도 서서히 사라져 갔다. 숨
을 거두기까지 시간이 얼마나 걸렸는지 알 수 없지만 우리
들에게는 마치 영원과도 같았다. 강아지가 최후의 몸서리
를 치더니 이내 잠잠해졌다. 작은 머리를 나뭇가지에 걸친
채 몸이 축 늘어졌다.〉

게릴라단은 말없이 움직였다. 이제 적군이 한참 멀어졌

다. 그들은 멀리서 울리는 총성을 듣고 카밀로가 매복 공격을 시작했음을 깨달았지만 사실을 확인하러 보낸 정찰병들은 갓 만든 무덤밖에 찾지 못했다. 체가 무덤을 파라고 명령했다. 무덤 안의 시체는 정부군 병사였다. 어떤 충돌이 벌어졌는지 모르지만 그 싸움은 이미 끝났고 적군과 카밀로의 부대 모두 사라지고 없었다. 체와 부하들은 전투를 놓친 것을 아쉬워하며 다시 골짜기를 내려갔고 해가 진 후 작은 마르베르데 마을에 도착했다. 주민들은 가진 것을 모두 남겨 둔 채 달아나고 없었다. 반군은 돼지와 약간의 유카로 음식을 만들었다. 누군가 기타를 치며 노래하기 시작했다.

체는 이렇게 적었다. 〈감상적인 곡조 때문이었는지, 밤의 어둠 때문이었는지, 아니면 단순한 피로 때문이었는지 모르겠다. 어쨌든 펠릭스가 바닥에 앉아서 식사를 하다가 뼈를 하나 떨어뜨렸다. 그러자 집에서 키우던 개가 온순하게 다가와서 뼈를 물었다. 펠릭스가 개의 머리를 가만히 쓰다듬자 개가 그를 쳐다보았다. 펠릭스도 개를 보았고, 그런 다음 그와 내가 죄책감 어린 시선을 주고받았다. 갑자기 사방이 조용해졌다. 감지하기 힘든 동요가 우리를 덮쳤다. 개의 온순하면서도 짓궂은 시선에는 질책하는 빛이 담겨 있는 듯했다. 그때 우리 가운데 있던 것은, 비록 다른 개의 눈으로 우리를 보고 있었지만, 바로 살해당한 강아지였다.〉

다음 날 체의 부대가 아직 마르베르데에 있을 때 정찰대가 돌아와 산체스 모스케라의 부대가 2킬로미터도 떨어지지 않은 곳에서 야영 중이라고 보고했다. 카밀로의 부대는 적진 근방에 자리를 잡고서 공격을 위해 체의 부대를 기다리고 있었다. 체가 서둘러 부하들을 그곳으로 이동시켰다. 다음 날인 11월 29일 새벽에 반군이 투르키노 강을 따라 자리를 잡고 숨어서 산체스 모스케라 중대의 퇴로를 모두 차단했다. 체는 자기 분대를 특히 공격받기 쉬운 곳에 배치했다. 정부군이 그 길로 오면 그들은 직사 거리에서 총을 쏘아야 했다.

체가 부하 두세 명과 함께 나무 뒤에 숨어 있는데 정부군 몇 명이 바로 앞을 지나갔다. 무기라고는 루거 권총 한 자루밖에 없던 체가 초조해져서 서둘러 첫 발을 쏘았지만 빗나가고 말았다. 총격전이 시작되자 군인들이 혼돈을 틈타 덤불숲 속으로 달아났다. 동시에 다른 분대들이 정부군이 자리를 잡고 있던 농장을 공격하기 시작했다. 그 후 총격전이 잠시 소강상태에 접어들었을 때 호엘 이글레시아스가 달아난 정부군 병사들을 찾다가 총알을 여섯 발 맞았다. 체가 발견했을 때 이글레시아스는 피투성이였지만 아직 숨이 끊어지지 않은 상태였다. 체는 소년을 엘옴브리토 야전 병원으로 옮겨 놓고 전투지로 복귀했지만 산체스 모스케라의 중대가 참호를 파고 숨어 계속 격렬한 반격을 펼쳤기 때문에 급습하는 것은 무척 위험했다. 정부 증원군이 도착하기 시작하자 체는 순찰대를 보내서 증원군을 막고 자신은 산체스 모스케라를 묶어 두었다. 그때 체의 친구이자 그란마 호에 함께 탔던 고참병 시로 레돈도가 적군에 가까이 접근하려다가 머리에 총을 맞고 즉사했다.

오후 중반이 되자 모든 상황이 끝났다. 정부 증원군이 체의 매복을 힘들게 뚫으며 전진하고 있었다. 체는 마침내 부하들에게 후퇴를 명령했다. 피로 얼룩진 하루였다. 전사한 명이 포로로 잡혀서 죽임을 당했기 때문에 반군은 시로 레돈도를 포함해서 두 명을 잃은 셈이었다. 또 호엘을 포함해서 다섯 명이 부상을 입었다. 반군은 정부군이 쫓아오리라 예상하면서 옴브리토로 서둘러 돌아가 다음 대결을 준비했다.

초조하게 방어를 다지며 며칠이 지났고 드디어 경보가 울렸다. 산체스 모스케라의 부대가 다가오고 있었다. 체는 부상병들과 예비 물자를 라메사의 새로운 후퇴 지점으로 대피시켰다. 체는 무기 공장에서 만든 새 지뢰가 정부군의 엘옴브리토 전진을 막아 주지 않을까 큰 기대를 걸고 있었다. 지뢰는 접근로를 따라 설치되었다. 그러나 정부군이 다가와도 지뢰는 터지지 않았고 전진 매복조들은 재빨리 후퇴해야 했다. 이제 엘옴브리토까지 정부군을 막을 것은 아무것도 없었다. 체와 부하들은 낭비할 시간이 없었기 때문에 엘옴브리토 골짜기에서 길을 따라 후퇴한 뒤 어느 언덕으로 올라갔다. 그곳에 살면서 반군을 도왔던 공산주의자의 이름을 따서 〈로스알토스 데 콘라도(콘라도의 언덕)〉라고 불리는 곳이었다. 지금은 버려진 콘라도의 집까지는 무척 가파른 산길이었다. 체는 콘라도의 집이 몰래 숨어서 적을 기다리기에 딱 좋다고 생각했다. 그들은 길이 내려다보이는 큰 바위 뒤쪽에 매복하기 좋은 위치를 발견했다. 반군은 그 후 사흘 동안 이곳에서 적을 기다렸다.

체의 계획은 평범했지만 위험했다. 먼저 카밀로 시엔푸에고스가 산길 바로 옆 큰 나무 뒤에 숨어 있다가 가장 처음 모습을 드러내는 군인을 직사 거리에서 쏘아 죽이기로 했다. 그런 다음 길 양옆에 숨어 있던 저격수들이 총격을 시작하면 다른 대원들은 정면에서 총격한다는 계획이었다. 체와 부하 둘이 20미터 정도 떨어진 준비 위치에 자리를 잡았다. 그러나 체의 몸은 일부만 나무 뒤에 가려져 있었고 근처의 부하들 역시 어느 정도 노출된 상태였다. 체는 절대 고개를 내밀어 상황을 살피지 말라고 명령했다. 부하들은 첫 번째 총성이 울리는 소리를 듣고 나서야 정부군이 도착했음을 알 터였다. 그러나 체는 자신이 내린 명령을 스스로 어기고 상황을 엿보았다.

나중에 체는 이렇게 썼다. 〈그때 나는 전투를 앞둔 긴장감을 느꼈다. 첫 번째 병사가 모습을 드러냈다. 그는 의심스럽다는 듯 주변을 둘러보면서 천천히 전진했다. ……나는 머리를 숨기고 전투가 시작되기를 기다렸다. 총소리가 들리더니 여기저기서 총격전이 벌어졌다.〉 숲은 전투의 굉음으로 가득 찼고 양측은 근거리에서 서로에게 총격을 쏟아 부었다. 정부군이 재빨리 박격포를 쏘았지만 반군 대열보다 훨씬 뒤쪽에 떨어졌다. 그런 다음 체가 총에 맞았다. 〈갑자기 화상을 당하거나 마비되었을 때의 간지러운 느낌처럼 불쾌한 감각이 느껴졌다. 나무 기둥에 가려져 있지 않았던 왼쪽 발에 총을 맞은 것이었다.〉

체는 몇 사람이 수풀 속에서 그를 향해 다가오는 소리를 들었고 자신이 무방비 상태임을 깨달았다. 소총 탄창이 텅 비어 있었지만 재장전할 시간이 없었다. 권총은 땅에 떨어져 몸 밑에 깔려 있었으나 적에게 발각될까봐 몸을 일으켜 총을 잡을 수가 없었다. 절박해진 체가 결국 몸을 굴려 권총을 집어 들었을 때 부하 칸틴플라스가 다가오는 모습이 보였다. 총이 고장 나 후퇴한다고 보고하러 온 것이었다. 체는 칸틴플라스의 총을 잡아채 탄창을 손본 다음 욕을 하며 소년병을 다시 보냈다. 칸틴플라스는 용감하게 나무 뒤에서 나와 적군에게 총을 쏘았지만 왼쪽 팔에 총을 맞았다. 총알이 어깻죽지를 관통했다.

이제 체와 칸틴플라스 모두 부상을 입었고 전우들이 어디에 있는지도 전혀 몰랐다. 두 사람은 총격이 오가는 전선에서 벗어나기 위해 기어가다가 드디어 도와줄 사람을 만났다. 그들은 몇 킬로미터 떨어진 협력자 농부의 집을 향해 달아났다. 칸틴플라스는 해먹으로 만든 들것에 실려 갔지만 아직 아드레날린이 솟구치던 체는 자기 발로 걸어갔다. 그러나 곧 부상으로 인한 고통이 몰려왔기 때문에 말에 올라타야 했다.

체는 정부군의 전진에 대비해 라메사에 매복 위치를 다시 정하고 피델에게 급히 최근 전황을 알리는 편지를 보냈다. 〈30-06탄과 45구경 자동 소총을 신속히 원조해 주기 바랍니다.〉 체는 피델에게 〈적어도 적군 세 명〉을 죽여 엘 옴브리토를 빼앗긴 복수를 했다고 밝힌 다음 나쁜 소식을 알렸다. 소총을 한 자루 잃었고, 적으로부터 무기를 한 점도 빼앗지 못한 데다 자신이 부상을 입었다는 소식이었다. 〈조심하라는 당신의 충고를 듣지 않은 것은 정말 미안하지

만, 부하들의 사기가 무척 떨어졌기 때문에…… 내가 최전
선에 서는 것이 절대적으로 필요하다고 생각했습니다. 계
속 주의를 게을리 하지 않았으며 부상은 사고였습니다.〉

체는 편지를 쓰고 난 후에 부대의 상황이 자기가 두려워
했던 것만큼 나쁘지는 않다는 사실을 깨달았다. 정부군은
유리한 상황을 계속 밀어붙이는 대신 그 지역에서 완전히
철수했다. 좋은 소식은 또 있었다. 소년병 호엘 이글레시
아스가 수술을 받았는데 경과가 좋았다. 몇 달 전에 반군
에 합류한 의사들 중 한 명이 새로운 피난처에서 체에게도
〈수술〉을 행했다. 의사가 체의 발에 박힌 M-1 총알을 면
도칼로 제거하자 그는 다시 걸을 수 있었다.

그러나 엘옴브리토로 돌아온 체는 절망에 빠졌다. 〈우
리의 화덕은 완전히 파괴되어 있었다. 연기가 피어오르는
폐허 속에서 우리가 찾은 것은 고작 고양이 몇 마리와 돼지
한 마리밖에 없었다. 고양이와 돼지는 침략군의 맹렬한 공
격을 피했지만 결국 우리 입속으로 들어가고 말았다.〉 이
제 처음부터 다시 시작해야 했지만 엘옴브리토에서는 아
니었다. 전쟁 첫해가 끝나고 1958년이 시작될 때 체는 라
메사에 새로운 기지를 세우려는 참이었다.

7

체는 피델에게 보낸 12월 9일자 편지에서 눈앞의 군사
적 딜레마가 아니라 그보다 더 큰 문제를 언급했다. 야노
의 7월 26일 운동 전국지도부와 체 사이에서 분쟁이 점점

커져 가고 있었다. 체는 야노 사람들을 결코 좋아하지 않았고 — 야노 측도 확실히 체를 좋아하지 않았다 — 이제 그들의 관계는 공개적으로 적의를 드러내는 지경에 이르러 있었다.

공식적으로는 보급품 조달이 문제였다. 체는 코만단테가 된 이후 프랑크 파이스의 후임으로 오리엔테 책임자가 된 다니엘을 무시했고 전국지도부가 승인하지 않은 공급자들과 독자적인 계약을 맺었다. 하지만 그것은 표면적인 문제에 불과했다. 체는 전국지도부 내에서 〈급진적〉 마르크스주의자로 알려졌다. 공공연한 반공주의자 아르만도 아르트와 다니엘의 경계심이 점점 커져만 가는 상황에서 아르헨티나인 사령관 체는 자기 부대를 거의 완전히 독자적으로 이끌었고, 체가 피델에게 상당한 영향력을 행사하는 사이 아르트와 다니엘은 피델과의 관계가 소원해졌다. 체는 다니엘 본인이나 산티아고에 있는 다니엘의 조직과 접촉하기를 거부함으로써 야노의 권위를 깎아내리고 있었다. 따라서 그들은 체에게 〈올바른 통로〉를 이용하도록 강요함으로써 통제력을 행사하고 싶어 했다.

점점 커가는 균열을 해결하기 위해서 10월 말에 다니엘과 셀리아 산체스가 피델을 만나러 시에라마에스트라에 들어왔다. 두 사람이 방문할 당시 시에라 외부에서는 새로운 정치 사건이 전개되고 있었다. 7월 26일 운동 야노 〈총조직〉의 우두머리 아르만도 아르트는 야당들이 혁명 망명 정부 설립에 긍정적인 움직임을 보이고 있으며, 프리오가 이끄는 아우텐티코당과 7월 26일 운동이 망명 정부의 중심 세력이 될 것이라고 보고했다. 동시에 아르트는 10월에 피델에게 편지를 보내 〈몇몇 외교관들과 우호적인 관계〉가 지속되고 있으며 〈미국 대사관과 가까운〉 사람들이 그들을 대신해서 대사와 이야기를 나누어 왔음을 알게 되었다고 알렸다. 아르트는 이렇게 결론지었다. 〈이것이 최상의 정책이라고 생각합니다. 우리는 그쪽에서 일어나고 있는 모든 일과 미국의 계획을 전부 알 수 있지만, 7월 26일 운동이 공식적으로 약속을 한 것은 아니기 때문입니다.〉

암암리에 CIA의 승인을 받았던 시엔푸에고스 봉기가 실패한 이후 미국 측은 아마도 바티스타 정권을 몰아낼 대안을 찾으면서 양쪽 진영을 저울질하고 있었을 것이다. 미국의 입장에서는 그들이 용인할 수 있는 쿠바의 정치 단체들 — 여기에는 고삐가 채워진 7월 26일 운동도 포함된다 — 이 폭넓게 참여하여 연합을 구성하는 것이 가장 이상적인 해결책으로 보였음이 분명하다. 쿠바 분쟁은 걷잡을 수 없이 흘러가고 있었고 정부군은 반군에 결정타를 날릴 능력이 전혀 없다는 사실이 입증되었다. 바티스타의 해결책은 그의 개를 풀어놓는 것이었다. 바티스타 수하의 경찰들이 반군 용의자를 살해하는 것은 흔한 일이 되었고 오리엔테 지역에서는 정부군이 주기적으로 농부들을 학살하면서 점점 커져 가는 무정부적 분위기를 더욱 악화시켰다. 몬카다 반군의 고문과 살해로 악명 높은 알베르토 델 리오 차비아노 중령이 진급하여 시에라마에스트라의 반게릴라 작전을 지휘했다. 카스트로의 목에는 몇십만 달러의 상금이 걸렸다.

바티스타의 적들도 한층 더 격렬해졌다. 7월 26일 운동은 10월과 11월 내내 도시 지역의 첩자와 반역자들을 추격했고 운동을 배신하고 바티스타 군대의 정보부를 위해서 일하며 큰 혼란을 일으켰던 반역자 엘 가예고 모란를 죽였다. 코린티아 사람들을 학살하고 그 밖에 여러 사람을 죽인 올긴의 잔인한 사령관 페르민 콜레이 중령은 7월 26일 운동에 의해 암살되었다. 반군은 또한 경제적 사보타주를 더욱 강화하여 시에라 부대를 사탕수수 밭으로 보내서 예전보다 훨씬 큰 규모로 불을 질렀다. 피델은 시에라마에스트라에 국한된 전쟁을 전국 규모로 확장하기 위해 경제에 대한 공격을 확대할 계획을 세우고 있었다. 피델은 자신이 얼마나 진지한지 보여 주기 위해 비란에 있는 자기 가족 소유의 사탕수수 밭에도 불을 지르겠다고 약속했다.

역설적이게도, 쿠바 경제는 반군과의 분쟁에도 불구하고 호황을 누리고 있었다. 설탕 가격이 좋아지고 투자가 늘었다. 투자의 대부분은 미국이 한 것이었다. 얼마 전에 오리엔테에서 미국인 소유의 니켈 사업체들이 사업 확장 계획을 발표했고 아바나에서는 늘어난 해운 교역 때문에 부두 설비가 확장되고 있었다. 관광객들이 아바나로 계속 몰려들자 이에 대처하기 위해 호화 호텔들이 지어지고 있었다. 사탕수수 수확량은 쿠바 사상 최고치를 기록했고 정부는 수억 달러의 추가 세입을 거둬들였다.

그러나 워싱턴 측은 바티스타가 쿠바를 단결시킬 능력이 있다고 확신하지 못했기 때문에 바티스타 정권에 모순적인 태도를 유지했다. 바티스타에 대한 국무부와 CIA의 불만은 늘어만 갔지만 미 당국은 쿠바의 독재자를 강력하게 옹호했다. 11월에 열린 기념식에서 바티스타의 공군 참모총장 카를로스 타베르니야 대령은 미국 공로훈장을 받았고 미 해병대의 리뮤얼 셰퍼드 장군은 바티스타를 〈위대한 장군이자 위대한 대통령〉이라고 칭송하는 연설을 했다. 얼 스미스 대사는 쿠바 대사로 부임한 후 몇 달 동안 반군이 〈공산주의 영향〉을 얼마나 받았는지 많은 이야기를 들었기 때문에 피델 카스트로에 대해 점점 더 회의적인 입장을 취하게 되었다. 그는 앨런 덜레스 CIA 국장에게 전보를 보내 시에라마에스트라에 첩자를 파견해 피델의 운동 세력이 〈얼마나 공산주의의 지배를 받고 있는지〉 알아보라는 제안까지 했다.

그러는 내내 피델은 쿠바의 정치적 저항을 실질적으로 통제하는 지도자가 되기 위해서 미묘한 줄타기를 하고 있었다. 성공을 거두려면 전쟁을 확장하여 군사적 힘을 확보해야 했지만, 또 실질적 지도자가 되기 위해서는 정치적-경제적 지원도 필요했다. 이를 위해서는 적당히 온건하고 위협적이지 않은 겉모습을 내세워야 했다.

아르만도 아르트가 편지를 보내서 연합 협정이 곧 열릴 예정이라고 알리자, 피델은 미국에 있는 대리인에게 얼른 편지를 보냈다. 피델은 대리인에게 대표단을 이끌고 11월 1일에 열릴 회의에 참석하라고 지시하며 연합 세력의 주요 자리에 앉힐 사람들의 명단을 주었다. 피델은 분명 자기 생각이 관철될 것이라고 자신하면서 게릴라 전쟁을 지휘하는 일로 돌아갔다. 다니엘은 피델과 만나서 크게 혼이 난 후 산티아고로 돌아와서 피델이 필요하다고 요청한 무기와 보급품을 조달하기 위해 열심히 애썼다. 그러나 셀리아 산체스는 시에라마에스트라에 남았다. 피델이 셀리아에게 〈여성으로서〉 한동안 그의 곁에 머물러 주면 좋겠다고 부탁했고 그녀도 그러겠다고 했다. 셀리아 산체스는 전쟁이 끝날 때까지 피델과 함께 지냈다.

11월 1일에 마이애미에서 〈쿠바 해방 임시 정부〉가 조직되었고 쿠바의 주요 저항 단체 대표자들이 거의 모두 서명을 했다. 공산당은 제외되었지만 7월 26일 운동이 임시 정부 국가위원회를 지배했다. 그러나 펠리페 파소스가 피델의 동의도 받지 않고 7월 26일 운동의 대표 역할을 했기 때문에 피델은 이것을 자신에 대한 도전으로 받아들였다. 이번 협정은 바티스타 사임, 공정한 선거 실시, 입헌주의 회복이라는 의례적인 요구 사항을 제외하면 워싱턴 측과 공공연히 영합하는 내용이었다. 외세의 개입이나 또다른 군사 임시 정부가 바티스타 정권을 계승하는 것 ─ 피델은 이것을 무척 우려했다 ─ 에 반대한다는 내용은 없었고, 〈승리를 거둔 이후〉 피델의 게릴라 세력을 쿠바 군대에 편입시킬 것을 요구했는데, 이것은 반군을 확실히 해체하려는 것이었다. 경제적 불평등 문제 역시 단순히 더 많은 일자리를 창출하고 생활 수준을 높일 것을 약속하는 미적지근한 조항으로 얼버무렸다. 요컨대 이것은 워싱턴 측의 기분을 풀어 주려고 만들어진 정치적 성명이었다.

연합 협정 소식은 다니엘과 아르만도 아르트가 보낸 편지를 통해 시에라로 흘러들어 오기 시작했다. 다니엘과 아르트는 이번 협정 내용에 분개한다고 주장하면서도 〈그것을 용납할 수 있다〉고 넌지시 암시하고 있었다. 라울은 드러내 놓고 화를 터뜨리며 격분하더니 펠리페 파소스가 노골적으로 배신했다고 비난하면서 그를 총으로 쏘아 죽이자는 거친 제안을 내놓았다. 피델은 심기가 불편하다는 기색은 내비쳤지만 공개적으로 자기 생각을 밝히지는 않았고, 야노 간부들이 앞 다투어 각자의 입장을 밝히는 동안에도 수수께끼 같은 침묵을 유지했다. 체는 전쟁에 몰두한 채 아무 말도 하지 않았지만 피델이 입장을 밝히기를 초조하게 기다렸다. 마르베르데 전투가 끝난 직후였던 12월 1일에 체가 피델에게 「엘 쿠바노 리브레」에 실을 테니 성명을 발표하는 것이 어떻겠느냐고 솜씨 좋게 설득했다. 그런 다음에 체의 부대가 엘옴브리토에서 후퇴했고 그는 알토스 데 콘라도에서 부상을 당했다. 그 후 12월 9일에 라메사에 머물던 체가 마침내 피델에게 정면으로 도전했다. 체는 전국지도부를 의심하며 그들이 고의적으로 자신을 〈사보타주〉하고 있다고 비난했다. 그는 〈엄격한 조치〉를 취해서 이 상황을 해결해 달라며 그렇지 않으면 자신이 사임하겠다고 말했다. 아무리 부드럽게 말했다 해도 이것은 헤페(우두머리)에 대한 명백한 최후통첩이었다.* 체와 피델 카스

---

* 체는 1965년에 콩고로 떠나면서 피델에게 쓴 작별 편지에서 그를 의심하던 시기 — 그중에서도 이 일화가 무척 중요한 사건이었다 — 가 있었음을 인정했다. 〈나는 지난 삶을 되돌아보면서 혁명 승리를 공고히 하기 위해서 내가 충분히 정직하고 헌신적으로 일했다고 생각합니다. 단 한 번의 심각한 실수는 시에라마에스트라에서 처음부터 당신에게 좀 더 확신을 가지지 않았던 것, 지도

트로의 앞으로의 관계뿐 아니라 쿠바 혁명 투쟁의 정치적 행보까지도 피델의 대답에 달려 있었다.

체는 나흘 뒤에 피델의 답장을 받았다. 피델이 보낸 편지의 내용은 공개된 적이 없지만 그 내용이 무엇이었든 체는 피델에 대한 신뢰를 재확인했다. 12월 15일에 체가 피델에게 편지를 보냈다. 〈지금 막 전령이 당신의 13일자 편지를 가지고 도착했습니다. 고백하건대 그것을 읽자…… 마음이 무척 평안하고 기쁩니다. 어떤 개인적인 이유 때문에서가 아니라 이러한 단계가 혁명에 의미하는 바 때문입니다. 당신도 잘 알겠지만 나는 전국지도부를 지도자로서도 혁명가로서도 전혀 믿지 않습니다. 그러나 전국지도부가 이렇게 극단으로 치달아 당신을 이토록 공공연하게 배신할 것이라고는 생각하지 않았습니다.〉

체는 계속해서 피델에게 계속 침묵을 지키는 것은 〈권할 만한 일이 아니〉라고 말했다. 미국인들이 분명히 〈막후에서 조종을 하고 있으므로〉 이제는 본격적으로 맞설 때였다. 〈불행히도 우리는 시기가 무르익기 전에 엉클 샘[미국]에 맞서야 합니다.〉 체는 피델에게 마이애미 협정을 비난하는 글을 써서 발표하라고 다시 한 번 설득했다. 그러면 체가 1만 부를 찍어서 오리엔테와 아바나 전역에, 가능하다면 쿠바 섬 전체에 배포할 생각이었다. 〈나중에 일이 더 복잡해지면 셀리아의 도움을 받아 우리가 전국지도부 전체를 물러나게 만들 수 있습니다.〉

자와 혁명가로서 당신의 자질을 충분히 빨리 깨닫지 못했던 것입니다.〉

피델이 드디어 침묵을 깨뜨렸다. 체에게 편지를 쓴 날, 그는 마이애미 협정을 비난하는 성명서를 써서 체와 전국 지도부, 협정서에 서명한 사람들에게 보냈다. 피델은 서명 자들이 〈미온적인 애국심과 비겁함〉을 드러냈다고 비난 했다. 〈독재에 반대하는 투쟁의 지도권은 쿠바의 손에, 그 리고 혁명 전사들의 손에 있으며 앞으로도 항상 그럴 것이 다.〉 피델은 혁명 승리 후 게릴라 군단의 행보에 대해서 이 렇게 밝혔다. 〈공공질서를 유지하고 공화국 군대를 재구 성하는 것이 7월 26일 운동의 역할임을 주장하는 바이다.〉 마지막으로 피델은 펠리페 파소스가 과도기 정부 대통령 직을 차지하려 했다고 생각하고 파소스를 방해하기 위해 서 대통령이 될 사람을 직접 지명했다. 그는 바로 연세 지 긋한 산티아고 법관 마누엘 우루티아였다. 피델은 다음과 같은 선언으로 성명서를 마무리했다. 〈이것이 우리의 요구 조건이다. ……그들이 거부한다면 우리는 우리끼리 계속 투쟁을 진행할 것이다. ……위엄 있는 죽음에 동행은 필요 없다.〉

강력한 비난을 담은 피델의 성명서는 바라던 효과를 가 져와 새로 만들어진 임시 정부를 사실상 무너뜨렸다. 오르 토독소당은 협정을 철회했고 파소스는 7월 26일 운동에 서 물러났다. 또 혁명지도자단의 새로운 지도자가 되어 피 델을 신랄하게 공격했던 파우레 초몬은 단독으로 쿠바 침 략 계획을 세우기 시작했다. 그러나 피델은 아직 야노의 전 국지도부와의 대결을 앞두고 있었다. 야노와 피델의 대결 은 불과 몇 개월 안에 이루어질 터였다. 한편, 체와 다니엘은 신랄한 편지를 주고받으며 언쟁을 벌였다. 체는 마르크스주의에 대한 신념과 피델이 〈좌파 부르주아지의 진정한 지도자〉라는 믿음을 회복했다고 도전적으로 선언하며 다니엘과 전국지도부는 수치스럽게도 마이애미에서 반란 운동이 〈강간을 당하도록〉 용인한 〈우파〉라고 혹평했다. 다니엘은 체의 비난을 강력하게 부인하면서, 쿠바가 앞으로 〈소비에트의 지배〉를 받아야 한다는 생각을 가지고 있다며 체를 비난했다. 다니엘은 또한 자신과 야노 동지들이 마이애미 협정에 불만을 가지고 있지만 협정을 깨뜨리기 전에 우선 7월 26일 운동이 누구를 대표하며 어디로 향하고 있는지 〈최종적인〉 결정을 내려야 한다고 주장했다.*

이때 다니엘과 체가 주고받은 편지는 당시 쿠바 반란 운동이 사상적으로 얼마나 분열되어 있었는지를 가장 잘 보여 주는 문서다. 다니엘은 체에게 반박 편지를 쓸 당시 피델이 마이애미 협정에서 탈퇴하리라는 사실을 미처 알지 못했다. 하지만 주사위는 이미 던져졌다. 쿠바의 다른 저항 단체들은 피델을 최고 지도자로 인정해야만 쿠바 혁명에 참여할 수 있으며, 그가 제시하는 조건에 따라야 한다는 통보를 받고 있었다. 곧 피델의 협정 거부 소식이 쿠바 전역에 퍼졌다. 체는 약속대로 피델의 성명서를 등사기로 찍었고, 2월 2일자 『보에미아』 특별호에 다시 실어 50만 부를 찍었다. 체는 피델의 성명서를 인쇄 중이던 1월 6일에 피델에게 편지를 보내 그가 〈역사적인〉 글을 썼다고 칭송

* 자세한 내용은 부록 참조.

했다. 〈레닌이 말했듯이 원칙을 지키는 정책이 최고의 정책입니다. 그 결과는 어마어마할 것입니다. ……이제 당신은 다각적인 무장 투쟁을 통해 권력을 획득하는 위대한 길 위에 서 있습니다. 아메리카에서 그런 지도자는 두세 명밖에 나오지 않을 것입니다.〉

이때 피델은 중대한 선택을 했고 체를 제외하면 아주 극소수의 사람들만이 그의 선택을 제대로 알고 있었다. 그것은 쿠바는 물론이고 전 세계 수백만 명의 삶에 영향을 끼칠 선택이었다. 피델이 마이애미 협정에서 공개적으로 탈퇴한 것은 눈에 보이는 빙산의 일각에 불과했고, 그 뒤에는 훨씬 더 중대한 정치적 결정이 숨어 있었지만 그것은 당분간 조심스러운 비밀로 남아 있었다.

8

피델은 언젠가 미국과 대립하게 되리라는 사실을 항상 알고 있었지만 자기가 권력을 획득할 때까지는 대립을 피할 수 있기를 바랐다. 쿠바에서 미국의 촉수 역할을 하던 사람들은 미봉책에만 지나치게 몰두했고 피델이 스스로 적절하다고 생각하는 방식으로 나라를 다스리고 쿠바의 진정한 해방을 성취하려면 미국을 완전히 잘라내야 했다. 체는 이것이 사회주의 혁명을 수행해야 한다는 뜻으로 이해했다. 비록 피델이 그 무시무시한 단어를 공적인 자리에서 언급하지 않으려고 무진 애를 쓰기는 했지만 말이다.

이때까지 피델은 쿠바 공산당과 주의 깊게 거리를 두고

있었다. 기반을 확보하기 위해, 그는 정치적 메시지를 명확히 밝히지 않음으로써 더욱 광범위한 정치적 연합에 호소할 수 있었고 미국을 적으로 돌리는 것을 피할 수 있었다. 그러나 미국이 7월 26일 운동 야노 측 일부 인물들과 마이애미 협정에 영향을 끼치고 있다는 분명한 신호가 드러났기 때문에 이제 피델은 모호한 태도를 끝낼 때가 왔음을 깨달았다.

공산주의자들이 등장했다. 그란마 호의 항해가 시작되기 직전에, 쿠바 공산당은 피델에게 바티스타를 축출하겠다는 목표는 지지하지만 전술에는 동의하지 않는다고 분명히 밝힌 바 있었다.

시간이 흐르면서 쿠바 공산당은 무장 투쟁에 더욱 활발히 가담하는 것을 고려하지 않을 수 없었다. 공산당은 피델의 전략에 계속 불만을 품고 있었지만, 쿠바의 정치적 미래에 대한 발언권을 가지고 싶다면 피델과 합의하여 모종의 연합을 끌어내는 것이 이치에 맞았다. 공산당은 잃을 것도 별로 없었다. 바티스타는 미국의 압력을 받아 공산당원들을 무자비하게 박해하면서 정치적 폭력의 희생양으로 삼았고 전쟁은 공산당 지지자들의 삶에 직접적인 영향을 끼쳤다. 잘 알려진 체 게바라의 정치적 성향과 그와 피델의 친밀한 관계를 생각해 보면 공산당이 카스트로와 더욱 밀접하게 연대하기 위해서 접근해야 할 반군 지도자는 분명히 체였다. 공산당의 예비 교섭은 투쟁 초반에 시작되었다. 젊은 공산당원 한 명이 당으로부터 체를 도우라는 명령을 받고 아바나를 떠나 1957년 여름에 체와 합류했다.

흑인 쿠바인 파블로 리발타는 프라하 국제학생연맹에서 공부를 한 다음 정치 간부진을 위한 공산당 엘리트 학교를 졸업한 자였다. 리발타는 체와 합류할 당시 공산주의청년 단 전국사무국 소속이었다. 그는 1957년 중반에 당의 선택을 받고 시에라의 체와 합류하여 반군들에게 정치적 사상을 심어 주는 특별 임무를 수행하게 되었음을 확인해 주었다. 「체는 저와 같은 사람을 요청했습니다. 사람들을 가르칠 수 있고 상당한 정치 교육을 받았으며 정치 업무에 경험이 있는 사람을 말입니다.」

　　리발타는 바야모를 거쳐 시에라로 들어가 라메사에 도착했다. 하지만 체는 이동 중이라 라메사에 없었다. 그가 없는 동안 리발타는 지역 공산주의자들을 게릴라 군단에 편입시켜 정치사상 훈련소를 세웠다. 마침내 라메사로 돌아온 체가 리발타를 자리에 앉혀 놓고 그의 지식을 알아보려고 여러 가지 질문을 던졌다. 체는 결과에 만족한 듯 리발타에게 한동안 게릴라 훈련을 받으라고 명령했다. 몇 달 후 체는 리발타를 미나스델프리오로 보냈고, 리발타는 그곳에 신참을 위한 훈련소와 감옥, 그 밖의 시설을 갖춘 상설 후방 기지를 세웠다. 리발타의 임무는 교관으로서 〈총체적 교육을 받은〉 전사를 양성하는 것이었다. 그는 이렇게 말했다. 「나는 쿠바 공산당의 일원임을 밝히지 말라고 정확히 지시를 받았지만 피델을 포함한 일부 지도자들은 내가 공산당원이라는 사실을 알고 있었습니다. 하지만 그 당시에는 그 사실이 분열을 일으킬 수도 있었기 때문에 나는 지시를 따랐습니다……」

공산당은 또한 피델을 비롯한 전국지도부 간부들과 계속 조심스럽게 접촉을 해왔다. 두 세력의 접촉은 1957년 10월에 정점에 이르러, 피델과 전(前) 사탕수수 노동자조합 지도자이자 쿠바 공산당 간부였던 우르시노 로하스의 만남이 실현되었다. 로하스의 말에 따르면, 두 사람은 7월 26일 운동과 쿠바 공산당의 연합 가능성에 대해 이야기를 나누었고 연합의 주요 방해물 — 일부 야노 지도자들과 새로 생긴 7월 26일 운동의 표면적인 노동 단체 전국노동자전선FON 내에 팽배했던 무시무시한 반공주의 — 을 알아보았다. 피델의 입장에서 쿠바 공산당과 연합을 구성하는 것은 실용적으로 이치에 맞는 일이었다. 피델과 쿠바 공산당 사이에 입장 차이가 있었을지는 모르지만 공산당은 쿠바에서 가장 잘 조직된 정치 단체였고 노동조합과 오랫동안 깊은 연대를 맺고 있었다. 따라서 다가올 총파업에는 쿠바 공산당의 적극적인 참여가 반드시 필요했다. 그러나 피델이 7월 26일 운동의 총 지도자로 자리 잡을 때까지, 쿠바 공산당과 친밀한 연대를 맺는 것은 점진적이면서도 조심스럽게 추진되어야 했다.

체는 혁명의 정치적 방향에 대해서 피델보다 확고한 생각을 가지고 있었고 피델에 대한 믿음을 새롭게 다졌기 때문에 마르크스주의에 대한 신념을 더욱 공개적으로 드러냈다. 그는 조심스럽게 몇몇 대원들의 정치사상을 바꾸어 놓기도 했는데, 대원들 대부분은 정치적으로 무지할 뿐 아니라 냉전 당시 아메리카 사람들이 대부분 그랬듯이 본능적이고 감정적인 반공주의자들이었다. 공산주의는 〈붉은 위험〉, 즉 마음을 놓을 수 없는 일종의 외래 전염병과 같아서 두려워하고 저항해야 하는 것이라는 인식이 널리 퍼져 있었다. 체가 부하들의 이러한 정신 상태를 어떻게 다루었는지를 살펴보면 무척 흥미롭다.

열다섯 살의 가출 소년으로 형과 함께 반군에 들어와 체의 〈데스카미사도〉가 된 엔리케 아세베도는 몇몇 대원들이 체가 없는 사이에 그들의 헤페가 공산주의자인지 아닌지를 놓고 논쟁을 벌였던 일을 회상했다. 체가 냥가로ñan-garo, 즉 〈빨갱이〉라고 주장하던 한 대원이 다른 대원들에게 도전적으로 말했다. 「사령관의 분대에 그의 책들을 둘러싼 어마어마한 수수께끼가 있다는 거 몰라? 그 사람들이 밤이면 밤마다 동그랗게 둘러앉아서 각종 책을 읽는 거 못 봤어? 그런 식으로 하는 거야. 제일 가까운 사람들을 먼저 끌어들인 다음 나중에 그 사람들을 군대 전체에 침투시키는 거지.」

아세베도는 체를 너무나 경외했기 때문에 그로서는 체가 공산주의자인지 아닌지 생각도 할 수 없었지만, 그를 비롯한 체의 부하들은 서서히 그들의 코만단테가 사회주의 신념을 가지고 있음을 깨달았다. 이 사실을 제일 먼저 깨달은 부하들은 체의 참모부에 소속된 전사들이었다. 형 이스라엘을 따라서 1957년 8월에 반군에 가담한 10대 소년 라몬 〈길레〉 파르도도 그들 중 하나였다. 그는 반군에 들어온 지 몇 달 후에 체의 직속 마스코트단에 들어갔다. 이들은 대개 10대 소년들로 체의 급사나 개인 경호원 역할을 했다.

파르도는 이렇게 회상했다. 「우리가 엘옴브리토에 있을 때 그 지역에 공산당 소속 농부가 몇 명 있다는 이야기를 들었습니다. ……체가 이동 중에 그 사람들을 찾아갔습니다. 나는 그가 그들과 잘 맞는다는 사실을 알아차렸습니다. 체는 또 한동안 우리 부대에 머물렀던 사르디냐스 신부님과도 정치에 대한 논쟁을 여러 번 벌였습니다. 체는 파란색 책을 한 권 가지고 있었는데, 그건 레닌 선집 중 한 권이었습니다. 그는 그 책을 자주 공부했습니다. 나는 호기심이 동해서 레닌이 누군지 알고 싶어 체에게 물어보았습니다. 그러자 그는 이렇게 설명해 주었습니다. 〈호세 마르티와 안토니오 마세오, 막시모 고메스*가 누군지는 알겠지? 레닌도 비슷한 사람이야. 자기 인민을 위해서 싸웠지.〉 누가 나에게 레닌에 대해서 말해 준 것은 그때가 처음이었습니다.」

나이 어린 전사들은 깨끗한 석판과도 같았고 체는 그들에게 오랫동안 지워지지 않을 흔적을 남겼다. 체는 글을 몰랐던 이스라엘 파르도와 호엘 이글레시아스에게 읽고 쓰는 법을 직접 가르쳤다. 또 이들보다는 조금 더 교육을 받은 길레와 다른 대원들을 위해서 매일 공부하는 모임을 만들어 주었다. 이들이 공부하는 내용은 쿠바 역사와 군사 교리부터 시작해서 서서히 정치와 마르크스주의로 바뀌어 갔다. 호엘이 마침내 읽는 법을 다 익히자 체는 공부를 하라며 레닌 전기를 주었다.

* 19세기 후반 쿠바 독립 전쟁 당시의 영웅들.

혁명전쟁 동안 정치적인 역할을 할 때 신중하게 처신했듯이, 체는 나중에 출판된 글에서도 쿠바 공산당과 7월 26일 운동의 초기 유대 관계에 대해서 모호하게만 언급했다. 체는 혁명이 자연스럽게 사회주의로 진화했으며 그것은 반군이 시에라마에스트라의 무지한 농부들과 함께 살면서 유기적으로 생겨난 결과라고 설명하려 애썼다.

〈게릴라와 농민이 하나의 덩어리로 합쳐지기 시작했다. 기나긴 혁명의 여정 중 정확히 어떤 순간에 이런 일이 일어났는지, 혹은 어떤 순간에 말이 심오한 진실이 되고 우리가 농민의 일부가 되었는지 잘라 말하기란 불가능하다.〉

체는 농민 계급이 혁명을 점진적으로 받아들이는 과정에 대한 글을 쓰면서 종교적 상징을 빌려 와서 농민들의 노고를 개개인의 희생을 통해서 구원을 발견하는 일종의 순례자의 여정처럼 묘사했다. 공동선을 위해 사는 법을 배움으로써 최종적인 계몽을 얻는 것으로 말이다. 〈자기 재산과 권리를 열렬히 보호하던 확고한 개인주의자가, 그것도 전쟁이라는 긴박한 상황하에서 투쟁이라는 위대한 공동의 노력에 참여했다는 것은 혁명이 일으킨 새로운 기적이다. 그러나 더욱 위대한 기적도 있다. 바로 쿠바 농민들이 해방구에서 행복을 재발견했다는 점이다. 예전에는 반군이 농부의 집에 들어갈 때면 으레 겁에 질린 중얼거림으로 우리를 맞이했다. 그러나 이제 새로운 시에라의 주민들은 우리에게 아무 걱정 없는 함성과 행복하고 진심 어린 웃음을 보낸다. 예전에 겁에 질린 농부들의 모습을 목격했던 사람이라면 누구든 이 모습을 보고 자부심을 가질 것이다. 이렇게

달라진 반응은 해방구의 주민들이 자신들의 힘을 인식하면서 얻은 자신감을 반영한다.〉

위 글의 제목은 〈전쟁과 농민 계급〉이며 전쟁이 끝나고 7개월이 지난 후에 쓴 글이다. 체가 대중에게 내보이기 위해서 시에라의 삶을 아무리 고의적으로 이상화했을지라도, 무장 투쟁을 통해 만들어진 목가적인 유토피아라는 모습은 나중에 체가 다른 나라에서도 되풀이하려고 애썼던 이상이었다. 가장 중요한 점은, 체는 혁명이 사회주의 의식을 깨치기에 가장 좋은 환경이라고 생각했다는 것이다. 본래 사회주의는 인류의 자연스러운 질서였고, 게릴라 전쟁은 사회주의 실현을 위한 과도기였다.

18장
전쟁의 확대

1

1957년 12월에 피델은 전쟁을 시에라마에스트라 아래로 확대시키고 싶었다. 반군 분대가 야노로 조금씩 내려와 성가신 공격을 하기 시작해 멀리는 만사니요 수비대에까지 총격을 가했고 고속도로에서 승객용 버스와 사탕수수 트럭들을 불태웠다. 이러한 전략은 전쟁의 확대라는 분명한 목적을 위한 것이었지만 정부군의 주의를 시에라마에스트라에서 분산시키는 효과도 있었다. 시에라마에스트라의 반군은 그 지역을 더욱 확실히 장악하기 위해 재빨리 움직이고 있었다. 불안정한 교착 상태는 새해가 밝은 후에도 계속되었다. 정부군은 침공을 새로 시작하지 않았고 반군 역시 대규모 공격을 삼가고 있었다.

이처럼 비교적 조용한 상황에서 체 게바라보다 더 활동적으로 움직인 사람은 없었을 것이다. 체의 새로운 작전 기지 라메사에는 엘옴브리토의 파괴된 시설을 대체할 것들이 세워지고 있었다. 도살장과 가죽 공방은 물론이고 담배 공장까지 있었다. 체는 쿠바 담배에 중독되어 피델과 마찬가지로 시가를 구할 수만 있으면 항상 피웠다.

가죽 공방은 대원들에게 신발과 배낭, 탄띠를 공급하기 위한 것이었다. 군모가 처음으로 완성되자 체는 무척 자랑스러워하며 그것을 피델에게 선물했다. 그러나 피델은 칭찬 대신 귀에 거슬리는 웃음소리를 내며 군모를 받았다. 일부러 그렇게 만든 것은 아니었지만 쿠바 버스 운전사들이 쓰는 모자와 거의 똑같았던 것이다. 체는 이렇게 회상했다. 〈나에게 자비를 보인 유일한 사람은 그곳을 잠시 방문하고 있던 만사니요 지자체 의원이었고…… 그가 기념품으로 모자를 가져갔다.〉

체는 정부의 검열과 군대의 역정보를 돌파하기 위해서 반군 언론 사업을 가장 우선시했다. 「엘 쿠바노 리브레」는 이제 새 등사기로 찍었다. 가장 야심 찬 사업 중 하나는 작은 라디오 송수신기를 설치하는 것이었다. 2월에 라디오 레벨데가 첫 방송을 내보냈다.

또한 체는 다시 세운 무기 공장에서 전쟁 물자 생산량을 늘리고 품질을 개선하기 위해 큰 노력을 기울였고 특히 새로운 M-26 폭탄 〈스푸트니크〉 개발에 엄청난 열정을 쏟았다. 최초로 만들어진 스푸트니크는 수중 작살총의 고무

줄을 이용해서 쏘는 작은 폭탄이었다. 그 후에는 개량되어 소총으로 쏘았지만 초기 모델들은 폭발탄 쏘는 새총보다 약간 나은 정도 — 가당연유 깡통에 화약을 약간 채워 넣은 것 — 에 불과했다. 엄청나게 크고 무서운 소음을 일으켰지만 피해는 무척 미미했고 정부군은 곧 야영지 주변에 〈스푸트니크 방지〉 철망을 치기 시작했다. 1958년 초에는 아직 전투에서 시험해 보지 않은 상태였기 때문에 체는 폭탄의 성능에 큰 기대를 걸었다.

한편 피델은 바티스타에게 특이한 교섭을 제안했다. 피델은 중개자를 통해 정부군이 오리엔테에서 철수하면 국제 사회의 감독하에 선거를 실시하는 데 동의하겠다는 의사를 전하려 했다. 피델이 이러한 제안을 한 때는 마침 도시 지역의 경찰 잔학 행위와 반군의 사보타주에 대중의 관심이 치솟던 때였다. 그는 자신도 평화를 원한다는 인상을 주려고 했던 것으로 보인다. 중개자를 자청한 사람이 피델의 제안을 정식으로 아바나에 전달했지만 바티스타 정권은 그 제안을 격렬하게 거부했고 중개자는 결국 망명했다.

바로 이때 국제 언론이 앞다투어 피델에게 몰려왔다. 쿠바는 대단한 이야깃거리가 되어 「뉴욕 타임스」의 정기 사설에서도 심도 깊게 다루어졌고 「시카고 트리뷴」의 라틴 아메리카 통신원 쥘 뒤부아도 기사를 보도했다. 1월과 2월에는 기자들이 피델을 인터뷰하려고 말 그대로 홍수처럼 시에라로 몰려들었는데, 그중에는 「뉴욕 타임스」와 『파리 마치』를 비롯하여 여러 라틴 아메리카 일간지 통신원들도 있었다. 앤드루 세인트 조지가 다시 돌아오자 피델은 그의 미국인 독자들을 위해 적당히 회유적인 선언을 전했다. 피델은 세인트 조지가 기사를 게재하는 잡지 중 하나인『코로넷』에 글을 쓰기도 했고, 그 글은 2월에 실렸다. 피델은 거기서 자신은 자유 기업과 외국 투자에 찬성하며 국유화에 반대한다고 밝혔다. 그는 또한 바티스타 정권을 대체할 임시 정부는 로터리 클럽 회원들과 그 밖의 충실한 중산층 전문직 종사자들로 구성될 것이라고 했다.

그러나 1월에 아르만도 아르트와 7월 26일 운동 대원 두 명이 피델을 방문한 직후에 체포되면서 7월 26일 운동은 재난에 가까운 좌절을 겪었다. 모든 상황을 고려했을 때, 세 사람을 체포한 이들은 그들을 처형할 계획이었던 것으로 보인다. 그러나 산티아고의 미국 부영사이자 CIA 요원이었던 로버트 위차가 스미스 대사를 시켜 포로들을 어떻게 할 것인지 문의함으로써 그들의 목숨을 구했다.

운 나쁘게도 아르트는 체포 당시 다소 범법적인 서류를 소지하고 있었다. 그것은 체가 다니엘에게 보낸 격정적인 편지를 읽고 아르트가 비판을 쏟아 낸 답장이었다. 그는 이 편지에서 체와 라울의 마르크스주의 신념, 야노-시에라 분쟁 문제를 언급하고 있었다. 피델은 그 편지를 사전에 보고 나서 아르트에게 그 편지를 보내지 말라고 명령을 내린 터였다. 편지를 계속 주고받다 보면 결국 편지가 적의 손에 들어갈지도 모르고, 그러면 바티스타가 편지를 새로운 선동 무기로 삼아 반군에 불리하게 이용할 가능성이 있다고 우려했기 때문이었다. 피델의 우려는 현실이 되었다. 아르트가 체포되어 갇혀 있을 때 피델을 격렬하게 증오했던 전

처남 라파엘 디아스발라르트가 라디오 방송에 출연해서 아르트의 편지는 피델의 반군 조직에 공산주의가 영향을 끼치고 있다는 증거라고 주장했다.

그러나 공산주의 선동은 별다른 효과를 보지 못했다. 아르트가 체포된 지 며칠 만에 정부군이 산티아고 감옥에 갇혀 있던 반군 용의자 23명을 시에라 산기슭으로 데려가서 학살한 다음, 전투가 벌어져 반군 전사 23명이 전투 중에 사망했으며 정부군 측 사상자는 없다고 발표했던 것이다. 체는 저격수라는 필명으로 「엘 쿠바노 리브레」에 「난사(亂射)」라는 칼럼을 발표하여 정부를 가차 없이 공격했다. 그는 전 세계에서 일어나고 있는 여러 혁명전쟁을 나열한 다음 이렇게 썼다.

이 모든 전쟁에는 공통된 특징이 있다. 1) 지배 세력이 〈반군 측에 수많은 사상자를 안겼다〉. 2) 포로는 없다. 3) 지배 세력이 보고할 〈새로운 일은 없다〉. 4) 나라와 지역을 불문하고 모든 혁명가들은 〈공산주의자들로부터 비밀리에 지원을〉 받고 있다.

우리가 보기에 전 세계는 쿠바와 얼마나 비슷한가! 전부 똑같다. 애국자들은 무기가 있든 없든, 반군이든 아니든, 항상 〈치열한 싸움〉 끝에 살해당하고, ……그들이 목격자를 모두 죽이므로 포로는 없다. 정부 측은 절대 사상자가 없다. 이 말은 때때로 진실이다. 무장을 갖추지 않은 사람을 죽이는 것은 그다지 위험한 일이 아니기 때문이다. 그러나 때로는 엄청난 거짓말이기도 하다. 시에라마에스트라가 바로 의심할 수 없는 목격자다.

그리고 마지막으로 항상 그들의 손쉬운 비난이 뒤따른다. 바로 〈공산주의자〉라는 비난이다. 세계 어디에서든 공산주의자란 항상 너무나 비참한 생활에 지쳐 무기를 드는 사람이다. 민주주의자는 이렇게 분개한 사람들을 남자든 여자든 어린이든 상관없이 죽이는 자들이다. 이 세상은 쿠바와 얼마나 똑같은가! 그러나 쿠바에서처럼 세상 어디에서든 바로 인민들이 결정적인 말을, 잔인한 폭력과 불평등에 대항하여 승리의 말을 할 것이다.

그러나 산티아고 포로 학살 사건 때문에 대중의 관심이 바티스타의 공산주의 선동 공격에서 멀어졌을지는 몰라도 미국의 관심까지 돌리지는 못했다. 얼 스미스 대사는 7월 26일 운동에 〈빨갱이〉가 침투해 있을지도 모른다는 의심을 키우고 있었는데 아르트의 편지에 폭로된 내용 때문에 더욱 그렇게 믿게 되었고 따라서 바티스타 정권을 점차 더 용인하게 되었다. 바티스타가 미국이 무기를 계속 제공해 주면 헌법을 복원하고 6월 선거를 치르겠다고 약속하자, 스미스는 1월에 워싱턴으로 가서 이 약속을 바탕으로 국무부에 로비를 했다. 스미스 대사는 기자들에게 자신은 카스트로를 믿지 않으며 미국 정부가 카스트로와 〈거래할〉 수 있으리라 생각하지 않는다고 말했다.

2월 초가 되자 체의 무기 공장이 바쁘게 돌아가면서 〈스푸트니크〉의 마무리 작업을 했다. 곧 반군이 1958년 들어 처음으로 대규모 군사 작전을 실시할 예정이기 때문이었다. 피델은 정부군 중대가 상설 기지를 설립한 피노델아과의 제재소 지역을 다시 공격하기로 결정했다. 바티스타가 오리엔테를 제외한 쿠바 전역에서 검열을 중단했기 때문에 피델은 〈떠들썩한 일격을 날려〉 신문의 머리기사를 장식하려 했다.

2

2월 16일 새벽에 공격이 시작되었다. 피델의 계획은 정부군 야영지를 포위 공격하여 초소를 파괴한 다음 매복해서 기다리다가 증원군이 도착하면 공격하는 것이었다. 체의 부하들이 공격을 개시할 스푸트니크 여섯 발을 가지고 왔다. 체는 무기 공장에서 만든 또 다른 무기, 즉 공습 때 불발한 폭탄으로 만든 지뢰들도 처음 시험해 보기로 하고 정부군이 이동할 것으로 예상되는 길에 설치했다. 결과는 실망스러웠다. 스푸트니크는 폭발하긴 했지만 거의 아무런 피해도 입히지 못했고, 지뢰는 체의 표현에 따르자면, 〈한탄스러운 결과〉를 낳았다. 때를 잘못 맞춰 온 민간인 트럭 운전사가 최초의 희생자가 되었던 것이다.

시작은 좋았다. 반군 한 무리가 초소를 급습하여 초병 여섯 명을 죽이고 세 명을 포로로 잡았다. 그러나 정부군 주력 부대가 재빨리 결집하여 반군의 전진을 효과적으로 막았다. 몇 분 만에 반군 네 명이 죽었고 두 명이 치명상을 입었다. 카밀로 시엔푸에고스는 버려진 기관총을 가져오려다가 두 번이나 부상을 입었다.

반군은 전투 지역으로 서둘러 온 증원군에 대해서는 운이 더 좋았다. 맨 첫 정찰대가 반군이 매복한 지역으로 곧장 걸어오는 바람에 모조리 소탕되었기 때문이다. 그러나 체는 정부군에 완벽한 패배를 안겨 주고 싶었기 때문에 피델에게 참호를 파고 숨은 적군의 야영지를 다시 공격해서 이번에야말로 완전히 괴멸시키자고 했다. 체가 고집을 부리자 피델이 소대 몇 팀을 보내서 다시 한 번 공격을 시도했지만 역시나 쏟아지는 포화에 격퇴당했다. 그러자 체는 피델에게 새로운 공격 부대의 지휘권을 달라며 야영지에 불을 놓아 군인들을 끌어내겠다고 했다. 피델은 마지못해 허락하면서 반드시 조심하라고 주의를 주었다.

　그러나 체가 전진 준비를 하고 있을 때 피델이 쪽지를 보내왔다. 〈1958년 2월 16일, 체에게. 카밀로와 기예르모 가르시아의 지원 없이 모든 것이 이쪽의 공격에 달려 있는 상황이라면 자살행위를 하지 말아야 한다고 생각하네. 사상자만 많이 내고 목표 달성에는 실패할 위험이 있기 때문이네. 신중하게 생각할 것을 강력하게 권고하는 바이네. 직접 전투에 참가하지는 말게. 이는 엄중한 명령일세. 자네는 부하들을 잘 이끌어야 할 책임이 있네. 지금은 그것이 가장 중요하네. 피델.〉

　피델은 체가 전투에 직접 참가할 수 없다면 계획을 실행하지 않으리라는 사실을 알았던 것이다. 그의 생각이 옳았다. 나중에 체는 이렇게 썼다. 〈내 어깨를 짓누르는 이 모든 책임감을 너무 버거워한 나머지 의기소침해져서 나는 앞서간 피델과 같은 길을 택했다.〉 그는 부하들에게 후퇴를 명령했다.

피델이 체 자신의 안전을 위해서 그를 저지한 것은 비단 이번만이 아니었다. 나중에 피델은 체가 전투를 할 때 드러내는 무모한 집착에 대해서 이렇게 말했다. 〈어떻게 보면 그는 그의 성격, 집착, 그의 정신 때문에 전투에서 자기 목숨을 위태롭게 하며 전투 규칙 — 그러니까 이상적인 규범, 가장 완벽한 방법 — 까지 어겼다. ……따라서 우리는 그가 지킬 규칙과 지침을 만들어야 했다.〉

다음 날 아침 정부 정찰기가 머리 위를 윙윙거리며 날아다니는 가운데 반군은 포로 다섯 명과 새로 노획한 무기 40점을 가지고 산속으로 후퇴했다. 반군이 후퇴한 후 정부군은 반군이 있던 곳 근처에 숨어 있다가 발각된 농민 13명을 죽였던 것으로 보인다. 체는 「엘 쿠바노 리브레」에서 농민 학살을 비난하면서 정부군이 18명에서 22명을 잃었다고 추정했지만 정부군은 다른 수치를 내놓았다. 정부의 공식 문서는 〈폭도 16명과 정부군 5명〉이 전투에서 죽었다고 주장하며 〈유명한 아르헨티나 공산주의자 체 게바라가 부상을 입었다〉는 보도에 대해서는 사실 관계를 확인해 줄 수 없다고 했다. 아바나의 또 다른 신문은 체가 반(反)피델리스타 언론이 즐겨 써먹는 무시무시한 괴물로 새로이 부상했음을 강조하면서 〈《체》 게바라로 알려진 국제 공산주의 요원〉이 이번 공격을 지휘했다고 보도했다.

피노델아과 전투 이후 몇 주 동안 전국에서 반군의 사보타주 공격이 늘어났다. 2월 23일에 반군은 세상의 이목을 가장 많이 끌었던 극적인 사건을 일으켰다. 전 세계적으로 유명한 아르헨티나 카레이싱 선수 후안 마누엘 판히오가 국제 챔피언십 경기에 참가하기 위해 아바나에 왔다가 7월 26일 운동 행동단에 의해 납치된 것이었다. 나중에 무사히 풀려난 판히오는 납치범들이 〈친절〉했으며 〈따뜻하고 진심 어린〉 대접을 받았다고 밝혔다.

혁명지도자단은 1957년 3월의 실패로 끝난 대통령궁 공격 이후 사실상 절름발이나 다름없어졌지만 이제 그들 역시 더욱더 적극적으로 움직이고 있었다. 혁명지도자단에서 갈라져 나온 소규모 단체가 이미 여러 달 동안 시엔푸에고스 근처 중앙 에스캄브라이 산지에서 활동을 펼치고 있었다. 대통령궁 공격 당시 형제를 잃었던 엘로이 구티에레스 메노요가 이 단체를 이끌었고, 그는 윌리엄 모건이라는 퇴역 미군의 도움을 받고 있었다. 2월에 파우레 초몬이 이끄는 혁명지도자단 무장 원정 군단 15명이 마이애미에서 쿠바로 들어옴으로써 그들의 활동은 한층 활기를 띠었다. 두 팀은 일시적으로 함께 행동하며 치고 빠지는 공격을 여러 번 수행했고, 그런 다음 웅장한 선언문을 발표하여 충분한 일자리와 교육의 기회를 요구하고 볼리비아식 〈아메리카 공화국 연합〉을 만들자고 호소했다. 피델은 이 소식을 듣고 마음 넓은 선배 정치가처럼 굴면서 편지를 보내 혁명지도자단 게릴라들이 〈공동 투쟁〉에 합류하는 것을 환영한다며 지원을 제안했다.

피델은 전투 지역을 확대하기 위해서 새로운 조치들을 취했다. 2월 27일, 그는 친동생 라울과 후안 알메이다, 카밀로 시엔푸에고스 등 세 명의 대위를 각자 부대의 코만단테로 임명했다. 피델은 병력 규모를 부풀리는 습관이 있었기 때문에 라울의 〈프랑크 파이스〉 부대를 제6대대, 알메이다의 〈산티아고 데 쿠바〉 부대를 제3대대라고 불렀다. 라울은 관타나모 해안 미 해군 기지와 인접한 오리엔테 북동부 시에라크리스탈에 〈동부 제2전선〉을 열고 알메이다는 동부 시에라마에스트라부터 산티아고 시까지의 지역을 담당하는 〈동부 제3전선〉을 시작할 예정이었다(카밀로의 전투 지역은 일단 그가 피노델아과에서 당한 부상에서 회복한 다음 결정하기로 했다).

피델은 또한 시에라마에스트라 〈해방 지역〉 내에서 권력을 강화하는 일에 착수했다. 10월에 열린 〈산적 재판〉을 도와주었던 전(前) 아우텐티코당 변호사 움베르토 소리 마린이 반군 지배 지역 주민들에게 혁명 세력의 권력을 행사하기 위해 입법의 기초를 마련했다. 그런 다음에는 토지개혁법의 기초를 세웠다. 토지개혁법은 피델이 이미 실행하고 있던 관행에 〈합법적인〉 근거를 제공할 수단이었다. 그 관행이란 지주들의 가축을 대량으로 빼앗아 전사들과 지역 농민들에게 나누어 주는 것이었다.* 3월에 또 다른 현안 사업이 추진되었으니, 바로 미나스델프리오에 신참과 장교들을 위한 훈련소를 세우는 것이었다. 체가 훈련소 운영을 지휘하고 에벨리오 라페르테라는 신참이 일상적인 행

* 전쟁이 끝날 때까지 총 1만 마리 정도의 가축이 오리엔테 지역에서 반군에 의해 〈해방〉된 것으로 추정된다. 이 관행은 많은 농민들이 생전 처음으로 가축을 소유하게 해주었기 때문에 반군의 여러 조치 중 가장 인기가 많은 편이었고 수많은 과히로의 지지를 얻었다.

정 업무를 담당할 예정이었다.

라페르테가 체와 일하게 된 것은 정말 놀라운 일이었다. 라페르테는 몇 달 전만 해도 스물여섯 살의 정부군 중위로 피노델아과에서 반군에 맞서 싸웠으며 반군 지도자 중에서도 체 게바라를 가장 두려워했기 때문이었다. 「그에 대한 선동은 어마어마했습니다. 정부군은 체가 돈을 대가로 고용된 살인자이자 병적인 범죄자, ……용병이며 국제 공산주의를 위해 고용되었다고 선전했습니다. 또 체가 테러리스트들이 쓰는 방법으로 여자들을 사회화하고 세뇌하고 아들들을 빼앗아 간다고 했습니다. ……그는 포로로 잡은 군인은 누구든 나무에 묶어 놓고 총검으로 배를 딴다고 말했습니다.」

라페르테는 반군의 매복 공격으로 동료 군인들이 수없이 많이 죽고 자신이 생포된 직후에 반군이 그를 무시무시한 아르헨티나인 앞으로 데려가자 불안이 점점 커져만 갔다. 「그가 나에게 말했습니다. 〈그래, 자네가 반란 군대를 끝장내러 온 꼬마 장교들 중 한 명이란 말이지?〉 그가 〈꼬마 장교〉라는 말을 반복했기 때문에 나는 화가 났습니다. 무척 빈정대는 말투였기 때문에 내가 더 끔찍한 일을 당할 것이며 이것은 그 전조인 것처럼 느껴졌습니다.」 라페르테는 반군이 자신을 죽일 것이라고 생각했지만 그는 라메사 야영지의 임시 감옥으로 끌려간 후에도 정중한 대접을 받았다. 두려움이 점차 사라지기 시작했다.

반군은 앞으로 쓸모가 있을지도 모르는 사람을 생포했음을 깨달았다. 라페르테는 총명하고 눈에 띄는 젊은 장교였고 쿠바 군사학교를 다닐 때는 반에서 가장 뛰어난 학생이었다. 뿐만 아니라 그는 정부군의 잔인한 전쟁을 보면서 의구심을 품고 있었다. 피델이 라페르테에게 반군에 들어오라고 직접 설득했다. 라페르테는 한 달 동안 포로 생활을 한 후 그 제안을 받아들였다. 피델은 즉시 그를 대위로 임명한 다음 미나스델프리오로 보내 체가 지휘하던 신참 훈련소 운영을 맡겼다.

체는 라페르테를 신중하게 대하면서 재치 있고 조심스러운 방법으로 그에게 새로운 시각을 보여 주었다. 체는 그 젊은 장교와 함께 가족에 대해서, 또 두 사람 모두가 좋아하던 문학과 시에 대해 이야기를 나누며 시간을 보냈다. 라페르테는 체에게 자작시를 몇 편 보여 주었고 체는 그에게 파블로 네루다의 『모두의 노래Canto general』를 주었다. 라페르테가 훈련소 운영 방식을 제안하면 체는 귀 기울여 듣고 괜찮다 싶은 제안은 받아들였다. 그러나 체는 신참들이 충성을 맹세할 때 〈하느님의 이름으로 맹세〉하게 하자는 라페르테의 생각은 받아들이지 않았다.

체가 라페르테에게 말했다. 「우리는 동지들이 시에라에 합류할 때 신을 믿는지 아닌지는 고려하지 않네. 그러므로 신의 이름으로 맹세를 시킬 수는 없어. 예를 들어 나는 신을 믿지 않지만 반군 전사일세……. 자네는 내가 믿지 않는 것에 대해 맹세하도록 강요하는 것이 옳다고 생각하나?」

라페르테는 당황했지만 체의 논리에 흔들렸다. 「저는 가톨릭 신자였기 때문에 그의 말이 마음에 들지 않았지만, 그가 하는 말이 옳다고 이해했고 맹세의 말에서 하느님이라는 말을 뺐습니다.」

일단 훈련소가 설립되어 운영을 시작하자 체는 공산주의청년단 지도자 파블로 리발타를 데려와 신참들의 사상 교육을 직접 맡겼다. 리발타는 〈모이세스 페레스〉라는 가명을 써서 동료 반군들로부터 진짜 신분을 숨겼다. 마르크스주의 텍스트를 교재로 쓰면 학생들이 놀라서 도망갈 것이 뻔했기 때문에 리발타는 시에라 전쟁 경험과 쿠바 역사, 피델과 〈다른 게릴라 지도자들〉의 글과 연설을 이용해서 전달하고 싶은 요점을 전달했다. 다른 게릴라 지도자들 중 하나는 다름 아닌 마오쩌둥이었다.

오리엔테 주 야라 마을 출신의 열여섯 살 소년이었던 아리 비예가스 타마요는 미나스델프리오 시절을 회상하면서 이 부분을 이렇게 기억했다. 「체에게 게릴라 전쟁은 단순한 군사 실험의 장이었을 뿐 아니라 문화와 교육 실험의 장이기도 했습니다. 그는 미래의 혁명 간부진 구성에 관심이 많았습니다.」

장래를 대비한 체의 생각은 기대했던 성과를 올렸다. 비예가스를 비롯하여 체가 직접 골라서 특별히 관심을 기울였던 젊은이들 몇 명은 혁명의 충실한 간부진이 되었다. 비예가스는 체의 개인 경호원이 되었고 콩고와 볼리비아 게릴라 투쟁 내내 체의 곁을 지켰으며 나중에는 쿠바 최고의 장군이 되었다. 현재까지도 나이가 50대 중반을 넘기지 않은 비예가스는 공식적으로 〈혁명 영웅〉이라는 호칭을 부여받은 몇 안 되는 생존 쿠바인 가운데 한 명이다.

3

시에라마에스트라에서 체를 만난 기자들의 눈에는 체가 부하들 사이에 특별한 충성심을 불러일으킨다는 사실이 분명히 보였다. 몇몇 기자는 확고한 체의 추종자나 신봉자가 되어 돌아갔다. 피노델아과 전투 직후에 체를 처음 만난 우루과이인 카를로스 마리아 구티에레스 역시 그중 한 명이었다.

예르바 마테 차를 홀짝이면서 체는 구티에레스에게 다가가 사진 장비에 대한 질문을 쏟아부었다. 광도계는 어떤 것을 사용합니까? 필름을 얼마나 오랫동안 노출시킵니까? 그리고 코노수르 지역에서 온 모든 방문객에게 으레 묻는 질문도 했다. 예르바 마테 차를 가지고 왔습니까? 체는 그 후 며칠 동안 구티에레스에게 기지 병원과 〈신발 공장〉을 보여 주었고 우루과이인 구티에레스는 내내 체의 부대를 관찰하면서 그의 부하들 사이에 감도는 독특한 온기와 동지애를 특히 눈여겨보았다.

「명령도, 허가도, 군사적 절차도 없었지만 라메사의 게릴라들은 한층 깊은 규율을 보여 주었습니다. 그것은 지도자에 대한 굳은 믿음에서 우러나온 것이었습니다. 피델과 체는 다른 전사들과 함께 같은 곳에서 살고 같은 음식을 먹었으며 전투 시에는 부하들과 같이 전선에 나서서 총을 쏘았습니다. 게바라는 부하들을 사랑한다는 사실을 보여 주기 위해 부에노스아이레스 사람 특유의 무뚝뚝함을 애써 지울 필요가 없었고, 부하들 역시 남자다운 과묵함으로 그를 대했으며 복종보다 더 깊은 애착을 가지고 있었습니다.」

1958년 봄에 시에라를 방문한 또 다른 인물은 젊은 아르헨티나 저널리스트 호르헤 리카르도 마세티였다. 그는 잘생겼지만 그 외에는 별로 눈에 띄는 점이 없었고 극우 페론주의 청년 단체에 가입한 경험이 있었다. 그보다 먼저 시에라를 방문했던 저널리스트들*과 마찬가지로 시에라에서의 경험으로 인해 마세티의 삶은 송두리째 바뀌었다. 그는 혁명에 심취하여 이후 극적인 결말을 맞이하게 된다.

마세티는 소개장을 들고 왔는데, 그 소개장을 써준 이는 우연히도 에르네스토 게바라의 오랜 친구이자 변호사인 리카르도 로호였다. 리카르도 로호는 아르헨티나에서 우익 군사 쿠데타가 일어나 페론 정권이 전복된 이후 1955년에 아르헨티나로 돌아가 있었다.** 1957년 말에 마세티는

* CBS 저널리스트 밥 테이버는 결국 선을 완전히 넘어 활동가가 되었다. 그는 〈쿠바 혁명지원위원회〉의 설립을 도왔고 카스트로 정부를 대변하며 미국에서 로비 활동을 했다. 허버트 매슈스는 초기부터 피델 카스트로를 감상적으로 지지했기 때문에 저널리스트로서의 신뢰에 흠집이 생겼고 결국에는 「뉴욕 타임스」를 그만두어야 했다. 1958년 초에 시에라를 방문했던 젊은 에콰도르 저널리스트 카를로스 바스티다스는 시에라를 떠나면서 워싱턴의 미주기구가 7월 26일 운동의 뜻에 주의를 기울이게 만들겠다고 결심했다. 그러나 바스티다스는 쿠바를 떠나기 전에 바티스타 정권 정보 경찰의 손에 살해당했다.
** 로호의 정치적 멘토 아르투로 프론디시가 1956년 자유주의 급진당에서 갈라져 나온 강경 시민연합을 만들자 로호는 거기서 일했다. 아람부루 장군이 선거를 치르기로 합의했을 때 로호는 프론디시가 중요한 페로니스타들의 표를 얻을 수 있도록 프론디시의 정당과 망명 중이지만 여전히 강력했던 페론의 회담을 주선했다. 그의 노력은 성공적이었다. 1958년 2월에 실시된 선거에서 프론디시가 대통령에 당선되었고, 로호는 그 보상으로 독일 본에서 외교직을 맡았다.

부에노스아이레스 중심지에 위치한 문학계와 연극계 인사들의 아지트인 카페 라파스까지 찾아가서 로호에게 시에라마에스트라의 반군을 만나고 싶으니 도와 달라고 부탁했다. 로호는 게바라에게 보내는 편지를 금방 써주었다.

〈찬초에게. 이 편지를 가지고 가는 사람은 신문 기자이자 친구이며, 부에노스아이레스 〈엘 문도〉 라디오 방송국에서 뉴스 프로그램을 맡고 싶어 한다네. 잘 돌봐 주게, 좋은 사람일세.〉 그러고 나서 로호는 〈저격수〉라고 서명했다. 그는 그들의 중앙아메리카 시절에 서로 주고받았던 별명을 친구 게바라가 자기 필명으로 사용하고 있다는 사실을 전혀 몰랐다.

3월에 마세티가 시에라마에스트라에 도착했다. 그는 산속을 방문한 최초의 아르헨티나인이었기 때문에 몇몇 어린 반군들이 흥분해서 체의 〈형제〉냐고 물었다. 마세티는 체와의 첫 만남에서 큰 인상을 받지 않겠다고 작정한 것 같았다. 〈턱에는 수염이 되고 싶어 하는 털 몇 가닥이 자라 있었다. ……그 유명한 체 게바라가 내 눈에는 그저 전형적인 아르헨티나 중산층 청년으로 보일 뿐이었다.〉

마세티는 체와 함께 아침 식사를 하면서 왜 조국도 아닌 곳에서 싸우고 있느냐고 캐물었다. 체는 파이프 담배를 피우면서 대답을 했다. 마세티는 그의 말투가 더 이상 아르헨티나식이 아니라 〈쿠바와 멕시코〉 억양을 섞어 놓은 것 같다고 생각했다. 체가 마세티에게 말했다. 「나는 아르헨티나만이 아니라 아메리카 전체가 조국이라고 생각합니다. 나에게는 마르티와 같은 훌륭한 선조가 있으며, 나는 바로 그의 나라에서 그의 가르침을 따르고 있습니다. 게다가 나 자신을 바치는 것, 나 자신을 완전히 주는 것, 내가 정당하고 민중의 뜻이라고 생각하는 대의를 위해서 내 피를 바치는 것, 독재로부터 사람들을 해방시키도록 돕는 것이 간섭이라 불릴 수 있다고는 상상도 할 수 없습니다. ……지금까지 그 어떤 나라도 미국이 쿠바 문제에 간섭한다고 비난하지 않았고, 그 어떤 일간지도 양키가 바티스타의 자국민 학살을 돕는다고 비난하지 않았습니다. 그러나 많은 사람들이 나에 대해 걱정을 합니다. 나는 내 살과 피로 반군을 돕는 참견쟁이 외국인이 되었지요. 내전에 무기를 제공하는 자들이 아니라 내가 참견쟁이라고 말입니다.」

마세티는 체의 말을 들으면서 그의 입술에는 항상 미소가 깃들어 있지만 그의 말투는 완벽하게 초연하다는 생각이 들었다. 그다음으로 마세티는 피델 카스트로의 공산주의 사상에 대해서 물었다. 그러자 체가 환한 미소를 지으면서 여전히 초연한 대답을 내놓았다. 「피델은 공산주의자가 아닙니다. 피델이 공산주의자라면 최소한 무기라도 더 많이 가지고 있겠지요. 이 혁명은 오로지 쿠바만의 혁명입니다. 아니, 라틴 아메리카의 혁명이라고 하는 편이 더 옳겠지요. 정치적으로 피델이나 그가 이끄는 운동은 〈혁명적 민족주의〉라고 말할 수 있습니다. 물론 양키들은 반혁명적이라는 점에서 우리는 양키에 반대합니다. 그러나 사실상 양키에 반대하라고 설파하지는 않습니다. 우리는 미국이 우리 민중의 뜻을 거스르기 때문에 미국에 반대하는 것입니다. 공산주의자로 낙인찍혀서 가장 많이 공격받는 사람은 바로 접니다.」

멕시코에서 쿠바 세력에 합류한 이유에 대해, 체는 여러 해에 걸친 라틴 아메리카 여행과 깊은 연관이 있다고 보았다. 「사실 나는 라틴 아메리카 전역을 방황했고, 특히 과테말라에서 강렬하게 경험한 것이 있었기 때문에 나를 독재자에 대항하는 혁명에 끌어들이는 데에는 그렇게 많은 노력이 필요하지 않았습니다. 하지만 피델은 특별한 인물이었고 깊은 인상을 주었습니다. 그는 정말 불가능한 일들에 맞섰고 또한 극복했습니다. 피델은 일단 쿠바를 향해서 출발만 하면 도착할 것이라는 유별난 믿음이 있었습니다. 일단 도착만 하면 싸울 것이고, 싸우기만 하면 이길 것이라고 말입니다. 저는 그의 낙천주의에 공감했습니다. ……이제 울음을 멈추고 싸울 때였습니다.」

마세티는 특종을 가지고 아르헨티나로 돌아갔다. 그는 피델과 체를 인터뷰했는데, 체가 외국 방송의 청취자를 대상으로 이야기한 것은 이번이 처음이었다. 마세티는 또한 체가 가족들에게 보내는 인사를 녹음해서 돌아왔다. 그 전해 내내 에르네스토가 편지를 거의 보내지 않았기 때문에 마세티의 방문은 게바라 가족에게 무척 흥분되는 일이었다. 가족들은 그동안 가끔 잡지나 신문을 통해서 에르네스토의 소식을 들은 것이 전부였다. 그들은 「뉴욕 타임스」에 실린 허버트 매슈스의 유명한 인터뷰 기사에서 에르네스토의 사진을 보고 자부심을 느꼈다. 에르네스토는 총을 들고 덥수룩한 수염을 기른 모습이었다. 게바라 부부는 또한 자기 아들이 선택한 이상에 대해 걱정이 많았지만 매슈스의 여러 기사를 읽으면서 그런 걱정을 가라앉혔다. 체의 아버지는 이렇게 썼다. 〈이제 우리는 에르네스토가 스스로 옳다고 생각하는 이상을 위해 싸우고 있다는 사실을 깨달았다.〉1958년 봄에 체의 아버지는 밥 테이버가 체에 대해 쓴 기사 「체는 아메리카의 운명을 바꿀 수 있을 것인가?」를 읽었다. 이 기사는 아버지에게 아들이 중요한 인물임을 입증해 주었다. 〈고백하건대 테이버의 기사는 온 가족에게 깊은 인상을 남겼다. 에르네스토는 이제 그저 게릴라 중 한 명이 아니라 여러 나라의 미래 지도자로 언급되었다.〉

게바라 가족은 뉴욕에 살고 있던 에르네스토의 어린 시절 친구 돌로레스 모야노와 뉴욕의 7월 26일 운동위원회로부터 다른 소식들을 들었다. 돌로레스 모야노는 마이애미에서 발행되는 스페인어 신문 「디아리오 라스 아메리카스」의 기사를 잘라서 보내 주었고 7월 26일 운동위원회는 반군 공식 발표문의 사본을 보내 주었다. 그리고 게바라 린치는 곧 「시카고 트리뷴」의 라틴 아메리카 통신원 쥘 뒤부아로부터 짤막한 소식을 정기적으로 듣게 된다. 뒤부아는 부에노스아이레스를 방문했다가 체의 아버지를 찾아왔고, 그 이후 두 사람은 뒤부아가 부에노스아이레스를 방문할 때마다 만나서 위스키를 마시며 담소를 나누곤 했다.

게바라 린치와 뒤부아 모두 서로 만나는 순간을 고대했다. 뒤부아는 쿠바를 빈번히 들락거린 게바라 린치에게 체의 근황을 자세히 이야기해 주는 대신 그에게 체의 어린 시절에 대해서 많은 것을 물어보았다. 그러던 어느 날 뒤부아가 게바라 린치에게 피델 카스트로에 대해서 아는 것을 요약해서 적어 달라고 하자 게바라 린치는 그를 의심하기 시작했다. 나중에 게바라 린치는 〈아주 정확한 정보통〉이 뒤부아가 사실 CIA 관리였음을 확인해 주었다고 주장했다 (사실이든 아니든 이것이 쿠바의 공식적인 입장이 되었다. 체의 아버지는 회고록을 쓸 당시 쿠바에 살고 있었다).

우루과이 저널리스트 카를로스 마리아 구티에레스는 고국으로 돌아온 다음 혁명과 체에 대한 존경심을 가득 안고 부에노스아이레스에 사는 체의 가족을 찾아갔다. 게바라 린치는 이렇게 회상했다. 〈그가 우리에게 이야기해 준 에르네스토는 낭만적이고 보헤미안 같은 영웅이었기 때문에 우리는 완전히 믿지 못했다.〉 게다가 눈코 뜰 새 없이 바쁜 영웅이기도 했다. 구티에레스에 따르면 체는 〈시에라에 토지개혁의 기초를 세우고, 무기 공장을 짓고, 바주카포를 발명하고, 산지에서 최초로 빵 공장을 지어 낙성식을 하고, 설비를 갖춘 병원을 짓고…… 최초의 학교를 만들고…… 라디오 레벨데라는 무선 송신기를 설치하고…… 그러고도 남는 시간이 있어서 작은 신문을 만들어 반란 군단에 정보를 제공했다〉.

마세티가 찾아오자 게바라 부부는 자신들도 유명인이 된 것 같은 기분을 느꼈다. 부부는 아들의 숭배자가 녹음해 온 테이프와 라디오 〈엘 문도〉의 인터뷰 방송을 들었다. 마세티와 구티에레스는 그 이후로도 게바라 가족을 자주 찾아와 가족의 친구가 되었고 게바라 린치는 그들의 열정에 감염되어 곧 쿠바 혁명을 열정적으로 받아들였다. 그는 이렇게 적었다. 〈우리는 모두 쿠바 혁명의 항변에 깊이 빠졌다. 아라오스 가에 있던 우리 집은 혁명 센터로 바뀌었다.〉게바라 린치는 사무실 근처에 작업실을 하나 더 빌려서 7월 26일 운동 후원위원회 부에노스아이레스 지부로 삼았고 스페인 내전과 제2차 세계 대전 때 활동했던 것처럼 쿠바후원위원회를 설립하여 댄스파티를 개최하고 채권을 판매해 자금을 마련했다. 아들의 이상이 아버지의 이상이 되었다.

리마에 머물던 일다 역시 7월 26일 운동 후원 활동을 시작하여 페루의 공식 대표가 되었다. 이제 라틴 아메리카와 미국 각지에 7월 26일 운동 지부가 설립되어 자금을 모으고, 그들의 목표를 널리 알리고, 언론에 정보를 유포하고 있었다. 일다는 이렇게 썼다. 〈나는 위원회의 지시에 따라 운동을 선전하고 자금을 마련했다.〉일다는 아메리카인민혁명동맹에 다시 가입해서 몇몇 좌익 인물들과 함께 페루 내 쿠바 망명자들을 돕는 후원 단체를 설립했다.

그러나 일다가 그 시절 정치 활동을 회상할 때에는 질책하는 듯한 기색이 엿보인다. 〈이따금 에르네스토의 편지가 왔다. 내가 쓴 편지 중에서 오직 일부만이 그에게 전해졌지만 그래도 나는 그의 지시를 따랐다. ……일다타가 두 살로 접어들 무렵인 1958년 2월 15일에 나는 에르네스토에게 편지를 써서 쿠바의 산지로 들어가서 함께 지내며 돕게 해 달라고 부탁했다. 아이는 이제 친가나 외가의 보살핌을 받아도 될 나이였다. 에르네스토의 답장은 네다섯 달 후에야 도착했다. 그는 아직 내가 갈 때가 아니라고 했다. 투쟁이 위험한 단계에 이르렀으며 곧 대규모 공격이 시작될 것이

므로 그는 어느 한 곳에 머물 수 없다고 말했다.〉

그러나 일다가 시에라마에스트라에 가서 지낼 때가 아니었던 이유가 하나 더 있었다. 1958년 봄에 체에게는 소일라 로드리게스라는 어린 과히라 연인이 있었다. 아직 어렸던 체의 제자 호엘 이글레시아스는 전광석화 같은 구애 장면을 지켜보았다. 「라스베가스데히바코아에서 체가 흑인 여자, 아니 물라토에 더 가까운 여자를 만났습니다. 이름은 소일라였고 몸매가 정말 아름다운 여자였습니다. 체는 그녀를 무척 좋아했습니다. 많은 여자들이 체를 무척 좋아했음에도 불구하고 그는 그런 면에서는 항상 무척 엄격하고 존경할 만했는데…… 하지만 그 여자는 좋아했습니다. 결국 두 사람은 잘돼서 한동안 함께 지냈습니다.」

소일라는 열여덟 살 소녀로 혼자 아이를 키우는 어머니였고 체를 만났을 때에는 아버지의 농장에서 살고 있었다. 소일라는 여러 해가 지난 후 이렇게 회상했다. 「날짜는 기억나지 않지만 시간은 오후 4시였어요. 암소들을 울타리에 몰아넣고 있을 때 그가 왔습니다. 노새를 타고 왔죠. ……검은색 베레모에다가 이상한 초록색 제복을 입고 있었습니다.」 체는 노새에 편자를 달 수 있는지 알아보려고 반군 협력자였던 소일라의 아버지를 만나러 온 길이었다. 소일라가 아버지는 외출 중이니 자신이 해주겠다고 말했다. 「편자를 달면서 곁눈질을 하다가 그가 나를 지켜보고 있다는 사실을 깨달았습니다. 그런데 그 눈빛이 남자애들이 여자애들을 볼 때의 눈빛이어서 나는 정말 긴장했어요. 내가 줄을 고르려고 공구가 담긴 상자로 다가가자 그가 나에게 이제 뭘 할 거냐고 물었습니다. 나는 발굽을 잘라 냈으니까 발굽을 다듬은 다음 편자를 달아야 한다고 말했습니다. 게바라는 그렇게 예쁘게 만들 필요가 있느냐고 물었습니다. 나는 원래 그렇게 하는 거라고 말했지요. 그는 계속 그런 식으로…… 약간 짓궂은 눈빛으로, 내가 하지도 않은 일로 나를 꾸짖고 싶어 하는 시선으로 나를 봤습니다.」

소일라가 노새에 편자를 달고 나서 체에게 커피를 권했다. 체는 커피를 마시면서 그녀에 대해 물었다. 노새에 편자 다는 법은 어디서 배웠소? 결혼했소, 아니면 혼자요? 만약 이것이 체가 구애를 하는 방법이었다면 그 방법이 통했다. 「그는 나에게 무척 깊은 인상을 남겼습니다. 사실이 그랬고 나는 그걸 부인할 수 없습니다. 나는 여자로서 그를 무척 좋아했어요. 그가 나를 그런 식으로 바라보기는 했지만, 눈이 정말 아름다웠고 너무나 침착한 미소를 지었기 때문에 누구의 마음이라도 움직였을 겁니다. 어떤 여자의 마음이라도 말이에요.」

소일라의 아버지가 돌아와서 존경이 넘치는 말투로 그녀에게 게바라가 어떤 사람인지 아느냐고, 그들을 비참함과 치욕에서 구해 주려고 온 뛰어난 사람이라고 말해 주었다. 곧 소일라는 반군의 잔심부름을 하기 시작했고 때때로 체를 만났다. 그러던 어느 날 체가 마침내 그녀에게 미나스 델프리오에 계속 머물러 달라고 말했다. 소일라는 부엌일과 병원 일을 도우며 무척 열심히 일했다.

소일라는 이렇게 회상했다. 「그는 나의 그런 점이 존경스럽다고, 농부들이 해야만 하는 고된 일들을 보면 농부들이 존경스럽다고 말했습니다. 그는 나에게 시에라마에스트라에 대해서 여러 가지를 물어보았습니다. 식물들의 이름은 무엇인지, 그런 식물들이 어디에 좋은지, 특히 약초에 대해서 물어보았습니다. ……그는 숲 속에 사는 새나 동물들에 대해서도 전부 알고 싶어 했습니다. 내 안에서 크고 아름다운 사랑이 자라났습니다. 나는 그에게 투사로서뿐 아니라 여자로서 나 자신을 바쳤습니다.」

그 후 몇 달 동안 소일라는 체의 곁에서 지냈다. 흥미롭게도 체는 소일라에게 정치 교육을 하려 들지는 않았던 듯하다. 소일라는 어느 날 체의 책을 보면서 금색 글씨를 보고 감탄했던 일을 떠올렸다. 「나는 그에게 그 글씨들이 금으로 만들어졌느냐고 물었습니다. 그는 그 질문이 재미있다고 생각했지요. 웃음을 짓더니 이렇게 말했습니다. 〈저 책은 공산주의에 대한 거야.〉 나는 공산주의라는 말을 한 번도 들어본 적이 없었지만 너무 부끄러워서 공산주의가 무슨 뜻이냐고 물어보지 못했습니다.」

4

1958년 3월에 피델 카스트로는 권력 획득의 길을 가로막는 새로운 잠재적 방해물에 직면했다. 바로 평화 제안이었다. 가톨릭교회는 반군의 폭력 사태를 종결하고 국가 통일 정부를 건설하자고 주장하면서 보수 정치가, 사업가, 중재 사제들로 구성된 〈조화위원회〉를 제안했다. 바티스타는 적당히 수용적인 반응을 보였지만 피델은 위원회가 지나치게 친바티스타 성향이라며 거절했다. 그러나 협상을 통한 조정을 지지하는 대중이 점점 많아지고 있었기 때문에 그것은 위험한 도박이었다. 피델은 조화의 방해물로 취급될지도 모른다는 위험을 무릅썼다. 그러나 중대한 순간에 바티스타가 피델이 달아날 여지를 만들어 주었다.

촉매가 된 사건은 아바나의 한 판사가 바티스타의 가장 악명 높은 앞잡이 두 명을 살인죄로 기소한 것이었다. 독재자 바티스타는 이에 대응하여 헌법 보장을 다시 한 번 보류한 뒤 기소를 철회시켰고 그의 기분을 상하게 한 판사는 쿠바에서 달아나야 했다. 미국은 이 사건에 대응하여 쿠바에 무기 금수 조치를 내렸다. 바티스타는 워싱턴 측의 불만을 산 데다 반군 사보타주가 늘어나고 쿠바 시민단체들이 그의 사임을 더욱 격렬히 요구하자 6월로 예정된 선거를 11월로 연기하여 문제를 더욱 복잡하게 만들었다. 그때 피델의 화력이 증강되었다. C-47 수송기가 무기를 가득 싣고 코스타리카에서 접속 지점인 에스트라다팔마 근방으로 곧장 날아왔던 것이다. 그런 다음 피델이 전국지도부를 만났다(아르만도 아르트는 피네스 섬에 투옥되어 반군이 승리를 거둘 때까지 갇혀 있었기 때문에 이 자리에 없었다).* 3월

---

* 무기뿐 아니라 그란마 호 항해 당시 멕시코의 감옥에 갇혀 있던 페드로 미레트도 왔다. 미레트는 피델과 재회하여 그의 참모진이 되었다. 미레트와 함께 우베르 마토스도 왔다. 그는 만사니요 시의 교사이자 쌀을 재배하던 농부로, 한 해 전에 시에라 반군의 첫 증강 물자 운반을 도운 후 망명한 자였다. 피델은 마토스를 장교로 지명했고, 그는 나중에 제9대대 코만단테가 되었다. 비행기 조종사 페드로 루이스 디아스 란스는 바티스타 공군에 있다가 반군 쪽으로 돌아선 사람이었다. 디아스 란스는 이후 전쟁이 끝날 때까지 반군 측에 많은 무기를

12일, 반군은 오랫동안 계획해 왔던 총파업과 바티스타 정권에 대한 〈전면전〉을 위해서 준비하자고 호소하는 공동 성명에 서명을 했다.

이들의 목표는 다름 아니라 쿠바를 완전히 마비시키는 것이었다. 그 내용은 이랬다. 4월 1일에는 세금 납부를 거부한다. 4월 5일까지 정부 기관에 남아 있는 자들은 모두 배신자로 간주되며, 군대에 들어가는 자들은 범죄자로 간주되고, 판사들은 자리에서 물러난다. 파업을 촉구하는 라디오 방송이 나간 후 반군이 아바나를 포함한 전국에서 무장 공격을 시작한다. 얼마 전 감옥에서 풀려난 파우스티노 페레스가 아바나에서 파업을 조직하는 동안, 피델은 이러한 사태가 전면적인 내란으로 이어지길 바라면서 전투 태세를 갖추었다.

이번 계획에 참여하기를 고대하던 쿠바 공산당은 공산당 투사들에게 총파업 소집에 주의를 기울이며 활동할 준비를 하라고 명령했지만 보수적인 전국지도부 야노 지도자들이 쿠바 공산당의 참여를 또다시 방해했다. 쿠바 공산당이 피델에게 밀사를 보내 이러한 상황을 호소하자 피델은 7월 26일 운동 전체에 〈정치나 혁명 성향과 관계없이 쿠바의 모든 노동자들〉이 파업위원회에 참여할 수 있도록 허가하라고 명령했지만 야노 지도자들은 그 후에도 고집스럽게 공산주의자들을 배제했다.

전하고 혁명 공군 참모총장으로 임명되었지만, 나중에는 카스트로 정권의 가장 위험한 적이 된다.

    4월 9일에 총파업령이 발표되었지만 결과는 대실패였다. 바티스타가 장악하고 있던 쿠바노동자연맹CTC과 이번 작전에서 제외된 쿠바 공산당이 파업 명령을 무시했다. 아바나의 상점과 공장들은 대부분 영업을 계속했고 전기와 운송 등 주요 부문 역시 아무런 영향을 받지 않았다. 산티아고의 파업도 실패했다. 그날 하루 사이에 경찰과 롤란도 마스페레르가 이끄는 암살단의 손에 30명 이상이 죽었다. 사임이나 납세 거부도 거의 지켜지지 않았다. 그럼에도 불구하고 피델은 사태를 화려하게 포장해 4월 10일 방송에서 이렇게 큰소리를 쳤다. 「암살자들, 산적과 갱들, 밀고자와 파업 파괴자들, 바티스타에게 여전히 충성을 바치는 군인들과 악당에 대한 분노가 폭발하면서 온 쿠바가 들썩이며 불타고 있습니다.」

    피델은 온갖 수사를 동원해서 체면치레를 하려고 했지만 사실 총파업의 실패는 반군에 심각한 타격을 입혔다. 피델은 공개적으로는 이 사실을 인정하려 하지 않았지만 4월 16일에 셀리아에게 보낸 편지에는 솔직한 감정을 쏟아 냈다. 〈이번 파업 경험으로 7월 26일 운동은 크나큰 도덕적 패배를 겪었지만 나는 우리가 대중의 신뢰를 회복할 수 있기를 바랍니다. 혁명이 다시 위험에 처했습니다. 혁명의 구원은 우리의 손에 달려 있습니다.〉 피델은 자존심에 상처를 입었지만 그의 자아는 멀쩡했다. 〈우리는 이 나라를 계속 실망시킬 수 없습니다. 우리가 해야 할 일이 무척 많습니다. 우리는 그 일들을 제대로, 대규모로 해내야 합니다. 그리고 우리는 그렇게 할 것입니다. 언젠가는 세월이 내가

옳았음을 증명해 줄 것입니다.〉

비난에 비난이 잇따랐다. 피델은 야노 지도부를 비난했고 공산주의자들은 7월 26일 운동 전체가 〈모험주의〉라고 비난했다. 바티스타에게 4월 9일의 소동은 크나큰 축복이었다. 바티스타는 자신의 숙적인 도미니카 공화국의 독재자 라파엘 트루히요로부터 비행기 다섯 대분의 전쟁 물자를 받은 다음 여름에 전면 공격을 개시하며 피델의 반군을 확실히 해체하겠다는 야심 찬 계획을 세우기 시작했다.

피델이 별다른 위장도 없이 직접 〈노동자들의 단결〉을 호소했다는 것은 피델과 공산주의자들이 가까워지고 있다는 새로운 증거였기 때문에 총파업 이후 7월 26일 운동은 외부인들이 던지는 불편한 감시의 시선을 받아야 했다. 쿠바 공산당은 줄곧 비밀리에 피델과 대화를 나누어 오다가 갑자기 반군 활동을 공개적으로 지지하기 시작했다. 2월에 쿠바 공산당 국가위원회는 〈쿠바 공산당은 시에라마에스트라 이외의 지역에서는《7월 26일 운동》측 전술과 현격한 입장 차이를 가지고 있지만 시에라마에스트라에서 진행 중인 게릴라 작전이 옳다고 생각하며 이를 이해한다〉고 발표했다. 여기에는 분명 시에라 반군 지도층을 지지하려는 의도가 담겨 있었다. 그들은 또한 7월 26일 운동의 우익인 야노 지도층에 대해서는 깊은 우려를 가지고 있다고 강조했다. 3월 12일에 쿠바 공산당은 주간 당보『카르타 세마날Carta semanal』에 〈우리 당은 왜 시에라마에스트라를 지지하는가〉라는 제목의 글을 실었다.

〈우리는 피델 카스트로와《체》게바라 등이 지휘하는

무장 세력의 활동을 단순히 공감 어린 눈으로 지켜보는 것에 그치지 않는다. 우리는 모든 게릴라 지역에서 독재에 맞서 싸우는 부대를 적극적으로 지원한다. ……우리는 시에라마에스트라에서 작전을 수행하는 애국 세력의 활동을 지원할 뿐 아니라 게릴라 활동과 모든 인접 지역의 계급 투쟁을 연계하려고 노력하고 있다.〉

아직까지 살아 있는 전직 소비에트 관리들은 당시 소비에트 지도층 대부분이 쿠바에서 무슨 일이 일어나고 있는지 거의 알지 못했으며 1959년 1월에 반군이 승리를 거두자 깜짝 놀랐다는 공식적인 입장을 지금까지도 고수하고 있다. 하지만 그러한 주장에 어긋나는 반대 증거는 무수히 많다. 우선 소비에트 측은 멕시코에서 체 게바라 및 라울 카스트로와 이미 접촉한 바 있었다. 소련은 당시 멕시코에 중요한 대사관을 가지고 있었고 소비에트 관리들은 멕시코 대사관을 통해 쿠바 공산당을 포함한 서반구 공산당 지도자들과 연락을 주고받고 있었다. 또 라틴 아메리카의 옛 공산주의자들은 그들이 모스크바의 부하였다고 말하면 화를 내지만 사실 당시 지역 공산당 대부분은 모스크바에 의존하며 정책적 훈련뿐 아니라 원조도 받았다. 그러므로 쿠바 공산당이 피델 카스트로의 혁명 세력과 연합을 추진했다는 사실을 소비에트가 1958년 봄 당시에 몰랐다는 것은 부조리할 정도로 가능성이 없다. 확실한 사실은 1958년 초에 더욱 많은 공산주의자들이 반군, 특히 체와 라울의 부대로 들어가기 시작했다는 점이다.

한편 피델은 야노 세력에 어마어마한 타격을 입힐 준비

를 하고 있었다. 총파업의 실패는 극도로 허약했던 지도력에 기인한 것이었고, 바로 이러한 사태는 피델이 유리한 위치에서 운동 전체에 대한 직접적인 통제권을 주장하게 하는 빌미를 마련해 주었다. 당시 피델은 셀리아 산체스에게 이렇게 말했다. 〈이제는 그 누구도 내가 이 조직을 다시 신뢰하게 만들 수 없을 것입니다. ……나는 이 운동의 지도자가 되어야 합니다. 그리고 역사적 관점에서, 내가 다른 사람들의 어리석음을 책임져야 합니다. ……모두가 군사 독재 체제와 싸운다는 핑계를 대면서 점점 더 자신이 하고 싶은 일만 하려고 합니다. 나는 이 사실을 깨닫지 못할 만큼 바보도 아니고, 환영이나 유령에 굴복하는 사람도 아닙니다.〉

4월 16일에 카밀로 시엔푸에고스의 부대가 평지를 잠시 급습하고 시에라로 돌아온 후, 피델은 그를 바야모, 만사니요, 라스투나스를 잇는 삼각 지대의 군사 총책임자로 임명하고 그 지역의 모든 게릴라 활동을 책임지라고 명령했다. 카밀로는 야노 행동대로부터 도시 지역 세 곳의 공급과 사보타주 지휘권을 넘겨받아 토지개혁을 실시하고 〈민법을 수정〉하게 되었다. 그것은 피델의 혁명 영장을 시에라마에스트라에서 야노로 확대하는 것이었다. 이제 피델이 이끄는 반군이 권세를 잡았기 때문에 이론적으로라면 오리엔테의 어디든 공격할 수 있었다. 그러나 피델은 새로운 계획을 본격적으로 펼치기도 전에 시에라마에스트라에 참호를 파고 들어가 방어해야 한다는 사실을 깨달았다. 이제 바티스타가 대대적인 군사 공격을 시작할 계획이라는 점이 분명해졌다.

4월 중순에 피델과 체는 라플라타 기지와 라메사 기지에서 북동쪽 산기슭으로 이동했다. 피델은 엘히바로에 사령 본부를 세웠고 체의 부대는 하루 행군 거리만큼 떨어진 곳에 본부를 세웠다. 산체스 모스케라의 부대가 주둔 중인 미나스데부에이시토 마을 근처였다. 체의 임무는 정부군의 침투에 맞서 반군 전선을 사수하는 것이었다. 그는 적군 기지에서 2킬로미터밖에 떨어지지 않은 라오틸리아라는 곳에서 지주의 집을 징발해 자리를 잡았다. 반군과 정부군 모두 위험을 무릅쓰고 결정적인 전투를 시작하고 싶지는 않은 듯했다. 밤에는 반군이 M-26 폭탄을 쏘았고 반군 정찰대는 일상적으로 정부군과 소규모 접전을 벌였다. 산체스 모스케라 부대의 주요 활동은 현지 민간인들에게 보복을 하는 것이었다. 그들은 민간인들의 집을 약탈하여 불태우고 반군 동조자로 의심되는 사람들을 죽였다. 하지만 무슨 이유 때문인지 라오틸리아는 공격하지 않았다.

체는 나중에 이렇게 썼다. 〈나는 우리 부대가 비교적 평평하고 초목이 약간 우거져 있어서 공군의 공격을 피할 수 있었던 집에 편안히 자리를 잡도록 산체스 모스케라가 가만히 놔둔 이유를 결코 알아내지 못했다. 우리는 다만 모스케라가 전투에 관심이 없고 자기 부대와 우리 부대가 얼마나 가까운지 공군이 절대 알아내지 못하기를 바랐다고 추측할 뿐이었다. 공군이 그 사실을 알았다면 모스케라는 우리를 공격하지 않는 이유를 설명해야 했을 테니까 말이다.〉

라오틸리아는 아무런 공격을 받지 않았을지 몰라도 그곳으로 통하는 접근로들은 위험천만한 무차별 포격 지대였다. 어느 날 밤 체는 피델과 잠깐 이야기를 나눈 다음 안내인과 함께 기지로 돌아오다가 오싹한 장면을 목격했다. 〈여행을 끝내고 집에 거의 다 도착했을 무렵, 주변을 환히 비추는 보름달빛 아래에서 이상한 광경이 모습을 드러냈다. 야자나무가 군데군데 서 있고 완만한 기복을 이룬 들판 한 곳에 죽은 노새들이 일렬로 누워 있었다. 몇 마리는 마구도 갖춘 상태였다. 우리는 말에서 내려 노새 한 마리를 살펴보다가 총알구멍을 발견했다. 나를 바라보는 안내인의 표정은 마치 카우보이 영화의 한 장면 같았다. 예를 들어 영화 주인공이 파트너와 함께 도착해서 화살에 맞아 죽은 말을 본다. 그런 다음 《수우족 짓이야》 같은 대사를 내뱉고 그 상황에 어울리는 표정을 짓는다. 안내인의 표정이 바로 그랬다. 굳이 내 얼굴을 보지는 않았지만 아마 내 표정도 그랬을 것이다. 두 번째 노새가 몇 미터 떨어진 곳에 누워 있었고, 그다음에 세 번째 또 네 번째, 다섯 번째 노새 사체가 계속 있었다. 우리에게 보급품을 나르는 일행이었는데 산체스 모스케라의 정찰대에 잡힌 것이었다. 민간인도 한 명 죽어 있었던 것 같다. 안내인은 나를 따라오지 않으려 했다. 그는 갑자기 지형을 잘 모른다고 하더니 자기 말에 올라타 버렸다. 우리는 우호적으로 헤어졌다.〉

　라오틸리아에 야영지를 세우고 몇 주가 지난 후 체가 새로운 명령을 받았다. 피델은 점점 가까워지는 정부군의 침공에 대비해 체가 직접 미나스델프리오의 신참 훈련소를 맡기를 바랐다. 반군에 새로 들어온 수많은 지원자들이 미나스델프리오에 모여 있었다. 모든 준비가 완료되고 적절한 상황만 되면 이들을 주력 부대 삼아 쿠바 섬 횡단이라는 위험한 명령을 실행할 예정이었다. 산체스 모스케라와 대립하고 있는 체의 부대는 그의 부관 라미로 발데스가 맡기로 했다.

피델은 안전을 위해서 반군의 기반 시설을 통합하고 싶었다. 라메사에 있던 라디오 레벨데와 「엘 쿠바노 리브레」는 피델의 라플라타 사령 기지로 자리를 옮겼다. 병원과 발전기, 무기고를 갖춘 라플라타는 반군이 절대로 잃어서는 안 될 중추였고 최후 방어선이 될 것이었다. 장기간 포위될 경우를 대비해 식량과 의료품도 구입해서 비축해야 했다.

체는 기분이 언짢았지만 자신이 직접 뽑은 전사들 몇 명과 함께 새로운 임무를 수행하러 떠났다. 그의 일기에는 풀죽은 그의 기분이 드러나 있었다. 〈우리는 새벽에 출발했다. 나는 기분이 좋지 않았다. 산체스 모스케라의 부대가 그 어느 때보다 열심히 다가오고 있기 때문에 정말로 중대한 순간에 나는 내가 1년 가까이 감독해 온 지역을 버리고 떠나야만 했다.〉

체는 카밀로 시엔푸에고스가 지휘하는 확장된 야노 전선에 합류하고 싶은 생각도 있었지만 피델의 새로운 명령은 그러한 희망마저 꺾어 버렸다. 카밀로는 체가 다른 곳에 배치되었다는 소식을 듣고 위로의 편지를 보냈다.

〈영혼의 형제 체에게. 피델이 당신에게 군사 학교를 맡겼다고 하더군요. 그 소식을 듣고 저는 정말 기뻤습니다.

앞으로 우리는 최고의 병사들을 가질 수 있을 테니까요. ……당신은 이번 싸움에서 무척 중요한 역할을 해왔습니다. 현재 반란 단계에도 당신이 필요하지만 전쟁이 끝난 쿠바는 당신을 더욱 필요로 할 겁니다. 그러므로 피델이 당신을 보살피는 것은 잘한 일입니다. 나는 항상 당신의 곁에 있고 싶습니다. 당신은 오랫동안 제 상관이었고 앞으로도 항상 그럴 겁니다. 당신 덕분에 제가 더 쓸모 있는 사람이 될 기회가 생겼습니다. 저는 당신에게 폐가 되지 않기 위해서 말할 수 없을 만큼 힘든 일들도 모두 해내겠습니다. 당신의 영원한 아첨꾼, 카밀로로부터.〉

5

4월 내내 체는 끊임없이 이동하고 있었다. 그는 반군에 들어온 조종사 몇 명과 함께 활주로를 짓기 적당한 장소를 찾아다니다가 라플라타 근처에서 괜찮은 곳을 발견했다. 체는 부하들에게 남아서 덤불을 제거하고 보급품 수송기를 눈에 띄지 않게 숨길 터널을 파라고 시켰다. 체는 아직 완성되지 않은 미나스델프리오 신참 훈련소의 진행 상황을 감독하면서 며칠에 한 번씩 피델을 만났다.

쿠바 안팎에서 바티스타 정권에 저항하는 단체들의 활동은 수그러들 줄 모르고 계속되었다. 하지만 바티스타의 지배력이 눈에 띄게 약화되자 저항 단체들은 서로 연합하기는커녕 주도권을 두고 내부 반목만을 키워갔다. 피델 카스트로가 이끄는 반군은 도덕적 권위도 있었고 유명했기 때문에 다른 단체들은 계속해서 권모술수가 넘치는 계략을 꾸몄다. 그들은 연합이라는 형태로 카스트로의 환심을 사려고 애쓰는 동시에 그의 입지를 약화시켜 그가 받는 지지를 자신들 쪽으로 끌어들이려고 애를 썼다. 1956년에 군사 반란을 일으켰다가 실패하여 망명 중이었지만 쿠바 군대에 두터운 연줄을 가지고 있던 후스토 카리요는 피델에게 군사적 지원을 해줄 테니 군대를 〈칭송하는〉 성명서를 발표해 달라고 제안했다. 피델은 군대의 각 부문을 자기편으로 끌어들이고 싶기는 했지만 속임수에 넘어갈 위험도 있음을 간파했다. 카리요가 수감 중인 공모자 라몬 바르킨 대령과 함께 군대의 지원을 받아 쿠데타를 일으키면 쿠바의 산업계와 기존 정당들, 워싱턴이 당장 관심을 보일 것이었다. 그렇게 되면 카리요가 간단히 피델을 배신할 수도 있었다.

그러나 카스트로의 권력에 가장 큰 위협은 7월 26일 운동 내부에 있을 가능성이 높았다. 5월 1일에 피델은 전국지도부 지도자들을 알토스데몸피에로 소집했다. 총파업이 당혹스러운 실패로 끝났기 때문에, 이제 피델에게는 야노지도자들과 맞서 싸워 이기는 데 필요한 비장의 무기가 있었다. 그는 아주 재빨리 움직였다. 체는 5월 3일에 벌어진 마지막 결전에서 중요한 역할을 했다.

체는 일기에 이렇게 적었다. 〈나는 상황을 간단히 분석했다. 두 적대적인 정책의 현실성, 즉 시에라 정책과 야노 정책의 현실성과 시에라 정책의 타당성을 설명하고 나서 파업 성공을 우려한 우리의 판단이 옳았다고 밝혔다.〉 그는 또한 쿠바 공산당의 합류를 좌초시킨 야노 지도자들의 〈분파주의〉를 비난하며 바로 그 때문에 파업은 시작하기도 전에 실패할 수밖에 없었다고 말했다. 〈나는 가장 큰 책임은 노동자단 우두머리와 야노 민병대 부대 최고 지도자, 아바나 책임자, 즉 다비드 살바도르, 다니엘, 파우스티노에게 있다고 했다. 그러므로 그들은 사임해야 한다고 말했다.〉

열띤 논쟁이 저녁까지 계속되었고 결국 피델이 체의 제안을 표결에 부쳐 이를 통과시켰다. 그 결과 야노 지도자들이 대폭 물갈이되었다. 파우스티노, 다니엘, 다비드 살바도르는 각자의 직위에서 해임되어 시에라마에스트라에 배치되었다. 무엇보다 가장 중요한 변화는 전국지도부가 시에라마에스트라로 자리를 옮긴 것이었다. 이제 피델은 〈서기장〉이 되어서 해외 업무와 무기 공급에 대한 권력을 독점했고 전국 7월 26일 운동 지하 민병대의 〈총사령관〉 역할도 맡았다. 다섯 명으로 구성된 사무국이 피델 밑에서 일하며 자금, 정치 문제, 노동자 문제를 다루기로 했고, 오리엔테 지역 본부였던 산티아고의 7월 26일 운동 사무실은 이제 단순한 전초지, 서기장을 따르는 〈대표단〉으로 바뀌었다.

체는 1964년 말 군사 잡지 『베르데 올리보 *Verde Olivo*』에 실은 「결정적인 회의」라는 글에서 피델 카스트로가 그 운명의 날에 성취한 것을 이렇게 요약했다. 〈이 회의에서 내려진 결정은 피델의 도덕적 권위와 논란의 여지없는 위업을 확인시켜 주었고 그 자리에 참석한 혁명가들 대부분이 예전의 판단이 잘못되었다는 확신을 갖게 해주었다. ……
그러나 가장 중요한 것은 그동안 전쟁을 지휘하는 내내 서
로 충돌해 왔던 두 가지 개념을 어떻게 평가할 것인지를 논
의하고 통과시켰다는 점이었다. 게릴라 개념이 이 회의에
서 당당하게 승리했다. 피델의 입지와 권위는 확고해졌다.
……이제 시에라가 유일한 정식 지도자단으로, 또 피델 카
스트로가 유일한 지도자, 유일한 총사령관으로 확고히 자
리를 잡았다.〉*

다른 이들이 문제 삼았던 피델의 제왕적인 성향은 이제
더 이상 논란거리가 되지 않았다. 사실 체는 이제껏 그러한
피델의 성향이 문제라고 생각해 본 적조차 없었다. 그는 항
상 진정한 혁명이 건설될 날이 오기를 바랐고, 권위적인 지
도자만이 그렇게 할 수 있다고 믿었다. 이제부터 미래로 열
린 길은 탄탄대로였다.

그러나 체는 승리를 음미할 시간이 거의 없었다. 이미 정
부군이 여름 총공세를 위해 움직이고 있었다. 정부군은 산
지 주변에 군대를 배치하고 해안을 따라 늘어선 수비대를
강화하고 있었다. 매복 지점을 선택하고, 참호를 파고, 보
급품 운송 경로와 후퇴 경로를 계산해야 했는데, 이 모든
것이 하나의 행동 계획 내에서 조화롭게 이루어져야 했다.
서쪽으로 카라카스 산 근처 언덕 지역에는 크레센시오 페
레스가 〈무장이 제대로 갖춰지지 않은 소규모 그룹〉으로
전선을 유지해야 했고 라미로 발데스는 동쪽으로 라보테

---

* 자세한 내용은 부록 참조.

야와 라메사 주변을 지켜야 했다. 체는 어깨에 무겁게 짊
어진 그 책임을 다하기 위해서 미친 듯이 바쁘게 움직였다.
〈며칠 후 바티스타의 군대가 포위섬멸 공세를 개시했을
때, 우리는 제대로 된 소총이 200여 자루에 불과한 상황에
서 이 작은 지역을 방어해야 했다.〉

6

엄청난 기세로 우기가 시작됨과 동시에 시에라에 위기
감이 팽배해졌고 적군이 조여들어 오고 있다는 소문과 보
고가 매일 들어왔다. 5월 6일에 정부군이 시에라 가장자리
의 쌀 농장 두 곳을 점령했고 반군 한 명을 포로로 잡았다.
5월 8일에 더 많은 군대가 해안가를 따라 두 지점에 상륙
했고 5월 10일에는 라플라타가 하늘과 바다에서 폭탄 세
례를 받았다. 체는 서둘러 이곳저곳을 돌아다니며 최신 첩
보에 따라서 반군의 위치를 옮기거나 증원했다.

체는 최전선을 시찰하면서 토지개혁을 추진하고 오리
엔테의 지주와 농장주들에게서 세금을 거둬들이는 등 다
른 임무들도 동시에 수행했다. 피델은 대규모 공격을 받는
동안 반군을 부양하기 위해서 가능한 한 많은 돈을 모으고
싶어 했지만 체는 플랜테이션 소유주들이 다루기 쉽지 않
다는 걸 알았다. 그는 일기에 이렇게 적었다. 〈우리는 나중
에 세력이 확고해진 다음 복수를 했다.〉

미나스델프리오 훈련소가 완성되어 공산주의자 파블로
리발타가 정치 인민위원을 맡아서 운영하고 있었다. 체는

훈련소에서 신참들을 데려와 제8대대를 새로 만들고 세상을 떠난 동지 시로 레돈도를 기리며 그의 이름을 붙였다. 한국 전쟁에 참전했던 미국인 허먼 마크스가 무기 교관으로 자원해 들어오면서 다양한 사람들이 모여 있던 훈련소는 더욱 다채로워졌다.

한편 피델은 반군이 적의 침략에 대항하여 얼마나 버틸 수 있을지 걱정하며 파멸에 가까운 계획을 품기 시작했다. 4월 26일에 피델은 셀리아에게 이렇게 말했다. 〈청산가리가 필요합니다. 어느 정도 확보할 수 있는 방법을 압니까? 스트리크닌도 필요합니다. 가능한 한 많이요. 매우 신중하게 구해야 합니다. 말이 새어 나가면 아무런 소용이 없습니다. 나는 총공세가 우리를 덮칠 때를 위해서 깜짝 놀랄 일들을 준비해 두었습니다.〉 피델이 독극물을 입수했는지, 또 독극물로 무엇을 할 계획이었는지는 알려지지 않았다. 아마도 정부군이 반군 야영지를 침략하면 야영지의 식수에 독을 탈 계획이었을 것으로 추측된다. 피델은 방어에 지나치게 치중하는 벙커 심리에 사로잡혀 체에게 긴급 전문을 보내 최전선의 방어 상황을 알아본 다음 본부로 돌아오라고 명령했다.

체는 피델의 소환 명령을 받고 신참 대원 오스카르 〈오스카리토〉 페르난데스 멜과 함께 본부로 향했다. 오스카리토는 반군에 가담하려고 막 아바나에서 온 스물다섯 살의 의사였다. 두 사람이 지프에 오른 다음 체가 운전을 했다. 그는 가파른 절벽가의 비좁은 비포장도로를 위험할 정도로 빠르게 내달렸다. 체는 오스카리토가 거친 운전 때문에 초조해하는 것을 눈치채고 걱정하지 말라고 하면서, 〈목적지에 도착하면 할 말이 있네〉라고 덧붙였다. 목적지에 도착하자 체는 오스카리토에게 직접 운전을 해본 것은 그때가 처음이라고 말했다. 그의 말은 사실이었다. 체는 옛날 친구 알베르토 그라나도에게서 오토바이 타는 법은 배웠지만 자동차 운전대는 한 번도 잡아 본 적이 없었다.

체는 본부에서 피델이 해안 전선 시찰을 마치고 돌아오기를 기다리다가 그의 밀사 리디아에게 아바나와 카마구에이, 만사니요의 〈친구들〉과 연락을 취하라는 임무를 맡겨서 보냈다. 리디아는 40대 중반의 여성이었는데 그녀의 외아들이 반군에 가담한 후 산페드로데야오에서 운영하던 빵집을 그만두고 반군에 동참하고 있었다. 지난 한 해 동안 리디아는 체의 특별 전령이 되어 시에라마에스트라를 드나들며 반군 성명서와 서류를 아바나와 산티아고로 날랐다. 적군의 전선을 반복적으로 넘나들어야 하는 무척 위험한 일이었고, 잡힐 경우에는 고문은 물론 죽임을 당할 것이 거의 확실했다. 이번 임무를 맡은 리디아는 경비대가 지키고 있는 곳을 통해 시에라에서 나가야 할 터였다.

리디아는 나중에 체가 가장 존경하는 혁명가 중 한 명이 된다. 체는 그녀를 자기희생과 충성, 정직, 용맹함이라는 덕을 잘 보여 주는 본보기라고 극찬했다. 그는 후에 이렇게 썼다. 〈리디아를 생각하면 나는 이 완전무결한 혁명가에 대해 단순히 애정 어린 평가 이상의 것을 느낀다. 그녀는 나에게 남다르게 헌신했고 내가 어떤 전선에 배치되든지 나를 위해 일하고 싶어 했기 때문이다.〉

체는 리디아에게 가장 은밀한 임무를 맡겼을 뿐 아니라 충성심에 대한 보답으로 그녀에게 적진과 아주 가까운 최전선 예비 야영지의 지휘를 맡겼다. 리디아가 맡은 야영지가 점점 더 위험해지자 체가 그녀를 철수시키려고 여러 번 애썼지만 리디아는 떠나기를 거부했다. 그녀는 남자 동지들이 겁을 먹을 정도로 죽음을 두려워하지 않고 야영지를 수호했다. 리디아는 체가 다른 곳으로 이동할 때가 되어서야 그녀가 맡은 야영지를 떠나 그를 따라가겠다고 했다. 그러나 체가 리디아를 그곳 야영지에서 빼내려 했던 이유는 단지 상황이 너무나 위험천만했기 때문만은 아니었다.

체는 리디아가 〈기백이 넘쳐서 약간 고압적인 자세로〉 야영지를 지휘했기 때문에 〈여자의 명령을 받는 것에 익숙하지 않았던 남자 부하들에게서 일종의 분노를 샀다〉고 쓰며 공모자로서의 기쁨을 드러냈다. 마지막으로 체는 기이하게도 게릴라 동료들이 자신을 묘사할 때 쓰던 표현을 되풀이하며 리디아의 〈한계를 모르는 대담함〉과 〈죽음에 대한 경멸〉을 극찬했다.

체는 5월 15일부터 18일까지 피델이 정찰을 마치고 돌아오기를 기다리면서 수많은 정치 대표자들의 방문을 맞이했다. 일기의 내용은 애매모호하지만 체가 7월 26일 운동과 연합하고 싶어 하는 공산당을 포함해서 여러 정치 단체의 교섭에 능란하게 응대했음을 알 수 있다. 가장 중요한 교섭은 체가 〈오랜 지인 라파엘〉이라고만 설명한 사람과 쿠바 공산당의 리노라는 인물의 제안이었다. 라파엘과 리노는 혁명 세력 통합 전선을 구성하자고 제안하면서도 공산당이 전국지도부의 〈부정적 태도〉에 아직도 의구심을 품고 있다고 말했다. 5월 19일이 되자 다른 손님들이 모두 떠나고 쿠바 공산당 사람들만 남아서 피델을 기다렸다. 그때 저널리스트 호르헤 리카르도 마세티가 캠프에 불쑥 다시 나타났다. 피델과 한 번 더 인터뷰를 하기 위해 시에라로 돌아온 것이었다. 마세티가 왔다는 것은 피델과 공산당의 만남이 더 늦춰진다는 뜻이었다. 체가 일기에도 썼듯이 〈아직은 그[마세티]가 조금이라도 엿들어서는 안 될〉 시기였기 때문이었다.

5월 22일, 마침내 마세티가 돌아가고 쿠바 공산당과 피델의 수뇌 회담이 시작되었다. 체는 이렇게 썼다. 〈우리는 라파엘 및 리노와 대화를 나누었다. 그들은 모든 혁명 세력이 단합해야 한다고 말했다. 피델은 원칙에는 동의했지만 연합 형식에 대한 우려를 드러내며 토론을 마무리 짓지 않았다.〉

바로 이 시점에서 피델이 가장 중시한 의제는 전개 중인 적의 공세를 물리치는 것이었다. 야노 세력의 통합은 바람직하기는 했으나 당장 꼭 필요한 것은 아니었다. 피델은 정부군과 길고 피비린내 나는 전투를 벌이는 것을 피하고 싶었고, 그러기 위해서는 시에라에 들어온 정부군의 사기를 저하시켜야 했다. 그런 다음 반군이 야노로 밀고 들어갈 것이고, 정치적 연합은 요구만 하면 바로 이루어질 것이었다. 또 피델은 언제나처럼 미국이 바티스타의 편에 끼어들까 두려웠기 때문에 공산당 측에는 지연 정책을 유지했다.

확실히 피델의 두려움이 근거 없는 걱정은 아니었다는

징후가 나타나고 있었다. 바티스타에 대한 미 국무부의 무기 금수 조치에도 불구하고, 불과 얼마 전 미 국방부는 관타나모 미군 기지에 비축되어 있던 로켓탄 300발을 쿠바 공군에 제공했다. 5월 초에는 니카라과에서 출항한 배 한 척이 탱크 30대를 싣고 쿠바로 들어왔다. 이는 트루히요와 소모사가 바티스타에게 전쟁 물자를 공급하는 미국 측 대리인으로 일하고 있는 게 아닌가 하는 피델의 의구심을 부채질하기에 충분했다.

아무튼 피델의 진정한 정치적 성향에 대한 미국의 염려는 지난 몇 달 동안 더욱 커져만 갔다. 5월에 「시카고 트리뷴」 통신원 쥘 뒤부아는 새로 보강된 라디오 레벨데 송신 중계를 이용해 카라카스에서 피델과 인터뷰를 했다. 질문의 초점은 피델이 공산주의와 유대하고 있다는 혐의에 맞추어졌다. 피델은 그러한 혐의를 다시 한 번 부인하면서, 바티스타가 미국으로부터 무기를 얻기 위해 그런 소문을 퍼뜨리고 있다고 비난했고 자신은 산업이나 개인 사업 부문을 국유화하려는 의도가 전혀 없다고 말했다. 피델은 자신에게는 대통령이 되고자 하는 야심이 없으며 혁명이 끝난 이후 7월 26일 운동은 정당이 되어 〈헌법과 법률을 무기로 싸울〉 것이라고 설명했다.

그러나 피델의 공적인 호언과 사적인 생각 사이의 간극은 점점 더 벌어지고 있었다. 바티스타의 공군이 미국으로부터 제공받은 로켓탄을 시에라마에스트라에 투하하여 한 민간인의 집을 공격한 직후인 6월 5일, 피델이 셀리아에게 쓴 짧은 편지에서 이 점은 분명하게 드러났다. 〈그들이 마리오의 집에 로켓탄을 투하하는 것을 보고 나는 미국인들이 지금 하고 있는 일에 톡톡히 대가를 치르게 할 것이라고 맹세했습니다. 이번 전쟁이 끝나면 나는 훨씬 더 길고 훨씬 더 큰 나 자신의 전쟁을 시작할 것입니다. 그들에 대항하여 싸우는 전쟁 말입니다. 그것이 나의 진정한 운명이 되리라는 사실을 깨달았습니다.〉

단기적으로 피델은 정부군의 주요 장교를 포섭하는 작전을 펼쳤고 ─ 그는 아바나 정부군 본부 사령관 에울로히오 칸티요 대장에게 편지를 보내 환심을 사려 했다 ─ 동시에 언론 매체를 통해서 시에라에 결집한 정부군을 대상으로 심리전을 벌였다.

피델은 베네수엘라 언론에 발표한 성명에서 이렇게 주장했다. 〈정부군은 현재 무척 어려운 임무에 직면하고 있습니다. 시에라마에스트라로 통하는 모든 입구는 페르시아 전쟁 당시의 테르모필레 산길과 같아서 좁은 산길 모두가 죽음의 덫입니다. 최근 쿠바 정부군은 그들이 진짜 전쟁에 말려들었음을 깨닫기 시작했습니다. 부조리한 전쟁이자 의미 없는 전쟁이 수천 명의 목숨을 앗아 갈 수 있습니다. 우리는 군대가 아니라 독재에 대항하여 전쟁을 벌이고 있으므로 이 전쟁은 그들의 전쟁이 아닙니다. 이러한 상황은 항상 군대의 반란으로 이어졌습니다.〉

피델의 일상적인 업무는 점점 자리에 앉아서 하는 행정적인 일이 되어 갔다. 그는 반란 세력 〈최고 사령관〉이라는 역할 때문에 본부와 새로운 통신 장비 가까이 머물러야 했다. 처리해야 할 일들이 산적해 있었기 때문에 그는 한시도

쉴 틈이 없었다. 새로이 지명된 해외 활동자들과 편지와 전화로 대화를 나누며, 그는 비행기 한 대 분량의 무기를 더 공수해 달라고 협의하고 회유했다. 또 야전 사령관들에게 지급된 군수 물자 상황을 계속 점검했고 군수 물자를 낭비하지 말라고 꾸준히 경고했으며 어떻게 사용해야 할지 정확한 지시를 내렸다. 피델은 기부금을 모으기 위해 부유한 쿠바인들에게 편지를 써보내 그가 정부군을 무찌른다면 기부금을 내겠다는 약속을 받아 냈다. 이런 활동을 하는 내내 피델은 자기 혼자서 너무나 많은 일을 통제해야 한다고 셀리아에게 심하게 불평해 댔다.

〈감시자 역할을 하면서 잠시도 쉴 틈 없이 여기저기 다니는 것도 지겹고 다른 사람이 뭔가를 깜빡하거나 못 보고 넘어갔다는 이유로 아주 사소한 세부 사항에까지 신경을 써야 하는 것에도 진력이 났습니다. 진짜 군인이었던 때가 그립습니다. 그때가 지금보다 훨씬 행복했습니다. 나에게는 이 싸움이 비참하고 성가신 관료적인 일이 되었습니다.〉

불만을 토로하고는 있었지만, 사실 그는 타고난 지휘자였다. 또 그는 전반적인 전략을 세울 때 아주 작고 사소한 문제에까지 집착했다. 피델은 뇌관과 소총용 윤활유를 주문하면서 틈틈이 셀리아에게 그가 아쉬워하던 개인적인 편의를 제공해 달라고 요구하며 성가시게 굴었다. 어느날 그는 이런 편지를 보냈다. 〈만년필이 필요합니다. 만년필이 없다는 사실이 너무 싫습니다.〉 5월 8일에는 이렇게 투덜거렸다. 〈나는 끔찍한 음식을 먹고 있습니다. 내가 먹을 음식을 준비할 때 너무 신경을 쓰지 않습니다. ……기분이 최악입니다.〉 5월 17일이 되자 불만 사항은 더욱 늘어났다. 〈담배도 없고, 포도주도 없고, 아무것도 없습니다. 달콤한 스페인산 로제 와인 한 병을 비스마르크의 집 냉장고에 두고 왔었는데 지금은 어디 있지요?〉

피델은 사실상 모든 부관의 판단과 결정을 미더워하지 않았지만 체에 대해서만큼은 그렇지 않았다. 체는 사실상 반군 참모총장이 되었을 뿐 아니라 피델이 가장 믿을 수 있는 친구가 되었다. 피델은 체와 떨어져 있을 때면 끊임없이 서신을 보내 군사 계획과 재정 문제, 정치적 책략을 털어놓았고 무기 공장에서 새로 만든 무기를 실험한 이야기를 어린 청년처럼 열정적으로 들려주었다.

5월 19일, 피델은 체에게 보낸 편지에 이렇게 적었다. 〈우리가 이야기를 나눈 지 너무나 오래되었군. 우리한테는 서로와의 대화가 생필품이나 다름없는데 말일세. 옛 동지들이 그립다네. 어제는 양철 수류탄을 실험했는데 결과가 엄청나더군. 1.8미터 정도 높이의 나뭇가지에 수류탄을 달아 놓고 폭파시켰더니 치명적인 파편이 사방으로 흩어졌지. 스프링클러처럼 아래쪽과 사방으로 파편이 흩어지더군. 넓게 펼쳐진 지형에서라면 45미터 정도 떨어진 곳에서도 사람을 죽일 수 있을 것 같네.〉

3월 셋째 주 내내 정부군이 반란 지역을 정찰했다. 칸티요 대장은 14개 대대 병력으로 시에라를 공격할 예정이었고 공군과 포병대 및 탱크 연대의 지원도 받았다. 칸티요의 계획은 여러 지점에서 다각적으로 시에라 쪽으로 밀고 들어가서 반군을 점차적으로 포위하여 그들의 영토를 줄인 다음 시에라마에스트라 중앙 산마루에 위치한 피델의 라 플라타 사령부를 공격하여 파괴하는 것이었다.

남쪽으로는 해안 수비대가 강화되었고 해군 프리깃함 이 함포로 지원하기 위해 대기하며 반군의 탈출을 봉쇄할 준비를 갖추었다. 칸티요 장군은 북쪽으로 반군 영토의 서 부와 북부 경계선 양옆에 각각 두 대대로 이루어진 두 군단 을 배치했다. 크레센시오가 이끄는 반군 부대가 점령 중인 라스메르세데스에서 북쪽으로 몇 킬로미터 떨어진 곳에는 라울 코르소 이사기레 소령의 부대가 에스트라다팔마 제 당소에 모여 있었다. 동쪽의 부에이시토에는 중령으로 진 급한 산체스 모스케라의 부대가 지금은 라미로 발데스의 지휘를 받는 체의 옛 군단이 점령 중인 산지로 들어갈 준비 를 하고 있었다. 칸티요에게 한 가지 약점이 있었다면 부하 들의 준비 상태였다. 총 1만 명의 정부군 중에서 전투 경험 이 있는 군인은 3분의 1밖에 되지 않았고 나머지 징집병들 은 불과 얼마 전에 입대한 신참이었다. 그러나 모든 일이 계획대로만 진행되어 정부군이 점점 조여들어 가면 반군은 점점 줄어드는 좁은 권역에 갇히게 될 터였다.

애초에 반군이 차지한 권역은 넓지 않았다. 라플라타, 라스베가스데히바코아, 몸피에, 미나스델프리오에 주요 시설을 둔 반군의 전체 요새는 사실상 몇 제곱킬로미터에 불과한 작은 지역이었다. 피델의 사령부와 최전선인 북부 라스메르세데스 마을은 12킬로미터밖에 떨어져 있지 않았 고 그 중간에 미나스델프리오의 신참 훈련소가 자리 잡고 있었다. 남쪽으로는 반군 본부에서 해안까지 8킬로미터도 채 되지 않았다. 피델은 산지 요새의 방어를 1인당 50발 정도의 탄알을 가진 무장 전사 280명에게 맡기고 있었다.

5월 19일에 공중 사격으로 반군의 방어를 약화시킨 다음 코르소 이사기레의 부대는 라스메르세데스로 진군하려 했지만 크레센시오의 부대가 라스메르세데스 외곽 바로 뒤쪽을 지키고 있었다. 전선이 형성되고 양편은 400미터 거리를 두고 대치했다. 피델은 공식 발표를 통해 반군 전사들의 〈굳센 저항〉을 칭송했고 전쟁터는 잠시 소강상태에 접어들었지만, 사실 그는 크레센시오의 지휘 능력에 대해 남몰래 걱정하고 있었다. 결국 며칠 후 그는 체에게 전선으로 가서 직접 전투를 지휘하라고 명령했다.

체는 라스메르세데스로 떠나기 전에 거의 초현실적이라 할 만한 제스처를 취했다. 움베르토 소리 마린이 지역 농부들과 커피 수확에 대해 논의하기 위해서 마련한 모임에 참석했던 것이다. 놀랍게도 농부들이 350명이나 참석했다. 이 사건은 바깥세상에 전혀 알려지지 않은 채 지나갔지만, 그것은 중대한 순간이었다. 이 모임은 쿠바 민간인들과 당시 그들의 운명을 지배하던 게릴라 사이에서 최초로 이루어진 협의였고 쿠바 혁명이 수행하던 토지개혁 과정에서 최초의 실제적인 단계를 상징했다. 체는 첨예한 관심을 가지고 이 과정을 지켜보았다.

〈피델이 포함된 지도위원회가 다음과 같은 조치를 채택하자고 제안했다. 시에라 통화를 만들어 일꾼들에게 돈을 지불할 것, 커피를 포장하기 위해서 짚과 부대를 가져올 것, 노동조합 및 소비자조합을 만들 것, 작업을 감독하고 커피 수확을 도울 군대 인력을 제공할 위원회를 만들 것 등이었다. 모든 제안이 통과되었다. 그러나 피델이 연설로 모임을 끝맺으려 할 때 전투기들이 날아와 라스메르세데스에 기관총을 쏴대는 바람에 사람들이 연설에 흥미를 잃었다.〉5월 25일이었다. 마침내 적의 공격이 본격적으로 시작된 것 같았다.

체는 서둘러 라스메르세데스로 갔다. 그는 이때부터 3개월 동안 잠시도 쉬지 않고 반군의 방어를 결집시켜 바티스타 침략군의 군사력과 압도적인 화력에 저항했다. 밀사 리디아가 임무를 마치고 돌아와 합류했다. 리디아는 아바나에서 자기 자리를 다른 이에게 넘겨주라는 명령을 받은 파우스티노 페레스가 주저하고 있다고 알려 주었다. 체는 일기에 〈언제나 상황은 더욱 나빠 보인다〉라고 적었는데, 이는 분명 야노 당파와의 공공연한 분열을 염려한 것이었다.

정부군의 공세가 시작되자 체는 리디아가 전해 주는 소식을 기록하는 것 외에 달리 조치를 취할 시간이 없었다. 이제 다시 전쟁으로 돌아가야 했다. 체는 외부에서 조금씩 흘러들어 오는 새 무기들을 분배하는 동시에 미나스델프리오의 신참들 중에서 전선으로 보낼 지원자를 선발하고 라스메르세데스에서 요새를 건설할 사람들 ― 〈결함이 있는 자들〉 ― 을 뽑았다. 그리고 언제나 그랬던 것처럼 점점 조여드는 정부군의 그물망을 피해서 달아나려 하는 신참들의 징계 문제도 있었다.

피델이 전선에 찾아왔을 때 신참 한 명이 도망치려다가 붙잡혀서 불려 왔다. 체는 일기에 이렇게 썼다. 〈피델은 그 자를 즉시 총살시키길 원했지만 나의 반대로 결국 푸에르토말랑가의 반군 감옥에 무기한 가두기로 했다. 또 내가 열흘 동안 굶으라는 징계를 내렸던 훈련병이 피델에게 관용을 베풀어 달라고 애원한 일이 있었다. 그러자 피델은 그에게 단식을 그만두고 푸에르토말랑가로 가든지 아니면 이곳에서 계속 단식을 하든지 둘 중 하나를 선택하라고 했다. 그러나 훈련병이 결정을 내리지 못했기 때문에 결국 한 달 동안 푸에르토말랑가에 가는 것으로 결정되었다.〉 며칠 후, 혁명의 사법 정의를 내키는 대로 적용하는 버릇이 있던 피델은 달아났다가 잡혀 온 탈영병에게 무죄를 선고했다. 모든 산길이 정부군에게 죽음의 덫이 될 것이라는 피델의 호언장담에도 불구하고, 체의 일기는 사실상 반군의 병력이 얼마나 부족했고 또 사기가 얼마나 낮았는지를 드러내고 있었다.

체는 6월 4일에 이렇게 썼다. 〈피델이 자신의 야영지로 일찌감치 떠난 지 채 두 시간도 지나지 않아 폭격기 두 대가 날아와 로켓탄 여섯 발과 기총소사를 퍼부었다. 훈련생들의 반응은 비관적이었다. 훈련생 10명이 훈련소를 떠나게 해달라고 요청했다.〉 그날 늦게 수류탄병 두 명이 그만두었기 때문에 체는 대체할 사람을 허둥지둥 찾아다녔다. 다음 날 훈련소로 돌아온 그는 자신이 자리를 비운 사이 정부군 비행기들이 다시 한 번 폭격을 퍼부었고, 이 때문에

〈추가로 훈련생 여덟 명이 도주했다〉는 걸 알았다.*

정부군이 해안에 상륙하자, 피델이 라스베가스 방어를 직접 맡고 체를 크레센시오 페레스의 사령부로 보냈다. 그 사령부의 장교들 중 한 명이 부하들을 학대한다는 보고가 들어와서 질서를 바로잡기 위해서였다. 떠나기 전에 체는 살인 혐의로 고발된 한 반군 장교의 약식 재판을 열어 사형을 선고했다. 그런 다음 크레센시오 휘하의 장교를 재판하는 자리에 앉아 서른 번째 생일을 맞이한 체는 그의 통솔권을 빼앗기로 결정했다.

체가 돌아와 보니 전선은 혼란에 빠져 있었고 정부군이 모든 전선에서 전진 중이었다. 라스베가스가 괴멸당하자 피델은 몸피에로 이동했다. 이제 미나스델프리오가 위협을 당하고 있었다. 체는 부하들과 함께 피델의 전선을 지원하고 새로운 방어 전선을 구축하는 한편 또 다른 장교의 통솔권을 박탈하고 불복종 죄를 저지른 대원들의 무기를 빼앗으며 며칠을 보냈다.

6월 26일, 체는 몸피에서 피델과 재회했다. 피델은 체

---

* 6월 8일, 총체적인 혼돈 속에서 낯선 미국인이 반군 야영지에 나타났던 것으로 보인다. 체는 그가 〈마이애미 사람들의 메시지와 기이한 계획을 가지고 온 의심스러운 그링고〉라고 적었다. 그는 피델을 만나고 싶어 했지만 처음 도착한 야영지에만 머물러야 했다. 다음 날 아침 산토도밍고 마을 주변 동부 전선에 맹렬한 폭격을 받은 후 체가 피델을 찾아서 그 방문자에 대해 이야기했다. 〈피델은 그 그링고가 FBI도 아니고 피델을 죽이기 위해 고용된 사람도 아니라는 말을 들었다.〉 쿠바 정부의 역사 기록고 감독관 페드로 알바레스 타비오에 따르면, 이 방문자는 아마도 총기 밀수업자 프랑크 피오리니였던 듯하다. 나중에 피오리니는 〈프랭크 스터지스〉라는 가명으로 CIA를 위해 반(反)카스트로 작전에 참가하려 했고, 1970년대에는 워터게이트 〈강도〉 중 하나로 악명을 얻었다.

에게 당분간 자신과 함께 지내라고 명령했다. 전망은 어두 웠다. 반군은 모든 전선에서 영토를 빼앗기고 있었다. 피델 은 카밀로와 알메이다에게 부대를 이끌고 시에라로 돌아 와서 지원하라고 명령했지만 반군 부대에 패배주의가 만 연하기 시작했다.

체는 다음 날 이렇게 썼다. 〈밤사이에 탈주 사건이 세 번 있었다. 그중 한 번은 두 명이 함께 달아났다. 달아난 사람 은 치바토 혐의로 사형을 선고받은 로사발과 소리 마린 부 대의 페드로 게라, 정부군 포로 두 명이었다. 페드로 게라 가 잡혔다. 그는 탈출을 하려고 리볼버까지 훔쳤다. 그는 즉시 처형되었다.〉

6월 말에 반군이 처음으로 확실한 승리를 거두어 — 산 체스 모스케라가 이끄는 정부군 중대가 격퇴당했다 — 정 부군 병사 스물두 명을 사로잡았고 무기 오륙십 점을 노획 했다. 그러나 다른 곳에서는 정부군이 전진 중이었다. 라 마에스트라와 지역의 다른 구릉지에서도 적군이 전진하고 있다는 보고가 계속 들어왔다. 두 번째 전면 공격이 시작된 것이 틀림없었다. 정부군이 알토스데메리노 고지를 향해 서 전진 중이라는 소식을 듣고, 체는 7월 3일 아침 황급히 그곳으로 달려갔다.

〈내가 도착했을 때 정부군 경비대가 이미 전진하고 있었 다. 우리는 소규모 전투를 벌인 끝에 급히 후퇴했다. 위치 가 나빴다. 적군이 우리를 포위했지만 우리는 거의 저항하 지 못했다. 개인적으로 나는 지금까지 한 번도 느껴 보지 못한 것, 즉 반드시 살아야겠다는 감정을 느꼈다. 다음 기

회에는 그것을 바로잡아야 한다.〉

누군가 체와 같은 상황에 처했을 때 이렇게 스스로를 비판하리라고는 상상하기 어렵다. 그러나 이제 〈체〉라는 새로운 신원을 얻은 에르네스토 게바라는 삶을 이러한 방식으로 보았다. 그것이 바로 전투에 임하면서도 살아남기를 바라는 대다수의 다른 게릴라들과 그를 구별 짓는 특성 중 하나였다.

사실 체가 부하들과의 사이에서 매일매일 겪었던 문제는 대부분 이처럼 근원적인 차이 때문에 일어났다. 부하들의 초조함, 〈호전성〉의 결여, 탈영, 전선에서 지켜야 할 자리를 지키지 않는 것 — 체가 일기에 잔뜩 쏟아 놓은 이 모든 불만과 관찰은 단 하나의 불만, 즉 부하들이 〈살고 싶은 생각〉을 가지고 있다는 사실로 귀결되었다.

7

정부군의 전면 공격이 한창 진행 중일 때, 체는 부에노스아이레스의 어머니로부터 편지를 한 통 받았다. 전투가 시작되기 직전에 체가 시에라마에스트라에서 새로운 무선 전신을 이용해 그녀에게 전화를 건 후 체의 어머니가 서른 번째 생일을 축하한다며 편지를 쓴 것이었다.

사랑하는 테테에게.

이렇게 오랜 세월이 흐른 후에 네 목소리를 들어서 너무나 놀랐단다. 네 음성을 알아듣지 못했어. 다른 사람 같더구나. 연결이 좋지 않았든지 네가 변했든지 둘 중 하나겠지. 네가 날더러 〈노부인〉이라고 말할 때만 예전 목소리 같았어. 네가 알려 준 소식은 정말 놀라웠단다. 우리 소식을 알려 주기도 전에 연결이 끊겨서 얼마나 아쉬웠는지 몰라. 할 말이 아주 많단다. 아나[마리아, 체의 막내 여동생]가 4월 2일에 페티트[페르난도 차베스]와 결혼해서 오스트리아의 빈으로 갔단다. ……자식들이 모두 떠나다니 얼마나 대단한 일이니! 아나가 나가자 집이 텅 비었단다. ……로베르토는 예쁜 금발 머리의 딸이 두 명 있는데 7월 1일이면 각각 두 살과 한 살이 돼. 그리고 후계자가 8월에 태어날 예정이야. 로베르토는 열심히 일을 하면서 많은 가족을 잘 부양하고 있어…….

셀리아는 얼마 전 루이스[아르가냐라스, 셀리아의 약혼자], 페티트와 함께 중요한 상을 받았단다. 세 명이서 250만 페소를 받았어. 내 옷에 맞지 않는 이렇게 유능한 자식들을 둬서 너무 자랑스럽구나. 물론 후안 마르틴은 이제 네 옷에 맞아. 그 애가 크다는 건 아니야. 걔는 형이나 누나들처럼 왜소하고 아직 매혹적인 아이란다. 인생이 이 애만큼은 못살게 굴지 않을 거야.

마리아 루이사[체의 고모]는 옛날이랑 똑같아. 육체적으로나 감정적으로나 잘 지내지 못해서 무척 슬퍼하고 있어. 그것이 병의 특징인가 봐. 마리아 루이사는 항상 네 소식을 물어본단다. ……나도 역시 똑같아. 몇 년이 더 지나니 슬픔이 이젠 전처럼 날카롭지 않단다. 만성적인 슬픔이 되어서 이따금씩 아주 커다란 만족감과 섞여 들지. 셀리아가 상을 탄 것도,

새로 아기가 태어나는 것도 그런 만족감이야. 네 목소리를 들어서 정말로 기뻤단다. 나는 정말 외톨이가 되었어. 너에게 편지를 어떻게 써야 할지, 아니 무슨 말을 해야 할지도 모르겠구나. 어찌할 바를 모르겠구나.

집안일 때문에 많이 지친단다. 내가 직접 요리를 한 지도 오래되었어. 내가 집안의 사소한 일들을 얼마나 싫어하는지는 너도 알잖니. 이젠 부엌이 나의 중심지가 되어 대부분의 시간을 그곳에서 보낸단다. 한바탕 크게 싸우고 난 후로 아버지[체의 아버지]는 이제 오지 않는단다. 내 친구는 셀리아와 루이스, 후안 마르틴밖에 없어. 너에게 하고 싶은 말이 정말 많구나, 사랑하는 아들아. 하지만 입 밖으로 꺼내기가 두려워. 네 상상에 맡길게.

오랜만에 큰 포옹과 긴 입맞춤을 보내며, 내 모든 사랑을 담아, 셀리아.

누군가는 이 가슴 저미는 편지를 읽고 체가 어떤 반응을 보였을지 궁금할 것이다. 감정적으로 거리를 두면서 읽었을까? 아니면 자신이 없어도 계속되는 정상적인 삶 — 형제자매들이 자라고, 결혼하고, 집을 떠나고, 아이를 낳고, 부모님이 나이 드는 것 — 에 대한 향수 어린 갈망의 고통을 느꼈을까? 또 자기 가족인 아내 일다와 딸 일디타에 대해서는 어떻게 생각했을까?

그러나 변한 것은 테테의 음성만이 아니었다. 체는 혁명에 헌신하면서 자신의 〈외적〉 삶과 완전히 결별할 것을 의식적으로 선택했다. 그는 일다나 부모님에게 편지를 쓸 기회가 있어도 거의 쓰지 않았다. 4월 말에 피델이 체에게 페루에 있는 누군가가, 아마도 일다가 통화를 하고 싶어 한다고 말했다. 그러나 일다의 회고록에 이 일에 대한 언급이 전혀 없는 것으로 보아 체가 전화를 걸지 않은 것이 분명하다. 실제로 당시 체의 일기에서 가장 눈에 띄는 점은 개인적이고 사소한 이야기나 내면에 대한 이야기가 거의 하나도 없다는 점이다. 특히 불과 몇 년 전 방랑자 에르네스토가 자기 자신의 문제에 푹 빠져 있던 것과 비교하면 더욱 대조적이다.

8

쿠바 정부군은 꾸준히 좁혀지는 올가미 속에 반군을 가두려고 온갖 원대한 계획을 세웠지만 전장의 지형을 완전히 계산에 넣지 않은 듯했다. 공격에 나선 정부군 부대는 시에라마에스트라의 두터운 숲 지대와 깊은 협곡들 속에서 금세 난항에 빠지거나 서로 연락이 두절되었다. 반군의 입장에서는 고립된 정부군 부대를 포위할 수 있고 필요하면 얼른 물러날 수 있다는 뜻이었다. 순식간에 공세에 나선 것은 정부군이 아니라 반군인 것처럼 보였다.

체와 피델은 유리한 상황을 밀고 나가기 위해 반군을 다시 나누기로 했다. 피델은 히구에의 정부군을 공격하러 가고 체는 남아서 몸피에를 방어하면서 미나스델프리오의 저항을 지휘하기로 했다. 체가 7월 11일에 몸피에에 도착하자 쿠바 공군이 폭탄에다 네이팜탄까지 동원해서 맹렬한 공습을 퍼부었다. 그때 심란한 소식이 들려왔다. 시에라크리스탈에서 반군을 이끌던 피델의 동생 라울이 미국인 49명을 인질로 잡았다는 소식이었다. 체는 라울이 〈전세계를 도발하는 성명서를 쓴 다음 그의 이름으로 서명을 했다〉고 적었다. 〈그것은 너무 거칠었다. 미국인 49명을 체포했다는 사실과 함께 성명서는 위험한 《극단주의》로 비칠 수 있었다.〉

라울은 시에라크리스탈로 이동한 후 4개월 만에 전투력을 보강했고 동부 오리엔테 전체에 자신의 존재감을 각인시켰다. 7월이 되자 라울은 200명 이상의 무장 투사를 거느리고 있었고 무기 공장과 병원, 학교, 도로 건설팀, 정보부, 혁명 사법 체계까지 완벽하게 갖춘 게릴라 기반 시설을 완성해 놓은 상태였다. 그러나 이제 라울이 확립한 모든 것이 정부군의 공세에 위협을 받고 있었다. 시에라마에스트라에서 활동하던 형 피델과 달리 전면적인 지상 공격에 직면한 것은 아니었지만 라울의 부하들은 바티스타의 폭격기에 두드려 맞고 있었다. 6월 말에 군수 물자가 위험할 정도로 감소하자 라울은 극적인 행동을 취하기로 결정하고 그의 영토 내에서 발견되는 미국인을 모두 체포하라고 명령했다.

6월 26일, 라울의 부하들이 미국인 소유의 모아 베이 탄광 회사를 습격하여 미국인과 캐나다인 직원 12명을 납치해서 달아났고, 니카로 니켈 광산과 과로의 유나이티드프루트 사 제당소에서도 12명을 붙잡았다. 또한 관타나모 해군 기지 외곽에서 버스에 타고 있던 미국인 해병과 해병대 24명을 납치했다. 라울은 언론에 공개 성명을 보내, 미국이 바티스타 측에 폭탄과 네이팜탄을 제공하고 관타나모 기지에서 쿠바 정부 전투기에 비밀리에 연료를 채워 주거나 폭탄을 실어 주고 있기 때문에 이에 항의하기 위해서 미국인들을 납치했다고 주장했다. 산티아고의 미국 영사 파크 윌램이 라울을 만나러 와서 협상이 시작되었다.

뉴스 보도를 접하고 위기 의식을 느낀 피델은 라디오 레벨데 방송을 통해 라울에게 인질을 석방하라고 즉시 명령함으로써 사태에 대응했다. 피델은 공개 성명을 발표하여 인질을 잡는 것이 7월 26일 운동의 정책은 아니지만 미국이 바티스타 정권에 로켓탄을 제공하고 있기 때문에 그러한 행동은 충분히 이해할 만한 일이라고 분명히 밝히며 균형을 잡았다. 그런 다음 그는 사적인 편지를 동생에게 따로 보내 인질들에게 미국에서 반군의 이미지를 실추시킬 위험이 있는 극단적인 행동을 취하지 말라고 경고했던 것으로 보인다.*

그러나 라울의 극적인 무력 과시는 즉각적인 소득이 있었다. 시에라크리스탈의 라울 병력에 대한 공습이 갑자기 중단되면서 어쨌거나 미국이 바티스타 정권에 어느 정도 영향을 주고 있음이 증명된 것이었다. 따라서 라울은 모든 인질을 즉각 석방하지 않고 석방 과정을 지연시키면서 소강상태를 틈타 병력을 보충했다. 라울은 7월 18일이 되어

* 자세한 내용은 부록 참조.

서야 마지막 인질을 석방했고, 그 후 정부군 공격이 재개되었지만 이제 제2전선은 재보급이 끝나 스스로를 방어할 수 있었으며 전투 준비를 갖추었다.

인질 위기는 동지들이 우려하던 라울의 일면을 잘 보여 주는 사건이었다. 체는 라울의 〈극단주의〉라는 말로 그 일면을 잘 표현했다. 라울은 엄격하게 제어하지 않으면 통제가 불가능한 인물이었다. 그 이후로도 여러 가지 난폭한 행동들이 널리 알려지면서 라울은 혁명의 안전을 확보하기 위해서라면 무슨 일이 있어도 멈추지 않는 폭력적인 인물이라는 명성을 얻게 되었다.

한편 시에라마에스트라에서는 매일 반군 동지들이 죽어 나가기 시작했다. 엘옴브리토가 시에라마에스트라 최초의 〈해방구〉였던 무렵 「엘 쿠바노 리브레」의 설립을 도왔던 헤오넬 로드리게스가 박격포 폭발로 인해 치명상을 입었다. 체는 일기에 〈그는 우리가 가장 사랑했던 협력자이자 진정한 혁명가였다〉며 그에게 최고의 찬사를 바쳤다. 그날 밤 카를리토스 마스가 죽었다는 소식이 들려왔다. 체는 그를 〈헤오넬과 함께 화상과 골절상으로 죽은 젊은 전사〉라고 묘사했다. 무엇보다 고통스러운 것은 이러한 동지들의 죽음이 전쟁터에서의 전진으로 이어지지 않았다는 점이었을 것이다. 적어도 체가 맡은 지역에서는 그랬다. 체는 미나스델프리오의 전선을 지켰지만 교착 상태가 계속되었다. 적군은 전진하거나 후퇴하지 않고 참호를 파고 들어갔다. 공습도 계속되었다. 7월 17일에는 전투기들이 몸피에의 병원을 공격했기 때문에 체의 감독하에 환자들이 이송되었다. 다음 날 체는 이렇게 적었다. 〈이 지역에서는 새로운 일이 하나도 없다. 경비대의 유일한 소일거리는 우리가 전선에 남겨 둔 돼지들을 죽이는 것이다.〉

체가 미나스델프리오에서 주변 방어를 결집하려고 애쓰는 동안 피델은 히구에를 포위하고 적군의 힘 빼기 작전에 들어갔다. 피델은 7월 초에 이틀 동안 19명을 포로로 잡았고 바주카 수류탄을 포함한 무기 18점을 빼앗았다. 그는 이제 식량이 공급되지 않는다면 정부군이 48시간 이내에 항복할 것이라고 생각했다.

적군 사령관 호세 케베도 중령이 법대 동창임을 알아낸 피델은 7월 10일 그에게 기이한 편지를 써 보냈다. 〈나는 대학 시절에 보았던 젊은 장교들을 종종 떠올린다네. 나는 자네들의 문화에 대한 갈망과 학업을 추구하려는 노력을 보며 관심을 가졌고 거기에 공감했지. ……자네가 근처에 있다는 소식을 듣고 얼마나 놀랐는지 모른다네! 또 아무리 어려운 상황에서라도 나는 자네들의 소식을 듣는 것이 항상 기쁘다네. 내가 이렇게 갑작스럽게 편지를 쓰는 것은 자네에게 어떤 이야기를 하거나 부탁을 하려는 것이 아니라 오직 자네에게 인사를 하고 싶어서, 진심으로 행운을 빌어 주고 싶어서라네.〉

피델이 케베도의 마음에 동요를 일으킬 생각으로 이런 전략을 쓴 것인지는 명확하지 않았지만 어쨌든 이 방법은 통하지 않았다. 그 후 피델은 확성기를 잡고 포위된 정부군에게 〈잘 준비된 이야기와 신중한 슬로건〉을 퍼부으면서 그들의 사기를 떨어뜨리려 했다. 7월 15일, 피델은 케베도에게 다시 편지를 썼다. 이번에는 항복하라고 직설적으로 호소했다. 〈그것은 조국의 적에게 항복하는 것이 아니라 진정한 혁명가에게, 모든 쿠바인들의 선을 위해 투쟁하는 투사에게 항복하는 것일세.〉

케베도는 계속해서 버텼다. 그러자 피델이 부하 한 명을 정부군 통신원으로 위장시켜 정부군 공군에 무선통신을 보내 반군이 캠프를 장악했다고 거짓으로 알렸다. 속임수는 바라던 결과를 가져왔다. 폭격기가 케베도의 병력을 공격하여 정부군 병사들 사이에 공황 상태를 확산시킨 것이다. 7월 18일이 되자 피델은 포로 42명을 사로잡고 전리품으로 무기 66점과 탄약 1만 8,000발을 빼앗은 다음 체에게 이렇게 말했다. 〈포위당한 군대가 무너지기 직전이라네.〉

마침내 7월 20일 저녁에 히구에가 함락되었다. 케베도가 군인 146명을 이끌고 캠프에서 걸어 나와 항복했다. 이번 승리는 반군으로서는 큰 전환점이었다. 정부군의 전면 공격은 사실상 실패로 끝났고 이제 반군이 유리한 상황을 밀고 나갈 차례였다.*

케베도가 항복한 날 〈카라카스 조약〉이 라디오 레벨데를 통해 발표되었다. 피델이 7월 26일 운동의 대표로 서명한 카라카스 조약은 카를로스 프리오의 아우텐티코당, 혁명지도자단, 군대 내의 소위 〈바르키니스타〉 당파, 후스

---

* 피델은 전쟁 기간 동안 여러 정부군 장교들에게 그랬던 것처럼 케베도를 설득하여 반군에 합류시켰다.

토 카리요의 몬테크리스티 운동을 포함한 여덟 개의 반정부 세력이 하나의 세력으로 연합하여 무장봉기를 통해 바티스타를 전복한다는 공동 전략을 추구하고 임시 정부를 구성한다는 내용이었다. 가장 중요한 점은 〈시에라마에스트라 통합 성명서〉를 통해서 피델 카스트로가 〈혁명 세력의 총사령관〉으로 인정받은 것이었다. 지금까지의 모든 조약에서 그랬듯이 쿠바 공산당은 저명한 반정부 세력임에도 불구하고 카라카스 조약 체결에 초대받지 못했다. 확실히 이를 예상하고 있던 체는 일기에 이렇게 썼다. 〈외부적으로는 단결이 잘되고 있는 것처럼 보이지만 쿠바 공산당이 포함되지 않았다. 내가 보기에는 정말 이상하다.〉 (피델은 쿠바 공산당과 7월 26일 운동의 연대라는 문제에 대해 일시적으로 체에게 자기 생각을 드러내지 않았다. 상층부끼리는 이야기가 오갔지만 오히려 논란을 부를 수 있기 때문에 두 조직은 대화를 비밀에 부치고 연합을 때 이르게 공개하지 않으려 했던 것이 분명해 보인다.)

적십자를 통해서 마침내 이틀간의 휴전이 이루어져 7월 23일과 24일에 부상병 57명을 포함하여 굶주리고 지친 정부군 포로 총 253명의 송환이 이루어졌다. 박격포 두 문과 바주카포 한 문, 기관총 두 정을 포함해 포로들이 가지고 있던 무기 총 161점은 반군의 손에 남았다. 정전 협정이 끝나기 두 시간 전에 체가 부하들을 배치시켜 일부는 라마에스트라의 산길을 지키고 나머지는 모두 라스베가스로 가서 정부군을 포위하기로 했다.

반군이 하루 만에 정부군 캠프를 포위했다. 피델이 히구에에서 그랬던 것처럼 체 역시 라스베가스의 정부군에 항복을 촉구했다. 7월 28일 오전에 체는 양쪽 진영 중간에 위치한 농장에서 정부군 부대를 지휘하는 대위가 보낸 밀사 두 명을 만났다. 적군 장교들은 체가 후퇴를 허락해 주면 식량은 모두 남겨 놓되 무기는 가지고 가겠다고 했다. 체는 그럴 수는 없다고 대답한 뒤 반군 전선으로 돌아갔다. 잠시 후 보초병이 체를 찾아와서 적군이 백기와 적십자기를 휘날리며 차량을 타고 황급히 후퇴하고 있다고 보고했다. 밀사를 보낸 것은 틀림없이 주의를 돌리기 위한 전술이었다. 체는 부하들에게 발포를 명령하고 부대를 이끌고 적군을 쫓았다.

체는 이렇게 썼다. 〈황폐한 광경이 눈에 들어왔다. 길을 따라 배낭과 철모, 총알과 온갖 소지품이 가득한 가방, 심지어 멀쩡한 탱크와 지프까지 버려져 있었다. ……나중에 최초의 포로들이 뒤처지기 시작했는데 그중에는 대대 군의관도 있었다.〉 그러나 체의 부대가 정부군을 바짝 따라잡을수록 주변 언덕에 숨어 있던 반군의 〈아군 사격〉이 점점 심해졌다. 아군의 총격으로 체가 사로잡은 포로 한 명이 죽었고 반군 장교 한 명이 심한 부상을 입었다. 〈나는 같은 편에게 포위되는 불편한 상황을 맞이했다. 우리 편 병사들은 철모만 보이면 총을 쏘았다. 나는 병사를 시켜 양손을 들고 가서 총격을 멈추게 했지만 한쪽을 그렇게 해결하면 또 다른 쪽에서 한동안 총알이 날아왔다. 두 명이 더 다쳤다.〉

상황이 마침내 정상화되고 생포한 정부군 몇 명을 라스

베가스로 다시 호송한 후 체가 노획한 탱크를 검사하고 있을 때 피델로부터 급한 전갈이 도착했다. 같은 날 정부군이 산토도밍고 지역에서 두 번째로 후퇴를 했는데 그것이 계략이었던 것으로 보였다. 반군이 후퇴하는 정부군을 뒤쫓자 산체스 모스케라의 대대가 라스메르세데스 근처 아로요네스 언덕 꼭대기를 점령하여 반군을 측면에서 포위했던 것이다. 반군 전사들을 지휘하던 지도자 두 명 중 한 명이 죽고 한 명 ── 체의 야노 경쟁자였던 레네 라모스 라투르(다니엘) ── 이 살아남아서 저항했지만 전투는 치열했다. 다음 날 정오 무렵 다니엘이 박격포를 맞아 복부에 부상을 입고 죽었다. 체는 그날 저녁 일기에 이렇게 적었다. 〈나와 레네 라모스 사이에는 깊은 사상적 차이가 있었고 우리는 정적이었다. 그러나 그는 최전선에서 자신의 의무를 다하며 죽는 방법을 알고 있었다. 누구든 자신의 의무를 다하며 죽는 사람은 내면의 힘을 느끼기 때문에 그렇게 하는 것이다. 나는 그에게 그런 힘이 있음을 부정해 왔지만 이번에 다시 생각하게 되었다.〉

그 후 일주일 동안 혼전이 벌어지는 가운데, 전투는 새로운 초점을 둘러싸고 벌어졌다. 거기에는 희극적인 요소가 있었다. 그 초점이란 바로 체가 라스메르세데스에서 노획한 정부군의 탱크였다. 피델은 단 한 대의 탱크를 대단한 부상으로 생각해서 무슨 일이 있어도 지키고 싶어 했고 적군도 그만큼이나 필사적으로 탱크를 파괴하려고 했다. 이 사실은 쿠바 혁명이 사실상 얼마나 소규모였는지 보여 준다. 적기가 계속 돌격하여 탱크를 겨냥해서 폭탄을 떨어뜨렸고 피델의 병력은 진흙탕에 처박힌 탱크를 빼내려고 애썼다.

고된 노력을 기울였지만 어느 쪽도 성과를 거두지 못했다. 탱크는 흠집 하나 없이 그 자리를 꿋꿋이 지켰다. 8월 5일에 피델이 농부를 시켜 황소 두 마리로 탱크를 끌어내려 했지만 도중에 운전대가 부러지고 말았다. 수리는 불가능했다. 피델은 그날 밤 체에게 편지를 보냈다. 〈희망이 사라졌다네. 내가 이토록 크고 허황된 꿈을 가져 본 지도 정말 오랜만이었다네.〉

이틀 후 정부군은 시에라마에스트라에서 마지막으로 포위당하고 있던 위치에서 어마어마한 엄호 사격을 방패 삼아 달아나기 시작했다. 바티스타가 과시적으로 시작한 전면 공격이 끝난 것이다. 그러나 대원들의 죽음은 끝나지 않았다. 8월 9일, 투쟁 초기에 반군에 들어온 만사니요 출신 지원자들 중 한 명이었던 고참병 베토 페산트가 대공포탄을 손보다가 포탄이 터지면서 죽었다. 체의 연인 소일라 로드리게스가 그 현장에 있었다.

「베토 페산트가 죽을 때 나와 코만단테 게바라, 반군 전사들은 일을 하고 있었습니다. 폭발 소리를 듣고 고개를 돌려 보니 게바라의 노새 아르만도가 부상을 입는 바람에 게바라를 공중으로 내던지고 있었습니다. 얼른 그쪽으로 달려갔지만 그는 벌써 일어서고 있었습니다. 페산트 쪽을 보았더니 팔 한쪽이 없었고 머리가 짓이겨진 채 가슴이 벌어져 있었어요. ……내가 비명을 지르기 시작했습니다. 〈베토, 죽지 마요, 죽지 마세요.〉 전사들이 얼른 베토의 상처를 돌보았습니다. 코만단테가 나에게 말했습니다. 〈소일라, 베토는 죽었어.〉」 체는 만사니요에 있는 베토의 미망인에게 연락을 하라고 명령했다. 소일라는 미망인이 도착했을 때를 이렇게 회상했다. 「그녀가 베토의 무덤가에서 울기 시작하자 우리 모두 울음을 터뜨렸습니다. 게바라를 올려다보니 그의 눈가에도 눈물이 맺혀 있었습니다.」

피델이 후퇴하던 정부군을 상대로 부상병을 포함한 160명을 또다시 포로로 잡았다. 그는 포로를 빨리 처리하고 싶었다. 밀고 당기는 협상이 한참 계속된 후 피델과 체, 정부군 사령관, 적십자 대표 들이 8월 11일에 만나서 회의를 열었다. 그들은 커피를 마시며 우호적으로 대화를 나누었다. 시에라마에스트라에서 이틀간 평화 협정이 열린 후 부상병을 포함한 포로들이 풀려났다. 협상이 진행되던 중에 체와 피델이 잠시 적들과 함께 헬리콥터에 타기도 했다. 협상 덕분에 반군은 잠시 한숨 돌리며 재판을 열 수도 있었다. 체는 이렇게 기록했다. 〈소녀를 강간하려 했던 정부군 탈영병이 처형되었다.〉

전쟁이 잠시 멈춘 동안, 반군 측이 바티스타의 파산 관리인이라고 생각했던 정부군 고위 특사가 찾아와서 피델에게 바티스타 정권과 협상을 하라고 설득했다. 체는 이렇게 적었다. 〈그는 대법원의 한 치안 판사(최고령자)가 바티스타의 뒤를 잇게 함으로써 상황을 평화적으로 해결하자고 간접적으로 제안했다. 그러나 확실한 결론을 내지는 못했다.〉 피델은 정부의 예비 교섭에 모호한 태도를 취했다. 그는 전쟁을 쿠바 섬 전체로 확대할 계획을 세우고 있었고 얼마 전에 패배당한 칸티요 장군을 반군으로 끌어들일 수 있으리라고 생각했기 때문에 서둘러 협상해야 할 이유가 없었다. 체는 나중에 이렇게 결론지었다. 〈바티스타의 군대는 시에라마에스트라에서 최후의 전면 공격으로 척추가 부러진 채 물러났지만 아직 패배하지는 않았다. 투쟁은 계속될 것이다.〉 실제로 정부군이 반군에게 혈장을 공수해 주는 전례없이 호의적인 태도를 보인 후인 8월 14일, 공군의 폭격과 기총 공격이 재개되었다.

한편, 정부군과 카라카스 조약의 연합 세력들 몰래 한 요인이 시에라마에스트라를 방문하고 떠났다. 공산당 중앙위원회의 카를로스 라파엘 로드리게스였다. 그는 먼저 라울의 시에라크리스탈 제2전선을 방문한 다음 피델과 비밀 회담을 가졌다. 체는 로드리게스가 떠난 후에야 일기장에 그 사실을 언급할 정도로 그의 방문을 조심스럽게 다루었다. 〈카를로스 라파엘이 자유 구역을 향해 떠났다. 안팎의 온갖 음모에도 불구하고 그의 인상은 긍정적이다.〉*

로드리게스의 방문에 대한 자세한 내용은 끝까지 알려

* 로드리게스는 이 여행에 대해서 별다른 말은 전혀 하지 않았고 단지 라울의 지역에서는 〈공산주의자들의 입장에서 볼 때 이해할 만한 일들밖에 없었지만 피델이 있는 시에라마에스트라에 갔을 때에는 이해가 의심으로 바뀌었다〉라는 말만 했다. 이 말은 자신의 존재가 카를로스 프랑키, 파우스티노 페레스를 비롯해서 시에라에 머물던 야노 사람들에게 적대감을 일으켰음을 가리키는 것이 분명하다. 로드리게스가 떠나고 며칠 후에 체가 〈시에라마에스트라에서 파우스티노가 주도하고 프랑키와 알도 산타마리아[아이데와 고인이 된 아벨 산타마리아의 형제]가 참가하여 반대파를 만들었다〉라고 언급한 것 역시 이 사건을 암시한 것으로 여겨진다.

지지 않았지만 그는 피델로부터 노동 전선을 재편하면서 쿠바 공산당과 7월 26일 운동의 연합을 추진해도 좋다는 확인을 받았던 것이 분명하다. 쿠바 공산당과 7월 26일 운동의 연대를 보여 주는 또 다른 신호는 공산당이 시에라에 상설 대표를 파견해도 좋다고 피델이 공인한 것이었다. 로드리게스가 떠난 지 3주 만에 쿠바 공산당의 노련한 관리이자 카스트로의 옛 친구인 루이스 마스 마르틴이 도착했고, 9월에는 로드리게스 본인이 돌아와 전쟁이 끝날 때까지 피델과 함께 지냈다.

한편 시에라크리스탈에서는 피델의 동생 라울과 쿠바 공산당이 〈이해〉 이상의 것을 다졌다. 사실 라울과 쿠바 공산당은 3월 초에 라울이 시에라크리스탈에 도착한 직후부터 진지한 유대 관계를 맺어 오고 있었다. 라울이 시에라마에스트라를 떠나 새로운 전선을 설립했을 때, 쿠바 공산당이 관리하는 전국소농협회ANAP의 회장 호세 〈페페〉 라미레스는 쿠바 공산당으로부터 시에라크리스탈로 가서 〈라울에게 보고하라〉라는 명령을 받았다. 라미레스가 시에라크리스탈에 도착하자 라울이 그에게 반군 영토 내에 살고 있는 농부들을 조직하고 가을에 열릴 〈농부 회의〉 개최를 준비하라고 맡겼다. 이제 라미레스가 맡은 일이 한창 진행되고 있었다. 라미레스는 지역 쿠바 공산당의 도움을 받아 일련의 회의를 개최했고 마르크스주의라는 정치적 방향을 온전히 갖추고 공산주의자가 운영하는 교관 훈련소도 설립했다.

신기하게도 공산주의자들뿐 아니라 산티아고 시의 호전

적인 가톨릭교도 상당수도 라울을 지지했다. 그리고 이곳
에도 에번스 러셀이라는 미국인 자원자가 있었다. 그는 라
울의 폭탄 공장에서 일했다. 그러나 라울이 이끄는 제2전
선의 가장 두드러진 특징은 공산주의 성향이었다. 사실 라
울의 전선은 나중에 쿠바 공산당 관리들을 키우는 산란장
역할을 했다. 라울은 피델의 몬카다 〈반란〉에 참가했다는
이유로 사회주의청년단에서 쫓겨났기 때문에 이제 정식
당원은 아니었지만, 여전히 공산주의 신념을 지켰고 이제
는 피델의 묵인하에 연줄을 더 확고하게 다지기 시작했다.

　이러한 사태 전개가 미국인들에게 달가울 리 없었다. 하
지만 이제 점차 강력해지는 쿠바 반군의 진정한 목적에 점
점 더 큰 두려움을 느끼면서도 이를 누그러뜨리기 위해 미
국인들이 할 수 있는 일은 거의 없었다. 이제 반군은 목적
달성을 위해 야심 차게 전선을 확장했다. 체와 카밀로 시엔
푸에고스는 시에라마에스트라를 떠나 전쟁을 중부 및 서
부 쿠바로 확대할 예정이었다. 체가 이끄는 〈시로 레돈도〉
부대는 중부 라스비야스 주의 에스캄브라이 산지에서 혁
명 세력의 권위를 세우고 〈적을 사정없이 공격하여〉 쿠바
섬을 반으로 나눌 예정이었다. 그러는 동안 카밀로가 이끄
는 안토니오 마세오 부대는 부대의 이름을 따온 19세기 쿠
바 독립 전쟁 영웅의 공훈을 따라서 쿠바의 최서단 주 피나
르델리오로 진군할 예정이었다.

　서둘러 작전에 들어가고 싶어 안달이 난 체는 8월 15일
이렇게 불평했다. 〈부대 구성에 대해서 계속 모순적인 명
령들이 내려왔기 때문에 나는 아직 부대를 조직하지도 못

했다.〉 문제는 체와 함께 갈 대원들을 찾는 것이었는데 이때까지는 각기 다른 부대에서 실망스러울 정도로 적은 인원이 지원한 상태였다. 체 역시 자신과 함께 가는 전사들 중에서 반수도 살아남지 못할 것이고 끊임없는 전투와 계속되는 굶주림에 대비해야 한다고 말함으로써 일을 어렵게 만들었다. 체의 부대는 확실히 누구에게나 알맞은 곳이 아니었다. 피델이 체를 몸피에로 불렀다. 그는 체를 위해서 바케리토가 이끄는 부대를 만들었고 체에게 필요한 대원은 어느 부대 소속이든 상관없이 데려가라고 말했다. 미나스델프리오 훈련소에서도 정치위원 파블로 리발타가 체의 명령에 따라서 훈련소의 여러 문서를 검토하며 대원들을 뽑기 시작했다.

그 후 2주 동안 공습이 끊임없이 이어지는 가운데 체는 힘들게 원정팀을 꾸렸다. 대원 148명과 지프 및 픽업트럭 여섯 대로 이루어진 부대였다. 대원 82명으로 구성된 카밀로의 부대 역시 집결하여 출발 준비를 마쳤다. 8월 29일 밤에 체가 새벽에 출발하기 위해서 마이애미에서 공수되어 온 무기를 지프에 실으며 준비하고 있을 때 정부군이 물자를 실은 픽업트럭 두 대와 휘발유를 모두 빼앗아 갔다. 휘발유가 없어서 남은 차량도 무용지물이 되었기 때문에 체는 걸어서 가기로 결심했다.

8월 31일에 마침내 떠날 준비가 끝났다. 소일라가 함께 가겠다고 했지만 체가 만류했다. 두 사람은 엘히바로에서 헤어졌다. 이때가 두 사람이 연인으로 보낸 마지막 시간이었다. 소일라는 이렇게 회상했다. 「그는 나에게 자기 노새 아르만도를 맡기고 떠났습니다. 나는 진짜 인간을 대하듯이 아르만도를 돌보았지요.」

19장
최후의 공격

1

체와 카밀로의 부대는 끊임없이 퍼붓는 우기의 폭우 속
에서 6주일 동안 전진했다. 두 부대는 야노의 늪지와 논을
헤치고 불어난 강을 걸어서 건너며 정부군을 교묘히 피했
지만 빈번한 공습에 시달렸다. 체의 글에 따르면 〈악취가
나는 늪지〉를 지나고 〈악마 같은 길〉을 따라 행진해야 했
기 때문에 〈힘든 진군〉은 〈정말로 끔찍〉했다. 두 부대는 일
찌감치 적에게 간파당했다. 9월 9일과 14일의 총격전 이후
정부군이 그들의 이동 경로를 바짝 쫓고 있었다.

〈배고픔과 갈증, 피로, 점점 가까이 다가오는 정부군에
대항할 수 없다는 무력감, 그리고 무엇보다도 농부들이 마

사모라mazamorra라고 부르는 끔찍한 병 ─ 이 병 때문에 병사들이 한 발 한 발 옮기는 것은 견디기 힘든 고문이 되었다 ─ 때문에 우리는 무력한 그림자 군단이 되었다. 진군은 정말 어려웠다. 부대원들의 몸 상태는 날이 갈수록 악화되었고, 식사 ─ 오늘은 먹고, 내일은 굶고, 모레는 확실하지 않은 ─ 는 우리가 겪고 있는 비참함을 조금도 덜어 주지 못했다.〉

여러 대원이 총격전에서 죽었고, 일부는 달아났으며, 또 체는 사기가 떨어지거나 겁먹은 대원들 몇몇에게 떠나도 좋다고 허락했다. 언제나 그랬듯이 치바토가 문제였다. 체는 피델에게 〈카마구에이 농민들은 사회적 의식이 거의 없기 때문에 우리는 수많은 밀고자들이 불러온 결과에 직면해야 했습니다〉라고 보고했다.

한편 정부는 체의 공산주의에 대한 선전을 한층 더 강화했다. 바티스타의 육군 참모총장 프란시스코 타베르니야 장군은 9월 20일에 야노에서 체의 부대와 교전을 벌인 후 정부군이 〈체 게바라〉가 이끄는 100명 규모의 부대를 〈괴멸〉시켰으며 체가 이끄는 반군이 〈공산주의적 방법으로 훈련받았다〉는 증거를 포착했다고 보도했다.

실제로 그의 말은 사실이었다. 체는 나중에 피델에게 이렇게 말했다. 〈실제로 일어난 일은 이렇습니다. 그들이 배낭 속에서 대원들의 이름과 주소, 무기, 탄약 상황을 적어 둔 공책을 발견했습니다. 게다가 쿠바 공산당 소속이었던 대원[파블로 리발타]이 쿠바 공산당 관련 서류가 든 배낭을 남겨 두었습니다.〉

정부군은 대대적인 선전으로 맹공격을 펼치면서 새로 획득한 〈공산주의 증거〉를 이용해서 반군에 대한 공포와 증오를 군인들에게 주입했다. 9월 21일에 수아레스 수케트 중령은 체의 이동 경로에 주둔하고 있던 정부군 장교들에게 전신을 보내 가능한 모든 자원을 이용하고 〈용기를 그러모아〉서 〈신념에 관계없이 사람들을 죽이〉는 〈게릴라 적군〉을 저지하라고 명령하면서 이렇게 말했다. 〈얼마 전에 항상 법을 어기며 살아온 외국인 《체 게바라》와 그의 앞잡이들로부터 입수한 공산주의 문서는…… 이들이 모두 크렘린으로부터 돈을 받고 있다는 사실을 보여 준다. …… 전진하라, 쿠바 병사들이여. 우리는 이 지역에 몰래 침투한 쥐새끼들이 다시 도망가지 못하게 할 것이다.〉

　정부군에게 바짝 쫓기는 것만으로도 상황이 충분히 나빴지만, 에스캄브라이에 접근하던 체는 설상가상으로 자신이 대립과 간계가 들끓는 소굴로 향하고 있음을 깨달았다. 에스캄브라이에서는 여러 무장 단체들이 활동하고 있었고 사실상 모두가 영향력과 지배권을 두고 경쟁을 벌였다. 몇몇은 가축을 훔치는 약탈자들이나 다름없었다. 체가 아직 에스캄브라이에 도착하기 전이었던 10월 7일에 에스캄브리아의 어느 반군 대표가 체를 찾아와서 엘로이 구티에레스 메노요에 대한 〈불평을 묵주처럼 줄줄이〉 늘어놓았다. 구티에레스 메노요는 초몬이 이끄는 혁명지도자단에서 갈라져 나와 스스로 〈에스캄브라이 제2전국전선〉을 만들었다. 두 당파는 적대감을 공공연히 드러내며 제각각 자신의 영토를 개척했다. 얼마 전 구티에레스 메노요가 라스비야스에서 활동 중인 7월 26일 운동 게릴라 군단의 지도자 빅토르 보르돈 마차도를 잠시 잡아둔 적이 있었기 때문에 메노요 세력과 7월 26일 운동이 무장 충돌을 일으키기 직전이었다. 체는 보르돈에게 자신을 만나러 오라는 전언을 보내고 일기에 이렇게 썼다. 〈이곳에서 내가 받은 인상은 처리해야 할 더러운 빨랫감이 사방에 쌓여 있다는 것이다.〉

피델은 체에게 전쟁을 쿠바 중부로 확장시킬 뿐 아니라 다양한 당파를 〈통합〉하여 자기 손에 넘기라고 명령했다. 그러나 체는 7월 26일 운동의 도움에는 크게 의지하지 않았다. 대신 그는 야노에서 지금까지의 경험을 통해 가장 자연스러운 동맹이 누구인지 깨달았다. 바로 쿠바 공산당이었다.

체가 도착하자 쿠바 공산당은 무장 투쟁에서 중요한 역할을 차지할 황금 같은 기회를 얻었다. 지금까지 지역의 다른 당파들은 쿠바 공산당에 중요한 역할을 맡기지 않으려 했다. 쿠바 공산당은 이제 공산당 장교 펠릭스 토레스가 이끄는 무장 병사 65명으로 라스비야스 북부 야과하이에 반군 전선 〈막시모 고메스〉를 세웠다. 그러나 토레스는 7월 26일 운동 지부와 구티에레스 메노요의 〈제2 전국전선〉 모두로부터 연합을 거절당하는 수모를 겪고 있었다.

체가 에스캄브라이로 접근 중이던 10월 초에 공산당이 재빨리 밀사를 보내 인사를 전했다. 공산당은 체를 안내해 주고 자금을 제공했으며 체의 부대가 에스캄브라이에 자리를 잡고 나면 선전 활동에 필요한 무선 송수신기와 등사판을 주겠다고 약속했다. 체는 고마워하며 제안을 수락했고 라스비야스에서 공산당 지도자들과 직접 만나고 싶다고 요청했다.

체와 부하들은 무거운 발걸음으로 진흙탕과 늪지를 헤치며 전진했다. 그들은 이따금 정부군 전투기에 시달리며 일주일을 더 힘들게 행진한 끝에 에스캄브라이의 작은 구릉에 위치한 농장에 도착했다. 체의 부대는 굶주리고 병들고 지쳐 있었지만 쿠바의 절반이 넘는 600킬로미터 이상의 거리를 대부분 걸어서 횡단한 후였다. 체가 요청했던 대로 공산당 관리가 농장에서 그들을 맞이했다.

스물여섯 살의 오비디오 디아스 로드리게스는 라스비야스 주 사회주의청년단의 서기관이었다. 공산당이 로드리게스를 보내 체를 기다리라고 하자 그는 중간에서 체를 만나려고 말을 타고 출발했다. 두 사람이 만난 날은 무척 고된 날이었지만 — 계속 내린 비 때문에 온몸이 젖어서 물이 뚝뚝 떨어졌다 — 디아스는 무척 기뻐했다. 정부가 〈아르헨티나 공산주의자〉에 대해 끊임없이 선전했기 때문에 디아스는 게바라를 더욱 존경하게 되었고 체와의 만남이 가까워지자 감정에 북받쳤다. 디아스는 〈그를 만났을 때 끌어안고 싶었습니다〉라고 회상했지만 체가 손을 내밀어 인사하자 디아스는 수줍게 자기 계획을 포기했다. 「무척 말라보였기 때문에 나는 그가 시에라마에스트라를 떠난 이후 겪었을 온갖 고난을 상상할 수 있었습니다. 나는 그의 성격에, 또 모든 부하들이 그에게 드러내는 존경심에 깊은 인상을 받았습니다. 그래서 나는 더욱 감탄하게 되었습니다.」

체는 특유의 무뚝뚝한 태도로 캠프에 정면으로 접근한 것은 신중하지 못한 행동이었다고 디아스를 나무랐다. 체는 〈우리의 흔적을 따라왔어야지요〉라고 한마디 하고 나서 디아스에게 자리를 권한 다음 이야기를 나누었다. 「그는 에스캄브라이와 그곳의 무장 단체들이 어떤 상황이며 공산당이 에스캄브라이 지방과 산속에서 어떻게 활동하고 있는지, 또 공산당이 어떤 도움을 받고 있으며 그 지역의 사회주의 기반이 얼마나 강한지 내가 아는 대로 전부 요약해서 알려 달라고 했습니다. 그는 나를 존중하며 상냥하게 대했습니다.」

체는 10월 15일 일기에 〈쿠바 공산당 대표〉를 만났으며 그가 여러 무장 단체들과 합동 협정을 끌어낸다면 공산당은 〈그의 처분대로〉 따를 것을 약속했다고 적었다.

카밀로도 쿠바 공산당과 접촉했다. 그의 부대는 펠릭스 토레스의 부대가 주둔 중인 북쪽 야과하이로 향했고, 10월 8일에 카밀로와 토레스가 전투 지역에서 만났다. 토레스는 부하들과 함께 기꺼이 카밀로의 휘하에 들어가겠다고 했고 카밀로도 그 제안을 받아들였다. 그때부터 카밀로와 토레스는 각자의 군대를 유지하되 서로 협력해서 작전을 수행했다. 피델은 이 결정에 무척 만족하며 카밀로에게 피나르델리오까지 밀고 나가지 말고 라스비야스에 머물면서 체의 작전을 지원하라고 명령했다.

그 후 며칠 동안 체와 부하들이 에스캄브라이로 공식적으로 진입하는 동안 디아스가 여러 번 다시 찾아와서 상황을 정리해 주었다. 디아스는 체의 캠프를 찾아올 때마다 그의 지도력에 점점 더 큰 인상을 받았다. 〈그는 부하들을 완벽할 만큼 잘 알았습니다. 다른 혁명 단체에서 들어온 사람은 누군지, 노동자나 농부였다가 반군이 된 사람은 누군지, 소양이 부족해서 공산주의에 반대하는 사람은 누군지 다 알았습니다. 그는 투지에 따라 부하들을 평가했지만 우파와 좌파를 구분하는 방법을 확실히 알았습니다.〉

체의 부대는 언제나처럼 다양한 대원들이 잡다하게 섞여 있었다. 체는 비교적 경험이 부족한 미나스델프리오 졸업생들뿐 아니라 자신이 아끼던 부하들도 함께 데려왔다. 공산주의자 리발타와 아코스타, 깊이 신뢰하는 부관 라미로 발데스가 바로 그들이었다. 라미로가 사악해 보이는 염소수염을 기르자 체는 그가 수염 때문에 KGB 창립자 펠릭스 제르진스키처럼 보인다고 말하곤 했다. 젊은 의사 오스카리토 페르난데스 멜도 동행했는데 체는 그를 〈프티 부르주아〉라며 놀리곤 했고 그와 함께 다니기를 좋아했다.

또 호엘 이글레시아스, 길레 파르도, 저돌적인 〈결사대〉를 이끌었던 바케리토, 아세베도 형제 등 충성심 강한 청년들도 함께했다. 또한 〈엘 네그로〉 라사로처럼 사람들의 이목을 끄는 부하도 있었다. 몸집이 큰 용감한 흑인이었던 라사로는 유머 감각이 대단해서 자기가 타고 다닐 말을 발견했을 때를 대비해서라며 전쟁 내내 말안장을 끌고 다녔지만 물론 말은 절대 손에 넣지 못했다.

마지막으로 체와 평생을 함께할 젊은이들도 동행했다. 이들은 대부분 전쟁이 끝난 후에도 개인 경호원이 되어 체의 곁을 지켰고 그 이후의 게릴라 활동도 함께했다. 대부분 정치적 개념은 거의 없었지만 모험을 간절히 바랐기 때문에 이들에게 체는 영광스러운 미래의 삶으로 나아가는 열쇠였고, 이들 역시 후에 현대의 〈해방 영웅〉이 될 터였다.*

체의 어떤 점이 부하들을 이토록 매료시켰을까? 체는 그들과 정반대였다. 외국인이었고, 지식인이었으며, 전문직 자격을 가지고 있었고, 그들이 이해하지 못하는 책을 읽었다. 지도자로서 체는 많은 것을 요구하고 엄격했으며 벌을 줄 때는 악명을 떨칠 만큼 가혹했다. 특히 체는 〈진정한 혁명가〉로 만들기 위해서 자신이 직접 선별한 부하들에게 더욱 가혹하게 대했다. 미나스델프리오에서 아리 비예가스가 몇몇 청년들과 함께 음식이 엉망이라며 단식 투쟁을 시작하자 체가 총살하겠다고 위협했다. 결국 피델과 논의한 끝에 체는 처벌을 완화하여 〈진짜 배고픈 것이 무엇인지 깨닫도록〉 비예가스에게 5일간 금식하라는 처벌을 내렸다. 이 사건만이 아니었다. 체의 부하들은 다른 사령관이라면 그냥 넘어갔을 일, 혹은 다른 사령관들도 간혹 저지르는 실수 때문에 체에게서 가혹한 처벌을 받는 일이 수도 없이 많았다.

그러나 체는 달랐고 부하들도 그 사실을 알았다. 체는 스스로에게 더 많은 것을 요구했기 때문에 부하들에게도 많은 것을 요구할 수 있었다. 그가 내리는 모든 처분에는 설명이 뒤따랐다. 사회적 양심과 개인적인 모범, 자기희생

* 자세한 내용은 부록 참조.

의 중요성에 대한 설교였다. 체는 부하들에게 벌을 줄 때 그들이 벌을 받는 이유가 무엇인지, 어떻게 하면 실수를 만회할 수 있는지를 깨닫기 바랐다. 당연히 모든 대원이 체의 부대에 맞지는 않았다. 많은 대원들이 체의 엄중한 요구나 힘든 고난을 견디지 못하고 떨어져 나갔지만 남은 대원들은 〈체와 함께〉라는 것에 특별한 자부심을 느꼈다. 또한 체는 부하들과 똑같이 생활하면서 자신의 지위에 걸맞은 특별한 사치를 거부했고 전투를 할 때도 부하들과 함께 위험을 무릅썼기 때문에 부하들의 존경과 헌신을 받았다. 절반이 흑인이고 대다수가 가난한 농장 출신이었던 젊은 부하들에게 체는 안내자이자 선생님이었고 흉내 내며 따라 살고 싶은 본보기였다. 시간이 지나면서 부하들은 체가 믿는 것은 무엇이든 믿으려 했다.*

한편 체는 신중하게 숨기려고 했지만 자신이 만든 진지한 혁명가라는 이미지 때문에 개인적인 대가를 치르고 있

---

* 에스캄브라이로 가는 기나긴 원정을 체와 함께한 부하들 가운데는 훌륭한 대원들이 많았지만 그렇지 않은 대원들도 있었다. 체는 피델에게 〈부대의 오합지졸을 몰아내기 위해서〉 10월 7일에 부하 일곱 명을 내보냈다고 말했다. 다음 날 밤 미국인 지원자 허먼 마크스 대위도 떠났다. 한국 전쟁 참전용사였던 그링고 허먼 마크스는 뛰어난 교관으로 몇 달 동안 체의 전사들을 가르쳤고 잇단 전투에서 유능함을 증명해 보였지만, 체는 그가 떠난 것을 아쉬워하지 않았다. 체는 일기에 이렇게 적었다. 〈그는 부상을 당해서 아프기도 하지만 근본적으로 우리 부대에 맞지 않다.〉 엔리케 아세베도는 허먼 마크스에 대해 더 자세히 설명했다. 미국인 마크스는 〈전투에서 용감하고 열정적이었지만 평화로운 캠프에서는 독재적이고 제멋대로였다〉. 특히 엔리케 아세베도에 따르면 그는 사형 선고를 받은 대원들을 처형하는 것을 이상하리만큼 좋아해서 종종 과도한 열정으로 처형 임무에 자원했다.

었다. 소일라와의 관계, 노새들에 대한 집착, 애완동물을 키우는 버릇 모두 그가 스스로 선택한 힘든 삶을 달래 줄 부드러움과 위안을 갈구했다는 표시로 읽힐 수 있다.

에스캄브라이에 도착한 체는 그의 전담 전령 리디아가 곧 합류하리라고 생각했다. 리디아는 체와 피델이나 아바나 측과의 통신을 담당할 예정이었다. 체는 자신이 전투를 벌였던 계곡의 이름을 딴 강아지 〈옴브리토〉를 키우다가 시에라마에스트라에 두고 왔는데, 리디아가 옴브리토를 대신할 강아지를 가져오기로 약속한 터였다. 그러나 리디아는 오지 못했다. 리디아는 여자 동지 클로도미라와 함께 누군가의 배신으로 붙잡혔고 바티스타의 요원들에 의해 〈사라졌다〉.

체는 리디아를 잃고 깊은 상실감에 빠졌다. 리디아가 살해당한 지 몇 달 후에 그는 이렇게 썼다. 〈개인적으로 리디아는 내게 특별한 자리를 차지하고 있다. 그렇기 때문에 나는 오늘 그녀를 기리며 이러한 추억을 바치려 한다. 그녀는 한때 행복한 섬이었지만 지금은 공동묘지가 된 이 나라에 바친 수수한 꽃이었다.〉

체는 카마구에이를 횡단하다가 시로 레돈도가 죽은 후 계속 쓰고 다니던 시로의 모자를 잃어버렸다. 그래서 체는 시로의 군모 대신 검은색 베레모를 썼고, 이것은 결국 그의 트레이드마크가 되었다. 그러나 당시에는 대신할 수 없는 소중한 물건을 잃은 셈이었다. 오스카리토 페르난데스 멜은 체가 그날처럼 기분이 상한 모습을 거의 본 적이 없었다. 멜은 이렇게 회상했다. 「그 모자는 엉망이었습니다. 챙은 떨어져 나가고 더럽고 조악했지만 체는 단지 그것이 시로의 모자라는 이유로 계속 쓰고 싶어 했습니다. ······아마 시로와의 우정을 이어 가는 기분이었을 겁니다. 체는 무척 강인하면서도 비상할 정도로 감상적인 사람이었습니다.」

2

체는 에스캄브라이에서 서로 대립하고 있던 반란 단체들을 평가하면서 자신이 권위를 세우고 효과적인 전선을 조직하려면 재빨리 움직여야 한다는 사실을 깨달았다. 그의 첫 번째 임무는 그 지역의 정부군 파견대를 공격하고 라스비야스의 모든 교통을 차단하는 것이었다. 이것은 겨우 2주일 뒤인 11월 3일에 실시될 대통령 선거라는 〈소극(笑劇)〉을 방해하기 위한 반군의 전략 중 하나였다.

현실과 동떨어진 정치계에서는 후보군이 제한되어 있기 때문에 정말 깊이 검토해야 한다고 생각했다. 바티스타의 뒤를 이을 안드레스 리베로 아구에로 수상에 대항하는 후보는 오르토독소당에서 탈당한 정치가 카를로스 마르케스 스테를링과 신임을 잃은 전직 대통령이자 아우텐티코당을 이끌던 라몬 그라우 산마르틴이었다. 당연히 시민들 사이에서 열기는 거의 찾아볼 수 없었고 투표 참여는 아주 저조할 것으로 예상되었다.

이와 대조적으로 반군은 급속도로 세력이 커지고 있었다. 쿠바의 정치적 미래로 가는 열쇠를 쥐고 있는 사람들은 아바나의 깔끔한 정치가들이 아니라 털북숭이 barbudo — 게릴라들은 수염과 머리카락이 길었기 때문에 보통 이렇게 불렸다 — 들이라고 생각하는 사람들이 점점 더 많아졌다. 피델은 이렇게 점점 커져 가는 인기를 이용하기 위해 선거를 기회로 삼아 쿠바 섬 전체에서 공격을 시작하고 싶어 했다. 그는 이번에야말로 사람들이 단결된 모습을 보여 줄 것이라고 기대했다. 피델은 교통만 차단하는 것이 아니라 복권 불매 운동을 펼치고 신문도 사지 말며 모든 파티나 축제에 참석하지 말라고 포고했다. 시민들은 정권의 수입을 차단하기 위해서 극소수의 생필품만을 구매해야 한다는 것이었다. 또한 피델은 누구든 그의 선거 반대에 의문을 품을 경우를 대비해서 투옥과 죽음으로 모든 후보들을 위협했다.

피델은 자신의 선언을 시행하기 위해서 새로운 부대들을 보내 카마구에이와 오리엔테의 야노에서 작전을 실시하게 했고 후안 알메이다에게 산티아고 시를 포위하라고 명령했다. 또 그가 도시 지역 행동 단체에 대한 제한을 거둬들였기 때문에 9월에는 도시 행동 단체들이 아바나에서 대대적인 공격을 벌였다. 행동 단체들은 정부의 무선국 두 곳을 파괴하고 쿠바의 주요 공항인 란초 보예로스에 불을 질렀다.

그러나 바티스타 정권의 정치 탄압은 줄어들지 않고 계속되었다. 경찰이 아바나의 어린 두 자매를 포함해 민간인 여럿을 살해하는 소름 끼치는 사건들이 일어나자 사람들은 분노하며 넌더리를 쳤다. CIA로부터 자금을 지원받는 공산주의활동진압국은 구금 중인 정치범 용의자들을 끔찍하게 고문한다는 악명이 자자해서 CIA 감찰관이 불평을 할 정도였다. 9월에 카마구에이에 주둔 중이던 체의 부대 하나가 매복 공격을 당해서 반군 18명이 죽었고 부상병을 포함한 11명이 생포된 뒤 약식으로 처형되었다.

쿠바 혁명은 아주 멀리 떨어진 나라들까지 끌어들이기 시작했다. 미 국무부가 쿠바 정권에 대한 무기 공급을 중단한 상황이었기 때문에 바티스타는 다른 무기상을 알아보기 시작했다. 영국의 시퓨리Sea Fury 전투기 15대가 쿠바 정부에 판매되었다는 소식이 보도되자 피델의 중재자가 해럴드 맥밀런 영국 수상에게 판매를 중지하라고 호소했지만 돌아온 것은 무시뿐이었다. 피델은 이에 대응하여 쿠바 내 모든 영국 소유 자산을 압수한다고 발표했고 대중의 영국 상품 불매 운동을 촉구했다.

피델과 워싱턴 사이에 앞으로 일어날 대결의 최종 리허설이나 다름없는 설전이 시작되었다. 백악관은 쿠바에 주둔 중인 미군을 철수하라는 반군의 호소를 거절했고, 더욱 적대적이었던 국무부는 반군이 매복 공격으로 텍사코 사의 미국인 직원 두 명을 붙잡자 〈조치를 취하겠다〉고 말했다. 10월 말에 바티스타는 니카로의 미국 니켈 광산을 지키던 군인들을 철수시켰다. 라울의 부대가 광산을 점거하러 가자 미국 해군이 수송선을 보내 항공모함의 지원을 받으며 그곳에 있던 미국 민간인 55명을 피신시켰다. 국무부는 반군이 또다시 미국인을 인질로 잡으면 보복 행동을 취하겠다고 은근히 협박했다.

피델은 재빨리 이에 대응하여 국무부가 〈그들의 자국으

로 하여금 우리의 주권을 침해하는 행동을 취하게 만드는〉
실수를 저지른다면 〈우리는 주권을 명예롭게 지키는 방법
을 알고 있음을 분명히 보여 줄 것〉이라고 경고했다.

한편 정부군의 전면 공격이 실패한 이후 군대 내에 불만
이 들끓고 있다는 보고가 점점 늘어 갔다. 피델은 이러한
경향을 이용하기 위해서 기회만 있으면 방송을 통해 쿠바
정부군 소속 군인들을 칭송하면서 자신은 〈조국〉을 대변
하고 있지만 그들은 〈독재자〉를 위해 봉사하고 있다며 다
시 생각해 보라고 설득했다. 그는 장교든 군인이든 조국을
택하기로 결심하고 무기를 들고 반군의 〈자유 영토〉로 오
면 언제든 환영한다고 말했다. 피델은 군인들이 현재 받고
있는 월급을 계속 지급할 것이며 전쟁이 끝날 때까지 무료
숙식을 제공하겠다고 약속했다. 그는 또 칸티요 장군에게
다시 편지를 써서 바티스타에 대항하여 군사 폭동을 일으
키라고 설득했지만 육군 사령관 칸티요는 모호한 태도를
유지했다. 두 사람의 쫓고 쫓기는 게임은 전쟁이 끝날 때까
지 계속될 것이었다. 또한 피델의 요원 한 명이 불만을 품
고 있던 몇몇 장교들에게 군대를 이탈하여 자체적으로 반
군 부대를 만들라고 설득하는 중이었다. 장교들이 반란 부
대를 조직하면 피델에게는 무척 중요한 선전용 쿠데타가
될 것이었고 군대의 분열을 가속화할 터였다.

피델이 계획을 세우고 전략을 짜는 동안 수많은 방문자
와 밀사가 계속 시에라마에스트라를 드나들었고 쿠바 공
산당 관리 카를로스 라파엘 로드리게스를 비롯한 몇 명은
아예 상주하는 손님이 되었다. 시에라마에스트라의 생활

은 확실히 나아졌다. 야노의 식당에서 특별히 데려온 요리사 덕분에 피델은 다시 잘 먹었고 몸무게까지 늘었다. 전용 지프도 있었고 발전기도 있어서 언제든지 전력을 이용할 수 있었다. 피델이 책을 읽거나 축음기로 고전 음악을 들을 시간도 있었다. 또 원할 때면 언제든지 전화로 외부와 대화를 나눌 수도 있었다. 이른바 피델의 문을 지키는 사자였던 셀리아가 피델과 2인용 침대를 함께 썼다. 삶은 즐거웠다.

피델은 미래에 대한 자신감으로 넘쳤지만 자만하지는 않았다. 오리엔테의 반군 수는 이제 800명이 넘어서고 있었다. 여름에 정부군이 전면 공격을 할 당시 획득한 물자에 더해져 해외에서 무기가 공수되었기 때문에 무기와 탄약은 더 이상 부족하지 않았다. 피델은 또 군자금을 성공리에 모았다. 그는 설탕 수확량 약 250파운드(약 113킬로그램)당 15센트의 세금을 부과했는데 오리엔테의 설탕 정제소는 미국 소유 정제소를 포함하여 모두 세금을 내고 있었다. 이제 반군은 페드로 루이스 디아스 란스가 지휘하는 공군까지 갖춘 상태였다.

동시에 피델은 〈시에라마에스트라 제1법령〉이라는 이름으로 오랫동안 계획해 온 토지개혁 법안을 발표했다. 그는 포고문을 통해서 국유지 및 바티스타가 가진 모든 땅을 토지가 없는 농부들에게 나누어 주고 150에이커(약 600평방미터) 이하의 토지 소유권은 계속 보장하며 대규모의 〈유휴〉 토지를 몰수할 경우에는 보상을 하겠다고 약속했다. 가장 중요한 점은 적어도 미래의 일에 대해서는 피델이 공산당과 그 어느 때보다도 공공연한 연합에 가까이 다가가고 있었다는 점이다. 10월 말에는 쿠바 공산당도 참가하는 새로운 노동전선 — 전국통일노동자전선FONU — 결성이 발표되었다.

피델은 언제나 그랬던 것처럼 다각적으로 움직이고 있었다. 그는 중도적인 토지개혁 법안으로 반공산주의 동맹 세력을 달래는 동시에 공산주의자들과는 노동전선 합병을 훨씬 넘어서는 동맹을 구축하고 있었다. 체와 라울, 카밀로가 이미 실제적인 기초 작업을 수행하는 중이었다.

라울의 제2전선에서는 쿠바 공산당과 7월 26일 운동 사이에 정치적, 군사적 동맹이 활발히 진행되고 있었다. 페페 라미레스가 조직한 〈농민 대회〉가 9월에 개최되어 라울이 의장을 맡았다. 마찬가지로 카밀로는 라스비야스에 도착한 직후 〈설탕 노동자 전국 대회〉 설립을 위한 행동 계획에 착수했다. 설탕 노동자 대회는 반군이 승리하기 직전인 12월에 개최되긴 했지만, 카밀로의 계획은 체가 다른 곳에서 막 시작하려던 다른 일들과 마찬가지로 7월 26일 운동과 쿠바 공산당의 점진적 합병의 첫 단계에 해당했고, 결국에는 피델을 우두머리로 하는 새로운 쿠바 공산당의 탄생으로 이어지게 될 터였다.

체는 오리엔테와 카마구에이를 거쳐 행군할 때 토지개혁을 염두에 두고 있었지만 살아남기 위해 노력하는 것만으로도 너무 바빠서 많은 일을 하지는 못했다. 체는 출발 후 일주일이 지나서 쌀을 재배하는 동부 카마구에이에 도착했을 때 대규모 개인 농장에서 일하는 노동자들에게 쌀

재배 농부연합을 만들라고 설득하여 열정적인 반응을 얻어 냈다. 체는 나중에 피델에게 이렇게 말했다. 「사회적 의식을 가진 한 사람만 있으면 이 지역에서 놀라운 일을 할 수 있습니다. 몸을 숨길 초목도 많습니다. ……무장 게릴라 30명으로 구성된 부대 하나만 있으면 이 지역에서 놀라운 일을 이루어 혁명을 일으킬 수 있습니다.」

체는 3주 후 바티스타 동조자가 소유한 서부 카마구에이의 거대한 쌀 농장에 도착했을 때 행군을 멈추고 미국인 관리자에게 말을 걸었다. 그는 일기에 이렇게 적었다. 〈나는 관리자에게 말을 걸어 우리가 가진 경제 개념의 요지를 설명하고 쌀 산업을 확실히 보호할 것이라고 말해 주었다. 그가 주인에게 전달할 수 있도록 말이다.〉 호엘 이글레시아스는 이 우연한 만남을 더욱 자세히 기억했다.

「우리가 그곳을 떠날 때 체가 나에게 물었습니다. 〈저 사람에 대해서 어떻게 생각하지?〉 나는 그 사람들이 마음에 안 든다고 대답했습니다. 그러자 체가 말했습니다. 〈나도 그래, 결국 우리는 그들과 싸워야 할 거야.〉 그러고는 이렇게 덧붙였습니다. 〈나는 그들과 싸우다가 언덕 꼭대기 바위 뒤에서 입가에 미소를 띠며 죽을 거야.〉」

그러나 체는 양키들과 싸우기 전에 먼저 다른 적을 대면해야 했다. 그는 10월 16일에 에스캄브라이 본토에 진입하자마자 복잡한 음모에 둘러싸였다. 구티에레스 메노요가 이끄는 혁명지도자단 분파 〈제2전국전선〉은 7월 26일 운동 사령관 빅토르 보르돈에게 적대적이었을 뿐 아니라 파우레 초몬이 이끄는 혁명지도자단 무장 단체와도 사이가 나빴다. 게다가 7월 26일 운동 내에도 불화가 있었다.

라스비야스 주(州)의 7월 26일 운동 전국지도부 대표단이 체를 찾아와 보르돈에 대한 불평을 늘어놓았다. 그들은 보르돈이 〈공격적〉으로 변했으며 독단적으로 행동한다고 말했다. 체는 사태가 진정되기를 바라면서 며칠 내로 혁명 지도자단 기지에서 회의를 하자고 요청했다. 한편 그는 라스비야스 지역에서 반란 세력들이 단결할 필요가 있다고 7월 26일 운동 사람들을 설득하면서 선거 기간 동안 라스비야스 주의 도시들에서 합동 봉기를 일으키고 게릴라 공격을 하자고 제안했다. 체는 이렇게 말했다. 〈이 생각에 열의를 보이는 사람은 별로 없었다.〉

체가 로스가빌라네스에 임시 캠프를 세웠을 때 구티에레스 메노요가 이끄는 제2전국전선의 한 장교가 접근해 왔다. 제2전국전선은 반공산주의를 표방했고 산적질로 악명이 높았지만 체는 어떤 형태로든 반바티스타 연합이 이루어질 수 있을지 가능성을 타진하고 싶었다. 10월 중순에 체와 부하들이 제2전국전선 군사 지도자 중에서도 악명이 높은 코만단테 헤수스 카레라스의 캠프를 향해 출발했다. 이틀 동안 걸어서 캠프에 도착하자 카레라스는 없고 위협적인 통지만 남아 있었다. 체의 일기에 따르면 카레라스가 남긴 통지문에는 〈어떤 군단도 이 영토를 지날 수 없으며 처음에는 경고로 끝나지만 두 번째에는 쫓아내거나 몰살하겠다〉라고 적혀 있었다.

카레라스가 돌아왔을 때 체는 〈그가 이미 술 반병, 즉 하루 할당량의 반을 마셨음〉을 알 수 있었다. 체가 카레라스

에게 〈경고〉라는 단어를 쓰다니 〈허용〉할 수 없다고 도전
적으로 말하자 그는 재빨리 꼬리를 내리며 체가 아니라 혁
명지도자단의 약탈 전사들에게 한 협박이었다고 설명했
다. 체는 자신이 일을 외교적으로 잘 처리했다고 생각하며
떠났지만 카레라스가 〈적〉이라는 사실도 알았다.*

체는 로스아로요스의 혁명지도자단 본부로 이동하여
두 지도자 파우레 초몬과 롤란도 쿠벨라를 만났다. 두 사
람은 7월 26일 운동과의 협동은 받아들이려 했지만 제2전
국전선이나 공산주의자들과의 대화는 거부했고, 체와 단
결 협정을 맺을 때 독립적인 지위를 포기하지 않겠다는 뜻
을 강조했다. 체는 대안으로 〈다른 세력들이 자유롭게 활
동할 수 있는 영향 지역과 영토를 구문하는 방안〉을 강구
해 보라고 제안했다. 체는 세세한 부분은 제쳐 두고 우선
정부군 수비대가 주둔 중인 에스캄브라이 기슭의 기니아
데미란다 마을을 합동 공격한 다음 혁명지도자단과 체의
부대가 노획한 무기를 똑같이 나누자고 제안했다. 체는 일
기에 〈그들이 원칙적으로는 제안을 받아들였지만 별다른
열의는 없었다〉고 적었다.

체는 대단한 성과를 거두지는 못했지만 적어도 어딘가
를 향해 나아가고 있었다. 동시에 그는 7월 26일 운동과 힘
싸움을 벌이고 있었다. 7월 26일 운동 라스비야스 지역의

* 혁명 성공 이후 카레라스는 불만을 품은 다른 혁명 전사들과 함께 에스캄브
라이로 돌아가서 혁명에 반대하는 게릴라 전쟁에 참가하여 무기를 들었다. 그
는 결국 잡혀서 1961년에 처형되었다.

새로운 책임자이자 〈시에라〉라고도 불리던 엔리케 올투스키가 체를 만나러 왔다.

올투스키가 체의 캠프에 도착한 때는 칠흑같이 어두운 밤이었고 게릴라들이 모닥불 주위를 어슬렁거리고 있었다. 그가 게릴라들의 얼굴을 확인하려고 가까이 다가갔다. 「나는 마음속으로 신문에서 본 체의 모습을 떠올렸습니다. 하지만 그 얼굴은 없었습니다. 그런데 중간 정도 체격에 머리카락이 길고 베레모를 쓴 남자가 하나 있었습니다. 수염은 그리 무성하지는 않았습니다. 그는 셔츠를 열어젖힌 채 짧은 검은색 망토를 두르고 있었습니다. 모닥불 불빛과 입양옆으로 늘어진 수염 때문에 중국인 같아 보였습니다. 나는 칭기즈 칸을 떠올렸습니다.」

두 사람의 첫 만남은 원만하지 않았다. 폴란드 이민자의 아들이며 아바나 태생인 올투스키는 공학을 공부했지만 혁명을 위해서 자기 경력을 제쳐 두고 반군에 뛰어든 사람이었다. 그는 〈시민 저항〉 조직을 도왔고 7월 26일 운동 전국지도부의 일원이었다. 또한 반공주의자이기도 했다.

올투스키와 체는 처음 만난 순간부터 의견이 잘 맞지 않았고 체가 라스비야스의 은행을 털어서 자금을 마련하자고 제안했을 때 처음으로 의견 충돌을 겪었다. 올투스키와 야노 동지들은 체의 제안에 강력하게 반대했다. 체는 경멸스럽다는 듯 일기에 이렇게 썼다.

〈내가 마을에 있는 모든 은행에 대해 알려 달라고, 은행을 공격해서 돈을 빼앗자고 말하자 그들은 바닥을 구르며 고통스러워했다. 그들은 토지 무료 분배에 침묵으로 반대

함으로써 그들, 특히 시에라 올투스키가 거대 자본의 이익에 예속되어 있음을 증명했다.〉

올투스키는 회고록에서 그와 체가 토지개혁을 둘러싸고 벌인 논쟁을 자신의 입장에서 재구성했다.

게바라: 우리는 영역을 넓히고 통합하면서 토지개혁을 실시할 것이오. 그 땅에서 일하는 사람들에게 토지를 나누어 줄 겁니다. 토지개혁에 대해서 어떻게 생각하시오?

올투스키: 불가피하지요. [체의 눈빛이 환해졌다] 토지개혁 없이는 경제적 진보가 불가능합니다.

게바라: 사회적 진보도 그렇지요.

올투스키: 네, 물론입니다. 저는 7월 26일 운동을 위해서 토지에 대한 글을 쓴 적이 있습니다.

게바라: 그래요? 어떤 내용입니까?

올투스키: 모든 유휴지를 농부들에게 나누어 주고 대지주들에게 압력을 넣어서 농부들이 본인의 돈으로 토지를 살 수 있게 하는 겁니다. 그러면 토지가 원가로 농부들에게 팔릴 것입니다.

게바라: 그건 반동적이오. [체가 분노를 터뜨렸다] 어떻게 그 땅에서 일하는 사람들에게 돈을 지불하게 한단 말이오? 당신도 다른 야노 사람들과 마찬가지로군.

올투스키: [나는 그가 빨갱이임을 알아차렸다] 제기랄, 그러면 우리가 어떻게 해야 한단 말이오? 그냥 줘버

립니까? 멕시코에서 그랬던 것처럼 사람들이 땅
을 모두 파괴하도록 말입니까? 인간은 자신이
가진 것을 얻기 위해 노력했음을 느껴야 하는 법
입니다.

게바라:　그런 바보 같은 소린 집어치우시오. 당신이 한
말을 잘 생각해 보시오! [목에 정맥이 도드라질 정
도로 체가 흥분해 소리쳤다]

올투스키:　게다가 우리는 상황을 위장해야 합니다. 우리가
그렇게 대놓고 그런 일을 하면 미국이 가만히 앉
아서 보고만 있을 거라고는 생각하지 마십시오.
더욱 신중해질 필요가 있소.

게바라:　당신도 미국인들 등 뒤에서 혁명을 할 수 있다고
생각하는 사람들 중 하나로군. 당신은 정말 개똥
같은 인간이오! 혁명은 처음부터 제국주의에 대
항해서 죽기 살기로 싸우는 것이오. 진정한 혁명
은 위장할 수 없소.

체와 라스비야스 지역 7월 26일 운동 조직원들 사이의
여러 문제들이 아직 해결되지 않고 있던 10월 22일에 제
2전국전선과도 새로운 문제가 발생했다. 〈지역 농부들의
가축을 훔치는 것으로 유명한〉 페냐 사령관이 체를 찾아
왔다. 체는 일기에 이렇게 적었다. 〈그는 처음에는 무척 친
근하게 굴었지만 나중에 본색을 드러냈다. 우리는 우호적
으로, 그러나 공공연한 적이 되어 헤어졌다.〉
　페냐는 체에게 자신의 영역 내에 있는 기니아데미란다

를 공격하지 말라고 경고했지만, 체는 〈당연히 그의 말에 신경 쓰지 않았다〉. 그러나 부하들이 신고 있던 장화가 오랜 행군 때문에 썩어 가고 있었으므로 공격을 시작하기 전에 먼저 새 신발을 사야 했다. 체는 7월 26일 운동이 체의 부하들에게 장화 40켤레를 보냈지만 제2전국전선이 〈착복〉했다는 사실을 알고 크게 화를 냈다. 이 사건은 체의 인내심을 바닥나게 한 마지막 일격이었다. 체와 제2전국전선 사이에 〈폭풍이 일고 있었다〉.

이러한 위기 상황에서 7월 26일 운동 라스비야스 행동 대장 〈디에고〉가 5,000페소와 오래된 피델의 편지를 가지고 도착했는데 둘 다 올투스키 앞으로 온 것이었다. 체는 디에고에게 총공격 명령을 내렸다. 〈야노의 주요 도시 두세 곳의 투표소에 불을 지르고, 카밀로에게 카이바리엔, 레메디오스, 야과하이, 술루에타* 공격 명령을 전하시오.〉 그러나 아직 공격 계획을 정확히 세우지는 않았다. 모든 것은 체가 다른 반란 세력으로부터 얼마만큼의 협력을 얻어 내느냐에 달려 있었다.

10월 25일에 마침내 체를 만나러 온 그 지역의 게릴라 책임자 빅토르 보르돈은 오자마자 혼이 났다. 체는 무엇보다도 보르돈이 자신의 권위를 침해했으며 피델과 만나지도 않았으면서 만났다고 거짓말했다는 사실을 깨달았다. 체는 보르돈을 대위로 강등시키고 보르돈의 부하 200명에게 무기를 가지고 오라고 명령하여 자기 휘하로 편입시켰

* 북부 라스비야스의 도시들.

19장 최후의 공격 725

다. 반대하는 자들은 산지를 떠나라고 했다.

바로 그날 밤 혁명지도자단 지도자들이 체를 찾아와서 다음 날로 계획된 기니아데미란다 공격에 합류할 〈상황이 아니〉라고 말했다. 체도 혁명지도자단이 빠질 가능성을 염두에 두고 있었기 때문에 그들 없이 공격을 진행하겠다고 말했다. 다음 날 밤 체와 부하들은 기니아데미란다로 내려가서 바주카포로 막사 공격을 시작했다. 그러나 첫 발이 목표물을 빗나갔고 정부군이 곧장 총을 쏘기 시작했다. 맹렬한 총격전이 이어졌다. 바주카포를 세 발 더 쏘았지만 모두 빗나갔다. 반군이 쓰러지기 시작했다. 절박해진 체가 직접 바주카포를 잡고 쏘아 첫 발을 막사에 명중시켰다. 막사 안에 있던 군인 14명이 즉시 항복했다.

체는 항복을 받아 냈지만 결과에 전혀 만족하지 않았다. 〈우리는 얼마 안 되는 총알과 고작 소총 여덟 정을 노획했을 뿐이다. 우리가 낭비한 탄알과 소모한 수류탄을 생각하면 진 것이나 다름없다.〉 게다가 반군 두 명이 죽고 일곱 명이 부상을 입었다. 새벽이 되자 반군은 산으로 안전하게 돌아왔다. 그러나 체는 캠프로 복귀하기 전에 훔친 지프를 혁명지도자단에 줄 〈선물〉이라며 그들 캠프 근처에 가져다두었다. 그들이 전투에 참여하지 않은 것을 빈정거리는 기념물이었다.

체는 다른 당파들의 도움이 있든 없든 정부군을 계속 압박하기로 했다. 다음 날 밤 그는 군인 50명이 방어하고 있는 히키마 수비대를 공격하러 떠났다. 그러나 이번에는 조금 더 신중을 기해서 바주카 포병 폰소가 적당한 발포 위치를 찾을 수 없다고 보고하자 날이 새기 직전에 공격을 연기했다. 10월 30일에 체가 시에라로 돌아오자 상크티스피리투스, 카바이관, 포멘토, 플라세타스의 7월 26일 운동 행동대장들이 그를 찾아왔다. 행동대장 전원이 며칠 안에 각자의 도시를 공격한다는 체의 계획을 지지했다. 체는 〈그들은 은행털이에도 동의했고 도와주겠다고 약속했다〉고 썼다.

소규모 접전을 벌이며 며칠이 더 지났다. 체는 11월 3일 선거일에 도시 지역 행동 단체들과 공동으로 일련의 공격을 수행할 부하들을 꾸렸다. 그러나 전투 바로 전날 상크티스피리투스 행동대장이 무척 초조해하며 체를 찾아왔다. 그는 상크티스피리투스의 도시 지역 책임자가 은행 강탈 계획을 눈치채고 일체 도움을 주지 않겠다고 거부했으며 계획이 그대로 진행된다면 행동을 취하겠다는 협박까지 했다고 설명했다. 잠시 후 체는 7월 26일 운동 라스비야스 책임자 올투스키로부터 은행 강도 계획을 포기하라고 위협하는 편지를 받았다. 체는 즉시 강압적인 답장으로 반박했다.

당신은 피델 역시 먹을 것이 하나도 없을 때조차 그런 일을 하지는 않았다고 말했소. 그것은 사실이오. 하지만 그때의 피델은 이러한 행동을 실행할 힘이 없었소. ……편지를 가지고 온 전령에게서 도시 지역 지도자들이 사임하겠다는 협박을 하고 있다는 이야기를 들었소. 나도 그들의 사임에 동의하는 바요. 혁명의 이익에 이토록 도움이 되는 방안을 고의적으로 집단 거부하는 것은 허용할 수 없기 때문에 나는 오히려 그들이 즉시 사임할 것을 요구하오.

슬프지만 내가 총사령관으로 임명되었음을 당신에게 상기시키지 않을 수 없소. 그것은 바로 7월 26일 운동의 명령 계통을 단일화하고 상황을 개선하기 위해서였소. ……도시 지도자들이 사임을 하든 말든 나는 내게 주어진 권위로 산지 부근 마을에서 약한 자들을 모두 몰아낼 생각이오. 나는 동지들이 집단 거부를 할 것이라고는 꿈에도 생각하지 못했소.

이제 나는 야노라는 단어에서 우리가 이미 극복했다고 생각했던 옛 적대감이 되살아나고 있음을 깨달았소. 야노 지도자들은 민중의 의견은 이러이러하다고 자신들만의 생각을 내세우며 민중과 결별했소. 나는 이렇게 묻고 싶소. 지주들은 땅을 일구는 자에게 그 땅이 속해 있다는 우리의 주장에 반대하지만 농민들은 단 한 명도 우리의 주장에 반대하지 않소. 그 이유가 무엇이겠소?

마찬가지로 전사들은 대부분 돈이 한 푼도 없는 상황에서 은행을 터는 것에 찬성하고 있소. 이 두 가지 사실이 연관되어 있지 않겠소? 당신은 금융 기관들이 독단적인 행태를 보이는 경제적 이유에 대해서 이런 식으로 생각해 본 적이 없소? 다른 사람들의 돈을 빌려 주고 투기를 하면서 돈을 버는 자들은 특별 고려 대상이 될 권리가 없소. ……반면에 고통받는 민중은 산과 들판에서 피땀을 흘리며 거짓된 지도자들의 배신 때문에 매일매일 수난을 당하고 있소.

당신은 조직을 파괴한 모든 책임이 내게 있다고 경고했소. 나는 그 책임을 받아들이는 바이며, 7월 26일 운동의 전국지도부가 결정을 내린다면 언제든지 혁명 재판소 앞에 가서 내가 취한 행동에 대해 설명할 준비가 되어 있소. 나는 시에라의 전사들에게 제공된 자금에 대해서는 그것이 어떻게 생긴 것이든 마지막 1센트에 대해서까지 회계 기록을 제출할 것이오. 그러나 나는 또한 당신이 언급한 5만 페소에 대한 회계 기록도 요구할 것이오.*

당신은 내가 직접 서명한 영수증을 달라고 요구했지만 나는 동지들 사이에서 영수증을 쓰는 것에 익숙하지 않소. ······ 내 말은 세상의 그 어떤 서명보다 가치가 있소. ······혁명 성공을 기원하는 인사를 보내며 편지를 끝맺도록 하겠소. 당신이 디에고와 함께 도착하기를 기다리겠소.**

체의 계획이 또다시 야노 세력과 충돌했다. 정권에 대항하는 공동 전쟁을 시작하기로 되어 있던 바로 그날, 도시 지역 동지들은 아무것도 하지 않고 오히려 체를 공격하기로 결정한 것이었다.

그래도 무언가 하겠다고 굳게 결심한 체는 카바이관에 공격을 명령했다. 이번에도 바주카포를 쏘는 것으로 공격을 시작할 예정이었다. 그러나 새벽 4시경에 앙헬 프리아

---

* 올투스키는 야노 측이 5만 페소를 모금했으며, 은행을 털 필요가 없을 만큼 지원이 충분하다는 사실을 보여 주기 위해서 일부를 체에게 주겠다고 말했다.
** 〈디에고〉라고 알려진 빅토르 파네케는 라스비야스의 행동대장이었다. 올투스키는 체에게 디에고도 은행 강탈 계획에 반대한다고 말했다. 나중에 올투스키가 쓴 회고록에 따르면 디에고는 체의 은행 강탈 계획을 듣고 충격을 받았다. 디에고는 은행 강탈이 〈미친 짓〉이고 그로 인해 7월 26일 운동 지지자들이 등을 돌릴 것이며 피델이 승인하지 않을 것을 〈확신〉한다고 말했다.

스 대위가 〈경비병이 너무 많아서〉 바주카포를 쏠 수 없다고 보고했다. 격분한 체는 일기에 이렇게 적었다. 〈대위의 망설임 때문에 우리는 신뢰를 잃었다. 모두들 우리가 카바이관을 공격할 것이라 생각하고 있었지만 우리는 한 발도 쏘지 않고 후퇴해야 했다.〉

다음 날 아침 에스캄브라이에 도착한 체는 그날 밤 히키마를 재공격하라고 명령했지만 이번 공격 역시 앙헬 프리아스가 〈적당한 발포 지점〉을 찾지 못해서 무산되었다. 체는 이처럼 형편없는 성과에 실망했지만 주변 지역에서 기쁜 소식이 전해지자 실망감은 곧 사라졌다.

체의 활동과 카밀로의 북부 공격 덕분에 선거 당일에 라스비야스의 교통 대부분이 마비되었고 기권자들이 속출했다. 다른 지역에서도 결과는 비슷했고 오리엔테에서는 반군이 다각적인 공격을 시작해 마비를 더욱 가중시켰다. 전국적으로 반군의 전략이 엄청난 성공을 거두어 투표소에 나타난 유권자는 전체 유권자의 30퍼센트도 채 되지 않았다. 예상대로 리베로 아구에로가 선거에서 이겼다. 군대의 도움으로 실행된 대대적인 부정 투표 덕분이었다. 아구에로의 취임까지는 4개월도 채 남아 있지 않았다. 반군은 2월 24일에 실시될 취임식을 필사적으로 막겠다고 굳게 결심했다.

며칠 동안 체는 산속에 머물면서 카바예테데카사스 기지 건설 공사를 감독했다. 이곳은 체의 상설 후방 기지가 될 예정으로 무슨 일이 있어도 적의 공격으로부터 방어해야 했다. 그는 참호와 요새 건설과 식량과 탄약 보관소를 만드는 일을 감독했다. 일은 순조롭게 진행되어 짚과 점토를 섞어 만든 집이 몇 채 완성되었지만 체는 일의 속도를 더 높이기 위해서 200명 가까운 부하들을 소집해서 기지 건설에 투입했다. 체는 미나스델프리오의 훈련소를 본뜬 신병 훈련소를 세운 다음 고인이 된 동지〈니코 로페스〉를 기려 그의 이름을 붙였다. 이번에도 공산당 관리 파블로 리발타가 정치위원을 맡았다. 며칠 후 새로운 통신 담당자가 도착해서 쿠바 공산당이 선물한 야전 무선통신 시스템을 설치하기 시작했다. 쿠바 공산당이 약속했던 등사기도 곧이어 도착했기 때문에 체는 11월 중순에「엘 밀리시아노(민병대원)」라는 신문을 창간했다. 곧 전기 설비와 병원, 담배 공장, 가죽 공방과 금속 공방, 무기 공장도 들어설 예정이었다.

또 나중에 체와 긴밀한 관계를 맺게 될 여러 사람들이 에스캄브라이로 와서 그와 합류했다. 7월 26일 운동 산타클라라 지부에서는 올긴 출신의 똑똑하고 진지한 회계학 학생 오를란도 보레고를 체에게 보냈다. 보레고 역시 체의 부대에 합류하고 싶어 했다. 시간이 흐른 뒤 두 사람은 제일 친한 친구가 되었지만 처음 만났을 때는 체가 고압적인 태도로 보레고를 맞이했다.

보레고는 이렇게 회상했다.〈저는 아주 친절한 대접을 받지는 못했습니다. 그는 무척 거칠고 차가웠으며 학생들을 경멸했습니다.〉보레고는 오리엔테 주 올긴의 한 농장에서 하루 벌어 하루 먹고사는 가난한 집안의 일곱 형제 중한 명으로 태어났다. 아버지는 농장 감독 일을 하다가 택시 기사가 되었고 어머니는 시골 교사였다. 보레고 가족은 항상 돈에 쪼들렸기 때문에 오를란도는 가족을 돕기 위해서 열네 살 때부터 일을 시작했다. 그 이후로 야학에서 회계학을 공부했고, 반군에 가담하기 위해서 집을 뛰쳐나왔던 것이었다. 하지만 환영은 이처럼 보잘것없었다. 체의 경호원 오를란도 〈올로〉 판토하가 넉살 좋게 끼어들어 보레고에게 자금 마련 사업을 돕도록 하는 것이 어떠냐고 체에게 제안했다. 체는 보레고를 출납관으로 삼기로 했지만 우선 카바예테데카사스에서 군사 훈련 과정을 마치라고 명령했다.

훈련 캠프에서 보레고는 헤수스 수아레스 가욜과 친구가 되었다. 머리가 금발이어서 〈엘 루비오〉라고 불렸던 가욜은 스물두 살의 젊고 활기찬 7월 26일 운동 게릴라였다. 카마구에이 학생 지도자였던 그는 4월에 7월 26일 운동 원정단이 피나르델리오에 도착하자 건축학 공부를 그만두고 원정단에 합류한 터였다. 밝고 재미를 추구하는 성격이었던 수아레스 가욜은 전쟁 중에도 그런 성격을 잃지 않았다. 그가 가장 최근에 세운 업적은 한 손에는 도화선이 붙은 다이너마이트를, 그리고 다른 한 손에는 권총을 들고 대낮에 피나르델리오의 무선국으로 쳐들어간 것이었고, 보레고를 만났을 때는 아직 부상에서 완전히 회복하지 않은 상태였다. 가욜이 도화선을 제거한 다음에 어쩌다가 몸에 불이 붙은 것이었다. 그는 옷이 다 벗겨져 속옷만 입고 다리에 심한 화상을 입은 채 길거리로 달려 나가 건물이 폭파당하는 순간 경찰과 맞닥뜨렸다. 수아레스 가욜로서는 정말 운 좋게도 경찰관이 깜짝 놀라서 달아나 버렸다. 그러자 가욜은 여전히 권총을 휘두르며 길거리를 내달려 어느 노부인의 집으로 뛰어들었다. 다행히 반군 동조자였던 노부인이 그를 숨겨 주어 치료해 주었고, 그 뒤 가욜은 피나르델리오에서 몰래 빠져나와 에스캄브라이로 들어왔다. 전쟁이 끝난 후에도 수아레스 가욜과 보레고는 친한 친구로 남았고 두 사람은 체가 가장 신뢰하는 부하가 되었다.

11월 초에 아바나 귀족 가문 출신의 젊은 변호사 미겔 앙헬 두케 데 에스트라다가 에스캄브라이에 도착했다. 그는 사회 정의를 위한 투쟁에 참여하기 위해 7월 26일 운동에 들어왔다. 에스트라다는 마르크스주의자가 아니었지만 체를 존경했고 체가 이끄는 부대의 쿠바 횡단 행군에 대한 보고를 열심히 읽었으며 체의 에스캄브라이 부대로 보내 달라고 요청했다. 체는 반군 영토 내에서 게릴라의 법을 집행할 수 있는 사람을 찾아야 했는데 젊은 변호사 에스트라다가 모든 조건에 딱 들어맞았다. 체는 두케 데 에스트라다를 혁명재판관으로 임명했다.

두케 데 에스트라다는 〈그는 마음속에 확실한 정치적 전략을 가지고 있었습니다〉라고 말했다. 「그는 포로는 생포하고 총살대는 만들지 않겠다고 말했습니다. 나중에 바뀌기는 했지만 당시에는 항복할 가능성이 있는 사람을 처형으로 없애 버리고 싶어 하지 않았습니다.」 보레고, 수아레스 가욜과 마찬가지로 두케 데 에스트라다는 전쟁이 끝난 후 체가 직접 뽑은 간부진이 된다.

사실상 체는 전쟁에 임하면서도 미래를 생각하고 있었

다. 그는 예전에 앞으로 일어날 혁명 투쟁을 위해 게릴라 간부진 대부분을 미리 소집했던 것처럼 이제는 전후 투쟁에 도움을 줄 보좌관과 고문으로 이루어진 두뇌 집단을 모집하고 있었다. 전후 투쟁이란 쿠바에 사회주의를 건설하기 위해, 또 단일 수출 작물에만 의존하는 〈설탕 왕〉 경제를 통한 미국의 지배로부터 쿠바를 해방시키기 위해 필요한 정치적, 경제적 혁명이었다.

체는 두뇌 집단에 들어갈 부하를 선택할 때 정치사상을 필수적인 요소로 고려하지 않았다. 체는 진보적인 생각만 가지고 있다면 결국 자기 힘으로 사회주의를 믿게 만들 수 있다고 생각했다. 그리고 결과적으로 그의 생각이 옳았다. 게릴라 부하들 대부분이 그랬듯이 전문직 출신의 보레고와 두케 데 에스트라다, 수아레스 가욜 역시 처음에는 마르크스주의자가 아니었지만 결국에는 체의 사상을 자신의 것으로 공식적으로 받아들였다.

사실 에스캄브라이에 도착했을 당시부터 체는 전쟁이 끝난 후 쿠바 경제가 혁명적으로 변화할 때 자신이 맡을 중요한 역할을 적극적으로 계획하고 있었다. 현재의 쿠바 정부는 이 당시 체의 생각이 피델 및 쿠바 공산당과 상의한 결과인지 아닌지 지금도 분명히 밝히지 않고 있지만, 상호합의의 결과임을 시사하는 강력한 증거들이 있다. 체는 멕시코에 머물 당시부터 정치 경제를 공부해 왔다. 또한 그는 피델의 끈질긴 요청에 따라 시에라마에스트라의 토지개혁을 시작했고 쿠바 공산당과의 민감한 회담마다 주요 인물로 참석했으며 이제는 라스비야스 주에서 토지개혁을 시작할 권력까지 부여받은 상태였다.

그러나 체 혼자만의 독무대는 아니었다. 체는 현재와 미래의 계획 모두를 쿠바 공산당의 전면적인 협조에 의지했고 또 에스캄브라이에서 체와 이미 협력하고 있던 공산주의자들 이외에 아바나에도 몇몇 믿을 만한 공산당 전사들이 체를 위해 일하고 있었다. 그중 한 명이었던 서른일곱 살의 알프레도 메넨데스는 아바나 설탕산업조직본부의 쿠바설탕안정화협회에서 일하는 설탕 전문가였다. 베테랑 공산주의자였던 메넨데스는 자신의 전략적인 지위를 이용해서 여러 해 동안 쿠바 공산당 정치국에 경제 정보를 제공해 왔으며 이제는 체에게도 그렇게 했다.

메넨데스는 공산당 동지 후안 보로토와 설탕협회 내부의 7월 26일 운동 조직원 두 명의 도움을 받아서 체에게 설탕 산업에 대한 보고서와 그 밖의 경제 정보를 보냈다. 그들의 노력은 나중에 보상을 받게 될 터였다. 네 사람은 전쟁이 끝날 때까지 체를 한 번도 만난 적이 없었지만 전쟁이 끝난 후 아바나에 도착한 체는 며칠 내로 그의 〈스파이〉 네 명을 불러와 쿠바 혁명 정부 설립을 위한 매개체가 될 토지개혁청 설립을 도와 달라고 요청할 것이었다.

체는 쿠바 공산당으로부터 도움을 받고 있었음에도 불구하고 여전히 쿠바 공산당과 친밀해 보이는 것은 피하려 했다. 라스비야스 주에서 체의 토지개혁 준비를 돕던 사회주의청년단의 오비디오 디아스 로드리게스는 공산당 사람 하나가 회의에 참석하면서 체에게 줄 선물을 가지고 왔을 때 그 자리에 있었다. 「아르헨티나산 마테 차를 가지고 왔는데 모두 다 있는 자리에서 자랑스럽게 말하더군요. 〈이 봐요, 사령관, 당 지도부에서 보낸 선물입니다.〉 체는 아무 말 없이 그것을 받았지만 나중에 나에게 이렇게 말했습니다. 〈그런 무분별한 동지는 보내지 말라고 당에 전해 주시오.〉」

3

체는 쿠바의 혁명 미래에 대해 야심 찬 계획을 품고 있었지만 반군은 아직 권력을 잡기 위한 전쟁에서 승리를 거두지 못한 상태였다. 대대적인 공격을 감행하여 승리를 거두겠다는 반군 전략의 전략적 초석이었던 라스비야스 주에서, 체가 마침내 전진하기 시작했다. 라스비야스에서 공격을 시작했다는 단순한 이유로 — 에스캄브라이에서 벌써 몇 달을 보낸 다른 단체들은 아직 공격을 시작하지도 못하고 있었다 — 체는 이 지역의 실세가 되었고 사람들이 그에게 존경을 표하러 속속 도착하기 시작했다.

11월 8일, 유제품 회사 감독관 두 명이 찾아와 라스비야스 주에서 우유를 계속 생산해도 되느냐고 물어보았다. 그들의 유제품 사업은 반군 활동 때문에 거의 마비 상태였다. 〈나는 그들에게 우유를 생산해도 좋지만 전쟁 세금을 물리겠다고 말했고 그들도 이에 동의했다.〉 또 산타클라라의 운송조합 지도자가 찾아와 도시에서 합동 작전을 실시하자고 제안했다. 체는 그 지도자가 조합 회의를 열고 다른 지도자들이 모두 합동 작전을 요청한다면 기꺼이 그렇게 하겠다고 대답했다. 플라세타스에서 온 대표단은 도시 설계도를 가지고 와서 체가 플라세타스를 공격하면 자기들이 지원하겠다고 제안했다.

제2전국전선 지도자들은 자신들의 활동 무대에서 체가 관심을 독차지하자 안달이 나서 점점 더 호전적인 잡음을 만들어 내고 있었다. 체는 구티에레스 메노요를 돕고 있던 미국인 퇴역 군인 윌리엄 모건으로부터 여러 통의 편지를 받았다. 보르돈이 체와 합류하면서 가지고 간 무기를 돌려 달라고 요구하는 내용이었다. 체는 모건을 완전히 무시하고 구티에레스 메노요에게 과격한 편지를 보냈고, 부하들에게 〈무기를 단 한 점도 넘겨주지 말고〉 경쟁 단체의 〈모든 공격을 물리치라〉고 명령했다. 체는 제2전국전선이 적대적인 행동을 계속할 경우 무력을 행사할 준비가 되어 있었다.

체는 또한 혁명지도자단 파우레 초몬에게 편지를 써서 제2전국전선과 〈미묘한 상황〉에 처해 있다고 알렸다. 그는 현재 상황이 〈위기나 마찬가지〉이므로 〈이들과 합의점을 찾는 것이 불가능하다〉고 썼다. 체는 또한 초몬에게 혁명지도자단이 제안한 연합에 쿠바 공산당도 포함시키는 것이 어떨지 고려해 보라고 설득하며 이렇게 말했다. 〈쿠바 공산당과 가진 공식 회담에서 그들은 연합을 지지한다는 입장을 공개적으로 표명했고 또한 도시 지역의 조직과 야과하이 전선의 게릴라를 연합의 뜻에 따라 활용할 수 있도록 했습니다.〉

다음으로 체는 제2전국전선 사령관 페냐 휘하의 군인

들이 지역 민간인들로부터 돈을 빼앗고 있다는 소식을 듣고 부하들을 보내 범죄자들을 잡아 왔다. 며칠 지나지 않아 2개 제2전국전선 부대 전체가 붙들려 왔다. 그 자리에서 체는 이제 그들이 더 이상 이 지역에서 활동할 수 없으며 무기를 써서 사람들의 재산을 강탈할 수 없다고 경고했다. 그러자 두 부대 중 한 부대가 체의 군단에 합류하고 싶다고 요청했고 체는 그 요청을 받아들였다. 체는 나머지 한 부대가 빼앗은 총 3,000페소에 이르는 〈전쟁세〉를 압수하고 페냐에게 쪽지와 함께 돌려보냈다. 〈7월 26일 운동 라스비야스 지역 총사령관〉으로서 처음으로 발표한 포고문 〈제1군사 명령〉에서 체는 라스비야스에서의 생활이 곧 바뀔 것이라고 분명히 밝혔다. 체는 우선 토지개혁 내용을 대략적으로 밝힌 다음 제2전국전선 경쟁자들을 겨냥해 이렇게 밝혔다.

〈7월 26일 운동을 제외한 혁명 조직의 일원은 누구든 이 지역을 지나가거나 이 지역에 살거나 이 지역에서 군사 작전을 수행할 수 있다. 단, 공표되었거나 공표될 군사 명령을 지켜야만 한다.

혁명 조직의 일원이 아닌 자는 이 지역에서 무기를 소지할 권리가 없다. 혁명 조직의 일원은 공공시설에서 주류를 마셔서는 안 된다. ……이 명령을 어김으로써 흘리는 피는 혁명군 형법에 따른 것이다…….

이 명령이 해당되는 행정 구역 내에서 저질러지는 모든 군사 및 민간 범죄는 우리의 해당 규제에 따라 처벌된다.〉

혁명지도자단 역시 체의 세력 과시에 겁을 먹었는지 이

제 그와의 연합을 받아들이고 지역에 단일 세금을 부과하여 수입을 똑같이 나누기로 했다. 그들은 새로운 동맹을 실천하는 첫 단계로 합동 공격을 실시하기로 했다. 연합을 확장하여 쿠바 공산당을 포함시키자는 계획안이 초몬의 거부로 합의에 이르지 못했다. 체는 이 문제를 그대로 놔두었다. 초몬의 거부가 공산당과 체의 공조 활동에 방해가 되지는 않았기 때문이었다. 혁명지도자단과 7월 26일 운동의 연합 협정이 이루어진 지 3주일도 채 지나지 않은 12월 3일, 체와 쿠바 공산당 지도자 롤란도 쿠벨라는 〈페드레로 협정〉에 서명하여 〈형제〉로서 연합하여 투쟁할 것을 선포했다.

그러나 7월 26일 운동의 내분은 계속되었다. 11월 말에 엔리케 올투스키가 7월 26일 운동의 새로운 아바나 총책임자 마르셀로 페르난데스와 라스비야스 지도부 간부 세 명과 함께 회담을 하기 위해 다시 체를 찾아왔다. 체는 페르난데스가 〈허세로 가득한〉 인물임을 알았고 곧 싸울 준비를 했다. 〈우리는 밤새도록 언쟁을 벌였다. ……우리는 서로를 계속 비난했다. 그들은 나를 공산주의자라고 비난했고 나는 그들을 제국주의자라고 비난했다. 나는 내가 그렇게 생각하게 된 이유를 그들에게 이야기했고 그들도 마찬가지였다. 언쟁이 끝났을 때 우리는 언쟁을 시작하기 전보다 훨씬 더 멀어졌다.〉

올투스키의 회상에 따르면 그들이 도착했을 때 자리에 없던 체를 대신해 그의 젊은 경호원 올로 판토하가 그들을 맞이했다. 판토하는 우호의 표시로 염소 고기를 대접했지만 고기는 이미 썩어서 녹색으로 변해 있었다. 그들은 판토하의 기분을 상하게 하지 않으려고 한 입씩 먹었지만 올투스키는 곧바로 후회했다. 그는 메스꺼움을 견디지 못하고 몰래 밖으로 나가서 입안에 든 것을 뱉었다. 체가 한밤중에 돌아와서 식사를 하려고 자리에 앉자 올투스키는 소름끼친다는 듯이 깜짝 놀라 그를 바라보았다.

올투스키는 이렇게 썼다. 〈그가 이야기를 하면서 더러운 손가락으로 고기 조각을 집었다. 맛있게 먹는 모습을 보니 그에게는 정말 맛이 좋았던 것 같다. 그가 식사를 마친 후 다 같이 밖으로 나갔다. ……체가 시가를 건네주었다. 서툴게 만들어진 것을 보니 그 지역의 과히로가 만든 시가 같았다. 나는 쓰고 강한 연기를 들이마셨다. 몸에서 온기가 느껴지고 약간 어지러웠다. 체가 내 옆에서 시가를 피우다가 기침을 했는데 마치 몸속이 다 젖은 것처럼 축축한 기침이었다. 그에게서 악취가 났다. 체는 썩은 땀 냄새를 풍겼다. 아주 강렬한 냄새였기 때문에 나는 담배 연기로 그 냄새를 덮었다. ……체와 마르셀로가 언쟁을 벌였다. 여러 가지 문제가 있었지만 두 사람은 주로 7월 26일 운동의 프로그램을 두고 싸웠다…….

돌아오는 길에 마르셀로가 내게 물었다. 「어떻게 생각하시오?」

「여러 가지에도 불구하고 그를 존경하지 않을 수 없군요. 그는 자신이 무엇을 원하는지 우리보다 더 잘 알고 있소. 또 그는 전적으로 자신이 원하는 것을 위해 살고 있소.」〉

4

첫눈에 반한 것은 아니었다. 코만단테 체 게바라는 쿠바 사람들의 입에 가장 많이 오르내리는 사람이자 전설적인 용맹을 자랑하는 게릴라 지도자였지만 알레이다 마르치가 가까이서 지켜본 바로는 낭만적인 면은 그다지 없어 보였다. 체에 대한 알레이다의 첫인상은 〈마르고 더러운〉 것은 말할 것도 없고 〈늙어〉 보인다는 것이었다. 두 사람은 미처 모르고 있었지만 그들의 삶은 막 교차하고 있었다.

때는 11월 말이었다. 라스비야스 반군 지하 조직에서 일하던 알레이다는 산타클라라에서 그녀의 보스 〈디에고〉로부터 특별 임무를 부여받고 체의 기지를 찾아왔다. 당시까지 알레이다는 바티스타의 비밀경찰을 잘 피해 다니고 있었다. 비밀경찰들은 서류상에 〈얼굴 흉터〉와 〈유두 반점〉이 있다고 설명되어 있는 여자를 찾고 있었다. 비밀경찰은 이 여인이 디에고의 루가르테니엔테lugarteniente, 즉 그의 오른팔이며 가장 까다로운 임무를 믿고 맡기는 부하라는 사실을 잘 알고 있었다.

알레이다의 별로 사랑스럽지 않은 별명은 치바토들의 설명에 따른 것으로, 치바토들은 경찰들에게 그녀의 오른쪽 뺨에 어렸을 때 개한테 물려서 생긴 작은 상처가 있고 왼쪽 가슴부터 쇄골까지 커다란 분홍색 반점이 있다고 말했다. 그러나 경찰 정보부의 서류는 오해를 사기 쉬웠다. 사실 알레이다 마르치는 흉터가 있음에도 불구하고 무척 아름다운 스물네 살의 금발 여성이었다.

여섯 남매 중 막내였던 알레이다는 농업이 주산업인 산타클라라 남쪽 시골 산지의 50에이커(약 200평방미터)짜리 소작 농장에서 자랐다. 어머니는 키가 약 150센티미터밖에 안 될 정도로 단신이었던 반면, 아버지는 키가 크고 금발에 푸른 눈을 가지고 있었으며 알레이다가 나중에 설명한 바에 따르면 〈어느 정도 교양을 갖춘 괜찮은 남자〉였다. 부모님 모두 예전에는 부유했지만 재산을 모두 잃은 스페인 이민자 가족이었다. 그러나 알레이다는 자신이 〈중산층〉 출신이라고 즐겨 말했는데, 그녀가 살던 집 바닥이 콘크리트로 되어 있었기 때문이었다. 이웃집들과 알레이다가 6학년 때까지 다녔던 방 한 칸짜리 초등학교는 모두 흙바닥이었다.

그러나 알레이다가 살던 침실 두 칸짜리 집은 콘크리트 바닥을 제외하면 여느 집과 거의 다를 바가 없어서 야자수를 엮어 만든 지붕과 회칠을 한 진흙 벽, 부엌이 딸린 가족실, 손님들을 맞이하는 〈거실〉 하나로 이루어져 있었다. 알레이다의 아버지가 쌀자루를 다락방에 보관했기 때문에 천장은 노랗게 변색되어 있었고, 거실과 부엌 사이에 수직으로 솟은 나무 기둥이 지붕을 받치고 있었다. 저녁이면 아버지가 이 기둥에 기대어 바닥에 앉아 알레이다에게 이야기를 읽어 주었다. 밤이면 알레이다는 바로 옆 부모님 방에서 어머니가 아버지에게 노래를 불러 주는 소리를 들을 수 있었다. 강 하나가 마르치 가족의 농장을 가로질러 흘렀다. 어머니는 이곳에서 빨래를 했고 알레이다와 그녀의 자매들은 이곳에서 목욕을 했다.

라스비야스 주에서 알레이다가 살던 곳에는 그녀의 가족과 비슷한 사람들, 즉 가난한 백인 농부들과 갈리시아 사람들, 안달루시아 사람들, 〈카나리 섬 사람들〉 등 스페인의 가난한 지역 출신 이민자의 후손들이 많았다. 쿠바 대부분이 그랬지만 비야클라라의 사회적, 인종적으로 계층화된 서열 가운데에서 이들과 비슷한 가족들은 백인 사회의 제일 밑바닥 계층에서 비참하게 살고 있었지만 그래도 물라토와 흑인들보다는 훨씬 나았다. 3세대 전만 해도 노예였던 〈네그로〉는 찢어지게 가난한 노동자들로 쿠바 사회에서 경멸당하는 폐물이나 다름없었다. 1958년까지도 흑인들에게는 산타클라라 중앙 공원의 출입이 금지되어 있었다. 공원 주변에 울타리가 쳐져 있어서 흑인들은 공원 가장자리에 모일 수는 있지만 안으로 들어갈 수는 없었다.

가난한 백인들이 대부분 그랬듯이 알레이다의 어머니는 인종차별주의자에 속물이었다. 그녀는 알레이다 아버지의 혈통을 자랑하고 다니기 좋아했다. 그의 카스티야 조상이 아마도 귀족이었을 거라는 얘기였다. 알레이다는 어렸을 때 어머니를 흉내 내서 사람들에게 자기가 〈카스티야의 공작 가문〉 후손이라고 말하곤 했다. 알레이다는 아버지가 귀족 혈통의 직계 자손인지 아니면 사생아로 태어난 서출인지 확실히 알지 못했지만 친가와 외가 모두 한때 토지와 부를 가지고 있었던 것만은 확실했다. 아버지 쪽 집안은 설탕 플랜테이션을 가지고 있었지만 이미 여러 해 전에 토지를 모두 잃은 상태였고 당시 알레이다의 아버지가 공동으로 소작을 부치던 땅은 원래 알레이다의 외증조부 소

유였지만 그도 힘든 1920년대에 땅을 다 잃었다. 알레이다
의 부모님이 결혼하면서 마르치 부부는 외가의 소유였던
농장을 다시 빌려 소작농으로 자리를 잡았다. 그들의 유복
한 과거를 알려 주는 유일한 유산인 크리스틸 골동품 과자
통이 손님들을 접대하는 거실의 낡은 나무 책상에 눈에 띄
게 놓여 있었다.

알레이다의 집이 그 지역에서 교사가 지낼 만큼 〈괜찮
은〉 유일한 집이었기 때문에 그녀의 어린 시절 내내 학교
선생님이 그 집에서 하숙을 했다는 사실은 마르치 집안의
〈높은〉 위치를 더 확실히 보여 주었다. 알레이다의 어머
니는 장로교 신자로 교회에 열심히 다녔는데 아이를 낳기
〈적절한〉 시기가 훨씬 지난 마흔두 살의 늦은 나이에 알레
이다를 낳아서 마을 사람들의 입방아에 올랐다. 이 때문에
알레이다의 언니들은 항상 굴욕감을 느꼈고 — 알레이다
바로 위 언니도 열다섯 살이나 더 많았다 — 사람들에게
알레이다가 사실은 자기들 동생이 아니라 훨씬 젊은 교사
가 낳은 딸이라고 말하곤 했다.

가장 가까운 마을이라고 해봐야 몇몇 가구가 모여 사는
작은 마을 세이바보였기 때문에, 알레이다의 아버지는 한
달에 한 번 말에 안장을 얹고 산타클라라로 가서 중국인
이 운영하는 잡화점에서 외상으로 물건을 샀다. 알레이다
의 아버지는 과수원을 가지고 있었고 채소를 재배했으며
두 마리의 암소에서 우유도 얻을 수 있었지만 그래도 가족
을 먹여 살리려면 빚을 내야 했다. 수확이 좋지 않아서 토
지 임대료를 낼 수 없을 때는 물건을 팔아야 했다. 어느 해

에는 어려운 사정 때문에 소중한 송아지를 팔아서 임대료를 내기도 했다.

6학년이 된 알레이다는 산타클라라의 결혼한 언니의 집에 살면서 고등학교에 진학했다. 그녀의 세계가 넓어지기 시작했다. 알레이다는 교사가 되기로 결심하고 고등학교를 마친 뒤 교육학 학위를 받기 위해 산타클라라 대학에 진학했다. 그녀가 대학을 다닐 때 피델이 몬카다 병영을 공격했다. 알레이다는 같은 세대의 쿠바 젊은이들 대다수와 마찬가지로 몬카다 사건과 그 격렬한 여파로 인해 정치에 눈을 떴다. 그란마 호가 상륙할 무렵 알레이다는 대학을 졸업하고 지역 7월 26일 운동 지하 조직에 들어가 활동적인 조직원이 되어 있었다.

알레이다가 20대 초반까지 가본 도시들 중에서 산타클라라가 제일 컸다. 그녀는 7월 26일 운동을 위해 임무를 수행하면서 수도 아바나에 처음 가보았고 이때 4차선 도로를 처음 보았다. 그런 알레이다에게 〈체 게바라〉 이야기를 처음으로 들려준 사람은 이탈리아 상선의 선원 지노 돈네였다.

돈네는 그란마 호에 탔지만 알그리아델피오에서 동지들과 헤어져 수많은 고난을 겪은 후 마침내 산타클라라에 도착했다. 온몸이 물집으로 뒤덮이고 굶주린 데다가 욱신거리는 치통까지 겪으며 고생하던 돈네는 검은 머리의 아름다운 유치원 교사이자 네 아이의 어머니였던 마리아 돌로레스 〈롤리타〉 로세이의 집에 숨어 지냈다. 롤리타의 오빠 아얀 로세이는 7월 26일 운동 라스비야스 지역 책임자였기 때문에 롤리타의 집은 반군 지하 조직의 중간 거점 역할을 하고 있었다.

알레이다와 롤리타가 처음 만나게 된 것은 돈네가 롤리타의 집에 머물렀기 때문이었고 둘은 이내 친한 친구가 되었다. 당시 알레이다는 7월 26일 운동 비야클라라 행동대장의 핵심 연결책이었고 대담한 행동으로 유명했다. 그녀는 50년대식 긴 치마 밑에 무기와 폭탄을 숨겨서 이곳저곳으로 몰래 날랐다. 롤리타는 이렇게 회상했다. 「그녀는 아무것도 두려워하지 않았습니다. 무척 헌신적이었고 아주 진지했으며 미혼이었고, 파티 같은 것을 즐기는 사람이 아니었습니다.」

알레이다는 돈네와 함께 사보타주 공격을 계획하기 위해 롤리타의 집으로 찾아왔다. 돈네와 알레이다는 한동안 도시 지역에서 임무를 수행했지만 돈네는 오래 머물지 않았다. 그는 쿠바에서 처음 맞이하는 크리스마스 때 산타클라라의 축제 분위기를 보고 환멸감을 느껴 — 그는 이것을 반란 정신이 부족하다는 증거라고 생각했다 — 쿠바를 떠나는 배를 찾아서 타고 가버렸다.

알레이다는 계속 열심히 활동하며 1957년 9월 시엔푸에고스 봉기와 1958년 4월 라스비야스 총파업 당시 실시된 무장 작전에 직접 참가했다. 파업에 뒤이어 일제 안보 단속이 실시되자 라스비야스 지도부는 시골 지역에서 작전을 수행할 게릴라 군단을 조직했다. 알레이다도 이 일을 도왔다. 그녀는 쫓기는 도망자들을 시골 지역으로 몰래 빼내고 식량과 무기, 탄약을 몰래 운반했으며 메시지를 전달했다.

체가 도착한 후 알레이다는 시에라를 계속 오가며 방문자들을 데려다주고 논란의 중심인 게릴라 총사령관 체에게 편지와 자금을 전달했다. 11월이 되자 에스캄브라이의 야노 파와 시에라 파 사이에 생긴 불화가 완전히 사라지지는 않았지만 효과적인 파트너 관계가 자리를 잡았다. 알레이다는 주요 전령으로서 체의 야영지를 자주 드나들었다. 어느 날 체가 제당소 소유주들에게 전쟁세를 부과하기로 결정했다며 알레이다에게 세금 징수를 도와 달라고 했다. 알레이다가 세금 징수를 마치고 11월 말에 돌아오자 그녀의 정체가 탄로나 경찰이 집을 습격했다는 소식이 기다리고 있었다. 산타클라라로 돌아가기란 불가능했다. 그러나 알레이다가 체를 찾아가서 게릴라 지역에 남게 해달라고 부탁했을 때 체는 못마땅해했다. 규칙상 여자가 게릴라 캠프에 살 수는 없었기 때문이었다. 그러나 알레이다가 곤란한 상황에 처해 있었기 때문에 코만단테도 곧 마음이 누그러졌다.

대다수의 야노 동지들처럼 알레이다 역시 쿠바 공산당을 좋게 생각하지 않았다. 그녀의 적대감은 대학 시절에 싹튼 것으로 어느 공산주의자 교수가 모든 반란 활동에 목소리를 높여 반대했기 때문이었다. 그러나 이제 전쟁이 중대한 단계에 접어든 상황에서 체의 통합 노력은 당파 경쟁을 완화시키는 데 도움을 주었을 뿐 아니라 라스비야스의 여러 반정부 세력들을 자극하여 행동하게 만들고 있었다. 또 알레이다가 처음에는 〈공산주의자 체〉를 믿지 않았을지도 모르지만 개인적인 감정은 제쳐 두었다. 그녀는 곧 자신이 체를 사랑하게 되었음을 깨달았다(결국 알레이다는 체 때문에 〈사회주의자들〉에 대한 부정적인 시각을 바꾸었지만 쿠바 공산당의 〈구파 공산주의자들〉에 대한 불신은 결코 버리지 않았다).

11월 말이 되자 쿠바 공군이 매일 체의 전선에 폭탄을 퍼부었고 육군은 총공세를 펼치며 페드레로를 향해 중무장한 군대와 탱크로 구성된 여러 대대를 전진시키기 시작했다. 카밀로가 몇몇 부대를 이끌고 도우러 와서 정부군과 반군은 엿새 동안 전투를 벌였다. 12월 4일, 정부군의 공격이 무너졌다. 게릴라는 모든 전선에서 정부군의 전진을 막았고 서쪽으로는 포멘토, 동쪽으로는 산타루시아까지 정부군을 쫓아갔다. 반군은 또한 상당량의 전쟁 물자를 획득했는데, 여기에는 37밀리미터 대포를 갖춘 탱크 한 대도 있었다. 체의 분대 하나가 전략적으로 중요한 다리 두 곳을 파괴해 카바이관, 상크티스피리투스, 트리니다드에 주둔 중인 정부군 수비대를 고립시켰고 넓은 지역을 반군 영토에 새로 편입시켰다. 이제 체가 대규모 공격을 시작할 차례였다.

카밀로 시엔푸에고스가 야과하이의 주요 병력으로 복귀하기 전에 체와 카밀로가 주 전체에 걸친 총공격을 위해 합동 전략을 짰다. 체는 절개에 특히 뛰어난 열정적인 외과 의사처럼 도로와 철도 교량을 체계적으로 단절시켜 도시들과 수비대를 고립시키고 증원군의 원조를 차단했다. 12월 16일, 체의 부하들이 산타클라라에서 동부로 연결되는 철로와 주요 중앙 고속도로 교각을 폭파시켜 아바나와 산타클라라를 중부 및 동부 쿠바와 사실상 분리시킴으로써 나라를 반으로 나누었다. 게다가 오리엔테에서 총공격이 일어나 야노에서 게릴라들이 정부군 수비대들을 도미노처럼 쓰러뜨리기 시작했다. 이제 바티스타 정권이 붕괴될 날이 얼마 남지 않았음이 분명해졌다.

1958년 12월 마지막 2주일 내내 체는 시골 지역을 다니며 수비대를 하나씩 차례로 공격하고 함락했다. 그의 삶은 전투의 연속이었다. 체는 제일 먼저 주요 정부군 수비대가 주둔 중이던 전략적 도시 포멘토를 포위하여 계속되는 적군의 공습을 받으며 이틀간 전투를 벌인 끝에 항복을 받아냈다. 체는 즉시 과요스와 카바이관으로 이동했다. 과요스는 12월 21일에 항복했고 카바이관은 이틀 뒤에 항복했다. 카바이관에서 체는 담장에서 떨어지는 바람에 오른쪽 팔꿈치에 골절상을 입었다. 의사인 페르난데스 멜이 부목을 대고 깁스를 해주자 체는 공격을 계속했다. 다음 목표는 플라세타스였다. 체의 부대는 플라세타스에서 처음으로 혁명지도자단과 합동 전투를 벌였고 그 도시는 단 하루만인 12월 23일에 항복했다. 같은 날 상크티스피리투스가 아르만도 아코스타 대위에게 항복했다. 한편 제2전선이 마침내 행동에 돌입하여 혁명지도자단 부대와 함께 트리니다드를 비롯한 남쪽 수비대들을 포위했다. 북쪽으로는 카밀로의 군단이 야과하이의 주요 수비대를 조이고 있었다.

전투의 즐거움과 혼란 속에서 어느새 체와 알레이다는 연인이 되었다. 두 사람의 로맨스를 맨 처음 눈치챈 사람은 오스카리토 페르난데스 멜이었다. 하지만 그 역시 순식간에 벌어진 여러 사건들 가운데 두 사람의 로맨스가 언제 어디에서 시작되었는지는 기억하지 못했다. 「어느새 전투에서든 어디에서든 체가 가는 곳마다 알레이다가 있었습니다. ……두 사람은 함께 지프를 타고 다녔고 알레이다가 체를 위해 서류를 운반하거나 그의 옷을 세탁했습니다…….」

그러나 오스카리토보다 눈치가 느렸던 미나스델프리오 졸업생 알베르토 카스테야노스는 큰 실수를 할 뻔했다. 스물네 살의 자신감 넘치는 청년 알베르토는 장난스러운 행동 때문에 체에게 벌을 받은 적이 이미 몇 차례 있었지만, 그럼에도 불구하고 혜페에게 귀여움을 받았고, 체는 그를 참모 당번병으로 삼았다. 알베르토는 자기가 여자들에게 꽤 인기가 많다고 생각했고 캠프에 등장한 〈예쁜 여자〉 알레이다가 그의 시선을 끌었다. 알베르토는 자기 운을 시험해 보기로 마음먹고 그녀에게 다가가서 뻔뻔스럽게 달콤한 말을 건넸다. 그러나 체가 이 모습을 지켜보고 있었다. 카스테야노스는 말을 꺼내는 순간 알레이다가 절대 혼자가 아니라는 사실을 분명히 깨달았다. 「나는 체의 눈빛을 보고 혼잣말을 했습니다. 〈그만둬, 알베르토, 네가 낄 자리가 아니야.〉」

알레이다는 두 사람의 사랑이 시작된 경위를 이렇게 회상했다. 어느 날 밤, 잠을 이루지 못하던 그녀가 밖으로 나와 길가에 앉아 있었다. 새벽 서너 시경이었고 당시에는 전면 공격이 한창 진행 중이었다. 갑자기 어두운 길 위로 지프가 한 대 달려오더니 그녀 옆에 멈춰 섰다. 운전석에 앉아 있는 사람은 체였다. 「여기서 뭐 하고 있소?」 체가 그녀에게 물었다. 「잠이 안 와서요.」 그녀가 대답했다. 그러자 체가 말했다. 「카바이관을 공격하러 가는 길이오. 같이 가겠소?」 알레이다는 〈물론이죠〉라고 대답하고 그의 옆자리에 탔다. 알레이다는 장난스러운 미소를 지으며 이렇게 말했다. 「그 순간부터 나는 그의 옆을 떠나지도, 그가 내 시야에서 벗어나게 하지도 않았어요.」

5

신념이 서로 전혀 달랐기 때문에, 체와 알레이다는 도저히 이루어질 수 없을 것 같은 커플이었다. 알레이다는 쿠바 혁명 세력 중에서도 체가 가장 경멸하는 당파 출신이었다. 그녀는 야노 출신이었고 반공산주의자였으며, 무엇보다도 자라면서 체득한 사회적 편견 대부분을 여전히 지니고 있었다. 이제 막 사귀기 시작한 이 시기에는 크게 문제시되지는 않았지만, 알레이다는 옷차림 같은 것을 중시했고 자기 어머니처럼 인종이 다른 사람을 경멸했다. 그에 반해서 체는 알레이다의 동지들에게 최대의 적인 급진적 공산주의자였다. 또 그는 겉모습이나 위생에 신경을 쓰지 않기로 유명했고 네그로와 못 배운 과히로들에게 둘러싸여 있었다.

그러나 체는 여자들, 특히 매력적인 여자들에 관한 한 정치 철학을 제쳐 두는 경향이 있었다. 그리고 알레이다 마르치는 무척 매력적이었다. 그녀가 용감하다는 것은 부인할 수 없었고 죽음에 맞서는 법을 안다는 사실을 이미 여러 번

증명했기 때문에 존경받을 만했다. 알레이다는 무척 수줍음을 탔지만 예리하고 세속적인 유머 감각을 가지고 있었는데 체는 분명 이런 모순적인 성격은 마음에 들어했다. 알레이다는 무뚝뚝하면서도 솔직하게 말하는 점이 체와 비슷했다.

두 사람을 맺어 준 것이 무엇이든 간에 동지들은 새로운 사실을 재빨리 눈치채고 받아들였다. 체의 당번병들에게 알레이다는 일상적인 삶에 환영할 만한 새 인물이었다. 그녀가 규율을 중요시하는 체의 성격을 누그러뜨려 주었기 때문이었다. 이때부터 이들은 어디든 함께 다녔다.

체는 팔이 부러진 후 운전을 카스테야노스에게 맡겼다. 체와 알레이다는 카스테야노스를 운전석에 앉힌 채 젊은 경호원들 — 아리 비예가스, 헤수스 파라 혹은 〈파리타〉, 호세 아르구딘, 에르메스 페냐 — 과 함께 지프를 타고 시골 지역을 돌아다녔다. 곧 체가 〈금발 여자, 흑인 여자, 백인 물라토 여자를 거느리고 다닌다는 소문이 퍼졌다. 알레이다는 분명 금발 여성이었지만, 수염이 없는 흑인 청년 비예가스와 거친 금발의 백인 청년 파리타는 자기들이 여자로 오인받았다는 사실을 깨닫고 굴욕감을 느꼈다. 소문은 거짓으로 드러났다. 체가 만든 것은 하렘이 아니라 그만의 작은 게릴라 가족이었다. 체와 알레이다는 부모였고 아직 어린 게릴라들은 제멋대로 구는 〈아이들〉이었다.

비예가스는 이렇게 회상했다. 「부모님이 자식들을 잘 아는 것처럼 체는 우리를 잘 알았습니다. 그는 우리가 나쁜 짓을 저질렀던 순간과 그에게 무언가를 숨겼던 순간, 실수나 장난으로 잘못된 행동을 했던 순간을 알았습니다. 그는 엄격한 규칙을 가지고 있었지만 처음에 우리는 규칙을 제대로 이해하지 못했습니다. 예를 들어…… 그는 누구도 특권을 갖지 않기를 바랐습니다. 그는 내가 음식을 더 많이 받은 것을 보면 나를 불러서 어디서 받았는지, 아니면 어디에서 생긴 것인지 — 내가 왜 그것을 받아들였는지 — 물어보았고, 알레이다를 불러서 다시는 그런 일이 없도록 잘 감독하라고 했습니다. 알레이다는 우리를 무척 많이 도와주었고 우리에게는 대모와도 같았습니다. 우리는 장난기가 많았고 체는 엄격했는데 많은 경우에 알레이다가 중재를 해주었습니다. 그녀는 상황을 체와는 다르게 평가하고 그가 우리에게 너무 엄격하다고 말해 주었습니다.」

그러는 동안에도 바티스타 정권에 대항하는 전면 공격이 총력을 다해 계속되었다. 체는 플라세타스에서 항복을 받아 낸 다음 북쪽으로 이동했고, 크리스마스 날에 레메디오스와 카이바리엔 항구를 공격했다. 두 곳 모두 다음 날 함락되었다. 비야클라라는 패배한 정부군과 환호하는 민간인들, 바쁘게 뛰어다니는 머리카락이 덥수룩한 게릴라들로 아수라장이 되었고, 그 와중에 하늘에서는 정부군 비행기가 기총 소사와 폭탄 투하를 계속했다. 12월 27일이 되자, 체의 부대와 라스비야스의 주도 산타클라라 사이에는 카마후아니 시 수비대 하나밖에 남지 않았다. 카마후아니 수비대가 싸워 보지도 않고 달아났기 때문에 이제 쿠바에서 네 번째로 큰 도시인 산타클라라 시를 공격하러 가는 길에 남은 방해물은 하나도 없었다.

전사들은 기쁨에 젖었다. 반군은 자신들이 이제 곧 전쟁에서 승리를 거두리라는 사실을 알고 있었지만 체는 부하들에게 승리를 미리 자축하지 말라고 명령했다. 체는 최선을 다해 군을 유지하고 그 지역에 법과 질서를 마련하려 했다. 체는 무정부 상태를 예방하기 위해서 해방시킨 도시마다 임시 혁명 정부를 정했고 행동 규칙을 만들어 부하들이 지키도록 했다. 술집과 사창가 출입은 엄격하게 금지되었지만 숲 속에서 여러 달 동안 금욕적인 생활을 하다가 갑자기 읍내와 도시에서 정복 영웅 대접을 받게 된 젊은 게릴라들에게 그 상황을 만끽하고 싶은 유혹은 너무나 강했다. 대부분은 놀랄 만큼 똑바로 처신했지만 개중 몇몇은 주어진 기쁨에 기꺼이 굴복했다. 레메디오스가 함락되던 날 소대를 이끌었던 엔리케 아세베도는 어느 사창가 포주가 〈존경〉의 표시로 럼주 한 상자와 창녀들을 트럭 가득 공짜로 실어 보냈을 때 부하들을 통제하지 못할 뻔했다.

〈몇몇 쌍이 은밀하게 덤불 쪽으로 향하면서 매복이 허물어지는 모습이 보였다. 나는 생각할 새도 없이 그 남자에게 소리를 질렀다. 「이 일이 매복에 영향을 끼친다면 분명히 그 대가를 치러야 할 거요. 여기다 갖다 버린 창녀 한 트럭을 전부 당장 데려가시오!」〉 그 후 상황을 살피던 아세베도는 다행히도 자신이 늦지 않았음을 깨달았다. 〈전원이 나쁜 짓을 저지른 것은 아니었고 대부분은 매복 장소를 벗어나지 않았다. 하지만 어떤 경우든 그런 유혹 앞에서 질서를 유지하는 것은 정말 어마어마하게 힘든 일이었다.〉

체가 다음 이동을 계획하고 있을 때, 피델은 마포의 정부군 수비대 외곽에서 회중전등 불빛 아래에서 편지를 썼다. 피델의 부대는 참호를 파고 들어간 마포 수비대를 엿새째 포위하여 공격하는 중이었다. 〈우리가 전쟁에서 이겼네. 적은 큰 소리를 내며 무너지고 있고 우리는 1만 군사를 오리엔테에 봉쇄했네. 카마구에이에 있는 자들은 달아날 방법이 없지. 이 모든 일의 원인은 단 하나, 바로 우리의 굳은 노력일세. ……자네는 라스비야스 주 전투의 정치적 측면이 가장 중요한 기초임을 반드시 알아야만 하네.

〈현재 가장 중요한 것은 7월 26일 운동의 군대만이 마탄사스와 아바나로 전진해야 한다는 것일세. 캠프 콜롬비아[정부군 본부]에 있는 무기가 다양한 분파 모두에게 배포되면 앞으로 심각한 문제가 생길 것일세. 그렇게 되지 않으려면 카밀로의 부대가 선봉에 서서 독재가 무너지면 아바나를 바로 손에 넣어야 하네.〉

쿠바 정부군에 패배를 안겨 주기 직전에, 피델은 다른 경쟁 세력들이 마지막 순간에 정치적 전리품을 가로채지 못하게 하겠다고 굳게 결심했다. 그의 우려는 워싱턴이 우려하는 것과 정반대였다. 국무부와 CIA는 과거의 입장 차이는 제쳐 두고, 다루기가 너무나 까다로운 카스트로가 권력을 잡게 놔두어서는 안 된다는 데 폭넓게 합의했다. 아이젠하워 행정부는 11월 3일 실시된 선거로 쿠바의 위기가 어느 정도 해소될지 모른다는 희망을 가졌겠지만 몇 주일간의 추세에 비추어 보면 그러한 희망마저 사라진 상태였다.

체와 카밀로가 라스비야스에서 전면 공격을 벌이고 있을 때 또 다른 반군 부대가 오리엔테와 카마구에이 지역을 휩쓸고 있었다. 수많은 수비대가 라울의 부대에 항복했고 올긴의 수도와 전기 공급이 끊겼으며 반군 부대가 산티아고 외곽을 정찰함에 따라 산티아고 역시 점점 더 큰 압력을 받고 있었다. 11월 말에 피델의 부대가 피로 얼룩진 포위 공격 끝에 부대는 기사의 주요 수비대를 점령하고 자기 부대를 산악에서 야노로 이동시켰다. 스미스 대사는 소임을 다해 워싱턴을 오가며 리베로 아구에로를 지원하려 했지만 아무런 소용이 없었다. 군사적 상황이 급속히 악화되고 있다는 것은 명약관화했고 바티스타가 2월로 예정된 권력 승계 때까지도 버틸 수 없을지 모른다는 두려움이 커지고 있었다.

미국 정부는 스미스를 통해서 바티스타에게 미국은 리베로 아구에로 정부를 지원할 수 없으며 그가 즉시 사임하고 미국이 받아들일 수 있는 민-군 합동 임시 정부를 세워야 한다는 주장을 전했다. 바티스타는 이를 거절했다. 그는 아직 어떻게든 사태를 진정시킬 수 있을 것이라고 믿었던 것이 분명하다. 12월 초에 바티스타는 이미 CIA 아바나 지부장과 전 쿠바 대사이자 쿠바 항공사 쿠바나 데 아비아시온의 창립자 윌리엄 폴리에게서도 이와 비슷한 요청을 받았다가 거절한 바 있었다.

곧 니카로 항이 라울의 손에 들어갔고 관타나모의 라마야 막사 역시 반군 비행기의 네이팜탄 폭격을 맞은 후 그의 손에 들어갔다. 라울은 많은 무기를 노획했고 500명 이상의 포로를 잡고 있었다. 12월 중순에는 피델이 마포를 포위하면서 그의 부대가 오리엔테 전역의 중앙 고속도로 대부분을 손에 넣었다. 이제 정부군은 어디에서도 움쩍달싹 못하게 된 것 같았다.

반군이 밀고 들어오자 CIA는 한발 앞서 군사 쿠데타를 지원할 수 없을지 가능성을 타진하기 시작했고, CIA 요원들은 적절한 임시 정부 후보자들이 없는지 살펴보았다. 후스토 카리요가 아직 피네스 섬에 갇혀 있던 바르킨에게 다시 한 번 제안했다. 군대 내에는 바르킨에게 충성하는 부하들이 많았고 모두 바티스타가 물러나면 바르킨이 군대를 지배할 것이라고 여겼다. 이번에는 CIA도 이 계획을 승인하여 카리요에게 바르킨을 탈옥시키기 위해 감옥 관리들을 매수할 돈을 주었다.

동시에 바티스타의 고위 장교들은 자기들에게도 기회가 왔음을 알아차리고 쿠데타 계획을 세우기 시작했다. 육군 참모총장 프란시스코 타베르니야 장군은 오리엔테 주 사령관 칸티요 장군에게 피델 측에 정부군-반군 연합과 정부군-반군 공동 임시 정부를 설립하여 바티스타에 대한 최종 공격을 하자는 제안을 하면서 협상을 시작하라고 말했다. 공동 임시 정부에는 칸티요 자신과 아직 결정되지 않았지만 또 다른 장교 한 명, 나중에 대통령이 될 마누엘 우루티아, 그리고 피델이 선택하는 민간인 두 명이 포함될 예정이었다.

필사적인 이 모든 마지막 노력의 비공식적인 슬로건은 물론 〈카스트로를 막아라〉였으므로 피델이 받아들일 이유는 거의 없었다. 그는 쿠데타 참가 제안을 거절했고 칸티요에게 직접 만나서 자기 제안을 전달하고 싶다는 전언을 보냈다.

 그동안 바티스타의 정부군은 계속 무너졌다. 전국의 마을과 도시가 반군에 점령되어 갔고 민간인들은 열광적으로 반군을 맞이했다. 그들 대부분은 ─ 진정한 지지자든 아니든 ─ 붉은색과 검은색으로 이루어진 7월 26일 운동 완장을 차고 있었다. 크리스마스가 되자 체의 부대와 카밀로의 부대가 라스비야스의 주요 마을과 도시를 대부분 점령했고 이제 산타클라라와 시엔푸에고스, 트리니다드, 야과하이만이 남아 있었다. 빅토르 보르돈은 서쪽의 도시들을 점령하여 산타클라라가 시엔푸에고스나 아바나로부터 증원군을 받지 못하도록 완전히 차단했다. 한편 오리엔테에서는 카이마네라와 사과데타마노의 주요 수비대가 무너졌고, 해군 함선 막시모 고메스는 반군의 탈영 명령을 기다리며 산티아고에 대기 중이었다. 피델은 크리스마스를 맞이해 비란으로 가서 어머니를 잠시 만난 다음 칸티요와의 만남을 준비했다. 피델에게는 아직 걱정거리가 많았지만 12월 26일 밤에는 어느 정도 자신감이 생겨서 체에게 반군 활동 내내 오랫동안 꿈꾸어 왔던 명령을 내렸다. 바로 아바나 공격을 준비하라는 명령이었다.

 피델은 전쟁의 최종 단계를 분석하면서 산타클라라가 바티스타의 방어 전략에서 마지막 토대이기 때문에 라스비야스 전투가 중요하다고 판단했는데 그의 생각은 옳았다. 산타클라라는 쿠바 중앙 지역의 운송 및 통신 중심지이자 인구가 15만 명에 달하는 도시로, 반군이 수도 아바나를 공격하기 전에 남아 있는 마지막 장애물이었다. 산타클라라가 무너지면 반군과 아바나 사이에는 마탄사스 항 밖에 남지 않을 터였다. 바티스타는 산타클라라 사수에 모든 희망을 걸었다. 산타클라라 수비대에 군사 2,000명 이상이 새로 충원되어 수비대는 총 3,500명 규모가 되었고 가장 뛰어난 군인 호아킨 카시야스가 대령으로 진급한 다음 산타클라라 방어를 맡았다. 바티스타는 카시야스를 지원하기 위해 장갑열차에 무기와 탄약, 통신 장비를 가득 실어서 보냈다. 이 기차는 예비 무기고이자 캠프 콜롬비아 육군 본부와의 이동식 통신 기지 역할을 할 예정이었다.

그러나 바티스타는 산타클라라에 증원군을 보내면서도 자신에게 남은 시간이 별로 없다는 사실을 알고 있었다. 그는 타베르니야의 배반 계획을 이미 알고 있었지만 칸티요 장군의 편을 들어 오리엔테 사령관 칸티요에게 1월 말에 그가 이끄는 임시 정부에 권력을 넘겨주겠다고 말했다. 바티스타는 도박을 할 생각이 없었다. 크리스마스 동안 그는 자기 자신과 직접 선택한 장교들, 친구들 또 그 가족들을 피신시킬 비행기 여러 대를 대기시켜두었다. 며칠 후 바티스타는 자식들을 먼저 미국으로 대피시켰다.

한편 체는 산타클라라 공격을 준비하고 있었다. 12월 27일에 그는 안토니오 누녜스 히메네스가 해방시킨 플라세타스에 합류했다. 히메네스는 산타클라라 대학 출신의 젊은 지리 교수로 체가 산타클라라 접근 계획을 짤 때 도움이 될 지도와 설계도를 가지고 왔다. 그들은 라미로 발데스와 함께 뒷길을 통해서 도시 북동쪽 외곽의 대학으로 이어지는 경로를 세웠다. 체의 부대는 그날 밤에 출발했다.

그들과 정부군 사이의 수적 차이는 무척 컸다. 사실 지금까지 거의 모든 전투에서 반군과 정부군의 숫자는 크게 차이가 났다. 체는 자신이 이끄는 여덟 분대와 롤란도 쿠벨라가 이끄는 100명 규모의 혁명지도자단 부대를 합쳐 총 340명의 전사를 이끌고 그보다 열 배는 더 많으며 탱크와 전투기의 지원을 받는 적군과 대결해야 했다.

다음 날 새벽 체의 부대가 대학에 도착하자 알레이다의 친구 롤리타 로세이가 그들을 맞이했다. 그녀는 게릴라들이 너무나 〈지저분하고 엉망〉이어서 깜짝 놀랐다. 그녀의 옆에 서 있던 아버지가 믿을 수 없다는 듯 이렇게 중얼거렸다. 「이 사람들이 산타클라라를 점령할 계획이란 말이냐?」 그때 체를 발견한 롤리타는 그가 정말 젊어 보일 뿐 아니라 뚜렷한 권위가 배어 나왔기 때문에 더욱 놀랐다. 전투에 지친 표정의 부하 한 명이 도시에 군인이 얼마나 있느냐고 그녀에게 물어보았을 때 체에 대한 인상은 더욱 강해졌다. 롤리타가 〈5,000명 정도〉라고 대답하자 그 부하가 고개를 끄덕이며 말했다. 「좋습니다, 우리 헤페라면 문제없습니다.」

체와 부하들은 예전에 알레이다가 다녔던 교육학부에 임시 사령부를 세운 후 도시로 향하는 길을 따라 난 관개로를 걸어서 출발했다. 체는 CMQ 무선 전신국에 잠깐 들러 도시 전체에 민간인들의 지원을 호소하는 방송을 내보냈다. 그 직후 B-26 폭격기들과 새로 들여온 영국제 시퓨리들이 체의 전사들을 찾아서 도시 외곽에 기총 소사와 폭격을 퍼부었다.

적은 도시 전역의 요새화된 위치를 모두 점령하고 있었지만 체의 최우선 목표는 대학으로 이어지는 카마후아니 도로 입구에 정차하고 있던 장갑열차였다. 도시 동쪽 끝에서는 정부군이 카피로 언덕을 점령하고 있었다. 그곳은 대학 도로와 플라세타스로 이어지는 도로와 철길이 내려다보이기 때문에 전략적으로 무척 중요한 곳이었다. 정부군 1,000명 이상이 북서쪽 교외의 레온시오비달 수비대에 참호를 파고 숨어 있었고 인근 경찰 본부에서는 400명이 방어를 하고 있었다. 도시 중심지에서는 주 정부 건물인 법원과 감옥이 사각형 보루가 되었고 남쪽으로는 제31수비대와 로스카바이토스 수비대가 마니카라과로 이어지는 도로를 지키고 있었다. 주의 대부분이 반군의 손에 들어온 상황에서 체의 주요 관심사는 서쪽의 아바나-마탄사스 간 도로에서 진입하는 적의 증원군을 막는 것이었다. 그러나 이미 빅토르 보르돈의 세력이 고속도로를 여러 지점에서 차단하고 중요한 산토도밍고를 점령하고 있었다.

그날 밤부터 12월 29일 오전까지 체는 대학에서 도시로 병력을 전진시키며 적군이 자리 잡은 모든 위치를 목표로 삼았고, 특히 장갑열차에 집중했다. 그는 사령부를 도시에서 1킬로미터 떨어진 공공건물로 옮기고 트랙터로 철로의 일부를 들어 올렸다. 그런 다음 체의 부하들이 경찰서, 카피로 언덕, 장갑열차를 공격했다. 하루 전에 남쪽에서 들어온 쿠벨라의 혁명지도자단 부대가 제31수비대와 카바이토스 수비대를 포위했다. 전투가 시작되었다.

그후 사흘 동안 반군이 서서히 그 도시로 전진해 감에

따라 산타클라라는 피로 얼룩진 전장이 되었다. 어떤 지역에서는 전사들이 가옥의 내벽을 뚫어 가면서 전진했고 다른 곳에서는 거리에서 치열한 전투를 벌였다. 수많은 민간인들이 같이 무기를 들자는 체의 호소에 호응하여 화염병을 만들고 피난처와 식량을 제공했으며 거리에 바리케이드를 쳤다. 그러나 탱크들이 포탄을 쏘고 전투기들 역시 계속 폭탄과 로켓탄 폭격을 펼쳤기 때문에 민간인과 게릴라 사상자들이 병원에 쌓이기 시작했다.

체가 어느 병원에 찾아갔을 때 죽어 가던 한 남자가 그의 팔을 건드리더니 이렇게 말했다. 「저를 기억하십니까, 사령관? 레메디오스에서 제 무기는 직접 찾으라며 내보내셨지요. ……그래서 저는 그 말대로 여기서 직접 무기를 구했습니다.」 체는 그를 알아보았다. 며칠 전에 실수로 총을 쏘아 무장 해제당한 어린 전사였다. 그때 자신이 그에게 했던 말도 떠올랐다. 체는 여러 해가 지난 후 전쟁 회고록에 이렇게 적었다. 〈나는 언제나처럼 쌀쌀하게 말했다. 「네가 책임을 다할 수 있다면…… 무장 없이 전선에 나가서 네가 쏠 소총을 직접 구해 와라.」〉 그는 분명히 그렇게 했고, 결국 치명적인 결과를 맞이했다. 〈그는 몇 분 뒤에 숨을 거두었다. 나는 그가 자기 용기를 증명한 것에 만족했다고 생각한다. 그것이 바로 우리 반군이었다.〉

12월 29일 오후가 되자 흐름은 돌이킬 수 없을 정도로 바뀌었다. 엘 바케리토의 〈결사대〉가 기차역을 점령하고 다른 반군들이 카피로 언덕을 향해 돌격하자 언덕에 있던 정부군이 장갑열차를 지키려고 달아났다. 총 22량짜리 장갑열차가 속도를 내서 움직이며 도망치기 시작했다. 그러나 철로가 빠진 부분에 도착하자 기관차와 앞쪽 차량 세량이 탈선하면서 구겨진 철판과 비명을 지르는 사람들로 지옥도가 연출되었다.

체는 이렇게 적었다. 〈무척 흥미로운 전투가 시작되었다. 화염병 공격에 군인들이 열차에서 빠져나올 수밖에 없었다. ······장갑열차는 곳곳에서 휘발유가 불타는 화염병을 던지는 사람들에게 포위되었다. 철판으로 무장된 장갑열차는 순식간에 대형 화덕으로 변해 버렸다. 몇 시간 내에 전원이 22개 차량과 대공포, 기관총······ 어마어마한 양의 탄약(물론 우리의 약소한 분량에 비했을 때 어마어마하다는 뜻이다)을 가지고 항복했다.〉

여전히 산타클라라 곳곳에서 전투가 진행되는 가운데 국제 전신회사들이 그날 저녁에 체가 죽었다는 오보를 전했다. 그러나 다음 날 일찍 라디오 레벨데가 장갑열차를 빼앗았다는 소식을 떠들썩하게 전하면서 체의 죽음을 부인했다. 〈남미에 있는 친척들과 쿠바 민중의 마음의 평화를 위해서 우리는 에르네스토 체 게바라가 멀쩡히 살아 전선에서 싸우고 있음을 알리며, ······얼마 안 가서 그가 산타클라라를 점령할 것임을 알린다.〉

그러나 체는 생각보다 일찍 방송에 직접 나와 자신이 가장 사랑했던 부하이자 엘 바케리토라 불리던 로베르토 로드리게스의 죽음을 알렸다. 산타클라라가 곧 몰락할 것임을 발표하는 방송이었지만 엘 바케리토의 사망 소식 때문에 슬픔이 감돌았다. 결사대의 지도자 엘 바케리토는 그날 오후 경찰서를 공격하다가 머리에 총을 맞고 죽었다. 젊은 바케리토는 체가 전사들에게 바라던 것을 모두 갖춘 살아 있는 표본이었기에 체는 그를 잃었다는 사실에 무척 괴로 워했다. 〈결사대〉라는 이름은 바케리토가 지은 것이었지 만, 사실 이 부대는 체의 가장 높은 기준을 따르고 싶어 하 는 전사들로 이루어진 엘리트 공격 부대였다.

체는 이렇게 적었다. 〈결사대는 혁명 군단 사기의 모범 이었고 선별된 지원자만 들어갈 수 있었다. 한 명이 죽을 때마다 ─ 전투 때마다 대원이 죽었다 ─ 새로운 후보자 가 거명되면 선택받지 못한 자는 슬픔에 빠졌고 심지어 울 기도 했다. 고귀하고 숙련된 전사들이 전선 맨 앞에 서서 죽음을 맞이하는 영예를 갖지 못했다는 이유로 절망의 울 음을 터뜨려서 아직 미숙한 젊음을 드러내는 모습을 지켜 보는 것은 얼마나 진기한 일인가.〉

죽음으로 둘러싸인 상황에서 삶을 향해 손을 내미는 것 은 인간의 정상적인 반응이며 심지어 체에게도 삶에 대한 본능은 있었다. 그리하여 산타클라라 전투가 한창 진행 중 일 때 체는 알레이다와 사랑에 빠졌음을 깨달았다. 나중에 그가 알레이다에게 했던 말에 따르면, 체는 그녀가 자기 곁 을 떠나 포화가 쏟아지는 거리를 재빨리 가로지를 때 이 사 실을 깨달았다. 몇 초 정도 알레이다가 보이지 않자 체는 그녀가 무사히 거리를 건넜는지 알 수 없어 괴로워했다. 알 레이다로 말하자면, 그녀는 이미 몇 주 전 잠 못 이루던 밤 에 그녀 앞에 멈춰 선 체의 지프에 올라탔을 때부터 자신이 사랑에 빠졌음을 알고 있었다.

12월 30일, 로스카바이토스 수비대가 혁명지도자단에 항복했고 교회에서 바리케이드를 치고 저항하던 군인들도 항복했다. 정부군의 반격으로 도시 외곽의 산토도밍고를 잠시 잃었지만 보르돈 군단이 다시 점령했다. 따라서 서부의 접근 경로는 사실상 봉쇄되었다. 남쪽으로는 트리니다드 시가 파우레 초몬이 이끄는 부대에 함락되었다. 체는 아직 라스비야스 주 동부를 완전히 점령하지 못했다는 사실을 깨닫고 라미로 발데스를 보내서 정부 증원군이 돌파하려고 애쓰고 있던 중앙 고속도로의 하티보니코 마을을 점령했다.

　이와 같이 병력을 배치하고 장갑열차를 노획하자 산타클라라는 완전히 고립되었다. 그때까지 버티던 정부군과 경찰은 절망에 사로잡혔다. 아바나의 정부군 수뇌부는 산타클라라 공습을 명령했다. 수비대와 경찰서의 저항은 여전히 거셌다. 게다가 한 무리가 그란 호텔 10층에 숨어서 반군을 저격하고 있었다.

　그러나 체는 이제 상당량의 화력과 새로운 병력을 추가로 확보한 상태였다. 장갑열차에서 노획한 무기는 정말로 막대했다. 소총 600정, 탄약 100만 발, 다수의 기관총, 20밀리미터 대포 한 문, 그리고 소중한 박격포와 바주카포들도 있었다. 12월 31일 하루 종일 정부군의 보루가 하나씩 하나씩 반군의 손에 무너졌다. 처음에는 경찰서가 함락되었고 그다음에는 임시 정부 본부가, 다음으로는 법원과 감옥이 무너졌다. 감옥에서 달아난 죄수들 때문에 도시는 더욱 큰 혼란에 빠졌다. 12월 31일이 저물 때쯤에는 제

31수비대와 그란 호텔의 저격수들, 주요 병력인 레온시오 비달 수비대만이 버티고 있었다.

한편 오리엔테에서는 열흘간의 포위 공격 끝에 마침내 마포가 피델의 부대에 항복했다. 피델은 즉시 쿠바에서 두 번째로 큰 도시 산티아고로 시선을 돌렸다. 12월 28일, 피델과 칸티요 장군은 오리엔테에서 팔마 소리아노 근처 제당소에서 만나 합의를 보았다. 피델은 사흘간 공격을 멈추고 칸티요가 아바나로 돌아가 12월 31일에 정부군 반란을 일으키도록 준비할 시간을 주기로 했다. 칸티요는 12월 31일에 바티스타를 체포하고 정부군을 피델에게 넘기기로 했다.

그러나 사실 칸티요는 이중 배신을 계획하고 있었다. 그는 아바나로 돌아와서 바티스타에게 반란 계획을 알리고 1월 6일까지 바티스타가 쿠바를 떠날 시간을 주었다. 그런 다음 칸티요는 피델에게 메시지를 보내 1월 6일까지 기다렸다가 폭동을 일으키게 해달라고 요청했다. 피델은 경계를 늦추지 않았지만 갑자기 여러 사건이 너무 급속하게 일어나기 시작했기 때문에 피델도 칸티요도 무슨 일이 일어날지 전혀 예측하지 못했다.

6

장갑열차를 체에게 빼앗긴 일은 아바나의 군사본부 캠프 콜롬비아로서는 마지막 경종이나 마찬가지였다. 전국에서 정부군이 연달아 반군에 항복하자 바티스타는 도피 계획을 더욱더 서둘렀다. 바티스타는 시간을 벌고 싶었다. 12월 31일 오후가 되자 그의 희망은 카시야스 대령이 산타클라라에서 얼마나 버티느냐에 달려 있었다. 그러나 그날 저녁 9시에 카시야스가 바티스타에게 전화를 걸어 증원군 없이는 오래 버틸 수 없다고 보고했다. 한 시간 후 칸티요가 곧 산티아고가 함락될 것이라고 경고하자 바티스타는 이제 쿠바를 떠나야 할 때가 왔음을 깨달았다.

바티스타는 캠프 콜룸비아에서 열린 고위 장교들과 그 가족들을 위한 신년 파티에 참가했다. 그는 손님들이 대부분 모여 있던 방 옆에 딸린 방으로 장군들을 데리고 들어가 군대를 칸티요에게 넘길 계획이라고 밝혔다. 그런 다음 다른 방에서 열리고 있던 파티에 다시 참석해서 대통령직을 포기하겠다는 결정을 발표했다. 그는 나이가 제일 많은 대법원 판사 카를로스 마누엘 피에드라를 새로운 대통령으로 임명하고 칸티요를 새로운 육군 총사령관으로 임명한 다음 아내, 직접 뽑은 관리들, 그 가족들과 함께 근처 군사 공항으로 차를 타고 가서 대기하고 있던 비행기에 올랐다. 1959년 1월 1일 새벽이 밝기 전 어둠 속에서 바티스타는 가장 가까운 친구들 40명과 함께 비행기를 타고 도미니카 공화국으로 향했다. 그들 중에는 〈대통령 당선자〉 안드레스 리베로 아구에로도 있었다. 새벽이 밝기 전에 바티스타의 형제이자 아바나 시장이었던 판친과 정부 및 경찰 관료 수십여 명을 태운 비행기가 한 대 더 떴다. 이들과는 별개로 악명 높은 두 인물도 같은 날 달아났다. 바로 준군사단체의 두목 롤란도 마스페레르와 미국인 폭도 메이어 랜스키였다.

그날 밤 산타클라라에서 이 소식을 들은 카시야스 대령과 그의 부관 페르난데스 수에로 대령은 목숨을 부지하려고 서둘러 움직였다. 그들은 아무것도 모르는 부하 칸디도 에르난데스 중령에게 어설픈 핑계를 대고 민간인으로 변장을 한 다음 달아났다.

산타클라라에 아침이 밝아 올 때 바티스타가 달아났다는 소문이 처음 돌기 시작했다. 제31수비대가 항복했고 최후의 보루 — 그란 호텔과 레온시오비달 수비대 — 는 포위되었으며 오전 중반쯤 에르난데스 중령이 평화 협정을 요청했다. 체는 그에게 무조건적인 항복 외에는 아무것도 받아들일 수 없다고 말했고 누녜스 히메네스와 로드리게스 데 라 베가를 보내 협상을 시작했다.

체는 나중에 이렇게 썼다. 〈뉴스 보도는 모순적이고 어이없었다. 그날 바티스타는 군대 수뇌부를 난장판 속에 남겨 둔 채 달아났다. 에르난데스를 만난 우리 대표단 두 명이 칸티요와 무선으로 연락해서 항복을 제안했다. 그러나 칸티요는 이것은 최후통첩이므로 협력할 수 없다고 거부했고 지도자인 피델 카스트로의 지시와 완전한 합의하에 군대 통제권을 넘겨받았다고 주장했다. 우리는 즉시 피델에게 연락을 취해 이 소식을 전하면서 칸티요의 태도를 믿을 수 없다는 의견을 전했고 피델 역시 우리의 의견에 완전히 동조했다.〉

칸티요와 이야기를 나눈 에르난데스는 당연히 혼란스러워했지만 체는 여전히 확고한 태도로 항복을 주장했다.

오전 11시 30분에 피델이 라디오 레벨데를 통해 연설을 방송하자 체와 에르난데스의 협상이 중단되었다. 피델은 칸티요의 〈군대 임시 정부〉라는 생각이나 두 사람 사이에 모종의 이해가 있었다는 주장을 부인하면서 즉각적인 총파업을 요구했고 반군에는 산티아고와 아바나를 향해 전진하라고 명령했다. 그는 산티아고를 방어하는 군인들에게 그날 저녁 6시까지 항복하지 않으면 공격을 감행할 것이라고 경고하면서 〈혁명 찬성, 군사 쿠데타 반대!Revolución Sí, Golpe Militar No!〉라는 슬로건으로 연설을 끝맺었다.

이제 사건의 윤곽이 더욱 뚜렷해졌다. 체는 에르난데스에게 결정을 내리는 데 한 시간을 주었다. 에르난데스가 12시 30분까지 항복하지 않는다면 공격을 시작할 것이고 그에 따른 유혈 사태의 책임은 그에게 있다는 것이었다. 에르난데스가 수비대로 돌아간 후 기다림이 시작되었다.

체가 에르난데스와 협상을 하는 동안 그의 부하들이 마침내 그란 호텔의 저격수들을 몰아냈다. 그 전날 엔리케 아세베도가 부하들과 함께 차 여러 대를 몰고 호텔 앞을 빠른 속도로 달리면서 저격수의 위치를 파악하려 했지만 부하 한 명이 다리에 총을 맞자 이 전술을 포기했다. 그러나 그날 아침에 사방에서 동지들이 항복을 하고 탄약도 거의 모두 소진되자 저격수들은 항복했다. 아세베도는 저격수들이 손을 들고 나오는 모습을 지켜보았다.

저격단은 치바토 다섯 명과 경찰 네 명으로 이루어진 것으로 드러났다. 아세베도의 말에 따르면 몇몇은 〈혁명 법정에 갚아야 할 빚〉이 있었다. 빚은 곧 갚아졌다. 오후 2시에 간단한 약식 재판이 열린 후 치바토 다섯 명이 혁명 총살대에 의해 처형되었다.

민간인으로 변장한 카시야스도 멀리 달아나지는 못했다. 도시 서쪽에 있던 보르돈의 부하들은 아바나로 달아나는 모든 군인을 일단 정지시키라는 명령을 받은 상태였다. 밀짚모자를 쓰고 7월 26일 운동 완장을 차고 있던 카시야스가 곧 그들에게 잡혔다. 카시야스는 곧장 보르돈에게 아첨을 하면서 그를 〈위대한 전략가〉라고 칭송하더니 그에게 〈단 한 가지 애석한 일이 있다면 그것은 자신이 수도로 가서《쿠바인들 사이에서 이 일을 마무리 지을》군사 임시 정부에 참여해야 하기 때문에 더 오래 머물지 못하는 것〉이라고 말했다.

보르돈이 카시야스의 말을 잘랐다. 「나는 그에게 아첨은 그만두라고, 이제부터 쿠바인의 문제를 해결할 사람은 피델 카스트로가 될 것이므로 어떤 임시 정부도 필요 없다고 말했습니다. 또 내가 직접 그를 산타클라라로 데리고 가서 체에게 보여 주겠다고 말했습니다. 그러자 카시야스는 순식간에 안색이 바뀌더니 다른 헤페에게 데려갈 수는 없냐고 부탁했습니다. 또 체가 그를 보고 이렇게 말했던 기억이 납니다. 〈아! 당신이 헤수스 메넨데스*를 죽인 자로군.〉」

카시야스는 그날을 살아 넘기지 못했다. 카시야스가 체를 만나러 가는 길에 탈출을 시도하다가 총살되었다는 것

---

* 1948년에 카시야스에게 죽임을 당한 공산주의 설탕 조합 지도자.

이 혁명 세력의 공식 입장이지만 그것은 보르돈의 말과 맞지 않는다. 카시야스가 과거에 저지른 소름 끼치는 잔학 행위들과 혁명 재판을 했다는 체의 기록을 생각하면 카시야스의 실패한 〈탈출 시도〉는 황급히 만들어진 총살대 앞에서 일어났을 가능성이 높다.

에르난데스는 체의 최후통첩 시간이 끝나기 10분 전에 수비대 전체가 항복하겠다고 알렸다. 그는 부대 전체를 무장 해제시킨 뒤 거리로 나가 반군과 합류하게 했다. 도시 전역에서 환호성이 울려 퍼졌다. 마침내 산타클라라가 함락된 것이었다. 그러나 체는 아직 승리를 축하하지 않았다. 질서를 회복시켜야 했고 바티스타의 앞잡이들과 치바토들을 재판해야 했으며 병력을 집결시켜 지시를 내려야 했다.*

칸티요의 육군 참모총장 지위는 오래가지 못했다. 그날 피네스 섬에서 출옥한 바르킨 대령이 아르만도 아르트와 함께 비행기를 타고 아바나로 와서 오후 일찍 캠프 콜룸비아에 도착했다. 칸티요는 즉시 지휘권을 넘겨주었다. 오리엔테에서는 산티아고가 항복했고 피델은 그날 밤 아바나 진군을 준비했다.

다음 날인 1월 2일 아침, 체와 카밀로 시엔푸에고스는 아바나 진군 명령을 받았다. 카밀로가 캠프 콜룸비아를

* 역사가 휴 토머스에 따르면 경찰 사령관 코르넬리오 로하스 대령 역시 이때 처형되었다. 처형 당시 로하스는 자신이 발사 명령을 내리게 해달라고 요청하여 허락을 받았다.

점령하고 체는 아바나가 내려다보이는 식민지 시대의 요새 라카바냐를 점령할 계획이었다. 체는 치바토들을 처형하고 칼릭스토 모랄레스를 라스비야스의 주지사로 임명하는 등 아직 마무리할 일들이 있었기 때문에 카밀로의 부대가 먼저 출발했다. 나중에 체는 산타클라라 시민들에게 〈혁명 대의〉를 도와준 것을 감사하는 연설을 했다. 그는 자신과 부하들이 〈사랑하는 곳을 두고 떠나는 느낌〉이라고 말했다. 그는 〈앞으로 펼쳐질 거대한 재건 임무에서 라스비야스가 계속 혁명의 선봉에 설 수 있도록 오늘과 같은 혁명 정신을 유지해 주십시오〉라고 말했다.

오후 3시경 체는 알레이다를 곁에 앉히고 부하들과 함께 아바나를 향해 출발했다. 체의 동지들은 대부분 쿠바의 수도를 해방시킨다는 생각에 기쁨에 들떴지만 체에게 그것은 단지 앞으로 펼쳐질 더 큰 투쟁의 첫걸음일 뿐이었다.

부록

248면: 1968년에 로호는 『내 친구 체』라는 책을 써서 게바라의 삶과 두 사람의 우정을 공개했다. 체 게바라가 큰 이목을 끌며 세상을 떠난 직후에 나왔기 때문인지 이 책에는 잘못된 사실 관계가 많다.

로호는 체와의 관계를 실제보다 과장하려고 한 것 같지만 게바라가 죽고 나서 등장한 옛 친구들과 지인들 중에서 그를 이용해서 세간의 관심을 받으려고 한 사람이 로호 혼자만은 아니었다. 실제로 두 사람은 서로 잘 알고 친했으므로 로호의 책에는 역사적으로 도움이 되는 면이 어느 정도 있다.

이 책에서 로호는 칼리카, 에르네스토와 함께 라파스에서부터 북쪽 여행 대부분의 구간에 동행했다고 주장했지만 이것은 사실이 아니다. 그들은 리마와 과야킬, 코스타리카, 과테말라, 멕시코에서 다시 만나긴 했지만 여행은 항상 따로 했다. 나중에 로호는 체를 만나기 위해 쿠바를 여러 번 방문했다.

287면: 〈여백의 메모〉는 나중에 게바라의 미망인 알레이다 마르치가 출판한 『여행 노트』에 일부 실렸다. 체는 그녀에게 자신이 죽으면 이 글을 비롯한 초기의 글을 불태우라고 했지만 다행히도 알레이다 마르치는 글을 태우지 않기로 했다. 알레이다는 체가 묘사한 수수께끼 같은 인물이 그가 여행 중에 만난 여러 사람을 합쳐서 만든 허구의 인물이거나 그가 자기 계시라는 느낌을 주기 위해서 마련한 문학적 장치라고 생각한다.

알베르토 그라나도는 체가 묘사한 이 인물을 여행 중에 만났다고 기억하지 못했으며 체가 마르크스주의를 받아들였다는 사실이 친구와 가족들에게 알려지기 훨씬 전부터 자기 친구 〈푸세르〉가 이런 생각을 하고 있었다는 것을 아직도 신기하게 여긴다.

333면: 몇몇 사람들이 〈작전 성공〉이라는 시류에 휩쓸려 에르네스토 게바라와 밀접한 관련이 있는 이력을 갖게 되었는데, 대니얼 제임스도 그 중 하나였다. 반공 주간지 『뉴 리더』의 편집자이자 라틴 아메리카 통신원이었던 제임스는 미국 언론의 반아르벤스 캠페인에 참가했다. 1954년 중반에 제임스는 아르벤스 정권 전복을 설파하는 『아메리카 적화 계획』을 썼다. 아르벤스 정권 전복에 대한 가장 믿을 만한 저작 『쓰디쓴 열매: 과테말라 쿠데타의 알려지지 않은 이야기Bitter Fruit: The Story of the American Coup in Guatamala』의 저자들에 따르면 공산주의자들이 과테말라를 조종하고 있다는 제임스의 주장은 〈너무나도 확신에 차〉 있었기 때문에 CIA는 이 책을 수백 권이나 사들여서 미국 언론인들과 〈여론 선도자〉들에게 배포했다.

1968년에 제임스는 게바라의 일기를 비롯해서 CIA가 입수한 체의 볼리비아 게릴라 활동에 대한 문서를 출판할 독점권을 얻었다. 그는 그것을 출판한 다음 1년 뒤에 무척 신랄한 게바라 전기를 내놓았다.

461면: 알레이다 마르치의 말에 따르면, 1957년부터 1959년까지 체가 시에라마에스트라에서 쓴 일기 사본은 딱 2권밖에 없으며 그녀와 피델이 각각 1부씩 가지고 있다. 필자가 쿠바에 머물 당시 이 일기는 쿠바에서 대대적으로 출판하기 위해 체가 비판적이거나 적대적으로 언급한 현 쿠바 정부 관리들의 이름을 삭제하는 〈정화〉 과정 중이었다.

505면: 체는 이들이 가지고 온 서류를 훑어보았는데 7월 26일 운동의 사상 강령을 요약한 것이었다. 체는 감명을 받았지만 신중한 태도를 잃지 않았다. 〈꽤 진보적인 혁명 법령을 제안하고 있었지만 라틴 아메리카 독재 정부와는 어떤 국교도 맺지 않겠다고 선언하는 등 일부는 지나치게 감상적이었다.〉

아마도 카를로스 프랑키가 간행하던 7월 26일 운동의 새로운 비밀 기관지 「레볼루시온」 최신호에 실렸던 내용을 가리키는 듯하다. 카를로스 프랑키는 전 공산당원으로 아바나에서 언론인으로 일하고 있었으며 비밀리에 7월 26일 운동 지하 선전을 담당하고 있었다. 1957년 2월판 「레볼루시온」에는 팸플릿 『누에스트라 라손』의 초안을 발췌한 글 「혁명의 필요성」이 실려 있었다. 프랑키는 정치 작가 마리오 예레나에게 원고를 받았고 이것을 7월 26일 운동의 〈선언문 프로그램〉으로 만들 생각이었다.

이 글에서 〈혁명〉은 다음과 같이 정의된다. 〈지속적인 역사적 과정. …… 혁명은 쿠바의 삶을 완전히 바꾸기 위해, 재산 제도를 대폭 수정하기 위해, 제도를 바꾸기 위해 싸우고 있다. ……이와 같은 목적에 알맞게, 또 쿠바의 역사적-지리적-사회학적 현실 때문에, 혁명은 민주적이고 민족주의적이며 사회주의적이다.〉

그러나 몇 달 뒤 『누에스트라 라손』이 출판되었을 때 피델은 이 책과 분명한 거리를 두었다. 7월 26일 운동의 잠재적 지지자들을 돌아서게 할지도 모를 사상적 선언은 피하고 싶었던 것이 분명하다.

622면: 체는 다니엘에게 보낸 편지(카를로스 프랑키의 『쿠바 혁명 일지』에 실렸다)에 이렇게 썼다. 〈내 이념적 배경에 따라서 나는 전 세계의 문제의 해결책이 소위 말하는 철의 장막 저편에 있다고 생각하며, 우리 운동이 제국주의의 경제적 사슬로부터 벗어나고자 하는 부르주아지의 욕망에서 영감을 받은 수많은 운동 중 하나라고 생각합니다. 나는 피델이 좌파 부르주아지의 진정한 지도자라고 생각했지만 그가 명석하기 때문에 더욱 그런 이미지를 가지게 되었습니다. 명석함이라는 개인적인 특성은 그를 같은 계급의 다른 사람들보다 뛰어난 인물로 만들어 줍니다. 나는 그러한 정신을 가지고 투쟁을 시작했습니다. 솔직히 이 나라를 해방시키는 것 이상의 희망은 없었으며, 투쟁의 후기 단계에 여러 가지 조건상 우리 운동의 방향이 우파(여러분이 대표하는 것)로 바뀌면 운동을 떠날 만반의 준비가 되어 있었습니다. 그러나 나는 그가 마이애미 협정을 받아들이기 위해 기본 생각을 바꾸리라고는 생각하지 못했습니다. 그것은 불가능해 보였기 때문에 나는 나중에야 그렇게 되었다는 사실을 깨달았습니다. …… 다행히도 아직 결정이 내려지지 않은 시기에 피델의 편지가 도착해서 우리가 배신이라고 부를 수도 있는 일이 어떻게 해서 일어났는지 설명해 주었습니다.〉

체는 보급품의 경우 자신도 피델도 필요한 물건을 빨리 받지 못하고 있으므로 앞으로도 계속 자신이 알아서 마련하겠다고 말했다. 그는 자신에게 보급품을 공급하는 주요 공급자가 〈미심쩍은 인물〉일지도 모르지만 자신이 그를 잘 다룰 수 있다고 생각했다. 그는 다니엘에게 자신은 마이애미 협정에 동의한 사람들과 달리 자신의 가치관을 양보하지 않았다고 날카롭게 지적하며 마이애미 협정에서 〈일어난 일은 아마도 쿠바 역사상 가장 혐오스러운 《남색》 행위라 할 수 있는 사건에서 엉덩이를 내준 것이나 마찬가지입니다. 역사에서 나의 이름이 (나는 나 자신의 행동으로 이름을 얻을 생각입니다) 그 범죄와 연관될 수는 없으며, 당신이 나에게 그렇게 말하고 싶다니 아주 잘 됐습니다. 당신이 너무나 큰 상처를 받아서 혁명 군단 중에서 이쪽과의 관계를 단절하려 한다면 더욱 나빠질 뿐입니다〉.

나흘 후 다니엘이 유창한 반박문을 보냈다. 그는 자신도 〈완전무결한 혁명 정신의 증거〉를 남기기 위해 편지를 쓴다고 밝혔다. 체는 자신의 편지를 혼자만 읽으라고 부탁했지만 다니엘은 그 편지를 전국지도부 사람들과 함께 읽었다고 알렸다. 그러므로 다니엘의 대답을 그들 모두의 대답이라 여겨도 좋다는 것이었다. 〈나는 당신이 나를 어떤 사람이라고 생각하는지 조금도 관심이 없으며 우리에 대한 당신의 개인적 의견을 바꾸려고 노력하지도 않을 것입니다. ……지금은 《세계를 구원할 해결책이 어디에 있는가》를 논의할 때가 아닙니다. …… 당신과 우리의 근본적인 차이점은, 우리의 가장 큰 관심사가 《우리 아메리카》 정부들 밑에서 억압받는 민족들에게 그들이 바라는 자유와 진보를 가져다주는 것이라는 점입니다. …… 우리는 강력한 아메리카를 원합니다. 자기 운명의 주인이며 미국과 러시아, 중국, 혹은 아메리카 국가의 경제적, 정치적 독립성을 훼손하려는 그 어떤 열강에 대해서도 당당하게 맞설 수 있는 아메리카를 말입니다. 반면에 당신과 같은 사상적 배경을 가진 사람들은 악독한 《양키》의 지배에서 해방되기 위해 결코 덜 악독하지 않은 《소비에트》의 지배라는 수단을 사용하는 것이 우리의 불행을 해결할 방법이라고 생각하지요.〉

668면: 체는 쿠바를 떠나기 직전에 쓴 글에서 시에라와 야노 사이의 분쟁을 자세히 설명함으로써 혁명이 승리를 거둔 후 공식적인 금기가 된 문제에 대해서 침묵을 깨뜨렸다. 그는 파우스티노 페레스가 5월에 열린 수뇌부 회의에서 내린 결론에 찬성하지 않았다는 이야기는 빠뜨리고 분열이 완전히 해결된 듯한 인상을 주었다.

체가 이 글을 쓸 당시에는 파우스티노가 그와 〈같은 편〉이었을 뿐 아니라 쿠바 혁명 지도부의 일원이었으므로 과거의 입장 차이는 이제 문제가 되지 않았기 때문에 다시 한 번 공개적으로 자세히 논하기 불편했다는 점을 기억해야 한다.

이후 파우스티노 페레스의 경력을 살펴보면 체가 하나하나 열거한 미덕 외에도 항상 살아남는 사람이었음을 알 수 있다. 파우스티노는 피델의 독재적인 지배 체제에 반대했지만 피델리스모 고관이 되었다. 또 그는 예전에 반공주의자였지만 피델이 1965년에 재정비된 쿠바 공산당을 공식적으로 발족하자 공산당 중앙위원회 위원이 되었고 1993년에 세상을 떠날 때까지 줄곧 주요 수뇌부로 활동했다.

689면: 피델은 라울에게 보낸 편지에서 이렇게 경고했다. 〈우리는 독재정권 측이 이 사건을 이용해 북아메리카 시민 공격 계획을 세우고 있을지도 모른다는 가능성을 염두에 두어야 한다. 바티스타는 절망적인 상황이므로 이런 일이 생기면 국제 여론이 우리에게서 등을 돌릴 것이다. 가령 북아메리카 사람들 여럿이 반란군에 의해 살해되었다는 소식이 전해지면 국제 여론은 분노로 대응할 것이다. 우리는 정부의 정치적 태도에 대한 우리의 분노가 아무리 정당하다 할지라도 절대로 인질을 잡는 방법을 쓰지 않는다고 분명히 선언하는 것이 중요하다. ……우리 운동에 중대한 결과를 가져올 수 있는 일의 경우에는 네 생각대로 행동할 수 없으며 아무 의논도 없이 한계를 넘어서면 안 된다는 점을 명심해야 한다. 그렇지 않으면 우리 혁명군 내부에 완전한 무정부주의가 자리 잡고 있다는 잘못된 인상을 줄 것이다.〉 (프랑키의 『쿠바 혁명 일지』에서)

710면: 이미 1958년 말에 체는 나중에 함께 게릴라 전쟁을 수행할 동지들 대부분을 모집하거나 알게 되었다. 체가 라스비야스로 행군할 때 엘리세오 레예(〈롤란도〉), 카를로스 코에요(〈투마〉), 오를란도 〈올로〉 판토하(〈안토니오〉), 마누엘 에르난데스 오소리오(〈미겔〉) 모두가 그와 함께했다. 또 나중에 체의 경호원이 된 〈폼보〉 아리 비예가스와 엘 바케리토의 〈결사대〉 소속이었던 〈우르바노〉 레오나르도 타마요도 있었다. 볼리비아에서 살아남은 쿠바인 다리엘 〈베니뇨〉 알라르콘 라미레스는 카밀로 군단 소속이었고 안토니오 〈피나레스〉 산체스도 마찬가지였다. 호세 마리아 〈파피〉 마르티네스와 〈엘 모로〉라 불리는 옥타비오 데 라 콘셉시온 페드라하는 라울과 함께 오리엔테에 있었다. 볼리비아에서 〈호아킨〉이라고 불렸던 후안 비탈리오 아쿠냐는 피델의 명령에 따라 코만단테로 진급한 후 시에라마에스트라에 남았다. 또 미래의 전사 3명이 에스캄브라이에서 체와 곧 합류한다. 〈파춘고〉 알베르토 페르난데스 몬테스 데 오카, 구스타보 〈알레한드로〉 마친 데 호에드, 헤수스 〈루비오〉 수아레스 가욜이 바로 그들이었다.

찾아보기

옮긴이

허진 서강대학교 영어영문학과와 이화여자대학교 통번역대학원 번역학
과를 졸업했다. 옮긴 책으로는 제니퍼 마이클 헥트의 『살아야 할 이유』, 패
멀라 무어의 『아침은 초콜릿』, 캐서린 헤일스의 『우리는 어떻게 포스트휴
먼이 되었는가』, 마틴 에이미스의 『런던 필즈』, 할레드 알하미시의 『택시』,
나기브 마푸즈의 『미라마르』, 앙투아네트 메이의 『빌라도의 아내』, 수잔
브릴랜드의 『델프트 이야기』 등이 있다.

안성열 한국외국어대학교 무역학과와 홍익대학교 대학원 미학과를 졸
업했다. 현재 출판사 열린책들의 인문주간을 맡고 있다.

체 게바라 1

발행일 2015년 6월 5일 초판 1쇄

지은이 존 리 앤더슨
옮긴이 허진·안성열
발행인 홍지웅
발행처 주식회사 열린책들

경기도 파주시 문발로 253 파주출판도시
전화 031-955-4000 팩스 031-955-4004
www.openbooks.co.kr

Copyright (C) 주식회사 열린책들, 2015, Printed in Korea.
ISBN 978-89-329-1703-0
ISBN 978-89-329-1702-3 (세트)

이 도서의 국립중앙도서관 출판예정도서목록(CIP)은 서지정보유통지원시스템 홈페이지
(http://seoji.nl.go.kr)와 국가자료공동목록시스템(http://www.nl.go.kr/kolisnet)에서 이용하실 수 있습니다.
(CIP제어번호: CIP2015005526)